X.systems.press

Weitere Bände in dieser Reihe
http://www.springer.com/series/5189

X.systems.press ist eine praxisorientierte Reihe zur Entwicklung und Administration von Betriebssystemen, Netzwerken und Datenbanken.

Leonid Nossov

Performance Tuning für Oracle-Datenbanken

Methoden aus der Praxis für die Praxis

Leonid Nossov
Advanced Customer Support
ORACLE Deutschland B.V. & Co. KG
München
Deutschland

Die Illustrationen wurden von Anna Nosova erstellt.

ISSN 1611-8618
ISBN 978-3-642-33052-0　　　　　　　　ISBN 978-3-642-33053-7 (eBook)
DOI 10.1007/978-3-642-33053-7

Die Deutsche Nationalbibliothek verzeichnet diese Publikation in der Deutschen Nationalbibliografie; detaillierte bibliografische Daten sind im Internet über http://dnb.d-nb.de abrufbar.

Springer Vieweg
© Springer-Verlag Berlin Heidelberg 2014
Das Werk einschließlich aller seiner Teile ist urheberrechtlich geschützt. Jede Verwertung, die nicht ausdrücklich vom Urheberrechtsgesetz zugelassen ist, bedarf der vorherigen Zustimmung des Verlags. Das gilt insbesondere für Vervielfältigungen, Bearbeitungen, Übersetzungen, Mikroverfilmungen und die Einspeicherung und Verarbeitung in elektronischen Systemen.

Die Wiedergabe von Gebrauchsnamen, Handelsnamen, Warenbezeichnungen usw. in diesem Werk berechtigt auch ohne besondere Kennzeichnung nicht zu der Annahme, dass solche Namen im Sinne der Warenzeichen- und Markenschutz-Gesetzgebung als frei zu betrachten wären und daher von jedermann benutzt werden dürften.

Gedruckt auf säurefreiem und chlorfrei gebleichtem Papier

Springer Vieweg ist eine Marke von Springer DE. Springer DE ist Teil der Fachverlagsgruppe Springer Science+Business Media
www.springer-vieweg.de

*"Und wenn Sie wüssten, aus welchem Müll
Gedichte wachsen, ohne Scham zu kennen ..."*

Anna Achmatowa

Meiner Mutter gewidmet

Geleitwort 1

Es ist schön, wenn man an seinem Beruf Freude hat, nicht wahr? Ich habe mich schon immer für das Thema Performance Analyse interessiert. Und während der letzten 18 Jahre meiner beruflichen Tätigkeit konnte ich auf diesem Gebiet mit der Datenbank Erfahrung sammeln. Dabei habe ich hauptsächlich im Support bei der Firma Oracle gearbeitet und hatte mit den verschiedensten Kunden, Systemen und Problemstellungen zu tun.

Auf diese Weise lernte ich auch Leonid kennen, der seinen Kunden hauptsächlich vor Ort hilft. Als ich dieses Buch las, war ich erstaunt, wie viele Fälle er sich im Detail gemerkt hat, um sie jetzt als Anschauungsmaterial zu verwenden. Aus solchen realen Fällen lässt sich am besten lernen! Viele von Ihnen mögen vielleicht auch schon einmal ähnliche Situationen erlebt haben.

Ich finde die Performance Analyse deshalb so spannend, weil man ständig vor neue Rätsel gestellt wird. Oft kommt man sich wie ein Detektiv vor. Man verfolgt Spuren und Hinweise. Einige stellen sich als falsche Fährte heraus, andere führen zum Ziel. Wenn Sie also als Kind einmal Detektiv oder Pfadfinder werden wollten, sind Sie hier goldrichtig!

Wenn Sie diese Spuren und Hinweise in der Datenbank und auch im Betriebssystem verfolgen, dann lernen Sie – quasi als Nebenprodukt – auch eine Menge über deren Funktionsweise.

Möchten Sie verblüffende Erfolge erzielen? Manchmal kann man Anwendungen mit einer kleinen Änderung um Faktoren beschleunigen, lästige Hänger beseitigen, oder überraschend viel Rechnerkapazität freimachen, die für andere Zwecke genutzt werden kann.

Was brauchen Sie dafür? Hauptsächlich benötigen Sie großes Interesse daran, etwas Neues zu lernen. Sie sollten die Geduld aufbringen, alle Hinweise zu verfolgen und abzuklären. Wenn Ihnen schnell Dinge auffallen, die von der Norm abweichen, dann sind Sie hier im Vorteil. Ach ja, und man sollte ein wenig logisch denken können.

Fachwissen und Erfahrung sind sicherlich auch sehr hilfreich. Aber diese Dinge sind meiner Meinung nach als Einstiegskriterium nicht so wichtig, wie die vorgenannten Fähigkeiten! Performance Probleme können so unterschiedlich sein, dass sie manchmal selbst für erfahrene Kollegen völliges Neuland sind.

Fachwissen und Erfahrung erweitern sich ohnehin mit jedem gelösten Performance Problem. Und dieses ausführliche Buch kann Ihnen helfen, auf diesem Weg wesentlich schneller voranzukommen. Es ist unterhaltsam geschrieben und enthält einen reichhaltigen Erfahrungsschatz, den Sie heben können!

Sehen Sie sich die vorgestellten Beispiele an und vergleichen Sie die Situation am besten mit einer Ihrer Datenbanken. Falls Sie ein aktuelles Performance Problem bearbeiten, findet sich mit Sicherheit ein zugehöriger Abschnitt, der Ihnen weiterhelfen wird. Und falls etwas zu komplex scheint, überspringen Sie es erst einmal und kehren später dorthin zurück.

Ich wünsche Ihnen viel Spaß beim Spurenlesen!!

Jens Kusch

Geleitwort 2

Leonid Nossov kenne ich als erfahrenen Kollegen mit einem scharfen analytischen Verstand, der sich nur äußerst selten aus der Ruhe bringen lässt. Über mehr als zehn Jahre hinweg sind wir uns immer wieder bei Oracle-Kunden begegnet und haben gemeinsam komplexe Situationen untersucht. Natürlich habe ich sehr gerne Leonids Einladung angenommen ein paar einleitende Zeilen zu seinem Buch zu schreiben.

Die Oracle-Datenbank wurde im Laufe der Jahre kontinuierlich um umfangreiche Analysemöglichkeiten, wie zum Beispiel die Active Session History, den SQL Performance Analyzer und SQL Monitoring erweitert. Auch die begleitenden Werkzeuge wie SQL Developer und Enterprise Manager haben eine stetige Weiterentwicklung erfahren.

Alle diese Funktionen vereinfachen und erleichtern die Arbeit des Datenbankadministrators ganz erheblich, etwa beim täglichen Monitoring der Datenbank. Und doch gibt es immer wieder Situationen, in denen die Performanz nicht den Erwartungen entspricht, die Ursachen nicht offensichtlich sind und eine tiefgreifende Analyse erforderlich wird. In solchen Situationen kommt man oft nur weiter, indem man sehr gezielt interne Strukturen über X$-Views ausliest und umfangreiche Detailinformation aus AWR-Reports, Trace-Dateien oder in Ausnahmefällen sogar System State Dumps in die Betrachtung einbezieht.

Auch im engsten Kollegenkreis habe ich beobachtet, dass jeder seinen persönlichen Stil entwickelt solche Informationen zu lesen. Dagegen ist auch nichts einzuwenden, denn hier gilt: das Ziel ist wichtig, nicht der Weg dorthin. Allerdings erlebe ich regelmäßig, dass zum Beispiel Kollegen und Kunden meinen, in den Top 5 Timed Foreground Events eines AWR-Reports das Performanzproblem zu erkennen. Das eigentliche Problem in dieser Situation besteht aber darin, dass die Datenbank kaum etwas zu tun bekommt. Wie also vermittelt man das Wissen, auf dieser Ebene Oracle-Datenbank-Performanz zu interpretieren? Ich hielt dies immer für eine kaum lösbare Aufgabe.

Und jetzt halte ich Leonids Buch in den Händen: hier finden sich in kompakter Form eine Fülle von Hintergrundinformationen zur Oracle-Datenbank. Typische, aber auch auf den ersten Blick obskur erscheinende Performanzprobleme werden anhand von Beispielen aus der Praxis plastisch und leicht nachvollziehbar dargestellt. Für jede dieser Situationen beschreibt er, welche Detailinformationen bei der Analyse wichtig sind. Die benötigten Werkzeuge werden benannt oder gleich mitgeliefert. Stolperfallen und Irrwege, auf die man stoßen kann, werden beschrieben und schließlich werden auch die Änderungen dargestellt, die zur Lösung des Problems führen.

Ein gut gefüllter und praxiserprobter Werkzeugkasten ist eine solide Basis bei der Analyse einer Oracle-Datenbank. Richtig eingesetzt helfen diese Werkzeuge enorm dabei, schneller zum Ergebnis zu kommen. Allerdings sollte der Nutzer seine Werkzeuge sehr gut kennen und beherrschen. Unter dem Zeitdruck einer nicht performant laufenden Datenbank beim Quartalsabschluss nutzt das beste Werkzeug wenig, wenn dessen Einsatz in dieser Situation erst erlernt werden muss.

Allerdings können Werkzeuge nie die analytischen Fähigkeiten des Nutzers ersetzen. Oder – wie einer meiner Kollegen gerne etwas drastischer formuliert:„a fool with a tool is still a fool". Aus diesem Grund gefällt mir Leonids Buch ganz besonders, liegt hier doch der Fokus auf dem analytischen Herangehen an ein Problem und nicht auf der Beschreibung bestimmter Werkzeuge. Sherlock Holmes hätte sicher seine Freude daran.

Jetzt bleibt mir nur noch, Leonid für die Arbeit zu danken, diese Informationsfülle und –tiefe in einem Buch bereitzustellen. Ich wünsche ihm für dieses überaus gelungene Werk viel Erfolg. Ihnen als Leser wünsche ich den gleichen Spaß bei der Lektüre, den ich empfunden habe. Und ich möchte Ihnen die Empfehlung mit auf den Weg geben, die hier beschriebenen Methoden und Werkzeuge anhand der zahlreichen Beispiele auszuprobieren und dabei selbst wertvolle Erfahrungen zu sammeln. Damit sind Sie für die nächste anstehende Analyse eines Oracle Datenbank Performanzproblems bestens gewappnet!

München
im November 2013

Martin Gosejacob

Vorwort

Hätte mir jemand vor zwei Jahren gesagt, dass ich eines Tages dieses Buch schreibe, hätte ich das nicht geglaubt. Das bedeutet aber nicht, dass die Entscheidung, ein Buch für Performance Tuning zu schreiben, spontan kam. Das war eher das logische Ende einer Geschichte, die sich über Jahre hinwegzog. Alles fing mit einem kleinen Workshop für Planstabilisierung an, den ich für einen meiner Kunden vorbereitet hatte. Diesen Workshop habe ich sehr praxisorientiert durchgeführt. Dies war kein Zufall, sondern Absicht. Ich hatte gehofft, dass ein Workshop, der auf der Praxis basiert, ein wesentlich größeres Interesse beim Kunden erwecken kann als ein konventioneller. Meine Hoffnung wurde übertroffen. Der Workshop war so erfolgreich, dass ich ihn auch für andere Kunden durchführte. Sein Ablauf war ganz anders als sonst. Die praktische Basis war zugleich eine gute Basis für zahlreiche Diskussionen. Als Vortragender hatte ich dabei großen Spaß und entschied, diese praktische Linie auch zukünftig beizubehalten.

Eines Tages habe ich angefangen, interessante praktische Fälle zu sammeln, um sie im Workshop zu präsentieren. Die meisten Test-Cases, die ich für gewisse Features von Oracle vorbereitete, kamen auch aus der praktischen Arbeit. Der Workshop ist in den letzten Jahren stark gewachsen und umfasst heutzutage viele Seiten von Performance Tuning. Ich musste entscheiden, was ich weiter mit diesem umfangreichen Material tun soll. Die Anregung, ein Buch zu schreiben, kam eigentlich von den Teilnehmern dieses Workshops. Ich wollte aber zunächst klären, ob dieses Material einen größeren Kreis von Fachleuten interessiert.

Bei Performance Tuning neige ich zu intuitiven Lösungen, Workarounds und Tricks, die aber im Grunde genommen sehr einfach sind (s. das Motto dieses Buches). Diese einfachen Lösungen haben ihre Effektivität bereits beim Tuning von Hunderten der Datenbanken bewiesen. Sind sie aber nicht zu einfach und nicht zu primitiv? Viele Firmen, mit denen ich im Kontakt bin, haben sehr gute Datenbankadministratoren, die keine Neulinge im Performance Tuning sind. Und trotzdem brauchen sie oft Hilfe. Warum? Vermutlich, weil ihnen doch einige dieser „einfachen" Ansätze und Methoden fehlen. Lassen sich diese Ansätze und Methoden den anderen beibringen? Einige Datenbankadministratoren, mit denen ich eng zusammenarbeite, haben bereits viele Methoden von mir übernommen. Es freut mich sehr, dass diese bei Problemlösungen helfen. Apropos, unter „meinen Methoden" meine ich nichts anderes als Methoden, welche ich anwende.

Viel wichtiger als die Methoden finde ich die Ansätze: die Methoden ändern sich von einer Oracle Version zu der anderen, die Ansätze bleiben. Viele Spezialisten teilen diese Meinung nicht: sie legen viel Wert auf die Methoden, und die Ansätze werden von ihnen ziemlich vernachlässigt. In diesem Buch habe ich versucht, einige wichtige Ansätze des Performance Tuning zu präsentieren.

Es gibt sehr viele interessante und populäre Bücher über Performance Tuning. Einige von ihnen befinden sich in der Literaturliste am Ende dieses Buches. Die starke praktische Ausprägung lässt mich hoffen, dass dieses Buch auch seine Leser findet.

Inhaltsverzeichnis

1	**Einführung**	1
	1.1 Ziele und Zielgruppen	1
	1.2 Was erwartet Sie in diesem Buch	1
	1.3 Skripte und Test-Cases	2
	1.4 Danksagung	3
2	**Einleitung**	5
	2.1 Was ist eigentlich Performance Tuning?	5
	2.1.1 Ein langsamer Delete	6
	2.2 Eine akzeptable Performance als Kriterium des Performance Tuning	8
	2.3 Performance Tuning aus der Sicht der Entwickler und der Datenbankadministratoren	9
	2.3.1 Performance Tuning mit 3 Datenbankparametern	10
	2.3.2 Workaround mit einem FBI	11
	2.4 Warum mögen manche Datenbankadministratoren das Performance Tuning nicht?	14
	2.5 Die technischen Voraussetzungen für das Performance Tuning	16
	2.6 Was braucht man noch?	17
3	**Die 2 wichtigsten Kennzahlen für das Performance Tuning**	21
	3.1 CPU-Statistiken	22
	3.1.1 CPU-Betriebssystemstatistiken	22
	3.1.2 CPU-Datenbankstatistiken	24
	3.2 Wartestatistiken/Warteereignisse (wait events)	27
	3.2.1 Warteklassen und Parameter der Warteereignisse	27
	3.2.2 Leerlauf-Warteereignisse (idle events)	29
	3.2.3 Einige wichtige Warteereignisse (wait events)	34
	3.2.4 Wartestatistiken auf System-, Session- und Cursor-Ebene	52
	3.2.5 Ermittlung der SQL-Anweisungen und der Blocker für ein Warteereignis	54
	3.2.6 Historische Views für die aktiven Sessions	58

4 Laufzeitstatistiken ... 61
- 4.1 Betriebssystemstatistiken ... 61
- 4.2 Datenbankstatistiken ... 63
  - 4.2.1 System- und Session-Statistiken ... 63
  - 4.2.2 Segment-Statistiken ... 67
  - 4.2.3 Cursor-Statistiken ... 70

5 Wichtige Charakteristiken des SQL-Textes ... 73
- 5.1 SQL Id und Hash Value ... 73
- 5.2 Signaturen ... 78

6 Explain -/Ausführungsplan ... 83
- 6.1 Oracle Features für Explain-/Ausführungsplan ... 90
  - 6.1.1 Kommando Explain Plan ... 90
  - 6.1.2 Feature Autotrace in SQL*Plus ... 96
  - 6.1.3 Ermittlung des Ausführungsplans in der SQL-Area, im Statspack-Repositoty und im AWR ... 100
  - 6.1.4 Spalte OTHER_XML ... 103
  - 6.1.5 Event 10046 ... 104
  - 6.1.6 Wie findet man die jeweilige Trace-Datei? ... 110
  - 6.1.7 Utility TKPROF ... 111
  - 6.1.8 Event 10053 ... 113
- 6.2 SQL Monitoring in 11g ... 114

7 Optimizer-Statistiken ... 121
- 7.1 Wichtige Features von 11g im Überblick ... 121
  - 7.1.1 Einige Optimizer-Statistiken ... 127
  - 7.1.2 Verzögerte Invalidierung der Cursor ... 144
  - 7.1.3 Historische Optimizer-Statistiken ... 148

8 Gemeinsame Nutzung der Cursor bei Oracle (cursor sharing) ... 159
- 8.1 View V$SQL_SHARED_CURSOR ... 160
- 8.2 Längen von Cursor-Listen in Oracle 10g und in Oracle 11g ... 164
- 8.3 Performanz-Probleme bei langen Cursor- Listen ... 168
  - 8.3.1 Performanz-Problem mit vielen Datenbankschemata ... 168
  - 8.3.2 Performanz-Problem bei WORKAREA_SIZE_POLICY=AUTO ... 171

9 Dynamic Sampling ... 175

10 User Bind Peeking ... 183

11 Parameter CURSOR_SHARING ... 189
- 11.1 Parameter CURSOR_SHARING vor Oracle 11g ... 189

11.2 User Bind Peeking bei der Parametereinstellung
      CURSOR_SHARING<>EXACT 194
11.3 Einschränkung 197
11.4 Besonderheiten bei Oracle 11g 198

12 AWR und Statspack 199
12.1 Gemeinsamkeit und Unterschiede vom AWR und dem Statspack 199
12.2 Grafische Auswertungen von AWR- und von Statspack-Daten 210
     12.2.1 Ein guter Überblick der Warte- und Laufzeitstatistiken 210
     12.2.2 Ein Fall mit Wartezuständen für „library cache: mutex X" 215

13 Optimizer Hints 217
13.1 Outlines 222
13.2 Hint OPT_PARAM 231

**14 Stored Outlines, SQL Profiles. Bedeutung, SQL Plan Baselines.
    Unterschiede, Zusammenhänge** 237
14.1 Stored Outlines 238
     14.1.1 Anlegen 239
     14.1.2 Aktivieren und Deaktivieren 242
     14.1.3 Verfizieren 243
     14.1.4 Transportieren 245
     14.1.5 Wo muss man aufpassen? 245
14.2 SQL Profiles 246
     14.2.1 Anlegen 247
     14.2.2 Aktivieren und Deaktivieren 251
     14.2.3 Verfizieren 251
     14.2.4 Transportieren 252
     14.2.5 Wo muss man aufpassen? 252
14.3 SQL Plan Baselines 253
     14.3.1 Anlegen 254
     14.3.2 Aktivieren und Deaktivieren 256
     14.3.3 Verfizieren 257
     14.3.4 Transportieren 258
     14.3.5 Wo muss man aufpassen? 259
     14.3.6 Vergleich der SQL Plan Baselines und Stored Outlines 259

15 Einige für Performance Tuning wichtige Features in 11g 261
15.1 Adaptive Cursor Sharing 262
     15.1.1 Grundlegende Idee 262
     15.1.2 Überblick über das Verfahren 263
     15.1.3 Vertiefung in das Thema 267

15.2 Cardinality Feedback 275
15.3 Serial Direct Path Reads 282
15.4 Automatic Degree of Parallelism (ADOP) 288

16 Ein bisschen Philosophie 295
16.1 Oracle Datenbank als Naturphänomen 295
16.2 Das Prinzip von „Ockhams Rasiermesser" bei Performance Tuning 296
  16.2.1 Ein Fall mit einem nicht performanten Datenbankprozess 299
16.3 Wo und wie fängt man beim Performance Tuning an? 300
16.4 Umgehungslösungen (Workarounds) 301
16.5 Wrong Results. Ein Zusammenhang mit Performance Tuning 303
  16.5.1 Ein Fall mit einer fehlerhaften Query-Transformation 305
16.6 Ein paar Empfehlungen für die Anfänger 308
  16.6.1 Augen offen halten 309
  16.6.2 Vergessen Sie nicht ihre stärkste Waffe einzusetzen 311
  16.6.3 Bloß nicht aufgeben! 311

17 Einige Ermittlungstechniken für problematische SQL-Anweisungen 313
17.1 Ermittlung der problematischen SQL-Anweisungen bei akuten gegenwärtigen Performanz-Problemen 314
17.2 Ermittlung der problematischen SQL-Anweisungen bei den vergangenen Performanz-Problemen 318
  17.2.1 Ermittlung der Top-SQL-Anweisungen aus dem Statspack-Repository 318
  17.2.2 Ermittlung der Top-SQL-Anweisungen aus dem AWR 324
  17.2.3 Ermittlung der Top-SQL-Anweisungen in den historischen Views der aktiven Sessions 328
17.3 Ermittlung der Top-SQL-Anweisungen für ein Objekt 330
17.4 Ermittlung der problematischen SQL-Anweisungen bei speziellen Performanz-Problemen (ein Fall aus der Praxis) 334

18 Tuning der problematischen SQL-Anweisungen 339
18.1 Die OSP-Methode (Outlines in SQL Profile) 340
18.2 Fixieren eines Ausführungsplans mit der OSP-Methode 342
18.3 Fixieren eines Ausführungsplans aus dem Statspack-Repository 344
18.4 Wichtige Ansätze des SQL-Tuning 346
  18.4.1 Zielsetzung für SQL-Tuning bei akuten Performanz-Problemen 347
  18.4.2 Analyse der Laufzeitstatistiken als Methode des formalen SQL-Tunings 348

18.5 Remote-SQL-Tuning 359
    18.5.1 Test-Cases 359
    18.5.2 Modellierung 362
18.6 Hidden SQLs (das Ersetzen der SQL-Anweisungen ohne Programmcodeänderung) 369
18.7 Hidden Hints in den SQL-Anweisungen 375
    18.7.1 Hidden Hints mit Stored Outlines 375
    18.7.2 Hidden Hints mit SQL Profiles 376
    18.7.3 Hidden Hints mit SQL Plan Baselines 381
    18.7.4 Hidden Hints mit SQL-Patches 382

19 Neue Features von Oracle 12c im Überblick 387

20 Nachwort 391

21 SQL-Skripte 393
21.1 Skripte für Tuning 393
21.2 Test-Cases 397

Literatur 401

Einführung 1

1.1 Ziele und Zielgruppen

Dieses Buch ist in erster Linie an die Datenbankadministratoren adressiert. Da die Datenbankadministratoren sehr häufig mit plötzlichen Performanz-Verschlechterungen zu tun haben, stehen solche Probleme im Fokus dieses Buches. Das Hauptziel ist, einige Ansätze und Methoden zu präsentieren, mit welchen akute Performanz-Probleme schnell zu analysieren und zu beseitigen sind. Meistens werden solche Probleme durch inperformante SQL-Anweisungen verursacht. Dies erklärt, warum ich mich hauptsächlich auf die inperformanten SQL-Anweisungen, deren Analyse und Tuning in diesem Buch konzentriere. In den Fällen aus der Praxis sind aber auch einige andere Probleme und ihre Lösungen beschrieben.

Man kann sicherlich die Ansätze und Methoden für Analyse und Beseitigung akuter Performanz-Probleme auch für andere Problemfälle verwenden. Ich hoffe, dass diese Methoden, wie die Beschreibungen von Oracle Features, ein gewisses Interesse auch für die Entwickler der Software für Oracle Datenbanken darstellen. Die Entwickler bilden also die zweite Zielgruppe dieses Buches.

Ich habe versucht, das Material so darzustellen, dass es nicht nur für erfahrene Spezialisten, sondern auch für Neulinge verständlich und interessant ist. Die einzige Voraussetzung für den Leser ist das Wissen über Oracle-Datenbanken im Rahmen des Konzepts von Oracle und einige praktische Erfahrungen.

1.2 Was erwartet Sie in diesem Buch

Zunächst wollte ich ein ziemlich kleines Essay schreiben, welches sowohl einige Ansätze und Methoden als auch einige praktische Fälle umfasst. Die Diskussionen mit einigen Datenbankadministratoren ergaben aber, dass ihre Erwartungen an ein Buch für Performance Tuning doch anders sind. Die Leute wünschen sich ein mehr oder weniger autarkes Buch. Aus diesem Grund habe ich einige neue Kapitel in das Buch eingeführt, die den wichtigen Features, Laufzeitstatistiken und Warteereignissen gewidmet sind. Da es kein Lehrbuch ist, stellen diese Kapitel keine Ansprüche auf Vollständigkeit. Einige der beschriebenen Features sind lizenzpflichtig. Die Anwendung dieser Features liegt in der Verantwortung des Lesers.

Wichtig finde ich das „philosophische" Kapitel, wo einige Ansätze des Performance Tuning dargestellt sind. Modernes Leben setzt die Leute unter Stress und verlangt nach einem schnellen Handeln, besonders in Problemfällen. Für die Philosophie bleibt normalerweise keine Zeit. Es würde mich sehr freuen, wenn Sie trotz alledem dieses Kapitel nicht überschlagen.

Die zahlreichen Test-Cases dienen einem besseren Verständnis der beschriebenen Features von Oracle. Außerdem sind mehrere Skripte für Performance Tuning zur Verfügung gestellt. Wo sie zu finden sind, steht im nächsten Abschnitt.

Einen wichtigen Bestandsteil dieses Buches bilden Beschreibungen der Problemfälle und deren Lösungen aus der Praxis. Damit wollte ich zwei Ziele erreichen. Erstens habe ich mit diesen Beschreibungen versucht, ein Gefühl des Miterlebens und Mitmachens beim Leser zu erwecken, zweitens wollte ich die Logik der jeweiligen Problemlösungen veranschaulichen. Konkrete Lösungen können auch ein gewisses Interesse darstellen. Für dieses Buch habe ich nicht die kompliziertesten Problemfälle ausgesucht, sondern eher einige typische und interessante. In den Protokollen zu diesen Problemfällen habe ich sprechende Namen geändert, welche auf die konkreten Kunden hätten verweisen können.

Sie werden auf Aufzeichnungen in diesem Buch stoßen, welche einige Seiten des Performance Tuning unkonventionell illustrieren. Diese Aufzeichnungen sollen dem Leser Spaß bringen, für eine lockere Atmosphäre sorgen und dabei das Lesen angenehmer und produktiver machen. Diesem Zweck soll auch der lokere Schreibstil dienen, in dem die meisten Kapitel geschrieben sind.

1.3 Skripte und Test-Cases

Alle Skripte und Test-Cases kann man von der Internet-Seite http://www.tutool.de/book herunterladen. Skripte für Performance Tuning stehen im Verzeichnis „scripts_for_performance_tuning". Skripte, deren Namen das Wort „monitor" enthalten (z. B. cbc_latch_monitor9i.sql), berechnen Deltas für die jeweiligen Statistiken und geben sie aus. Man kann solche Skripte entweder mehrfach manuell ausführen oder ein einfaches Skript schreiben (beispielsweise ein Shell- oder ein Perl-Skript), welches in einer Endlos-Schleife solch ein Skript ausführt.

Zum Starten der Test-Cases braucht man 3 Verzeichnisse: auxiliary, demos und outputs. Im Verzeichnis „auxiliary" befinden sich einige Hilfsskripte, die für die Test-Cases nötig sind. Das Verzeichnis „demos" beinhaltet die Test-Cases selbst. Das Verzeichnis „outputs" ist für die Protokolle der Ergebnisse von den Test-Cases vorgesehen. Jedes Protokoll bekommt einen Namen, der folgendermaßen aufgebaut ist: <test-case>_<oracle

release>_<timestamp>.log. Ein Protokoll vom Skript test_case_autojoin.sql kann beispielsweise den folgenden Namen haben: test_case_autojoin_11.2.0.3.0_20130309223755.log. Um das Protokollieren zu ermöglichen, muss man die Test-Cases direkt im Verzeichnis „demos" ausführen, z. B. so

> D:\Scripts_and_Testcases\demos>sqlplus test/test@db11 @test_case_autojoin.sql

Meine Test-Cases habe ich auf kleinen Testdatenbanken von Oracle Releases 10.2.0.4, 11.1.0.7, 11.2.0.2 und 11.2.0.3 unter Windows XP und Windows 7 entwickelt und getestet. Diese Test-Cases sind ausschließlich auf Testdatenbanken zu starten, weil sie die notwendigen Datenbank-Objekte anlegen (ungeachtet, dass diese Objekte anschließend gelöscht werden, ist es nicht gut für produktive Systeme). Einige Test-Cases können ein produktives System sogar beeinträchtigen, weil sie den Shared Pool und den Buffer Cache leeren.

Die meisten Test-Cases kann man als Datenbankbenutzer mit den DBA-Rechten ausführen (auch als Datenbankbenutzer SYS). Die Test-Cases kontrollieren selber, ob sie unter SYS laufen können oder müssen. Einige Test-Cases benötigen noch 2 Datenbankbenutzer: TEST1 und TEST2 mit den DBA-Rechten. Die DBA-Rechte sind sicherlich überflüssig für die meisten Test-Cases. Man braucht aber verschiedene Rechte für verschiedene Test-Cases, und die Lösung mit den DBA-Rechten scheint mir die einfachste zu sein, damit alle Skripte problemlos funktionieren. Mit dem Skript prepare_test_db.sql im Verzeichnis „auxiliary" kann man eine Testdatenbank für die Test-Cases vorbereiten.

Es ist nicht ausgeschlossen, dass Sie etwas mehr Test-Cases auf der oben genannten Internet-Seite finden, als in diesem Buch erwähnt sind.

1.4 Danksagung

Vor allem möchte ich mich bei meiner Familie bedanken. Meiner Frau Elena bin ich sehr dankbar für ihre Geduld und für Performance-Tuning-Skripte, welche sie für dieses Buch zur Verfügung gestellt hat. Meine Tochter hat die tollen Zeichnungen gemacht. Vielen Dank, Anna!

Einen wichtigen Beitrag für dieses Buch hat Wolfgang Müller geleistet, der mir sehr viel mit der deutschen Sprache geholfen hat, in welcher dieses Buch geschrieben ist. Ich war sehr fasziniert und beeindruckt, wie gut er, kein Spezialist im Fachbereich, auch die logischen Zusammenhänge verfolgen konnte. Ihm bin ich sehr dankbar für seine ständige Unterstützung und Motivation. Ferner möchte ich mich recht herzlich bei Regina Stephan, meiner zweiten Helferin für die deutsche Sprache, bedanken.

Einen besonderen Dank möchte ich Hanno Ernst aussprechen, mit dem ich jahrelang eng zusammenarbeite. Ohne seine Anregungen und Bemerkungen hätte dieses Buch sicherlich anders ausgesehen.

Angelika Göllmann hat sich Mühe gegeben, dieses Buch ausführlich durchzulesen und ihre Meinung zu äußern. Das hat mir sehr geholfen.

Jens-Uwe Albrecht, Mike Große, Klaus Hader, Thomas Kretschmer, Jens Kusch und Lev Rosliakov haben ihre wertvolle Zeit für die Besprechungen dieses Buches geopfert und mehrere nützliche Vorschläge und Ideen eingebracht.

Meinem Freund Peter Schmidt bin ich sehr dankbar für den Verleih seines Namens. Hiermit gebe ich ihn unbeschädigt zurück.

2 Einleitung

2.1 Was ist eigentlich Performance Tuning?

Bevor wir mit den Methoden des Performance Tuning anfangen, ist es sinnvoll zu klären, was Performance Tuning ist. Es gibt eine Menge Definitionen. Die folgende Definition stellt keine Ansprüche, die einzig richtige zu sein.

Unter Performance Tuning versteht man organisatorische und technische Maßnahmen, die die Datenbank optimieren, um so ein Funktionieren zu erreichen, das in jeder Hinsicht akzeptabel ist. Diese Definition betont, dass die Datenbank für einen Zweck optimiert wird und diese Optimierung nebst den technischen auch die organisatorischen Methoden umfasst, die manchmal wesentlich sinnvoller, einfacher oder billiger als die technischen Lösungen sind. Sicherlich sind für uns in erster Linie gerade die technischen Methoden interessant. Die organisatorischen Methoden muss man aber auch im Auge behalten. Einige Performanz-Probleme kann man beispielsweise durch eine bessere Planung der Betriebsprozesse lösen. Manchmal ist es sinnvoller, die Stabilität und die akzeptable Produktivität durch Einführung der neuen Hardware zu erreichen, als einen ewigen und aussichtslosen Kampf gegen die schlechte Performanz mit den Tuning-Methoden zu führen.

Unter diese Definition fallen sowohl das planmäßige Performance Tuning als auch das Tuning im Fall der akuten Performanz-Probleme. Da die Datenbankadministratoren (ich übrigens auch) sehr oft mit den akuten Performanz-Problemen zu tun haben, stelle ich solche Probleme und deren Lösungen ins Zentrum dieses Buches. Diese Probleme bereiten einige zusätzliche Schwierigkeiten für die Spezialisten des Performance Tuning. Sie treten meistens plötzlich auf und verlangen eine schnelle Lösung. Einige Performanz-Probleme werden durch Bugs von Oracle bzw. vom Betriebssystem verursacht. In diesem Fall helfen die herkömmlichen Tuning-Methoden entweder gar nicht oder in einem sehr begrenzten Umfang. Man muss also solche Probleme richtig klassifizieren und die passenden Lösungen wählen (die jeweiligen Patches und Workarounds). Dafür muss man beurteilen, ob die Datenbank sich ordnungsgemäß verhält (nach dem Konzept von Oracle). Dies ist nicht immer leicht.

Es kann sein, dass ein akutes Problem gar nichts mit Performanz zu tun hat, obwohl es wie ein Performanz-Problem aussieht (s. das Beispiel im nächsten Abschnitt). Das bedeutet, dass man bei Performance Tuning nicht unbedingt immer mit reinen Performanz-Problemen zu tun hat, sondern manchmal mit Problemen, die vom Performance Tuning sehr weit entfernt sind. Das macht das Performance Tuning in meinen Augen noch attraktiver und spannender.

2.1.1 Ein langsamer Delete

Eines Tages beschwerte man sich bei mir über eine sehr schlechte Performanz der DELETE-Kommandos. Eins der problematischen Kommandos sah im AWR folgendermaßen aus.

```
---- GROUP=16.06.2011 00:00:00, SNAP_ID <= 18650, SNAP_TIME <= 17.06.2011 00:00:48,
SQL_ID=9471kj0sw2n4q
---- EXECUTIONS=87, ROWS_PROCESSED=0, PARSE_CALLS=88
---- DISK_READS=274, BUFFER_GETS=3098, DIRECT_WRITES=0
---- DISK_READS_PER_EX=3.15, BUFFER_GETS_PER_EX=35.61, DIRECT_WRITES_PER_EX=0,
ROWS_PROCESSED_PER_EX=0, PARSE_CALLS_PER_EX=1.01
---- DISK_READS_PER_ROW=274.0000, BUFFER_GETS_PER_ROW=3098.0000
---- CPU_TIME (sec.)=1181.0824, ELAPSED_TIME (sec.)=2866.0444, WAIT_TIME (sec.)=1684.9620
---- CPU_TIME_PER_EX (sec.)=13.5757, ELAPSED_TIME_PRO_EX (sec.)=32.9430, WAIT_TIME_PRO_EX
(sec.)=19.3674
---- PLSQL_EXEC_TIME (sec.)=0.0000, JAVA_EXEC_TIME (sec.)=0.0000
---- PLSQL_EXEC_TIME_PER_EX (sec.)=0.0000, JAVA_EXEC_TIME_PRO_EX (sec.)=0.0000
---- APPLICATION_WAIT_TIME (sec.)=0.0000, CONCURRENCY_WAIT_TIME (sec.)=0.0000,
CLUSTER_WAIT_TIME (sec.)=0.0000, USER_IO_WAIT_TIME (sec.)=1.8639
---- APPLICATION_WAIT_TIME_PER_EX (sec.)=0.0000, CONCURRENCY_WAIT_TIME_PER_EX (sec.)=0.0000,
CLUSTER_WAIT_TIME_PER_EX (sec.)=0.0000, USER_IO_WAIT_TIME_PER_EX (sec.)=0.0214
---- FORCE_MATCHING_SIGNATURE = 7795373675645671414
---- OPTIMIZER_MODE = ALL_ROWS, OPTIMIZER_ENV_HASH_VALUE = 1009514590
DELETE FROM XXX.PPI WHERE kennung = :1
---- Execution Plan (Plan Hash Value : 1817795815) :
DELETE STATEMENT Optimizer=ALL_ROWS (Cost=2)
  DELETE OF PPI (Bind Peeking used)
INDEX (UNIQUE SCAN) OF IDX_PPI_PK (Cost=2 Card=1 Bytes=316 CPU_Cost=15293 IO_Cost=2 Time=1)
```

Tja, ca. 33 s Laufzeit (ELAPSED_TIME) für ein Löschen über Unique Index Scan waren in der Tat merkwürdig. Die Laufzeitstatistiken (3,61 Buffer Gets und 3,15 Disk Reads pro eine Ausführung) passten absolut nicht zu dieser Ausführungsdauer. Trotzdem überprüfte ich für alle Fälle, ob die Tabelle PPI irgendwelche Trigger und Foreign Key Constrains hatte. Ich fand nichts.

Da ich mit einem DELETE nicht experimentieren wollte, und ein SELECT über einen Unique Index Scan meiner Meinung nach das jeweilige Problem nicht hätte nachstellen können, aktivierte ich das SQL-Tracing für eine Session, welche den DELETE ausführte. Das war eine glückliche Idee, weil ich am Anfang der Trace-Datei folgendes entdeckt habe.

2.1 Was ist eigentlich Performance Tuning?

```
Dump file /opt/oracle/admin/XXX/udump/XXX_ora_4481148.trc
Oracle Database 10g Enterprise Edition Release 10.2.0.4.0 - 64bit Production
With the Partitioning, OLAP, Data Mining and Real Application Testing options
ORACLE_HOME = /opt/oracle/product/10.2
System name:    AIX
Node name:      XXX52
Release:        3
Version:        5
Machine:        XXX00
Instance name: XXX
Redo thread mounted by this instance: 1
Oracle process number: 198
Unix process pid: 4481148, image: oracle@XXX52
*** 2011-06-17 08:54:38.587
*** SERVICE NAME:(CLNRTWRITE) 2011-06-17 08:54:38.586
*** SESSION ID:(270.46070) 2011-06-17 08:54:38.586
oer 8102.2 - obj# 92402, rdba: 0x057820bc(afn 21, blk# 3678396)
kdk key 8102.2:
  ncol: 2, len: 18
  key: (18):  0a 32 30 31 31 2d 30 36 2d 30 38 06 02 f3 28 a7 00 0a
mask: (4096):
 01 08 00 00 18 00 00 00 00 00 00 00 00 00 00 00 00 00 00 00 00 00
 00 00 00 00 00 00 00 00 00 00 00 00 00 00 00 00 00 00 00 00 00 00
 00 00 00 00 00 00 00 00 00 00 00 00 00 00 00 00 00 00 00 00 00 00
```

Die ziemlich unauffällige Zeile „oer 8102.2– obj# 92402 …" wies auf den Fehler ORA-8102 hin, welcher beim Löschen der Daten auftrat. Ich überprüfte, was dieser Fehler bedeutet.

```
ORA-08102: index key not found, obj# string, file string, block string (string)
    Cause: Internal error: possible inconsistency in index
    Action: Send trace file to your customer support representative, along with
    information on reproducing the error
```

Als nächstes ermittelte ich, was für ein Index es war (in der View DBA_OBJECTS über die Spalte OBJECT_ID = 92402) und wie dieser Index aufgebaut war (ich habe dafür das CREATE-Kommando für den jeweiligen Index mittels der Funktion DBMS_METADATA. GET_DDL generiert).

```
CREATE INDEX "XXX"."IDX_PPI_SUBSTR_ERSTELLUNG" ON "XXX"."PPI"
(SUBSTR(TO_CHAR("ERSTELLUNGSZEITPUNKT"),0,10))
PCTFREE 10 INITRANS 2 MAXTRANS 255
STORAGE(INITIAL 65536 NEXT 1048576 MINEXTENTS 1 MAXEXTENTS 2147483645
PCTINCREASE 0 FREELISTS 1 FREELIST GROUPS 1 BUFFER_POOL DEFAULT)
TABLESPACE "INV"
```

Die Funktion TO_CHAR ohne Format schien mir sehr verdächtig. Der Tabellendefinition für PPI entnahm ich, dass die Spalte ERSTELLUNGSZEITPUNKT vom Typ TIMESTAMP war. Erst jetzt wurde mir klar, was passiert war. Die TIMESTAMP-Daten wurden mit einer Vorgabeeinstellung für das TIMESTAMP-Format als Zeichenkette im Index abgespeichert. Mit einer anderen Einstellung auf der Session-Ebene, konnte Oracle die jeweiligen

Index-Werte nicht mehr beim DELETE finden. So kam es zum Fehler ORA-8102. Die große Laufzeit entstand dadurch, dass Oracle automatisch eine Trace-Datei im Problemfall erzeugt, was auch seine Zeit braucht. Für den Datenbankadministrator, der dieses Problem an mich gemeldet hatte, sah es wie ein reines Performanz-Problem aus.

Ich baute einen kleinen Test-Case für das TIMESTAMP-Format zusammen. Mit dem ähnlichen Test-Case testete ich, wie Oracle mit dem Datum-Format in diesem Fall umgeht. Beim Datum speichert Oracle automatisch die jeweilige Vorgabeeinstellung in der Funktion TO_CHAR als Format mit, so dass dieses Problem mit dem Datum nicht entsteht. Man muss aber dieses Format in den SQL-Anweisungen explizit benutzen, um die Zugriffe über den jeweiligen Index zu ermöglichen.

Da die Problemlösung lediglich mit einer Programmänderung möglich war, entschied man, keinen Service Request für dieses Problem bei Oracle zu eröffnen.

Fazit

- man muss sich darauf einstellen, dass sich ein völlig anderes Problem unter dem angeblichen Performanz-Problem verstecken kann,
- die Laufzeitstatistiken auf der Cursor-Ebene kumulieren die jeweiligen Statistiken der darunterliegenden Operationen (in diesem Fall die Laufzeit)

2.2 Eine akzeptable Performance als Kriterium des Performance Tuning

Unter welchen Umständen soll man mit Performance Tuning anfangen, und wann soll man die Performanz-Verbesserungen beenden? Theoretisch ist jedes System performanzmäßig zu verbessern. Das Problem dabei ist, dass man in der Regel mit jedem nächsten Schritt immer weniger an der Performanz gewinnt, aber immer mehr Zeit in das Tuning investiert, so dass das Performance Tuning immer teurer wird. Wo muss man denn die Grenze ziehen? Meiner Meinung nach ist es sinnvoll, hier ganz praktisch vorzugehen. Wenn die Performanz den Betrieb nicht gefährdet und keine nichtperformanten Abfragen die Anwender nerven, ist eine solche Datenbankperformanz in meinen Augen akzeptabel und nicht unbedingt zu verbessern. Das heißt nicht, dass Sie nicht reagieren dürfen, wenn Sie eine Auffälligkeit entdeckt haben, die u. U. zu einem größeren Problem werden kann oder leicht zu beseitigen ist. Selbstverständlich müssen Sie die Zuständigen darüber informieren und möglicherweise sofort eingreifen. Bei einer Routineuntersuchung einer Datenbank mit einer OLTP-Anwendung ist mir eine komplexe SQL-Anweisung aufgefallen, die viele UNIONs beinhaltete und für jede Ausführung ca. 40 s brauchte. Aus meiner Erfahrung wusste ich, wie man solche SQL-Anweisungen leicht beschleunigen kann (s. im nächsten Abschnitt). So habe ich die Laufzeit dieser SQL-Anweisung auf einen Sekundenbruchteil reduziert. Wenige Minuten später haben sich die überglücklichen Anwender gemeldet. Sie haben jahrelang vor dem Bildschirm geduldig jeweils 40 s lang gewartet, bis die problematische Abfrage endete. Aber auch in diesem Fall, meiner Meinung nach, war die Performanz akzeptabel, da die Leute sich auf diese lange Antwortzeit einstellten.

2.3 Performance Tuning aus der Sicht der Entwickler und der Datenbankadministratoren

Es ist kein Wunder, dass die Entwickler und die Datenbankadministratoren ganz unterschiedliche Blickwinkel auf das Performance Tuning haben und dementsprechend unterschiedliche Tuning-Methoden benutzen: Ihre Aufgaben und Tätigkeitsbereiche sind verschieden.

Ein Entwickler hat normalerweise lediglich mit SQL-Problemen zu tun. Er kennt sich mit dem jeweiligen Datenmodell aus und nutzt seine Kenntnisse bei Performance Tuning. In einem Problemfall weiß er sehr oft, wie es richtig und performant funktionieren soll. Das hilft ihm, eine problematische Stelle in der jeweiligen SQL-Anweisung zu finden und zu korrigieren. Ein Entwickler kennt sich in der Regel gut mit SQL aus und versteht unter Performance Tuning effiziente SQL-Programmierung, möglicherweise mit verschiedenen Tricks. Die Entwickler können diese Darstellung etwas primitiv finden, grundsätzlich stimmt sie aber.

Ein Datenbankadministrator hat die Vorteile eines Entwicklers nicht. In der Regel kennt er sich nicht oder schlecht mit dem Datenmodell aus, seine SQL-Kenntnisse erlauben ihm nur ziemlich einfache SQL-Anweisungen zu programmieren. Er weiß nicht, wie es sein soll, sondern muss nach den Engpässen im Ausführungsplan suchen (oder das Oracle überlassen), wenn ein SQL-Problem vorliegt. Ein Datenbankadministrator kann meistens keine SQL-Anweisungen ändern. Er macht Tuning mit ganz anderen Methoden und erreicht eine bessere Performanz durch Erstellung der aktuellen Optimizer-Statistiken, Änderung der Parametereinstellungen, Benutzung der Stored Outlines, SQL Profiles, SQL Plan Baselines usw. Außerdem hat er nicht nur mit SQL-Problemen, sondern auch mit anderen Performanz-Problemen zu tun.

Jahrelang war ich als Entwickler bei verschiedenen Firmen tätig. Als ich danach mich auf Performance Tuning spezialisiert habe, habe ich zunächst beim Tuning meine Methoden aus der Entwicklerzeit benutzt. Sehr schnell habe ich festgestellt, dass ich auf diese Methoden verzichten muss. Ich hatte keine Zeit, um mich in das neue Datenmodell bei jedem Problem einzuarbeiten. Dieser Aufwand stand in keinem guten Verhältnis zum Ergebnis. Das hat mich bewogen, nach neuen Tuning-Methoden zu suchen.

Die Tuning-Methoden, die die Datenbankadministratoren und die Spezialisten für Performance Tuning benutzen, sind meist effektiv. Aus diesem Grund können sie in einigen Situationen auch den Entwicklern behilflich sein. Ich will damit nicht sagen, dass die Entwickler diese Methoden unbedingt beherrschen müssen. Eine grobe Vorstellung von diesen Methoden wäre aber meiner Meinung nach für sie von Vorteil.

An den nächsten 2 Beispielen möchte ich zeigen, wie stark sich die Denkweise und die Ansätze eines Entwicklers und eines Spezialisten für Performance Tuning voneinander unterscheiden und wie effektiv die Methoden der letzteren sein können.

2.3.1 Performance Tuning mit 3 Datenbankparametern

Vor einigen Jahren musste ich bei einer Migration von Oracle 8.1.7 auf Oracle 10.2.0.2 mit Performance Tuning helfen, da die 10-er Testdatenbank eine miserable Performanz aufwies. Als Ansprechpartner habe ich einen Entwickler bekommen, der sofort verkündete, dass ich mich auf eine Zusammenarbeit von mindestens 3 Wochen einstellen müsse. Er begründete es damit, dass das Tuning bei der vorherigen Migration von Oracle 7 auf Oracle 8 auch etwa so lange gedauert hätte. Da ich andere Pläne hatte, versuchte ich eine andere Methode zu finden, statt die SQL-Anweisungen eine nach der anderen zu tunen. Meinen Ansprechpartner habe ich um einige Stunden gebeten, um mich zunächst umschauen zu können. In dieser Zeit untersuchte ich die Datenbank. Dabei suchte ich gezielt nach irgendwelchen Besonderheiten, die mir beim Performance Tuning helfen konnten. Und ich fand sie. Die meisten SQL-Anweisungen bei dieser Datenbank waren ähnlich aufgebaut. Man könnte fast alle SQL-Anweisungen in 3–4 Kategorien unterteilen. Es gab dort z. B. sehr komplexe SQL-Anweisungen, die die Zehner von Operatoren UNIONs beinhalteten, in den Ausführungsplänen der anderen fand ich immer „ANTI JOIN", usw. Wie konnte man diese Tatsache beim Tuning gebrauchen? Meine Schlussfolgerung war sehr einfach. Wenn eine Datenbank ein paar Typen der SQL-Anweisungen hat und diese SQL-Anweisungen nicht performant sind, kann es sein, dass der jeweilige Oracle Release gewisse Probleme gerade mit solchen Typen der SQL-Anweisungen hat. Ich suchte unter den bekannten Problemen für 10.2.0.2 in MOS (My Oracle Support) und fand einige vermutlich passende. Am nächsten setzte ich 5 Parametereinstellungen als Workarounds für die gefundenen Probleme ein. Alle Test-Cases von mir brachten eine deutliche Performanz-Verbesserung. Nach den ausführlichen Performanz-Tests reduzierte der Kunde die Anzahl der Parametereinstellungen auf 3, da die anderen 2 für einige SQL-Anweisungen sich ungünstig erwiesen haben. Das hat aber die Tatsache nicht verändert, dass ich in einem Tag mit ein paar Parametern die Datenbank getunt habe.

Eine der abgelehnten Parametereinstellungen war `_OPTIMIZER_COST_BASED_TRANSFORMATIONS=OFF`. Diese Parametereinstellung half mir die SQL-Anweisungen mit vielen UNIONs zu beschleunigen. Diesen Trick habe ich nach diesem Fall mehrmals und meistens mit Erfolg wieder verwendet. Sie können das selber probieren, wenn Sie eine SQL-Anweisung mit mehreren nacheinander folgenden UNIONs zu tunen haben. Dabei ist folgendes zu beachten:

- die Anzahl der UNIONs in der SQL-Anweisung muss gravierend sein, damit diese Parametereinstellung hilft,
- die Parametereinstellung `_OPTIMIZER_COST_BASED_TRANSFORMATIONS=OFF` kann sich auf einige andere SQL-Anweisungen negativ auswirken. Aus diesem Grund ist es sinnvoll, diese Einstellung mit dem Hint OPT_PARAM gezielt für die problematische SQL-Anweisung einzusetzen (mehr Informationen zum Hint OPT_PARAM finden Sie im Abschn. 13.2).

> **Fazit**
> - Performance Tuning mit Parametereinstellungen kann sehr effizient sein,
> - die gewonnenen Erkenntnisse bei einem Problemfall kann man erfolgreich bei den anderen Problemfällen benutzen

2.3.2 Workaround mit einem FBI

Nach einem Release-Wechsel der Anwendung ist eine wichtige SQL-Anweisung nicht performant geworden. Vor dem Release-Wechsel wurde ein Index Unique Scan im jeweiligen Ausführungsplan benutzt, nach dem Release-Wechsel lief diese SQL-Anweisung mit einem Full Table Scan. Es wurde ziemlich schnell klar, was das verursachte. Man definierte versehentlich in der jeweiligen Tabelle eine Spalte mit nummerischen Werten als VARCHAR2. In der SQL-Anweisung benutzte man aber eine Bind-Variable vom Typ NUMBER. Einen Index für die jeweilige Spalte konnte Oracle in dieser Situation nicht gebrauchen.

Die Entwickler schlugen sofort vor, den jeweiligen Datentyp in der Tabelle wieder auf NUMBER zu ändern. Dieser Vorschlag war absolut richtig. Man konnte ihn leider erst 2 Wochen später umsetzen, da man die jeweilige Änderung zunächst vorbereiten musste. Noch mehr Zeit kosteten die Formalitäten: eine Genehmigung für diese Aktion auf der produktiven Datenbank. Diese 2 Wochen musste man irgendwie überleben.

Da die Workarounds gerade in solchen Fällen am besten einzusetzen sind, schlug ich einen ganz einfachen vor. Man konnte dieses Performanz-Problem mit einem FBI (function based index) umgehen. Mit dem folgenden Test-Case kann man das jeweilige Problem und dessen Lösung nachstellen. Zunächst wird eine kleine Tabelle mit einer Spalte C1 vom Typ VARCHAR2 angelegt und mit den Daten gefüllt, danach wird ein UNIQUE Index für diese Spalte erzeugt.

```
SQL> create table t1(c1 varchar2(100), c2 number, c3 number);

Table created.

SQL> declare
  2   i integer;
  3  begin
  4          for i in 1..10000 loop
  5                  insert into t1 values (i,i + 1000000, i + 5000000);
  6          end loop;
  7   commit;
  8   end;
  9  /

PL/SQL procedure successfully completed.

SQL> create unique index i_t1 on t1(c1);

Index created.
```

Jetzt wird eine SQL-Anweisung ausgeführt, die die Daten für einen Wert der Spalte C1 ermittelt. In dieser SQL-Anweisung wird dafür eine Bind-Variable vom Typ NUMBER benutzt. Der jeweilige Ausführungsplan zeigt einen Full Table Scan an.

```
SQL> var b1 number
SQL>
SQL> begin
  2    :b1:=30;
  3  end;
  4  /

PL/SQL procedure successfully completed.

SQL> select /*+ index(t1 i_t1) */  * from t1 where c1 = :b1;

        C1
        C2         C3
----------------------------------------------------------------------------
--------------------------
        30
   1000030    5000030

SQL>
SQL> select plan_table_output from table (sys.dbms_xplan.display_cursor('','','ADVANCED' ));

PLAN_TABLE_OUTPUT
----------------------------------------------------------------------------
----------------------------------------------------------------------------
----------------------------------------------------------------------------
-----------------
SQL_ID  cd52tfhkcr264, child number 0
-------------------------------------
select /*+ index(t1 i_t1) */  * from t1 where c1 = :b1

Plan hash value: 3617692013

---------------------------------------------------------------------------
| Id  | Operation         | Name | Rows  | Bytes | Cost (%CPU)| Time     |
---------------------------------------------------------------------------
|   0 | SELECT STATEMENT  |      |       |       |    10 (100)|          |
|*  1 |  TABLE ACCESS FULL| T1   |     1 |    78 |    10   (0)| 00:00:01 |
---------------------------------------------------------------------------
```

Das Argument FORMAT der Funktion DBMS_XPLAN.DISPLAY_CURSOR habe ich auf 'ADVANCED' gesetzt, um den Typ der jeweiligen Bind-Variable zu ermitteln. Alternativ hätte man diesen Typ in der View V$SQL_BIND_CAPTURE finden können.

```
Peeked Binds (identified by position):

   1 - :B1 (NUMBER): 30
```

In dem ausgegebenen Ausführungsplan findet man auch die folgende Information über die Prädikate.

2.3 Performance Tuning aus der Sicht der Entwickler und der ...

```
Predicate Information (identified by operation id):
---------------------------------------------------

   1 - filter(TO_NUMBER("C1")=:B1)
```

Das bedeutet, dass Oracle die Funktion TO_NUMBER für jeden Wert der Spalte C1 berechnet, was den Full Table Scan verursacht. Warum kann Oracle das nicht umgekehrt machen, also die Funktion TO_CHAR für die Bind-Variable berechnen? Dafür fehlt Oracle das Format für die Funktion TO_CHAR. Die Spalte C1 kann beispielsweise die folgenden Werte beinhalten: 1, 1.0, 1.00, 1.000, ….

Alle dieser Werte entsprechen dem nummerischen Wert 1. Da es nicht bekannt ist, mit welchem Format die nummerischen Werte jeweils in der Spalte C1 abgespeichert sind, muss Oracle die Funktion TO_NUMBER für diese Werte berechnen und die Ergebnisse mit dem Bind-Wert vergleichen. Wenn man einen FBI für die Funktion TO_NUMBER anlegt, nimmt Oracle diesen Index.

```
SQL> drop index i_t1;

Index dropped.

SQL>
SQL> create unique index i_t1 on t1(to_number(c1));

Index created.

SQL>
SQL> select * from t1 where c1 = :b1;
C1
C2         C3
------------------------------------------------------------------------------------
------ ---------- ----------
 30
1000030    5000030
SQL>
SQL> select plan_table_output from table (sys.dbms_xplan.display_cursor('','','ADVANCED' ));

PLAN_TABLE_OUTPUT
------------------------------------------------------------------------------------
------------------------------------------------------------------------------------
------------------------------------------------------------------------------------
-----------------
SQL_ID  9shq0ww8kyw5d, child number 0
-------------------------------------
select * from t1 where c1 = :b1

Plan hash value: 4196714161

--------------------------------------------------------------------------------
| Id  | Operation                   | Name | Rows  | Bytes | Cost (%CPU)| Time     |
--------------------------------------------------------------------------------
|   0 | SELECT STATEMENT            |      |       |       |     2 (100)|          |
|   1 |  TABLE ACCESS BY INDEX ROWID| T1   |     1 |    91 |     2   (0)| 00:00:01 |
|*  2 |   INDEX UNIQUE SCAN         | I_T1 |     1 |       |     1   (0)| 00:00:01 |
--------------------------------------------------------------------------------
```

> **Fazit**
>
> Die Workarounds stellen eine mächtige Tuning-Methode dar. Mit einem Workaround kann man oft sofort das jeweilige Performanz-Problem beseitigen.

2.4 Warum mögen manche Datenbankadministratoren das Performance Tuning nicht?

Das Performance Tuning gehört zu den Aufgaben der Datenbankadministratoren. Deswegen war ich etwas überrascht, als ich feststellte, dass einige Datenbankadministratoren diese Tätigkeit zu meiden oder sehr formal auszuüben versuchen. Eine Zeitlang konnte ich das nicht verstehen. Erst nach einigen Überlegungen und Beobachtungen bin ich zu folgendem Schluss gekommen. Das Performance Tuning ist eine Tätigkeit, die sich generell nicht formalisieren lässt (nur einige Klassen der Performanz-Probleme kann man mehr oder weniger formal darstellen). Aus diesem Grund sind viele Empfehlungen für Performance Tuning in der Fachliteratur ziemlich vage formuliert. Ein Spezialist für Performance Tuning muss das Problem selber analysieren und entscheiden, welche der typischen Empfehlungen zu dem jeweiligen Fall am besten passt. In einigen Fällen muss man diese Empfehlungen ignorieren oder sogar genau das Gegenteil tun. Es kann auch sein, dass der Fall (zumindest in der jeweiligen Ausprägung) gar nicht in der Fachliteratur beschrieben ist und man nach einer neuen Methode suchen muss. Das Performance Tuning verlangt also eine gewisse Kreativität von den Datenbankadministratoren. Wenn man ein Performanz-Problem angeht, besteht keine Garantie, dass man dieses Problem löst. Ich kann keine andere Standard-Aufgabe der Datenbankadministratoren nennen, die in dieser Hinsicht mit dem Performance Tuning vergleichbar wäre.

Nicht alle Datenbankadministratoren sind bereit zu einer Tätigkeit, die viel Kraft und Zeit kostet, und keinen Erfolg dabei verspricht. Die Leute mögen eher eine Routinearbeit, bei der sie nach dem Ausführen bestimmter Operationen garantiert und schnell ans Ziel kommen.

Dazu passt sehr gut ein Zitat von Albert Einstein: „Holzhacken ist deshalb so beliebt, weil man bei dieser Tätigkeit den Erfolg sofort sieht". Dieses Zitat möchte ich dahingehend verändern, dass ich in meinem Fall Holzhacken durch Holzsägen austausche, ohne seinen Sinn zu ändern. Das Performance Tuning attraktiver und beliebter zu machen, ist eins der Ziele dieses Buches. Hier werden einige dunkle Ecken der Oracle Datenbank ausgeleuchtet und einige Methoden des Performance Tuning präsentiert. Mit diesen Methoden soll das Buch etwas mehr Routine in das Performance Tuning bringen. Spaßeshalber möchte ich das Sägen als Symbol des Performance Tuning und die Säge als Symbol eines Tool für Performance Tuning benutzen (eine Axt als solches Symbol ist mir einfach zu brutal). Dieses Symbol finden Sie auf den Abbildungen, die im weiteren Text auf eine lockere Art und Weise einige Seiten des Performance Tuning illustrieren.

2.4 Warum mögen manche Datenbankadministratoren das ...

Das Performance Tuning attraktiver und beliebter zu machen, ist eins der Ziele dieses Buches.

Zugleich möchte ich meinen Helfer Peter Schmidt vorstellen, der sich freundlicherweise bereit erklärt hat, mich durch dieses Buch zu begleiten. Er ist ein Praktiker und wird einige vorgeschlagene Methoden aus der praktischen Sicht beurteilen. Seine Fragen, Anregungen und Erfahrungen sind hier auch herzlich willkommen. Wir kennen uns ziemlich lange und sagen Du zueinander.

Leonid: *„Peter, könntest Du bitte mich mit ein paar Worten ergänzen".*

Peter: *„Wie Sie bereits wissen, heiße ich Peter Schmidt. Seit einigen Jahren bin ich als Datenbankadministrator für Oracle bei einem mittelgroßen Unternehmen tätig. Ich bin kein*

Neuling auf diesem Gebiet, aber mit Performance Tuning habe ich bis zuletzt nicht viel zu tun gehabt. Vor ein paar Monaten habe ich zwei neue Datenbanken zur Betreuung bekommen, die häufig Performanz-Probleme unterschiedlicher Art haben. Der Kampf mit diesen Problemen hat gezeigt, dass ich meine Kenntnisse im Performance Tuning vertiefen muss. Das Angebot von Leonid möchte ich gerade dafür nützen, zumal meine Beteiligung an diesem Buch mir nicht viel Zeit und Mühe zu kosten scheint. Ich übernehme gern die Rolle von Dr. Watson."

2.5 Die technischen Voraussetzungen für das Performance Tuning

Was braucht man, um mit dem Performance Tuning anfangen zu können? Meiner Meinung nach gar nicht so viel. Selbstverständlich braucht man gewisse Datenbankkenntnisse. Diese Datenbankkenntnisse müssen aber am Anfang nicht unbedingt sehr tief und umfangreich sein. Es ist ausreichend, die Grundkenntnisse von der Oracle Datenbank zu haben, um grob zu verstehen, wie die Datenbank funktioniert. Man kann viel aus der Praxis lernen, wenn man sich an eine einfache Regel hält: stößt man in der Praxis auf etwas Neues, muss man unbedingt das jeweilige Phänomen klären (auch wenn es für die Problemlösung nicht notwendig ist).

Dafür braucht man Nachschlagewerke. Die 2 wichtigsten sind die Dokumentation und der MOS (My Oracle Support) – die Wissensdatenbank von Oracle (https://support.oracle.com). Falls man dort nicht ausreichend Informationen findet, kann man auch in den Blogs und in den Foren im Internet suchen. Bei diesen letzten 2 Quellen muss man etwas aufpassen, da man dort nicht immer die richtige Information findet. Dort gibt es viele „Legenden und Mythen", die man erst dann erkennen kann, wenn man mit Vorsicht und mit gesunder Skepsis die gefundenen Informationen bewertet.

Man braucht noch unbedingt ein Tool für Performance Tuning. Wenn ein Performanz-Problem auftritt, muss man dieses Problem schnell klären und beseitigen. Wenn man erst in diesem Moment mit den für die Analyse notwendigen SQL-Anweisungen aus den internen Tabellen und Views von Oracle anfängt, kann es zu spät sein. Außerdem kann man mit solchen „selbstgestrickten" SQL-Anweisungen nicht alle Bedürfnisse des Performance Tuning abdecken. Meiner Meinung nach müssen die folgenden Kriterien für das jeweilige Tool erfüllt werden:

- das Tool muss bei der Lösung der meisten Ihrer alltäglichen Probleme helfen,
- da dieses Tool Ihr Hauptinstrument ist, muss es für Sie transparent und bequem sein,
- das Tool muss mit den „offiziellen" Begriffen von Oracle operieren (beispielsweise ein Latch muss dort genauso wie bei Oracle heißen und darf nicht irgendein „interner Lock" sein),

- jede Ihrer Aktivitäten muss protokolliert werden. Das ist ein sehr wichtiges Kriterium, damit Sie jede Problemlösung einige Wochen, Monate sogar Jahre später nachvollziehen können, wonach häufig der Bedarf besteht. Die meisten praktischen Beispiele in diesem Buch habe ich anhand solcher Protokolle rekonstruiert,
- da die grafischen Auswertungen sehr wichtig für Performance Tuning sind, muss das Tool sie ermöglichen (die Wichtigkeit der grafischen Auswertungen besprechen wir im Abschn. 12.2).

Wenn Sie als Spezialist für Performance Tuning bei mehreren Kunden mit ihren Datenbanken arbeiten, sind auch die restlichen 3 Kriterien für Sie wichtig:

- das Tool installiert möglichst keine Objekte auf der Datenbank,
- das Tool muss eine portable Anwendung sein,
- die plattformunabhängig ist.

Suchen Sie ein passendes Tool aus

2.6 Was braucht man noch?

Das Performance Tuning ist im Prinzip eine sehr interessante und packende Tätigkeit. Wenn Sie generell Spaß an Problemlösungen haben, es können z. B. Kreuzworträtsel, Schachspiel oder irgendwelche Rätsel für scharfe Denker sein, wird das Performance Tuning Ihnen sicherlich auch Spaß machen. Nehmen Sie das Performance Tuning nicht allzu ernst, betrachten Sie es (zumindest zum Teil) als ein intellektuelles Spiel.

Spaß muss dabei sein

Phantasie und Kreativität sind auch beim Performance Tuning angesagt. Oft hilft dort ein unkonventioneller Ansatz, eine Problemlösung zu finden.

Das Performance Tuning verlangt Kreativität

2.6 Was braucht man noch?

Etwas Glück kann nie schaden. Sie werden aber merken: Je besser Sie im Performance Tuning werden, desto häufiger werden Sie Glück bei Problemlösungen haben.

Die Lösung kommt manchmal wie aus dem heiteren Himmel

Wenn Sie erst am Anfang ihrer Karriere beim Performance Tuning stehen, zögern Sie nicht, fangen Sie mit dem praktischen Tuning an. Lernen Sie bei „Doing", und eines Tages werden Sie zu einem Meister.

Übung macht den Meister

Die 2 wichtigsten Kennzahlen für das Performance Tuning

3

Bis jetzt haben wir nicht konkretisiert, was eine schlechte Performanz bedeutet. Wenn jemand sich über eine schlechte Datenbank-Performanz beklagt, meint er, dass die Antwortzeit eines Datenbankkommandos (normalerweise einer SQL-Anweisung) oder die Laufzeit eines Datenbankprozesses zu groß ist. Es kann sein, dass mehrere Kommandos oder mehrere Prozesse, möglicherweise das gesamte System, solche Probleme haben. In jedem Fall geht es hier um eine inakzeptable Laufzeit, „elapsed time" in der Computerfachsprache. Diese Laufzeit unterteilt sich in die CPU-Auslastung und in die Wartezeit: „elapsed time" = „cpu time" + „wait time".

Um die problematische Laufzeit zu reduzieren, soll man entweder „cpu time" oder „wait time" oder beides reduzieren. Dafür muss man die Gründe für die hohe CPU-Auslastung oder die lange Wartezeit klären. Erst danach kann man überlegen, wie man die Performanz verbessern kann.

Peter: *„Warum muss man eigentlich die Laufzeit in die CPU-Auslastung und in die Wartezeit unterteilen und diese beiden Bestandteile analysieren? Warum kann man sich nicht allein mit der Laufzeit begnügen?"*

Leonid: *„Die Laufzeit reicht lediglich für eine grobe Problemfeststellung aus, aber nicht für eine Problembehebung."*

Betrachten wir zunächst die Wartezeit. Es ist sehr wichtig zu wissen, auf welche Warteereignisse gewartet wird. Dieses Wissen sagt uns, aus welcher Ecke das jeweilige Problem kommt. Das ermöglicht uns eine weitere Analyse und letzten Endes die Problembehebung. Nehmen wir als Bespiel das Warteereignis „log file parallel write". Wenn das System auf dieses Warteereignis wartet, ist das ein Indiz für eine unzureichende Performanz des Logwriter, die man verbessern muss. In diesem Fall wäre es absolut erfolglos, nach einer Lösung woanders zu suchen. Wenn man versucht, diese Wartezeit beispielsweise durch die SQL-Optimierung zu reduzieren, ist es zwecklos, da dieses Warteereignis gar nichts mit SQL-Anweisungen zu tun hat. Ein anderes Warteereignis ist zwar für die SQL-Anweisungen relevant, aber die jeweilige Wartezeit ist nicht durch das SQL-Tuning zu reduzieren. Ein passendes Beispiel dafür stellt das Warteereignis „enq: TX – allocate ITL entry" dar. Man kann beliebig lange (und ohne Erfolg) eine SQL-Anweisung tunen, die auf „enq: TX – allocate ITL entry" wartet, statt den Parameter INITRANS für die jeweilige Tabelle zu erhöhen. Für die Wartezustände, die man mit dem SQL-Tuning reduzieren kann, ist es auch wichtig zu wissen, worauf eine SQL-Anweisung wartet. Wartet sie beispielsweise hauptsächlich auf ein I/O-Warteereignis, kann man versuchen, die Anzahl der Plattenzugriffe zu reduzieren.

Wenn ein System an einer hohen CPU-Auslastung leidet, muss man darüber Bescheid wissen, um die kritischen Prozesse bzw. die kritischen Kommandos zu ermitteln, die viel CPU-Zeit verbrauchen, und dann diese Prozesse und Kommandos tunen. Liegt der hohe CPU-Verbrauch beispielsweise an bestimmten SQL-Anweisungen, muss man sich in erster Linie auf die CPU-lastigen Schritte des Ausführungsplans beim SQL-Tuning konzentrieren. Man könnte z. B. versuchen, die CPU-lastigen Hash-Joins auf Nested Loops im Ausführungsplan zu ersetzen.

Man darf nicht vergessen, dass man auch globale Lösungen in einigen Fällen einsetzen kann (z. B. durch die Parametereinstellungen). In solchen Fällen muss man aber wissen, in welchem Bereich das System Probleme hat. Vor einigen Jahren habe ich die CPU-Auslastung auf einem Kundensystem reduziert, indem ich den Buffer Cache stark verkleinert habe. Mit dieser Lösung wurde die Systemlast vom CPU- in den I/O-Bereich verschoben. Das war eine Übergangslösung, die 2–3 Monate lang zufriedenstellend funktionierte, solange der Kunde keine neue Hardware eingesetzt hat.

L.: *„Hoffentlich sind wir jetzt einig, Peter, dass die CPU-Auslastung und die Wartezeit die Einstiegspunkte und zugleich die 2 wichtigsten Kennzahlen für das Performance Tuning sind. Wir nehmen diese beiden Begriffe in diesem Kapitel unter die Lupe und schauen, welche CPU-Statistiken und welche Wartestatistiken Oracle uns zur Verfügung stellt."*

3.1 CPU-Statistiken

Es gibt 2 Arten von CPU-Statistiken bei Oracle: Betriebssystem- und Datenbankstatistiken. Die Datenbankstatistiken werden ihrerseits auf mehreren Ebenen gepflegt (auf der System-, auf der Session- und auf der Cursor-Ebene). CPU-Statistiken können einen gegenwärtigen oder einen historischen Charakter haben. Die gegenwärtigen CPU-Statistiken sind kumulativ und werden seit dem letzten Instanzstart gemessen. Die historischen Statistiken beziehen sich auf die vergangenen Zeiten und werden zyklisch überschrieben. Mit den gegenwärtigen Statistiken kann man die aktuellen Probleme untersuchen, mit den historischen – Probleme, die in der Vergangenheit liegen.

3.1.1 CPU-Betriebssystemstatistiken

Diese Statistiken sind mit Oracle 10.1. gekommen. Sie werden in Hundertstelsekunden gemessen. Die gegenwärtigen CPU-Statistiken werden in der View V$OSSTAT gepflegt.

3.1 CPU-Statistiken

Tab. 3.1 Namen der CPU-Betriebssystemstatistiken

Statistik	Name in der Version 10.1	Name in den Versionen ≥ 10.2
Idle time	IDLE_TICKS	IDLE_TIME
Busy time	BUSY_TICKS	BUSY_TIME
User time	USER_TICKS	USER_TIME
System time	SYS_TICKS	SYS_TIME
Average idle time	AVG_IDLE_TICKS	AVG_IDLE_TIME
Average busy time	AVG_BUSY_TICKS	AVG_BUSY_TIME
Average user time	AVG_USER_TICKS	AVG_USER_TIME
Average system time	AVG_SYS_TICKS	AVG_SYS_TIME

Für das Monitoring dieser Statistiken muss man Differenzen (oder die Deltas) von den jeweiligen Statistikwerten berechnen, da diese Statistiken kumulativ sind.

Die folgenden vier Statistiken zählen zu den wichtigsten CPU-Statistiken:

- „idle time" – CPU-Leerlaufzeit,
- „busy time" – CPU-Verbrauch beim Ausführen vom Benutzer- und System-Code,
- „user time" – CPU-Verbrauch beim Ausführen vom Benutzer-Code,
- „system time" – CPU-Verbrauch beim Ausführen vom System-Code.

Es ist klar, dass die Statistik „busy time" gleich der Summe „user time" + „system time" ist. Auf den meisten Plattformen werden zusätzlich durchschnittliche Werte von diesen 4 Statistiken für einen CPU berechnet:

- „average idle time" = „idle time"/#CPU,
- „average busy time" = „busy time"/#CPU,
- „average user time" = „user time"/#CPU,
- „average system time" = „system time"/#CPU,

wobei #CPU die Anzahl der CPU's ist.

Beim Übergang von 10.1 auf 10.2 wurden die jeweiligen Statistiknamen einmal geändert (Tab. 3.1):

Da diese Statistiken in Hundertstelsekunden gemessen werden, passen die durchschnittlichen Statistiken umgerechnet für 1 Sekunde sehr gut für die Darstellung der CPU-Auslastung, die normalerweise prozentual gemessen wird. Die folgende Formel soll also stimmen: „average idle time per second" + „average busy time per second" = 100. Hierunter folgt eine Ausgabe des Skripts os_stats10g.sql, die bestätigt, dass diese Formel, bis auf Mess- bzw. Verfahrensfehler, stimmt.

```
Name                                                             Value         per Second
---------------------------------------------------------- ---------------- -----------------
AVG_BUSY_TIME                                                     45084836             31.40
AVG_IDLE_TIME                                                     98450738             68.56
AVG_SYS_TIME                                                      12249058              8.53
AVG_USER_TIME                                                     32799759             22.84
BUSY_TIME                                                        180484304            125.68
IDLE_TIME                                                        393947359            274.33
LOAD                                                                     1
NUM_CPUS                                                                 4
...
```

Mit den CPU-Betriebssystemstatistiken kann man mittels SQL-Anweisungen leicht prüfen, wie stark der Rechner CPU-mäßig ausgelastet ist. Über die jeweiligen CPU-Datenbankstatistiken ist es nicht so einfach, wenn man mehrere Datenbankinstanzen auf einem Rechner betreibt. Auch mit einer einzigen Datenbankinstanz auf einem Rechner können diese Statistiken sehr gut die CPU-Datenbankstatistiken ergänzen.

Falls Sie gravierende Peaks bei der CPU-Auslastung beobachten, die einen für Ihr System durchschnittlichen Wert weit übersteigen, ist es empfehlenswert, die Gründe dafür zu klären. Zunächst muss man eine Datenbankinstanz (oder einige) finden, die solche CPU-Last produziert, danach Cursor auf dieser Instanz ermitteln, die dafür verantwortlich sind (s. im Kap. 17).

Man darf auch nicht die Statistik „system time" (SYS_TICKS oder SYS_TIME) ganz aus dem Auge verlieren. Normalerweise liegt sie unter 10 %. Wenn man wesentlich größere Werte für diese Statistik beobachtet, kann es ein Zeichen für ein Problem im Betriebssystem sein.

Die historischen CPU-Statistiken werden in AWR in der View DBA_HIST_OSSTAT gepflegt. Im Statspack wird dafür die Tabelle STATS$OSSTAT benutzt. Die Tabelle STATS$OSSTAT hat keine Spalte für den Statistiknamen. Aus diesem Grund muss man einen Join zwischen dieser Tabelle und der Tabelle STATS$OSSTATNAME über die Spalte OSSTAT_ID anweden, wenn man die CPU-Betriebssystemstatistiken mit einer SQL-Anweisung aus dem Statspack-Repository ermitteln möchte. Ansonsten kann man diese Statistiken dem AWR- oder dem Statspack-Report entnehmen.

3.1.2 CPU-Datenbankstatistiken

Es gibt die folgenden CPU-Datenbankstatistiken auf der System- und auf der Session-Ebene:

- „CPU used by this session",
- „CPU used when call started",
- „recursive cpu usage",
- „parse time cpu"

3.1 CPU-Statistiken

Diese Statistiken werden erstellt, wenn der Parameter TIMED_STATISTICS auf TRUE gesetzt ist. Bei der Parametereinstellung STATISTICS_LEVEL = TYPICAL (das ist der Vorgabewert) ist dieser Parameter automatisch auf TRUE gesetzt.

Die CPU-Datenbankstatistiken auf der Session-Ebene ermöglichen die Ermittlung dieser Statistiken für eine bestimmte Session. Die Statistiken auf der System-Ebene sind für das gesamte System relevant.

Die ersten 2 Statistiken stellen im Prinzip dieselbe Statistik dar. Die Statistik „CPU used by this session" wird häufiger gemessen (vor und nach jedem User Call) als die Statistik „CPU used when call started", welche vor jedem User Call gemessen wird. Machen wir ein kleines Experiment. In einer Session führen wir dafür die folgenden Kommandos aus:

```
SQL> select distinct sid from v$mystat;
      SID
----------
       73
SQL> create table t1 as select level a from dual connect by level <= 200000;
Table created.
SQL> update t1 set a = a + 200;
200000 rows updated.
```

In einer anderen ermitteln wir diese beiden Statistikwerte (man kann dafür das Skript sess_all_stats.sql gebrauchen).

```
NAME                                                       VALUE         per Second
---------------------------------------------------------- ------------- -----------------
CPU used by this session                                    2633              25.81
CPU used when call started                                    19               0.19
```

Die entstandene Differenz in den Statistikwerten ist folgendermaßen zu erklären: Wir haben das Kommando Update ausgeführt, für welches Oracle 2 User Calls braucht (einen Parse Call und einen Execution Call). Da der zweite Call ziemlich kostspielig ist, sehen wir diese Differenz. Wenn wir jetzt das Kommando Commit (oder ein anderes „schnelles" Kommando) in der ersten Session ausführen, so wird der Wert für die Statistik „CPU used when call started" nachgezogen, und wir bekommen dieselben Statistikwerte:

```
NAME                                                       VALUE         per Second
---------------------------------------------------------- ------------- -----------------
CPU used by this session                                    2633              19.22
CPU used when call started                                  2633              19.22
```

Es gab viele Diskussionen in DBA-Kreisen bezüglich der Genauigkeit der beiden Statistiken. Man stellte die Frage, welche der beiden Statistiken besser zu benutzen ist. Speziell habe ich das nicht untersucht. Aus der praktischen Erfahrung kann ich aber ein paar Tipps geben. Bei Benutzung dieser Statistiken soll man folgendes beachten:

- es gab in der Vergangenheit einige Bugs für fehlerhafte CPU-Datenbankstatistiken. Es besteht leider keine Garantie, dass Sie nicht wieder in einen neuen Bug hineinlaufen,
- in einigen Situationen können die beiden Statistiken ungenau sein.

Aus diesen Gründen würde ich empfehlen, diese Statistiken immer mit den CPU-Betriebssystemstatistiken abzugleichen.

Die restlichen 2 Statistiken („recursive cpu usage" und „parse time cpu") informieren uns jeweils über den CPU-Verbrauch bei den rekursiven und bei den Parse Calls.

Unter rekursiven Calls versteht man ableitende Calls. Ein klassisches Beispiel der rekursiven Calls bilden die SQL-Abfragen des Data Dictionary beim Ausführen einer SQL-Anweisung. Ein anderes klassisches Beispiel stellen SQL-Kommandos in einem PL/SQL-Code dar.

Die Statistik „parse time cpu" ist besonders wichtig für Systeme mit intensivem Parsing. Wenn dieser Statistikwert dort plötzlich ansteigt, ist es ein sehr bedrohliches Zeichen. Man muss dann sehr schnell die Ursache dieses Anstiegs finden und beseitigen, sonst kann man in sehr unangenehme Probleme geraten und im schlimmsten Fall in einem Systemstillstand enden.

Die Statistiken „recursive cpu usage" und „parse time cpu" sind in den beiden anderen eingeschlossen („CPU used by this session" und „CPU used when call started").

Alle 4 Statistiken sind kumulativ und werden in Hundertstelsekunden gemessen. Gegenwärtige Statistiken auf der Systemebene werden in der View V$SYSSTAT gepflegt. Für die Statistiken auf der Session-Ebene wird die View V$SESSTAT benutzt.

Die historischen CPU-Statistiken gibt es in AWR und in Statspack-Repository nur für die Systemebene. In AWR findet man diese Statistiken in der View DBA_HIST_SYSSTAT. In Statspack-Repository befinden sie sich in der Tabelle STATS$SYSSTAT. Man kann also die jeweiligen Statistikwerte entweder direkt über eine SQL-Anweisung in AWR oder in Statspack-Repository ermitteln oder dem AWR- bzw. dem Statspack-Report entnehmen.

Es gibt eine einzige CPU-Datenbankstatistik auf der Cursor-Ebene, die erstmalig in Oracle 9i erschien. Die gegenwärtige Statistik wird in der Spalte CPU_TIME der View V$SQL gepflegt (s. auch die View V$SQLSTATS). Diese Statistik ist kumulativ und wird in Millisekunden gemessen.

Die historische Statistik wird in Statspack-Repository in der Spalte CPU_TIME der Tabelle STATS$SQL_SUMMARY gepflegt. Dort ist ein kumulativer Wert abgespeichert. In der View DBA_HIST_SQLSTAT von AWR sind dafür 2 Spalten vorgesehen: CPU_TIME_TOTAL und CPU_TIME_DELTA. In der ersten Spalte befindet sich ein kumulativer Wert, während die zweite Spalte einen Deltawert beinhaltet, der für das jeweilige AWR-Snapshot relevant ist. Dieser Deltawert erleichtert enorm und beschleunigt zugleich die SQL-Abfragen der View DBA_HIST_SQLSTAT. Für das Statspack sind solche DELTA-Spalten leider nicht vorgesehen. Die historischen CPU-Statistiken werden genauso wie die gegenwärtigen in Millisekunden gemessen.

3.2 Wartestatistiken/Warteereignisse (wait events)

In diesem Kapitel geben wir einen Überblick über die Wartestatistiken. Jede Wartestatistik hat einen Namen, der zugleich der Name des jeweiligen Warteereignisses ist, und eine nummerische Angabe (die eigentliche Wartezeit). Im oberen Text haben wir bereits erwähnt, dass die Wartestatistiken eine sehr große Rolle für Performance Tuning spielen. Wenn man versteht, was bestimmte Warteereignisse bedeuten, hat man gute Chancen für die Reduzierung der jeweiligen Wartezeit.

3.2.1 Warteklassen und Parameter der Warteereignisse

Eine komplette Liste der Warteereignisse kann man der View V$EVENT_NAME entnehmen. Jede Wartestatistik hat einen Namen und gehört zu einer Warteklasse. Die Mehrzahl der Wartestatistiken hat zusätzlich 3 Parameter.

```
SQL> desc v$event_name
 Name                                      Null?    Type
 ----------------------------------------- -------- ----------------------------
 EVENT#                                             NUMBER
 EVENT_ID                                           NUMBER
 NAME                                               VARCHAR2(64)
 PARAMETER1                                         VARCHAR2(64)
 PARAMETER2                                         VARCHAR2(64)
 PARAMETER3                                         VARCHAR2(64)
 WAIT_CLASS_ID                                      NUMBER
 WAIT_CLASS#                                        NUMBER
 WAIT_CLASS                                         VARCHAR2(64)
```

Vor Oracle Version 10 hatten 2 Arten der wichtigen Warteereignisse (Enqueue und Latch) nur die allgemeinen Namen „enqueue" und „latch free". Die Ermittlung der konkreten Enqueues und Latches hat immer etwas Mühe gekostet. Ab Oracle 10 haben einige wichtige Latch-Wartestatistiken eine Ergänzung für einen konkreten Latch-Namen (z. B. „latch: shared pool"). Die restlichen sind nach wie vor unter dem Namen „latch free" versteckt. Alle Enqueues haben auch so eine Ergänzung bekommen (z. B. „enq: TM – contention").

Da nicht alle Namen der Wartestatistiken sprechend und verständlich sind, sind diese Statistiken in Warteklassen unterteilt.

```
SQL> select distinct WAIT_CLASS from v$event_name order by 1;

WAIT_CLASS
----------------------------------------------------------------
Administrative
Application
Cluster
Commit
Concurrency
Configuration
Idle
Network
Other
Queueing
Scheduler

WAIT_CLASS
----------------------------------------------------------------
System I/O
User I/O

13 rows selected.
```

Anhand dieser Klassen kann man schnell feststellen, in welchem Bereich die meisten Wartezeiten liegen, was bei der Analyse und bei der Problembehebung helfen kann. Diese Klassen sind für uns mindestens noch aus einem anderen Grund interessant. Die Wartestatistiken auf der Cursor-Ebene werden in Form von einigen dieser Warteklassen gepflegt (das besprechen wir im Abschn. 3.2.4). Die Warteklassen wurden bei Oracle in der Version 10 eingeführt.

Die 3 Parameter beinhalten einige Einzelheiten zu den Warteereignissen, die sehr hilfreich sein können. Diese Parameter sind für jedes Warteereignis spezifisch. Nehmen wir als Beispiel das Warteereignis „enq: TM – contention".

```
SQL> select parameter1, parameter2,parameter3 from v$event_name where name = 'enq: TM -
contention';
PARAMETER1
----------------------------------------------------------------
PARAMETER2
----------------------------------------------------------------
PARAMETER3
----------------------------------------------------------------
name|mode
object #
table/partition
```

Der Parameter1 („name|mode") war sehr wichtig in den Versionen vor Oracle 10, wo alle Enqueues den einzigen Namen „enqueue" hatten. Gerade anhand des Wertes des Parameter1 konnte man einen konkreten Namen des Enqueue ermitteln. Die 2 höheren Bytes des Parameter1 enthalten diesen Namen im ASCII-Code ([1]). Für ein TM-Enqueue kann dieser Parameter beispielsweise den Wert von 1414332421 annehmen. Das untere Beispiel zeigt, wie man auf den Namen (oder auf den Typ) „TM" kommt.

```
SQL> select chr(bitand(1414332421,-16777216)/16777215)||chr(bitand(1414332421,16711680)/65535)
from dual;
CH
--
TM
```

Anhand des Parameter1 kann man zusätzlich den Modus des Enqueue ermitteln (die 2 niedrigeren Bytes enthalten diesen Modus im ASCII-Code):

```
SQL> select to_char(bitand(1414332421,65535)) "mode" from dual;
mode
----
5
```

Dem [1] kann man entnehmen, dass der Wert 5 dem Modus SSX („share row exclusive") entspricht.

Man kann mit den obigen Selects auch den Namen und den Modus der anderen Enqueues finden, wenn man dort den Wert von 1414332421 durch den Wert des jeweiligen Parameters „name|mode" ersetzt.

Ganz wichtig für das TM-Enqueue ist der Parameter2 („object #"). Dieser Parameter ermöglicht eine Ermittlung der gesperrten Tabelle in der View DBA_OBJECTS.

In Oracle 11.2 gibt es 1150 Warteereignisse. Dieser Wert sieht erschreckend aus. In der Praxis hat man zum Glück nur mit relativ wenigen Warteereignissen zu tun.

3.2.2 Leerlauf-Warteereignisse (idle events)

Möglicherweise ist die Warteklasse „Idle" vom vorherigen Abschnitt her Ihnen bereits aufgefallen. Da diese Warteklasse oft bei Performance Tuning vernachlässigt wird, möchte ich die Leerlauf-Warteereignisse hier etwas detaillierter besprechen.

Wenn ein Datenbankprozess in einem Leerlaufzustand wartet, bedeutet es normalerweise, dass keine Aufgabe im Moment diesem Prozess zusteht und dieser Prozess im Leerlauf auf die nächste Aufgabe wartet. Als Beispiel eines Leerlauf-Warteereignisses nimmt man sehr oft „SQL*Net message from client". Man beobachtet diese Wartestatistik, wenn ein Server-Prozess auf ein Kommando vom Klient-Prozess wartet. In der Regel kann man solche Leerlauf-Wartezeit nicht reduzieren. Aus diesem Grund fokussiert man sich in erster Linie auf die restlichen (non-idle) Wartestatistiken bei Performance Tuning. In den meisten Fällen ist es auch richtig, aber nicht in allen.

In den nächsten 2 Abschnitten möchte ich 2 Fälle aus der Praxis präsentieren, die zeigen, dass man Leerlauf-Wartestatistiken nicht ganz ignorieren soll. Ich will damit nicht sagen, dass man die Analyse sofort mit den Leerlauf-Wartestatistiken beginnen muss. Man muss sicherlich mit den „non-idle" anfangen. Findet man aber keine Ursache für die schlechte Performanz, lohnt es sich vielleicht, einen Blick auf die Leerlauf-Wartestatistiken zu werfen.

3.2.2.1 Ein Fall mit der Wartestatistik „SQL*Net message from client"

Ein Kunde beklagte sich über eine schlechte Performanz einer Anwendung. Dieses System bestand aus einer Menge der Datenbanken, die miteinander über die Datenbank-Links verbunden waren. Und es war nicht klar, welche Datenbanken genau dieses Problem verursachten. Zum Glück bemerkte man ziemlich schnell, dass die Wartestatistik „SQL*Net message from client" bei einer Datenbank stark anstieg. Der Grund für diese große Wartezeit waren SQL-Anweisungen, die über das Netzwerk einen Nested Loop ausführten. Das war ein sehr guter Einstiegspunkt für die Analyse. Ich fand sofort mehrere Sessions in der View V$SESSION_WAIT, die auf „SQL*Net message from client" am längsten gewartet hatten. Die Spalte PROCESS der View V$SESSION für diese Sessions enthielt jeweils eine PID des Oracle Server-Prozesses, der auf einer anderen Datenbank lief, sehr lange auf das Warteereignis „SQL*Net message from dblink" wartete und einen Nested Loop über das Netzwerk ausführte. Leider habe ich keine Notizen und keine Protokolle zu dieser alten Geschichte. Das Problem ließ sich aber ziemlich leicht auf den Test-Datenbanken nachstellen.

Auf einer Datenbank habe ich 2 Tabellen T1 und T2 als „select owner, table_name, column_name from dba_tab_columns" ohne Indices angelegt. Von einer anderen aus habe ich die folgende SQL-Anweisung über den Datenbank-Link ausgeführt:

3.2 Wartestatistiken/Warteereignisse (wait events)

```
------- XXXXXXX, Version 11.2.0.3.0 : 10.05.2012 19:19:01 ---------
---- DISK_READS=0, DISK_READS_PER_EX=0, BUFFER_GETS=1, BUFFER_GETS_PER_EX=1
---- DIRECT_WRITES=0, DIRECT_WRITES_PER_EX=0
---- PARSE_CALLS=1, EXECUTIONS=1, ROWS_PROCESSED=1
---- IS_SHAREABLE=Y, IS_BIND_SENSITIVE=N, IS_BIND_AWARE=N
---- CPU/Elapsed Time (sec.) total=29.5310/492.3262, per ex.=29.5310/492.3262
---- PL/SQL Exec Time (sec.) total=0.0000, per ex.=0.0000
---- JAVA Exec Time (sec.) total=0.0000, per ex.=0.0000
---- Application Wait Time (sec.) total=0.0000, per ex.=0.0000
---- Concurrency Wait Time (sec.) total=0.0025, per ex.=0.0025
---- Cluster Wait Time (sec.) total=0.0000, per ex.=0.0000
---- User IO Wait Time (sec.) total=0.0000, per ex.=0.0000
---- Exact Signature = 2549296038690354040, Force Signature = 2549296038690354040
---- Service : xxxxxxx
---- Module : sqlplus.exe
---- USER="SYS", SCHEMA="SYS", OPTIMIZER_MODE=ALL_ROWS, OPTIMIZER_ENV_HASH_VALUE=1586239265,
USERS_OPEN=0, USERS_EXEC=0
---- SQL_ID=>3yxs0d5g8dw7y<, ADDRESS=>000007FF2EF3B518<, HASH_VALUE=>1585901822<,
OLD_HASH_VALUE=>1341337343<, CHILD_NUMBER=>0<
 select /*+ use_nl(t1 t2) */ count(*)
 from t1@dblink_1024 t1, t2@dblink_1024 t2, dual t3
 where
 t1.owner = t2.owner and
 t1.table_name = t2.table_name and
 t1.column_name = t2.column_name
 ---- Execution Plan (Plan Hash Value : 1367929923) :
    0        SELECT STATEMENT Optimizer=ALL_ROWS (Cost=23541831)
    1     0   SORT (AGGREGATE) (Runtime Stats - starts:1, ela:492.28, dr:0, dwr:0, bg:0,
rows:1)
    2     1    NESTED LOOPS (Cost=23541831 Card=93116 Bytes=9497832 CPU_Cost=2403394622419
IO_Cost=23372369 Time=3754) (Runtime Stats - starts:1, ela:492.20, dr:0, dwr:0, bg:0,
rows:76287)
    3     2     NESTED LOOPS (Cost=545 Card=93116 Bytes=4748916 CPU_Cost=25817753
IO_Cost=253 Time=1) (Runtime Stats - starts:1, ela:0.26, dr:0, dwr:0, bg:0, rows:76287)
    4     3      FAST DUAL (Cost=2 Card=1 CPU_Cost=7271 IO_Cost=2 Time=1) (Runtime Stats
- starts:1, ela:0.00, dr:0, dwr:0, bg:0, rows:1)
    5     3      REMOTE OF T1 (Cost=253 Card=93116 Bytes=4748916 CPU_Cost=25810482
IO_Cost=251 Time=1) (Runtime Stats - starts:1, ela:0.19, dr:0, dwr:0, bg:0, rows:76287)
[SERIAL_FROM_REMOTE -> DBLINK_1024.XXXX] SELECT /*+ USE_NL ("T1") */ "OW
 NER","TABLE_NAME","COLUMN_NAME" FROM "T1" "T1"
    6     2     REMOTE OF T2 (Cost=253 Card=1 Bytes=51 CPU_Cost=25810482 IO_Cost=251
Time=1) (Runtime Stats - starts:76287, ela:491.60, dr:0, dwr:0, bg:0, rows:76287)
[SERIAL_FROM_REMOTE -> DBLINK_1024.XXXX] SELECT /*+ USE_NL ("T2") */ "OWNER",
 "TABLE_NAME","COLUMN_NAME" FROM "T2" "T2" WHERE :1="OWNER" AND :2="TABLE_NAME" AND
:3="COLUMN_NAME"
 Non-Default SQL Optimizer Environment:
 ----------------------------------
 sqlstat_enabled = true
 statistics_level = all
```

Die lokale Session wartete am meisten auf das Warteereignis „SQL*Net message from dblink":

```
Event                                                               Sec. in Wait
-----------------------------------------------------------------   ------------
SQL*Net message from dblink                                               401.04
SQL*Net message from client                                                26.44
SQL*Net message to dblink                                                   0.74
single-task message                                                         0.04
Disk file operations I/O                                                    0.01
SQL*Net more data from dblink                                               0.01
```

Die jeweilige Remote-Session wartete auf „SQL*Net message from client":

```
Event                                                       Sec. in Wait
-----------------------------------------------------------  ------------
SQL*Net message from client                                         40.08
SQL*Net message to client                                            0.31
SQL*Net more data to client                                          0.02
```

Man könnte sagen, dass diese 40 s von insgesamt 492 nicht so viel ausmachen. Das ist aber lediglich ein Test, bei dem ich speziell die Tabellen ohne Indices angelegt habe, damit die Laufzeit groß genug wäre, um mir alle Messungen auf den 2 relativ kleinen Tabellen zu ermöglichen. Stellen Sie sich aber vor, dass die beiden Tabellen wesentlich größer sind und die Tabelle T2 einen Index hat, so dass der Zugriff nicht über einen Full Table Scan, sondern über einen Index Range oder Unique Scan erfolgt. Dann sollte die Wartezeit auf „SQL*Net message from client" und deren Anteil in der Gesamtlaufzeit viel größer sein.

> **Fazit**
> Auch die Leerlauf-Wartestatistiken können manchmal helfen, dem Problem auf die Spur zu kommen.

3.2.2.2 Ein Fall mit der Wartestatistik „PX Deq Credit: send blkd"

Bei einer Firma lief ein Reorganisationsprozess auf einer Oracle 10.2.0.4 Datenbank weit über ein dafür vorgesehenen Zeitfenster hinaus. Das führte dazu, dass die Daten monatelang nicht reorganisiert blieben und die Performanz sich immer mehr verschlechterte.

In Abb. 3.1 sind Wartestatistiken dargestellt, die während eines Testlaufs dieses Reorganisationsprozesses entstanden sind.

Wie man sieht, wartete das System hauptsächlich auf „PX Deq Credit: send blkd" und auf „enq: CF – contention". Was sagen uns diese 2 Warteereignisse? Das erste deutet darauf hin, dass man parallele Operationen also PDML-Kommandos einsetzte (PDML bedeutet „parallel data manipulation language"). Das zweite sagt uns, dass man diese Operationen sehr wahrscheinlich im NOLOGGING Modus ausführte. In diesem Fall protokolliert Oracle nicht wiederherstellbare (unrecoverable) SCNs (system change number) in dem Control File. Dies kann eine Wartezeit auf „enq: CF – contention" verursachen.

Da das Warteereignis „PX Deq Credit: send blkd" zu den „idle events" zählt, hat niemand versucht, diese Wartezeit zu reduzieren. Es gibt in der Tat keine allgemeinen Methoden zur Reduzierung der Wartezeit für dieses Warteereignis. Man hätte aber versuchen können, die Kommunikation zwischen den parallelen Prozessen generell zu beschleunigen. Das hätte man durch die Erhöhung der Parametereinstellung PARALLEL_EXECUTION_MESSAGE_SIZE probieren können. Aus meiner Erfahrung wusste ich, dass man oft auf diesem Wege auch die Wartezeit auf „PX Deq Credit: send blkd" reduzieren kann. Bei Oracle 10.2

3.2 Wartestatistiken/Warteereignisse (wait events)

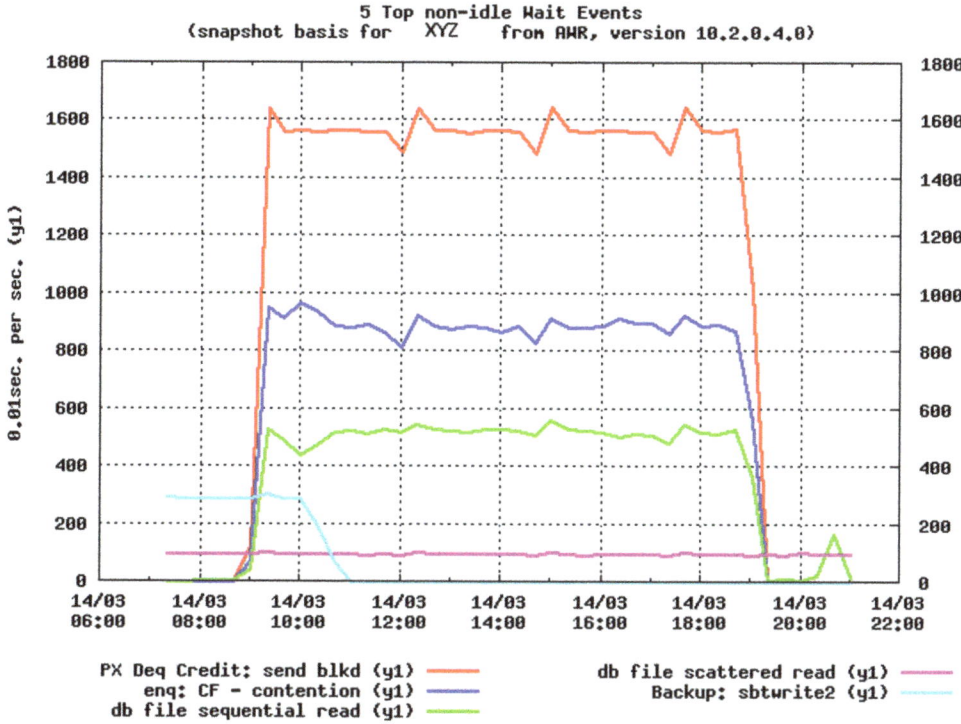

Abb. 3.1 Wartestatistiken (Wait Events) eines Reorganisationsprozesses

war der Vorgabewert des Parameters PARALLEL_EXECUTION_MESSAGE_SIZE immer noch gleich 2152 (bei Oracle 11 ist dieser Wert auf 16K erhöht). Das Erste, was man ausprobieren konnte, war also die Erhöhung dieses Parameters auf 16K.

Mit dem Event 10359 level 1 kann man das Protokollieren der nicht wiederherstellbaren SCNs bei den parallelen Operationen unterbinden. Da dieses Protokollieren rein informativ ist, kann man es problemlos einstellen. Dieser Vorschlag kam von einem Kollegen.

Technisch gesehen war dieses Problem nicht sehr kompliziert. Kompliziert war die Lage, da der Kunde nach vielen erfolglosen Versuchen, eine Lösung zu finden, sehr verunsichert und misstrauisch geworden war. Da jeder Test ihm mehrere Arbeitsstunden kostete, wollte er zunächst von mir wissen, welche Performanz-Verbesserungen die beiden vorgeschlagenen Maßnahmen überhaupt bringen könnten. Solche Aussagen mache ich normalerweise ungern, übrigens die anderen Spezialisten für Performance Tuning auch. In diesem Fall musste ich die folgende Stellungnahme riskieren: „Wenn unsere Vermutungen richtig sind, so können die beiden Vorschläge die Performanz um Faktor 4 bis 5 verbessern". Diesen Faktor habe ich der oberen Grafik entnommen.

Die durchgeführten Tests haben meine Einschätzung zum Glück vollkommen bestätigt.

Peter: *„Was hättest du aber gemacht, hätten die beiden Vorschläge nicht ausreichend geholfen?"*

Leonid: *„Ich hätte den Reorganisationsprozess genau untersuchen und Schritt für Schritt tunen müssen. Da die Wartezustände aber so auffallend und so groß waren, wollte ich es zunächst mit einer allgemeinen und einfacheren Lösung probieren. Das hat sich in diesem Fall auch gelohnt."*

Fazit
- einige Leerlauf-Warteereignisse lassen sich tunen,
- bei Performance Tuning ist es manchmal nicht ausreichend, die richtigen technischen Lösungen zu finden. Man muss noch selbstbewusst genug sein, um diese Lösungen durchzusetzen.

3.2.3 Einige wichtige Warteereignisse (wait events)

Was sollen Sie tun, wenn Sie es mit einem System, mit einem Server-Prozess oder mit einer SQL-Anweisung zu tun haben, die auf ein Warteereignis warten, und Sie nicht sicher sind, was dieses Warteereignis bedeutet und wie man die Wartezeit reduzieren kann? In so einer Situation müssen Sie die notwendigen Informationen irgendwo besorgen. Meiner Meinung nach ist der MOS die beste Quelle dafür (in jedem Fall würde ich zunächst dort suchen). Man kann im MOS nicht nur die Beschreibungen der Warteereignisse finden, sondern auch einige Verbesserungsvorschläge und Verweise auf die bekannten Probleme. Es spielt auch eine große Rolle, dass die Informationen im MOS regelmäßig aktualisiert werden.

In diesem Abschnitt beschreibe ich nur einige Warteereignisse, die häufig Performanz-Probleme verursachen.

3.2.3.1 db file sequential read
Bei diesem Warteereignis geht es um das Warten auf das Ende eines Lesevorganges beim Lesen der einzelnen Datenblöcke (singe block read) über den Buffer Cache. Normalerweise wird ein einziger Datenblock jeweils dabei gelesen.

Am häufigsten tritt dieses Warteereignis bei Index Scans auf (außer Fast Full Index Scan) und bei Tabellenzugriffen über die Rowid.

Im Prinzip ist es normal, dass man die Wartezustände für „db file sequential read" beobachtet. Man muss eingreifen, wenn diese Wartezeit gravierend wird. In solchen Fällen hilft am häufigsten das SQL-Tuning. Wenn das System CPU-mäßig noch Reserven hat, könnte man in einigen Fällen den Buffer Cache vergrößern oder die betroffenen Segmente in einem Keep Pool verwalten. Für alle Fälle kann man zusätzlich die I/O-Performanz überprüfen.

3.2.3.2 db file scattered read

Dieses Warteereignis erfolgt beim Lesen von mehreren Datenblöcken am Stück (multi-block read). Die Anzahl der am Stück gelesenen Datenblöcke wird durch den Parameter DB_MULTIBLOCK_READ_COUNT festgelegt. Normalerweise wird es auf dieses Warteereignis bei Full Table Scans und bei Fast Full Index Scans gewartet. Die Tuning-Maßnahmen kann man dem obigen Abschnitt entnehmen.

3.2.3.3 buffer busy waits

Eine Session wartet auf das Warteereignis „buffer busy waits", wenn sie auf einen Block im Buffer Cache zugreift, der sich in einem „busy" Zustand befindet.

Für die Reduzierung der Wartezeit auf dieses Ereignis ist es wichtig zu klären, welche Block-Klassen bei diesem Warten am meisten betroffen sind. Das kann man in der View V$WAITSTAT ermitteln:

```
select class "block class", count "total waits", time "time waited" from v$waitstat order by
time desc, count desc;
```

Wartet ein System beispielsweise auf die Blöcke der Klasse „segment_header", kann es ein Zeichen für eine Konkurrenz um die „free lists" bzw. um die „free list groups" sein, wenn das jeweilige Segment in einem MSSM (manually segment storage management) Tablespace liegt. In diesem Fall hilft entweder eine Erhöhung von „free lists" bzw. von „free list groups" für dieses Segment oder das Anlegen dieses Segments im ASSM Tablespace. In der Oracle Version 10.1 entstand ein neues Warteereignis „read by other session", das in den früheren Versionen zu dem Warteereignis „buffer busy waits" zählte. Dieses Warteereignis ist im Abschn. 3.2.3.3 beschrieben.

Diese Wartezeit kann auftreten, wenn eine Session einen Datenblock aus dem Buffer Cache liest, während eine andere Session diesen Datenblock ändert. In Abb. 3.2 stimmen die Kurven für die Wartezeiten auf „enq: TX –index contention" und auf „buffer busy waits" fast überein, was vermuten lässt, dass diese Wartezeiten bei denselben verändernden Operationen entstanden sind.

Nach der Reduzierung der Konkurrenz um die Index-Blöcke durch Hash-Partitionierung des jeweiligen Indexes sind die Wartezeiten sowohl auf „enq: TX – index contention" als auch auf „buffer busy waits" zurückgegangen.

3.2.3.3.1 Ein Fall mit der Wartestatistik „buffer busy waits"

Ein System hatte gravierende Wartezustände für „buffer busy waits". Die Ermittlung der Block-Klassen erbrachte Folgendes:

```
block class                       total waits  time waited
-------------------------------   -----------  -----------
segment header                      173253341    114704839
file header block                      186441      9310821
undo header                           3282720      2157560
undo block                              96341       275445
system undo header                          6           22
bitmap index block                         50           17
```

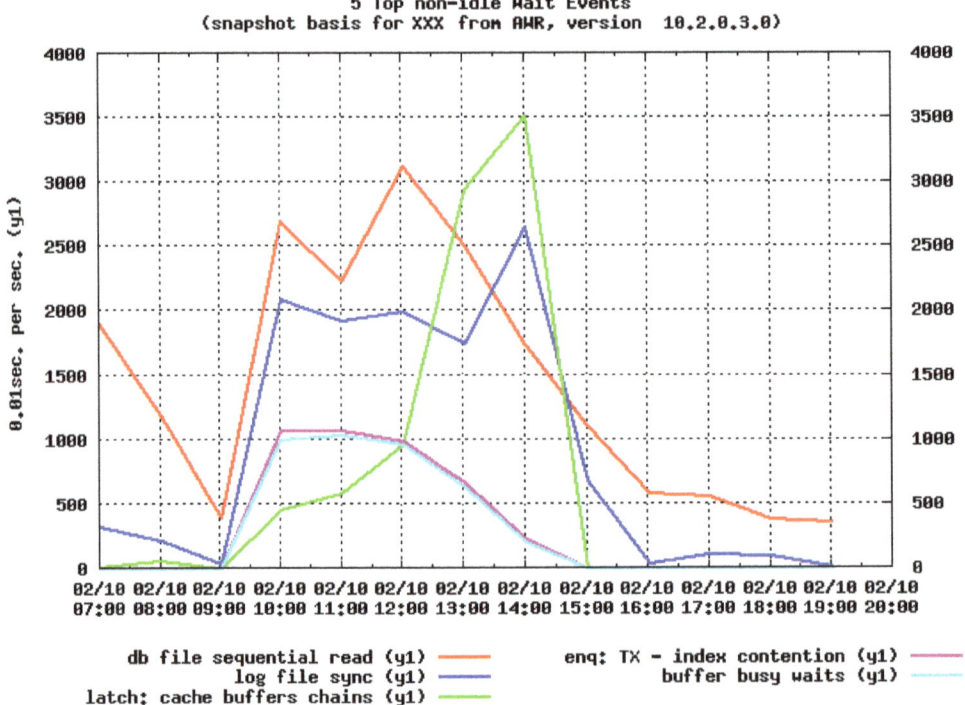

Abb. 3.2 Warteereignisse für „buffer busy waits" und „enq: TX –index contention" bei DML-Operationen

Das jeweilige Segment konnte man anhand der Segment-Statistik „buffer busy waits" finden (mehr Informationen zu den Segment-Statistiken finden Sie im Abschn. 4.2.2). Das Segment mit der meisten „buffer busy waits" ist in Abb. 3.3 dargestellt.

Man hätte dieses Segment auch im Abschnitt „Segments by Buffer Busy Waits" des AWR-Reports ermitteln können.

Das problematische Segment SCHEMA1.TABLE1 lag in einem MSSM Tablespace. Nach dem Anlegen dieses Segments im ASSM Tablespace verschwanden die Wartezeiten auf „buffer busy waits".

3.2 Wartestatistiken/Warteereignisse (wait events)

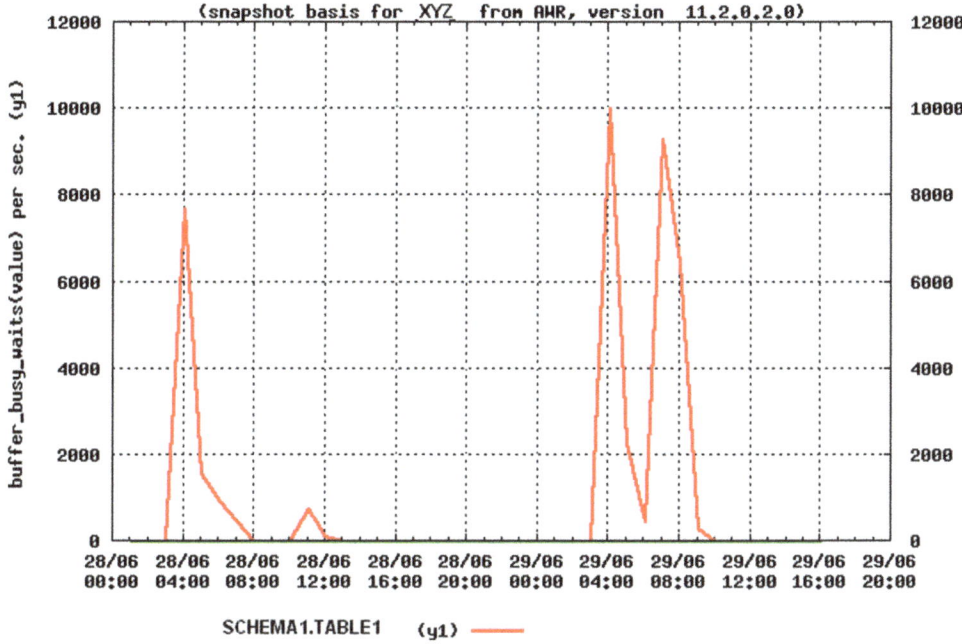

Abb. 3.3 Das Segment mit den meisten „buffer busy waits"

3.2.3.4 read by other session

Dieses Warteereignis war in den Oracle Versionen vor 10.1 ein Bestandteil des Warteereignisses „buffer busy waits". Eine Session wartet auf „read by other session", wenn sie auf einen Block im Buffer Cache zugreift, während eine andere Session diesen Block von der Festplatte liest.

Es kommt sehr häufig zu solchen Wartezuständen, wenn mehrere Sessions zugleich und immer wieder auf dieselben Datenbereiche zugreifen. Oft ist es eine Konsequenz der Ausführung einer nicht performanten SQL-Anweisung. Aus diesem Grund soll man zunächst die SQL-Anweisung finden, die diese Wartezeit verursacht. Normalerweise reicht das nachfolgende SQL-Tuning für die Reduzierung der Wartezeit auf „read by other session" aus.

3.2.3.5 log file sync

Bei dem Warteereignis „log file sync" handelt es sich um die Wartezustände bei Commits. Wenn ein Commit ausgeführt wird, müssen zunächst die für die jeweilige Transaktion relevanten Redo-Daten in die Online-Redologs geschrieben werden. Diese Operation kann etwas länger dauern, wenn der Log-Writer (LGWR) nicht schnell genug ist. Wenn das System sehr viele Commits ausführt, vergrößert es noch mehr die Wartezeit auf „log file sync".

Für die Analyse der Performanz des Log-Writer kann man die durchschnittliche Dauer eines Log-Write einschätzen. Diese Dauer in Tausendstelsekunden berechnet man als 10 x „redo write time"/„redo writes" (die Datenbankstatistik „redo write time" wird in Hundertstelsekunden gemessen). Der Log-Writer ist performant, wenn die Dauer eines Log-Write ein paar Tausendstelsekunden beträgt. Man kann diese Dauer auf der Basis der

Datenbankstatistiken aus der View V$SYSSTAT seit dem letzten Instanz-Start berechnen. Es ist auch möglich, die Dauer eines Log-Write anhand der Datenbankstatistiken aus dem AWR oder aus dem Statspack-Repository für ein bestimmtes Zeitintervall zu schätzen. Wenn der Log-Writer performant ist, hat das System normalerweise keine gravierenden Wartezeiten auf „log file sync".

3.2.3.6 log file switch (checkpoint incomplete)

Der Logwriter wechselt auf das neue Redolog, muss aber warten, da der Checkpoint für dieses Redolog noch nicht fertig ist. Weil das Schreiben der geänderten (dirty) Datenblöcke aus dem Buffer Cache bei den Checkpoints vom DB-Writer gemacht wird, kann es theoretisch auch ein Zeichen für die unzureichende Performanz der DB-Writer sein. In der Praxis ist dieses Problem normalerweise wegen des häufigen Wechsels der Redologs passiert, so dass der DB-Writer nicht ausreichend Zeit für die Durchführung der Checkpoints hat. Mit dem Skript redolog_switch_history_html8i.sql kann man die Anzahl der Log-Switches pro Stunde ermitteln. Wenn diese Anzahl hoch ist, muss man die Redologs vergrößern.

3.2.3.7 Enqueues

Oracle verwendet Enqueues (oder Locks) um die Zugriffe zu den verschiedenen Ressourcen zu steuern. Im Vergleich zu den Latches werden die Enqueues normalerweise länger gehalten. Die Enqueues können mehrere Modi haben. Wenn eine Session ein Enqueue für eine Ressource hält und die andere versucht, diese Ressource in einem nicht kompatiblen Modus zu bekommen, muss sie auf die Freigabe des Enqueue in der ersten Session warten (diese Freigabe erfolgt nach dem Beenden der jeweiligen Transaktion). Es gibt ziemlich viele Typen von Enqueues bei Oracle. Ich beschreibe hier kurz nur einige davon, mit denen man häufig bei Performance Tuning zu tun hat.

3.2.3.7.1 TX – row lock contention

Dieses Enqueue verwendet Oracle bei DML-Operationen (DML bedeutet „data manipulation language"). Ändert eine Session beispielsweise einen Tabellensatz, so wird dieser Satz gesperrt, und eine andere Session muss auf die Freigabe dieser Sperre warten, wenn sie denselben Satz auch zu ändern versucht. Diese Sperre wird entweder mit einem Commit oder mit einem Rollback aufgehoben. Es wird dabei dabei auf „enq: TX – row lock contention" gewartet. Normalerweise sind die Wartezustände für dieses Warteereignis anwendungsbedingt. Es ist aber auch möglich, dass solche Wartezustände durch inperformante SQL-Anweisungen verursacht werden: in diesem Fall dauern die jeweiligen Transaktionen länger (dementsprechend länger werden die in diesen Transaktionen erworbenen Enqueues nicht freigegeben).

3.2.3.7.2 TX – allocate ITL entry

Jede Transaktion macht einen Eintrag in die ITL (interested transaction list) bei einer Datenänderung. Diese ITL befindet sich im Block-Header des jeweiligen Datenblocks. Die Anfangsgröße der ITL für ein Segment bestimmt der Parameter INITRANS. Wenn dieser Parameter zu niedrig gesetzt ist und mehrere Transaktionen zugleich die Daten in einem Block ändern, kann es passieren, dass die ITL voll wird. In so einer Situation versucht Oracle die ITL zu erweitern. Wenn der jeweilige Datenblock aber bereits voll mit Daten ist, ist das nicht möglich. Dann müssen die jeweiligen Transaktionen auf das Warteereignis „enq: TX – allocate ITL entry" warten, solange die anderen Transaktionen nicht enden.

Um diese Wartezeit zu reduzieren, muss man den Parameter INITRANS erhöhen. Der Wert dieses Parameters muss dabei etwa gleich der Anzahl der Transaktionen sein, die zugleich die Segment-Daten ändern können. Diesen Parameter kann man für die neuen Segment-Blöcke mit dem „ALTER TABLE" oder mit dem „ALTER INDEX" Kommando ändern. Diese Maßnahme kann nicht ausreichend sein, wenn die Daten in den alten Datenblöcken mit der alten Parametereinstellung von INITRANS geändert werden. In diesem Fall muss man zusätzlich das jeweilige Segment neu anlegen.

Man kann das betroffene Segment anhand der Segmentstatistik „ITL waits" ermitteln.

3.2.3.7.3 TX – index contention

Normalerweise wird auf dieses Warteereignis bei der Spaltung (splitting) der Index-Blöcke gewartet (ein Index-Block wird gespalten, wenn er voll wird). Man kann das mit den folgenden Datenbankstatistiken verifizieren:

- „branch node splits",
- „leaf node splits",
- „leaf node 90-10 splits"

Mehr Informationen zu diesen Datenbankstatistiken finden Sie im Abschn. 4.2.1. Oft beobachtet man die Wartezeiten auf „enq: TX – index contention", wenn die Daten in der für einen Index aufsteigender Reihenfolge in die Tabelle eingetragen werden. In diesem Fall werden die Daten in den letzten Leaf-Block des jeweiligen Index eingefügt, der dann häufig gespalten wird. Das führt zum Warten auf „enq: TX – index contention". Man beobachtet dabei auch gravierende Werte der Datenbankstatistik „leaf node 90-10 splits".

Die betroffenen Indices kann man in Oracle 11.2 in der View V$SESSION über die Spalte ROW_WAIT_OBJ# oder in den historischen Views V$ACTIVE_SESSION_HISTORY und DBA_HIST_ACTIVE_SESS_HISTORY über die Spalte CURRENT_OBJ# ermitteln. Diese Indices kann man auch in der Tabelle STATS$SEG_STAT aus dem Statspack-Repository über die Spalte ROW_LOCK_WAITS finden. Im AWR kann man das über die Spalte ROW_LOCK_WAITS der View DBA_HIST_SEG_STAT tun. Wenn die Wartezeiten auf „enq: TX – index contention" gravierend sind, kann man die problematischen Indices dem AWR- oder dem Statspack-Report entnehmen (sie sind dort unter den 5 Top-Segmente für „row lock waits" zu finden).

Man kann mit den folgenden 2 Maßnahmen versuchen, die Daten in den Index-Blöcken anders zu verteilen und somit diese Wartezeit reduzieren:

- einen Reverse Key Index statt des jeweiligen einsetzen oder
- für den jeweiligen Index die Hash-Partitionierung einführen. Die Anzahl dieser Partitionen hängt von der Anzahl der verändernden Operationen ab, die zugleich ausgeführt werden können.

Bei dem Einsetzen der Reverse Key Indices muss man aufpassen, da diese Indices nicht universell sind: mit diesen Indices sind keine Index Range Scans möglich.

3.2.3.7.4 TM – Enqueue

Das TM-Enqueue (oder DML-Lock) benutzt Oracle bei mehreren Operationen. Der Zweck dieses Enqueue ist es, zu gewährleisten, dass die jeweilige Tabelle während der Ausführung von DML-Kommandos nicht gelöscht wird. Die häufigste Ursache für das Warten auf dieses Warteereignis sind die fehlenden Indices für Foreign Key Constraints. Mit dem Skript missing_fk_idx.sql kann man solche Constraints ohne Indices ermitteln. Die Spalte ROW_WAIT_OBJ# der View V$SESSION enthält die Nummer des Objektes, auf welches beim Warteereignis „TM – enqueue" gewartet wird. Mit dieser Objektnummer kann man den jeweiligen Objektnamen in der View DBA_OBJECTS finden. Danach kann man in der Ausgabe des Skripts missing_fk_idx.sql prüfen, ob bei diesem Objekt (sprich bei der Tabelle) irgendwelche Indices für Foreign Key Constraints fehlen. Das Anlegen der fehlenden Indices beseitigt das Warten auf „TM – enqueue".

Wenn es also zu den Wartezuständen für „TM – enqueue" bei DML-Kommandos wegen der fehlenden Indices kommt, sind die Analyse und die Beseitigung des Problems ziemlich einfach. Ein paar Mal hatte ich aber mit Performanz-Problemen wegen der fehlenden Indices für Foreign Keys zu tun, bei denen keine Wartezustände für „TM – enqueue" zu beobachten waren. Diese Probleme waren etwas komplizierter für die Analyse.

P.: „*Wodurch kann solch ein Performanz-Problem entstehen?*"

L.: „*Wenn ein Foreign Key die Klausel ‚ON DELETE CASCADE' hat, muss Oracle die jeweiligen Daten in den Detail-Tabellen beim Löschen der Daten in der Master-Tabelle entfernen. Bei einem fehlenden Index auf der Detail-Tabelle ist es lediglich mit dem Full Table Scan möglich, der für jeden Satz der Master-Tabelle ausgeführt wird. Ähnlich sieht es mit der Klausel ‚ON DELETE SET NULL' aus. Ohne Klausel ‚ON DELETE' wird mit Full Table Scan auf der Detail-Tabelle geprüft, ob ein Satz in der Master-Tabelle gelöscht werden kann.*"

P.: „*Du sagtest, dass solche Fälle für die Analyse schwierig sind. Warum?*"

L.: „*Stelle Dir vor, dass eine lange Kette der Foreign Key Constraints die Master- und die Detail-Tabelle miteinander verbindet. Und irgendwo am Ende dieser Kette ein Index fehlt. Das ist ziemlich mühsam manuell zu ermitteln. Der Fall ohne Klausel ‚ON DELETE' stellt übrigens kein besonderes Problem für die Analyse dar, weil Oracle nicht die ganzen Ketten der Foreign Key Constraints, sondern nur die nächsten Detail-Tabellen überprüft.*"

P.: „*Man kann doch alle fehlenden Indices anlegen, die man mit dem Skript missing_fk_idx.sql ermittelt, um solche Probleme zu beheben.*"

L.: „*Wenn dieses Skript sehr viele Indices findet, kann es problematisch sein. Nachdem ich ein paar aufwendige Analysen durchgeführt habe, habe ich entschieden, die nächste Analyse lieber mit einem Skript zu machen. So entstand das Skript missing_fk_idx_for_table.sql.*"

P.: „*Was macht dieses Skript?*"

L.: „*Wenn ein Delete-Kommando zu lange dauert und der Verdacht besteht, dass es wegen der fehlenden Indices passiert, kann man das mit diesem Skript sofort prüfen. Das Skript*

3.2 Wartestatistiken/Warteereignisse (wait events)

überprüft alle Ketten von Foreign Keys, zu denen die Tabelle gehört. Dabei werden Foreign Keys ohne Indices ermittelt (die Anzahl der fehlenden Indices für eine Tabelle ist normalerweise gering). Diese Foreign Keys werden mit einem Vermerk ausgegeben, bei welcher Tabelle (Master oder Detail) der jeweilige Index fehlt. Somit kann man beurteilen, ob diese fehlenden Indices die schlechte Performanz verursachen."

P.: „Könntest Du bitte etwas ausführlicher erklären, wie man das beurteilt."

L.: „Angenommen, die Daten werden mit einem Delete in der Tabelle T1 gelöscht. Wenn ein Foreign Key mit einem fehlenden Index bei der Tabelle T2 gefunden wird und diese Tabelle eine Detail-Tabelle für T1 ist, kann das der Grund für eine lange Laufzeit des Delete sein. Das Skript test_case_on_delete_cascade.sql demonstriert die Analyse eines Delete mit dem Skript missing_fk_idx_for_table.sql."

```
SQL> create table test1.t1(a number, b number);
Table created.
SQL> create table test2.t2(a number, b number);
Table created.
SQL> create table test2.t3(a number, b number);
Table created.
SQL> grant all on test1.t1 to test2;
Grant succeeded.
SQL> alter table test1.t1 add constraint t1_pk primary key (a);
Table altered.
SQL> alter table test2.t2 add constraint t2_t1_fk foreign key (a) references test1.t1(a) on delete cascade;
Table altered.
SQL> alter table test2.t2 add constraint t2_pk primary key (b);
Table altered.
SQL> alter table test2.t3 add constraint t3_t2_fk foreign key (b) references test2.t2(b) on delete cascade;
Table altered.
SQL> insert into test1.t1 select level, level + 1000 from dual connect by level <= 20000;
20000 rows created.
SQL> insert into test2.t2 select level, level + 1000 from dual connect by level <= 20000;
20000 rows created.
SQL> insert into test2.t3 select level, level + 1000 from dual connect by level <= 20000;
20000 rows created.
SQL> commit;
Commit complete.
SQL> create index test2.t2 on test2.t2(a);
Index created.
```

Nach dem Anlegen der 3 Tabellen werden sie mit Daten gefüllt. Danach wird ein Delete auf der Tabelle T1 ausgeführt.

```
SQL> delete from test1.t1 where rownum <= 10000;

10000 rows deleted.
```

Das Skript missing_fk_idx_for_table.sql findet einen fehlenden Index bei der Tabelle T3, die eine Detail-Tabelle für T1 ist.

```
SQL> define table_owner='TEST1'
SQL> define table_name='T1'
SQL>
SQL> --@../auxiliary/missing_fk_idx_for_table
SQL> set echo off

CONSTRAINT_NAME                 PARENT_OR_CHILD TABLE_NAME
COLUMN_NAME
------------------------------- --------------- -----------------------------------------
--- ------------------------------
T3_T2_FK                        child           TEST2.T3
B
```

In der Trace-Datei findet man einen Full Table Scan beim Delete aus der Tabelle T3 und logischerweise keine Wartezustände für „TM – enqueue".

```
delete from "TEST2"."T3"
where
 "B" = :1


call     count       cpu    elapsed       disk      query    current       rows
------- ------  --------  ---------- ---------- ---------- ----------  ----------
Parse        1      0.00       0.00          0          0          0           0
Execute  10000     17.41      17.52          0     460001      10511       10000
Fetch        0      0.00       0.00          0          0          0           0
------- ------  --------  ---------- ---------- ---------- ----------  ----------
total    10001     17.41      17.52          0     460001      10511       10000

Misses in library cache during parse: 1
Misses in library cache during execute: 1
Optimizer mode: CHOOSE
Parsing user id: SYS   (recursive depth: 2)
Number of plan statistics captured: 1

Rows (1st) Rows (avg) Rows (max)  Row Source Operation
---------- ---------- ----------  ---------------------------------------------------
         0          0          0  DELETE  T3 (cr=46 pr=0 pw=0 time=1916 us)
         1          1          1   TABLE ACCESS FULL T3 (cr=46 pr=0 pw=0 time=1752 us)
```

Das Anlegen des Indexes für die Spalte „B" der Tabelle TEST2.T3 ersetzt diesen Full Table Scan durch den Index Scan und beschleunigt das Kommando Delete auf der Tabelle T1.

3.2.3.8 Latches

Viele Datenbankadministratoren haben so gut wie keine Erfahrungen mit den Latches, weil die durch Latches verursachten Performanz-Probleme in der Regel bei den Systemen mit vielen konkurrierenden Prozessen vorkommen. Wenn ein System vernünftig konzipiert und ausreichend dimensioniert ist, hat man normalerweise solche Probleme nicht. Für mich selbst waren die Latches jahrelang nur eine ferne Theorie. Diese Theorie hat sich aber sehr schnell in eine bittere Praxis verwandelt, als ich eines Tages eine Datenbank mit mehreren Tausend Prozessen zur Betreuung bekam. Dieses System hatte 3 Besonderheiten: die bereits erwähnte hohe Anzahl der Datenbankprozesse, sehr viele Parse Calls und ein seltsames Konzept für die Performanz-Steigerung. Jedes Mal, wenn die Produktivität des Systems nicht ausreichend war, startete man einfach zusätzliche Verarbeitungsprozesse. Ganz klar, dass es sehr oft genau den umgekehrten Effekt hervorrief. Dieses System hatte sehr ernsthafte Latch-Probleme und war am Anfang ein echter Horror. Die meisten Erfahrungen mit der Latch-Problematik habe ich bei diesem System gesammelt. Das Tuning dieses Systems war ein langwieriger Prozess in enger Zusammenarbeit mit den Entwicklern, der viele technische und auch mehrere organisatorische Lösungen umfasste. Heutzutage läuft dieses System mit ca. 14 Tausend Datenbankprozessen vorbildlich stabil und performant.

Kehren wir aber zurück zu unseren Latches. Dieses Thema ist sehr umfangreich. In diesem Abschnitt beschreibe ich nur das Wesentliche, was ein Datenbankadministrator wissen muss. Bei Bedarf, im Falle der speziellen Latch-Probleme, kann man seine Latch-Kenntnisse vertiefen.

Man kann die Geschichte der Latches bei Oracle in [1, 2, 3] verfolgen. Die Latches für Oracle 8i sind sehr gut im bekannten Buch von Steve Adams [1] beschrieben. In [2] sind die Latches für Oracle 9i und 10g beschrieben. Eine exzellente Recherche der Latch-Verarbeitung bei Oracle findet man in [3]. Die Grundlage für diese Recherche erschien zunächst in [4].

Ein Latch ist ein spezieller Lock. Mit den Latches schützt Oracle verschiedene Strukturen im SGA (system global area). Wenn z. B. ein Prozess im Begriff ist, eine solche Struktur zu ändern, muss er zunächst einen exklusiven Zugriff auf diese Struktur bekommen, so dass kein anderer Prozess sie zugleich ändern kann. Diesen Zugriff bekommt er mit Hilfe eines Latches, das für die jeweilige Struktur zuständig ist. Einige Latches gibt es nur einmal, andere mehrmals. Wenn ein Latch mehrmals vorhanden ist, gibt es für dieses Latch immer ein Parent-Latch und ein oder mehrere Child-Latches. Die Statistiken für die Parent-Latches befinden sich in der View V$LATCH_PARENT, die Statistiken für die Child-Latches in der View V$LATCH_CHILDREN. Die Statistiken für alle Latch-Arten befinden sich in einer kumulierten Form in der View V$LATCH. Diese Views enthalten die 3 wichtigen Spalten: NAME, LATCH# und ADDRESS. Die Spalte NAME beinhaltet einen Latch-Namen (z. B. „cache buffers chains"), die Spalte LATCH# eine Latch-Nummer und die Spalte ADDRESS eine Adresse eines Parent- oder eines Child-Latch. Die Wartestatistiken für die Latches haben eine Latch-Adresse als den ersten und eine Latch-Nummer als den zweiten Parameter. Wenn eine Session auf Latches wartet, kann man mit diesen beiden Parametern das jeweilige Latch und sogar das jeweilige Child-Latch ermitteln. Das ist besonders wichtig für die Latches, die sich immer noch unter dem Warteereignis „latch free" verbergen.

Da die Operationen auf den SGA-Strukturen sehr schnell sein sollen, sind die Latches so konzipiert, dass sie sehr schnell zu erwerben und sehr schnell wieder freizugeben sind. Aus diesem Grund sind sie so implementiert, dass keine Deadlocks möglich sind. Dafür benutzt Oracle sogenannte Latch-Levels (s. die View V$LATCH). Wenn das Erwerben der Latches in einer aufsteigenden Reihenfolge der Latch-Levels erfolgt, besteht keine Gefahr der Deadlocks, und ein Prozess, der ein nicht freigegebenes Latch zu erwerben versucht, kann das beliebig lange tun („willing-to-wait" Modus). Wenn ein Prozess aber ein Latch des gleichen oder eines niedrigeren Levels zu erwerben versucht (als der maximale Level der bereits erworbenen Latches), kann er in eine Deadlock-Situation hineinlaufen, wenn er diese Versuche unendlich wiederholt oder unendlich lange auf die Freigabe des Latch wartet. Aus diesem Grund versucht Oracle das nur einmal in dem „no-wait" Modus. Gelingt es, wird die Verarbeitung fortgesetzt. Wenn es nicht gelingt, werden alle bereits erworbenen Latches freigegeben, und der Prozess versucht sie erneut zu erwerben.

In [1] und in [2] unterscheidet man 2 Arten von Latches („short-wait"- und „long-wait"-Latches) in Bezug auf die Methode der Erwerbung der Latches. Wenn es nicht gelingt, ein „short-wait"-Latch sofort zu erwerben, macht Oracle zunächst eine kleine rechnerische Schleife (spin), um den jeweiligen CPU nicht loszulassen, und wiederholt danach den Erwerbsversuch. Die maximale Anzahl solcher Versuche ist mit der Parametereinstellung _SPIN_COUNT festgelegt. Ist diese maximale Anzahl erreicht und es hat wieder nicht gelungen, das jeweilige Latch zu erwerben, wird der CPU losgelassen (mit dem System Call „yield()") und der Prozess verfällt in Schlaf (sleep). Die jeweilige Schlafzeit wird sich bei jedem zweiten Sleep verdoppeln (das exponentielle Backoff): 1,1, 2, 2, 4, 4, 8, 8, …. Die maximale Schlafzeit wird in Hundertstelsekunden mit dem Parameter

- _MAX_EXPONENTIAL_SLEEP festgelegt, wenn der jeweiliger Prozess keine Latches hält,
- _MAX_SLEEP_HOLDING_LATCH festgelegt, wenn der jeweilige Prozess bereits mindestens ein Latch hält.

Bei den „long-wait"-Latches können Prozesse aus dem Schlaf geweckt werden (latch wait posting), wenn das jeweilige Latch freigegeben wird. In Oracle 8i gab es lediglich 2 „long-wait"-Latches: „library cache" und „shared pool". Beim Lesen von [1] und [2] ist nicht klar, ob ein Prozess beliebig lange im Schlaf auf die Freigabe dieser Latches warten kann. In [3] hat man gezeigt, dass Oracle 8i für das Erwerben von „long-wait"-Latches eine Kombination vom exponentiellen Backoff und „latch wait posting" verwendet.

In [3] hat man auch experimentell bewiesen, dass die Methode mit dem exponentiellen Backoff ab Oracle Release 9.2 lediglich für ein einziges Latch „process allocation" verwendet wird. Für die restlichen Latches benutzt Oracle das exponentielle Backoff nicht. Beim Versuch, diese Latches zu erwerben, setzt man einmal „spins" ein, gelingt das nicht, so verfällt der jeweilige Prozess in Schlaf, solange er bei der Latch-Freigabe nicht geweckt wird. Das stimmt mit meinen Beobachtungen überein. Ab Oracle 9.2 beobachte ich wesentlich weniger „latch sleeps".

Ab Oracle Release 10.2 gibt es einen Parameter _ENABLE_RELIABLE_LATCH_WAITS, mit dem man das Verfahren der Latch-Erwerbung steuern kann. Ist dieser Parameter auf TRUE gesetzt (das ist der Vorgabewert), so wird das Verfahren ohne den exponentiellen Backoff für das Erwerben der Latches eingesetzt. Mit dem Wert FALSE kehrt man auf das alte Verfahren zurück, was generell nicht empfehlenswert ist.

Die Wartezeitstatistik für die einzelnen Latches wurde in Oracle 9i eingeführt. Sie wird in Millisekunden gemessen und in der Spalte WAIT_TIME abgespeichert (s. die View V$LATCH). Vor der Oracle Version 9i konnte man die problematischen Latches nur indirekt anhand der anderen Latch-Statistiken ermitteln (z. B. anhand der Anzahl der Sleeps).

3.2.3.8.1 Latch „shared pool" (latch: shared pool)

Dieses Latch wird benutzt beim Allozieren und beim Deallozieren des Speichers im Shared Pool. Das Allozieren des Speichers erfolgt beispielsweise bei einem harten Parse Call. Aus diesem Grund hilft die Reduzierung des harten Parsings beis der Reduzierung der Wartezeit für dieses Latch. Da die harten Parse Calls sehr häufig durch die Literalen in den SQL-Anweisungen verursacht werden, kann man das Skript top_sql_with_literals102.sql für die Ermittlung solcher SQL-Anweisungen zwecks Reduzierung der Wartezeit für das Latch „shared pool" benutzen (s. den Abschn. 5.2). Bei Oracle, bis einschließlich Release 8.1, gab es ein einziges Latch „shared pool". Ab Oracle Version 9 gibt es mehrere Subpools im Shared Pool (maximal 7). Die Anzahl dieser Subpools wird durch die Parametereinstellung _KGHDSIDX_COUNT festgelegt. Dieses Feature ist extra für die Reduzierung der Wartezeit für das Latch „shared pool" eingeführt, da jeder Subpool mit einem separaten Latch „shared pool" verwaltet wird.

3.2.3.8.2 Latch „library cache" (latch: library cache)

Dieses Latch hat Oracle in den Versionen vor 11 zum Schützen der Strukturen im Library Cache benutzt. Die Wartezustände für dieses Latch wurden in der Regel durch die Konkurrenz um diese Strukturen beim Parsen verursacht. In der Version 11 hat Oracle das Latch „library cache" durch die jeweiligen Mutexes ersetzt (Mutexes sind im Abschn. 3.2.3.9 beschrieben).

3.2.3.8.3 Latch „cache buffers chains" (latch: cache buffers chains)

Die Buffer-Headers werden im Buffer Cache in den Listen („hash chains") verwaltet. Jede solche Liste hängt an einem so genannten „hash bucket". Zum Schutz der Buffer-Headers benutzt Oracle „cache buffers chains"-Latches. Vor Oracle Version 8i war die Anzahl der „hash buckets" (oder der „hash chains") gleich der Anzahl der Latches „hash buffers chains". Ein Latch hat also genau eine Liste geschützt. Ab Oracle Version 8i kann ein Latch mehrere Listen schützen. Oracle hat die Anzahl dieser Latches in der Version 8i reduziert, aber die Anzahl der „hash buckets" dafür vergrößert und somit die Längen der Listen „hash chains" wesentlich verkleinert. Die Anzahl der Latches „cache buffers chains" wird durch den Parameter _DB_BLOCK_HASH_LATCHES festgelegt, die Anzahl der „hash buckets" durch den Parameter _DB_BLOCK_HASH_BUCKETS.

Die Konkurrenz um dieses Latch kann entstehen, wenn mehrere Prozesse auf dieselben Datenblöcke im Buffer Cache zugreifen. Das kann z. B. passieren, wenn mehrere Prozesse zugleich eine nicht performante SQL-Anweisung ausführen. Das ist die häufigste Ursache der Wartezeiten auf „cache buffers chains". In diesem Fall hilft das SQL-Tuning. In einigen Fällen kann man die jeweilige Wartezeit reduzieren, wenn die problematischen Datenbereiche über mehrere Blöcke verteilt werden. Erreicht wird das, wenn man das physikalische Attribut PCTFREE des jeweiligen Segments erhöht. Man kann dafür auch versuchen, das jeweilige Segment in einem Tablespace mit einer kleineren Block-Größe zu platzieren. Für einige Systeme habe ich eine Verbesserung durch die Erhöhung der Anzahl der Latches „cache buffers chains" erzielt (mit dem Parameter _DB_BLOCK_HASH_LATCHES).

Einige Anwendungen haben hohe Wartezeiten auf „cache buffers chains"-Latch, wenn sie auf ein und denselben Tabellensatz in mehreren Sessions zugleich zugreifen. Das passiert beispielsweise, wenn man die Sequenzen von Oracle nicht benutzt, sondern sie selber programmiert. In solchen Situationen hilft eine Konzept- bzw. Programmänderung.

Die betroffenen Objekte kann man versuchen folgendermaßen zu ermitteln. Zunächst muss man die Latch-Adressen des Latch „cache buffers chains" mit den größten Wartezeiten finden. Da der Buffer Cache eine dynamische Struktur ist, muss man das mit einem Monitoring-Skript tun (s. das Skript cbc_latch_monitor9i.sql). Das bedeutet, dass diese Analyse nur bei einem bestehenden Latch-Problem möglich ist (also nicht im Nachhinein). Danach kann man die Blöcke im Buffer Cache ermitteln (über die Spalte HLADDR in der internen Tabelle X$BH), die mit den jeweiligen Latches verwaltet werden. Die Tabelle X$BH beinhaltet Informationen über die jeweilige Objekt-Nummer (die Spalte OBJ). Dies ermöglicht eine Suche nach dem problematischen Objekt (nach einer Tabelle oder nach einem Index). Das kann man mit dem Skript cache_buff_chain_latch_objs8.sql machen, wenn man die Latch-Adresse aus der Ausgabe des Skripts cbc_latch_monitor9i.sql als Eingabeparameter benutzt. Dieses Skript gibt normalerweise mehrere Objekt-Namen aus. Man kann versuchen diese Objekte einzugrenzen, indem man die SQL-Anweisungen und deren Ausführungspläne ermittelt, die am meisten auf das Warteereignis „latch: cache buffers chains" warten. Die betroffenen Objekte sind in diesen Ausführungsplänen zu ermitteln.

In der Praxis sah dieses Verfahren so aus. Unten folgt ein Abschnitt der Ausgabe des Skripts cbc_latch_monitor.sql.

```
------- XXX, Version 10.2.0.3.0, Test : 02.10.2012 12:06:26 ---------
00000010DF5361D8 (latch address) = 243.3642 (time waited in sec.)
0000000ADCD3B5F8 (latch address) = 38.7566 (time waited in sec.)
00000016E4D33340 (latch address) = 2.2381 (time waited in sec.)
00000016E01B4778 (latch address) = 0.3849 (time waited in sec.)
00000016D71984E8 (latch address) = 0.2692 (time waited in sec.)
00000016D96CB7B8 (latch address) = 0.1079 (time waited in sec.)
0000000ADA316088 (latch address) = 0.0988 (time waited in sec.)
0000000AE266F2E0 (latch address) = 0.0836 (time waited in sec.)
0000000ADCE5D250 (latch address) = 0.0608 (time waited in sec.)
0000000ADA18B718 (latch address) = 0.0590 (time waited in sec.)
```

Für die oberste Latch-Adresse aus dieser Ausgabe ermittelte ich die Objekte im Buffer Cache mit dem Skript cache_buff_chain_latch_objs8.sql, welche mit dem jeweiligen Latch „cache buffers chains" verwaltet wurden.

3.2 Wartestatistiken/Warteereignisse (wait events)

```
-- Database Alias : XXX
-- Oracle Server Version :   10.2.0.3.0
-- Script cache_buff_chain_latch_objs8.sql (Product TuTool 6.4.3 : www.tutool.de)
-- Start Time : 02.10.12 09:11:11
-- Input Parameters :
-- addr_in_x_bh='00000010DF5361D8'

BUFFER_POOL          OBJECT_NAME          SUBOBJECT_NAME       TYPE                OWNER
-------------------- -------------------- -------------------- ------------------- ------------
DEFAULT              PK_PLANT_ARTICLE_MOV                      INDEX               YYY
                     EMENT

DEFAULT              PK_Z_PLANT_LAYOUT_AR                      INDEX               YYY
                     TICLE

DEFAULT              IX_PAM_PLAID_ARTID_M P946                 INDEX PARTITION     YYY
                     VMID_MK_N1

DEFAULT              Z_PLANT_LAYOUT_ARTIC                      TABLE               YYY
                     LE

DEFAULT              PLANT_ARTICLE_MOVEME P263                 TABLE PARTITION     YYY
                     NT

DEFAULT              PRINTER_QUEUE                             TABLE               YYY
DEFAULT              IX_PA_ISSUED                              INDEX               YYY
```

Die problematische SQL-Anweisung ermittelte ich in der View V$ACTIVE_SESSION_HISTORY (s. im Abschn. 3.2.6). Dafür benutzte ich das Skript active_sess_hist_top_sql10g.sql. Alternativ hätte man im SQL-Area nach den SQL-Anweisungen mit der größten Wartezeit für die Warteklasse „Concurrency" suchen können (s. im Abschn. 3.2.4).

```
-- Database Alias : XXX
-- Oracle Server Version :   10.2.0.3.0
-- Script active_sess_hist_top_sql10g.sql (Product TuTool 6.4.3 : www.tutool.de)
-- Start Time : 02.10.12 13:11:00
-- Input Parameters :
-- begin_time='02.10.2012 10:00:00'
-- end_time=''
-- event_name='latch: cache buffers chains'
-- top_sqls=''


sqlid                   cnt
-------------   -------------
0yasddpat6ps7           33487
cvu1fskb2jbv5             179
3bq54kgfwuxk4              35
790kh1dgdm5w3              34
aw124ybcrgryt              22
dqa94xcpt7dap              20
04z5rn57wa29d              19
agrcuhkdckkfn              13
7tq1p3d3ys6tx               8
5yfa6tay1v2rk               4
108mujtmppxfu               3
5kc22z4qpc1w5               2
4dm9rgrmdk1bd               2
2rmkxs4758zqp               1
3mrd9u3kamt35               1
```

Den SQL-Text und den Ausführungsplan für die oberste SQL Id fand ich mit dem Skript one_exec_plan_sqlarea102.sql. Mehr Informationen zur Ermittlung der problematischen SQL-Anweisungen kann man dem Kap. 17 entnehmen.

```
DELETE FROM Z_PLANT_LAYOUT_ARTICLE WHERE PLANT_LAYOUT_ID IN (SELECT PLANT_LAYOUT_ID FROM
PLANT_LAYOUT WHERE PLANT_ID = :1) AND ARTICLE_ID =:2
---- Execution Plan (Plan Hash Value : 1039968954) :
     0        DELETE STATEMENT Optimizer=ALL_ROWS (Cost=5) (WA Stats - Policy:AUTO, Last
Mem(K):8, Opt Mem(K):9, 1 Pass Mem(K):9, Opt/1/Mult:10112878/0/0)
     1    0    DELETE OF Z_PLANT_LAYOUT_ARTICLE (Bind Peeking used)
     2    1     NESTED LOOPS (Cost=5 Card=110 Bytes=2090 CPU_Cost=2649758 IO_Cost=5 Time=1)
     3    2      INDEX (RANGE SCAN) OF ZIXU_PLYT_PLAID_PLYT_LYTID (Cost=2 Card=798 Bytes=7182
CPU_Cost=73354 IO_Cost=2 Time=1)
     4    2      INDEX (RANGE SCAN) OF PK_Z_PLANT_LAYOUT_ARTICLE (Cost=1 Card=1 Bytes=10
CPU_Cost=3229 IO_Cost=1 Time=1)
```

Der obere Ausführungsplan grenzte die problematischen Objekte auf einen einzigen problematischen Index PK_Z_PLANT_LAYOUT_ARTICLE ein. Die weitere Vorgehensweise bestand in SQL-Tuning des oberen DELETE. Beim SQL-Tuning konzentrierte ich sich in erster Linie auf den problematischen 4. Schritt des Ausführungsplans.

Theoretisch ist es möglich, dass die Konkurrenz um das Latch „cache buffers chains" bei den Zugriffen auf die UNDO-Segmente entsteht. Mit dem Skript cache_buff_chain_latch_segs8.sql kann man prüfen, ob die UNDO-Segmente mit dem problematischen Latch verwaltet werden.

Seit Oracle 11 ist es möglich, den problematischen Ausführungsplanschritt in den Views V$ACTIVE_SESSION_HISTORY und DBA_HIST_ACTIVE_SESS_HISTORY direkt zu ermitteln (s. im Abschn. 3.2.6). Dasselbe gilt für das SQL Monitoring (s. im Abschn. 6.2).

Von einigen Spezialisten hörte ich, dass Oracle die Blöcke mit den unterschiedlichen Block-Größen oder die Blöcke in verschiedenen Buffer Caches (KEEP und RECYCLE) mit den separaten Latch-Sets „cache buffers chains" verwaltet. Das klang plausibel und hätte auch beim Performance Tuning gebraucht werden können. Man hätte das problematische Objekt in einem separaten Buffer Cache mit einem eigenen Latch-Satz verwalten können, was das jeweilige Latch-Problem in einigen Fällen hätte entschärfen können. Der folgende Test zeigt aber, dass es nicht der Fall ist. Ich habe einen Buffer Cache für 16K Datenblöcke eingerichtet, ein Tablespace und eine Tabelle mit dieser Block-Größe angelegt.

```
SQL> show parameter db_16k_cache_size

NAME                                 TYPE        VALUE
------------------------------------ ----------- ------------------------------
db_16k_cache_size                    big integer 52M
SQL> CREATE TABLESPACE "USERS16" DATAFILE 'C:\ORACLE\APP\ORADATA\DB11\USERS1601.DBF' SIZE
5242880 reuse
  2  LOGGING ONLINE PERMANENT BLOCKSIZE 16384;
Tablespace created.
SQL> create table t2 tablespace users16 as select level a from dual connect by level <= 50000;
Table created.
```

3.2 Wartestatistiken/Warteereignisse (wait events)

Jetzt wollte ich wissen, ob ein Latch „cache buffers chains" Datenblöcke mit unterschiedlichen Block-Größen verwaltet.

```
SQL> select HLADDR,count(distinct blsiz) from x$bh where state != 0 group by HLADDR having
count(distinct blsiz) > 1;

HLADDR              COUNT(DISTINCTBLSIZ)
----------------    --------------------
000007FF0F858CF8                       2
000007FF103A39F8                       2
000007FF107EC020                       2
000007FF107FCB20                       2
000007FF0F84A358                       2
000007FF107FC000                       2
000007FF0F8406D0                       2
000007FF0F8453E8                       2
000007FF0F88E4D0                       2
000007FF0F883208                       2
000007FF0F890FC0                       2

11 rows selected.
```

Die Spalte HLADDR der internen Tabelle X$BH enthält eine Adresse des Latch „cache buffers chains", dass den jeweiligen Block-Header schützt. Mit dem Skript cache_buff_chain_latch_segs8.sql habe ich die Segmente ermittelt, deren Blöcke mit dem Latch geschützt werden, das die erste Adresse (000007FF0F858CF8) aus der obigen Ausgabe hat.

```
POOL_NAME          SEGMENT_NAME          PARTITION_NAME        TYPE                OWNER
TABLESPACE_NAME
-----------------  --------------------  --------------------  ------------------  ------------
-------- --------------------
DEFAULT            AQ$_SCHEDULES                               TABLE               SYS
SYSTEM
DEFAULT            C_OBJ#                                      CLUSTER             SYS
SYSTEM
DEFAULT            C_TOID_VERSION#                             CLUSTER             SYS
SYSTEM
DEFAULT            I_ACCESS1                                   INDEX               SYS
SYSTEM
DEFAULT            I_IDL_UB11                                  INDEX               SYS
SYSTEM
DEFAULT            I_OBJ1                                      INDEX               SYS
SYSTEM
DEFAULT            OBJ$                                        TABLE               SYS
SYSTEM
DEFAULT            SYS_C00648                                  INDEX               SYS
SYSTEM
DEFAULT            T2                                          TABLE               SYS
USERS16
```

Wie man sieht, schützt dieses Latch sowohl die Block-Headers der Tabelle T2 mit der Block-Größe von 16K als auch die Block-Headers der anderen Tabellen mit der Block-Größe von 8K.

Ähnlich kann man mit dem Keep Pool experimentieren und feststellen, dass Oracle dieselben Latches „cache buffers chains" für die Blöcke in den verschiedenen Buffer Pools benutzt. Für diesen Test braucht man eine komplexere SQL-Anweisung als für den Test mit unterschiedlichen Block-Größen.

```
select bh.hladdr, count(distinct kcbwbpd.bp_name) from x$kcbwds kcbwds,   x$kcbwbpd kcbwbpd,
x$bh bh
where
kcbwds.inst_id = userenv('Instance') and
kcbwbpd.inst_id = userenv('Instance') and
bh.inst_id = userenv('Instance') and
kcbwds.set_id >= kcbwbpd.bp_lo_sid
and kcbwds.set_id <= kcbwbpd.bp_hi_sid
and kcbwbpd.bp_size != 0
and bh.set_ds=kcbwds.addr
and bh.state !=0
group by bh.hladdr having count(distinct kcbwbpd.bp_name) > 1;
```

3.2.3.9 Mutex-Warteereignisse

Mutexes (mutual exclusion objects) sind im Oracle Release 10.2 eingeführt. Die Benutzung der Mutexes war in Oracle 10.2 ziemlich eingegrenzt. Sie wurden beispielsweise für das Pinning der „library cache cursors" gebraucht. In Oracle 11g hat man die Benutzung der Mutexes erweitert und das Latch „library cache" durch die Mutexes ersetzt. Leider sind die Mutexes nur sehr kurz in der Dokumentation von Oracle beschrieben. Einige nützliche Informationen kann man zu diesem Thema aus [5] entnehmen. In [6] – [8] sind einige interessante Experimente mit dem Erwerben von Mutexes bei Oracle beschrieben.

Die Mutexes sind den Latches ähnlich:

- sie schützen auch interne Strukturen (Objekte) im Speicher,
- genau wie die Latches sind sie selber auch kleine interne Strukturen im Speicher,
- die Mechanismen für das Erwerben der Mutexes sind im Prinzip ähnlich den jeweiligen Mechanismen für die Latches.

Es gibt auch einige Unterschiede im Vergleich zu den Latches:

- während ein Latch in der Regel mehrere Strukturen schützt (wie z. B. das Latch „cache buffers chains"), schützt ein Mutex eine einzige Struktur im Speicher,
- das reduziert Konkurrenz im System, da die Mutexes ganz gezielt die einzelnen Strukturen sperren,
- ein Mutex braucht wesentlich weniger Platz im Speicher als ein Latch,
- jedes Mutex hat 2 Modi („exclusive" und „shared"), während nicht alle Latches über den Modus „shared" verfügen.

Zu den Mutex-Warteereignissen zählen die folgenden:

- „cursor: mutex S",
- „cursor: mutex X",

3.2 Wartestatistiken/Warteereignisse (wait events)

- „cursor: pin S",
- „cursor: pin X",
- „cursor: pin S wait on X",
- „library cache: mutex S",
- „library cache: mutex X"

Sie alle gehören zu der Klasse „Concurrency" und haben dieselben 3 Parameter.

Parameter1 (idn) – Identifikator des Mutex. Dieser Identifikator ist der Hashwert eines Objektes im Library Cache, das mit dem jeweiligen Mutex geschützt wird. Nach diesem Objekt kann man entweder direkt in der internen Tabelle X$KGLOB über das Feld KGLNAHSH oder in der View V$DB_OBJECT_CACHE über das Feld HASH_VALUE suchen. Wenn das jeweilige Objekt ein Cursor ist (im Falle der Mutex-Warteereignisse „cursor"), kann man auch in der View V$SQL nach diesem Cursor suchen. Da die Spalte P1 für den Parameter1 in den Views V$SESSION, V$ACTIVE_SESSION_HISTORY, DBA_HIST_ACTIVE_SESS_HISTORY vorhanden ist, kann man anhand dieser Information die problematischen Objekte finden.

Parameter2 (value) – Mutex-Wert. Die höherwertigen Bytes enthalten die SID der Session, die das Mutex im exklusiven Modus hält. Mit dem folgenden Select kann man diese SID sowohl für die 32-bit- als auch für die 64-bit-Plattformen ermitteln:

```
select decode(trunc(<p2>/4294967296), 0, trunc(<p2>/65536),
trunc(<p2>/4294967296)) from dual;
```

Für das Warteereignis „cursor: pin S" ist diese SID immer gleich 0, da es keine blockierende Session für dieses Ereignis gibt.

Die niedrigeren Bytes enthalten einen Zähler der Sessions, die das jeweilige Mutex im „shared" Modus halten.

Parameter3 (where) – eine Location Id. Die höherwertigen Bytes enthalten eine Location Id, die eine Stelle (Funktion) im Code von Oracle identifiziert, wo das jeweilige Mutex erworben wird.

Bei der Analyse der Probleme mit Mutexes sind die folgenden 2 Views hilfreich: V$MUTEX_SLEEP und V$MUTEX_SLEEP_HISTORY. Die erste View enthält die kumulativen Statistiken (die Anzahl der „sleeps" und die gesamte Wartezeit für jeden Mutex-Typ und Location). Die zweite View enthält historische Statistiken und wird zyklisch überschrieben.

In [6] hat man mit dem Mutex „cursor: pin S" experimentiert und festgestellt, dass Oracle eine ziemlich aggressive Strategie beim Erwerben des Mutex in Releases 10.2– 11.1 benutzt hat. Beim Erwerben des Mutex hat Oracle ausschließlich „spins" gemacht und ab und zu den CPU mit dem System Call yield() losgelassen. Dies führte zu einer hohen CPU-Auslastung, die Mutex-Wartezeiten waren dabei sehr niedrig.

In Oracle 11.2.0.2.2 und 11.2.0.3 wurde ein komplett neues Verfahren eingeführt [8]. Man kann jetzt das Erwerben der Mutexes mit den folgenden 3 Parametern tunen:

Der Parameter _MUTEX_WAIT_SCHEME legt fest, nach welchem Verfahren die Mutexes erworben werden, und kann die folgenden 3 Werte annehmen:

0– das alte Verfahren mit den yield() System Calls und ohne „sleeps",

1– das Verfahren mit den einfachen „sleeps". Die Dauer eines „sleep" in Millisekunden bestimmt der zweite Parameter _MUTEX_WAIT_TIME,

2– das Verfahren mit dem exponentiellen Backoff (ähnlich wie bei Latches) mit der maximalen Dauer eines „sleep" in Hundertstelsekunden, die wieder der Parameter _MUTEX_WAIT_TIME bestimmt.

Der Vorgabewert des Parameters _MUTEX_WAIT_SCHEME ist 2.

Der dritte eingeführte Parameter _MUTEX_SPIN_COUNT definiert die Anzal der „spins" und hat einen Vorgabewert von 255.

Ich hatte mehrmals mit den Performanz-Problemen wegen Mutexes zu tun. Die meisten Probleme entstanden bei den langen Cursor-Listen, die wir im Abschn. 8.3 besprechen. Ein paar Mal traten solche Probleme bei Systemen mit einem sehr intensiven Parsing auf. Ein solcher Fall ist im Abschn. 12.2.2 beschrieben.

3.2.3.10 Warteereignisse für EXADATA

Die Warteereignisse für die Exadata-Systeme sind in [9] beschrieben. Man kann sie auch auf einem nicht Exadata-System in der View V$EVENT_NAME ermitteln. Alle Namen dieser Warteereignisse fangen mit „cell" an.

In diesem Abschnitt beschreibe ich ganz kurz 4 I/O-Warteereignisse.

„cell smart table scan" – ein Warteereignis, welches bei Full Table Scan via Smart Scan vorkommt,

„cell smart index scan" – ein Warteereignis, auf welches bei Fast Full Index Scan via Smart Scan gewartet wird,

„cell single block physical read" – dieses Warteereignis hat dieselbe Bedeutung wie das Warteereignis „db file sequential read" auf nicht Exadata-Systemen,

„cell multyblock physical read" – dieses Warteereignis hat dieselbe Bedeutung wie das Warteereignis „db file scattered read" auf nicht Exadata-Systemen.

3.2.4 Wartestatistiken auf System-, Session- und Cursor-Ebene

Alle Wartestatistiken auf der System- und auf der Session-Ebene sind kumulativ und sind in Hundertstelsekunden gemessen. Ab Oracle Version 10g wird eine Messung zusätzlich in Mikrosekunden abgespeichert (die jeweiligen Spaltennamen haben die Endung „MICRO").

Die gegenwärtigen Wartestatistiken auf der System-Ebene werden in der View V$SYSTEM_EVENT gepflegt. Ab Oracle 11 werden Wartestatistiken für die Vordergrundprozesse zusätzlich gesammelt und in den separaten Spalten (mit den Namensendungen „_FG") gespeichert. Die Differenz zwischen dem gesamten Statistikwert und dem Statistikwert für Vordergrundprozesse gibt uns die Wartezeit für die Hintergrundprozesse.

3.2 Wartestatistiken/Warteereignisse (wait events)

Für die gegenwärtigen Wartestatistiken auf der Session-Ebene wird die View V$SESSION_EVENT benutzt. In dieser View kann man ermitteln, auf welche Warteereignisse und wie lange eine laufende Session gewartet hat. Wenn eine Session sich in einem Wartezustand befindet, ändert sich nichts in der View V$SESSION_EVENT für diese Session. Wenn der jeweilige User Call (oder ein nächster User Call im Falle eines „idle" Warteereignisses) zu Ende ist, werden die jeweiligen Einträge aktualisiert.

Die historischen Wartestatistiken auf der System-Ebene werden in AWR in der View DBA_HIST_SYSTEM_EVENT und in Statspack-Repository in der Tabelle STATS$SYSTEM_EVENT gepflegt. Es gibt keine historischen Wartestatistiken für die Session-Ebene.

Besprechen wir jetzt Wartestatistiken auf der Cursor-Ebene, die sich wesentlich von den bereits besprochenen Wartestatistiken unterscheiden. Es ist nicht möglich, die Wartestatistiken auf der Cursor-Ebene in Form von Warteereignissen zu ermitteln. Dementsprechend ist es nicht möglich zu sagen, worauf genau die einzelnen SQL-Anweisungen gewartet haben. Man kann nur die folgenden Warteklassen für die SQL-Anweisungen ermitteln (vergleichen Sie bitte mit dem Abschn. 3.2.1):

- Application,
- Concurrency,
- Cluster,
- User I/O

Die meisten von der für die SQL-Anweisungen relevanten Warteereignisse gehören zu einer der 4 Warteklassen. Unter den relevanten Warteereignissen verstehen wir die Warteereignisse, auf die die SQL-Anweisungen warten können.

Man kann noch eine zusätzliche allgemeine Wartestatistik als eine Differenz zwischen der Statistik „elapsed time" und der Statistik „cpu time" auf der Cursor-Ebene berechnen. Mit dieser Statistik kann man ermitteln, wie lange eine SQL-Anweisung insgesamt gewartet hat. Aber nicht worauf.

Die gegenwärtigen Wartestatistiken sind kumulativ und werden in Millisekunden gemessen. Diese Statistiken werden in der View V$SQL (s. auch die View V$SQLSTATS) in den folgenden Spalten gepflegt:

- APPLICATION_WAIT_TIME,
- CONCURRENCY_WAIT_TIME,
- CLUSTER_WAIT_TIME,
- USER_IO_WAIT_TIME

Die historischen Wartestatistiken auf der Cursor-Ebene werden in AWR in der View DBA_HIST_SQLSTAT in den folgenden Spalten gepflegt:

- APWAIT_TOTAL,
- APWAIT_DELTA,

- CCWAIT_TOTAL,
- CCWAIT_DELTA,
- CLWAIT_TOTAL,
- CLWAIT_DELTA,
- IOWAIT_TOTAL,
- IOWAIT_DELTA

Die Spalten mit Namensendungen „_TOTAL" sind für kumulative Werte vorgesehen, wobei die Spalten mit Namensendungen „_DELTA" bereits die Wartezeitdeltas enthalten, die für das jeweilige AWR-Snapshot relevant sind. Diese DELTA-Spalten vereinfachen und beschleunigen die SQL-Abfragen dieser View.

Die historischen Wartestatistiken auf der Cursor-Ebene werden in Statspack-Repository in der Tabelle STATS$SQL_SUMMARY gepflegt. Die Spaltennamen für diese Statistiken stimmen mit den jeweiligen Spaltennamen der View V$SQL überein. Leider gibt es dort keine Spalten für Wartezeitdeltas.

Alle historischen Wartestatistiken werden in Millisekunden abgespeichert.

3.2.5 Ermittlung der SQL-Anweisungen und der Blocker für ein Warteereignis

Im vorigen Abschnitt haben wir gelernt, dass wir nicht ermitteln können, auf welche Warteereignisse genau eine SQL-Anweisung gewartet hat. Wir können nur 4 Warteklassen und die gesamte Wartezeit für eine SQL-Anweisung finden. Man kann aber umgekehrt vorgehen und die SQL-Anweisungen für ein Warteereignis ermitteln, bei deren Ausführung auf dieses Warteereignis gewartet wird (s. in diesem Abschnitt) oder gewartet wurde (s. im nächsten Abschnitt).

Dafür kann man die View V$SESSION_WAIT gebrauchen. In Oracle Version 10g wurden alle Felder dieser View in die View V$SESSION integriert, aber die alte View gibt es immer noch. In der View V$SESSION kann man u. a. die folgenden wichtigen Informationen ermitteln:

- ob die Session aktiv ist, i.e. eine SQL-Anweisung ausführt (STATUS = 'ACTIVE'),
- welche SQL-Anweisung bzw. welcher Cursor momentan ausgeführt wird (s. die Spalten SQL_ID oder SQL_HASH_VALUE und SQL_CHILD_NUMBER),
- ob sich die Session in einem Wartezustand befindet (STATE = 'WAITING' oder WAIT_TIME = 0), oder CPU-Zeit verbraucht bzw. auf CPU wartet (befindet sich in „run queue"),
- das Warteereignis, auf welches eine Session momentan wartet (s. die Spalte EVENT),

3.2 Wartestatistiken/Warteereignisse (wait events)

- wie lange sie bereits auf ein Warteereignis wartet (Mikrosekunden in der Spalte WAIT_TIME_MICRO). Befindet sich die Session nicht in einem Wartezustand, beinhaltet die Spalte WAIT_TIME_MICRO die letzte Wartezeit,
- die Einzelheiten zu dem jeweiligen Warteereignis, da diese View die Informationen über die 3 Parameter des Warteereignisses enthält (s. die Spalten P1, P2, P3),

In der View V$SESSION_WAIT bzw. in der View V$SESSION können wir zunächst ermitteln, auf welche Warteereignisse momentan die Sessions warten. Somit bekommen wir einen Überblick über die Wartezustände der laufenden Sessions. Unten folgt die Ausgabe des Skripts all_sess_event.sql.

```
-- Database Alias : xxxxxxx
-- Oracle Server Version :   11.2.0.3.0
-- Script all_sess_event.sql (Product TuTool 6.4.6 : www.tutool.de)
-- Start Time : 21.12.12 11:15:38


Event                                                         # of Sessions
------------------------------------------------------------  -------------
SQL*Net message from client                                             205
rdbms ipc message                                                        30
db file sequential read                                                   6
on CPU                                                                    3
DIAG idle wait                                                            2
LNS ASYNC end of log                                                      1
VKRM Idle                                                                 1
Streams AQ: qmn coordinator idle wait                                     1
db file parallel read                                                     1
control file sequential read                                              1
SQL*Net more data from client                                             1
Space Manager: slave idle wait                                            1
Streams AQ: qmn slave idle wait                                           1
wait for unread message on broadcast channel                              1
Streams AQ: waiting for messages in the queue                             1
smon timer                                                                1
VKTM Logical Idle Wait                                                    1
read by other session                                                     1
Streams AQ: waiting for time management or cleanup tasks                  1
pmon timer                                                                1

Status    # of Sessions
--------  -------------
INACTIVE            208
ACTIVE               53
```

Danach können wir die jeweiligen SQL-Anweisungen in den Views V$SESSION und V$SQLTEXT mit dem Skript act_sql_wait_event11.sql finden, welche auf das jeweilige Warteereignis warten.

```
-- Database Alias : xxxxxxx
-- Oracle Server Version :   11.2.0.3.0
-- Script act_sql_wait_event11.sql (Product TuTool 6.4.6 : www.tutool.de)
-- Start Time : 21.12.12 11:17:22
-- Input Parameters :
-- event_name='db file sequential read'

       sid SQL text                                                          SQL Id and
Duration
---------- ------------------------------------------------------------ ------------------
--------------------------
      2566 SELECT a.interaktion_Kennung, a.interaktion_Typname, a.interakti sql
id=6rc81xc01b35m, duration(sec.)=1
           on_Aspekt, a.TEI_kennung FROM XXXXXXXX.TEI_Interaktionen a WHERE
            a.TEI_kennung IN (:"SYS_B_00", :"SYS_B_01", :"SYS_B_02", :"SYS
           _B_03", :"SYS_B_04", :"SYS_B_05", :"SYS_B_06", :"SYS_B_07", :"SYS
           _B_08", :"SYS_B_09", :"SYS_B_10")

      2605 SELECT a.kennung AS kennung, a.typname AS typname, a.aspekt AS a sql
id=59kftbmaq7azj, duration(sec.)=2
           spekt FROM apl a WHERE a.anschlussbereich=:1  AND a.ortsnetzkenn
           zahl=:2
```

Alternativ könnte man sowohl die Warteereignisse als auch die jeweiligen SQL Ids zugleich aus der View V$SESSION ermitteln (bei Oracle 11.2 beispielsweise mit dem Skript active_sess_event10g.sql).

3.2 Wartestatistiken/Warteereignisse (wait events)

```
-- Database Alias : xxxxxxx
-- Oracle Server Version : 11.2.0.3.0
-- Script active_sess_event10g.sql (Product TuTool 6.4.6 : www.tutool.de)
-- Start Time : 21.12.12 14:05:35
-- Input Parameters :
-- event_name_like=''

block instance   block sid      sid event                                      wait time user
name                            os user                    sql id      p1text
p2text                                                     p3text
wait obj#     wait file#     wait block#     wait row#
------------- ---------- --------- ------- ---------------------------------- ----------- --------
--------------------- ----------  ------------------------------  -------------  ------------------
--------------------- ----------------------------------------------  -----------------
-------------------------- -----------------------  -------------- ---------------
--
                         -1     2719 db file sequential read                       0
XXXXXXXX                        webs4                       60cpdq9a1ncp8
31:000000000000001F:file#                     2151354:000000000020D3BA:block#
1:0000000000000001:blocks                            72664             31
2151354                0
                                 315                                              0
XXXXXXXX                        webs4                       9xqqsf0yywhh7
87:0000000000000057:file#                     353559:0000000000056517:block#
1:0000000000000001:blocks                            72667            118
2366755                0
                         -1      360 on CPU                                       1
XXXXXXXX                        webs4                       fgtcb8zh6uqm5
504403278403173248:0700001BF8C37B80:address   164:00000000000000A4:number
0:00:tries                                                -1             0
0                 0
                                 366                                              1
XXXXXXXX                        webs4                       fgtcb8zh6uqm5
504403278403275560:0700001BF8C50B28:address   164:00000000000000A4:number
0:00:tries                                                -1             0
0                 0
                                2107                                          1 SYS
Leo                             gpy6k0wpq97g4 202:00000000000000CA:file number
1115904:0000000000110700:first dba            4:0000000000000004:block cnt
-1                0                 0
                                 207                                              0
XXXXXXXX                        webs4                       fgtcb8zh6uqm5
504403279443754752:0700001C36C97F00:address   155:000000000000009B:number
0:00:tries                                                -1             0
0                 0
                         -1     1643 SQL*Net more data from client          875986
XXXXXXXX                        webs4                       gyujq63n93ryr
1413697536:0000000054435000:driver id         1:0000000000000001:#bytes
0:00:                                                  71805            52
220894                0
```

Bei den blockierenden Warteereignissen ist es immer wichtig zu wissen, wer bzw. welche Session die anderen blockiert. In einigen Situationen ist es sinnvoll, solche Blocker einfach zu beenden, z. B. wenn eine Session einen Tabellensatz ändert und danach das Kommando COMMIT sehr lange nicht ausführt. Das könnte ein Programmfehler (normalerweise in einem Dialog) oder ein Versehen sein, wenn jemand in SQL*Plus oder in einem anderen interaktiven Standard-Programm ein DML-Kommando ohne COMMIT ausführt (auf einem produktiven System muss es verboten sein).

Wenn es bei solchen hängenden Prozessen um einen mutmaßlichen Bug geht, ist es auch wichtig, den Blocker zu finden und zu untersuchen. Man kann dafür sicherlich auch Dumps benutzen, z. B. System State Dump. Für ein Dump auf einem System mit sehr vielen Server-Prozessen braucht man aber ziemlich viel Zeit. Aus diesem Grund ist es sinnvoll, parallel zur Dump-Erzeugung das Problem mit SQL-Anweisungen zu untersuchen, falls es möglich ist.

Vor Oracle Version 10 war es nicht immer einfach, solche Blocker zu ermitteln. Für Enqueues war es ausnahmsweise nicht kompliziert, da Oracle dafür eine spezielle View DBA_WAITERS zur Verfügung gestellt hat. Für einige andere Warteereignisse konnte man passende SQL-Anweisungen in MOS finden. Es gab aber Warteereignisse, für die man keine finden konnte.

Die Situation hat sich in Oracle 10g drastisch verbessert. Jetzt kann man den Blocker direkt in der View V$SESSION finden. Dafür sind dort 2 Spalten vorgesehen: BLOCKING_INSTANCE und BLOCKING_SESSION. Ich bin nicht sicher, dass dieses Verfahren für alle blockierenden Warteereignisse funktioniert (für die meisten aber schon). Es war z. B. bis vor kurzem nicht möglich, einen Blocker auf diese Art und Weise für das Warteereignis „read by other session" zu finden. Man konnte das nur indirekt folgendermaßen tun: nach einer Session in der View V$SESSION suchen, die auch auf ein I/O-Warteereignis wartet, das für das Lesen über den Buffer Cache relevant ist. Das sind eigentlich die folgenden 2: „db file sequential read" und „db file scattered read". Dieses Warteereignis soll außerdem dieselben Werte für den Parameter1 („file#") und für den Parameter2 („block#") wie das Warteereignis „read by other session" haben.

Da die Ausgabe des Skripts active_sess_event10g.sql nach den blockierenden Sessions sortiert ist, kann man dieses Skript auch für die Ermittlung der blockierenden Warteereignisse gebrauchen.

3.2.6 Historische Views für die aktiven Sessions

Die View V$ACTIVE_SESSION_HISTORY wurde in Oracle 10g eingeführt. In dieser View protokolliert Oracle einige Informationen über die Sessions, die sich nicht in einem Leerlaufzustand befinden (sie verbrauchen also CPU-Zeit oder warten auf ein „non-idle" Warteereignis). Diese View wird einmal pro Sekunde aktualisiert und zyklisch überschrieben. Den Zustand jeder Session aus der View V$ACTIVE_SESSION_HISTORY kann man anhand des Inhalts der Spalte SESSION_STATE ermitteln. Der Wert ‚WAITING' bedeutet, dass die Session auf ein Warteereignis wartet, welches der Spalte EVENT zu entnehmen ist. Der Wert „ON CPU" deutet darauf hin, dass die jeweilige Session momentan nicht wartet, sondern CPU-Zeit verbraucht oder auf CPU wartet. In diesem Fall ist die Spalte EVENT leer.

Bei den Wartezuständen enthält diese View Informationen zu den Blockern (falls vorhanden) und zu den Einzelheiten der Warteereignisse (die 3 Parameter in den Spalten P1, P2 und P3).

Die View V$ACTIVE_SESSION_HISTORY wurde in Oracle 11g um die Spalten SQL_PLAN_LINE_ID, SQL_PLAN_OPERATION, SQL_PLAN_OPTION erweitert, so dass

3.2 Wartestatistiken/Warteereignisse (wait events)

man jetzt ermitteln kann, ob und welche Ausführungsplanschritte der jeweiligen SQL-Anweisung auf ein Warteereignis warten oder CPU-Zeit verbrauchen bzw. auf CPU warteten.

Wenn man die Zustände der Sessions analysieren muss, die weiter in der Vergangenheit liegen, kann man dafür die View DBA_HIST_ACTIVE_SESS_HISTORY im AWR benutzen. Das Sample-Zeitintervall in dieser View ist größer als in der View V$ACTIVE_SESSION_HISTORY und beträgt 10 s.

Man kann die notwendigen Informationen in den Views V$ACTIVE_SESSION_HISTORY und DBA_HIST_ACTIVE_SESS_HISTORY entweder mit den jeweiligen SQL-Anweisungen ermitteln oder das ASH-Report dafür benutzen.

Die beiden historischen Views haben einen Vorteil gegenüber den anderen Views aus dem AWR. Das Zeitintervall in diesen beiden Views ist wesentlich kleiner, was zeitlich präzisere Auswertungen ermöglicht.

Da die Sample-Intervalle in den Views V$ACTIVE_SESSION_HISTORY und DBA_HIST_ACTIVE_SESS_HISTORY ziemlich klein sind, kann man die Anzahl der jeweiligen Einträge in diesen Views für die Einschätzung des CPU-Verbrauchs und der Wartezustände insgesamt und für bestimmte SQL-Anweisungen gebrauchen. Einige Beispiele findet man im Abschn. 17.2.3.

4 Laufzeitstatistiken

Die CPU-Statistiken sind im Abschn. 3.1 dargestellt. Wegen der Wichtigkeit dieser Statistiken für Performance Tuning habe ich sie separat von den anderen beschrieben. In diesem Kapitel sind einige andere Laufzeitstatistiken präsentiert. Aus dem Abschn. 3.1 wissen wir bereits, dass die Laufzeitstatistiken bei Oracle in folgende 2 Arten unterteilt werden: die Betriebssystem- und die Datenbankstatistiken. Diese beiden Arten der Laufzeitstatistiken können entweder gegenwärtig oder historisch sein.

4.1 Betriebssystemstatistiken

Die Betriebssystemstatistiken wurden im Oracle 10.1 eingeführt. Die einzelnen Statistiken zeigen die jeweilige Systemauslastung auf der Betriebssystemebene. Die Liste der in Oracle gepflegten Betriebssystemstatistiken unterscheidet sich von Plattform zu Plattform.

Die gegenwärtigen Betriebssystemstatistiken sind in der View V$OSSTAT abgespeichert. Die historischen Statistiken werden im AWR in der View DBA_HIST_OSSTAT gepflegt. Im Statspack-Repository wird dafür die Tabelle STATS$OSSTAT benutzt. Man kann die Werte der Betriebssystemstatistiken dem Abschnitt „Operation System Statistics" des AWR-Reports entnehmen. Im Statspack-Report befinden sie sich im Abschnitt „OS Statistics".

Ab Oracle 11g kann man die kumulativen Statistiken von den nicht kumulativen (also von den absoluten) anhand des Wertes im Feld CUMULATIVE unterscheiden. Dieses Feld gibt es in der View V$OSSTAT für die gegenwärtigen und in der View DBA_HIST_OSSTAT aus dem AWR-Repository für die historischen Statistiken. Die Tabelle STATS$OSSTAT aus dem Statspack-Repository hat so ein Feld nicht.

Im weiteren Text skizzieren wir einige für das Performance Tuning wichtige Betriebssystemstatistiken, die in Oracle gepflegt werden.

Die Statistik PHYSICAL_MEMORY_BYTES zeigt die Größe des Speichers (RAM). Sie ist hilfreich bei der Überprüfung der Datenbank-Speicherkonfiguration.

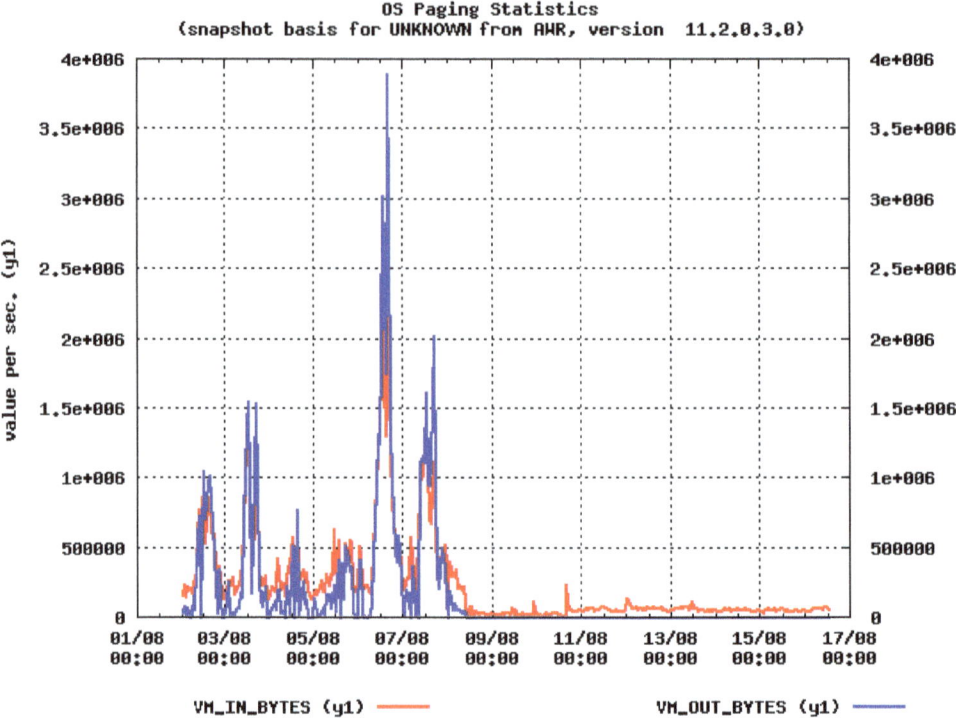

Abb. 4.1 Ein Beispiel des Paging

Die Statistik VM_IN_BYTES liefert die Anzahl der Bytes, die ins System aus dem Paging-Speicherbereich nachgeladen sind. Die umgekehrte Statistik VM_OUT_BYTES zeigt die Anzahl der Bytes, die aus dem System in den Paging-Speicherbereich ausgelagert sind. Die großen Werte für diese Statistiken können auf ein Paging-Problem deuten. Ein typisches Bild des Paging-Problems ist in Abb. 4.1 dargestellt.

Man sieht zunächst relativ große Werte für diese beiden Statistiken (bis ca. 4 MB pro Sekunde). Nach der Reduzierung des Speichers für die Datenbank durch die Verkleinerung der Parametereinstellung MEMORY_TARGET gingen diese Werte stark zurück.

Mit der Statistik LOAD kann man die Anzahl der momentan laufenden und der in der CPU- oder in der Betriebssystem-Scheduler-Queue wartenden Prozesse ermitteln. Im Hinblick auf die Genauigkeit der historischen Statistik LOAD muss man etwas aufpassen, da sie nicht kumulativ ist und jeweils einmal beim Erzeugen des jeweiligen Snapshot gemessen wird.

Die Statistik NUM_CPUS informiert uns über die Anzahl der CPUs im System.

Sicherlich kann man diese Betriebssystemstatistiken ohne Datenbank mit den jeweiligen Betriebssystemkommandos ermitteln. Die in der Datenbank abgespeicherten Betriebssystemstatistiken sind aber aus den folgenden Gründen vorteilhaft:

- um die jeweiligen Statistikwerte zu ermitteln, braucht man keine plattformspezifischen Kommandos, sondern macht es mit den SQL-Anweisungen,

- oft sind die bei Oracle vorhandenen Betriebssystemstatistiken für Performance Tuning ausreichend. In diesem Fall braucht man keine zusätzlichen Ermittlungen im Betriebssystem,
- sehr hilfreich für diverse Analysen sind die historischen Betriebssystemstatistiken.

Wesentlich länger als die oben beschriebenen bestehen bei Oracle einige Betriebssystemstatistiken in den Views V$SYSSTAT und V$SESSTAT. Diese Statistiken unterscheiden sich von Plattform zu Plattform, gehören zur Klasse 16 und haben die Abkürzung „OS" am Anfang ihres Namens (s. in der View V$STATNAME). Stillschweigend werden diese Statistiken nicht erstellt, weil ihre Erstellung teuer ist. Das ist wahrscheinlich der Hauptgrund, warum sie äußerst selten bei Performance Tuning benutzt werden. Man kann die Erstellung dieser Statistiken mit der Parametereinstellung TIMED_OS_STATISTICS > 0 systemweit oder in einer Session aktivieren (mit diesem Parameter kann man das Zeitintervall in Sekunden für die Erstellung der Statistiken eingeben). Bei der Parametereinstellung STATISTICS_LEVEL = ALL wird der Parameter TIMED_OS_STATISTICS automatisch auf 5 gesetzt.

4.2 Datenbankstatistiken

Im Kap. 3 haben wir gelernt, dass die CPU-Auslastung und die Wartezeit enorm wichtig für Performance Tuning sind. Das Performance Tuning soll gerade mit der Analyse der beiden beginnen. In einigen einfachen Fällen, wo die Ursache der schlechten Performanz ziemlich klar ist (z. B. anhand eines sehr auffälligen und eindeutigen Warteereignisses), kann man sofort die passenden Tuning-Maßnahmen ergreifen. Wenn die Situation aber etwas komplizierter ist, muss man zunächst die Gründe der hohen CPU-Auslastung oder der großen Wartezeit klären. Sehr behilflich dabei können die Datenbankstatistiken sein. Kommt man auf die Ursache der schlechten Performanz über die jeweiligen Datenbankstatistiken, kann man diese Statistiken auch als Kriterium beim nachfolgenden Performance Tuning gebrauchen. In diesem Abschnitt sind einige wichtige Datenbankstatistiken beschrieben, die man bei Performance Tuning benutzt, besonders bei den Performanz-Problemen, welche durch inperformante SQL-Anweisungen verursacht werden. Bei Oracle gibt es eine Reihe weiterer Laufzeitstatistiken, z. B. I/O-Statistiken, PGA- und SGA-Statistiken usw., die bei Performance Tuning auch behilflich sein können.

4.2.1 System- und Session-Statistiken

Alle Namen der Datenbankstatistiken sind in der View V$STATNAME abgespeichert. Im Abschn. 4.1 ist bereits erwähnt, dass Oracle die Namen einiger Betriebssystemstatistiken auch in dieser View verwaltet. Da sie lediglich eine Handvoll sind und bei Performance

Tuning selten gebraucht werden, lassen wir solche Statistiken im weiteren Text außer Betracht.

Jede der Statistiken in der View V$STATNAME gehört zu einer Klasse (s. die Spalte CLASS). Diese Statistiken sind zum größten Teil kumulativ. Leider gibt es bei Oracle kein Kennzeichen für die kumulativen und für die absoluten Statistiken (im Unterschied zu den Betriebssystemstatistiken). Das bereitet einige Schwierigkeiten beim Monitoring dieser Statistiken mit den SQL-Anweisungen. Dort bleibt uns nichts anderes übrig, als diese beiden Statistikarten anhand der Namen voneinander zu unterscheiden.

Die systembezogenen gegenwärtigen Datenbankstatistiken werden in der View V$SYSSTAT gepflegt. Die Statistiken für die einzelnen Sessions findet man in der View V$SESSTAT. Die meisten Statistiken werden jeweils erst nach dem Beenden des entsprechenden User Call hochgezählt. Sie können das selber verifizieren, wenn Sie eine langlaufende SQL-Anweisung in einer Session starten und in einer anderen deren Statistiken aus der View V$SESSTAT ermitteln (z. B. mit dem Skript sess_all_stats.sql).

Für die historischen Statistiken in AWR benutzt Oracle die View DBA_HIST_SYSSTAT. Im Statspack-Repository werden sie in der Tabelle STATS$SYSSTAT abgespeichert. Es gibt keine historischen Statistiken für die Sessions.

Die Datenbankstatistiken sind ziemlich gut in der Dokumentation von Oracle beschrieben. Falls diese Informationen nicht ausreichend sind, kann man auch in MOS nachschlagen. Die Statistiken für Exadata sind in [9] sehr gut erläutert. Aus diesem Grund versuche ich zu erklären, wie man einige Datenbankstatistiken beim Performance Tuning einsetzen kann, statt die Datenbankstatistiken mehr oder weniger vollständig zu beschreiben.

Es ist sinnvoll, einige Statistiken in einem Routineverfahren zu prüfen. Bei dieser Routineprüfung überprüft man in der Regel immer dieselben Statistiken. Einerseits helfen sie, einen Systemüberblick zu verschaffen. Andererseits sind sie häufig ein Hinweis auf ein potentielles oder auf ein existierendes Performanz-Problem. Diese Routineprüfung kann besonders vorteilhaft sein, wenn man es mit einem bis jetzt unbekannten System zu tun hat. Die Anzahl der zu prüfenden Statistiken muss möglichst klein bleiben, damit man mit den Routineprüfungen nicht übertreibt. Da ich mit sehr unterschiedlichen Systemen zu tun habe, ist meine Statistikliste für die Routineprüfung ziemlich unspezifisch und kurz:

- „logons current" – die absolute Statistik für die aktuelle Anzahl der Anmeldungen auf der Datenbank (sprich die Anzahl der Sessions). Ist diese Anzahl groß, kann man sich für die möglichen Probleme mit der Konkurrenz um die Ressourcen vorbereiten. Es ist auch wichtig, ob und wie stark diese Anzahl im Laufe der Zeit schwankt,
- „logons cumulative" – die kumulative Statistik für die aktuelle Anzahl der Anmeldungen auf der Datenbank. Die gegenwärtige Statistik in der View V$SYSTTAT liefert die Anzahl der neuen Anmeldungen seit dem letzten Instanzstart und ist aus diesem Grund nicht besonders informativ. Wenn man aber die historische Statistik ermittelt, bekommt man somit die Anzahl der neuen Anmeldungen für einen bestimmten Zeitraum. Diese Anzahl kann man auch ermitteln, wenn man das Monitoring dieser Statistik aus der View V$SYSSTAT mittels SQL-Anweisungen einsetzt. Ist die Anzahl der neuen An-

4.2 Datenbankstatistiken

meldungen groß (ca. 10 pro Sekunde und größer), kann es u. U. zu Problemen beim Anmelden führen. Solche An- und Abmeldungen belasten außerdem den Shared Pool. Für alle Fälle ist es sinnvoll, die Ursache dafür zu klären. Wenn die Datenbankanmeldungen z. B. über einen Application Server kommen, kann diese hohe Anzahl der neuen Anmeldungen für eine fehlerhafte Konfiguration des Connection Pool sprechen,

- „redo size" – die Größe in Bytes der Redo-Daten. Diese Statistik hilft, den Umfang der schreibenden Operationen einzuschätzen. Bei einem Data-Warehous liegt diese Statistik in der Regel höher als bei einem OLTP-System. Wenn man große Werte für diese Statistik beobachtet, ist es nicht verkehrt, der Sache nachzugehen. Auf diesem Weg kann man einige Überraschungen erleben. So habe ich beispielsweise gefunden, dass man sehr viele Updates auf den Tabellen mit Basic Compression bei einem System ausführt. Oracle entkomprimiert dabei die Datenblöcke und produziert viel Redo. In einem anderen Fall habe ich festgestellt, dass man permanente Tabellen für temporäre Zwecke einsetzt. Es ist immer schwer, die konkreten Zahlen für die Statistikwerte zu nennen, aber 5-6 MB pro Sekunde und mehr betrachte ich als gravierend für das Redo-Volumen,
- die Statistiken für die parallelen Operationen. Mit diesen Statistiken kann man feststellen, ob die parallelen Operationen im Einsatz sind. Wenn diese Operationen benutzt werden, informieren diese Statistiken über die Anzahl und die Art dieser Operationen. Sie zeigen auch, ob die parallelen Operationen richtig konfiguriert sind, so dass es nicht häufig zum Herabstufen des Parallelitätsgrades dieser Operationen kommt („downgrade") und somit zu einer Performanz-Verschlechterung. Zu den Statistiken für die parallelen Operationen gehören die folgenden:
  - „Parallel operations downgraded 1 to 25 pct",
  - „Parallel operations downgraded 25 to 50 pct",
  - „Parallel operations downgraded 50 to 75 pct",
  - „Parallel operations downgraded 75 to 99 pct",
  - „Parallel operations downgraded to serial",
  - „DML statements parallelized",
  - „DDL statements parallelized",
  - „queries parallelized".

Die ersten 4 bezeichnen jeweils die Anzahl der entsprechenden Herabstufungen des Parallelitätsgrades. Die 5. Statistik zeigt die Anzahl der parallelen Operationen an, die seriell ausgeführt wurden. Oracle führt eine Operation zum Teil oder vollkommen seriell, wenn nicht ausreichend viele parallele Server-Prozesse zur Verfügung stehen. Die letzten 3 Statistiken informieren uns über die Art der ausgeführten parallelen Operationen.

Man kann selbstverständlich diese Liste erweitern. Ich überprüfe manchmal zusätzlich die Parsing-Statistiken. Man kann diese Liste auch etwas an die Spezifika der Systeme anpassen, mit denen man meistens zu tun hat.

Der Gebrauch der Datenbankstatistiken bei der Untersuchung der konkreten Performanz-Probleme ist etwas eingegrenzt, da man in der Regel direkte Methoden dafür benutzt. Diese Statistiken können manchmal bei der Verifizierung der Hypothesen über die möglichen Ursachen des jeweiligen Performanz-Problems helfen. Solche Hypothesen entstehen normalerweise nach einer Voranalyse, z. B. nach der Analyse der vorliegenden Wartezustände. Nehmen wir das Beispiel aus dem Abschn. 3.2.3.7.3. Wenn eine oder mehrere Sessions auf das Warteereignis „enq: TX – index contention" warten, passiert es normalerweise wegen der Spaltung der Index-Blöcke bei konkurrierenden Index-Zugriffen. Mit den folgenden Statistiken kann man verifizieren, ob es der Fall ist:

- „branch node splits",
- „leaf node splits",
- „leaf node 90-10 splits"

Die erste Statistik liefert die Anzahl der Spaltungen der inneren Blöcke („branch nodes") der Index-Struktur. Die zweite betrifft die End-Blöcke („leaf nodes") der Index-Struktur. Die Spaltung dieser beiden Blockarten erfolgt nach dem Verfahren „50-50", i.e. die 2 neuen Blöcke sind halbvoll mit den Daten gefüllt. Ganz anders ist es mit der dritten Statistik. Das Verfahren „90-10" wird bei der Spaltung des letzten End-Blockes verwendet, wenn der neue Index-Eintrag, der die jeweilige Spaltung verursacht, der größte ist. Bei dieser Spaltung werden die neu entstandenen Blöcke ungleichmäßig mit den Daten gefüllt, so dass der letzte End-Block nach der Spaltung fast leer ist. Das Verfahren „90-10" ist bei Oracle speziell eingeführt für den Fall der aufsteigenden (im Sinne eines Indexes) Einträge in eine Tabelle. Wenn man ein schnelles Anwachsen der oberen Statistiken beobachtet (für eine Session oder für das ganze System), ist die Spaltung der Index-Blöcke die Ursache der Wartezeit für „enq: TX – index contention", und man kann die bereits im Abschn. 3.2.3.7.3 beschriebenen Tuning-Maßnahmen ergreifen.

Nehmen wir ein weiteres Beispiel. Wenn ein System auf ein Mutex-Warteereignis wartet, kann es sein, dass es durch viele harte Parse Calls verursacht ist. Bevor man mit den für die Mutexes spezifischen Tuning-Maßnahmen anfängt (s. im Abschn. 3.2.3.9), kann man zunächst die Statistik „parse count (hard)" überprüfen, um zu klären, ob die Mutex-Wartezustände dadurch verursacht werden. Die genaue Vorgehensweise ist im Abschn. 12.2.2 beschrieben.

Bei den Parsing-Problemen ist auch die Statistik „parse count (total)" nicht uninteressant, die gleich ist mit der Anzahl der gesamten Parse Calls. Laut der Dokumentation von Oracle muss man den Statistikwert von „session cursor cache hits" aus dem obigen Statistikwert subtrahieren, um die Anzahl der „echten" Parse Calls zu bekommen. Das bedeutet, dass Oracle die Treffer im Session Cache auch als Parse Calls betrachtet. Bis auf Oracle Release 11.2.0.2 ist es tatsächlich so. Ein Test auf meiner kleinen Datenbank von Oracle 11.2.0.3 zeigt aber, dass die Statistik „session cursor cache hits" nicht in der Statistik „parse count (total)" enthalten ist. In diesem Test habe ich einen Cursor Cache für eine Session konfiguriert und dreimal eine einfache SQL-Anweisung ausgeführt (beim dritten Mal soll der jeweilige Cursor im Cache landen):

4.2 Datenbankstatistiken

```
SQL> select distinct sid from v$mystat;

       SID
----------
        14
SQL> alter session set session_cached_cursors=100;

Session altered.

SQL> select /* test 1 */ * from dual;

D
-
X

SQL> r
  1* select /* test 1 */ * from dual

D
-
X

SQL> r
  1* select /* test 1 */ * from dual

D
-
X
```

Jede nächste Ausführung soll dann über den Cursor Cache der Session erfolgen. Das kann man mit dem Skript sess_all_stats.sql verifizieren, indem man den Statistikwert von „session cursor cache hits" für die jeweilige Session ermittelt. Dieser Statistikwert wird jeweils um 1 erhöht. Der Statistikwert von „parse count (total)" bleibt aber bei Oracle 11.2.0.3 unverändert (Sie können das selber testen). Mir ist nicht bekannt, ob es ein Bug in 11.2.0.3 ist. Für die Oracle Releases kleiner als 11.2.0.3 wird dieser Statistikwert synchron mit dem Statistikwert von „session cursor cache hits" jeweils um 1 erhöht, was dem in der Dokumentation beschriebenen Verhalten entspricht.

Ist der Statistikwert für die „echten" Parse Calls groß und liegt er nahe dem Wert der Statistik „execution count", ist es ratsam, die Anzahl der Parse Calls zu reduzieren. Ohne Programmänderung kann man das mit einer Vergrößerung des Session Cache versuchen (also mit einer Erhöhung des Parameters SESSION_CACHED_CURSORS).

4.2.2 Segment-Statistiken

Die Segment-Statistiken sind mit der Oracle Version 9.2 gekommen. Diese Statistiken werden bei der Parametereinstellung STATISTICS_LEVEL = TYPICAL oder ALL erstellt. Die Statistiknamen werden in der View V$SEGSTAT_NAME gepflegt.

```
SQL> desc v$segstat_name
 Name                                      Null?    Type
 ----------------------------------------- -------- ----------------------------
 STATISTIC#                                         NUMBER
 NAME                                               VARCHAR2(64)
 SAMPLED                                            VARCHAR2(3)
```

Die meisten Segment-Statistiken werden erst nach dem Beenden des jeweiligen User Call hochgezählt. Es gibt die 2 Ausnahmen „logical reads" und „db block changes", die häufiger gemessen werden. Für diese Statistiken enthält die Spalte SAMPLED den Wert ‚YES'.

```
SQL> select name, SAMPLED from v$segstat_name;

NAME                                                            SAM
--------------------------------------------------------------- ---
logical reads                                                   YES
buffer busy waits                                               NO
gc buffer busy                                                  NO
db block changes                                                YES
physical reads                                                  NO
physical writes                                                 NO
physical read requests                                          NO
physical write requests                                         NO
physical reads direct                                           NO
physical writes direct                                          NO
optimized physical reads                                        NO

NAME                                                            SAM
--------------------------------------------------------------- ---
gc cr blocks received                                           NO
gc current blocks received                                      NO
ITL waits                                                       NO
row lock waits                                                  NO
space used                                                      NO
space allocated                                                 NO
segment scans                                                   NO

18 rows selected.
```

Die gegenwärtigen Segment-Statistiken kann man in der View V$SEGMENT_STATISTICS ermitteln (s. auch die View V$SEGSTAT). Die historischen Statistiken werden in der View DBA_HIST_SEG_STAT aus dem AWR-Repository gepflegt. In dieser View werden keine Segment-Namen abgespeichert, lediglich ihre Objekt-Nummern (object id). Diese Objekt-Nummern kann man über die jeweiligen Segment-Namen in der View DBA_HIST_SEG_STAT_OBJ ermitteln. Im AWR werden alle 18 Segment-Statistiken gepflegt. Dort gibt es noch eine Statistik, die als gegenwärtige nicht existiert. Das ist die Statistik CHAIN_ROW_EXCESS, die über die Anzahl der Chained Rows informiert. Jede Segment-Statistik gibt es im AWR zweimal: in der kumulativen Form mit der Endung „_TO-

4.2 Datenbankstatistiken

TAL" der Spaltennamen und als ein Deltawert mit der Endung „_DELTA" der jeweiligen Spaltennamen.

Im Statspack-Repository ist die Tabelle STATS$SEG_STAT für die Segment-Statistiken vorgesehen. Dort werden nur 14 Statistiken in der kumulativen Form gepflegt. Es gibt keine Deltawerte. Die Segment-Namen und die jeweiligen Objekt-Nummern befinden sich in der Tabelle STATS$SEG_STAT_OBJ.

Man kann die Segment-Statistiken folgendermaßen beim Performance Tuning benutzen:

- diese Statistiken können eine ergänzende bzw. eine verifizierende Rolle für die anderen Tuning-Methoden spielen. Im Abschn. 12.1 habe ich ein Beispiel erwähnt mit vielen Updates auf den Tabellen mit Basic Compression. Ich wollte verifizieren, dass diese Updates tatsächlich auf den komprimierten Datenblöcken stattfinden, was zum Entkomprimieren dieser Datenblöcke und somit zu einem großen Redo-Aufkommen führt. Da ich vermutet habe, dass viele Chained Rows bei diesem Entkomprimieren entstehen müssen, habe ich die Statistik CHAIN_ROW_EXCESS ermittelt. Die Statistikwerte waren sehr groß, was meine Vermutung bestätigt hat,
- in einigen Fällen ist es sinnvoll, zunächst die problematischen Segmente zu ermitteln (z. B. mit vielen Logical Reads), um dann die SQL-Anweisungen zu finden, die die jeweiligen Tabellen abfragen oder die jeweiligen Indices benutzen. Detailliert ist diese Methode im Abschn. 17.3 beschrieben.

Mit den Segment-Statistiken muss man etwas vorsichtig sein, da sie täuschen können. Wenn man eine gravierende Anzahl der Logical oder Physical Reads für einen Index feststellt, heißt es noch lange nicht, dass dieser Index aktiv in den SQL-Anweisungen benutzt wurde. Es kann sein, dass diese Statistik durch ein DML-Kommando (z. B. durch einen Insert) zustande kam, der gar nichts direkt mit unserem Index zu tun hatte. In so einem Fall kann man vergeblich nach den problematischen SQL-Anweisungen suchen, die diesen Index benutzen. Die jeweilige Tabelle kommt übrigens auch nicht im Ausführungsplan dieser SQL-Anweisung vor, obwohl man viele Logical bzw. Physical Reads für diese Tabelle ermittelt. Das demonstriert das untere Beispiel:

```
SQL> create table t1 (a number, b number);

Tabelle wurde erstellt.

SQL> create index i_t1 on t1(a);

Index wurde erstellt.

SQL>
SQL> select object_name, statistic_name, value from v$segment_statistics where owner=user and
object_name in ('T1', 'I_T1') and statistic_name = 'logical reads';

OBJECT_NAME                    STATISTIC_NAME                           VALUE
------------------------------ ---------------------------------------- ----------
I_T1                           logical reads                                     0
T1                             logical reads                                     0

SQL> begin
  2    for i in 1..100000 loop
  3      insert into t1 (a, b) values (i, i+1000);
  4    end loop;
  5    commit;
  6  end;
  7  /

PL/SQL-Prozedur erfolgreich abgeschlossen.

SQL> select object_name, statistic_name, value from v$segment_statistics where owner=user and
object_name in ('T1', 'I_T1') and statistic_name = 'logical reads';

OBJECT_NAME                    STATISTIC_NAME                           VALUE
------------------------------ ---------------------------------------- ----------
T1                             logical reads                                101008
I_T1                           logical reads                                201872
```

4.2.3 Cursor-Statistiken

Eine sehr wichtige Rolle beim Performance Tuning spielen die Cursor-Statistiken. Anhand dieser Statistiken kann man die problematischen SQL-Anweisungen ermitteln (s. im Kap. 17).

Die gegenwärtigen Cursor-Statistiken werden in der View V$SQL (s. auch V$SQLSTAT) verwaltet. Die meisten Statistiken haben sprechende Namen, so dass die Bedeutung der jeweiligen Statistik klar ist. Einige Schwierigkeiten beim Verständnis können die 5 Exadata-spezifischen Statistiken darstellen (IO_CELL_OFFLOAD_ELIGIBLE_BYTES, IO_INTERCONNECT_BYTES, OPTIMIZED_PHY_READ_REQUESTS, IO_CELL_UNCOMPRESSED_BYTES, IO_CELL_OFFLOAD_RETURNED_BYTES), sie sind aber ausführlich in [9] erläutert.

Einige Statistiken (wie z. B. die Anzahl der Ausführungen in der Spalte EXECUTIONS) beziehen sich auf den jeweiligen Cursor, die anderen kumulieren in sich auch die jeweiligen Statistiken der darunterliegenden Aktionen (s. das Beispiel im Abschn. 2.1.1) und der rekursiven Cursor.

Das nächste Beispiel zeigt, dass die Statistiken CPU_TIME, ELAPSED_TIME, DISK_READS und BUFFER_GETS die jeweiligen Statistiken der rekursiven Cursor in sich kumulieren. Um das zu demonstrieren, habe ich den folgenden PL/SQL-Block ausgeführt. In der jeweiligen Session habe ich zugleich das SQL-Tracing aktiviert.

4.2 Datenbankstatistiken

```
---- DISK_READS=7, DISK_READS_PER_EX=7, BUFFER_GETS=2094540, BUFFER_GETS_PER_EX=2094540
---- DIRECT_WRITES=0, DIRECT_WRITES_PER_EX=0
---- PARSE_CALLS=1, EXECUTIONS=1, ROWS_PROCESSED=1
---- IS_SHAREABLE=Y, IS_BIND_SENSITIVE=N, IS_BIND_AWARE=N
---- CPU/Elapsed Time (sec.) total=296.8543/303.4862, per ex.=296.8543/303.4862
---- PL/SQL Exec Time (sec.) total=81.3827, per ex.=81.3827
---- JAVA Exec Time (sec.) total=0.0000, per ex.=0.0000
---- Application Wait Time (sec.) total=0.0000, per ex.=0.0000
---- Concurrency Wait Time (sec.) total=0.0012, per ex.=0.0012
---- Cluster Wait Time (sec.) total=0.0000, per ex.=0.0000
---- User IO Wait Time (sec.) total=0.1260, per ex.=0.1260
---- IO_INTERCONNECT_BYTES=57344, IO_INTERCONNECT_BYTES_PER_EX=57344
---- Service : XXXXX
---- Module : sqlplus.exe
---- USER="SYS", SCHEMA="SYS", OPTIMIZER_MODE=ALL_ROWS, OPTIMIZER_ENV_HASH_VALUE=1246637239,
USERS_OPEN=1, USERS_EXEC=0, LAST_ACTIVE_TIME=03.08.2012 13:21:38
---- SQL_ID=>3fj62gv96ntpb<, ADDRESS=>000007FF079696A0<, HASH_VALUE=>3530188459<,
OLD_HASH_VALUE=>3305405061<, CHILD_NUMBER=>0<
begin
    for i in 1..2000000 loop
        insert into t1 values (i, i*10, i*100, i*1000, i*10000, i*1000000);
        end loop;
    commit;
end;
```

Die oberen Informationen sind in der View V$SQL ermittelt. Nach der Auswertung der jeweiligen Trace-Datei mit der Utility tkprof fand ich in der Ausgabe meinen Cursor und den rekursiven Cursor für das Insert-Kommando.

```
begin
    for i in 1..2000000 loop
        insert into t1 values (i, i*10, i*100, i*1000, i*10000, i*1000000);
        end loop;
    commit;
end;

call     count       cpu    elapsed       disk      query    current       rows
------- ------  --------  ---------  ---------  ---------  ---------  ---------
Parse        1      0.01       0.00          0          0          0          0
Execute      1    194.61     199.13          0          0          0          1
Fetch        0      0.00       0.00          0          0          0          0
------- ------  --------  ---------  ---------  ---------  ---------  ---------
total        2    194.62     199.13          0          0          0          1

SQL ID: awdxmgp2ur5z2
Plan Hash: 0
INSERT INTO T1
VALUES
 (:B1 , :B1 *10, :B1 *100, :B1 *1000, :B1 *10000, :B1 *1000000)

call     count       cpu    elapsed       disk      query    current       rows
------- ------  --------  ---------  ---------  ---------  ---------  ---------
Parse        1      0.00       0.00          0          0          0          0
Execute 2000000    102.21     104.32          7      21383    2072717    2000000
Fetch        0      0.00       0.00          0          0          0          0
------- ------  --------  ---------  ---------  ---------  ---------  ---------
total  2000001    102.21     104.32          7      21383    2072717    2000000
```

Da diese Ausgabe noch ein einige andere rekursive Cursor für die Zugriffe auf das Data Dictionary beinhaltete, nahm ich die summarischen Statistiken für die Berechnungen.

```
OVERALL TOTALS FOR ALL NON-RECURSIVE STATEMENTS

call     count        cpu     elapsed       disk      query    current       rows
-------  ------  ---------  ----------  ---------  ---------  ---------  ---------
Parse         6       0.04        0.00          0          0          0          0
Execute       6     194.61      199.13          0          0          0          1
Fetch         9       0.00        0.00          0          0          0          5
-------  ------  ---------  ----------  ---------  ---------  ---------  ---------
total        21     194.65      199.14          0          0          0          6

OVERALL TOTALS FOR ALL RECURSIVE STATEMENTS

call     count        cpu     elapsed       disk      query    current       rows
-------  ------  ---------  ----------  ---------  ---------  ---------  ---------
Parse       147       0.00        0.00          0          0          0          0
Execute 2000147     102.21      104.33          7      21386    2072719    2000001
Fetch       290       0.01        0.01          0        435          0        145
-------  ------  ---------  ----------  ---------  ---------  ---------  ---------
total   2000584     102.22      104.34          7      21821    2072719    2000146
```

Wenn wir jetzt die Statistiken für die nicht rekursiven und für die rekursiven Cursor aus der obigen Auswertung summieren, kommen wir ungefähr auf die jeweiligen Werte aus der View V$SQL:

- 199.14 + 104.34 = 303.48 ~ 303.4862 (elapsed time),
- 194.65 + 102.22 = 296.87 ~ 296.8543 (cpu time),
- 21821 + 2072719 = 2094540 (buffer gets),
- 0 + 7 = 7 (disk reads)

Die historischen Cursor-Statistiken werden in AWR in der View DBA_HIST_SQLSTAT gepflegt. Jede Cursor-Statistik gibt es im AWR zweimal: einmal in der kumulativen Form mit der Spaltennamen endung „_TOTAL" und einmal als ein Deltawert mit der Spaltennamensendung „_DELTA".

Im Statspack findet man die Cursor-Statistiken in der Tabelle STATS$SQL_SUMMARY. Dort gibt es keine Deltawerte. Die Cursor-Statistiken werden im Statspack abgespeichert, wenn der Level beim Erzeugen des jeweiligen Snapshot größer oder gleich 6 ist.

Man kann die Cursor-Statistiken für die teuersten SQL-Anweisungen einem AWR- bzw. Statspack-Report entnehmen.

5 Wichtige Charakteristiken des SQL-Textes

Bestimmt hatten viele von Ihnen öfters mit Hash Value und mit SQL Id zu tun. Sind Sie aber mit den beiden Begriffen tatsächlich gut vertraut? Wissen Sie zum Beispiel, wie die beiden berechnet werden? Warum enthält SQL Id Buchstaben? Warum kommen einige Buchstaben in keiner SQL Id vor (beispielsweise die Buchstaben „I" oder „E")? Gibt es überhaupt einen Zusammenhang zwischen dem Hash Value und der SQL Id?

Im Unterschied zum Hash Value und zur SQL Id sind Signaturen des SQL-Textes wesentlich weniger in DBA- und in Entwicklerkreisen bekannt. Auch sie sind sehr wichtig für diverse Suchmethoden und Analysen. Ein klares Bild über die Signaturen verbessert außerdem Verständnis von einigen Oracle Features.

5.1 SQL Id und Hash Value

Oracle (wie im Prinzip jedes andere Computer-System) verwendet intern sehr breit Hash-Algorithmen. SQL-Texte bilden in diesem Sinn keine Ausnahme, da es wesentlich effizienter ist, einen Hashwert für die Identifizierung SQL-Textes zu benutzen als unmittelbar diesen Text selber.

Historisch gesehen, erschien zunächst das Hash Value für SQL-Texte und erst später die SQL Id. Zwischen den Versionen 9i und 10g hat Oracle einen neuen Hash-Algorithmus eingeführt und somit auch einen neuen Hashwert für SQL-Texte. Der alte Wert wird weiterhin in der Spalte OLD_HASH_VALUE der internen Views gepflegt, welche für SQL-Text relevant sind (z. B. in der View V$SQL). Die Spalte HASH_VALUE enthält nun den neuen Hashwert.

Der in 10g eingeführte Hash-Algorithmus basiert auf MD5 Algorithmus, der 16-Byte-Hashwerte berechnet. Die letzten 4 Bytes dieses großen Hashwertes bilden den Hashwert, der in der Spalte HASH_VALUE abgespeichert ist (Information darüber findet man z. B. im Package-Header von DBMS_UTILITY). Es gibt dort eine Funktion DBMS_UTILITY. GET_SQL_HASH, die den Hashwert eines SQL-Textes zurückliefert. Diese Funktion berechnet auch den MD5-Hashwert und den alten Hashwert. Sie können diese Funktion testen. Vergessen Sie dabei nicht, den SQL-Text mit dem Zeichen CHR(0) für das Zeilenende zu ergänzen, sonst bekommen Sie einen fehlerhaften Hashwert.

```
SQL> prompt Tests with computing of sql_id and hash_value
Tests with computing of sql_id and hash_value
SQL>
SQL>declare
  2  v_sqltext varchar2(32767):= 'select count(*) from tab$ where obj# between 10000 and
10000000';
  3    n_num number;
  4    md5_hash raw(20);
  5    b_num number;
  6  begin
  7    n_num:=dbms_utility.get_sql_hash(v_sqltext||chr(0), md5_hash, b_num);
  8     dbms_output.put_line('hash_value = '||n_num||', old_hash_value = '||b_num||', MD5 hash
value (16 bytes) = '||md5_hash);
  9  end;
 10  /
hash_value = 2018143629, old_hash_value = 4089831428, MD5 hash value (16 bytes)
= 7ABC5CBF6CCDB7722809D6A08D6D4A78
PL/SQL-Prozedur erfolgreich abgeschlossen.
```

Zugleich mit dem neuen Hashwert des SQL-Textes erschien die SQL Id in 10g. Leider findet man praktisch keine Informationen zum Aufbau der SQL Id in der Dokumentation von Oracle. Es besteht auch keine Standard-Funktion für die Berechnung der SQL Id. Was ist eigentlich die SQL Id? Trotz ihrer etwas ungewöhnlichen Gestaltung ist die SQL Id auch nichts anderes als ein Hashwert. Von einem Hashwert erwartet man aber, dass er nummerisch ist. Die SQL Id ist ja auch eine Zahl, die einfach in dem 32-er System dargestellt ist. In diesem System werden 32 Ziffern benutzt (von 0 bis 31 in Dezimaldarstellung). Für eine kompaktere Darstellung dieser 32 Ziffern verwendet man dezimale Ziffern und Buchstaben (wie für die Hexadezimaldarstellung). Da man für eine solche Darstellung wesentlich mehr Buchstaben braucht als für die Hexadezimaldarstellung, sieht die SQL Id etwas geheimnisvoll aus.

Man kann verschiedenermaßen Ziffern im 32-er System kodieren. Oracle benutzt die folgende Zeichenreihe für die Darstellung dieser Ziffern: 0, 1, 2, 3, 4, 5, 6, 7, 8, 9, a, b, c, d, f, g, h, j, k, m, n, p, q, r, s, t, u, v, w, x, y, z. Alle in dieser Folge fehlenden Buchstaben kommen in keiner SQL Id vor.

Während die letzten 4 Bytes vom MD5-Hashwert für den Hashwert des SQL-Textes benutzt werden, nimmt Oracle die letzten 8 Bytes von MD5-Hashwert für die SQL Id. Ein Hashwert des SQL-Textes ist also ein Teil der SQL Id. Aus diesem Grund ist es möglich, diesen Hashwert anhand von der SQL Id zu berechnen (aber nicht umgekehrt!). Für diesen

5.1 SQL Id und Hash Value

Zweck gibt es bei Oracle eine nicht dokumentierte Funktion DBMS_UTILITY.SQLID_TO_SQLHASH, deren Beschreibung man im Header von DBMS_UTILITY finden kann.

Da eine Ziffer im 32-er System 5 Bits belegt, werden 64 Bits (8 Bytes) mit 13 Zeichen dargestellt. Machen Sie ein Describe der View V$SQL in SQL*Plus und stellen Sie fest, dass Oracle in der Tat einen Typ von VARCHAR2(13) für die SQL_ID benutzt.

Jetzt wissen wir genügend, um die Frage bezüglich der Eindeutigkeit der SQL Id beantworten zu können. Also ist die SQL Id eindeutig? Können 2 verschiedene SQL-Texte mit derselben SQL Id existieren? Ich weiß, es ist für Sie immer noch nicht so einfach, diese simple Frage zu beantworten. Einerseits verstehen Sie, dass es nicht möglich ist, einen beliebigen SQL-Text mit einem Hashwert von 8 Bytes eindeutig zu kodieren. Andererseits scheint es aus Ihrer Erfahrung so zu sein, dass die SQL Id doch eindeutig ist, weil Ihnen bisher nichts Gegenteiliges in der Praxis begegnet ist. Das bedeutet aber nur, dass die Kollisionsfestigkeit des eingesetzten Hash-Algorithmus ziemlich hoch ist.

Eine interessante Recherche ist in [10] präsentiert. Dort hat man versucht, mit den zufällig generierten Kommentaren auf Kollisionen zu kommen. Erstaunlicherweise ist es gar nicht so kompliziert. Beispielsweise haben diese 2 SQL-Anweisungen dieselbe SQL Id:

```
select owner, index_name from dba_indexes where rownum<=9 --BaERRzEYqyYphBAvEbIrbYYDKkemLaib;
select owner, table_name from dba_tables where rownum<=10 --XhiidvehudXqDpCMZokNkScXlQiIUkUq;
```

Wenn Sie mal interessehalber prüfen, wie Oracle mit solchen SQL-Anweisungen umgeht, werden Sie feststellen, dass Oracle die jeweiligen Cursor in den verschiedenen Cursor-Listen verwaltet (mehr Informationen über Cursor-Listen finden Sie im Abschn. 8). Für diesen Test können Sie die beiden SQL-Anweisungen ausführen und danach nach den jeweiligen Cursorn in der View V$SQL suchen. Dort finden Sie 2 Cursor mit SQL_ID = 'ayr58apvbz37z' und mit CHILD_NUMBER = 0.

Wir bleiben aber auf der praktischen Schiene und werden im weiteren Text davon ausgehen, dass die SQL Id und der Hashwert des SQL-Textes eindeutig sind.

Für die Berechnung der SQL Id und des Hashwertes brauchen wir eine Funktion, die den 16-Bytes-MD5-Hashwert kalkuliert. Im oberen Text ist die Funktion DBMS_UTILITY.GET_SQL_HASH erwähnt, die unter anderem den MD5-Hashwert berechnet. Diese Funktion würde für unsere Spielzwecke vollkommen ausreichen. Sie benötigt zwar den SQL-Text nicht in CLOB- sondern in VARCHAR2-Format, aber für unsere kleinen Beispiele stellt das kein Problem dar. Für „echte" SQL's kann man z. B. die Funktion DBMS_CRYPTO.HASH gebrauchen. Sie hat 2 Parameter: SQL-Text in CLOB-Format und Typ (der Typ von 2 entspricht dem MD5-Algorithmus).

Ein Algorithmus für die SQL Id und für den Hashwert findet man in [11]. In [12] wurde dieser Algorithmus ziemlich unverändert übernommen und in PL/SQL programmiert. Hier ist dieser Algorithmus in einer etwas verständlicheren Form dargestellt. Dafür ist die Umwandlung in das 32-er System als separate Funktion conv_to_base32 implementiert.

```
SQL>declare
  2    v_num integer;
  3    v_sqltext clob := 'select count(*) from tab$ where obj# between 10000 and 10000000';
  4    v_sqlid varchar2(20);
  5
  6    function conv_to_base32( in_int in integer ) return varchar2 is
  7    v_div integer := in_int;
  8    v_mod integer;
  9    v_base32 varchar2(32767);
 10    begin
 11      while v_div>= 32 loop
 12           v_mod := floor(mod(v_div, 32));
 13           v_div := floor(v_div / 32);
 14              v_base32 := substr('0123456789abcdfghjkmnpqrstuvwxyz',v_mod + 1,1) || v_base32;
 15         end loop;
 16
 17         v_base32 := substr('0123456789abcdfghjkmnpqrstuvwxyz',v_div + 1,1) || v_base32;
 18
 19      return(v_base32);
 20
 21    end conv_to_base32;
 22
 23    begin
 24      v_num := to_number(sys.UTL_RAW.reverse(sys.UTL_RAW.SUBSTR(sys.dbms_crypto.hash(src =>v_sqltext||chr(0), typ => 2),9,4))
||sys.UTL_RAW.reverse(sys.UTL_RAW.SUBSTR(sys.dbms_crypto.hash(src =>v_sqltext||chr(0), typ => 2),13,4)),'xxxxxxxxxxxxxxxx');
 25      dbms_output.put_line('computed sql_id = '||conv_to_base32(v_num));
 26      v_num := to_number(sys.UTL_RAW.reverse(sys.UTL_RAW.SUBSTR(sys.dbms_crypto.hash(src =>v_sqltext||chr(0), typ =>2),13,4)),'xxxxxxxx');
 27      dbms_output.put_line('computed hash_value = '||v_num);
 28    end;
 29  /
computed sql_id = a1ph951w4nvcd
computed hash_value = 2018143629
PL/SQL-Prozedur erfolgreich abgeschlossen.
```

Das einzige nicht besprochene Detail dieses Algorithmus ist die Umdrehung der Bytes in jedem der letzten beiden 4-bytigen Wörter des MD5-Hashwertes. Dafür werden jeweils die Funktionen UTL_RAW.REVERSE und UTL_RAW.SUBSTR benutzt.

Wie kann man die SQL Id und den Hashwert des SQL-Textes in der Praxis gebrauchen? Jede SQL-Anweisung hinterlässt seine Spuren in Form von der SQL Id und von dem Hashwert in den internen Views und Tabellen von Oracle. Da diese beiden Werte praktisch eindeutig den SQL-Text identifizieren, kann man sie für die Suche nach SQL-Anweisungen benutzen (z. B. in der View V$SQL oder in der View V$SQL_SHARED_CURSOR). Man kann auch auf der Basis der SQL Id (oder des Hashwertes) schnell prüfen, ob 2 SQL-Texte unterschiedlich sind. In diesem Fall sind die jeweiligen SQL Ids (oder die Hashwerte) auch unterschiedlich. Wenn sie gleich sind, so sind auch die SQL-Texte mit einer sehr hohen Wahrscheinlichkeit identisch.

Spurensuche

Den Algorithmus für die Berechnung der SQL Id kann man in der Praxis anwenden, wenn man einen zeichengenauen SQL-Text hat. Ein zeichengenauer SQL-Text wird normalerweise für eine SQL Plan Baseline abgespeichert. Wenn ein SQL Profile für eine SQL-Anweisung aus der SQL-Area oder aus dem AWR (also nicht über den SQL-Text) erstellt ist, so findet man dort auch einen zeichengenauen SQL-Text. Sicherlich kann man für die Suche in den internen Views und Tabellen von Oracle nach den jeweiligen SQL-Anweisungen in diesen beiden Fällen Signaturen benutzen, die in Abschn. 5.2 beschrieben sind. Wenn man aber „zeichengenau" suchen möchte, kann man eine SQL Id berechnen und diese SQL Id für die Suche benutzen.

Da der MD5 Algorithmus plattform- und Oracle-unabhängig ist, sind die SQL Id und der Hashwert auch plattform- und versionsunabhängig (natürlich solange Oracle den darunterliegenden Algorithmus nicht ersetzt).

5.2 Signaturen

Für einige Oracle Features ist die Eindeutigkeit des SQL-Textes ein zu starkes Kriterium. Dort sind gewisse Abweichungen in SQL-Text erlaubt (z. B. Unterschiede in der Anzahl der Leerzeichen). In solchen Fällen braucht Oracle eine andere Art von Hashwerten, um schnell prüfen zu können, ob das jeweilige Feature für einen SQL-Text anwendbar ist. Gerade dafür wurden 2 Signaturen für SQL Profiles eingeführt (zunächst die Exact Matching Signature in 10.1, danach die Force Matching Signature in 10.2). Der weitere Text ist für Oracle Releases ab 10.2 relevant, wo die beiden Arten von Signaturen präsent sind. Die SQL Profiles sind ausführlich im Abschn. 14.2 beschrieben.

Das Feld SIGNATURE der View DBA_SQL_PROFILES enthält entweder einen Wert der Exact Matching Signature oder der Force Matching Signature in Abhängigkeit vom Wert im Feld FORCE_MATCHING.

Fangen wir mit Exact Matching Signature an. Da Oracle Unterschiede in Leerzeichen, in Zeilenumbrüchen, in Klein- und Großschreibung für SQL Profiles erlaubt, wird der SQL-Text zunächst normalisiert:

- Leerzeichen außerhalb der Literalen werden auf ein Minimum reduziert,
- alle Zeilenumbrüche werden entfernt,
- der Text außerhalb der Literalen wird in Großschreibung umgewandelt.

Erst danach wird der jeweilige Hashwert für Exact Matching Signature berechnet. Wie Oracle diesen Hashwert genau berechnet, ist für uns nicht sehr wichtig, da Oracle uns Funktionen für Berechnung der Signaturen zur Verfügung stellt. Das sind die Funktionen SQLTEXT_TO_SIGNATURE im Package DBMS_SQLTUNE. Wenn man FALSE (oder 0) als Wert des Argumentes FORCE_MATCH eingibt, so wird Exact Matching Signature berechnet (der Wert TRUE oder 1 wird für die Force Matching Signature benutzt).

```
SQL>select dbms_sqltune.sqltext_to_signature(to_clob('select count(*) from tab$ where obj#
between 10000 and 10000000'), force_match => 0) exact_matching_signature from dual;
EXACT_MATCHING_SIGNATURE
----------------------
    9345155026443381189
```

Man kann auch ohne Package DBMS_SQLTUNE diese Signatur ermitteln. Diese andere Methode basiert auf der einfachen Beobachtung, dass die Signaturen von einer SQL-Anweisung und von dem Kommando Explain Plan für diese SQL-Anweisung identisch sind.

5.2 Signaturen

```
SQL>explain plan for select count(*) from tab$ where obj# between 10000 and 10000000;
EXPLAIN PLAN ausgeführt.
SQL>
SQL>select force_matching_signature, exact_matching_signature, sql_text from v$sql where
force_matching_signature = &force_matching_signature;
alt    1: select force_matching_signature, exact_matching_signature, sql_text from v$sql where
force_matching_signature = &force_matching_signature
neu    1: select force_matching_signature, exact_matching_signature, sql_text from v$sql where
force_matching_signature =     4992463601149755224
FORCE_MATCHING_SIGNATURE EXACT_MATCHING_SIGNATURE
------------------------ ------------------------
SQL_TEXT
--------------------------------------------------------------------------------
     4992463601149755224      9345155026443381189
select count(*) from tab$ where obj# between 10000 and 10000000

     4992463601149755224      9345155026443381189
explain plan for select count(*) from tab$ where obj# between 10000 and 10000000
```

Dann kann man Folgendes tun:

- in einer Session EXPLAIN PLAN Kommando für die jeweilige SQL-Anweisung ausführen,
- die SQL_ID der zuletzt ausgeführten SQL-Anweisung in der View V$SESSION in einer anderen Session ermitteln,
- mit dieser SQL_ID die beiden Arten der Signaturen in der View V$SQL finden.

Dieselbe Signatur (Exact Matching Signature) wird auch für SQL Plan Baselines benutzt. Die Spalte SIGNATURE der View DBA_SQL_PLAN_BASELINES enthält einen Wert von Exact Matching Signature.

Die Force Matching Signature ist die Exact Matching Signature vom SQL-Text mit systemgenerierten Bind-Variablen statt Literale. Wenn ein SQL-Text keine Literalen enthält, so sind die Force Matching Signature und die Exact Matching Signature für diesen Text identisch. Per Definition haben SQL-Texte, die sich lediglich in Literalen unterscheiden, denselben Wert von Force Matching Signature. Normalisierung eines SQL-Textes für Force Matching Signature erfolgt wie die Normalisierung für Exact Matching Signature, aber mit der Ersetzung der Literale durch die systemgenerierten Bind-Variablen.

```
SQL>select force_matching_signature, exact_matching_signature, sql_text from v$sql where
   force_matching_signature = &force_matching_signature;
alt   1: select force_matching_signature, exact_matching_signature, sql_text from v$sql where
   force_matching_signature = &force_matching_signature
neu   1: select force_matching_signature, exact_matching_signature, sql_text from v$sql where
   force_matching_signature =    4992463601149755224
FORCE_MATCHING_SIGNATURE EXACT_MATCHING_SIGNATURE
------------------------ ------------------------
SQL_TEXT
--------------------------------------------------------------------------------
     4992463601149755224     9345155026443381189
SELECT COUNT(*)   FROM   TAB$ WHERE OBJ# BETWEEN 10000 AND 10000000

     4992463601149755224     9345155026443381189
select count(*) from tab$ where obj# between 10000 and 10000000

     4992463601149755224     9345155026443381189
explain plan for select count(*) from tab$ where obj# between 10000 and 10000000

     4992463601149755224     4992463601149755224
SELECT COUNT(*)   FROM   TAB$ WHERE OBJ# BETWEEN :"SYS_B_0" AND :"SYS_B_1"
```

Die beiden Signaturen sind sehr wichtig für Performance Tuning. Die jeweiligen Spalten kann man in vielen internen Views und Tabellen finden. Beispielsweise hat die View V$SQL 2 Spalten für die beiden Signaturen (genauso wie die Tabelle STATS$SQL_SUMMARY aus dem Statspack), wobei die View DBA_HIST_SQLSTAT aus dem AWR nur eine Spalte FORCE_MATCHING_SIGNATURE hat. Das ermöglicht noch eine Suche nach der SQL-Anweisung anhand der Signatur.

Warum ist die Suche über die SQL Id oder über den Hashwert nicht ausreichend? Angenommen, wir haben einen SQL-Text und möchten nach der entsprechenden SQL-Anweisung im AWR (oder im Statspack-Repository) suchen. Theoretisch könnten wir direkt nach dem SQL-Text suchen. Solche Suche ist aber ziemlich unbequem und ineffektiv, da die Spalte SQL_FULLTEXT vom Typ CLOB ist. Man muss sich dabei auch versichern, dass der SQL-Text genauso ist, wie der Text im AWR oder im Statspack-Repository. Für solche Suche könnten wir auch die Funktion für die Berechnung der SQL Id (oder des Hashwertes) aus dem Abschn. 5.1 gebrauchen. Man kann also zunächst eine SQL Id oder einen Hashwert berechnen und dann anhand dieser Werte im AWR oder im Statspack-Repository suchen. Leider ist diese Methode fehleranfällig und aus diesem Grund nicht praktikabel, da wir dafür auch einen zeichengenauen SQL-Text brauchen. Wesentlich besser sieht es mit den Signaturen aus, wo einige Abweichungen in SQL-Text erlaubt sind und die Wahrscheinlichkeit, einen Fehler zu machen, viel geringer ist.

Noch ein Beispiel. Nehmen wir eine SQL-Anweisung mit Literalen, die sehr oft mit verschiedenen Literal-Werten ausgeführt wird. Es ist problematisch, nach so einer SQL-Anweisung im AWR (oder im Statspack-Repository) zu suchen, da wir nicht wissen, ob und mit welchen Literalen genau diese SQL-Anweisung dort abgespeichert ist. In diesem Fall können wir eine Force Matching Signature für unsere SQL-Anweisung berechnen und

5.2 Signaturen

diese Signatur als Suchkriterium benutzen. Falls wir nichts finden, können wir absolut sicher sein, dass unsere SQL-Anweisung im AWR (oder im Statspack-Repository) nicht vorhanden ist. Wenn wir eine SQL-Anweisung finden, deren Literalen aber sich von unseren unterscheiden, so ist es in den meisten Fällen auch ausreichend (z. B. wenn wir prüfen wollen, mit welchem Ausführungsplan eine SQL-Anweisung vor einiger Zeit gelaufen ist).

Selbstverständlich können wir die Signaturen auch direkt einsetzen, um zu prüfen, ob ein SQL Profile oder eine SQL Plan Baseline für eine SQL-Anweisung angewendet werden kann. Diese Prüfung können wir machen, ohne die SQL-Anweisung (oder das Kommando Explain Plan für diese SQL-Anweisung) auszuführen. Vorausgesetzt, dass

- die relevanten Parametereinstellungen sich nicht verändert haben, z. B. CURSOR_SHARING, SQLTUNE_CATEGORY oder OPTIMIZER_USE_SQL_PLAN_BASELINES,
- die relevanten Datenbankstrukturen unverändert bleiben (z. B. Indices).

Für diese Prüfung muss man lediglich die jeweilige Signatur berechnen und sie mit der Signatur aus der View DBA_SQL_PROFILES oder aus der View DBA_SQL_PLAN_BASELINES vergleichen.

Es gibt mindestens noch eine wichtige Anwendung von den Signaturen. Bei Systemen mit intensivem Parsing kann eine Katastrophe auftreten, wenn jemand, aus Versehen oder aus Unwissenheit über die Folgen, viele SQL-Anweisungen mit Literalen startet. In solchen Fällen ist es wichtig zu ermitteln, wer, und mit welchen SQL-Anweisungen, diese Katastrophe verursacht hat. In den älteren Versionen von Oracle habe ich dafür SQL-Anweisungen aus der SQL-Area analysiert, die einmal ausgeführt wurden. Da dieses Kriterium nur ungefähr die SQL-Anweisungen mit Literalen trifft, musste man die Liste der einmal ausgeführten SQL-Anweisungen genau überprüfen. Solche Listen sind normalerweise ziemlich lang, aus diesem Grund war die Analyse immer etwas mühsam. Sicherlich kann man auch andere Kriterien für eine solche Suche wählen, z. B. nach SQL-Anweisungen mit demselben Textanfang (die ersten 50–70 Zeichen) suchen, das macht aber die Analyse nicht einfacher, sondern eher komplizierter. Nach der Einführung der Signaturen konnte man diese Analyse wesentlich intelligenter gestalten. Es ist klar, dass die Exact Matching Signature ungleich der FORCE_MATCHING SIGNATURE für SQL-Anweisungen mit Literalen ist. Somit kommt man ganz gezielt an SQL-Anweisungen mit Konstanten. Dieser Ansatz ist in dem Skript top_sql_with_literals102.sql realisiert. Das Verfahren funktioniert sehr gut für das SQL, leider aber nicht für das PL/SQL, weil die Signaturen von anonymen PL/SQL-Blöcken gleich 0 sind. Aus diesem Grund ist die folgende Vorgehensweise im Fall eines akuten Problems zu empfehlen:

- zunächst das Skript top_sql_with_literals102.sql ausführen,
- findet man einen Verursacher in der Ausgabe (was in den meisten Fällen auch passiert), braucht man normalerweise nicht weiter zu untersuchen,
- findet man keinen Verursacher, ist es sinnvoll, zusätzlich SQL-Anweisungen zu analysieren, die einmal ausgeführt wurden.

Bei Oracle gibt es noch eine Art von Signaturen für SQL-Texte, die ich noch nicht erwähnt habe. Das ist die Signatur für Stored Outlines (mehr Information zu Stored Outlines findet man im Abschn. 14.1). Der Zweck dieser Signatur ist dem Zweck der Exact Matching Signature sehr ähnlich. Mit dieser Signatur prüft Oracle, ob eine Stored Outline für einen SQL-Text anwendbar ist. Diese Signatur ist für uns nicht besonders interessant, da sie eigentlich nur in der View DBA_OUTLINES vorkommt. Mit der Prozedur DBMS_OUTLINE_EDIT.GENERATE_SIGNATURE kann man die Signatur für Stored Outlines ermitteln. Falls man nach einer SQL-Anweisung, zu der eine Stored Outline gehört, suchen muss (z. B. im AWR oder im Statspack-Repository), soll man das über die bereits besprochenen Signaturen tun: den jeweiligen SQL-Text aus der View DBA_OUTLINES extrahieren, die Exact Matching Signature (oder die Force Matching Signature) berechnen und mit dieser Signatur in Oracle Views oder Tabellen nach der SQL-Anweisung suchen.

6 Explain -/Ausführungsplan

Der Hashwert für Explain- und Ausführungspläne wurde in Oracle 9i eingeführt. Die jeweilige Spalte PLAN_HASH_VALUE haben beispielsweise die Views V$SQL, DBA_HIST_SQLSTAT und die Tabelle STATS$SQL_PLAN_USAGE. Die Spalte OTHER_XML (s. im Abschn. 6.1.4) enthält auch den jeweiligen Hashwert. Anhand dieses Hashwertes ist es sehr einfach zu prüfen, ob 2 Ausführungspläne unterschiedlich sind. Wenn die Hashwerte unterschiedlich sind, sind die jeweiligen Ausführungspläne sicherlich auch unterschiedlich. Wenn sie aber gleich sind, können wir immer davon ausgehen, dass die Ausführungspläne identisch sind?

Leonid: *„Peter, was meinst Du dazu?"*

Peter: *„Im vorigen Kapitel haben wir gelernt, dass der Hashwert (bzw. die SQL Id) des SQL-Textes diesen Text nicht eindeutig identifiziert. Ich nehme an, dass es ähnlich für die Ausführungspläne aussieht. Aber ehrlich gesagt finde ich Deine Frage etwas theoretisch."*

L.: *„OK, dann ändere ich meine Frage. Was könnte gravierende Unterschiede in den Laufzeitstatistiken eines Cursors verursachen, wenn der jeweilige Hashwert des Ausführungsplans sich nicht geändert hat? Angenommen, dass dieser Cursor gestern performant war und heute nicht mehr."*

P.: *„Dann ist der Ausführungsplan gleich geblieben, und es kann eigentlich nur an den Daten liegen. Es kann beispielsweise sein, dass eine der in diesem Cursor abgefragten Tabellen angewachsen ist. Ich kann auch nicht ausschließen, dass der Suchbereich sich verbreitet hat (der Cursor konnte gestern die Daten für einen Tag selektieren und heute für einen Monat)."*

L.: *„Bist Du sicher, dass Du alle möglichen Ursachen genannt hast?"*

P.: *„Ja, ich bin ziemlich sicher."*

L.: *„Du wirst mir wahrscheinlich nicht glauben, dass ich eines Tages einen Fall hatte, bei dem die Hashwerte der Ausführungspläne gleich waren, aber diese Ausführungspläne doch* *unterschiedlich. Bei einem dieser Pläne war die Performanz in Ordnung, bei dem anderen war sie aber sehr schlecht."*

P.: *"Musstest Du diese Pläne Zeile für Zeile miteinander vergleichen, um festzustellen, dass sie unterschiedlich waren?"*

L.: *"Das hätte in diesem Fall nichts gebracht, weil diese Ausführungspläne als Texte identisch waren."*

P.: *"Als Texte identisch aber doch unterschiedlich? Ich bin jetzt ganz durcheinander."*

L.: *"Das folgende Beispiel präsentiert in einer vereinfachten Form das Problem, mit dem ich zu tun hatte."*

Legen wir zunächst eine Tabelle an und füllen sie mit den Daten.

```
SQL> create table t1(c1 number, c2 number);

Tabelle wurde erstellt.

SQL>
SQL> declare
  2   i integer;
  3  begin
  4   for i in 1..5000 loop
  5   insert into t1 values (1,i);
  6   end loop;
  7   for i in 5001..10000 loop
  8   insert into t1 values (2,i);
  9   end loop;
 10   commit;
 11  end;
 12  /
PL/SQL-Prozedur erfolgreich abgeschlossen.
```

Führen wir jetzt die folgende SQL-Anweisung aus und ermitteln ihren Ausführungsplan mit den Laufzeitstatistiken.

```
SQL> select /*+ leading(t1 t2) use_nl(t1 t2) */ count(*)
  2  from t1, t1 t2
  3  where
  4  t1.c1 = 2 and
  5  t2.c2 = 10000 and
  6  t1.c1 = t2.c1;

  COUNT(*)
----------
      5000

SQL>
SQL> select * from table(sys.dbms_xplan.display_cursor('','','ALLSTATS ADVANCED LAST'));

PLAN_TABLE_OUTPUT
--------------------------------------------------------------------------------------
--------------------------------------------------------------------------------------
--------------------------------------------------------------------------------------
-----------------
SQL_ID  4d0j95yfpgxwp, child number 0
-------------------------------------
select /*+ leading(t1 t2) use_nl(t1 t2) */ count(*) from t1, t1 t2
where t1.c1 = 2 and t2.c2 = 10000 and t1.c1 = t2.c1

Plan hash value: 3700912137

-----------------------------------------------------------------------------------------
| Id  | Operation          | Name | Starts | E-Rows | A-Rows |   A-Time   | Buffers |
-----------------------------------------------------------------------------------------
|   0 | SELECT STATEMENT   |      |      1 |        |      1 |00:00:01.28 |    110K |
|   1 |  SORT AGGREGATE    |      |      1 |      1 |      1 |00:00:01.28 |    110K |
|   2 |   NESTED LOOPS     |      |      1 |   2500 |   5000 |00:00:01.28 |    110K |
|*  3 |    TABLE ACCESS FULL| T1  |      1 |   5000 |   5000 |00:00:00.01 |     22  |
|*  4 |    TABLE ACCESS FULL| T1  |   5000 |      1 |   5000 |00:00:01.27 |    110K |
-----------------------------------------------------------------------------------------

Predicate Information (identified by operation id):
---------------------------------------------------

   3 - filter("T1"."C1"=2)
   4 - filter(("T2"."C2"=10000 AND "T2"."C1"=2))
...

Outline Data
-------------

  /*+
      BEGIN_OUTLINE_DATA
      IGNORE_OPTIM_EMBEDDED_HINTS
      OPTIMIZER_FEATURES_ENABLE('11.2.0.3')
      DB_VERSION('11.2.0.3')
      ALL_ROWS
      OUTLINE_LEAF(@"SEL$1")
      FULL(@"SEL$1" "T1"@"SEL$1")
      FULL(@"SEL$1" "T2"@"SEL$1")
      LEADING(@"SEL$1" "T1"@"SEL$1" "T2"@"SEL$1")
      USE_NL(@"SEL$1" "T2"@"SEL$1")
      END_OUTLINE_DATA
  */
```

Die Tabellenreihenfolge in diesem Auto-Join ist sehr ungünstig, weil der Wert 2 der Spalte C1 5000mal vorkommt, dagegen der Wert 10000 der Spalte C2 lediglich einmal. Ändern wir diese Reihenfolge und führen wir unsere SQL-Anweisung nochmals aus.

```
SQL> select /*+ leading(t2 t1) use_nl(t2 t1) */ count(*)
  2  from t1, t1 t2
  3  where
  4  t1.c1 = 2 and
  5  t2.c2 = 10000 and
  6  t1.c1 = t2.c1;

  COUNT(*)
----------
      5000

SQL>
SQL> select * from table(sys.dbms_xplan.display_cursor('','','ALLSTATS ADVANCED LAST'));

PLAN_TABLE_OUTPUT
-------------------------------------------------------------------------------------
-------------------------------------------------------------------------------------
-------------------------------------------------------------------------------------

-----------------
SQL_ID  cbt0xw1sg37r6, child number 0
-------------------------------------
select /*+ leading(t2 t1) use_nl(t2 t1) */ count(*) from t1, t1 t2
where t1.c1 = 2 and t2.c2 = 10000 and t1.c1 = t2.c1

Plan hash value: 3700912137

--------------------------------------------------------------------------------------
| Id  | Operation           | Name | Starts | E-Rows | A-Rows |   A-Time   | Buffers |
--------------------------------------------------------------------------------------
|   0 | SELECT STATEMENT    |      |      1 |        |      1 |00:00:00.01 |      44 |
|   1 |  SORT AGGREGATE     |      |      1 |      1 |      1 |00:00:00.01 |      44 |
|   2 |   NESTED LOOPS      |      |      1 |   2500 |   5000 |00:00:00.01 |      44 |
|*  3 |    TABLE ACCESS FULL| T1   |      1 |      1 |      1 |00:00:00.01 |      22 |
|*  4 |    TABLE ACCESS FULL| T1   |      1 |   5000 |   5000 |00:00:00.01 |      22 |
--------------------------------------------------------------------------------------

Predicate Information (identified by operation id):
---------------------------------------------------

   3 - filter(("T2"."C2"=10000 AND "T2"."C1"=2))
   4 - filter("T1"."C1"=2)
…

Outline Data
------------

  /*+
      BEGIN_OUTLINE_DATA
      IGNORE_OPTIM_EMBEDDED_HINTS
      OPTIMIZER_FEATURES_ENABLE('11.2.0.3')
      DB_VERSION('11.2.0.3')
      ALL_ROWS
      OUTLINE_LEAF(@"SEL$1")
      FULL(@"SEL$1" "T2"@"SEL$1")
      FULL(@"SEL$1" "T1"@"SEL$1")
      LEADING(@"SEL$1" "T2"@"SEL$1" "T1"@"SEL$1")
      USE_NL(@"SEL$1" "T1"@"SEL$1")
      END_OUTLINE_DATA
  */
```

Diese zweite Ausführung ist wesentlich performanter, hat aber denselben Plan-Hashwert 3700912137. Die beiden Ausführungspläne sind als Texte identisch, aber als Pläne unterschiedlich, weil die zugehörigen Prädikate umgedreht sind.

P.: *„So ein Fall ist nicht einfach zu erkennen. Oder?"*

L.: „Du hast Recht. Im obigen Beispiel sind die SQL-Anweisungen als Texte unterschiedlich, aber im realen Fall war es eine SQL-Anweisung, deren Ausführungsplan sich verändert hat. Anhand des SQL-Testes war es also nicht zu erkennen. Man kann auch keine Änderung der Prädikate anhand der Daten aus dem AWR feststellen, weil die Spalten ACCESS_PREDICATES und FILTER_PREDICATES in der View DBA_HIST_SQL_PLAN nicht gefüllt werden."

P.: „Wie hast Du denn diesen Fall analysiert und das Problem gelöst?"

L.: „Für solch einen Fall kann ich leider keine Methode für die Analyse anbieten. Ich habe einfach vermutet, dass sich die Tabellenreihenfolge im Auto-Join geändert hat. Diese Vermutung ließ sich mit dem Hint LEADING verifizieren. Den guten Ausführungsplan habe ich mit der OSP-Methode fixiert (diese Methode ist im Abschn. 18.2 beschrieben)."

Bei Oracle gibt es noch einen Hashwert PLAN_HASH_2 für Explain und Ausführungspläne. Für diesen Wert ist keine Tabellen- bzw. View-Spalte vorgesehen, man kann ihn lediglich in der Spalte OTHER_XML ermitteln, welche im Abschn. 6.1.4 beschrieben ist.

P.: „Wofür ist dieser Hashwert gut?"

L.: „Dieser Wert ist speziell für Pläne mit den systemgenerierten temporären Tabellen eingeführt. Die Namen dieser Tabellen können sich jeweils unterscheiden, obwohl die jeweiligen Pläne identisch sind. Diese Pläne haben verschiedene Hashwerte aber identische Werte PLAN_HASH_2. Ich zeige das am folgenden Beispiel."

```
SQL> with test as (select /*+ materialize */ 'X' dummy from dual)
  2  select /* 1 */ count(*) from dual d, test t where
  3  d.dummy = t.dummy;

  COUNT(*)
----------
         1

SQL>
SQL> select plan_table_output from table (sys.dbms_xplan.display_cursor('','','LAST'));

PLAN_TABLE_OUTPUT
--------------------------------------------------------------------------------
--------------------------------------------------------------------------------
--------------------------------------------------------------------------------
------------------
SQL_ID  8n9v9yc7wa9c5, child number 0
-------------------------------------
with test as (select /*+ materialize */ 'X' dummy from dual) select /*
1 */ count(*) from dual d, test t where d.dummy = t.dummy

Plan hash value: 1144362

--------------------------------------------------------------------------------
----------
| Id  | Operation                  | Name                       | Rows  | Bytes | Cost (%CPU)|
Time     |
--------------------------------------------------------------------------------
----------
|   0 | SELECT STATEMENT           |                            |       |       |     6 (100)|
|
|   1 |  TEMP TABLE TRANSFORMATION |                            |       |       |            |
|
|   2 |   LOAD AS SELECT           |                            |       |       |            |
|
|   3 |    FAST DUAL               |                            |     1 |       |     2   (0)|
00:00:01 |
|   4 |   SORT AGGREGATE           |                            |     1 |     5 |            |
|
|   5 |    NESTED LOOPS            |                            |     1 |     5 |     4   (0)|
00:00:01 |
|   6 |     TABLE ACCESS FULL      | DUAL                       |     1 |     2 |     2   (0)|
00:00:01 |
|*  7 |     VIEW                   |                            |     1 |     3 |     2   (0)|
00:00:01 |
|   8 |      TABLE ACCESS FULL     | SYS_TEMP_0FD9D6610_FFEA2B  |     1 |     3 |     2   (0)|
00:00:01 |
--------------------------------------------------------------------------------
----------

Predicate Information (identified by operation id):
---------------------------------------------------

   7 - filter("D"."DUMMY"="T"."DUMMY")

26 Zeilen ausgewählt.

SQL>
SQL> select plan_hash_value, extractvalue(xmltype(other_xml), '/*/info[@type =
"plan_hash_2"]') plan_hash_2 from v$sql_plan where sql_id='8n9v9yc7wa9c5' and other_xml is not
null;
```

6 Explain -/Ausführungsplan

```
PLAN_HASH_VALUE PLAN_HASH_2
--------------- -------------------
        1144362 3993509485

SQL>
SQL> with test as (select /*+ materialize */ 'X' dummy from dual)
  2  select /* 2 */ count(*) from dual d, test t where
  3  d.dummy = t.dummy;

  COUNT(*)
----------
         1

SQL>
SQL> select plan_table_output from table (sys.dbms_xplan.display_cursor('','','LAST'));

PLAN_TABLE_OUTPUT
--------------------------------------------------------------------------------
--------------------------------------------------------------------------------
--------------------------------------------------------------------------------
-----------------
SQL_ID  1sqtx80jwwfp9, child number 0
-----------------------------------
with test as (select /*+ materialize */ 'X' dummy from dual) select /*
2 */ count(*) from dual d, test t where d.dummy = t.dummy

Plan hash value: 4038214887

--------------------------------------------------------------------------------
----------
| Id  | Operation                  | Name                       | Rows  | Bytes | Cost (%CPU)|
Time     |
--------------------------------------------------------------------------------
----------
|   0 | SELECT STATEMENT           |                            |       |       |   6 (100)|
         |
|   1 |  TEMP TABLE TRANSFORMATION |                            |       |       |            |
         |
|   2 |   LOAD AS SELECT           |                            |       |       |            |
         |
|   3 |    FAST DUAL               |                            |    1  |       |   2   (0)|
00:00:01 |
|   4 |   SORT AGGREGATE           |                            |    1  |    5  |            |
         |
|   5 |    NESTED LOOPS            |                            |    1  |    5  |   4   (0)|
00:00:01 |
|   6 |     TABLE ACCESS FULL      | DUAL                       |    1  |    2  |   2   (0)|
00:00:01 |
|*  7 |     VIEW                   |                            |    1  |    3  |   2   (0)|
00:00:01 |
|   8 |      TABLE ACCESS FULL     | SYS_TEMP_0FD9D6611_FFEA2B  |    1  |    3  |   2   (0)|
00:00:01 |
--------------------------------------------------------------------------------
----------

Predicate Information (identified by operation id):
---------------------------------------------------

   7 - filter("D"."DUMMY"="T"."DUMMY")


26 Zeilen ausgewählt.

SQL>
SQL> select plan_hash_value, extractvalue(xmltype(other_xml), '/*/info[@type =
"plan_hash_2"]') plan_hash_2 from v$sql_plan where sql_id='1sqtx80jwwfp9' and other_xml is not
null;

PLAN_HASH_VALUE PLAN_HASH_2
--------------- -------------------
     4038214887 3993509485
```

Die beiden Ausführungspläne von oben sind als Texte unterschiedlich, weil die Namen der temporären Tabellen unterschiedlich sind. Aus diesem Grund sind auch die jeweiligen Plan-Hashwerte unterschiedlich, aber die Werte von PLAN_HASH_2 identisch. Dieses Verhalten kann man bis einschließlich Oracle 11.2.0.2 beobachten.

Bei Oracle 11.2.0.3 sind die „regulären" Hashwerte für solche Pläne identisch, so dass PLAN_HASH_2 nicht mehr notwendig zu sein scheint. Dies kann man mit dem obigen Test verifizieren.

6.1 Oracle Features für Explain-/Ausführungsplan

In diesem Abschnitt mache ich einen Überlick für die Oracle Features, welche man für die Ermittlung und für die Untersuchung des Ausführungsplans gebrauchen kann. Diese Features sind hier nicht bis ins letzte Detail beschrieben. Ich konzentrierte mich mehr auf deren Eigenschaften, die nützlich für Performance Tuning sein können (einige davon sind nicht wohlbekannt).

6.1.1 Kommando Explain Plan

Die Syntax dieses Kommandos sieht folgendermaßen aus.

```
EXPLAIN PLAN {SET STATEMENT_ID = 'text'} {INTO {schema.}table{@db_link}} FOR sql;
```

Das Ergebnis wird entweder stillschweigend in die Tabelle PLAN_TABLE im Schema des Datenbankbenutzers geschrieben, der das Kommando Explain Plan ausführt, oder in eine andere Tabelle, welche im obigen Kommando in der Klausel INTO eingegeben wird. Der Tabellenaufbau von PLAN_TABLE bei Oracle 11.2 ist wie folgt:

6.1 Oracle Features für Explain-/Ausführungsplan

```
SQL> desc PLAN_TABLE
Name                                      Null?    Type
----------------------------------------- -------- ----------------------------
STATEMENT_ID                                       VARCHAR2(30)
PLAN_ID                                            NUMBER
TIMESTAMP                                          DATE
REMARKS                                            VARCHAR2(4000)
OPERATION                                          VARCHAR2(30)
OPTIONS                                            VARCHAR2(255)
OBJECT_NODE                                        VARCHAR2(128)
OBJECT_OWNER                                       VARCHAR2(30)
OBJECT_NAME                                        VARCHAR2(30)
OBJECT_ALIAS                                       VARCHAR2(65)
OBJECT_INSTANCE                                    NUMBER(38)
OBJECT_TYPE                                        VARCHAR2(30)
OPTIMIZER                                          VARCHAR2(255)
SEARCH_COLUMNS                                     NUMBER
ID                                                 NUMBER(38)
PARENT_ID                                          NUMBER(38)
DEPTH                                              NUMBER(38)
POSITION                                           NUMBER(38)
COST                                               NUMBER(38)
CARDINALITY                                        NUMBER(38)
BYTES                                              NUMBER(38)
OTHER_TAG                                          VARCHAR2(255)
PARTITION_START                                    VARCHAR2(255)
PARTITION_STOP                                     VARCHAR2(255)
PARTITION_ID                                       NUMBER(38)
OTHER                                              LONG
DISTRIBUTION                                       VARCHAR2(30)
CPU_COST                                           NUMBER(38)
IO_COST                                            NUMBER(38)
TEMP_SPACE                                         NUMBER(38)
ACCESS_PREDICATES                                  VARCHAR2(4000)
FILTER_PREDICATES                                  VARCHAR2(4000)
PROJECTION                                         VARCHAR2(4000)
TIME                                               NUMBER(38)
QBLOCK_NAME                                        VARCHAR2(30)
OTHER_XML                                          CLOB
```

Der Wert für STATEMENT_ID landet in der gleichnamigen Spalte der Tabelle für Explain Plan. Es ist sinnvoll, diesen Wert immer explizit und eindeutig einzugeben, weil er den jeweiligen Explain Plan identifiziert. Ermittelt man den Explain Plan mit einem Select aus der Tabelle PLAN_TABLE oder macht das mit der Funktion DBMS_XPLAN.DISPLAY, kann man dabei den Wert von STATEMENT_ID gebrauchen, um auf einen bestimmten Plan zu verweisen.

```
FUNCTION DISPLAY RETURNS DBMS_XPLAN_TYPE_TABLE
Argument Name                  Type                    In/Out Default?
------------------------------ ----------------------- ------ --------
TABLE_NAME                     VARCHAR2                IN     DEFAULT
STATEMENT_ID                   VARCHAR2                IN     DEFAULT
FORMAT                         VARCHAR2                IN     DEFAULT
FILTER_PREDS                   VARCHAR2                IN     DEFAULT
```

Wenn man das Argument TABLE_NAME dieser Funktion auslässt, wird der Explain-Plan in der lokalen Tabelle PLAN_TABLE gespeichert. Der Vorgabewert des Arguments FORMAT ist 'TYPICAL'. Oft ist es sinnvoller, die folgenden 2 Werte dieses Arguments zu benutzen:

- 'ALL' oder
- 'ADVANCED'

Bei dem Wert 'ALL' werden die Informationen zur Projection und zu Remote-Abfragen ausgegeben.

Der Wert 'ADVANCED' bewirkt die Ausgabe einigen zusätzlichen Informationen (z. B. Outlines, s. im Abschn. 13.1

```
select * from table(sys.dbms_xplan.display('SYS.PLAN_TABLE','MY_ID','ADVANCED'));
```

Bei der Erstellung eines Explain Plan darf man nicht vergessen, dass der jeweilige Ausführungsplan sich von dem Explain Plan unterscheiden kann (z. B. wegen Cardinality Feedback (s. in Abschn. 15.2) oder wegen User Bind Peeking, falls die jeweilige SQL-Anweisung Bind-Variablen beinhaltet (s. in Abschn. 10 und 15.1). Bei den Bind-Variablen muss man noch aus dem folgenden Grund aufpassen: Das Kommando Explain Plan geht davon aus, dass alle Bind-Variablen in der SQL-Anweisung vom Type VARCHAR2 sind. Dies kann auch zu einem Unterschied der beiden Pläne führen.

Peter: „Ich glaube, dass ich irgendwo darüber gelesen habe. Mir fällt aber kein Beispiel ein."

Leonid: „Nehmen wir ein Beispiel aus dem Abschn. 2.3.2. Wenn eine Tabelle eine Spalte vom Typ VARCHAR2 hat, die mit nummerischen Werten gefüllt ist, wissen wir bereits, dass eine Abfrage über einen nummerischen Typ nur mit Full Table Scan möglich ist. Falls diese Abfrage eine Bind-Variable beinhaltet, nimmt das Kommando Explain Plan aber an, dass diese Variable vom Typ VARCHAR2 ist, und zeigt aus diesem Grund einen Index Scan an."

```
SQL> explain plan set statement_id='&sss' into sys.plan_table for
  2  select /*+ index(t1 i_t1) */ * from t1 where c1 = :b1;

EXPLAIN PLAN ausgeführt.

SQL>
SQL> select * from table(sys.dbms_xplan.display('SYS.PLAN_TABLE','&sss',''));

PLAN_TABLE_OUTPUT
--------------------------------------------------------------------------------
--------------------------------------------------------------------------------
--------------
Plan hash value: 4196714161

--------------------------------------------------------------------------------
| Id  | Operation                    | Name  | Rows  | Bytes | Cost (%CPU)| Time     |
--------------------------------------------------------------------------------
|   0 | SELECT STATEMENT             |       |     1 |    78 |     1   (0)| 00:00:01 |
|   1 |  TABLE ACCESS BY INDEX ROWID | T1    |     1 |    78 |     1   (0)| 00:00:01 |
|*  2 |   INDEX UNIQUE SCAN          | I_T1  |     1 |       |     1   (0)| 00:00:01 |
--------------------------------------------------------------------------------
```

Es ist nicht sehr bekannt, dass das Kommando Explain Plan auch für DDL-Kommandos (data definition language) benutzt werden kann. Damit ist nicht nur CTAS (create table as select), sondern auch Kommandos wie „CREATE INDEX" oder „ALTER INDEX REBUILD" gemeint.

P.: „Wie kann es bei Performance Tuning helfen?"

6.1 Oracle Features für Explain-/Ausführungsplan

L.: „Wenn es für Dich wichtig ist, einen großen Index möglichst schnell mit ‚ATER INDEX REBUILD' umzubauen, welche Methode würdest Du bevorzugen: einen kompletten Umbau oder einen Umbau auf der Basis der bestehenden Index-Blöcke?"

P.: „Ich vermute, dass die zweite Methode schneller ist."

L.: „Das ist richtig. Welche Option (ONLINE oder OFFLINE) für den Index-Umbau würdest Du für diese Methode einsetzen?"

P.: „Das kann ich Dir nicht sagen."

L.: „Hier könnte Dir Explain-Plan helfen. Wenn ein Full Table Scan beim Index-Umbau benutzt wird, wird der Index komplett neu umgebaut. Bei einem Fast Full Index Scan werden die bestehenden Index-Blöcke benutzt. Ähnlich sieht es bei dem Kommando ‚CREATE INDEX' aus, bei dem die Blöcke eines bereits bestehendes Indexes benutzt werden können. Das folgende Beispiel demonstriert dieses Verhalten."

Zunächst werden eine Tabelle und ein Index angelegt.

```
SQL> create table ln_test(a number, b number, c number, d number, e number, f number);

Tabelle wurde erstellt.

SQL>
SQL>
SQL> begin
  2      for i in 1..10000 loop
  3          insert into ln_test (a,b,c,d,e,f) values (i, i+1, i+2, i+3, i+4, i+5);
  4      end loop;
  5      commit;
  6  end;
  7  /

PL/SQL-Prozedur erfolgreich abgeschlossen.

SQL>
SQL> create index i_ln_test on ln_test(a,b);

Index wurde erstellt.

SQL>
SQL> exec dbms_stats.gather_table_stats('','LN_TEST')

PL/SQL-Prozedur erfolgreich abgeschlossen.
```

Der erste Test wird für das Kommando „ALTER INDEX REBUILD" mit der Option OFFLINE gemacht (das ist die Vorgabeoption).

```
SQL> explain plan set statement_id='TEST' into sys.plan_table for
  2  alter index i_ln_test rebuild;

EXPLAIN PLAN ausgeführt.

SQL>
SQL> select * from table(sys.dbms_xplan.display('SYS.PLAN_TABLE','TEST','ALL'));

PLAN_TABLE_OUTPUT
--------------------------------------------------------------------------------
--------------------------------------------------------------------------------
--------------------------------------------------------------------------------
-----------------
Plan hash value: 3367276294

---------------------------------------------------------------------------------
| Id  | Operation              | Name     | Rows  | Bytes | Cost (%CPU)| Time     |
---------------------------------------------------------------------------------
|   0 | ALTER INDEX STATEMENT  |          | 10000 | 80000 |    14   (0)| 00:00:01 |
|   1 |  INDEX BUILD NON UNIQUE| I_LN_TEST|       |       |            |          |
|   2 |   SORT CREATE INDEX    |          | 10000 | 80000 |            |          |
|   3 |    INDEX FAST FULL SCAN| I_LN_TEST|       |       |            |          |
---------------------------------------------------------------------------------
```

Die Option OFFLINE bewirkt, dass die bestehenden Index-Blöcke für den Index-Umbau benutzt werden. Machen wir jetzt den zweiten Test mit der Option ONLINE.

```
SQL> explain plan set statement_id='TEST' into sys.plan_table for
  2  alter index i_ln_test rebuild online;

EXPLAIN PLAN ausgeführt.

SQL>
SQL> select * from table(sys.dbms_xplan.display('SYS.PLAN_TABLE','TEST','ALL'));

PLAN_TABLE_OUTPUT
--------------------------------------------------------------------------------
--------------------------------------------------------------------------------
--------------------------------------------------------------------------------
-----------------
Plan hash value: 1559530188

---------------------------------------------------------------------------------
| Id  | Operation              | Name     | Rows  | Bytes | Cost (%CPU)| Time     |
---------------------------------------------------------------------------------
|   0 | ALTER INDEX STATEMENT  |          | 10000 | 80000 |    14   (0)| 00:00:01 |
|   1 |  INDEX BUILD NON UNIQUE| I_LN_TEST|       |       |            |          |
|   2 |   SORT CREATE INDEX    |          | 10000 | 80000 |            |          |
|   3 |    TABLE ACCESS FULL   | LN_TEST  | 10000 | 80000 |    14   (0)| 00:00:01 |
---------------------------------------------------------------------------------
```

Der Index wird komplett neu mit der Option ONLINE aufgebaut.

L.: „Peter, wo kann man noch dieses Wissen gebrauchen? Hattest Du schon einmal einen korrupten Index umgebaut?"

P.: „Ach, ja. Es war für mich immer ein Rätsel, mit welcher Option es zu machen ist."

L.: „Ab jetzt hast Du dieses Problem nicht mehr. Auch wenn Du das vergessen hast, kannst Du den Explain-Plan für diese beiden Optionen erstellen, und dann weißt Du es wieder. Kennst Du den Hauptunterschied zwischen den Optionen OFFLINE und ONLINE?"

P.: „Bei der Option OFFLINE sind keine verändernden Operationen auf der jeweiligen Tabelle möglich."

6.1 Oracle Features für Explain-/Ausführungsplan

L.: *„Ganz genau. Für den Index-Umbau mit der Option OFFLINE braucht man also eine Auszeit. Für die Option ONLINE ist es nicht notwendig."*

Machen wir noch 2 Tests mit dem Kommando „CREATE INDEX". Beim Anlegen eines neuen Indexes für die Spalte A hat Oracle 2 Möglichkeiten: entweder Tabellen- oder Index-Blöcke des bestehenden Indexes I_LN_TEST für den Aufbau dieses neuen Indexes zu benutzen.

```
SQL> explain plan set statement_id='TEST' into sys.plan_table for
  2  create index i2_ln_test on ln_test(a);

EXPLAIN PLAN ausgeführt.

SQL>
SQL> select * from table(sys.dbms_xplan.display('SYS.PLAN_TABLE','TEST','ALL'));

PLAN_TABLE_OUTPUT
--------------------------------------------------------------------------------
--------------------------------------------------------------------------------
-----------------
Plan hash value: 2559370567

---------------------------------------------------------------------------------
| Id  | Operation              | Name      | Rows  | Bytes | Cost (%CPU)| Time     |
---------------------------------------------------------------------------------
|   0 | CREATE INDEX STATEMENT |           | 10000 | 40000 |    21   (0)| 00:00:01 |
|   1 |  INDEX BUILD NON UNIQUE| I2_LN_TEST|       |       |            |          |
|   2 |   SORT CREATE INDEX    |           | 10000 | 40000 |            |          |
|   3 |    INDEX FAST FULL SCAN| I_LN_TEST |       |       |            |          |
---------------------------------------------------------------------------------
```

Das Erzeugen des neuen Indexes mit der Option OFFLINE basiert auf dem bestehenden Index. Die Option ONLINE bewirkt die Nutzung der Tabellenblöcke für den neuen Index.

```
SQL> explain plan set statement_id='TEST' into sys.plan_table for
  2  create index i2_ln_test on ln_test(a) online;

EXPLAIN PLAN ausgeführt.

SQL>
SQL> select * from table(sys.dbms_xplan.display('SYS.PLAN_TABLE','TEST','ALL'));

PLAN_TABLE_OUTPUT
--------------------------------------------------------------------------------
--------------------------------------------------------------------------------
-----------------
Plan hash value: 4182187582

---------------------------------------------------------------------------------
| Id  | Operation              | Name      | Rows  | Bytes | Cost (%CPU)| Time     |
---------------------------------------------------------------------------------
|   0 | CREATE INDEX STATEMENT |           | 10000 | 40000 |    14   (0)| 00:00:01 |
|   1 |  INDEX BUILD NON UNIQUE| I2_LN_TEST|       |       |            |          |
|   2 |   SORT CREATE INDEX    |           | 10000 | 40000 |            |          |
|   3 |    TABLE ACCESS FULL   | LN_TEST   | 10000 | 40000 |    14   (0)| 00:00:01 |
---------------------------------------------------------------------------------
```

6.1.2 Feature Autotrace in SQL*Plus

Mit diesem Feature muss man meiner Meinung nach etwas aufpassen. Einige Datenbankadministratoren denken, dass der Ausführungsplan in diesem Modus angezeigt wird.

Leonid: *„Peter, teilst Du auch diese Meinung?"*

Peter: *„Wenn Du so fragst, dann stimmt es wahrscheinlich nicht. Aber ehrlich gesagt, ich habe in der Tat so gedacht."*

L.: *„Bei Autotrace wird Explain-Plan angezeigt."*

P.: *„Warum ist es schlecht?"*

L.: *„Das ist nicht schlecht. Nur wenn eine SQL-Anweisung in diesem Modus ausgeführt wird, erwartet man logischerweise die Anzeige des jeweiligen Ausführungsplans. Die Anzeige eines Explain-Plans statt des Ausführungsplans war nicht so wichtig in den alten Versionen von Oracle, bei denen diese beiden Pläne in der Regel identisch waren. In den neuen Versionen unterscheiden sie sich wesentlich häufiger."*

P.: *„Wo muss man sonst bei dem Modus Autotrace aufpassen?"*

L.: *„In diesem Modus werden DDL- und DML-Kommandos immer ausgeführt."*

P.: *„Auch wenn man diesen Modus mit der Einstellung ‚set autotrace traceonly explain' setzt?"*

L.: *„Ja, auch in diesem Fall. Wenn man beispielsweise auf die Idee kommt, Explain-Plan für ein DDL-Kommando mit Autotrace zu ermitteln, wird man sehr unangenehm überrascht, weil dieses Feature dafür absolut nicht geeignet ist."*

```
SQL> set autotrace traceonly explain
SQL>
SQL> create index i2_ln_test on ln_test(a) online;

Index wurde erstellt.
```

P.: *„Ich habe immer gedacht, dass keine SQL-Anweisungen bei der Einstellung ‚set autotrace traceonly explain' ausgeführt werden."*

L.: *„Das betrifft ausschließlich Selects."*

P.: *„Es freut mich, dass ich hier zumindest zum Teil Recht hatte. Das ist doch gut, dass man mit Autotrace Explain-Pläne für Selects ohne Ausführung ermitteln kann. Oder?"*

L.: *„Leider muss man damit auch aufpassen. Wenn Du Deine Einstellung mit der Option ‚statistics' ergänzen würdest (die die Ermittlung der Laufzeitstatistiken verlangt), wird Dein Select logischerweise ausgeführt."*

6.1 Oracle Features für Explain-/Ausführungsplan

```
SQL> set autotrace traceonly explain

SQL> select 1 from dual;

Execution Plan
----------------------------------------------------------
Plan hash value: 1388734953

--------------------------------------------------------------
| Id  | Operation          | Name | Rows  | Cost (%CPU)| Time     |
--------------------------------------------------------------
|   0 | SELECT STATEMENT   |      |     1 |     2   (0)| 00:00:01 |
|   1 |  FAST DUAL         |      |     1 |     2   (0)| 00:00:01 |
--------------------------------------------------------------

SQL> set autotrace traceonly explain statistics
SQL> select 1 from dual;

Execution Plan
----------------------------------------------------------
Plan hash value: 1388734953

--------------------------------------------------------------
| Id  | Operation          | Name | Rows  | Cost (%CPU)| Time     |
--------------------------------------------------------------
|   0 | SELECT STATEMENT   |      |     1 |     2   (0)| 00:00:01 |
|   1 |  FAST DUAL         |      |     1 |     2   (0)| 00:00:01 |
--------------------------------------------------------------


Statistics
----------------------------------------------------------
          0  recursive calls
          0  db block gets
          0  consistent gets
          0  physical reads
          0  redo size
        415  bytes sent via SQL*Net to client
        419  bytes received via SQL*Net from client
          2  SQL*Net roundtrips to/from client
          0  sorts (memory)
          0  sorts (disk)
          1  rows processed
```

L.: „Die Einstellung ‚set autotrace traceonly explain' bereitet bei Selects noch eine Überraschung. Bei dieser Einstellung wird ein Parse Call ohne Ausführung für ein Select-Kommando gemacht. Dieser Parse Call erzeugt aber einen Cursor in der SQL-Area."

P.: „Kann es ein Problem sein?"

L.: „Stelle Dir vor, dass Du im Nachhinein die jeweilige SQL-Anweisung ausführst. In diesem Fall nimmt Oracle den bereits vorhandenen Cursor aus der SQL-Area, was Dich u. U. überraschen kann. Das kann sogar die Performanz Deiner Anwendung beeinträchtigen, wenn diese SQL-Anweisung dort ausgeführt wird. Ich zeige das an dem folgenden Beispiel."

```
SQL> set autotrace trace exp
SQL>
SQL> select * from t1 where a=:b1;

Ausführungsplan
----------------------------------------------------------
Plan hash value: 3617692013

--------------------------------------------------------------------------
| Id  | Operation         | Name | Rows  | Bytes | Cost (%CPU)| Time     |
--------------------------------------------------------------------------
|   0 | SELECT STATEMENT  |      |  7503 |  139K|    29   (0)| 00:00:01 |
|*  1 |  TABLE ACCESS FULL| T1   |  7503 |  139K|    29   (0)| 00:00:01 |
--------------------------------------------------------------------------

Predicate Information (identified by operation id):
---------------------------------------------------

   1 - filter("A"=TO_NUMBER(:B1))

SQL>
SQL> select sql_text, executions, parse_calls, child_number from v$sql where
sql_id='2wbyny3krfp88';

SQL_TEXT
--------------------------------------------------------------------------------
EXECUTIONS PARSE_CALLS CHILD_NUMBER
---------- ----------- ------------
select * from t1 where a=:b1
         0           1            0
```

So ist ein Cursor entstanden, der einmal geparst aber niemals ausgeführt wurde. Wenn wir jetzt unseren Select ausführen, wird dieser Cursor verwendet.

```
SQL> select * from t1 where a=:b1;

         A          B          C          D          E
---------- ---------- ---------- ---------- ----------
         0          0          1          1          1
         0          0          2          2          2
         0          0          3          3          3
         0          0          4          4          4
         0          0          5          5          5
         0          0          6          6          6
         0          0          7          7          7
         0          0          8          8          8
         0          0          9          9          9
         0          0         10         10         10

10 Zeilen ausgewählt.

SQL>
SQL> select plan_table_output from table (sys.dbms_xplan.display_cursor('','','ADVANCED
LAST'));

PLAN_TABLE_OUTPUT
--------------------------------------------------------------------------------
SQL_ID  2wbyny3krfp88, child number 0
-------------------------------------
select * from t1 where a=:b1

Plan hash value: 3617692013

--------------------------------------------------------------------------
| Id  | Operation         | Name | Rows  | Bytes | Cost (%CPU)| Time     |
--------------------------------------------------------------------------
|   0 | SELECT STATEMENT  |      |       |       |    29 (100)|          |
|*  1 |  TABLE ACCESS FULL| T1   |  7503 |  139K|    29   (0)| 00:00:01 |
--------------------------------------------------------------------------
```

6.1 Oracle Features für Explain-/Ausführungsplan

Die jeweilige SQL-Anweisung hätte aber effektiver ausgeführt werden können. Wenn wir den bestehenden Cursor aus der SQL-Area entfernen, wird ein besserer Ausführungsplan gewählt (dank dem User Bind Peeking, s. im Abschn. 10).

```
SQL> alter system flush shared_pool;

System wurde geändert.

SQL>
SQL> select * from t1 where a=:b1;

         A          B          C          D          E
---------- ---------- ---------- ---------- ----------
         0          0          1          1          1
         0          0          2          2          2
         0          0          3          3          3
         0          0          4          4          4
         0          0          5          5          5
         0          0          6          6          6
         0          0          7          7          7
         0          0          8          8          8
         0          0          9          9          9
         0          0         10         10         10

10 Zeilen ausgewählt.

SQL>
SQL> select plan_table_output from table (sys.dbms_xplan.display_cursor('','','ADVANCED
LAST'));

PLAN_TABLE_OUTPUT
--------------------------------------------------------------------------------
SQL_ID  2wbyny3krfp88, child number 0
-----------------------------------
select * from t1 where a=:b1

Plan hash value: 4068921349

--------------------------------------------------------------------------------
----
| Id  | Operation                    | Name  | Rows  | Bytes | Cost (%CPU)| Time
     |
--------------------------------------------------------------------------------
----
|   0 | SELECT STATEMENT             |       |       |       |     2 (100)|
     |
|   1 |  TABLE ACCESS BY INDEX ROWID | T1    |     5 |    95 |     2   (0)| 00:00:
01   |
|*  2 |   INDEX RANGE SCAN           | I_T1  |     5 |       |     1   (0)| 00:00:
01   |
--------------------------------------------------------------------------------
----
```

P.: „Dieses Feature ist nicht so harmlos, wie ich dachte."

L.: „Wie ich am Anfang dieses Abschnitts gewarnt habe, muss man bei der Benutzung dieses Features etwas aufpassen. Ich wende Autotrace ziemlich selten an. Normalerweise benutze ich stattdessen das Kommando Explain Plan."

6.1.3 Ermittlung des Ausführungsplans in der SQL-Area, im Statspack-Repositoty und im AWR

Ausführungspläne der Cursor aus der SQL-Area sind in der View V$SQL_PLAN zu finden. Man kann einen Ausführungsplan entweder mit einem Select aus dieser View ermitteln oder die Funktion DBMS_XPLAN.DISPLAY_CURSOR dafür benutzen.

```
FUNCTION DISPLAY_CURSOR RETURNS DBMS_XPLAN_TYPE_TABLE
 Argument Name                  Type                    In/Out Default?
 ------------------------------ ----------------------- ------ --------
 SQL_ID                         VARCHAR2                IN     DEFAULT
 CURSOR_CHILD_NO                NUMBER(38)              IN     DEFAULT
 FORMAT                         VARCHAR2                IN     DEFAULT
```

Wie bei der Funktion DBMS_XPLAN.DISPLAY (s. im Abschn. 6.1.1) ist es zu empfehlen, die Werte 'ALL' und 'ADVANCED' für das Argument FORMAT dieser Funktion zu benutzen. Die zwei weiteren Werte, welche bei der Ermittlung eines Ausführungsplans mit den Laufzeitstatistiken nützlich sind, beschreibe ich unten.

Die Laufzeitstatistiken eines Ausführungsplans befinden sich in der View V$SQL_PLAN_STATISTICS. Stillschweigend werden diese Laufzeitstatistiken nicht erzeugt, weil es ziemlich kostspielig ist. Man kann sie aber für einzelne Ausführungen der SQL-Anweisungen generieren lassen (normalerweise beim SQL-Tuning). Das macht man entweder mit der Parametereinstellung STATISTICS_LEVEL=ALL für eine Session

```
alter session set statistics_level=all;
```

oder mit dem Optimizer-Hint GATHER_PLAN_STATISTICS für eine SQL-Anweisung.

```
select /*+ gather_plan_statistics */ * from dual;
```

Diese beiden Methoden werden nur bei der Parametereinstellung _ROWSOURCE_EXECUTION_STATISTICS = TRUE funktionieren (der Wert TRUE ist der Vorgabewert dieses Parameters). Theoretisch könnte man die Laufzeitstatistiken der Ausführungspläne mit dem Kommando „ALTER SYSTEM" systemweit erlauben. Für ein produktives System rate ich das aber strengstens ab, weil man damit ernsthafte Performanz-Probleme verursachen kann.

Der Aufbau der View V$SQL_PLAN_STATISTICS sieht bei Oracle 11.2 folgendermaßen aus.

6.1 Oracle Features für Explain-/Ausführungsplan

```
SQL> desc V$SQL_PLAN_STATISTICS
 Name                                      Null?    Type
 ----------------------------------------- -------- ----------------------------
 ADDRESS                                            RAW(4)
 HASH_VALUE                                         NUMBER
 SQL_ID                                             VARCHAR2(13)
 PLAN_HASH_VALUE                                    NUMBER
 CHILD_ADDRESS                                      RAW(4)
 CHILD_NUMBER                                       NUMBER
 OPERATION_ID                                       NUMBER
 EXECUTIONS                                         NUMBER
 LAST_STARTS                                        NUMBER
 STARTS                                             NUMBER
 LAST_OUTPUT_ROWS                                   NUMBER
 OUTPUT_ROWS                                        NUMBER
 LAST_CR_BUFFER_GETS                                NUMBER
 CR_BUFFER_GETS                                     NUMBER
 LAST_CU_BUFFER_GETS                                NUMBER
 CU_BUFFER_GETS                                     NUMBER
 LAST_DISK_READS                                    NUMBER
 DISK_READS                                         NUMBER
 LAST_DISK_WRITES                                   NUMBER
 DISK_WRITES                                        NUMBER
 LAST_ELAPSED_TIME                                  NUMBER
 ELAPSED_TIME                                       NUMBER
```

Die Namen der meisten Spalten dieser View sind sprechend. Ich erkläre lediglich die Bedeutung von 2 Namensteilen: CR und CU. CR bedeutet das konsistente Lesen (consistent reads), das Oracle bei lesenden Operationen verwendet. CU bedeutet das Lesen im aktuellen (current) Modus, das Oracle bei den verändernden Operationen (z. B. bei DELETE, UPDATE, INSERT) verwendet.

Dem obigen Aufbau kann man entnehmen, dass die Laufzeitstatistiken für die letzte Ausführung separat abgespeichert werden.

Man kann die Laufzeitstatistiken eines Ausführungsplans entweder manuell mit einem Select ermitteln (damit muss man einen Join der Views V$SQL_PLAN und V$SQL_PLAN_STATISTICS programmieren und die Laufzeitstatistiken den jeweiligen Ausführungsplanschritten zugeordnen) oder die Funktion DBMS_STATS.DISPLAY_CURSOR mit dem Argument FORMAT= >'ALLSTATS' dafür benutzen.

```
select plan_table_output from table
(sys.dbms_xplan.display_cursor('<sql_id>','<child_number>','ALLSTATS'));
```

Die Laufzeitstatistiken für die letzte Ausführung ermittelt man folgendermaßen:

```
select plan_table_output from table
(sys.dbms_xplan.display_cursor('<sql_id>','<child_number>','ALLSTATS LAST'));
```

Wenn man die Argumente SQL_ID und CHILD_NUMBER auslässt, wird der Ausführungsplan mit Laufzeitstatistiken für den zuletzt ausgeführten Cursor ermittelt.

Für Ausführungspläne im AWR ist die View DBA_HIST_SQL_PLAN vorgesehen. Man kann einen Ausführungsplan aus dieser View entweder mit einem Select oder mit der Funktion DBMS_XPLAN.DISPLAY_AWR ermitteln.

```
FUNCTION DISPLAY_AWR RETURNS DBMS_XPLAN_TYPE_TABLE
Argument Name                  Type                    In/Out Default?
------------------------------ ----------------------- ------ --------
SQL_ID                         VARCHAR2                IN
PLAN_HASH_VALUE                NUMBER(38)              IN     DEFAULT
DB_ID                          NUMBER(38)              IN     DEFAULT
FORMAT                         VARCHAR2                IN     DEFAULT
```

Im Statspack-Repository befinden sich Ausführungspläne in der Tabelle STATS$SQL_PLAN. Es gibt bei Oracle keine Funktion für die Ermittlung eines Ausführungsplans im Statspack-Repository. Man kann dafür aber das Standard-Skript ?/rdbms/admin/sprepsql.sql benutzen (das Zeichen „?" bezeichnet hier das Verzeichnis von Oracle-Home).

Für die Ermittlung der Ausführungspläne im Statspack-Repository und im AWR kann ich die folgenden Skripte anbieten:

- für das Statspack-Repository: sp_sqltus102.sql (für Oracle 10.2 und 11),
- für den AWR: awr_sqltus102.sql (für Oracle 10.2) und awr_sqltus112.sql (für Oracle 11.2).

Diese Skripte sind im Abschn. 17 beschrieben. Mit diesen Skripten ist es möglich, die Historie einer SQL-Anweisung und deren Ausführungspläne nachzuweisen. Dabei werden die Laufzeitstatistiken des jeweiligen Cursors berichtet. Mit diesen Informationen kann man leicht die Qualität der einzelnen Ausführungspläne bewerten und die Veränderungen dieser Pläne verfolgen.

Die folgenden Skripte stelle ich für die Ermittlung der Ausführungspläne einer SQL-Anweisung in der SQL-Area zur Verfügung:

- one_exec_plan_sqlarea11201.sql (für Oracle Release 11.2.0.1),
- one_exec_plan_sqlarea11202.sql (ab Oracle Release 11.2.0.2)

Diese Skripte haben die folgenden Eingabeparameter:

hash_value – der Hashwert des jeweiligen Cursors. Alternativ kann man den Cursor über 2 weitere Parameter eingeben,

sql_id – die SQL Id des Cursors,

signature – eine Signatur (exact oder force) des Cursors,

child_nr – eine Nummer des Cursors in der Cursor-Liste. Wenn man keine Nummer eingibt, werden Ausführungspläne und die weiteren Informationen für die ganze Cursor-Liste ausgegeben,

with_extract_from_other_xml – der Eingabewert „Y" (das ist der Vorgabewert) bewirkt die Ausgabe einiger Informationen aus der Spalte OTHER_XML, die im Abschn. 6.1.4 beschrieben ist. Der Parameterwert „N" unterdrückt diese Ausgabe,

without_pred_info – stillschweigend (oder beim Eingabewert „Y") werden keine Informationen für Prädikate ausgegeben (dies ist eine Maßnahme gegen einige Bugs von Oracle). Mit dem Parameterwert „N" kann man diese Ausgabe anfordern, truncate_other_to – die Spalte OTHER der View V$SQL ist vom Typ CLOB (s. oben in der View-Beschreibung) und beinhaltet Informationen über die Remote-Operationen (falls sie im jeweiligen Cursor vorhanden sind). Falls es notwendig ist, kann man die Länge dieser Ausgabe mit dem jeweiligen Parameterwert begrenzen.

6.1.4 Spalte OTHER_XML

Die Spalte OTHER_XML wird in diesem Buch mehrmals erwähnt. Angesichts ihrer Wichtigkeit dieser Spalte möchte ich diesen Abschnitt allein ihr widmen, um die Informationen zu der Spalte OTHER_XML, die über mehrere Abschnitte verstreut sind, hier kurz zusammenzufassen. Diese Spalte kommt seit Oracle 10.2 in den Tabellen und Views für Ausführungsplan bzw. für Explain-Plan vor (z. B. in der View V$SQL und in der Tabelle PLAN_TABLE).

Peter: „Was ist so wichtig an dieser Spalte?"

Leonid: „Diese Spalte enthält viele nützliche Informationen, welche man für Performance Tuning gebrauchen kann."

P.: „Welche Informationen meinst Du?"

L.: „Zum Beispiel die Information über die Anwendung der Stored Outlines (s. in Abschn. 14.1.3) oder des Cardinality Feedback (s. in Abschn. 15.2). Sehr wichtig sind die Outlines (s. in Abschn. 13.1), die dort auch gespeichert sind. Auf den Outlines basiert die OSP-Methode, welche im Abschn. 18.1 beschrieben ist."

P.: „Diese Informationen scheinen aber sehr unterschiedlich zu sein. Wie werden sie denn in einer Spalte abgespeichert?"

L.: „Die Spalte OTHER_XML ist vom Typ CLOB und enthält Informationen im XML-Format."

P.: „Man kann also mit einem einfachen Select an diese Informationen nicht herankommen."

L.: „Richtig. Dafür braucht man spezielle XML-Abfragen. Die Funktionen DISPLAY, DISPLAY_CURSOR und DISPLAY_AWR aus dem Package DBMS_XPLAN ermitteln die Informationen aus der Spalte OTHER_XML und erübrigen in den meisten Fällen solche Abfragen. In den meisten Fällen ist der Vorgabewert des Arguments FORMAT dafür ausreichend. Die Ermittlung einiger Informationen (z. B. Outlines oder Peeking Bind-Werte) erfolgt mit dem Argument FORMAT= >'ADVANCED' dieser Funktionen."

P.: „Es ist also nicht ausgeschlossen, dass man die Informationen aus der Spalte OTHER_XML in einigen Situationen manuell ermitteln muss."

L.: „Ja. Ich stelle aber dafür jeweils Skripte zur Verfügung"

P.: „Sehr gut. Was muss man noch über diese Spalte wissen?"

L.: „Die Spalte OTHER_XML fehlt in der Tabelle STATS$SQL_PLAN aus dem Statspack. Man kann aber die Daten aus dem Statspack-Repository entsprechend vervollständigen (s. im Abschn. 18.3)."

6.1.5 Event 10046

Leonid: *„In welchen Situationen setzt Du das Event 10046 ein, Peter?"*

Peter: *„Normallerweise aktiviere ich dieses Event für einen Prozess, der nicht performant läuft."*

L.: *„Könntest Du noch ein Beispiel nennen?"*

P.: *„Im Moment fällt mir kein anderes ein."*

L.: *„Wenn ich beim Tuning gravierende Unterschiede zwischen den Statistiken eines Ausführungsplans und den jeweiligen Cursor-Statistiken sehe, ist es für mich ein Zeichen für SQL-Tracing."*

P.: *„Aus welchem Grund?"*

L.: *„Weil die Ursache an den rekursiven Cursorn liegen kann, welche in einem SQL-Tracing zu ermitteln sind. Unten folgt eine Ausgabe des Skripts one_exec_plan_sqlarea11202.sql:"*

6.1 Oracle Features für Explain-/Ausführungsplan

```
------- XXXX, Version 11.2.0.2.0 : 25.04.2012 10:17:41 ---------
---- DISK_READS=0, DISK_READS_PER_EX=0, BUFFER_GETS=1404, BUFFER_GETS_PER_EX=1404
---- DIRECT_WRITES=0, DIRECT_WRITES_PER_EX=0
---- PARSE_CALLS=1, EXECUTIONS=1, ROWS_PROCESSED=31
---- IS_SHAREABLE=Y, IS_BIND_SENSITIVE=Y, IS_BIND_AWARE=N
---- CPU/Elapsed Time (sec.) total=0.5500/0.5647, per ex.=0.5500/0.5647
---- PL/SQL Exec Time (sec.) total=0.0000, per ex.=0.0000
---- JAVA Exec Time (sec.) total=0.0000, per ex.=0.0000
---- Application Wait Time (sec.) total=0.0000, per ex.=0.0000
---- Concurrency Wait Time (sec.) total=0.0000, per ex.=0.0000
---- Cluster Wait Time (sec.) total=0.0000, per ex.=0.0000
---- User IO Wait Time (sec.) total=0.0000, per ex.=0.0000
---- Exact Signature = 17618769052838055190, Force Signature = 17618769052838055190
---- Service : SYS$USERS
---- Module : sqlplus.exe
---- USER="XXX", SCHEMA="XXX", OPTIMIZER_MODE=ALL_ROWS, OPTIMIZER_ENV_HASH_VALUE=2513147700,
USERS_OPEN=0, USERS_EXEC=0
---- SQL_ID=>92wn8cjrk91na<, ADDRESS=>0000000412950830<, HASH_VALUE=>1864664714<,
OLD_HASH_VALUE=>1431980524<, CHILD_NUMBER=>0<
SELECT
ABRUF.AbrufId, ABRUF.Typ, ABRUF.AbrufNr, ABRUF.ZeilNr, ABRUF.ArtId_ArtNr, ABRUF.ArtId_MandId,
ABRUF.ArtId_Pt, ABRUF.BeD, ABRUF.LiDat, ABRUF.MData, ABRUF.PanLi, ABRUF.PanDri,
ABRUF.PanDriAdr, ABRUF.Prod,
...
---- Execution Plan (Plan Hash Value : 1480903551) :
    0      SELECT STATEMENT Optimizer=ALL_ROWS (Cost=117)
    1    0    SORT (ORDER BY) (Bind Peeking used) (Cost=117 Card=29 Bytes=32364
CPU_Cost=8969049 IO_Cost=114 Time=1) (Runtime Stats - starts:1, ela:0.01, dr:0, dwr:0, bg:268,
rows:31) (WA Stats - Policy:AUTO, Last Mem(K):44, Opt Mem(K):49, 1 Pass Mem(K):4
9, Opt/1/Mult:1/0/0)
    2    1      NESTED LOOPS (Runtime Stats - starts:1, ela:0.01, dr:0, dwr:0, bg:268,
rows:31)
    3    2        NESTED LOOPS (Cost=116 Card=29 Bytes=32364 CPU_Cost=5661845 IO_Cost=114
Time=1) (Runtime Stats - starts:1, ela:0.01, dr:0, dwr:0, bg:237, rows:31)
    4    3          NESTED LOOPS (Cost=87 Card=29 Bytes=10759 CPU_Cost=5321344 IO_Cost=85
Time=1) (Runtime Stats - starts:1, ela:0.01, dr:0, dwr:0, bg:190, rows:31)
    5    4            NESTED LOOPS (Cost=58 Card=29 Bytes=9338 CPU_Cost=5077702 IO_Cost=56
Time=1) (Runtime Stats - starts:1, ela:0.01, dr:0, dwr:0, bg:98, rows:31)
    6    5              VIEW OF VW_NSO_1 (Cost=11 Card=2 Bytes=22 CPU_Cost=130049 IO_Cost=11
Time=1) (Runtime Stats - starts:1, ela:0.00, dr:0, dwr:0, bg:10, rows:1)
    7    6                HASH (UNIQUE) (Runtime Stats - starts:1, ela:0.00, dr:0, dwr:0,
bg:10, rows:1) (WA Stats - Policy:AUTO, Last Mem(K):485, Opt Mem(K):1181, 1 Pass Mem(K):1181,
Opt/1/Mult:1/0/0)
    8    7                  NESTED LOOPS (Runtime Stats - starts:1, ela:0.00, dr:0, dwr:0,
bg:10, rows:31)
    9    8                    NESTED LOOPS (Cost=11 Card=2 Bytes=118 CPU_Cost=130049
IO_Cost=11 Time=1) (Runtime Stats - starts:1, ela:0.00, dr:0, dwr:0, bg:5, rows:31)
   10    9                      INDEX (RANGE SCAN) OF IDX_ABRSSCC_SSCC (Cost=3 Card=2 Bytes=60
CPU_Cost=21764 IO_Cost=3 Time=1) (Runtime Stats - starts:1, ela:0.00, dr:0, dwr:0, bg:3,
rows:1)
   11    9                      INDEX (RANGE SCAN) OF IDX_ABRUF_ABRUFNR (Cost=1 Card=22
CPU_Cost=11521 IO_Cost=1 Time=1) (Runtime Stats - starts:1, ela:0.00, dr:0, dwr:0, bg:2,
rows:31)
   12    8                    TABLE ACCESS (BY INDEX ROWID) OF ABRUF (Cost=4 Card=1 Bytes=29
CPU_Cost=54142 IO_Cost=4 Time=1) (Runtime Stats - starts:31, ela:0.00, dr:0, dwr:0, bg:5,
rows:31)
   13    5              INLIST ITERATOR (Runtime Stats - starts:1, ela:0.00, dr:0, dwr:0,
bg:88, rows:31)
   14    6                TABLE ACCESS (BY INDEX ROWID) OF ABRUF (Cost=23 Card=14 Bytes=4354
CPU_Cost=823353 IO_Cost=23 Time=1) (Runtime Stats - starts:2, ela:0.00, dr:0, dwr:0, bg:88,
rows:31)
   15    7                  INDEX (RANGE SCAN) OF IDX_ABRUF_STATUS_LIDAT_ALL (Cost=22 Card=3
CPU_Cost=810672 IO_Cost=22 Time=1) (Runtime Stats - starts:2, ela:0.00, dr:0, dwr:0, bg:79,
rows:31)
```

Laut der Cursor-Statistiken wurden 1404 Buffer Gets durchgeführt, laut der Laufzeitstatistiken des Ausführungsplans aber lediglich 268. Das war der Grund für Aktivierung des Event 10046. In der jeweiligen Trace-Datei habe ich 560 Ausführungen des Cursors „select condition from cdef$ where rowid=:1" entdeckt. Der Optimizer ergänzt stillschweigend Where-Bedingungen mit den jeweiligen Check-Constraints. Dadurch kommen diese Abfragen von CDEF$ zustande. Die große Anzahl der Check-Constraints in den beteiligten Tabellen erklärt die große Anzahl dieser Abfragen. Mit dem Event 10195 kann man dieses Feature abschalten. Als ich das mit dem folgenden Kommando machte

```
alter session set events '10195 trace name context forever, level 1';
```

und die jeweilige SQL-Anweisung erneut ausgeführte, erzielte ich eine deutliche Verbesserung. Diesmal stimmten sie beiden Statistiken überein.

6.1 Oracle Features für Explain-/Ausführungsplan

```
------- XXXX, Version 11.2.0.2.0 : 25.04.2012 11:37:33 ---------
---- DISK_READS=0, DISK_READS_PER_EX=0, BUFFER_GETS=263, BUFFER_GETS_PER_EX=263
---- DIRECT_WRITES=0, DIRECT_WRITES_PER_EX=0
---- PARSE_CALLS=1, EXECUTIONS=1, ROWS_PROCESSED=31
---- IS_SHAREABLE=Y, IS_BIND_SENSITIVE=Y, IS_BIND_AWARE=N
---- CPU/Elapsed Time (sec.) total=0.0600/0.0642, per ex.=0.0600/0.0642
---- PL/SQL Exec Time (sec.) total=0.0000, per ex.=0.0000
---- JAVA Exec Time (sec.) total=0.0000, per ex.=0.0000
---- Application Wait Time (sec.) total=0.0000, per ex.=0.0000
---- Concurrency Wait Time (sec.) total=0.0000, per ex.=0.0000
---- Cluster Wait Time (sec.) total=0.0000, per ex.=0.0000
---- User IO Wait Time (sec.) total=0.0000, per ex.=0.0000
---- Exact Signature = 567822290003159453, Force Signature = 567822290003159453
---- Service : SYS$USERS
---- Module : sqlplus.exe
---- USER="XXX", SCHEMA="XXXX", OPTIMIZER_MODE=ALL_ROWS, OPTIMIZER_ENV_HASH_VALUE=2329734407,
USERS_OPEN=0, USERS_EXEC=0
---- SQL_ID=>1sayr8p8sjpt8<, ADDRESS=>00000003E47DE868<, HASH_VALUE=>1367922472<,
OLD_HASH_VALUE=>191730696<, CHILD_NUMBER=>4<
SELECT /*     1000     */
ABRUF.AbrufId, ABRUF.Typ, ABRUF.AbrufNr, ABRUF.ZeilNr, ABRUF.ArtId_ArtNr, ABRUF.ArtId_MandId,
...
---- Execution Plan (Plan Hash Value : 1480903551) :
      0         SELECT STATEMENT Optimizer=HINT: ALL_ROWS (Cost=25)

      1    0    SORT (ORDER BY) (Bind Peeking used) (Cost=25 Card=29 Bytes=32364
CPU_Cost=7080330 IO_Cost=23 Time=1) (Runtime Stats - starts:1, ela:0.01, dr:0, dwr:0, bg:263,
rows:31) (WA Stats - Policy:AUTO, Last Mem(K):46, Opt Mem(K):51, 1 Pass Mem(K):51,
Opt/1/Mult:1/0/0)
      2    1      NESTED LOOPS (Runtime Stats - starts:1, ela:0.01, dr:0, dwr:0, bg:263,
rows:31)
      3    2        NESTED LOOPS (Cost=24 Card=29 Bytes=32364 CPU_Cost=3773126 IO_Cost=23
Time=1) (Runtime Stats - starts:1, ela:0.01, dr:0, dwr:0, bg:232, rows:31)
      4    3          NESTED LOOPS (Cost=19 Card=29 Bytes=10759 CPU_Cost=3705026 IO_Cost=17
Time=1) (Runtime Stats - starts:1, ela:0.01, dr:0, dwr:0, bg:188, rows:31)
      5    4            NESTED LOOPS (Cost=13 Card=29 Bytes=9338 CPU_Cost=3656298 IO_Cost=12
Time=1) (Runtime Stats - starts:1, ela:0.01, dr:0, dwr:0, bg:96, rows:31)
      6    5              VIEW OF VW_NSO_1 (Cost=3 Card=2 Bytes=22 CPU_Cost=26010 IO_Cost=3
Time=1) (Runtime Stats - starts:1, ela:0.00, dr:0, dwr:0, bg:10, rows:1)
      7    6                HASH (UNIQUE) (Runtime Stats - starts:1, ela:0.00, dr:0, dwr:0,
bg:10, rows:1) (WA Stats - Policy:AUTO, Last Mem(K):518, Opt Mem(K):1181, 1 Pass Mem(K):1181,
Opt/1/Mult:1/0/0)
      8    7                  NESTED LOOPS (Runtime Stats - starts:1, ela:0.00, dr:0, dwr:0,
bg:10, rows:31)
      9    8                    NESTED LOOPS (Cost=3 Card=2 Bytes=118 CPU_Cost=26010 IO_Cost=3
Time=1) (Runtime Stats - starts:1, ela:0.00, dr:0, dwr:0, bg:5, rows:31)
     10    9                      INDEX (RANGE SCAN) OF IDX_ABRSSCC_SSCC (Cost=1 Card=2 Bytes=60
CPU_Cost=4353 IO_Cost=1 Time=1) (Runtime Stats - starts:1, ela:0.00, dr:0, dwr:0, bg:3,
rows:1)
     11    9                      INDEX (RANGE SCAN) OF IDX_ABRUF_ABRUFNR (Cost=1 Card=22
CPU_Cost=2304 IO_Cost=1 Time=1) (Runtime Stats - starts:1, ela:0.00, dr:0, dwr:0, bg:2,
rows:31)
     12    8                    TABLE ACCESS (BY INDEX ROWID) OF ABRUF (Cost=1 Card=1 Bytes=29
CPU_Cost=10828 IO_Cost=1 Time=1) (Runtime Stats - starts:31, ela:0.00, dr:0, dwr:0, bg:5,
rows:31)
     13    5              INLIST ITERATOR (Runtime Stats - starts:1, ela:0.00, dr:0, dwr:0,
bg:86, rows:31)
     14    6                TABLE ACCESS (BY INDEX ROWID) OF ABRUF (Cost=5 Card=14 Bytes=4354
CPU_Cost=164671 IO_Cost=5 Time=1) (Runtime Stats - starts:2, ela:0.00, dr:0, dwr:0, bg:86,
rows:31)
     15    7                  INDEX (RANGE SCAN) OF IDX_ABRUF_STATUS_LIDAT_ALL (Cost=4 Card=3
CPU_Cost=162134 IO_Cost=4 Time=1) (Runtime Stats - starts:2, ela:0.00, dr:0, dwr:0, bg:80,
rows:31)
     16    4            TABLE ACCESS (BY INDEX ROWID) OF ARTB (Cost=1 Card=1 Bytes=49
CPU_Cost=1680 IO_Cost=1 Time=1) (Runtime Stats - starts:31, ela:0.00, dr:0, dwr:0, bg:92,
rows:31)
     17    5              INDEX (UNIQUE SCAN) OF PK_ARTB (Cost=1 Card=1 CPU_Cost=210 IO_Cost=1
Time=1) (Runtime Stats - starts:31, ela:0.00, dr:0, dwr:0, bg:61, rows:31)
     18    3          INDEX (UNIQUE SCAN) OF PK_POSTEN (Cost=1 Card=1 CPU_Cost=210 IO_Cost=1
Time=1) (Runtime Stats - starts:31, ela:0.00, dr:0, dwr:0, bg:44, rows:31)
     19    2        TABLE ACCESS (BY INDEX ROWID) OF POSTEN (Cost=1 Card=1 Bytes=745
CPU_Cost=2348 IO_Cost=1 Time=1) (Runtime Stats - starts:31, ela:0.00, dr:0, dwr:0, bg:31,
rows:31)
```

P.: „Dieses Problem scheint mir nicht sehr ernsthaft zu sein. Die SQL-Anweisung war ohnehin ziemlich performant. Außerdem ist es ein reines Parsing-Problem. Bei der zweiten Ausführung hätte dieses Problem nicht auftreten können."

L.: „Es hängt von der Situation ab. Wenn die SQL-Anweisung häufig mit verschiedenen Literalen ausgeführt wird, kann es die Performanz merkbar beeinträchtigen (vorausgesetzt, dass die SQL-Anweisung relativ schnell ist, so dass der Parsing-Anteil in der Laufzeit gravierend ist). Im obigen Fall ist die Performanz ca. 9 mal besser geworden."

Das Event 10046 hat die folgenden 4 Levels, welche die Ausgabe der Bind-Werte und der Warteereignisse in der Trace-Datei verursachen:

1. 1– ohne Bind-Werte, ohne Warteereignisse (das ist der Vorgabewert),
2. 4– mit Bind-Werten, ohne Warteereignisse,
3. 8– ohne Bind-Werte, mit Warteereignissen,
4. 12– mit Bind-Werten, mit Warteereignissen

Bevor man das Event 10046 aktiviert, muss man prüfen, ob der Parameterwert MAX_DUMP_FILE_SIZE groß genug ist (ansonsten wird die jeweilige Trace-Datei unvollständig generiert). Wenn es nicht der Fall ist, kann man diese Parametereinstellung erhöhen. Beispielweise mit dem Aufruf der Prozedur DBMS_SYSTEM.SET_INT_PARAM_IN_SESSION.

```
exec
sys.dbms_system.set_int_param_in_session('<sid>','<serial#>','max_dump_file_size',<length>)
```

Mit dem Debugging-Tool ORADEBUG kann man die Länge der Trace-Datei folgendermaßen unbegrenzt einstellen.

```
SQL> oradebug setmypid
Statement processed.
SQL> oradebug unlimit
Statement processed.
```

Es gibt mehrere Möglichkeiten, das Event 10046 in einer Session zu aktivieren. Ich beschreibe in diesem Abschnitt nur einige davon.

6.1.5.1 Aktivieren und Deaktivieren des Event 10046 in eigener Session

Für die eigene Session kann man das Event 10046 mit dem Level 1 folgendermaßen aktivieren und deaktivieren.

Aktivieren:

```
alter session set sql_trace = true;
```

Deaktivieren:

```
alter session set sql_trace = false;
```

Für den Level ≥ 1 aktiviert man das Event 10046 beispielsweise so:
   Aktivieren:

```
alter session set events='10046 trace name context forever, level <level>';
```

Deaktivieren:

```
alter session set events='10046 trace name context off';
```

Dies kann man auch mit ORADEBUG tun.
   Aktivieren:

```
SQL> oradebug setmypid
Statement processed.
SQL> oradebug event 10046 trace name context forever, level <level>
Statement processed.
```

Deaktivieren:

```
SQL> oradebug event 10046 trace name context off
```

Ab 11.2 ist es nicht mehr notwendig, die Levels und deren Bedeutung im Kopf zu behalten. Dort kann man das Event 10046 auch so aktivieren.

```
alter session set events 'sql_trace wait={true|false}, bind={true|false}';
```

Und folgendermaßen deaktivieren:

```
alter session set events 'sql_trace off';
```

6.1.5.2 Aktivieren und Deaktivieren des Event 10046 in einer anderen Session

In einer anderen Session ist das Event 10046 folgendermaßen zu behandeln.
   Aktivieren:

```
exec dbms_system.set_ev(<sid>,<serial#>,10046,<level>,'')
```

Deaktivieren:

```
exec dbms_system.set_ev(<sid>,<serial#>,10046,0,'')
```

Man kann das Event 10046 mit dem ORADEBUG für eine andere Session wie im vorigen Abschnitt behandeln, wenn man im ORADEBUG nicht die eigene, sondern eine andere PID setzt. Zum Beispiel so:

```
SQL> oradebug setospid <ospid>
```

Oder so:

```
SQL> oradebug setorapid <orapid>
```

Für das SQL-Tracing kann man auch das Package DBMS_MONITOR benutzen. Aktivieren:

```
exec dbms_monitor.session_trace_enable(session_id=><sid>, serial_num=><serial#>,
waits=>{true|false}, binds=>{true|false}, plan_stat=>{'NEVER'|'FIRST EXECUTION'|'ALL
EXECUTIONS'})
```

In diesem Aufruf kann man einige Argumente auslassen:

- SESSION_ID – wenn man dieses Argument auslässt, wird das SQL-Tracing in der eigenen Session aktiviert,
- SERIAL_NUM – ohne dieses Argument findet Oracle selber die jeweilige SERIAL_NUM anhand der SESSION_ID,
- PLAN_STAT – der Vorgabewert ist 'FIRST EXECUTION' bei dem die Laufzeitstatistiken für die Ausführungspläne lediglich für die erste Ausführung erstellt werden, was die Größe der Trace-Datei reduziert.

Deaktivieren:

```
exec dbms_monitor.session_trace_disable(session_id=><sid>, serial_num=><serial#>)
```

6.1.6 Wie findet man die jeweilige Trace-Datei?

Seit Oracle 11 befinden sich alle Trace-Dateien in einem Verzeichnis, das durch die Parametereinstellung USER_DUMP_DEST oder BACKGROUND_BACK_DEST festgelegt ist. Mit dem Parameter TRACEFILE_IDENTIFIER ist es möglich, den Namen der jeweiligen Trace-Datei zu kennzeichnen, damit sie leichter zu finden ist.

6.1 Oracle Features für Explain-/Ausführungsplan

```
SQL> alter session set tracefile_identifier=TEST;

Session altered.

SQL> alter session set sql_trace=true;

Session altered.

SQL> select 1 from dual;

         1
----------
         1
```

In dem obigen Beispiel wurde die Datei db11_ora_1564_TEST.trc generiert. Mit dem ORADEBUG kann man den vollständigen Namen der Trace-Datei ermitteln.

```
SQL> oradebug setmypid
Statement processed.
SQL> oradebug tracefile_name
D:\ORACLE\diag\rdbms\db11\db11\trace\db11_ora_2732.trc
```

Bei Oracle 10 g wird dieser Name aber erst nach dem Aktivieren und Erzeugen der jeweiligen Trace-Datei angezeigt.

Man könnte den Trace-Namen auch manuell errechnen, etwa so, wie im Hilfeskript get_trace_name.sql. Dieses Skript wird in mehreren Test-Cases benutzt und befindet sich im Verzeichnis „auxiliary".

6.1.7 Utility TKPROF

Die Untility tkprof wandelt die jeweilige Trace-Datei in eine wesentlich bessere für die Analyse Form um. Die Laufzeitstatistiken zu jedem Cursor werden dabei kumuliert. Diese Utility kann die Cursor sortiert ausgeben. In den meisten Problem-Fällen reicht die folgende Sortierung aus: prsela exeela fchela, welche die Cursor nach der Laufzeit sortiert. Ein Aufruf von tkprof kann für diese Sortierung folgendermaßen aussehen:

```
tkprof "D:\Oracle\diag\rdbms\db11\db11\trace\db11_ora_2260.trc" trace.out sort="prsela exeela fchela"
```

Bei dieser Einstellung stehen die problematischen Cursor mit der größten Laufzeit vorn in der Ausgabe von tkprof. Da die Utility tkprof sehr ausführlich in der Dokumentation von Oracle und in den zehlreichen Büchern beschrieben ist, bringe ich hier keine weiteren Einzelheiten.

6.1.7.1 Weitere Möglichkeiten zum Aktivieren des SQL-Tracing

Mit dem Package DBMS_MONITOR, welches ab Oracle 10g zur Verfügung steht, ist es möglich, das SQL-Tracing auch für

- einen Klienten,
- einen Service,
- ein Modul,
- eine Aktion,
- eine Instanz

zu aktivieren. In jedem dieser Fälle können mehrere Trace-Dateien erzeugt werden (wie übrigens, wenn man das Event 10046 bei MTS (multi threaded server) aktiviert). Die relevanten Informationen aus diesen Dateien kann man in einer Datei mit der Utility trcsess konsolidieren. Die konsolidierte Datei kann danach die Utility tkprof bearbeiten.

Oracle verbessert ständig das SQL-Tracing. Ab 11.2 werden beispielsweise Informationen zu den LOB-Operationen in die Trace-Datei geschrieben. Einmal hat es mir sehr gut geholfen.

6.1.7.2 Ein Problem mit LOB und Oracle Net

Ein Kunde beschwert sich über das folgende Problem: Eine PL/SQL-Funktion in einer Session von SQL*Plus mit einer lokalen Connection lief schnell durch, mit einer Remote-Connection dauerte es aber wesentlich länger. Dieser Kunde wollte unbedingt die Ursache finden und möglichst die Remote-Connection beschleunigen. Die Ausgabe von tkprof half mir nicht viel, weil ich dort nichts Gravierendes außer Wartezeiten auf „SQL*Net message from client" fand.

Aus diesem Grund forderte ich die jeweilige Trace-Datei an. In dieser Datei endeckte ich sehr viele LOB-Operationen, bei welchen auf „SQL*Net message from client" gewartet wurde. Das hier ist ein typischer Ausschnitt dieser Trace-Datei mit den LOB-Operationen und mit den Wartezeiten.

```
*** 2012-05-23 15:08:19.544
WAIT #46914871667960: nam='SQL*Net message from client' ela= 193672 driver id=1413697536
#bytes=1 p3=0 obj#=-1 tim=1337778499544890
WAIT #0: nam='SQL*Net message to client' ela= 2 driver id=1413697536 #bytes=1 p3=0 obj#=-1
tim=1337778499545007
LOBREAD: c=0,e=56,p=0,cr=1,cu=0,tim=1337778499545032
WAIT #0: nam='SQL*Net message from client' ela= 193981 driver id=1413697536 #bytes=1 p3=0
obj#=-1 tim=1337778499739039
LOBTMPFRE: c=0,e=10,p=0,cr=0,cu=0,tim=1337778499739145
WAIT #0: nam='SQL*Net message to client' ela= 2 driver id=1413697536 #bytes=1 p3=0 obj#=-1
tim=1337778499739183
WAIT #0: nam='SQL*Net message from client' ela= 196928 driver id=1413697536 #bytes=1 p3=0
obj#=-1 tim=1337778499936139
```

Die Suche im MOS ergab, dass es ein bekanntes Problem beim Transportieren der CLOB-Daten über das Netzwerk ist, für die es im Moment noch keine Lösung gibt. Der Vorschlag, den Typ VARCHAR2(4000) statt CLOB zu benutzen, wurde vom Kunden abgelehnt.

Fazit
- jedes Problem lässt sich analysieren, nicht jedes aber lösen,
- in einigen Fällen ist die Ausgabe von tkprof für die Analyse nicht ausreichend, man muss zusätzlich einen Blick auf die jeweilige Trace-Datei werfen

6.1.8 Event 10053

Mit diesem Event kann man nachvollziehen, wie der Optimizer die Ausführungspläne ermittelt. Für die eigene Session kann man das Event 10053 z. B. folgendermaßen aktivieren:

```
alter session set events '10053 trace name context forever, level 1';
```

Das Aktivieren des Event 10053 in einer anderen Session kann wie bei Event 10046 erfolgen (s. im Abschn. 6.1.5.2). Damit die jeweilige Trace-Datei angelegt oder eine bestehende mit den Daten gefüllt wird, muss ein harter Parse Call der jeweiligen SQL-Anweisung ausgeführt werden. Dies kann man mit einer Änderung des SQL-Textes erreichen (beispielsweise durch einen Kommentar), so dass kein anderer Cursor mit demselben SQL-Text in der SQL-Area existiert. In der eigenen Session stellt diese Änderung kein Problem dar. In einer anderen Session ist es nicht möglich. Aus diesem Grund würde ich empfehlen, das Event 10053 möglichst in der eigenen Session zu benutzen.

Peter: „*Glaubst Du, dass ein Datenbankadministrator imstande ist, die mit dem Event 10053 produzierte Trace-Datei zu verstehen? Ich persönlich kann das nicht.*"

Leonid: „*Dafür ist ein gewisses Know-How notwendig, welches man nicht von einem Datenbankadministrator verlangen kann. Wenn es aber absolut unklar ist, warum der Optimizer einen suboptimalen Plan auswählt, bleibt nichts anderes übrig, als eine Trace-Datei mit dem Event 10053 zu erzeugen und diese Datei zu analysieren. Zum Glück besteht solch eine Notwendigkeit nicht oft, weil man das normalerweise mit einfacheren Mitteln klären kann.*"

P.: „*Wie soll mir diese Trace-Datei helfen, wenn ich sie nicht interpretieren kann?*"

L.: „*An Deiner Stelle würde ich in so einem Fall nicht sofort aufgeben. Einige gravierende Probleme sind dort ziemlich leicht zu erkennen.*"

P.: „*Welche zum Beispiel?*"

L.: „*Wenn der Optimizer beispielsweise die Selektivität nicht richtig berechnet.*"

P.: „*Das klingt aber nach einem Bug. Könntest Du ein anderes Beispiel nennen?*"

L.: „*Es spielt eigentlich keine große Rolle, ob es ein Bug ist oder nicht, weil man das jeweilige Performanz-Problem lösen muss. Wenn man feststellt, dass das Performanz-Problem wegen eines Bug entstand, hilft es auch bei der Problemlösung. Du wolltest aber ein anderes Beispiel. Bei einem System erstellte der Optimizer einen suboptimalen Ausführungsplan und ignorierte einen offensichtlich besseren. Es ging dabei um einen großen Join von mehreren Tabellen. In der Trace-Datei für das Event 10053 fand ich keine Spuren vom guten Ausführungsplan: der Optimizer zog ihn überhaupt nicht in Betracht. Dies bekräftigte meinen Verdacht bezüglich der Ursache dieses Problems: der Kunde setzte den Parameterwert*

_OPTIMIZER_MAX_PERMUTATIONS herunter (als Workaround, um die Parsing-Zeit von großen Joins zu reduzieren). Als ich diesen Parameterwert auf sein Maximum von 80000 setzte, wurde der gute Plan vom Optimizer sofort gefunden."

P.: „Ich habe eine Frage. Mit der Parametereinstellung _OPTIMIZER_MAX_PERMUTATIONS = 80000 hast Du sicherlich eine große Parsing-Zeit verursacht. Wie hast Du diese Parsing-Zeit wieder in den Griff bekommen?"

L.: „Diese große Parametereinstellung war ein Mittel, den guten Ausführungsplan zu bekommen. Dieser Plan wurde mit den Stored Outlines anschließend fixiert (s. im Abschn. 14.1.1), so dass der Parameterwert von _OPTIMIZER_MAX_PERMUTATIONS im System unverändert blieb."

Diesen Abschnitt habe ich nach einer langen Überlegung in das Buch eingefügt, weil die Zweifel von Peter nicht unbegründet sind. Trotzdem finde ich es einen Versuch wert, dass ein Datenbankadministrator einen Blick in die Trace-Datei für das Event 10053 wirft, wenn alle anderen Methoden nicht helfen. Bei diesem Versuch hat man eigentlich nichts zu verlieren.

Ich beschreibe absichtlich keine Einzelheiten des Event 10053 in diesem Abschnitt, aus dem einfachen Grund, weil man die jeweilige Analyse selten braucht und sich deswegen bei jedem neuen Fall wieder in dieses komplexe Thema einarbeiten muss. Da es viel Zeit kostet, schlage ich vor, hier praktisch vorzugehen: ohne Vorbereitung in die Trace-Datei hineinschauen. Diese Trace-Datei enthält eine ausführliche Legende, die sehr hilfreich bei der Analyse ist. Mehr Informationen zu Event 10053 können Sie in der Notiz 338137.1 aus dem MOS und in [15] finden.

6.2 SQL Monitoring in 11g

Die Laufzeitstatistiken eines Ausführungsplans sind sehr wichtig für das SQL-Tuning, sind aber performanzmäßig zu teuer, um sie systemweit zu aktivieren. Das Feature SQL Monitoring erlaubt, die Laufzeitstatistiken der Ausführungspläne von den Langläufer-Cursorn ohne gravierenden Overhead zu erstellen. Die Cursor, für welche SQL Monitoring durchgeführt wird oder worden ist, befinden sich in der View V$SQL_MONITOR.

Peter: „Nach welchen Kriterien, also für welche Cursor, wird SQL Monitoring angewendet?"

Leonid: „Zum Beispiel für die Cursor mit dem Hint MONITOR. Es gibt auch das Hint NO_MONITOR. als Gegensatz zum Hint MONITOR. Weitere Kriterien für SQL Monitoring besprechen wir gleich."

Mit dem Skript db_parameter8i.sql kann man die für SQL Monitoring relevanten Parameter ermitteln, wenn man als Eingabeparameter die Zeile „%sqlmon%" eingibt. Diese Parameter sind in der unteren Tabelle zusammengefasst (Tab. 6.1).

Der Parameter _SQLMON_THRESHOLD gibt uns das zweite Kriterium für die Anwendung von SQL Monitoring: der jeweilige Cursor muss mindestens 5 Sekunden lang laufen, damit Oracle für ihn SQL Monitoring aktiviert.

6.2 SQL Monitoring in 11g

Tab. 6.1 Parameter für SQL Monitoring

Parameter	Vorgabewert	Kommentar
_sqlmon_binds_xml_format	Default	Format of column binds_xml in [G] V$SQL_MONITOR
_sqlmon_max_plan	20	Maximum number of plans entry that can be monitored. Defaults to 20 per CPU
_sqlmon_max_planlines	300	Number of plan lines beyond which a plan cannot be monitored
_sqlmon_recycle_time	60	Minimum time (in s) to wait before a plan entry can be recycled
_sqlmon_threshold	5	CPU/IO time threshold before a statement is monitored. 0 is disabled

P.: „Kann man diesen Parameter kleiner setzen, um SQL Monitoring für einen schnelleren Cursor zu aktivieren?"

L.: „Keine gute Idee, Peter. Es ist wesentlich besser, das Hint MONITOR in diesem Fall zu benutzen. Wenn Du die jeweilige SQL-Anweisung nicht ändern darfst, kannst Du das Hint MONITOR als Hidden Hint einsetzen (s. im Abschn. 18.7.2). Wenn diese schnelle SQL-Anweisung sehr häufig ausgeführt wird, würde ich das SQL Monitoring nicht einsetzen. Man könnte in diesem Fall das Hint `GATHER_PLAN_STATISTICS` eventuell benutzen, um die Laufzeitstatistiken im Ausführungsplan für einen Cursor generieren zu lassen. Das kann das Monitoring des jeweiligen Cursors erübrigen."

Für die Cursor, welche parallel ausgeführt werden, wird SQL Monitoring sofort angewendet.

Um die maximale Anzahl der Cursor in der View V$SQL_MONITOR zu ermitteln, muss man den Parameterwert von `_SQLMON_MAX_PLAN` mit der Anzahl der CPUs multiplizieren. Das folgende Beispiel von einem produktiven System illustriert das.

```
SQL> show parameter cpu

NAME                                 TYPE        VALUE
------------------------------------ ----------- ------------------------------
cpu_count                            integer     32
parallel_threads_per_cpu             integer     2
resource_manager_cpu_allocation      integer     32
SQL> select count(*) from v$sql_monitor;

  COUNT(*)
----------
       640
```

Ein Cursor bleibt stillschweigend mindestens 60 Sekunden lang in der View V$SQL_MONITOR stehen (s. oben den Parameter `_SQLMON_RECYCLE_TIME`). Danach kann er daraus entfernt werden.

P.: „Das ist aber gar nicht sehr lange."

L.: „Das ist die minimale Zeit. Es kann auch länger dauern (z. B. bei OLTP-Anwendungen). Ich habe aber Systeme gesehen, bei denen man sehr schnell handeln musste, um den jeweiligen Cursor in der View V$SQL_MONITOR zu erwischen."

Der Parameter _SQLMON_MAX_PLANLINES definiert die maximale Anzahl der Zeilen im Ausführungsplan für SQL Monitoring. Wenn ein Cursor einen Ausführungsplan mit 301 oder noch mehr Zeilen hat, ist es vergeblich, nach diesem Cursor in V$SQL_MONITOR zu suchen.

P.: „Kann man für solch einen Cursor das Hint MONITOR anwenden?"

L.: „Das funktioniert leider nicht. Den Parameterwert von _SQLMON_MAX_PLANLINES kann man für den jeweiligen Cursor auch mit dem Hint OPT_PARAM nicht höher setzen. Diese beiden Möglichkeiten habe ich getestet."

P.: „Vielleicht dann den Parameter _SQLMON_MAX_PLANLINES erhöhen?"

L.: „Mit den obigen Parametern würde ich vorsichtig sein. Wenn Du unbedingt den Parameter _SQLMON_MAX_PLANLINES erhöhen willst, dann bitte nicht systemweit, sondern nur für eine Session."

Die View V$SQL_MONITORING hat die Spalte BIND_XML, welche die Bind-Werte des jeweiligen Cursors beinhaltet. Der Parameter _SQLMON_BINDS_XML_FORMAT legt das Format dieser Spalte fest und kann 2 Werte annehmen: DEFAULT und HEXDUMP.

```
SQL> alter session set "_SQLMON_BINDS_XML_FORMAT"=X;
ERROR:
ORA-00096: invalid value X for parameter _sqlmon_binds_xml_format, must be from
among hexdump, default
```

Für jeden Cursor aus der View V$SQL_MONITOR ist es möglich, einen Report mit der Funktion DBMS_SQLTUNE.REPORT_SQL_MONITOR zu erstellen. Diesen Report kann man entweder für eine konkrete Ausführung des jeweiligen Cursors erstellen, die man durch die Argumente SQL_EXEC_ID bzw. SQL_EXEC_START dieser Funktion identifiziert, oder für die letzte Ausführung, wenn diese Argumente ausgelassen sind. Einen Report kann man beispielsweise mit dem folgenden Kommando generieren, welches den Report für die letzte Ausführung des Cursors ausgibt.

```
select sys.dbms_sqltune.report_sql_monitor(sql_id=>'<sql_id>', report_level=>'ALL') as report
from dual;
```

Unten folgt ein Beispiel eines solchen Reports.

6.2 SQL Monitoring in 11g

```
SQL Monitoring Report

SQL Text
------------------------------
SELECT yield.pbane_id FROM sy_yields yield, kt_an_bav_akten akte, pb_arbeitgeber ag WHERE
yield = 0 AND yield.ktaba_id = akte.id AND akte.pbage_id = ag.id AND ag.pbman_id = :1 GROUP BY
yield.pbane_id

Global Information
------------------------------
 Status                 : DONE (ALL ROWS)
 Instance ID            : 1
 Session                : PA_OFF (117:5)
 SQL ID                 : 8qsfn5mj7966h
 SQL Execution ID       : 16777216
 Execution Started      : 02/05/2013 10:51:57
 First Refresh Time     : 02/05/2013 10:52:01
 Last Refresh Time      : 02/05/2013 10:55:29
 Duration               : 212s
 Module/Action          : JDBC Thin Client/-
 Service                : SYS$USERS
 Program                : JDBC Thin Client
 Fetch Calls            : 23

Binds
==========================================================================================
==============================
| Name | Position | Type |                           Value
|
==========================================================================================
==============================
| :1   |        1 | NUMBER | 630933
|
==========================================================================================
==============================


Global Stats
=========================================================================
| Elapsed | Cpu     | IO       | Fetch | Buffer | Read | Read  |
| Time(s) | Time(s) | Waits(s) | Calls | Gets   | Reqs | Bytes |
=========================================================================
|     218 |      26 |      192 |    23 |   158K | 119K | 929MB |
=========================================================================

SQL Plan Monitoring Details (Plan Hash Value=3504387798)
==========================================================================================
| Id |        Operation           |      Name       | Rows  | Cost |   Time   |
Start | Execs |  Rows   | Read  | Read  | Mem  | Activity |       | Activity Detail     |
|     |       | (Actual)| Reqs  | Bytes | (Max)|   (%)    |(Estim)|  (# samples) |Active(s)|
==========================================================================================
|  0 | SELECT STATEMENT           |                 |       |      |      209 |
+4  |     1 |     220 |       |       |      |          |       |                     |
|  1 |   HASH GROUP BY            |                 |   907 | 4367 |      209 |
+4  |     1 |     220 |       |       |  1M  |          |       |                     |
|  2 |    NESTED LOOPS            |                 |       |      |      209 |
+4  |     1 |    182K |       |       |      |    6.64  | Cpu (14)                    |
|  3 |     NESTED LOOPS           |                 |   907 | 4366 |      209 |
+4  |     1 |      9M |       |       |      |          |       |                     |
|  4 |      NESTED LOOPS          |                 |   403 |   47 |      209 |
+4  |     1 |   14473 |       |       |      |          |       |                     |
|  5 |       TABLE ACCESS BY INDEX ROWID | PB_ARBEITGEBER |     1 |    2 |      1 |
+4  |     1 |       1 |       |       |      |          |       |                     |
|  6 |        INDEX RANGE SCAN    | PBAGE_PBMAN_FK  |     1 |    1 |      208 |
+4  |     1 |       1 |       |       |      |          |       |                     |
|  7 |       TABLE ACCESS BY INDEX ROWID | KT_AN_BAV_AKTEN |   403 |   45 |   209 |
+4  |     1 |   14473 |       |       |      |          |       |                     |
|  8 |        INDEX RANGE SCAN    | KTABA_PBAGE_FK  |   587 |    1 |      209 |
+4  |     1 |   14473 |    48 | 384KB |      |          |       |                     |
|  9 |      INDEX RANGE SCAN      | SYYLD_PK        |   871 |    9 |      212 |
+1  | 14473 |      9M | 70244 | 549MB |      |    45.02 | Cpu (4)                     |
|    |       |         |       |       |      |          | db file sequential read (91) |
| 10 |    TABLE ACCESS BY INDEX ROWID | SY_YIELDS   |     2 |   22 |      210 |
+2  |    9M |    182K | 47418 | 370MB |      |    48.34 | Cpu (4)                     |
|    |       |         |       |       |      |          | db file sequential read (98) |
==========================================================================================
```

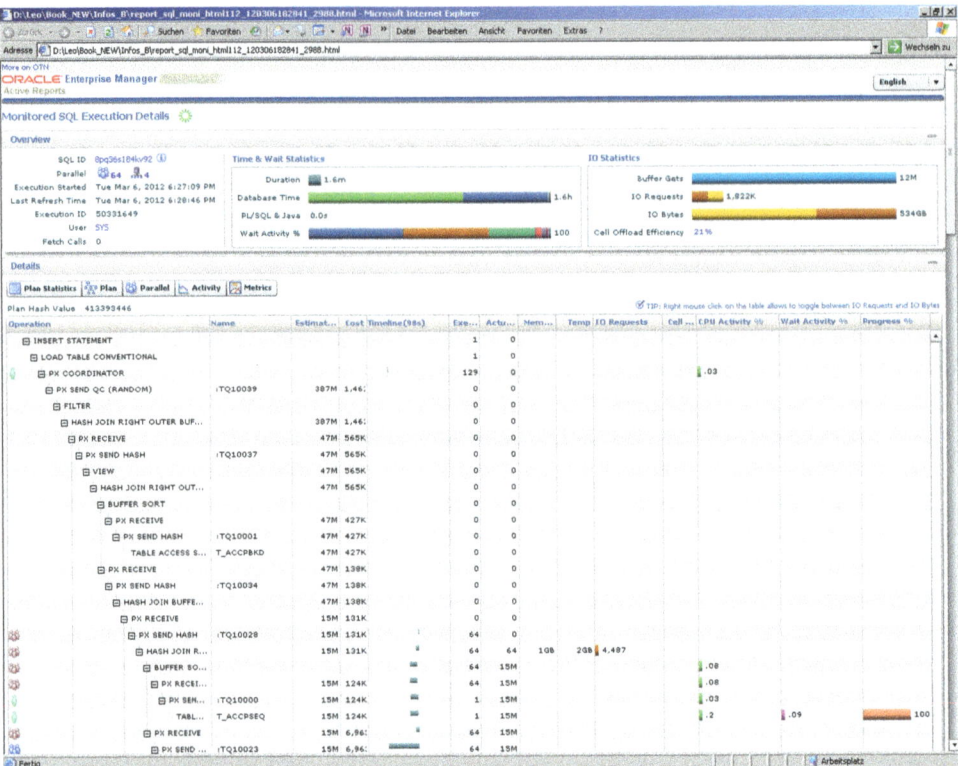

Abb. 6.1 Ein Report vom Typ „ACTIVE"

Der obere Report beinhaltet eine Ausführung, die bereits beendet ist. Es ist aber auch möglich, einen Report für einen laufenden Cursor zu generieren. Das ist ein großer Vorteil im Vergleich zu der Methode mit den Laufzeitstatistiken des Ausführungsplans aus dem Abschn. 6.1.3, bei der die Statistiken erst nach dem Beenden oder nach dem Abbruch des jeweiligen Cursors zu ermitteln sind.

Der obere Report ist vom Typ „TEXT" (das ist der Vorgabewert des Arguments „TYPE" der Funktion DBMS_SQLTUNE.REPORT_SQL_MONITOR). Ab Oracle 11.2 gibt es grafische Reporte vom Typ „ACTIVE", die mehr Informationen beinhalten als die Reporte vom Typ „TEXT". Ein Beispiel des „aktiven" Reports ist in Abb. 6.1 dargestellt.

In der nächsten Abbildung sind die Metriken aus dem obigen Report dargestellt (Abb. 6.2).

Um sich einen „aktiven" Report anzuschauen, muss man eine Internet-Verbindung haben, weil diese Reporte einige Javascript-Bibliotheken und Flash Movies herunterladen müssen. In [13] wird beschrieben, wie man diese Dateien manuell herunterladen und die auf dem lokalen Rechner abgespeicherten Dateien benutzen kann.

6.2 SQL Monitoring in 11g

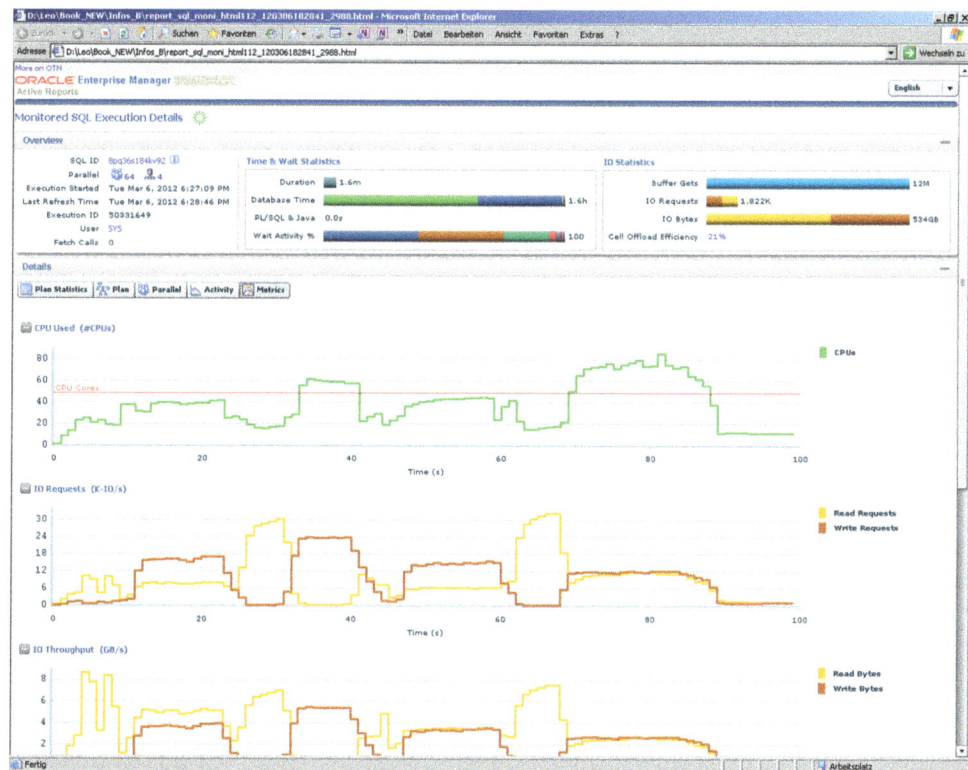

Abb. 6.2 Metriken im „aktiven" Report

Wenn man für SQL Monitoring Enterprise Manager benutzt, werden die jeweiligen Reporte vom Typ „ACTIVE" produziert. Zum Anschauen der Ergebnisse direkt in Enterpris Manager braucht man kein Herunterladen aus dem Internet, dieses Herunterladen ist aber für die gespeicherten Reporte notwendig.

P.: „Gehört SQL Monitoring zu den Extras, die zwar schön, aber nicht lebensnotwendig sind?"

L.: „Stelle Dir vor, dass eine SQL-Anweisung im parallelen Modus auf mehreren RAC-Knoten läuft. Ohne SQL Monitoring ist es äußerst schwierig, solch eine SQL-Anweisung zu tunen. Hier ist SQL Monitoring eher lebensnotwendig."

Optimizer-Statistiken 7

In diesem Kapitel sind einige Features von Oracle 11 beschrieben, die für Performance Tuning wichtig sind und einige für die Praxis nützliche Informationen bezüglich der Optimizer-Statistiken enthalten. Hoffentlich finden Sie darunter ein paar neue Fakten, die Ihnen beim Tuning helfen.

7.1 Wichtige Features von 11g im Überblick

Im Unterschied zu Oracle 10, bei dem der Job GATHER_STATS_JOB die Optimizer-Statistiken automatisch erzeugt, werden die automatischen Tasks (automatic maintenance tasks) bei Oracle 11 dafür benutzt. Die View DBA_AUTOTASK_CLIENT gibt einen Überblick dieser Tasks für die letzten 7 und die letzten 30 Tage.

```
SQL> desc DBA_AUTOTASK_CLIENT
 Name                                      Null?    Type
 ----------------------------------------- -------- ----------------------------
 CLIENT_NAME                                        VARCHAR2(64)
 STATUS                                             VARCHAR2(8)
 CONSUMER_GROUP                                     VARCHAR2(30)
 CLIENT_TAG                                         VARCHAR2(2)
 PRIORITY_OVERRIDE                                  VARCHAR2(7)
 ATTRIBUTES                                         VARCHAR2(4000)
 WINDOW_GROUP                                       VARCHAR2(64)
 SERVICE_NAME                                       VARCHAR2(64)
 RESOURCE_PERCENTAGE                                NUMBER
 USE_RESOURCE_ESTIMATES                             VARCHAR2(5)
 MEAN_JOB_DURATION                                  INTERVAL DAY(9) TO SECOND(9)
 MEAN_JOB_CPU                                       INTERVAL DAY(9) TO SECOND(9)
 MEAN_JOB_ATTEMPTS                                  NUMBER
 MEAN_INCOMING_TASKS_7_DAYS                         NUMBER
 MEAN_INCOMING_TASKS_30_DAYS                        NUMBER
 TOTAL_CPU_LAST_7_DAYS                              INTERVAL DAY(9) TO SECOND(9)
 TOTAL_CPU_LAST_30_DAYS                             INTERVAL DAY(9) TO SECOND(9)
 MAX_DURATION_LAST_7_DAYS                           INTERVAL DAY(3) TO SECOND(0)
 MAX_DURATION_LAST_30_DAYS                          INTERVAL DAY(3) TO SECOND(0)
 WINDOW_DURATION_LAST_7_DAYS                        INTERVAL DAY(9) TO SECOND(9)
 WINDOW_DURATION_LAST_30_DAYS                       INTERVAL DAY(9) TO SECOND(9)

SQL> select client_name from DBA_AUTOTASK_CLIENT;

CLIENT_NAME
----------------------------------------------------------------
auto optimizer stats collection
auto space advisor
sql tuning advisor
```

Der Task mit dem CLIENT_NAME='auto optimizer stats collection' ist für die automatische Generierung der Optimizer-Statistiken zuständig. In der View DBA_AUTOTASK_CLIENT_JOB kann man die im Moment laufenden Jobs der vorgegeben Tasks ermitteln. Diese Läufe werden in der historischen View DBA_AUTOTASK_JOB_HISTORY protokolliert. Die Historie der Ausführungen der Tasks (pro Zeitfenster (window)) befindet sich in der View DBA_AUTOTASK_CLIENT_HISTORY.

Die Administration der Tasks erfolgt über das Package DBMS_AUTO_TASK_ADMIN. Mit der Prozedur DBMS_AUTO_TASK_ADMIN.DISABLE kann man beispielsweise den jeweiligen Task außer Kraft setzen und mit der Prozedur DBMS_AUTO_TASK_ADMIN.ENABLE wieder aktivieren.

Bei Oracle 11 ist es möglich, Präferenzen für die Berechnung der Optimizer-Statistiken festzulegen:

- für eine Tabelle (dbms_stats.set_table_prefs),
- für ein Datenbankschema (dbms_stats.set_schema_prefs). Die mit Aufruf von dbms_stats.set_schema_prefs erzeugten Präferenzen haben keinen Einfluss auf die Tabellen, welche nach diesem Aufruf angelegt wurden (für diese Tabellen wirken die globalen Präferenzen),
- für alle Datenbanktabellen der Datenbank (dbms_stats.set_database_prefs). Die mit Aufruf von dbms_stats.set_database_prefs erzeugten Präferenzen haben keinen Ein-

fluss auf die Tabellen, welche nach diesem Aufruf angelegt wurden (für diese Tabellen wirken die globalen Präferenzen),
- die globalen Präferenzen (dbms_stats.set_global_prefs).

Folgendermaßen kann man beispielsweise eine Präferenz für eine Tabelle definieren:

```
SQL> exec dbms_stats.set_table_prefs(user,'T1','METHOD_OPT','for all indexed columns size 100')
PL/SQL procedure successfully completed.
```

Die angelegte Präferenz für Histogramme der Tabelle T1 wird beim Erstellen der Optimizer-Statistiken berücksichtigt, solange man das mit dem Argument oder mit der Präferenz METHOD_OPT für diese Tabelle nicht übersteuert. Mit dem nächsten Select kann man die angelegte Präferenz ermitteln:

```
SQL> select dbms_stats.get_prefs('METHOD_OPT',user,'T1') opt_param from dual;
OPT_PARAM
--------------------------------------------------------------------------------
FOR ALL INDEXED COLUMNS SIZE 100
```

Die Tabellenpräferenzen kann man auch in der View DBA_TAB_STAT_PREF bzw. USER_TAB_STAT_PREF finden:

```
SQL> select preference_name, preference_value from user_tab_stat_prefs where table_name='T1';
PREFERENCE_NAME
------------------------------
PREFERENCE_VALUE
--------------------------------------------------------------------------------
METHOD_OPT
FOR ALL INDEXED COLUMNS SIZE 100
```

Die Liste aller Präferenzen kann man dem Package-Header von DBMS_STATS entnehmen. Das Package DBMS_STATS ist dort sehr gut dokumentiert, man kann in diesem Package-Header auch viele andere nützliche Informationen finden.

Unter den Präferenzen gibt es zwei, die ich kurz besprechen möchte: PUBLISH und INCREMENTAL. Die Präferenz PUBLISH steuert die Freigabe der erstellten Optimizer-Statistiken. Der Vorgabewert dieser Präferenz ist TRUE. Ändert man diesen Wert auf FALSE, werden die danach erstellten Statistiken nicht freigegeben. Dies ermöglicht eine Prüfung der Auswirkung dieser schwebenden (pending) Optimizer-Statistiken auf Performanz. Mit dem folgenden Kommando wird die Nutzung der schwebenden Statistiken in einer Session oder systemweit erlaubt:

```
alter {session|system} set optimizer_use_pending_statistics = true;
```

Wenn die jeweilige Prüfung der neuen Optimizer-Statistiken keine Probleme aufweist, können sie mit dem Aufruf von DBMS_STATS.PUBLISH_PENDING_STATS freigegeben werden.

Die Präferenz INCREMENTAL ist für partitionierte Tabellen vorgesehen und hat FALSE als Vorgabewert. Ist diese Präferenz auf TRUE gesetzt, wird das neue Verfahren der Erstellung von Optimizer-Statistiken für partitionierte Tabellen angewendet. Bei diesem Verfahren werden Statistiken lediglich für die neuen Partitionen gesammelt. Nicht geänderte Partitionen oder Partitionen mit einer geringen Anzahl der Änderung werden dabei übersprungen. Die globalen Optimizer-Statistiken werden ohne zusätzlichen Full Table Scan berechnet. Dieses Verfahren verbessert außerdem die Erstellung der Statistik für verschiedene Spaltenwerte (distinct values). Die folgenden Voraussetzungen müssen erfüllt werden, damit sich die Präferenz INCREMENTAL auswirkt:

- die Optimizer-Statistiken müssen freigegeben sein (die Präferenz PUBLISH=TRUE),
- die Präferenz oder das Argument ESTIMATE_PERCENT muss auf DBMS_STATS. AUTO_SAMPLE_SIZE gesetzt sein.

In der Version 11 hat Oracle die erweiterten Optimizer-Statistiken eingeführt. Zu dieser Statistikart zählen Staitistiken für die Gruppen von Spalten (multicolumn statistics) und Statistiken für Ausdrücke (expression statistics). Wenn mehrere Spalten von einer Tabelle in den Prädikaten beteiligt sind, muss der Optimizer zwangsläufig Annahmen bei der Berechnung der Kardinalität machen, auch wenn Histogramme für alle Spalten vorhanden sind. Dies kann zu einer ungenauen Schätzung führen. Dasselbe betrifft die Ausdrücke in Prädikaten. Die erweiterten Statistiken stellen eine Art von Histogrammen dar und verbessern die Kardinalitätsschätzung für die beiden Fälle. Diese Statistiken können nicht für die Tabellen im Schema SYS erstellt werden. Zeigen wir an dem folgenden Beispiel, wie die erweiterten Statistiken für die Gruppen von Spalten manuell zu erzeugen sind und inwieweit sie die Kardinalitätsschätzung optimieren. Legen wir zunächst eine Tabelle an und füllen sie mit den Daten:

```
SQL> col ext new_value ext
SQL>
SQL> create table t1 (a number, b number);

Table created.

SQL> insert into t1 select -level, -level from dual connect by level <= 100;

100 rows created.

SQL> insert into t1 select 0, 0 from dual connect by level <= 54;

54 rows created.

SQL> insert into t1 select level, level from dual connect by level <= 100;

100 rows created.

SQL> commit;
```

7.1 Wichtige Features von 11g im Überblick

Danach definieren wir die erweiterten Statistiken für die Spaltengruppe „A" und „B":

```
SQL> select dbms_stats.create_extended_stats(null,'T1','(a,b)') ext from dual;

EXT
--------------------------------------------------------------------------------
SYS_STUNA$6DVXJXTP05EH56DTIR0X

SQL>
SQL> select extension_name, extension from user_stat_extensions where table_name = 'T1';

EXTENSION_NAME
----------------------------
EXTENSION
--------------------------------------------------------------------------------
SYS_STUNA$6DVXJXTP05EH56DTIR0X
("A","B")
```

Jetzt generieren wir die erweiterten Statistiken und vergewissern uns, dass diese Statistiken erzeugt wurden:

```
SQL> exec dbms_stats.gather_table_stats(user,'T1', method_opt=>'for columns "&ext" size 254',
no_invalidate=>false);

PL/SQL procedure successfully completed.

SQL> select column_name, num_distinct, histogram from user_tab_col_statistics where table_name
= 'T1';

COLUMN_NAME                    NUM_DISTINCT HISTOGRAM
------------------------------ ------------ ---------------
SYS_STUNA$6DVXJXTP05EH56DTIR0X          201 FREQUENCY

SQL> select * from user_histograms where table_name = 'T1'  and rownum <= 5;

TABLE_NAME
------------------------------
COLUMN_NAME
--------------------------------------------------------------------------------
ENDPOINT_NUMBER ENDPOINT_VALUE
--------------- --------------
ENDPOINT_ACTUAL_VALUE
--------------------------------------------------------------------------------
T1
SYS_STUNA$6DVXJXTP05EH56DTIR0X
              1       32890104
...
```

Der Optimizer schätzt die Kardinalität absolut genau, weil die Anzahl der verschiedenen Werte für die jeweilige Spaltengruppe unter 254 liegt:

```
SQL> select count(*) from t1 where a=0 and b=0;

  COUNT(*)
----------
        54

SQL> select plan_table_output from table (sys.dbms_xplan.display_cursor('','','LAST'));

PLAN_TABLE_OUTPUT
--------------------------------------------------------------------------------
SQL_ID  3mqr4p1pyns34, child number 0
-------------------------------------
select count(*) from t1 where a=0 and b=0

Plan hash value: 3724264953

--------------------------------------------------------------------------------
| Id  | Operation          | Name | Rows  | Bytes | Cost (%CPU)| Time     |
--------------------------------------------------------------------------------
|   0 | SELECT STATEMENT   |      |       |       |     3 (100)|          |
|   1 |  SORT AGGREGATE    |      |     1 |    18 |            |          |
|*  2 |   TABLE ACCESS FULL| T1   |    54 |   972 |     3   (0)| 00:00:01 |
--------------------------------------------------------------------------------
```

Löschen wir die erweiterten Statistiken und erstellen die herkömmlichen Histogramme:

```
SQL> exec dbms_stats.drop_extended_stats(user, 'T1', '(a,b)')

PL/SQL procedure successfully completed.

SQL>
SQL> select extension_name, extension from user_stat_extensions where table_name = 'T1';

no rows selected

SQL>
SQL> exec dbms_stats.gather_table_stats(user,'T1', method_opt=>'for all columns size 254',
no_invalidate=>false);

PL/SQL procedure successfully completed.
```

Mit den herkömmlichen Histogrammen ist die Schätzung der Kardinalität wesentlich schlechter:

```
SQL> select count(*) from t1 where a=0 and b=0;

  COUNT(*)
----------
        54

SQL>
SQL> select plan_table_output from table (sys.dbms_xplan.display_cursor('','','LAST'));

PLAN_TABLE_OUTPUT
--------------------------------------------------------------------------------
SQL_ID  3mqr4p1pyns34, child number 0
-------------------------------------
select count(*) from t1 where a=0 and b=0

Plan hash value: 3724264953

--------------------------------------------------------------------------------
| Id  | Operation          | Name | Rows  | Bytes | Cost (%CPU)| Time     |
--------------------------------------------------------------------------------
|   0 | SELECT STATEMENT   |      |       |       |     3 (100)|          |
|   1 |  SORT AGGREGATE    |      |     1 |     6 |            |          |
|*  2 |   TABLE ACCESS FULL| T1   |    11 |    66 |     3   (0)| 00:00:01 |
--------------------------------------------------------------------------------
```

7.1.1 Einige Optimizer-Statistiken

Optimizer-Statistiken kann nicht nur der Optimizer beim Erstellen der Ausführungspläne benutzen, diese können auch für Sie bei den Performanzanalysen behilflich sein. Anhand der Statistiken für die Anzahl der Blöcke in der Spalte BLOCKS der View DBA_TAB_STATISTICS oder für die Anzahl der Datensätze in der Spalte NUM_ROWS derselben View können Sie die Größe der Tabellen einschätzen. Die Statistiken für die Anzahl der Datensätze in der Spalte NUM_ROWS der View DBA_IND_STATISTICS und für die Anzahl der verschiedenen Indexwerte in der Spalte DISTINCT_KEYS derselben View helfen Ihnen bei der Schätzung der Selektivität der Indices. In diesem Abschnitt sind einige weitere Optimizer-Statistiken beschrieben, die Ihnen bei den Performanzanalysen nützlich sein können.

7.1.1.1 Histogramme

Wenn die Daten in einer Tabellenspalte ungleichmäßig verteilt sind und keine Histogramme für diese Tabellenspalte existieren, ist es problematisch, die Selektivität bzw. die Kardinalität eines Prädikats mit dem jeweiligen Spaltenwert richtig zu schätzen. Ein Histogramm widerspiegelt die Verteilung der Daten einer Tabellenspalte. Dafür werden so genannte Buckets benutzt, deren Anzahl den Wert von 254 nicht übersteigen kann. Die Anzahl der Buckets kann man entweder manuell festlegen oder das dem Oracle beim Erstellen der Optimizer-Statistiken überlassen.

Wenn die Anzahl der verschiedenen Werte der jeweiligen Spalte kleiner als die Anzahl der Buckets oder gleich der Anzahl der Buckets ist, ist es möglich, diese Werte den Buckets eindeutig zuzuordnen. In diesem Fall enthält jeder Bucket die Anzahl der Tabellensätze für den jeweiligen Spaltenwert. Diese Art von Histogrammen heißt Frequency-Histogramm und erlaubt, absolut genau die Kardinalität für Prädikate, wie z. B. „=", „!=", „>", „>=", „<", „<=", zu schätzen (wenn diese Histogramme, natürlich, treffend sind).

Wenn die Anzahl der verschiedenen Werte der jeweiligen Spalte größer als die Anzahl der spezifizierten Buckets ist, wechselt Oracle automatisch zu der anderen Art der Histogramme: Height Balanced. In diesem Fall werden die Spaltenwerte in die Intervalle aufgeteilt, so dass jedes von ihnen ungefähr dieselbe Anzahl der Einträge enthält. Jedes Intervall entspricht dann einem Bucket. Diese Art der Histogramme erlaubt, die Kardinalität der jeweiligen Prädikate nur ungefähr zu schätzen.

Die View DBA_HISTOGRAMS enthält Informationen zu den Buckets der Histogramme:

```
SQL> desc dba_histograms
 Name                                      Null?    Type
 ----------------------------------------- -------- ----------------------------
 OWNER                                              VARCHAR2(30)
 TABLE_NAME                                         VARCHAR2(30)
 COLUMN_NAME                                        VARCHAR2(4000)
 ENDPOINT_NUMBER                                    NUMBER
 ENDPOINT_VALUE                                     NUMBER
 ENDPOINT_ACTUAL_VALUE                              VARCHAR2(1000)
```

In der View DBA_TAB_COL_STATISTICS kann man ermitteln, ob Histogramme für eine Tabellenspalte existieren, und falls ja, welcher Art sie sind:

```
SQL> desc dba_tab_col_statistics
 Name                                      Null?    Type
 ----------------------------------------- -------- ----------------------------
 OWNER                                              VARCHAR2(30)
 TABLE_NAME                                         VARCHAR2(30)
 COLUMN_NAME                                        VARCHAR2(30)
 NUM_DISTINCT                                       NUMBER
 LOW_VALUE                                          RAW(32)
 HIGH_VALUE                                         RAW(32)
 DENSITY                                            NUMBER
 NUM_NULLS                                          NUMBER
 NUM_BUCKETS                                        NUMBER
 LAST_ANALYZED                                      DATE
 SAMPLE_SIZE                                        NUMBER
 GLOBAL_STATS                                       VARCHAR2(3)
 USER_STATS                                         VARCHAR2(3)
 AVG_COL_LEN                                        NUMBER
 HISTOGRAM                                          VARCHAR2(15)

SQL> select distinct histogram from dba_tab_col_statistics;

HISTOGRAM
---------------
FREQUENCY
HEIGHT BALANCED
NONE
```

Peter: „Diese allgemeinen Informationen über die Histogramme sind jedem Datenbankadminstrator gut bekannt. Welche Besonderheiten von Histogrammen sind aber für die Praxis besonders wichtig?"

Leonid: „Ich hatte mehrmals mit dem folgenden Problem zu tun. Wenn einige Spaltenwerte außerhalb der Histogramme liegen, stimmen die Schätzungen der Kardinalität dieser Werte häufig nicht mehr, was zu einem nicht optimalen Ausführungsplan führt."

P.: „Meinst Du irgendwelche neue Tabellensätze, die nach dem Erstellen der Histogramme entstanden sind?"

L.: „Ganz genau. Angenommen, eine Spalte wird mit einem Sequenzwert oder mit dem aktuellen Zeitstempel gefüllt. Bei solchen Spalten passiert es am häufigsten, dass die neuen Spaltenwerte außerhalb der vorhandenen Histogramme landen. Nehmen wir das folgende Besipiel:"

7.1 Wichtige Features von 11g im Überblick

```
SQL> create table t1 (a number, b number, c number, d number);

Table created.

SQL> insert into t1 select mod(level, 20), level, level, level from dual connect by level <=
30000;

30000 rows created.

SQL> commit;

Commit complete.

SQL> create index i_t1 on t1(a);

Index created.

SQL> exec dbms_stats.gather_table_stats(user, 'T1', method_opt=>'for all columns size 254')

PL/SQL procedure successfully completed.

SQL> alter session set statistics_level=all;

Session altered.
```

L.: „Für den folgenden Select entscheidet der Optimizer absolut richtig, den Full Table Scan einzusetzen, weil sehr viele Tabellensätze selektiert werden."

```
SQL> var b1 number
SQL> exec :b1:=5;

PL/SQL procedure successfully completed.

SQL> select count(b) from t1 where a >= :b1;

  COUNT(B)
----------
     22500

SQL> select plan_table_output from table (sys.dbms_xplan.display_cursor('','','ALLSTATS
LAST'));

PLAN_TABLE_OUTPUT
--------------------------------------------------------------------------------------------
--------------------------------------------------------------------------------------------
-----------------
SQL_ID  4fxwhyjs9pqs6, child number 0
-----------------------------------
select count(b) from t1 where a >= :b1

Plan hash value: 3724264953

-------------------------------------------------------------------------------------
| Id  | Operation          | Name | Starts | E-Rows | A-Rows |   A-Time   | Buffers |
-------------------------------------------------------------------------------------
|   0 | SELECT STATEMENT   |      |      1 |        |      1 |00:00:00.11 |      95 |
|   1 |  SORT AGGREGATE    |      |      1 |      1 |      1 |00:00:00.11 |      95 |
|*  2 |   TABLE ACCESS FULL| T1   |      1 |  22537 |  22500 |00:00:00.06 |      95 |
-------------------------------------------------------------------------------------
```

L.: „Fügen wir jetzt die neuen Sätze hinzu, deren Wert der Spalte 'A' außerhalb der Histogramme liegt, und führen denselben Select für die neuen Werte aus."

```
SQL> insert into t1 select mod(level,20) + 30000, level, level, level from dual connect by
level <= 30000;

30000 rows created.

SQL> commit;

Commit complete.

SQL> exec :b1:=5 + 30000;

PL/SQL procedure successfully completed.

SQL> select count(b) from t1 where a >= :b1;

  COUNT(B)
----------
     22500

SQL> select plan_table_output from table (sys.dbms_xplan.display_cursor('','','ALLSTATS
LAST'));

PLAN_TABLE_OUTPUT
--------------------------------------------------------------------------------
--------------------------------------------------------------------------------
--------------------------------------------------------------------------------
-----------------
SQL_ID  4fxwhyjs9pqs6, child number 0
-------------------------------------
select count(b) from t1 where a >= :b1

Plan hash value: 720960414

--------------------------------------------------------------------------------
-
| Id  | Operation                    | Name | Starts | E-Rows | A-Rows |   A-Time   | Buffers |
--------------------------------------------------------------------------------
|   0 | SELECT STATEMENT             |      |      1 |        |      1 |00:00:00.26 |    1654 |
|   1 |  SORT AGGREGATE              |      |      1 |      1 |      1 |00:00:00.26 |    1654 |
|   2 |   TABLE ACCESS BY INDEX ROWID| T1   |      1 |      1 |  22500 |00:00:00.20 |    1654 |
|*  3 |    INDEX RANGE SCAN          | I_T1 |      1 |      1 |  22500 |00:00:00.07 |     154 |
--------------------------------------------------------------------------------
-
```

L.: „Diesmal schätzt der Optimizer die Kardinalität sehr optimistisch und setzt aus diesem Grund den Index Range Scan mit dem Tabellenzugriff über die ROWID im Ausführungsplan ein. Man kann sich sicherlich andere Beispiele ausdenken, bei denen die Performanz sich wesentlich stärker als im obigen Beispiel verschlechtert, wenn die Spaltenwerte außerhalb der Histogramme liegen."

P.: „Was macht man, um solche Situationen zu vermeiden?"

L.: „Man muss entweder häufiger die jeweiligen Optimizer-Statistiken bzw. die Histogramme erstellen (alternativ kann man Dynamic Sampling einsetzten) oder gar auf die Histogramme verzichten."

P.: „Kann man auf die Histogramme ohne Performanz-Verschlechterung verzichten?"

L.: „Wenn die Spaltenwerte mehr oder weniger gleichmäßig verteilt sind, kann man das eventuell tun. In jedem Fall muss man aber ausführliche Tests durchführen, bevor man diese Entscheidung trifft. Ich habe noch eine Frage an Dich. Wenn die Daten in eine Tabelle zyklisch eingetragen und nach einer Bearbeitung wieder gelöscht werden, können die Optimizer-

7.1 Wichtige Features von 11g im Überblick

Statistiken bei einem leeren oder schlecht befüllten Tabellenzustand erstellt werden. Das kann die Performanz beeinträchtigen, wenn diese Tabelle mit den Daten gefüllt ist. Was macht man, um solche Situationen zu vermeiden, Peter?"

P.: *„Man erstellt die Optimizer-Statistiken, wenn diese Tabelle mit den Daten gefüllt ist, und blockiert danach die Statistikerstellung mit der Prozedur DBMS_STATS.LOCK_TABLE_STATS."*

L.: *„In einigen Situationen ist es aber nicht ausreichend, und man beobachtet weiterhin schlechte Ausführungspläne. Aus welchem Grund?"*

P.: *„Hat es etwas mit Histogrammen zu tun?"*

L.: *„Es ist möglich, dass die jeweilige Tabelle eine Spalte hat, deren Werte kontinuierlich ansteigen und aus diesem Grund außerhalb der 'eingefrorenen' Histogramme landen. Wenn diese Spalte in den Where-Klauseln benutzt wird, kann es sich negativ auf die Performanz der jeweiligen SQL-Anweisungen auswirken. Solche Fälle hatte ich ein paar Mal in der Praxis. Auch in diesen Fällen kann man versuchen, auf die jeweiligen Histogramme zu verzichten. Peter, wie macht man das?"*

P.: *„Bei Oracle 10.2 gab es dafür den Parameter* `_OPTIMIZER_USE_HISTOGRAMS`, *der bei Oracle 11 nicht mehr vorhanden ist."*

L.: *„Dieser Parameter wirkte entweder system- oder sessionweit und konnte die anderen SQL-Anweisungen negativ beeinflussen. Stattdessen sollte man lieber die Tabellenstatistiken löschen (das war die einzige Möglichkeit, die Histogramme bei Oracle 10g zu löschen) und danach das manuelle Erstellen der jeweiligen Tabellenstatistiken praktizieren und dabei keine Histogramme für die jeweilige Spalte generieren. Bei Oracle 11g kann man die Histogramme mit der Prozedur DBMS_STATS.DELETE_COLUMN_STATS und dem Argument COL_STAT_TYPE=>'HISTOGRAM' löschen, ohne die restlichen Statistiken zu entfernen, und danach das Argument METHOD_OPT in den Tabellenpräferenzen so festlegen, dass keine Histogramme für die jeweilige Spalte nicht mehr entstehen. Zum Schluss dieses Abschnitts möchte ich noch von einem Fall aus der Praxis erzählen, den ich mit dem Skript test_case_char_histograms.sql nachgestellt habe."*

```
SQL> create table t1 (a varchar2(200), b number, c number, d number, e number, f number);

Table created.

SQL> insert into t1 select '012345678901234567890123456789010'||to_char(level,'0000'), level,
level + 1, level + 2, level + 3, level + 4 from dual connect by level <= 1000;

1000 rows created.

SQL>
SQL> commit;

Commit complete.

SQL>
SQL> create index i_t1 on t1(a);

Index created.
```

L.: „Peter, Du hast sicherlich bemerkt, dass die Tabelle T1 mit den eindeutigen Zeichenketten gefüllt wird. Der Index I_T1 wird aber als ein nicht eindeutiger (non-unique) Index angelegt. Erstellen wir jetzt die Optimizer-Statistiken und führen den folgenden Select durch:"

```
SQL> exec dbms_stats.gather_table_stats(user, 'T1', method_opt => 'for all columns size 10',
no_invalidate => false)

PL/SQL procedure successfully completed.

SQL> var b1 varchar2(200)
SQL>
SQL> exec :b1 := '012345678901234567890123456789010'||to_char(1,'0000');
SQL> select b from t1 where a = :b1;

         B
----------
         1

SQL> select plan_table_output from table (sys.dbms_xplan.display_cursor('','','ADVANCED
LAST'));

PLAN_TABLE_OUTPUT
--------------------------------------------------------------------------------
--------------------------------------------------------------------------------
--------------------
SQL_ID  7yhhgmf7cjzf6, child number 0
-------------------------------------
select b from t1 where a = :b1

Plan hash value: 3617692013

--------------------------------------------------------------------------
| Id  | Operation         | Name | Rows  | Bytes | Cost (%CPU)| Time     |
--------------------------------------------------------------------------
|   0 | SELECT STATEMENT  |      |       |       |     5 (100)|          |
|*  1 |  TABLE ACCESS FULL| T1   |  1000 | 42000 |     5   (0)| 00:00:01 |
--------------------------------------------------------------------------
```

L.: „Peter, kannst Du sagen, warum der Full Table Scan im obigen Ausführungsplan benutzt wird?"

P.: „Nein, das weiß ich nicht."

L.: „Der Grund dafür ist, dass Oracle die obere Grenze von 32 Bytes für Zeichenketten bei Histogrammen hat. Wenn eine Zeichenkette länger ist, wird sie bis auf 32 Bytes abgeschnitten. Laut der Histogramme haben alle 1000 Datensätze denselben Spaltenwert:"

```
SQL> select ENDPOINT_NUMBER,ENDPOINT_ACTUAL_VALUE from user_histograms where TABLE_NAME='T1'
and COLUMN_NAME='A';

ENDPOINT_NUMBER
---------------
ENDPOINT_ACTUAL_VALUE
--------------------------------------------------------------------------------
--------------------------------------------------------------------------------
-----------------------------------------------
           1000
012345678901234567890123456789010
```

P.: „Man muss also auch in diesem Fall auf Histogramme verzichten."

L.: „Ja. Ohne Histogramme benutzt der Optimizer die Spaltenstatistiken und geht dabei von der Gleichverteilung der Daten in der Spalte 'A' aus. Aus diesem Grund wird der Index Range Scan im Ausführungsplan eingesetzt:"

7.1 Wichtige Features von 11g im Überblick

```
SQL> exec dbms_stats.gather_table_stats(user, 'T1', method_opt => 'for columns a size 1')
PL/SQL procedure successfully completed.
SQL> select num_distinct, density from user_tab_col_statistics where table_name='T1' and
column_name='A';

NUM_DISTINCT    DENSITY
------------ ----------
        1000       .001

SQL> select b from t1 where a = :b1;

         B
----------
         1

SQL> select plan_table_output from table (sys.dbms_xplan.display_cursor('','','ADVANCED
LAST'));

PLAN_TABLE_OUTPUT
--------------------------------------------------------------------------------
--------------------------------------------------------------------------------
--------------------------------------------------------------------------------
--
SQL_ID  7yhhgmf7cjzf6, child number 0
-------------------------------------
select b from t1 where a = :b1

Plan hash value: 4068921349

---------------------------------------------------------------------------------
| Id  | Operation                   | Name | Rows  | Bytes | Cost (%CPU)| Time     |
---------------------------------------------------------------------------------
|   0 | SELECT STATEMENT            |      |       |       |     2 (100)|          |
|   1 |  TABLE ACCESS BY INDEX ROWID| T1   |     1 |    51 |     2   (0)| 00:00:01 |
|*  2 |   INDEX RANGE SCAN          | I_T1 |     1 |       |     1   (0)| 00:00:01 |
---------------------------------------------------------------------------------
```

L.: „*Das Skript test_case_char_histograms.sql präsentiert Dynamic Sampling als noch eine mögliche Problemlösung. In diesem konkreten Fall kann auch das Anlegen des eindeutigen (unique) Indexes helfen. Das zwingt den Optimizer, den Index zu benutzen, ungeachtet, dass der jeweilige Bind-Wert laut der bestehenden Histogramme nicht selektiv ist.*"

7.1.1.2 Leaf-Blöcke der Indices

Die Optimizer-Statistik zu Leaf-Blöcken eines Indexes kann uns über die Größe dieses Indexes und, was eventuell noch wichtiger ist, über die Effektivität einiger Index-Operationen informieren. In diesem Abschnitt betrachten wir lediglich B-Tree Indices und besprechen diese interessante Optimizer-Statistik und ihren Einfluss auf einige Index-Operationen. Ferner besprechen wir Methoden, mit denen man die Qualität der B-Tree Indices schätzen kann. Diese Methoden basieren auf der Optimizer-Statistik zu den Leaf-Blöcken.

Leonid: „*Peter, für welche Index-Operationen spielt die Anzahl der Leaf-Blöcke eine große Rolle?*"

Peter: „*Zum Beispiel für Full Scans von Indices.*"

L.: „*Ich würde Deine Antwort noch mit 2 Operationen ergänzen: Fast Full Scans und Range Scans von Indices. Einverstanden?*"

P.: „*Einige Bedenken habe ich bei den Range Scans.*"

L.: „*Aus welchem Grund? Ein Range Scan ist schematisch in Abb. 7.1 dargestellt. Bei solch einem Index Scan wird auch ein Bereich der Leaf-Blöcke überprüft*".

Abb. 7.1 Ein Index Range Scan

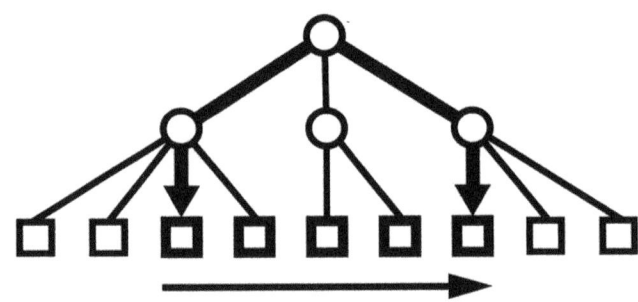

P.: „Im Unterschied zu dem Full Scan, bei dem alle Leaf-Blöcke überprüft werden, werden nur ganz wenige beim Range Scan besucht, wenn der jeweilige Bereich schmal ist. Für so einen Range Scan kann die gesamte Anzahl der Leaf-Blöcke des Indexes keine gravierende Rolle spielen."

L.: „Du hast natürlich Recht. Der Range Scan muss sich über einen breiten Bereich erstrecken. Wenn die Leaf-Blöcke eines Indexes kärglich mit den Daten gefüllt sind, hat dieser Index mehr Leaf-Blöcke als notwendig, was die 3 oben genannten Index-Operationen beeinträchtigt."

P.: „Welche Faktoren verursachen nicht optimale Füllung der Leaf-Blöcke eines Indexes?"

L.: „Das können mehrere sein. Beispielsweise ein zu großer Wert von PCTFREE. Solch eine Lage kann auch nach einem massiven Löschen der Tabellendaten entstehen. Einige weitere Faktoren kann man dem [21] entnehmen."

P.: „Wie kann man die Optimizer-Statistik zu Leaf-Blöcken beurteilen? Wenn ich beispielsweise den Wert von 10.000 in der Spalte LEAF_BLOCKS der View DBA_IND_STATISTICS sehe, ist das viel oder nicht?"

L.: „Warte Peter. Du bist einen Schritt zu weit. Wir haben eine wichtige Tatsache noch nicht geklärt. Die Optimizer-Statistik zu Leaf-Blöcken und die Anzahl dieser Blöcke ist nicht dasselbe."

P.: „Meinst Du, dass diese Statistik ungenau sein kann?"

L.: „Das ist auch möglich. In erster Linie meine ich aber, dass die leeren Leaf-Blöcke nicht in der jeweiligen Optimizer-Statistik berücksichtigt werden."

P.: „Wieso denn nicht?"

L.: „Oracle findet die Anzahl der Leaf-Blöcke mit einem Fast Full Scan des jeweiligen Indexes heraus und benutzt dabei die interne Funktion SYS_OP_LBID für die Ermittlung der Id des Leaf-Blockes für jeden gefundenen Datensatz. Wenn man SQL-Tracing beim Ausführen der Prozedur DBMS_STATS.GATHER_INDEX_STATS aktiviert, findet man den jeweiligen Select in der Trace-Datei. Die leeren Index-Blöcke können bei dieser Methode nicht überprüft werden. Das kann man leicht mit dem folgenden Test-Case verifizieren."

7.1 Wichtige Features von 11g im Überblick

```
SQL> create table test1.t1 (a number, b number, c number, d number, e number, f number);

Table created.

SQL> insert into test1.t1 select level, level*10, level*100, level*1000, level*10000,
level*100000 from dual connect by level <= 100000;

100000 rows created.

SQL> commit;

Commit complete.

SQL> create index test1.i_t1 on test1.t1(a, b, c, d);

Index created.

SQL> select leaf_blocks from dba_ind_statistics where owner='TEST1' and index_name='I_T1';

LEAF_BLOCKS
-----------
        427

SQL> delete from test1.t1 where a not in (1, 100000);

99998 rows deleted.

SQL> commit;

Commit complete.

SQL> exec dbms_stats.gather_table_stats('TEST1', 'T1')

PL/SQL procedure successfully completed.

SQL> select leaf_blocks from dba_ind_statistics where owner='TEST1' and index_name='I_T1';

LEAF_BLOCKS
-----------
          2

SQL> select blocks from dba_segments where owner='TEST1' and segment_name='I_T1';

     BLOCKS
-----------
        512
```

P.: „Man muss also zusätzlich die statistische Anzahl der Leaf-Blöcke mit der Anzahl der allozierten Index-Blöcke vergleichen."

L.: „Ja, das ist nicht verkehrt. Du kannst wie immer sagen, dass es ein seltener Fall ist. In meiner Praxis stieß ich aber mehrfach auf solche Probleme."

P.: „Werden die ganz leeren Leaf-Blöcke überhaupt bei Index-Scans besucht?"

L.: „Ja, sie werden besucht, siehe die Laufzeitstatistik ‚Buffers' unten."

```
SQL> select /*+ index(t1 i_t1) */ count(*) from test1.t1 where a between 1 and 100000;

  COUNT(*)
----------
         2

SQL> select plan_table_output from table (sys.dbms_xplan.display_cursor('','','ALLSTATS
LAST'));

PLAN_TABLE_OUTPUT
--------------------------------------------------------------------------------
--------------------------------------------------------------------------------
-----------------
SQL_ID  axhasfhd10093, child number 0
-------------------------------------
select /*+ index(t1 i_t1) */ count(*) from test1.t1 where a between 1
and 100000

Plan hash value: 3547404373

---------------------------------------------------------------------------------
| Id | Operation         | Name | Starts | E-Rows | A-Rows |   A-Time   | Buffers |
---------------------------------------------------------------------------------
|  0 | SELECT STATEMENT  |      |   1    |        |    1   |00:00:00.01 |   428   |
|  1 |  SORT AGGREGATE   |      |   1    |   1    |    1   |00:00:00.01 |   428   |
|* 2 |   INDEX RANGE SCAN| I_T1 |   1    |   2    |    2   |00:00:00.01 |   428   |
---------------------------------------------------------------------------------
```

P.: „*Ich kehre zurück zu meiner Frage. Ist es möglich, die Qualität eines Indexes zu schätzen?*"

L.: „*Das ist möglich, Peter. Dafür gibt es 2 verschiedene Ansätze. Bei einem werden die vorhandenen Optimizer-Statistiken benutzt, bei dem anderen werden diese statistischen Informationen speziell für die Schätzung der Index-Qualität ermittelt. Die Methoden, die auf dem ersten Ansatz beruhen, sind wesentlich schneller als diejenigen, die den zweiten Ansatz benutzen.*"

P.: „*Wozu dient dann der zweite Ansatz?*"

L.: „*Möglicherweise fehlen die Optimizer-Statistiken für die jeweilige Tabelle bzw. für den jeweiligen Index. Es gibt aber noch einen Grund. Meiner Meinung nach ist der zweite Ansatz präziser als der erste. Die Genauigkeit der Schätzung der Index-Qualität nach dem ersten Ansatz ist stark von der Genauigkeit der vorhandenen Optimizer-Statistiken abhängig. Wenn man diese Statistiken selber ermittelt, kann man deren Genauigkeit auch bestimmen (beispielsweise ermitteln sie für alle Datensätze statt für einen Prozentsatz). Noch ein Beispiel: Die durchschnittlichen Längen der Index-Spalten, welche mit dem Package DBMS_STATS berechnet werden, sind auf Ganzzahl abgerundet. Wenn die Werte der Index-Spalten von geringer Länge sind, führt es zu einem spürbaren Präzisionsverlust bei der Schätzung der Index-Qualität. Die Ermittlung dieser Längen 'per Hand' kann ohne Abrundung erfolgen.*

Fangen wir mit dem ersten Ansatz an. Steve Adams hat diesen Ansatz im Skript sparse_indexes.sql in [14] implementiert. Dieses Skript berechnet die optimale Anzahl der Leaf-Blöcke der Indices und berücksichtigt dabei die physikalischen Attribute des Indexes wie INITRANS und PCTINCREASE. Das Skript sparse_norm_idx9i.sql benutzt dasselbe Prinzip, ist aber etwas weiterentwickelt. Die Ausgabe dieses Skripts sieht folgendermaßen aus:"

7.1 Wichtige Features von 11g im Überblick

```
-- Database Alias : XXXX
-- Oracle Server Version : 11.2.0.3.0
-- Script sparse_norm_idx9i.sql (Product TuTool 6.4.9 : www.tutool.de)
-- Start Time : 12.06.13 15:39:29
-- Input Parameters :
-- density='100'


INDEX_NAME                              PART_NAME         SUBPART_NAME         DENSITY
EXTRA_LEAF_BLOCKS BLOCK_SIZE LAST_DDL_TIME LAST_ANALYZED COMPRESSION USER_STATS
----------------------------------- ----------------- -------------------- ---------- --
--------------- ---------- ------------- ------------- ----------- ----------
PERFSTAT.STATS$SYSSTAT_PK                                                    82.23%
3352            8192       02.12.2012    04.06.2013    DISABLED    NO
PERFSTAT.STATS$EVENT_HISTOGRAM_PK                                            84.74%
2883            8192       02.12.2012    03.06.2013    DISABLED    NO
PERFSTAT.STATS$SQL_PLAN_USAGE_PK                                             75.37%
2616            8192       02.12.2012    09.06.2013    DISABLED    NO
PERFSTAT.STATS$LATCH_PK                                                      83.11%
2499            8192       02.12.2012    04.06.2013    DISABLED    NO
PERFSTAT.STATS$SQL_SUMMARY_PK                                                77.87%
1960            8192       02.12.2012    09.06.2013    DISABLED    NO
PERFSTAT.STATS$PARAMETER_PK                                                  82.44%
1620            8192       02.12.2012    04.06.2013    DISABLED    NO
PERFSTAT.STATS$SYSTEM_EVENT_PK                                               64.77%
1218            8192       02.12.2012    03.06.2013    DISABLED    NO
PERFSTAT.STATS$SQL_PLAN_USAGE_HV                                             62.58%
1108            8192       02.12.2012    09.06.2013    DISABLED    NO
...
```

P.: „Was bedeutet DENSITY in dieser Ausgabe?"

L.: „Das ist das Verhältnis zwischen der berechneten (optimalen) Anzahl der Leaf-Blöcke und der Statistik LEAF_BLOCKS (also die Dichte des Indexes). Dieser Wert zeigt, wie dicht die Leaf-Blöcke mit den Daten gefüllt sind. Die Spalte EXTRA_LEAF_BLOCKS liefert die Anzahl der Leaf-Blöcke, die man bei dem Index-Umbau gewinnen kann. Die Indices sind nach dieser Anzahl absteigend sortiert. Ganz oben stehen also Indices, bei denen man maximal am Speicherplatz gewinnen kann. Diese Indices können aber eine ziemlich hohe Dichte haben. Du hast sicherlich auch den Parameter ‚density' des Skripts bemerkt. Mit diesem Parameter kann man die obere Grenze der Index-Dichte als Prozentsatz setzen, so dass lediglich die Indices ausgegeben werden, deren Dichte entweder kleiner als dieser Parameterwert oder ihm gleich ist. Der Vorgabewert dieses Parameters beträgt 75."

P.: „Berücksichtigt dieses Skript die Komprimierung der Indices?"

L.: „Nein. Die Spalte COMPRESSION in der obigen Ausgabe ist rein informativ."

P.: „Wie kann man anhand dieser Ausgabe beurteilen, von welchen Indices die Qualität schlecht ist?"

L.: „Je nachdem, was für Dich wichtig ist. Wenn Dein Ziel ist, möglichst viel Speicherplatz zu ersparen, sind die obersten Indices die interessantesten für Dich. Etwas komplizierter ist es, wenn Du die Performanz bei den Index-Zugriffen verbessern willst. In diesem Fall würde ich aber nicht mit der Ausgabe des Skripts sparse_norm_idx9i.sql anfangen, sondern mit den problematischen SQL-Anweisungen. Wenn mindestens eine der bereits besprochenen 3 Index-Operationen viele Buffer Gets oder Physical Reads in ihrem Ausführungsplan verursacht, würde ich die Dichte des jeweiligen Indexes überprüfen. Diese Dichte zeigt ungefähr an, wie viel man prozentual an der Performanz bei dem jeweiligen Index-Scan gewinnen kann, wenn man diesen Index neu anlegt oder umbaut."

P.: „Warum kann man nicht alle Indices mit einer niedrigen Dichte einfach so ohne Analyse umbauen?"

L.: „Der Index-Umbau ist ziemlich kostspielig. Aus diesem Grund würde ich nicht empfehlen, das ohne Indizien zu tun. Man muss mehr oder weniger sicher sein, dass diese Aktion *die Performanz verbessert. Es gibt aber einen Grund, der eventuell noch wichtiger ist. Wenn auf den jeweiligen Index konkurrierend zugegriffen wird, kann der Umbau dieses Indexes die Performanz verschlechtern."*

P.: *"Dieser Index wird nach dem Umbau wesentlich schlanker sein. Das ist doch gut für die Performanz."*

L.: *"Erinnerst Du Dich an das Warteereignis 'latch: cache buffers chains' aus dem Abschn. 3.2.3.8.3? Wenn man die Anzahl der Index-Blöcke reduziert, erhöht sich die potenzielle Gefahr der Konkurrenz um diese Blöcke. So können beispielsweise die Wartezustände für ‚latch: cache buffers chains' entstehen. Statt die Performanz zu verbessern, kann man sie so verschlechtern."*

P.: *"Ich muss gestehen, ich bin jetzt ziemlich verunsichert bezüglich des Index-Umbaus."*

L.: *"‚To rebuild or not to rebuild?' ist keine leichte Frage. Viele Datenbankspezialisten raten ab den Umbau der Indices vorzunehmen. Ich kenne aber einige Datenbanken, bei denen ein regelmäßiger Index-Umbau sehr effektiv ist. Wenn man überlegt vorgeht, kann man den Index-Umbau als Tuning-Maßnahme einsetzen. Ich rate lediglich von unüberlegten und pauschalen Lösungen ab."*

P.: *"Ich verstehe. Hast Du den zweiten Ansatz für die Schätzung der Index-Qualität nicht vergessen?"*

L.: *"Nein. Dieser Ansatz ist dem bereits Besprochenen sehr ähnlich. Wie ich bereits gesagt habe, besteht der Unterschied darin, dass die Statistiken speziell ermittelt werden. Als Beispiel des zweiten Ansatzes nehmen wir die Ermittlung dieser Statistiken mit SQL-Anweisungen, bei denen die interne Funktion SYS_OP_LBID für die Berechnung der Anzahl der Leaf-Blöcke benutzt wird. Dieses Verfahren ist im Skript estimate_sparse_norm_idx10g.sql implementiert, das die folgenden Parameter hat:*

- index_owner. Mit diesem Parameter legt man einen Schemanamen fest. Falls man keine Eingabe macht, werden Indices in allen Schemata (außer SYS) geprüft,
- index_name. Hier kann man einen konkreten Index-Namen eingeben oder alle Indices prüfen lassen,
- only_without_stats. Für diesen Parameter kann man 2 Werte eingeben: „Y" – somit werden keine Indices geprüft, für die Optimizer-Statistiken erstellt sind, „N" – bewirkt die Prüfung unabhängig von der Existenz der Optimizer-Statistiken,
- sample_percent. Dieser Parameter definiert den Prozentsatz der zu prüfenden Index-Blöcke und kann die Werte von 1 bis 100 annehmen. Der Vorgabewert ist 10,
- density. Wie bei dem Skript sparse_norm_idx9i.sql wird damit die obere Grenze der Index-Dichte als Prozentsatz gesetzt. Der Vorgabewert dieses Parameters beträgt auch 75.

Dieses Skript ist in erster Linie für nicht partitionierte Indices entwickelt worden und berücksichtigt nicht alle Besonderheiten dieser Indices. Es zieht beispielsweise physikalische Attribute des ganzen Indexes (und keine jeweiligen Attribute der Partitionen bzw. Unterpartitionen) bei der Schätzung der Index-Qualität in Betracht.

7.1 Wichtige Features von 11g im Überblick

Setzen wir unser Beispiel fort. Dafür füllen wir die Tabelle T1 erneut mit den Daten."

```
SQL> truncate table test1.t1;
SQL> insert into test1.t1(a,b,c,d,e,f) select null,null,null,null,null,null from dual connect
by level <= 10000;
SQL> insert into test1.t1 select mod(level,50), level*10, level*100, level*1000, level*10000,
level*100000 from dual connect by level <= 100000;
SQL> delete from test1.t1 where a between 20 and 40 and rownum <= 30000;
SQL> commit;
SQL> exec dbms_stats.gather_table_stats('TEST1', 'T1')
```

L.: *„Danach setzen wir die Parameter des Skripts estimate_sparse_norm_idx10g.sql und führen dieses Skript aus. Die Ausgabe besteht aus 2 Teilen. Der erste Teil sieht ähnlich der Ausgabe des Skripts sparse_norm_idx9i.sql aus. Im zweiten Teil wird die andere Dichte ausgegeben: das Verhältnis zwischen der Anzahl der Leaf-Blöcke und der Anzahl der allozierten Index-Blöcke, um die Indices mit vielen leeren Leaf-Blöcken zu ermitteln."*

```
SQL> define index_owner='TEST1'
SQL> define index_name='I_T1'
SQL> define only_without_stats='n'
SQL> define sample_percent=100
SQL> define density=100
SQL>
SQL> set echo off

Sparse Indexes:

INDEX_NAME                              DENSITY EXTRA_LEAF_BLOCKS LEAF_DENSITY LEAF_BLOCKS
BLOCKS BLOCK_SIZE LAST_DDL_TIME LAST_ANALYZED COMPRESSION
---------------------------------------- -------- ----------------- ------------ -----------
---------- ---------- ------------- ------------- -----------
TEST1.I_T1                               57.38%                205       62.63%         481
   768       8192 11.06.2013    11.06.2013    DISABLED

Indexes odered by Leaf Density (to determine Indexes with a lot of empty Blocks):

INDEX_NAME                              LEAF_DENSITY LEAF_BLOCKS     BLOCKS BLOCK_SIZE
LAST_DDL_TIME LAST_ANALYZED
---------------------------------------- ------------ ----------- ---------- ---------- -----
-------- -------------
TEST1.I_T1                                     62.63%         481        768       8192
11.06.2013    11.06.2013
```

P.: *„Wie genau sind diese Schätzungen?"*

L.: *„Bauen wir den Index I_T1 um und berechnen danach die Optimizer-Statistiken, um zu ermitteln, wie viele Leaf-Blöcke nach dem Index-Umbau entstanden sind."*

```
SQL> alter index test1.i_t1 rebuild online;
SQL>
SQL> exec dbms_stats.gather_table_stats('TEST1', 'T1')
SQL>
SQL> select leaf_blocks from dba_ind_statistics where owner='TEST1' and index_name='I_T1';

LEAF_BLOCKS
-----------
        280
```

P.: *„Das Skript hat die Anzahl der Leaf-Blöcke nach dem Index-Umbau als 481 – 205 = 276 geschätzt. Das ist ja ziemlich genau!"*

7.1.1.3 Clustering Factor

Dieser Abschnitt ist der nächsten wichtigen Optimizer-Statistik „Clustering Factor" (CF) gewidmet, welche wir hier für B-Tree Indices betrachten. Diese Statistik ist wichtig für Tabellenzugriffe über die ROWID bei einem Index Range Scan. Wenn Sie beobachten, dass ein Index Range Scan relativ wenige Indexblockzugriffe macht, aber die zugehörigen Tabellenzugriffe uber die ROWID hingegen sehr viele Tabellenblöcke lesen, würde ich empfehlen, die Optimizer-Statistik CF des jeweiligen Indexes zu überprüfen.

Leonid: *„Peter, kennst Du diese Optimizer-Statistik?"*

Peter: *„Nein, die Bedeutung dieser Optimizer-Statistik ist mir nicht bekannt. Ich habe irgendwelche nummerischen Werte von CF gesehen, sie sagen mir aber nichts."*

L.: *„Diese Statistik ist für die Bemessung der Effektivität von Tabellenzugriffen bei Index-Scans eingeführt. Sie zeigt, wie viele Tabellenblockzugriffe über die ROWID bei einem Full Index Scan ausgeführt werden. Je höher der jeweilige Statistikwert ist, desto mehr wird auf die Tabellenblöcke über ROWID auch bei Index Range Scans zugegriffen."*

P.: *„Das Prinzip habe ich verstanden. Mir fehlen noch einige Details. Welche Werte kann diese Statistik annehmen? Wie hoch können sie sein? Usw."*

L.: *„Besprechen wir zunächst, wie Oracle diese Statistik berechnet. Oracle macht einen Full Index Scan und prüft alle Indexsätze folgendermaßen: Wenn die jeweiligen Tabellensätze für 2 nacheinander folgende Indexsätze in verschiedenen Tabellenblöcken liegen, wird der CF um 1 erhöht (anfänglich ist CF = 1). Man kann das mit einem einfachen Select verifizieren (s. das Skript test_case_clustering_factor.sql). Legen wir zunächst eine Tabelle und einen Index an und erstellen für sie die Optimizer-Statistiken:"*

```
SQL> create table test1.t1 (a number, b number, c number, d number, e number, f number);

Table created.

SQL> insert into test1.t1 select mod(level,50), level*10, level*100, level*1000, level*10000,
level*100000 from dual connect by level <= 10000;

10000 rows created.

SQL> create index test1.i_t1 on test1.t1(a);

Index created.

SQL> exec dbms_stats.gather_table_stats('TEST1', 'T1')

PL/SQL procedure successfully completed.

SQL> select blocks from dba_tab_statistics where owner='TEST1' and table_name='T1';

    BLOCKS
----------
        43

SQL> select num_rows, clustering_factor from dba_ind_statistics where owner='TEST1' and
index_name='I_T1';

  NUM_ROWS CLUSTERING_FACTOR
---------- -----------------
     10000              2100
```

7.1 Wichtige Features von 11g im Überblick

L.: *„Jetzt führen wir unseren Select aus."*

```
SQL> with num as (select /*+ index(t1 i_t1) */
dbms_rowid.rowid_to_absolute_fno(rowid,'TEST1','T1') fno, dbms_rowid.rowid_block_number(rowid)
bno, rownum rn from test1.t1 where a is not null)
  2  select sum(case when num1.fno=num2.fno and num1.bno=num2.bno then 0 else 1 end) + 1 cf
from num num1, num num2
  3  where num1.rn = num2.rn + 1;

        CF
----------
      2100
```

P.: *„Bingo! Dein Select liefert denselben Wert."*

L.: *„Dieser Select demonstriert, wie Oracle den CF berechnet, ist aber lediglich für Tests mit relativ kleinen Tabellen geeignet. Peter, kannst Du jetzt die Werte von CF besser beurteilen?"*

P.: *„Lass mich probieren. Ein guter Wert muss nahe der Anzahl der Tabellenblöcke liegen. Er kann sogar kleiner sein, weil der jeweilige Index keine Einträge mit NULL-Werten in den Index-Spalten hat."*

L.: *„Was meinst Du genau mit den NULL-Werten? Wenn der Index zusammengesetzt ist und beispielsweise 3 Spalten hat, welche Indexeinträge sind es?"*

P.: *„Dieser Index enthält keine Datensätze, für welche alle 3 Spalten den NULL-Wert haben."*

L.: *„Sehr gut, Peter. Was sagst Du über die schlechten Werte von CF?"*

P.: *„Der schlechte Wert kann der Anzahl der Indexsätze nahe sein. Im schlimmsten Fall ist er gleich dieser Anzahl."*

L.: *„OK, ich glaube, wir können unser Beispiel fortsetzen. Prüfen wir, wie viele Tabellenblockzugriffe über die ROWID bei dem Full Index Scan gemacht werden."*

```
SQL> alter session set statistics_level=all;

Session altered.

SQL> select /*+ index(t1 i_t1) */ count(b) from test1.t1 where a is not null;

  COUNT(B)
----------
     10000

SQL> select plan_table_output from table (sys.dbms_xplan.display_cursor('','','ALLSTATS
LAST'));

PLAN_TABLE_OUTPUT
--------------------------------------------------------------------------------
--------------------------------------------------------------------------------
--------------------------------------------------------------------------------
------------------
SQL_ID  1qu2dvu86558x, child number 0
-------------------------------------
select /*+ index(t1 i_t1) */ count(b) from test1.t1 where a is not null

Plan hash value: 2575626123

--------------------------------------------------------------------------------
| Id | Operation                     | Name | Starts | E-Rows | A-Rows |   A-Time    | Buffers |
--------------------------------------------------------------------------------
|  0 | SELECT STATEMENT              |      |   1    |        |   1    |00:00:00.16  |  2121   |
|  1 |  SORT AGGREGATE               |      |   1    |   1    |   1    |00:00:00.16  |  2121   |
|  2 |   TABLE ACCESS BY INDEX ROWID | T1   |   1    | 10000  | 10000  |00:00:00.14  |  2121   |
|* 3 |    INDEX FULL SCAN            | I_T1 |   1    | 10000  | 10000  |00:00:00.03  |    21   |
--------------------------------------------------------------------------------
```

P.: „Hei, sie sind in der Tat gleich dem CF: 2121 – 21 = 2100."

L.: „Die letzte Ausgabe ist zugleich ein Beispiel der Performanz-Probleme bei einem großen CF: der Index-Scan macht wenige Block-Zugriffe, die jeweiligen Tabellenzugriffe über die ROWID benötigen aber ziemlich viele. Sehr oft werden in den praktischen Fällen die jeweiligen Tabellenblöcke von der Festplatte gelesen."

P.: „Kann man etwas dagegen unternehmen?"

L.: „Leider ist es sehr schwierig. Der CF ändert sich, wenn die Tabellendaten anders abgespeichert sind. In [21] wurden beispielsweise gravierende Differenzen von CF festgestellt, wenn man die Anzahl der Free Lists der Tabelle ändert oder die Tabelle in einem ASSM Tablespace plaziert. Es gibt aber keine Methoden, die auf dieser Basis garantiert den CF reduzieren. Die einzig sichere Methode besteht darin, dass die Daten sortiert wie im jeweiligen Index in die Tabelle eingetragen werden."

7.1 Wichtige Features von 11g im Überblick

```
SQL> truncate table test1.t1;

Table truncated.

SQL> insert into test1.t1 select mod(level,50), level*10, level*100, level*1000, level*10000,
level*100000 from dual connect by level <= 10000 order by 1;

10000 rows created.

SQL> commit;

Commit complete.

SQL> exec dbms_stats.gather_table_stats('TEST1', 'T1')

PL/SQL procedure successfully completed.

SQL> select blocks from dba_tab_statistics where owner='TEST1' and table_name='T1';

    BLOCKS
----------
        43

SQL> select num_rows, clustering_factor from dba_ind_statistics where owner='TEST1' and
index_name='I_T1';

  NUM_ROWS CLUSTERING_FACTOR
---------- -----------------
     10000                50

SQL> select /*+ index(t1 i_t1) */ count(b) from test1.t1 where a is not null;

  COUNT(B)
----------
     10000

SQL> select plan_table_output from table (sys.dbms_xplan.display_cursor('','','ALLSTATS
LAST'));

PLAN_TABLE_OUTPUT
--------------------------------------------------------------------------------------------
--------------------------------------------------------------------------------------------
--------------------------------------------------------------------------------------------
-----------------
SQL_ID  1qu2dvu86558x, child number 0
-------------------------------------
select /*+ index(t1 i_t1) */ count(b) from test1.t1 where a is not null

Plan hash value: 2575626123

--------------------------------------------------------------------------------------------
-
| Id  | Operation                    | Name | Starts | E-Rows | A-Rows |   A-Time   | Buffers
|
--------------------------------------------------------------------------------------------
-
|   0 | SELECT STATEMENT             |      |      1 |        |      1 |00:00:00.10 |     71
|
|   1 |  SORT AGGREGATE              |      |      1 |      1 |      1 |00:00:00.10 |     71
|
|   2 |   TABLE ACCESS BY INDEX ROWID| T1   |      1 |  10000 |  10000 |00:00:00.08 |     71
|
|*  3 |    INDEX FULL SCAN           | I_T1 |      1 |  10000 |  10000 |00:00:00.03 |     21
|
--------------------------------------------------------------------------------------------
-
```

P.: „Die Tabelle kann aber mehrere Indices mit einem hohen CF haben. Was macht man in diesem Fall?"

L.: „Es kann auch sein, dass die Tabellendaten sehr dynamisch sind und häufig geändert werden. Der CF kann sich im Laufe der Zeit verschlechtern, auch wenn er am Anfang sehr gut war. Ja, diese Methode ist nicht für alle Fälle gut geeignet. Wenn das jeweilige Performanz-

Problem sehr gravierend ist, kann man eventuell den Index um einige Spalten erweitern, um die Tabellenzugriffe über die ROWID ganz zu meiden."

7.1.2 Verzögerte Invalidierung der Cursor

Aus welchem Grund zeigen die neu erstellten Optimizer-Statistiken ihre Wirkung erst einige Stunden später? In diesem Abschnitt klären wir das. Fragen wir zunächst Peter, ob er eine Erklärung dieses Phänomens hat.

Leonid: *„Peter, hast Du beobachtet, dass ein Ausführungsplan sich nach der Aktualisierung der Optimizer-Statistiken verändert hat?"*

Peter: *„Ja, das habe ich einige Male gesehen."*

L.: *„Hast Du bemerkt, dass es nicht sofort nach dem automatischen Erstellen der neuen Statistiken, sondern mit einer spürbaren Verzögerung passiert?"*

P.: *„Ja. Ich vermute, es passiert, weil die bestehenden relevanten Cursor nicht sofort invalidiert werden und eine Zeitlang weiterhin benutzt werden."*

L.: *„Könntest Du möglicherweise sagen, wie groß diese Verzögerung sein kann?"*

P.: *„Nein, das kann ich nicht."*

L.: *„Ist Dir das Argument NO_INVALIDATE von Prozeduren zum Erstellen der Optimizer-Statistiken aufgefallen?"*

P.: *„Ich kenne dieses Argument und habe ein paar Mal den Vorgabewert dieses Arguments auf FALSE geändert, als ich die Optimizer-Statistiken manuell generiert habe."*

L.: *„Der Vorgabewert dieses Arguments ist AUTO_INVALIDATE. Was bedeutet es?"*

P.: *„Oracle entscheidet selber, wann die relevanten Cursor zu invalidieren sind."*

L.: *„Richtig. Dies passiert aber nicht früher, als der Wert des Parameters _OPTIMIZER_IN-VALIDATION_PERIOD vorschreibt. Der Vorgabewert dieses Parameters beträgt 18.000 s oder 5 h. Nach der Invalidierung der Cursor wird ein harter Parse Call beim nächsten Parsen gemacht und ein neuer Cursor infolgedessen angelegt. In der View V$SQL_SHARED_CURSOR wird der Wert 'Y' in die Spalte ROLL_INVALID_MISMATCH als Entstehungsgrund für diesen neuen Cursor eingetragen. Ich habe einen Test-Case vorbereitet, der demonstriert, wie die Cursor nach dem Erstellen der Optimizer-Statistiken mit dem Argument NO_INVALIDATE=>AUTO_INVALIDATE invalidiert werden. Zunächst wird der Parameter _OPTIMI-ZER_INVALIDATION_PERIOD auf 20 s in diesem Test-Case gesetzt, damit die Invalidierung des Cursors schnell erfolgt."*

```
SQL> alter system set "_optimizer_invalidation_period"=20;

System altered.
```

L.: *„Danach werden die Optimizer-Statistiken für die Tabelle T1 generiert und die zu testende SQL-Anweisung ausgeführt. Dabei wird der Cursor mit CHILD_NUMMER=0 erzeugt."*

7.1 Wichtige Features von 11g im Überblick

```
SQL> exec dbms_stats.gather_table_stats(user,'T1',no_invalidate=>dbms_stats.auto_invalidate)

PL/SQL procedure successfully completed.

SQL> set time on
14:34:44 SQL>
14:34:44 SQL> select count(*) from t1 where a=1;

  COUNT(*)
----------
         1

14:34:44 SQL> select plan_table_output from table (sys.dbms_xplan.display_cursor);

PLAN_TABLE_OUTPUT
--------------------------------------------------------------------------------
--------------------------------------------------------------------------------
--------------------------------------------------------------------------------
------------------
SQL_ID  5p7s1hq62rf59, child number 0
-------------------------------------
select count(*) from t1 where a=1

Plan hash value: 3547404373

--------------------------------------------------------------------------
| Id  | Operation         | Name | Rows  | Bytes | Cost (%CPU)| Time     |
--------------------------------------------------------------------------
|   0 | SELECT STATEMENT  |      |       |       |     1 (100)|          |
|   1 |  SORT AGGREGATE   |      |     1 |     4 |            |          |
|*  2 |   INDEX RANGE SCAN| I_T1 |     1 |     4 |     1   (0)| 00:00:01 |
--------------------------------------------------------------------------
```

L.: „*Daraufhin werden die Optimizer-Statistiken erneut generiert. Die SQL-Anweisung wird zum zweiten Mal nicht sofort ausgeführt, sondern erst in 30 s.*"

```
14:34:44 SQL> exec
dbms_stats.gather_table_stats(user,'T1',no_invalidate=>dbms_stats.auto_invalidate)

PL/SQL procedure successfully completed.

14:34:45 SQL> exec dbms_lock.sleep(30);

PL/SQL procedure successfully completed.
```

L.: „*Peter, kannst Du sagen, ob ein neuer Cursor bei der Ausführung der SQL-Anweisung nach dieser Pause angelegt wird?*"

P.: „*Ich denke, es wird so sein, weil wir länger als der Parameterwert von _OPTIMIZER_INVALIDATION_PERIOD gewartet haben.*"

L.: „*Schauen wir, ob Du Recht hast.*"

```
14:35:15 SQL> select to_char(cast(sys_extract_utc(systimestamp) as date),'dd.mm.yyyy
hh24:mi:ss') sysdate_utc from dual;

SYSDATE_UTC
-------------------
10.06.2013 13:35:15

14:35:15 SQL> select count(*) from t1 where a=1;

  COUNT(*)
----------
         1

14:35:15 SQL> select plan_table_output from table (sys.dbms_xplan.display_cursor);

PLAN_TABLE_OUTPUT
--------------------------------------------------------------------------------
--------------------------------------------------------------------------------
--------------------------------------------------------------------------------
-----------------
SQL_ID  5p7s1hq62rf59, child number 0
-------------------------------------
select count(*) from t1 where a=1

Plan hash value: 3547404373

--------------------------------------------------------------------------
| Id  | Operation         | Name | Rows  | Bytes | Cost (%CPU)| Time     |
--------------------------------------------------------------------------
|   0 | SELECT STATEMENT  |      |       |       |     1 (100)|          |
|   1 |  SORT AGGREGATE   |      |     1 |     4 |            |          |
|*  2 |   INDEX RANGE SCAN| I_T1 |     1 |     4 |     1   (0)| 00:00:01 |
--------------------------------------------------------------------------
```

P.: „*Das ist ja eine Überraschung. Es wird nach wie vor der Cursor mit dem Child Number 0 ausgeführt.*"

L.: „*Oracle invalidiert die relevanten Cursor nicht sofort nach dem Ablauf der Invalidierungsfrist, sondern wartet auf das nächste Parsing bzw. auf die nächste Ausführung der jeweiligen SQL-Anweisung. Aus diesem Grund wird der bestehende Cursor bei der zweiten Ausführung der SQL-Anweisung benutzt.*"

P.: „*Was ist UTC und wofür brauchen wir das jeweilige Datum und die Uhrzeit?*"

L.: „*UTC bedeutet Coordinated Universal Time (das ist die Greenwich-Zeit). Die Ausgabe von Greenwich-SYSDATE werden wir am Ende dieses Test-Case brauchen. Warten wir jetzt 20 s lang ab, damit Oracle garantiert einen neuen Cursor bei der nächsten Ausführung der SQL-Anweisung anlegt:*"

7.1 Wichtige Features von 11g im Überblick

```
14:35:15 SQL> exec dbms_lock.sleep(20);

PL/SQL procedure successfully completed.

14:35:35 SQL>
14:35:35 SQL> -- End of invalidation window. A new cursor will be created.
14:35:35 SQL>
14:35:35 SQL> select to_char(cast(sys_extract_utc(systimestamp) as date),'dd.mm.yyyy
hh24:mi:ss') sysdate_utc from dual;

SYSDATE_UTC
-------------------
10.06.2013 13:35:35

14:35:35 SQL> select count(*) from t1 where a=1;

  COUNT(*)
----------
         1

14:35:35 SQL> select plan_table_output from table ( sys.dbms_xplan.display_cursor);

PLAN_TABLE_OUTPUT
--------------------------------------------------------------------------------
--------------------------------------------------------------------------------
--------------------------------------------------------------------------------
-----------------
SQL_ID  5p7s1hq62rf59, child number 1
-------------------------------------
select count(*) from t1 where a=1

Plan hash value: 3547404373

---------------------------------------------------------------------------
| Id  | Operation         | Name | Rows  | Bytes | Cost (%CPU)| Time     |
---------------------------------------------------------------------------
|   0 | SELECT STATEMENT  |      |       |       |     1 (100)|          |
|   1 |  SORT AGGREGATE   |      |     1 |     4 |            |          |
|*  2 |   INDEX RANGE SCAN| I_T1 |     1 |     4 |     1   (0)| 00:00:01 |
---------------------------------------------------------------------------
```

L.: „Im Test-Case werden noch 2 Ausführungen der SQL-Anweisung gemacht. Den kompletten Ablauf kannst Du selber verfolgen, wenn Du das Skript test_case_delayed_invalidation_of_cursors.sql ausführst. Zum Schluss werden die jeweiligen Daten aus der View V$SQL_SHARED_CURSOR ermittelt."

```
14:36:26 SQL> select child_number, roll_invalid_mismatch, reason from v$sql_shared_cursor
where sql_id='5p7s1hq62rf59';

CHILD_NUMBER R
------------ -
REASON
--------------------------------------------------------------------------------
------------------------------------------------------------
           0 N
<ChildNode><ChildNumber>0</ChildNumber><ID>34</ID><reason>Rolling Invalidate Window
Exceeded(2)</reason><size>0x0</size><details>already_processed</details></ChildNode><ChildNode
><ChildNumber>0</ChildNumber><ID>34</ID><reason>Rolling Invalidate Window
Exceeded(3)</reason><size>2x4</size><invalidation_window>1370871331</invalidation_window><ksug
ctm>1370871334</ksugctm></ChildNode>

           1 Y
<ChildNode><ChildNumber>1</ChildNumber><ID>34</ID><reason>Rolling Invalidate Window
Exceeded(3)</reason><size>2x4</size><invalidation_window>1370871372</invalidation_window><ksug
ctm>1370871385</ksugctm></ChildNode>

           2 Y
```

L.: „Erwartungsgemäß ist die Spalte ROLL_INVALID_MISMATCH auf 'Y' gesetzt. In der Spalte REASON sind aber noch ein paar nützliche Informationen zu finden: INVALIDATION_WINDOW und KSUGCTM. Peter, kannst Du vermuten, was sie bedeuten?"

P.: „Das sind irgendwelche Zahlen, möglicherweise zeitliche Angaben."

L.: „Richtig. Das sind Sekunden seit dem 1. Januar 1970. Wir können diese Informationen in die Uhrzeit umrechnen."

```
14:36:26 SQL> select child_number,
extractvalue(xmltype('<L>'||reason||'</L>'),'/*/*/invalidation_window') invalidation_window,
to_char(to_date('01.01.1970','dd.mm.yyyy') +
extractvalue(xmltype('<L>'||reason||'</L>'),'/*/*/invalidation_window')/(24*60*60),'dd.mm.yyyy
hh24:mi:ss') inv_win_date,   extractvalue(xmltype('<L>'||reason||'</L>'),'/*/*/ksugctm')
ksugctm, to_char(to_date('01.01.1970','dd.mm.yyyy') +
extractvalue(xmltype('<L>'||reason||'</L>'),'/*/*/ksugctm')/(24*60*60),'dd.mm.yyyy
hh24:mi:ss') ksugctm_date from v$sql_shared_cursor where sql_id='5p7s1hq62rf59';
CHILD_NUMBER INVALIDATION_WINDOW               INV_WIN_DATE         KSUGCTM
KSUGCTM_DATE
------------ ---------------------------- -------------------- ----------------------------
- --------------------
           0 1370871331                        10.06.2013 13:35:31  1370871334
10.06.2013 13:35:34
           1 1370871372                        10.06.2013 13:36:12  1370871385
10.06.2013 13:36:25
           2
```

P.: „Diese Uhrzeit unterscheidet sich aber von den Zeitangaben, welche in den Kommandozeilen vom SQL*Plus angezeigt wurden."

L.: „Ja, weil es die UTC-Zeit ist. Aus diesem Grund wird die UTC-SYSDATE im Test-Case ausgegeben. So kann man diese zeitlichen Angaben besser miteinander vergleichen."

P.: „Wie kann man diese beiden Zeitangaben interpretieren?"

L.: „Die erste (INVALIDATION_WINDOW) entspricht dem Ablaufzeitpunkt der Invalidierungsfrist. Laut der Ausgabe des Skripts ist dieser Ablaufzeitpunkt kleiner gleich 13:35:35, INVALIDATION_WINDOW sagt uns, dass die Invalidierungsfrist ca. 4 s früher abgelaufen ist. Die zweite zeitliche Angabe (KSUGCTM) interpretiere ich als der erste Parsing- oder Ausführungszeitpunkt nach der Invalidierung des jeweiligen Cursors. Im Skript ist es der Zeitpunkt 13:35:35, KSUGCTM zeigt 13:35:34 an."

7.1.3 Historische Optimizer-Statistiken

Dieses Feature ist in Oracle 10g eingeführt. Beim Erstellen der neuen Optimizer-Statistiken werden die alten automatisch abgespeichert. Oracle führt die Historie der gespeicherten Optimizer-Statistiken, und es ist möglich, diese historischen Statistiken wiederherzustellen. Das kann nützlich sein, wenn die neu errechneten Statistiken aus irgendeinem Grund nicht in Ordnung sind und ein Performanz-Problem verursachen.

Stillschweigend werden die Optimizer-Statistiken für die letzten 31 Tage abgespeichert. Mit der Prozedur DBMS_STATS.ALTER_STATS_HISTORY_RETENTION kann man das

7.1 Wichtige Features von 11g im Überblick

aber übersteuern. Diese Prozedur hat ein einziges Argument RETENTION, mit dem man eine Aufbewahrungszeit der Optimizer-Statistiken in Tagen eingeben kann. Die minimale Anzahl der Tage beträgt 1, die maximale ist sehr optimistisch und beträgt 365.000. Das Argument RETENTION kann noch 2 Werte annehmen: 0 und –1. Der Wert 0 setzt die historischen Optimizer-Statistiken außer Kraft (es werden keine Statistiken automatisch abgespeichert). Der Wert –1 bewirkt, dass die historischen Optimizer-Statistiken nie gelöscht werden.

Die Funktion DBMS_STATS.GET_STATS_HISTORY_AVAILABILITY liefert den ältesten Zeitstempel, bei dem die historischen Statistiken noch zurückgespielt werden können.

In der View DBA_TAB_STATS_HISTORY kann man die historischen Optimizer-Statistiken für Tabellen ermitteln.

```
SQL> desc DBA_TAB_STATS_HISTORY
 Name                                      Null?    Type
 ----------------------------------------- -------- ----------------------------
 OWNER                                              VARCHAR2(30)
 TABLE_NAME                                         VARCHAR2(30)
 PARTITION_NAME                                     VARCHAR2(30)
 SUBPARTITION_NAME                                  VARCHAR2(30)
 STATS_UPDATE_TIME                                  TIMESTAMP(6) WITH TIME ZONE
```

In der View DBA_OPTSTAT_OPERATIONS wird die Historie der Statistik-Operationen geführt.

```
SQL> desc DBA_OPTSTAT_OPERATIONS
 Name                                      Null?    Type
 ----------------------------------------- -------- ----------------------------
 OPERATION                                          VARCHAR2(64)
 TARGET                                             VARCHAR2(64)
 START_TIME                                         TIMESTAMP(6) WITH TIME ZONE
 END_TIME                                           TIMESTAMP(6) WITH TIME ZONE
```

Man kann also in dieser View verfolgen, welche Operation die Optimizer-Statistiken geändert hat.

```
SQL> select distinct operation from DBA_OPTSTAT_OPERATIONS;

OPERATION
---------------------------------------------------------------
copy_table_stats
gather_table_stats
gather_database_stats(auto)
```

Die Spalte TARGET beinhaltet normalerweise Tabellennamen mit dem jeweiligen Schemanamen.

```
SQL> select distinct target from DBA_OPTSTAT_OPERATIONS where target like '%T1';
TARGET
-----------------------------------------------------------------
SYS.T1
```

Die folgenden Prozeduren stehen zur Verfügung für das Zurückspielen der historischen Optimizer-Statistiken:

- DBMS_STATS.RESTORE_TABLE_STATS,
- DBMS_STATS.RESTORE_FIXED_OBJECTS_STATS,
- DBMS_STATS.RESTORE_SCHEMA_STATS,
- DBMS_STATS.RESTORE_DATABASE_STATS,
- DBMS_STATS.RESTORE_DICTIONARY_STATS,
- DBMS_STATS.RESTORE_SYSTEM_STATS

Leonid: „Peter, hast Du bemerkt, dass man keine historischen Index-Statistiken separat zurückspielen kann?"

Peter: „Ja. Es ist keine Prozedur dafür vorgesehen. Mir fehlt auch die View mit den historischen Index-Statistiken."

L.: „Index-Statistiken werden zusammen mit den Tabellenstatistiken zurückgespielt."

P.: „Das ist doch kein Problem, nicht wahr?"

L.: „Das ist kein Problem, solange Index-Statistiken beim Erstellen der Tabellenstatistiken miterrechnet werden."

P.: „Ich verstehe nicht ganz, worauf Du hinaus willst."

L.: „Stelle Dir vor, dass 2 Indices einer Tabelle mit einem zeitlichen Abstand umgebaut werden. Dabei werden ihre Optimizer Statistiken stillschweigend neu erzeugt. Die Tabellenstatistiken bleiben aber unverändert. Einen Tag später, nachdem die Tabellen- und Index-Statistiken noch einmal automatisch erstellt wurden, möchtest Du den Statistikstand unmittelbar nach dem Umbau des ersten Indexes am Vortag wieder haben. Was für einen Zeitstempel musst Du beim Zurückspielen der Tabellenstatistiken eingeben? Wenn Du nicht notiert hast, wann diese Indices umgebaut wurden, hast Du schlechte Karten. Auch wenn Du diese Zeiten notiert hast, musst Du gut überlegen, welchen Zeitstempel Du nimmst."

P.: „Solch eine Notwendigkeit entsteht ziemlich selten in der Praxis."

7.1 Wichtige Features von 11g im Überblick

L.: „*Ganz ausschließen können wir das aber nicht. Nehmen wir ein Beispiel, das praxisnäher ist. Wie würdest Du den Statistikstand vor dem Umbau des ersten Indexes wiederherstellen? Dafür muss man wieder nach einem passenden Zeitstempel suchen. Die einzige Quelle für den jeweiligen Zeitstempel ist die View DBA_TAB_STATS_HISTORY. Die Daten dort sind aber tabellenbezogen und aus diesem Grund können sie nicht alle Bedürfnisse abdecken. Zeigen wir das an einem Beispiel (s. das Skript test_case_restore_tab_stats.sql). Mit diesem Skript kann man einige Kombinationen der Optimizer-Statistiken produzieren, die mit den Zeitstempeln aus der View DBA_TAB_STATS_HISTORY nicht mehr zu restaurieren sind.*"

```
...
15:31:37 SQL> -- This combination cannot be restored in the conventional way
15:31:37 SQL>
15:31:37 SQL> select last_analyzed from user_tables where table_name='T1';

LAST_ANALYZED
------------------
08.06.2013 15:31:06

15:31:37 SQL> select index_name,last_analyzed from user_indexes where table_name='T1';

INDEX_NAME                     LAST_ANALYZED
------------------------------ ------------------
I1_T1                          08.06.2013 15:31:27
I2_T1                          08.06.2013 15:31:06

15:31:37 SQL>
15:31:37 SQL> exec dbms_stats.gather_index_stats(user,'I2_T1')

PL/SQL procedure successfully completed.

15:31:37 SQL>
...
```

L.: „*Merken wir uns die Uhrzeit 15:31:37 des Erstellens der Optimizer-Statistiken. Diese Zeit wird uns später helfen, den passenden Zeitstempel zu finden. Am Ende versucht das Skript test_case_restore_tab_stats.sql mit allen Zeitstempeln aus der View DBA_TAB_STATS_HISTORY, die Optimizer-Statistiken der Tabelle T1 zurückzuspielen. In der unteren Ausgabe findet man aber die gewünschte Kombination der Analysezeitpunkte nicht.*"

```
15:32:07 SQL> select stats_update_time from user_tab_stats_history where table_name='T1' order
by 1 desc;

STATS_UPDATE_TIME
---------------------------------------------------------------------------
08-JUN-13 03.31.57.612000 PM +02:00
08-JUN-13 03.31.47.379000 PM +02:00
08-JUN-13 03.31.06.850000 PM +02:00

15:32:07 SQL> select stats_update_time stats_update_time from (select stats_update_time,
rownum rr from user_tab_stats_history where table_name='T1' order by 1 desc) where rr = 3;

STATS_UPDATE_TIME
---------------------------------------------------------------------------
08-JUN-13 03.31.57.612000 PM +02:00

15:32:07 SQL> exec dbms_stats.restore_table_stats(user, 'T1', '&stats_update_time')

PL/SQL procedure successfully completed.

15:32:08 SQL>
15:32:08 SQL> select last_analyzed from user_tables where table_name='T1';

LAST_ANALYZED
-------------------
08.06.2013 15:31:57

15:32:08 SQL> select index_name,last_analyzed from user_indexes where table_name='T1';

INDEX_NAME                      LAST_ANALYZED
------------------------------  -------------------
I1_T1                           08.06.2013 15:31:47
I2_T1                           08.06.2013 15:31:47

15:32:08 SQL> select stats_update_time stats_update_time from (select stats_update_time,
rownum rr from user_tab_stats_history where table_name='T1' order by 1 desc) where rr = 2;

STATS_UPDATE_TIME
---------------------------------------------------------------------------
08-JUN-13 03.31.47.379000 PM +02:00

15:32:08 SQL> exec dbms_stats.restore_table_stats(user, 'T1', '&stats_update_time')

PL/SQL procedure successfully completed.

15:32:08 SQL> select last_analyzed from user_tables where table_name='T1';

LAST_ANALYZED
-------------------
08.06.2013 15:31:47

15:32:08 SQL> select index_name,last_analyzed from user_indexes where table_name='T1';

INDEX_NAME                      LAST_ANALYZED
------------------------------  -------------------
I1_T1                           08.06.2013 15:31:27
I2_T1                           08.06.2013 15:31:37

15:32:08 SQL>
15:32:08 SQL> select stats_update_time stats_update_time from (select stats_update_time,
rownum rr from user_tab_stats_history where table_name='T1' order by 1 desc) where rr = 1;

STATS_UPDATE_TIME
---------------------------------------------------------------------------
08-JUN-13 03.31.06.850000 PM +02:00

15:32:08 SQL> exec dbms_stats.restore_table_stats(user, 'T1', '&stats_update_time')

PL/SQL procedure successfully completed.

15:32:08 SQL> select last_analyzed from user_tables where table_name='T1';

LAST_ANALYZED
-------------------
08.06.2013 15:31:06

15:32:08 SQL> select index_name,last_analyzed from user_indexes where table_name='T1';

INDEX_NAME                      LAST_ANALYZED
------------------------------  -------------------
I1_T1                           08.06.2013 15:31:06
I2_T1                           08.06.2013 15:31:06
```

P.: *„Hast Du eine Lösung für dieses Problem?"*

L.: *„Das Skript restore_opt_tab_stats10g.sql liefert die Lösung. Dieses Skript hat die folgenden Parameter:"*

- owner – der Schemaname, wo die Tabelle angelegt ist,
- table_name – der Tabellenname,
- restore_time – der Zeitstempel für das Zurückspielen der Optimizer-Statistiken. Wenn man nichts eingibt, werden keine Optimizer-Statistiken zurückgespielt, sondern lediglich die Historie der Tabellen- und Index-Statistiken angezeigt,
- restore_or_test – dieser Parameter ist relevant, wenn der Parameter restore_time gesetzt ist. Der Parameterwert „test" (das ist der Vorgabewert) bewirkt die Ausgabe einer Statistik-Kombination, die bei dem Wert des Parameters restore_time hätte restauriert werden können, ohne dass dies geschehen ist. Bei dem Parameterwert „restore" werden die jeweiligen Statistiken zurückgespielt,
- display_ind_stats – bei dem Parameterwert „N" (das ist der Vorgabewert) werden keine Index-Statistiken angezeigt. Die Index-Statistiken werden lediglich bei dem Parameterwert „Y" ausgegeben,
- force – dieser Parameter ist relevant für das Restaurieren der Statistiken. Wenn der Parameterwert gleich „Y" ist, werden die Optimizer-Statistiken in jedem Fall zurückgespielt, auch wenn die existierenden Statistiken gesperrt (locked) sind. Der Vorgabewert ist „N".

P.: *„Was muss man aber als Zeitstempel eingeben?"*

L.: *„Wenn wir das Skript restore_opt_tab_stats10 g.sql nach dem Lauf des Skripts test_case_restore_tab_stats.sql ausführen, bekommen wir die Ausgabe, die so aussieht:"*

```
-- Database Alias : XXXX
-- Oracle Server Version :  11.2.0.3.0
-- Script restore_opt_tab_stats10g.sql (Product TuTool 6.5.2 : www.tutool.de)
-- Start Time : 08.06.13 15:40:31
-- Input Parameters :
-- owner='SYS'
-- table_name='T1'
-- restore_time=''
-- restore_or_test=''
-- display_ind_stats='y'
-- force=''


HISTORY_RETENTION
STATS_HISTORY_AVAILABILITY
---------------------------------------------------------------- ------------------------
----------------------------------------------------------------
31 - history retention in days                                   08-MAY-13 08.59.45.238000
AM +02:00 - oldest timestamp where stats history is available

You can execute DBMS_STATS.ALTER_STATS_HISTORY_RETENTION (xx) to change history retention,  xx
- retention in days:
        0 - never save,
       -1 - never purge,
        1 - 365000 - valid range of days



Information about stored optimizer statistics:

TABLE_NAME                      PARTITION_NAME               SUBPARTITION_NAME
STAT_UPDATE_TIME                             STATUS   ANALYZETIME
------------------------------  ---------------------------  ------------------------------ -
------------------------------------  ------------ -------------------
T1
08-JUN-13 03.32.08.267000 PM +02:00    AVAILABLE    08.06.2013 15:31:47
T1
08-JUN-13 03.32.08.158000 PM +02:00    AVAILABLE    08.06.2013 15:31:57
T1
08-JUN-13 03.31.57.612000 PM +02:00    AVAILABLE    08.06.2013 15:31:47
T1
08-JUN-13 03.31.47.379000 PM +02:00    AVAILABLE    08.06.2013 15:31:06
T1
08-JUN-13 03.31.06.850000 PM +02:00    AVAILABLE

INDEX_NAME                      PARTITION_NAME               SUBPARTITION_NAME
STAT_UPDATE_TIME                             STATUS   ANALYZETIME
------------------------------  ---------------------------  ------------------------------ -
------------------------------------  ------------ -------------------
```

7.1 Wichtige Features von 11g im Überblick

```
----------------------------------- ------------- ------------------
I2_T1
08-JUN-13 03.32.08.283000 PM +02:00      AVAILABLE    08.06.2013 15:31:37
I1_T1
08-JUN-13 03.32.08.267000 PM +02:00      AVAILABLE    08.06.2013 15:31:27
I1_T1
08-JUN-13 03.32.08.158000 PM +02:00      AVAILABLE    08.06.2013 15:31:47
I2_T1
08-JUN-13 03.32.08.158000 PM +02:00      AVAILABLE    08.06.2013 15:31:47
I1_T1
08-JUN-13 03.32.07.939000 PM +02:00      AVAILABLE    08.06.2013 15:31:57
I2_T1
08-JUN-13 03.32.07.939000 PM +02:00      AVAILABLE    08.06.2013 15:31:57
I1_T1
08-JUN-13 03.31.57.628000 PM +02:00      AVAILABLE    08.06.2013 15:31:47
I2_T1
08-JUN-13 03.31.57.628000 PM +02:00      AVAILABLE    08.06.2013 15:31:47
I1_T1
08-JUN-13 03.31.47.410000 PM +02:00      AVAILABLE    08.06.2013 15:31:27
I2_T1
08-JUN-13 03.31.47.410000 PM +02:00      AVAILABLE    08.06.2013 15:31:37
I2_T1
08-JUN-13 03.31.37.285000 PM +02:00      AVAILABLE    08.06.2013 15:31:06
I1_T1
08-JUN-13 03.31.27.208000 PM +02:00      AVAILABLE    08.06.2013 15:31:17
I1_T1
08-JUN-13 03.31.17.115000 PM +02:00      AVAILABLE    08.06.2013 15:31:06
I1_T1
08-JUN-13 03.31.06.897000 PM +02:00      AVAILABLE    08.06.2013 15:31:06
I2_T1
08-JUN-13 03.31.06.897000 PM +02:00      AVAILABLE    08.06.2013 15:31:06


Information from dba_tab_statistics and dba_ind_statistics:

TABLE_NAME                     PARTITION_NAME                 SUBPARTITION_NAME
LAST_ANALYZED      STATTYPE_LOCKED
------------------------------ ------------------------------ ------------------------------ -
------------------ ---------------
T1
08.06.2013 15:31:06

INDEX_NAME                     PARTITION_NAME                 SUBPARTITION_NAME
LAST_ANALYZED      STATTYPE_LOCKED
------------------------------ ------------------------------ ------------------------------ -
------------------ ---------------

I1_T1
08.06.2013 15:31:06
I2_T1
08.06.2013 15:31:06

Not restored
```

L.: „Nehmen wird jetzt die Uhrzeit 15:31:37, die wir uns oben gemerkt haben, und finden den nächsten Zeitstempel in der Spalte STAT_UPDATE_TIME der obigen Ausgabe. Das ist der Zeitstempel '08-JUN-13 03.31.37.285000 PM+02:00' des Speicherns der Optimizer-Statistiken für den Index I2_T1. Wenn wir diesen Zeitstempel für das Wiederherstellen der Statistiken nehmen, werden die Statistiken des Indexes I2_T1 mit dem Analysezeitpunkt '08.06.2013 15:31:06' restauriert. Gehen wir jetzt in der obigen Ausgabe von dem gewählten Zeitstempel nach oben und suchen den nächsten Zeitstempel für den zweiten Index I1_T1. Das ist '08-JUN-13 03.31.47.410000 PM+02:00' mit dem Analysezeitpunkt '08.06.2013 15:31:27' (s. die Abb. 7.2). Zum Schluss machen wir Dasselbe im oberen Teil der Ausgabe für die Tabelle T1. So kommen wir auf '08-JUN-13 03.31.47.379000 PM+02:00' mit dem Analysezeitpunkt

```
Information about stored optimizer statistics:

TABLE_NAME    PARTITION_NAME    SUBPARTITION_NAME    STAT_UPDATE_TIME                      STATUS       ANALYZETIME
----------    --------------    -----------------    --------------------------------      ---------    ----------------
T1                                                   08-JUN-13 03.32.08.267000 PM +02:00   AVAILABLE    08.06.2013 15:31:47
T1                                                   08-JUN-13 03.32.08.158000 PM +02:00   AVAILABLE    08.06.2013 15:31:57
T1                                                   08-JUN-13 03.31.57.612000 PM +02:00   AVAILABLE    08.06.2013 15:31:47
T1                                                   08-JUN-13 03.31.47.377000 PM +02:00   AVAILABLE    08.06.2013 15:31:06
T1                                                   08-JUN-13 03.31.06.850000 PM +02:00   AVAILABLE    08.06.2013 15:31:06

INDEX_NAME    PARTITION_NAME    SUBPARTITION_NAME    STAT_UPDATE_TIME                      STATUS       ANALYZETIME
----------    --------------    -----------------    --------------------------------      ---------    ----------------
I2_T1                                                08-JUN-13 03.32.08.283000 PM +02:00   AVAILABLE    08.06.2013 15:31:37
I1_T1                                                08-JUN-13 03.32.08.267000 PM +02:00   AVAILABLE    08.06.2013 15:31:27
I1_T1                                                08-JUN-13 03.32.08.158000 PM +02:00   AVAILABLE    08.06.2013 15:31:47
I2_T1                                                08-JUN-13 03.32.07.939000 PM +02:00   AVAILABLE    08.06.2013 15:31:57
I2_T1                                                08-JUN-13 03.32.07.939000 PM +02:00   AVAILABLE    08.06.2013 15:31:57
I1_T1                                                08-JUN-13 03.31.57.628000 PM +02:00   AVAILABLE    08.06.2013 15:31:47
I2_T1                                                08-JUN-13 03.31.47.410000 PM +02:00   AVAILABLE    08.06.2013 15:31:27
I2_T1                                                08-JUN-13 03.31.37.285000 PM +02:00   AVAILABLE    08.06.2013 15:31:06
I1_T1                                                08-JUN-13 03.31.27.208000 PM +02:00   AVAILABLE    08.06.2013 15:31:17
I1_T1                                                08-JUN-13 03.31.17.115000 PM +02:00   AVAILABLE    08.06.2013 15:31:06
I1_T1                                                08-JUN-13 03.31.06.897000 PM +02:00   AVAILABLE    08.06.2013 15:31:06
I2_T1                                                08-JUN-13 03.31.06.897000 PM +02:00   AVAILABLE    08.06.2013 15:31:06
```

Abb. 7.2 Suche nach dem Zeitstempel für die Wiederherstellung der Optimizer Statistiken

'08.06.2013 15:31:06'. *Wie Du siehst, Peter, entsprechen die gefundenen Analysezeitpunkte der gesuchten Kombination."*

P.: „*Du musstest aber dafür die Uhrzeit 15:31:37 notieren.*"

L.: „*Das habe ich gemacht, um einfacher und schneller auf den Zeitstempel zu kommen. Im Prinzip braucht man dafür keine Einstiegszeit. Stattdessen kann man die Analysezeitpunkte als Kriterien für die Suche nach dem Zeitstempel benutzen.*"

P.: „*Kann man kontrollieren, ob der ermittelte Zeitstempel richtig ist, ohne Statistiken zurückzuspielen?*"

L.: „*Ja. Dafür ist die Parametereinstellung restore_or_test=test vorgesehen.*"

```
-- Database Alias : XXXX
-- Oracle Server Version :  11.2.0.3.0
-- Script restore_opt_tab_stats10g.sql (Product TuTool 6.5.2 : www.tutool.de)
-- Start Time : 08.06.13 15:47:33
-- Input Parameters :
-- owner='SYS'
-- table_name='T1'
-- restore_time='08-JUN-13 03.31.37.285000 PM +02:00'
-- restore_or_test='test'
-- display_ind_stats='y'
-- force=''

The following statistics will be restored:

TABLE_NAME                    PARTITION_NAME                SUBPARTITION_NAME
ANALYZETIME
----------------------------- ----------------------------- ----------------------------- -
-----------------
T1
08.06.2013 15:31:06

INDEX_NAME                    PARTITION_NAME                SUBPARTITION_NAME
ANALYZETIME
----------------------------- ----------------------------- ----------------------------- -
-----------------
I1_T1
08.06.2013 15:31:27
I2_T1
08.06.2013 15:31:06
```

P.: „*Ich denke, jetzt können wir die Optimizer-Statistiken wiederherstellen.*"

L.: „*Absolut richtig. Dafür benutzen wir die Parametereinstellung restore_or_test=restore.*"

```
-- Database Alias : XXXX
-- Oracle Server Version :  11.2.0.3.0
-- Script restore_opt_tab_stats10g.sql (Product TuTool 6.5.2 : www.tutool.de)
-- Start Time : 08.06.13 15:49:16
-- Input Parameters :
-- owner='SYS'
-- table_name='T1'
-- restore_time='08-JUN-13 03.31.37.285000 PM +02:00'
-- restore_or_test='restore'
-- display_ind_stats='y'
-- force=''

Information from dba_tab_statistics and dba_ind_statistics:

TABLE_NAME                      PARTITION_NAME                  SUBPARTITION_NAME
LAST_ANALYZED        STATTYPE_LOCKED
-------------------- ------------------------------ ------------------------------ -
-------------------- ------------------------------
T1
08.06.2013 15:31:06

INDEX_NAME                      PARTITION_NAME                  SUBPARTITION_NAME
LAST_ANALYZED        STATTYPE_LOCKED
-------------------- ------------------------------ ------------------------------ -
-------------------- ------------------------------
I1_T1
08.06.2013 15:31:06
I2_T1
08.06.2013 15:31:06

Restored

TABLE_NAME                      PARTITION_NAME                  SUBPARTITION_NAME
LAST_ANALYZED        STATTYPE_LOCKED
-------------------- ------------------------------ ------------------------------ -
-------------------- ------------------------------
T1
08.06.2013 15:31:06

INDEX_NAME                      PARTITION_NAME                  SUBPARTITION_NAME
LAST_ANALYZED        STATTYPE_LOCKED
-------------------- ------------------------------ ------------------------------ -
-------------------- ------------------------------
I1_T1
08.06.2013 15:31:27
I2_T1
08.06.2013 15:31:06
```

L.: „Zunächst sieht man in der obigen Ausgabe den alten Statistikstand, zum Schluss wird der Statistikstand nach dem Wiederherstellen ausgegeben. Dieser Statistikstand entspricht der gewünschten Kombination der Analysezeitpunkte."

Gemeinsame Nutzung der Cursor bei Oracle (cursor sharing) 8

Da das harte Parsing ziemlich kostspielig ist, versucht Oracle es möglichst zu vermeiden. Dafür wird gemeinsame Nutzung der Cursor (cursor sharing) eingesetzt: Wird ein neuer Cursor geöffnet, schaut Oracle zunächst, ob ein bestehender Cursor für die jeweilige SQL-Anweisung benutzt werden kann. Ist das der Fall, wird der bestehende Cursor genommen, und seine Cursor-Statistik für die Anzahl der Parse Calls (in der Spalte PARSE_CALLS der View V$SQL) wird um 1 erhöht. Wenn Oracle keinen passenden Cursor findet, wird das harte Parsing gemacht und ein neuer Cursor angelegt. Der Grund, aus welchem keine gemeinsame Nutzung der bestehenden Cursor möglich ist, wird dabei normalerweise in der View V$SQL_SHARED_CURSOR protokolliert.

Peter: „*Welche Cursor werden bei der Suche nach einem passenden geprüft?*"

Leonid: „*Oracle benutzt dafür s.g. Cursor-Listen. Zu einer sochen Liste gehören die Cursor mit demselben SQL-Text. Innerhalb einer Liste werden die Cursor durchnummeriert (s. die Spalte CHILD_NUMBER der View V$SQL). Beim Öffnen eines neuen Cursors sucht Oracle zunächst nach einer Cursor-Liste für den jeweiligen SQL-Text (dabei wird die SQL Id benutzt, um diese Suche zu beschleunigen). Danach werden die Cursor dieser Liste nacheinander überprüft, um einen passenden für die gemeinsame Nutzung zu finden.*"

P.: „*Verstehe ich richtig, dass eine einzige Cursor-Liste für einen SQL-Text möglich ist?*"

L.: „*Bei Oracle Releases, bei denen die Längen der Cursor-Listen begrenzt sind, können mehrere Cursor-Listen für einen SQL-Text entstehen (die Einzelheiten besprechen wir im Abschn. 8.2). Bei der Suche nach einem Cursor für die gemeinsame Nutzung wird aber immer eine einzige Liste benutzt (die Spalte IS_OBSOLETE der View V$SQL hat den Wert 'N' für die Cursor dieser Liste). Die restlichen Listen (falls vorhanden) sind für diese Suche außer Gebrauch (die Spalte IS_OBSOLETE der View V$SQL hat den Wert 'Y' für die jeweiligen Cursor).*"

P.: „Kann man feststellen, dass 2 Cursor zu einer Cursor-Liste gehören?"
L.: „Ja, sie müssen dieselben Werte in der Spalte ADDRESS der View V$SQL haben."
P.: „Wie entscheidet Oracle, dass ein Cursor gemeinsam genutzt werden kann?"
L.: „Dafür müssen mehrere Kriterien erfüllt werden. Die Optimizer-Umgebung (optimizer environment) des jeweiligen Cursors muss beispielsweise mit der Umgebung des zu öffnenden Cursors übereinstimmen, sonst wird dieser Cursor nicht genommen."
P.: „Was verstehst Du unter Optimizer-Umgebung?"
L.: „Das sind Parametereinstellungen, welche für den Optimizer relevant sind. Wenn sie unterschiedlich sind, kann der bestehende Cursor nicht genommen werden, weil diese Parametereinstellungen den Ausführungsplan beeinflussen können. Dasselbe gilt für unterschiedliche Optimizer-Modi. Wie ich bereits gesagt habe, gibt es viele Kriterien."

8.1 View V$SQL_SHARED_CURSOR

Wenn ein neuer Cursor angelegt wird, erscheint der jeweilige Satz in der View V$SQL_SHARED_CURSOR. In diesem Satz werden Gründe protokolliert, aus denen kein bestehender Cursor gemeinsam genutzt werden konnte, und Oracle ein hartes Parsing ausführen und einen neuen Cursor anlegen musste.

Der Aufbau der View V$SQL_SHARED_CURSOR, die in Oracle 10 eingeführt wurde, ist unten für 11.2.0.3 dargestellt.

8.1 View V$SQL_SHARED_CURSOR

```
SQL> desc v$sql_shared_cursor
 Name                                      Null?    Type
 ----------------------------------------- -------- ----------------------------
 SQL_ID                                             VARCHAR2(13)
 ADDRESS                                            RAW(4)
 CHILD_ADDRESS                                      RAW(4)
 CHILD_NUMBER                                       NUMBER
 UNBOUND_CURSOR                                     VARCHAR2(1)
 SQL_TYPE_MISMATCH                                  VARCHAR2(1)
 OPTIMIZER_MISMATCH                                 VARCHAR2(1)
 OUTLINE_MISMATCH                                   VARCHAR2(1)
 STATS_ROW_MISMATCH                                 VARCHAR2(1)
 LITERAL_MISMATCH                                   VARCHAR2(1)
 FORCE_HARD_PARSE                                   VARCHAR2(1)
 EXPLAIN_PLAN_CURSOR                                VARCHAR2(1)
 BUFFERED_DML_MISMATCH                              VARCHAR2(1)
 PDML_ENV_MISMATCH                                  VARCHAR2(1)
 INST_DRTLD_MISMATCH                                VARCHAR2(1)
 SLAVE_QC_MISMATCH                                  VARCHAR2(1)
 TYPECHECK_MISMATCH                                 VARCHAR2(1)
 AUTH_CHECK_MISMATCH                                VARCHAR2(1)
 BIND_MISMATCH                                      VARCHAR2(1)
 DESCRIBE_MISMATCH                                  VARCHAR2(1)
 LANGUAGE_MISMATCH                                  VARCHAR2(1)
 TRANSLATION_MISMATCH                               VARCHAR2(1)
 BIND_EQUIV_FAILURE                                 VARCHAR2(1)
 INSUFF_PRIVS                                       VARCHAR2(1)
 INSUFF_PRIVS_REM                                   VARCHAR2(1)
 REMOTE_TRANS_MISMATCH                              VARCHAR2(1)
 LOGMINER_SESSION_MISMATCH                          VARCHAR2(1)
 INCOMP_LTRL_MISMATCH                               VARCHAR2(1)
 OVERLAP_TIME_MISMATCH                              VARCHAR2(1)
 EDITION_MISMATCH                                   VARCHAR2(1)
 MV_QUERY_GEN_MISMATCH                              VARCHAR2(1)
 USER_BIND_PEEK_MISMATCH                            VARCHAR2(1)
 TYPCHK_DEP_MISMATCH                                VARCHAR2(1)
 NO_TRIGGER_MISMATCH                                VARCHAR2(1)
 FLASHBACK_CURSOR                                   VARCHAR2(1)
 ANYDATA_TRANSFORMATION                             VARCHAR2(1)
 PDDL_ENV_MISMATCH                                  VARCHAR2(1)
 TOP_LEVEL_RPI_CURSOR                               VARCHAR2(1)
 DIFFERENT_LONG_LENGTH                              VARCHAR2(1)
 LOGICAL_STANDBY_APPLY                              VARCHAR2(1)
 DIFF_CALL_DURN                                     VARCHAR2(1)
 BIND_UACS_DIFF                                     VARCHAR2(1)
 PLSQL_CMP_SWITCHS_DIFF                             VARCHAR2(1)
 CURSOR_PARTS_MISMATCH                              VARCHAR2(1)
 STB_OBJECT_MISMATCH                                VARCHAR2(1)
 CROSSEDITION_TRIGGER_MISMATCH                      VARCHAR2(1)
 PQ_SLAVE_MISMATCH                                  VARCHAR2(1)
 TOP_LEVEL_DDL_MISMATCH                             VARCHAR2(1)
 MULTI_PX_MISMATCH                                  VARCHAR2(1)
 BIND_PEEKED_PQ_MISMATCH                            VARCHAR2(1)
 MV_REWRITE_MISMATCH                                VARCHAR2(1)
 ROLL_INVALID_MISMATCH                              VARCHAR2(1)
 OPTIMIZER_MODE_MISMATCH                            VARCHAR2(1)
 PX_MISMATCH                                        VARCHAR2(1)
 MV_STALEOBJ_MISMATCH                               VARCHAR2(1)
 FLASHBACK_TABLE_MISMATCH                           VARCHAR2(1)
 LITREP_COMP_MISMATCH                               VARCHAR2(1)
 PLSQL_DEBUG                                        VARCHAR2(1)
 LOAD_OPTIMIZER_STATS                               VARCHAR2(1)
 ACL_MISMATCH                                       VARCHAR2(1)
 FLASHBACK_ARCHIVE_MISMATCH                         VARCHAR2(1)
 LOCK_USER_SCHEMA_FAILED                            VARCHAR2(1)
 REMOTE_MAPPING_MISMATCH                            VARCHAR2(1)
 LOAD_RUNTIME_HEAP_FAILED                           VARCHAR2(1)
 HASH_MATCH_FAILED                                  VARCHAR2(1)
 PURGED_CURSOR                                      VARCHAR2(1)
 BIND_LENGTH_UPGRADEABLE                            VARCHAR2(1)
 USE_FEEDBACK_STATS                                 VARCHAR2(1)
 REASON                                             CLOB
```

Diese View enthält viele Spalten. In den meisten davon werden die Gründe abgespeichert, aus denen keine gemeinsame Nutzung der bestehenden Cursor möglich ist. Enhält solch eine Spalte den Wert 'Y', ist der jeweilige Grund hinfällig. Z. B. der Wert 'Y' in der Spalte OPTIMIZER_MISMATCH bedeutet, dass die Optimizer-Umgebung des neuen Cursors sich von den Optimizer-Umgebungen der bestehenden Cursor unterscheidet und keiner von ihnen aus diesem Grund gemeinsam genutzt werden konnte.

Der Aufbau der View V$SQL_SHARED_CURSOR wurde von Oracle mehrmals verändert: einige Gründe fielen weg, einige andere kamen hinzu. In Oracle Release 11.2.0.2 wurde diese View um die neue Spalte REASON erweitert. Diese Spalte enthält die jeweiligen Gründe und einige andere Informationen im XML-Format.

Wenn der angelegte Cursor der einzige für den jeweiligen SQL-Text ist, gibt es keine Cursor, die Oracle für die jeweilige SQL-Anweisung hätte gemeinsam nutzen können. Dementsprechend enthalten alle jeweiligen Spalten der View V$SQL_SHARED_CURSOR den Wert ‚N' und sind von keinem besonderen Interesse für die Analyse. Ganz anders ist es, wenn eine Cursor-Liste stark anwächst. In diesem Fall kann die View V$SQL_SHARED_CURSOR für die Klärung der Gründe sehr behilflich sein.

Peter: *„Ist das Problem mit der angewachsenen Cursor-Liste identisch mit dem Problem, dass viele Versionen eines Cursors (version count) entstehen?"*

Leonid: *„Das ist dasselbe Problem, weil man die verschiedenen Cursor für einen SQL-Text als die Versionen eines Cursors versteht."*

Fangen wir mit dem Test-Case an, welcher demonstriert, wie die View V$SQL_SHARED_CURSOR gefüllt wird. Unten benutze ich die Ausgabe des Skripts test_case_sql_shared_cursor.sql für die Datenbank von Oracle 11.2.0.3. Für die Abfrage der View V$SQL_SHARED_CURSOR wird dort das Hilfsskript sql_shared_cursor10g.sql benutzt. Dieses Skript kann die Daten aus dieser View in der folgenden Form ausgeben:

- für die einzelnen Cursor (wie im Skript test_case_sql_shared_cursor.sql) und
- in einer kumulierten Form. Bei dieser Darstellung werden die jeweiligen Werte summiert.

Aus diesem Grund sieht man in der Ausgabe den Wert 1 statt 'Y' und den Wert 0 statt 'N'.

In diesem Test-Case wird eine Tabelle T1 mit 2 nummerischen Spalten „A" und „B" abgefragt. Dafür wird eine SQL-Anweisung mit der Bind-Variablen für die Spalte „A" benutzt. Bei der ersten Abfrage benutzt man die Bind-Variable vom Typ VARCHAR2.

```
SQL> var b1 varchar2(10)
SQL>
SQL> exec :b1:='45';

PL/SQL-Prozedur erfolgreich abgeschlossen.

SQL> select count(*) from t1 where a=:b1;

  COUNT(*)
----------
       200
```

8.1 View V$SQL_SHARED_CURSOR

Danach wird eine für den Optimizer relevante Parametereinstellung geändert und die SQL-Anweisung erneut ausgeführt.

```
SQL> alter session set optimizer_index_cost_adj=20;

Session wurde geändert.

SQL> select count(*) from t1 where a=:b1;

  COUNT(*)
----------
       200

SQL> select plan_table_output from table ( sys.dbms_xplan.display_cursor( '','','LAST'));

PLAN_TABLE_OUTPUT
--------------------------------------------------------------------------------------------
--------------------------------------------------------------------------------------------------
-----------------
SQL_ID  ara72qm440w33, child number 1
-------------------------------------
select count(*) from t1 where a=:b1

Plan hash value: 3724264953

---------------------------------------------------------------------------
| Id  | Operation          | Name | Rows  | Bytes | Cost (%CPU)| Time     |
---------------------------------------------------------------------------
|   0 | SELECT STATEMENT   |      |       |       |     7 (100)|          |
|   1 |  SORT AGGREGATE    |      |     1 |     3 |            |          |
|*  2 |   TABLE ACCESS FULL| T1   |   200 |   600 |     7   (0)| 00:00:01 |
---------------------------------------------------------------------------

Predicate Information (identified by operation id):
---------------------------------------------------

   2 - filter("A"=TO_NUMBER(:B1))


19 Zeilen ausgewählt.

SQL> define sql_id='ara72qm440w33'
SQL> define per_child='y'
SQL> set echo off
CHILD_NUMBER=   0, OPTIMIZER_MISMATCH=0
CHILD_NUMBER=   1, OPTIMIZER_MISMATCH=1
```

Bei der zweiten Ausführung wird ein neuer Cursor mit CHILD_NUMBER=1 angelegt, weil der erste wegen des unterschiedlichen Optimizer-Environments (OPTIMIZER_MISMATCH) nicht gemeinsam genutzt werden kann. Für die dritte Ausführung ändert man den Typ der Bind-Variablen auf NUMBER.

```
SQL> var b1 number
SQL>
SQL> exec :b1:=45;
SQL>
SQL> select count(*) from t1 where a=:b1;
      200
SQL> select plan_table_output from table ( sys.dbms_xplan.display_cursor( '','','LAST'));
SQL_ID  ara72qm440w33, child number 2
-------------------------------------
select count(*) from t1 where a=:b1

Plan hash value: 3724264953

-------------------------------------------------------------------------
| Id  | Operation          | Name | Rows  | Bytes | Cost (%CPU)| Time     |
-------------------------------------------------------------------------
|   0 | SELECT STATEMENT   |      |       |       |     7 (100)|          |
|   1 |  SORT AGGREGATE    |      |     1 |     3 |            |          |
|*  2 |   TABLE ACCESS FULL| T1   |   200 |   600 |     7   (0)| 00:00:01 |
-------------------------------------------------------------------------

Predicate Information (identified by operation id):
---------------------------------------------------

   2 - filter("A"=:B1)

SQL> define sql_id='ara72qm440w33'
SQL> define per_child='y'
SQL> set echo off

CHILD_NUMBER=   0, OPTIMIZER_MISMATCH=0, BIND_MISMATCH=0
CHILD_NUMBER=   1, OPTIMIZER_MISMATCH=1, BIND_MISMATCH=0
CHILD_NUMBER=   2, OPTIMIZER_MISMATCH=0, BIND_MISMATCH=1
```

So entsteht der Cursor mit CHILD_NUMBER=2. Keiner der 2 anderen Cursor konnte gemeinsam genutzt werden, weil sie den anderen Typ der Bind-Variablen benutzen (VARCHAR2). Sie können selber den weiteren Ablauf des Skripts test_case_sql_shared_cursor.sql verfolgen, wenn Sie dieses Skript ausführen.

8.2 Längen von Cursor-Listen in Oracle 10g und in Oracle 11g

Die maximale Länge von Cursor-Listen war bei Oracle 10g mit 1025 begrenzt. Erreichte die Länge einer Cursor-Liste den Wert 1026, wurde sie entsprechend gekennzeichnet (IS_OBSOLETE='Y' in der View V$SQL) und nicht mehr bei der Suche nach einem Cursor für gemeinsame Nutzung gebraucht. Mit dem folgenden Test-Case kann man das verifizieren (s. das Skript test_case_cursor_obsolete10.sql).

8.2 Längen von Cursor-Listen in Oracle 10g und in Oracle 11g

```
SQL> alter session set session_cached_cursors=0;

Session wurde geändert.

SQL> declare
  2   stmt varchar2(2000):='alter session set "_smm_px_max_size"=';
  3   m number;
  4  begin
  5
  6        for i in 1..1025 loop
  7              execute immediate stmt || to_char(100000 + i,'999999999');
  8              select 1 into m from dual;
  9        end loop;
 10  end;
 11  /

PL/SQL-Prozedur erfolgreich abgeschlossen.

SQL> select sql_id, sql_text from v$sql where force_matching_signature=10559245208183986822
and rownum <= 1;

SQL_ID
-------------
SQL_TEXT
----------------------------------------------------------
bunvx480ynf57
SELECT 1 FROM DUAL


SQL> select address, sql_id, is_obsolete, count(*), min(child_number),max(child_number) from
v$sql where force_matching_signature=10559245208183986822 group by address, sql_id,
is_obsolete order by is_obsolete desc, address;

ADDRESS          SQL_ID        IS_OBSOLETE   COUNT(*) MIN(CHILD_NUMBER) MAX(CHILD_NUMBER)
---------------- ------------- -----------   -------- ----------------- -----------------
000007FF413FCDD8 bunvx480ynf57 N                 1025                 0              1024
```

Mehrere Cursor für den Select aus der Tabelle DUAL werden in einem PL/SQL-Block produziert. Dafür werden die Parameterwerte _SMM_PX_MAX_SIZE in einem Zyklus dort verändert. Da dieser Parameter für den Optimizer relevant ist, wird ein neuer Cursor für jede Parametereinstellung erzeugt. Auf dieser Art und Weise kann man 1025 Cursor produzieren, die bei der Suche nach einem Cursor für gemeinsame Nutzung gebraucht werden können. Wenn wir jetzt 1026 Cursor für den Select in dem PL/SQL-Block erzeugen, bekommen alle Cursor den Wert 'Y' in der Spalte IS_OBSOLETE der View V$SQL.

```
SQL> alter system flush shared_pool;

System wurde geändert.

SQL>
SQL> declare
  2      stmt varchar2(2000):='alter session set "_smm_px_max_size"=';
  3      m number;
  4  begin
  5
  6          for i in 1..1026 loop
  7              execute immediate stmt || to_char(100000 + i,'999999999');
  8              select 1 into m from dual;
  9          end loop;
 10  end;
 11  /

PL/SQL-Prozedur erfolgreich abgeschlossen.

SQL>
SQL> select address, sql_id, is_obsolete, count(*), min(child_number),max(child_number) from
v$sql where force_matching_signature=10559245208183986822 group by address, sql_id,
is_obsolete order by is_obsolete desc, address;

ADDRESS          SQL_ID        IS_OBSOLETE   COUNT(*) MIN(CHILD_NUMBER) MAX(CHILD_NUMBER)
---------------- ------------- ----------- ---------- ----------------- -----------------
000007FF413FCDD8 bunvx480ynf57 Y                 1026                 0              1025
```

Keiner dieser Cursor kann gemeinsam genutzt werden. Der erste Cursor dieser Liste hätte beispielsweise für den Select aus dem folgenden PL/SQL-Block genommen werden können, es wird aber ein neuer Cursor angelegt.

```
SQL> declare
  2      stmt varchar2(2000):='alter session set "_smm_px_max_size"=';
  3      m number;
  4  begin
  5          execute immediate stmt || 100001;
  6          select 1 into m from dual;
  7          select 1 into m from dual;
  8          select 1 into m from dual;
  9  end;
 10  /

PL/SQL-Prozedur erfolgreich abgeschlossen.

SQL>
SQL> select address, sql_id, is_obsolete, count(*), min(child_number),max(child_number) from
v$sql where force_matching_signature=10559245208183986822 group by address, sql_id,
is_obsolete order by is_obsolete desc, address;

ADDRESS          SQL_ID        IS_OBSOLETE   COUNT(*) MIN(CHILD_NUMBER) MAX(CHILD_NUMBER)
---------------- ------------- ----------- ---------- ----------------- -----------------
000007FF413FCDD8 bunvx480ynf57 Y                 1026                 0              1025
000007FF401DB3C8 bunvx480ynf57 N                    1                 0                 0
```

In Oracle 11.1 und in den ersten Releases von 11.2 hat Oracle die Begrenzung von Cursor-Listen abgeschafft, so dass dort ziemlich lange Listen entstehen konnten, welche Oracle für die gemeinsame Nutzung der Cursor gebrauchen konnte. Mit demselben Skript test_case_cursor_obsolete10.sql kann man das nachvollziehen.

8.2 Längen von Cursor-Listen in Oracle 10g und in Oracle 11g

```
SQL> declare
  2    stmt varchar2(2000):='alter session set "_smm_px_max_size"=';
  3    m number;
  4  begin
  5
  6        for i in 1..1026 loop
  7             execute immediate stmt || to_char(100000 + i,'999999999');
  8             select 1 into m from dual;
  9        end loop;
 10  end;
 11  /

PL/SQL-Prozedur erfolgreich abgeschlossen.

SQL>
SQL> select address, sql_id, is_obsolete, count(*), min(child_nu mber),max(child_number) from
v$sql where force_matching_signature=10559245208183986822 group by address, sql_id,
is_obsolete order by is_obsolete desc, address;

ADDRESS          SQL_ID        IS_OBSOLETE   COUNT(*) MIN(CHILD_NUMBER) MAX(CHILD_NUMBER)
---------------- ------------- ------------ ---------- ----------------- -----------------
000007FF069302C0 bunvx480ynf57 N                  1026                 0              1025
```

Die entstandenen Cursor können gemeinsam genutzt werden. Im Unterschied zu Oracle 10g wird kein neuer Cursor für den Select bei der Ausführung des folgenden PL/SQL-Blocks angelegt, sondern ein bestehender genommen.

```
SQL> declare
  2    stmt varchar2(2000):='alter session set "_smm_px_max_size"=';
  3    m number;
  4  begin
  5        execute immediate stmt || 100001;
  6        select 1 into m from dual;
  7        select 1 into m from dual;
  8        select 1 into m from dual;
  9  end;
 10  /

PL/SQL-Prozedur erfolgreich abgeschlossen.

SQL>
SQL> select address, sql_id, is_obsolete, count(*), min(child_number),max(child_number) from
v$sql where force_matching_signature=10559245208183986822 group by address, sql_id,
is_obsolete order by is_obsolete desc, address;

ADDRESS          SQL_ID        IS_OBSOLETE   CO UNT(*) MIN(CHILD_NUMBER) MAX(CHILD_NUMBER)
---------------- ------------- ------------ ---------- ----------------- -----------------
000007FF069302C0 bunvx480ynf57 N                  1026                 0              1025
```

Die Abschaffung der Begrenzung von Cursor-Listen hat sich in einigen Fällen auf die Performanz negativ ausgewirkt (s. ein Beispiel im Abschn. 8.3.2). Aus diesem Grund hat Oracle diese Begrenzung wieder eingeführt. Ab 11.2.0.2.2, 11.2.0.3 (für einige Plattformen ab 11.2.0.2) gibt es den Parameter _CURSOR_OBSOLETE_THRESHOLD, mit dem man die maximale Länge der Cursor-Listen festlegen kann. Der Vorgabewert dieses Parameters ist 100. Für die älteren Releases s. die Notiz 10187168.8 aus dem MOS.

```
SQL> alter session set "_cursor_obsolete_threshold"=200;

Session wurde geändert.

SQL> declare
  2     stmt varchar2(2000):='alter session set "_smm_px_max_size"=';
  3     m number;
  4  begin
  5
  6        for i in 1..1025 loop
  7              execute immediate stmt || to_char(100000 + i,'999999999');
  8              select 1 into m from dual;
  9        end loop;
 10  end;
 11  /

PL/SQL-Prozedur erfolgreich abgeschlossen.

SQL> select address, sql_id, is_obsolete, count(*), min(child_number),max(child_number) from
v$sql where force_matching_signature=10559245208183986822 group by address, sql_id,
is_obsolete order by is_obsolete desc, address;

ADDRESS          SQL_ID        IS_OBSOLETE   COUNT(*) MIN(CHILD_NUMBER) MAX(CHILD_NUMBER)
---------------- ------------- ----------- ---------- ----------------- -----------------
000007FF5F2C0618 bunvx480ynf57 Y                  200                 0               199
000007FF5F6980F8 bunvx480ynf57 Y                  200                 0               199
000007FF5F6BC0A0 bunvx480ynf57 Y                  200                 0               199
000007FF5F82C9B0 bunvx480ynf57 Y                  200                 0               199
000007FF5F8A70A0 bunvx480ynf57 Y                  200                 0               199
000007FF5F1D15A8 bunvx480ynf57 N                   25                 0                24
```

Setzen wir den Parameter _CURSOR_OBSOLETE_THRESHOLD auf 200 und wiederholen den Test-Case von oben für Oracle 11.2.0.3.

Statt einer Cursor-Liste für den Select entstehen hier 6, aber nur die 25 Cursor aus der letzten Liste können für die künftigen Cursor gemeinsam genutzt werden. Die restlichen Cursor-Listen werden nicht mehr bei der Suche nach einem Cursor für gemeinsame Nutzung aufgesucht und können aus diesem Grund die Performanz nicht beeinträchtigen.

8.3 Performanz-Probleme bei langen Cursor- Listen

Wenn Oracle nach einem passenden Cursor in einer langen Cursor-Liste sucht, kann der Aufwand gravierend sein. Für die Suche selbst wird hauptsächlich CPU verbraucht. Die Konkurrenz beim Parsing kann dabei auch entsprechende Wartezustände verursachen. In den nächsten Abschnitten sind zwei Performanz-Probleme wegen der langen Cursor-Listen beschrieben.

8.3.1 Performanz-Problem mit vielen Datenbankschemata

Dieses Problem trat bei einer Datenbank von Oracle 10.2.0.4 auf und äußerte sich in sehr großen Wartezeiten auf „latch: row cache objects" (s. die Abb. 8.1).

Mit dem Skript latch_rowcache_obj_where_waits9.sql ermittelte ich, dass die zwei Bereiche vom Row Cache davon betroffen waren: dc_objects und dc_objects_grants.

8.3 Performanz-Probleme bei langen Cursor-Listen

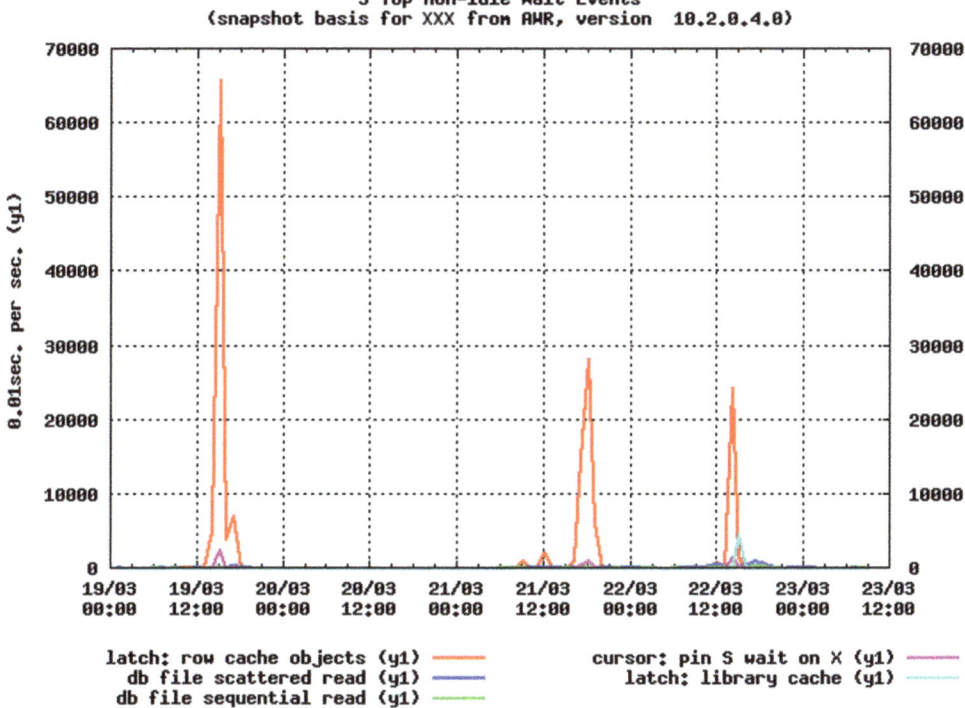

Abb. 8.1 Gravierende Wartezeiten auf „latch: row cache objects"

```
-- Database Alias : XXX
-- Oracle Server Version :  10.2.0.4.0
-- Script latch_rowcache_obj_where_waits9.sql (Product TuTool 6.2.4 : www.tutool.de)
-- Start Time : 18.03.11 17:30:17

Dictionary Area                          Wait Time (Sec.)
---------------------------------------  --------------------
dc_objects                                       129163.2656
dc_object_grants                                 129163.2656
dc_users                                              46.0108
dc_tablespaces                                         6.6745
dc_segments                                            4.0644
dc_object_ids                                          3.1097
dc_histogram_data                                      1.1943
dc_histogram_defs                                      1.1943
dc_usernames                                           0.9457
dc_rollback_segments                                   0.0109
dc_tablespace_quotas                                   0.0039
```

Dies brachte mich auf die Idee, zu prüfen, wie viele Objekte diese Datenbank hatte.

```
SQL> select count(*) from obj$;

  COUNT(*)
----------
    314607

SQL> select count(*) from seg$;

  COUNT(*)
----------
    297579
```

Es gab also ca. 300 Tausend Objekte, die meisten davon waren Segmente. Danach stellte ich fest, dass diese Segmente zu den ca. 200 Datenbankschemata gehörten. Diese Datenbankschemata waren identisch aufgebaut, und ihre Objekte hatten dieselben Namen. Aus diesem Grund vermutete ich, dass die Cursor-Listen bei diesem System ziemlich lang sein können. Das prüfte ich sofort.

```
SQL> select * from (select sql_id,count(*) from v$sql where is_obsolete = 'N'  group by sql_id
order by 2 desc) where rownum <= 10;

SQL_ID          COUNT(*)
-------------   ----------
88ryrt27vzky6        984
ccsscq5qbq7nx        962
dzanvsamz904d        838
8kzw1xbfh6bdn        832
0mynpn1uyndgk        819
9nsxd436hfph4        798
5pz0zr52kzmn9        796
aq7wq5ky99zrj        762
3v9ty66zax1w1        759
3pfu180cp615t        684

10 rows selected.
```

Der häufigste Grund von der nicht gemeinsamer Nutzung dieser Cursor war die fehlgeschlagene Authentisierung (AUTH_CHECK_MISMATCH='Y' in der View V$SQL_SHARED_CURSOR). Obwohl die jeweiligen SQL-Anweisungen als SQL-Texte identisch waren, mussten sie aber für die verschiedenen Schemata geparst werden. Aus diesem Grund konnten die jeweiligen Cursor nicht gemeinsam genutzt werden. Bei der Suche nach einem für die gemeinsame Nutzung geeigneten Cursor in den langen Cursor-Listen, welche jeweils beim Parsing stattfand, wurde auf das Data Dictionary häufig zugegriffen. Es kam dabei zu sehr großen Wartezeiten auf „latch: row cache objects" in den Bereichen dc_objects und dc_object_grants vom Row Cache. Die Ursache des Performanz-Problems war also klar, unklar blieb aber die Problemlösung.

Für solche Systeme implementiert man normalerweise ein Mandantenkonzept, welches erlaubt, jeweils auf die Mandantendaten mit einem Cursor zuzugreifen (statt einen Cursor pro Mandant zu haben). Deswegen sind die Längen der Cursor-Listen N-mal kürzer als bei dem jeweiligen System ohne Mandantenkonzept, wobei N die Anzahl der Schemata bzw. der Mandanten ist. Das Mandantenkonzept ist somit die beste, aber keine schnell zu implementierende Lösung.

Alternativ könnte man versuchen, die Cursor der unterschiedlichen Schemata in den verschiedenen Cursor-Listen zu verwalten. Obwohl diese Lösung die gesamte Anzahl der Cursor nicht reduziert, die Cursor-Listen sind dann etwa so lang wie beim Mandantenkonzept. Leider ist das mit keiner Parametereinstellung von Oracle möglich (zumindest mir ist keine bekannt). Wenn man aber jede SQL-Anweisung so verändert, dass sie nicht mehr für die verschiedenen Schemata gleich ist (z. B. durch Einführung des Schemanamens als Kommentar), wird derselbe Effekt erreicht. Das war meine letzte Hoffnung, und ich versuchte, nach dem letzten rettenden Strohhalm zu greifen, als ich den Kunden fragte, ob man solche Kommentare in den SQL-Anweisungen schnell programmieren könne. Zum Glück war es möglich. Somit war dieses Performanz-Problem beseitigt.

Diese Lösung betrachtete ich als einen Workaround, weil sie

- die gesamte Anzahl der Cursor nicht reduziert und somit das System unnötig belastet,
- die Benutzung einiger Oracle Features erschwert (wie Stored Outlines oder SQL Plan Baselines, s. Kap. 14), weil man diese Features jeweils pro eine SQL-Anweisung und ein Datenbankschema einsetzen musste. Die große Anzahl der Datenbankschemata macht es praktisch unmöglich.

Mich kostete später sehr viel Mühe, den Kunden für eine richtige Lösung, also zu Implementierung des Mandantenkonzepts, zu überreden.

Fazit
- auch wenn die Chancen für eine Problemlösung schlecht stehen, muss man alles versuchen, bevor man aufgibt,
- bei einigen Workarounds besteht die Gefahr, dass sie als permanente Lösungen betrachtet werden, obwohl sie lediglich temporär eingesetzt werden sollten.

8.3.2 Performanz-Problem bei WORKAREA_SIZE_POLICY=AUTO

Nach der Abschaffung der oberen Grenze für die Länge der Cursor-Listen in Oracle 11 hatte ich mehrmals mit Performanz-Problemen durch sehr lange Cursor-Listen zu tun. In diesem Abschnitt präsentiere ich ein Problem davon.

Eine Datenbank von Oracle 11.1.0.7 wurde stark von Mutex-Problemen betroffen (s. die Abb. 8.2).

Das war ein typisches Bild des Performanz-Problems wegen der langen Cursor-Listen bei Oracle 11. Einige Listen waren in der Tat sehr lang (eine Liste hatte z. B. mehr als 20000 Einträge). Der Hauptgrund der Entstehung dieser Cursor waren unterschiedliche

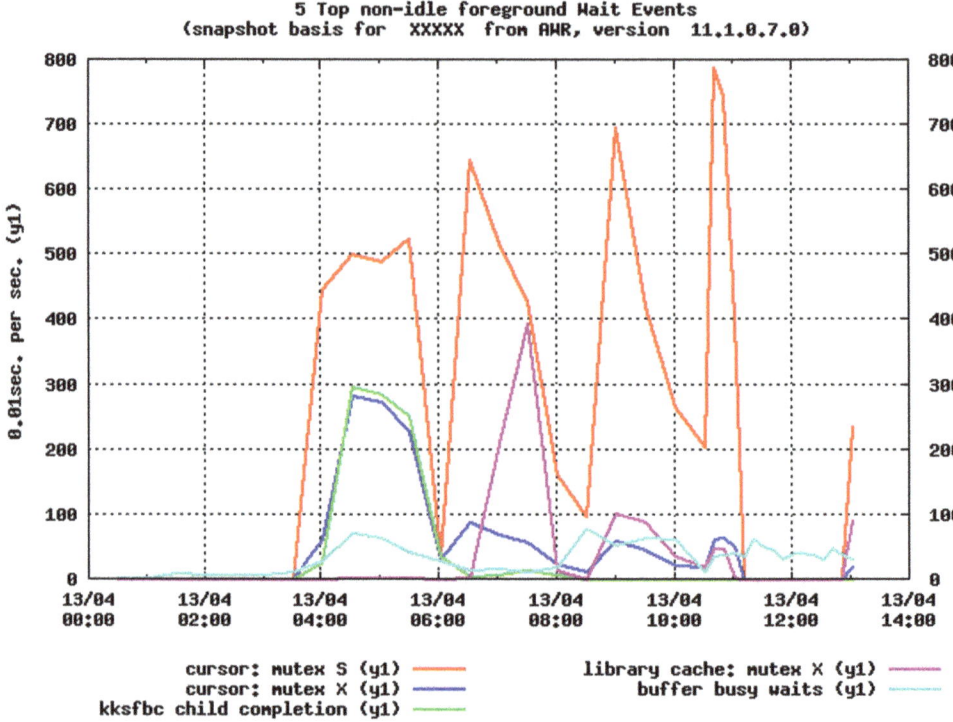

Abb. 8.2 Typische Mutex-Wartezustände bei langen Cursor-Listen in Oracle 11

Parametereinstellungen, die für den Optimizer relevant sind (OPTIMIZER_MISMATCH='Y' in der View V$SQL_SHARED_CURSOR). Als schnelle Hilfe richtete ich ein Skript ein, welches den Shared Pool periodisch durchspülte, um die Cursor-Listen möglichst klein zu halten. Danach setzte ich die Analyse des Problems fort. Ich musste klären, welche Parametereinstellung sich permanent änderte und warum. Dafür habe ich das Skript one_exec_plan_sqlarea111g.sql eingesetzt, das u. a. die View V$SQL_OPTIMIZER_ENV abfragt. Man hätte dafür die View V$SQL_OPTIMIZER_ENV direkt analysieren können.

8.3 Performanz-Probleme bei langen Cursor-Listen

```
---- DISK_READS=12, DISK_READS_PER_EX=0, BUFFER_GETS=70693, BUFFER_GETS_PER_EX=7
---- DIRECT_WRITES=0, DIRECT_WRITES_PER_EX=0
---- PARSE_CALLS=1262, EXECUTIONS=10083, ROWS_PROCESSED=10083
---- CPU/Elapsed Time (sec.) total=1.9500/1.7199, per ex.=0.0002/0.0002
---- PL/SQL Exec Time (sec.) total=0.0000, per ex.=0.0000
---- JAVA Exec Time (sec.) total=0.0000, per ex.=0.0000
---- Application Wait Time (sec.) total=0.0000, per ex.=0.0000
---- Concurrency Wait Time (sec.) total=0.0000, per ex.=0.0000
---- Cluster Wait Time (sec.) total=0.0000, per ex.=0.0000
---- User IO Wait Time (sec.) total=0.0296, per ex.=0.00 00
---- Exact Signature = 9606234597766529887, Force Signature = 9606234597766529887
---- Service : xxxxx
---- Module : java@xxxxx (TNS V1-V3)
---- SQL Source: obj#=60922, line#=1114
---- USER="XXXXX", SCHEMA="XXXXX", OPTIMIZER_MODE=ALL_ROWS,
OPTIMIZER_ENV_HASH_VALUE=1214627050, USERS_OPEN=1, USERS_EXEC=0
---- SQL_ID=>3vub60vyq1ash<, ADDRESS=>0000000F4FE851F8<, HASH_VALUE=>4250970896<,
OLD_HASH_VALUE=>654808699<, CHILD_NUMBER=>0<
SELECT WERT FROM XXXXX.EINSTELLUNGEN WHERE UPPER(EINTRAG) = UPPER(:B1 )
---- Execution Plan (Plan Hash Value : 1130876695) :
    0       SELECT STATEMENT Optimizer=ALL_ROWS (Cost=3)
    1    0    TABLE ACCESS (FULL) OF EINSTELLUNGEN (Cost=3 Card=1 Bytes=29 CPU_Cost=69227
IO_Cost=3 Time=1)

Non-Default SQL Optimizer Environment:
-------------------------------------

_optimizer_extend_jppd_view_types = false
_pga_max_size = 2097152 KB
_smm_px_max_size = 19529728 KB

Reason(s) for no sharing the existing cursor:
---------------------------------------------
OPTIMIZER_MISMATCH: The optimizer environment does not match the existing child cursor


---- DISK_READS=0, DISK_READS_PER_EX=0, BUFFER_GETS=635837, BUFFER_GETS_PER_EX=7
---- DIRECT_WRITES=0, DIRECT_WRITES_PER_EX=0
---- PARSE_CALLS=619, EXECUTIONS=90818, ROWS_PROCESSED=90818
---- CPU/Elapsed Time (sec.) total=13.0600/11.6729, per ex.=0.0001/0.0001
---- PL/SQL Exec Time (sec.) total=0.0000, per ex.=0.0000
---- JAVA Exec Time (sec.) total=0.0000, per ex.=0.0000
---- Application Wait Time (sec.) total=0.0000, per ex.=0.0000
---- Concurrency Wait Time (sec.) total=0.0000, per ex.=0.0000
---- Cluster Wait Time (sec.) total=0.0000, per ex.=0.0000
---- User IO Wait Time (sec.) total=0.0000, per ex.=0.0000
---- Exact Signature = 9606234597766529887, Force Signature = 9606234597766529887
---- Service : xxxxx
---- Module : java@xxxxx (TNS V1-V3)
---- SQL Source: obj#=60922, line#=1114
---- USER="XXXXX", SCHEMA="XXXXX", OPTIMIZER_MODE=ALL_ROWS,
OPTIMIZER_ENV_HASH_VALUE=2221107520, USERS_OPEN=40, USERS_EXEC=0
---- SQL_ID=>3vub60vyq1ash<, ADDRESS=>0000000F4FE851F8<, HASH_VALUE=>4250970896<,
OLD_HASH_VALUE=>654808699<, CHILD_NUMBER=>1<
SELECT WERT FROM XXXXX.EINSTELLUNGEN WHERE UPPER(EINTRAG) = UPPER(:B1 )
---- Execution Plan (Plan Hash Value : 1130876695) :
    0       SELECT STATEMENT Optimizer=ALL_ROWS (Cost=3)
    1    0    TABLE ACCESS (FULL) OF EINSTELLUNGEN (Cost=3 Card=1 Bytes=29 CPU_Cost=69227
IO_Cost=3 Time=1)

Non-Default SQL Optimizer Environment:
-------------------------------------

_optimizer_extend_jppd_view_types = false
_pga_max_size = 2097152 KB
_smm_px_max_size = 19660800 KB

Reason(s) for no sharing the existing cursor:
---------------------------------------------
OPTIMIZER_MISMATCH: The optimizer environment does not match the existing child cursor
```

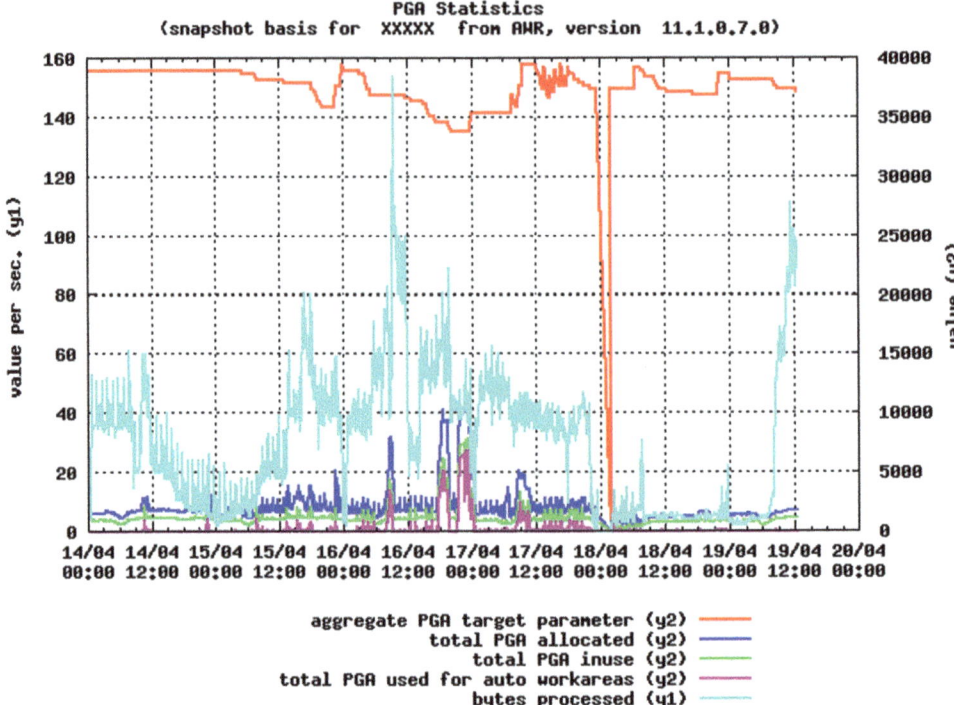

Abb. 8.3 Häufige automatische Anpassung der PGA-Größe

Dieses Performanz-Problem hat also die Änderung des Parameterwertes _SMM_PX_MAX_SIZE verursacht. Der Parameterwert _SMM_PX_MAX_SIZE leitet sich vom Parameterwert PGA_AGGREGATE_TARGET ab. Der Letztere wurde von Oracle automatisch wegen der Parametereinstellung WORKAREA_SIZE_POLICY=AUTO angepasst. Zum Unglück fand diese Anpassung ziemlich oft statt (s. die Abb. 8.3).

Dementsprechend wurde der Parameterwert _SMM_PX_MAX_SIZE oft verändert, was zum Anwachsen der Cursor-Listen führte. Eine feste Parametereinstellung _SMM_PX_MAX_SIZE hat die automatische Umrechnung des jeweiligen Parameterwertes beendet. Somit war dieses Problem gelöst.

Fazit

- die Gründe des Anwachsens der Cursor-Listen können unterschiedlich sein, die durch lange Cursor-Listen verursachte Performanz-Probleme äußern sich aber ähnlich,
- das Kommando „alter system flush shared_pool" hilft in den meisten Fällen, die Cursor-Listen klein zu halten und das jeweilige Performanz-Problem zu entschärfen,
- Begrenzung der Längen von Cursor-Listen (durch die Parametereinstellung _CURSOR_OBSOLETE_THRESHOLD) beseitigt normalerweise solche Performanz-Probleme

Dynamic Sampling 9

Wenn keine Optimizer-Statistiken für eine Tabelle vorhanden sind, ist es sinnvoll, diese Statistiken dynamisch zu erstellen (also bei Parsing bzw. bei Ausführung der jeweiligen SQL-Anweisung). Das war einer der Gründe für die Einführung von Dynamic Sampling in Oracle 9.2.

In einigen Situationen muss Oracle gewisse Annahmen bei der Einschätzung der Kardinalität bzw. der Selektivität machen. Auch wenn Optimizer-Statistiken vorhanden sind, können sie nicht ausreichend sein (z. B. bei Prädikaten, welche sich auf mehrere Spalten einer Tabelle beziehen). In solchen Fällen kann Dynamic Sampling auch aktiviert werden, um zusätzliche Statistiken zu erstellen und dadurch die Annahmen beim Errechnen des Ausführungsplans zu vermeiden. Für die Ermittlung dieser Statistiken generiert Oracle spezielle SQL-Anweisungen, die entweder alle Tabellenblöcke oder einen bestimmten Prozentsatz der Tabellenblöcke überprüfen.

Dynamic Sampling wird durch den jeweiligen Level gesteuert. Der Level 0 bedeutet, dass Dynamic Sampling ausgeschaltet ist. Die Levels 1 und 2 steuern Dynamic Sampling für Tabellen ohne Optimizer-Statistiken. Bei diesem Level werden Statistiken stillschweigend auf der Basis von 32 zufällig gewählten Tabellenblöcken gesammelt (32 ist der Vorgabewert des Parameters `_OPTIMIZER_DYN_SMP_BLKS`). Die Anzahl dieser Blöcke wird von Oracle intern in den Prozentsatz umgerechnet und in der Klausel SAMPLE BLOCK der für Dynamic Sampling generierten SQL-Anweisung benutzt. Bei den Levels 3 und 4 wird Dynamic Sampling zum einen auch für die Tabellen ohne Optimizer-Statistiken gebraucht, zum anderen wird Dynamic Sampling in den Situationen angewendet, in denen Oracle ansonsten Annahmen gemacht hätte. Die Anzahl der zu prüfenden Blöcke für die Tabellen ohne Statistiken ist dabei gleich dem verdoppelten Parameterwert von `_OPTIMIZER_DYN_SMP_BLKS`. Für die sonstigen Tabelle (also mit den Optimizer-Statistiken) werden so viele Blöcke bei den Levels 3 und 4 geprüft, wie die Parametereinstellung `_OPTIMIZER_DYN_SMP_BLKS` vorgibt. Bei den Levels von 5 bis 9 wird Dynamic Sampling für die Tabellen angewendet, für welche das Kriterium des Levels 4 erfüllt ist. Die Anzahl der zu prüfenden

Tabellenblöcke beträgt entsprechend Faktor 2, 4, 8, 32 oder 128 der Parametereinstellung _OPTIMIZER_DYN_SMP_BLKS. Bei dem Level 10 werden alle Tabellenblöcke überprüft.

Um die Beschreibing der Levels zu beenden, muss man die Kriterien für die Anwendung der Levels 1 bis 4 etwas ausführlicher ausleuchten.

Wie bereits erwähnt, wird Dynamic Sampling beim Level 1 für Tabellen ohne Optimizer-Statistiken aktiviert. Die jeweilige Tabelle muss dafür groß genug sein: Die Anzahl ihrer Blöcke muss größer als der Parameterwert von _OPTIMIZER_DYN_SMP_BLKS sein. Ferner muss diese Tabelle entweder unmittelbar in einem Join beteiligt sein oder zu einer nicht zusammenzuführenden (non-mergeable) View gehören. Es ist auch möglich, dass diese Tabelle in einem Subquery ist. Und noch eine Bedingung: Die Tabelle darf keine Indices haben.

Das Kriterium für die Anwendung von Dynamic Sampling beim Level 2 ist wesentlich einfacher: Dynamic Sampling wird für alle Tabellen ohne Optimizer-Statistiken angewendet.

Dynamic Sampling beim Level 3 wird für alle Tabellen aktiviert, für die das Kriterium des Levels 2 erfüllt ist (also für Tabellen ohne Optimizer-Statistiken). Zusätzlich wird Dynamic Sampling angewendet, wenn Oracle die Einschätzung der Kardinalität bzw. der Selektivität von Prädikaten für eine Tabelle ohne Annahmen nicht machen kann.

Das Kriterium für den Level 4 inkludiert das Kriterium vom Level 3. Zusätzlich wird Dynamic Sampling aktiviert, falls Prädikate einige (zwei oder mehr) Spalten einer Tabelle beinhalten und Oracle für diese Prädikate auch Annahmen machen muss.

Peter: *„Diese Bedingungen fand ich immer kompliziert."*

Leonid: *„Vermutlich deswegen, weil Oracle diese Levels für zwei verschiedene Zwecke benutzt: Für das Kriterium der Anwendung von Dynamic Sampling und für die Festlegung der Anzahl der zu prüfenden Tabellenblöcke. Möglicherweise ist es etwas einfacher zu verstehen, wenn man diese Zwecke getrennt betrachtet. Wir haben noch nicht besprochen, wie man die Levels setzen kann. Weißt Du das?"*

P.: *„Dafür gibt es den Parameter* OPTIMIZER_DYNAMIC_SAMPLING, *der die Werte von Levels annehmen kann. Bei Oracle 9.2 war der Vorgabewert dieses Parameters gleich 1. Bei Oracle 10g wurde dieser Vorgabewert auf 2 erhöht."*

L.: *„Man kann auch das Hint DYNAMIC_SAMPLING für diesen Zweck gebrauchen. Mit diesem Hint kann man entweder einen Level für alle in der jeweiligen SQL-Anweisung beteiligten Tabellen festlegen (z. B. DYNAMIC_SAMPLING(n)) oder das für eine Tabelle tun (z. B. DYNAMIC_SAMPLING(table_alias n)). Die Anzahl der zu prüfenden Tabellenblöcke bei diesem Hint ist anders als bei dem Parameter* OPTIMIZER_DYNAMIC_SAMPLING *und beträgt* $b \cdot 2^{(level-1)}$, *wobei b der Parameterwert von* _OPTIMIZER_DYN_SMP_BLKS *und level > 0 ist."*

P.: *„Wann genau wird Dynamic Sampling angewendet?"*

L.: *„Für SQL-Anweisungen ohne Bind-Variablen wird Dynamic Sampling bei Parsing ausgeführt. Wenn eine SQL-Anweisung mindestens eine Bind-Variable enthält, braucht Oracle die jeweiligen Bind-Werte für Dynamic Sampling. In diesem Fall wird Dynamic Sampling nach der Ermittlung der Bind-Werte angewendet. Prüfen wir das an dem folgenden Beispiel."*

Wir legen eine kleine Tabelle und einen Index für dieses Beispiel an.

9 Dynamic Sampling

```
SQL> create table t1 as select mod(level,3000) a, level + 1000 b, level + 100000 c from dual
connect by level <= 10000;

Table created.

SQL> insert into t1(a,b,c) select 50, 50, 50 from dual connect by level <= 1000;

1000 rows created.

SQL> commit;

Commit complete.

SQL> select blocks from user_segments where segment_name='T1';

    BLOCKS
----------
        32

SQL> create index i_t1 on t1(a);

Index created.

SQL> exec dbms_stats.gather_table_stats(user,'T1', method_opt=>'for all columns size 254')

PL/SQL procedure successfully completed.

SQL> select blocks from user_tables where table_name='T1';

    BLOCKS
----------
        30
```

Da die Tabelle klein ist, setzen wir den Parameter _OPTIMIZER_DYN_SMP_BLKS auch entsprechend klein, um zu zeigen, wie Oracle diesen Parameterwert in den Prozentsatz für die Klausel SAMPLE BLOCK der für Dynamic Sampling generierten SQL-Anweisung umwandelt (für kleine Tabellen benutzt Oracle keine Klausel SAMPLE BLOCK). In diesem Beispiel wird der Level 4 für Dynamic Sampling benutzt.

```
SQL> alter session set "_optimizer_dyn_smp_blks"=5;

Session altered.

SQL> alter session set optimizer_dynamic_sampling=4;

Session altered.
```

Wenn wir das SQL-Tracing bei der Ausführung von „select count(*) from t1 where a = 50 and b = 50" anschalten, finden wir den folgenden Abschnitt in der Trace-Datei.

```
PARSING IN CURSOR #714586924 len=439 dep=1 uid=0 oct=3 lid=0 tim=2736942627096 hv=1382509785
ad='1f7aa640' sqlid='fa2pv0p96fv6t'
SELECT /* OPT_DYN_SAMP */ /*+ ALL_ROWS IGNORE_WHERE_CLAUSE NO_PARALLEL(SAMPLESUB)
opt_param('parallel_execution_enabled', 'false') NO_PARALLEL_INDEX(SAMPLESUB) NO_SQL_TUNE */
NVL(SUM(C1),0), NVL(SUM(C2),0) FROM (SELECT /*+ IGNORE_WHERE_CLAUSE NO_PARALLEL("T1")
FULL("T1") NO_PARALLEL_INDEX("T1") */ 1 AS C1, CASE WHEN "T1"."A"=50 AND "T1"."B"=50 THEN 1
ELSE 0 END AS C2 FROM "SYS"."T1" SAMPLE BLOCK (13.333333 , 1) SEED (1) "T1") SAMPLESUB
END OF STMT
PARSE
#714586924:c=0,e=4018,p=0,cr=2,cu=0,mis=1,r=0,dep=1,og=1,plh=2586623307,tim=2736942627092
EXEC #714586924:c=0,e=97,p=0,cr=0,cu=0,mis=0,r=0,dep=1,og=1,plh=2586623307,tim=2736942627425
FETCH
#714586924:c=0,e=1155,p=0,cr=5,cu=0,mis=0,r=1,dep=1,og=1,plh=2586623307,tim=2736942628634
STAT #714586924 id=1 cnt=1 pid=0 pos=1 obj=0 op='SORT AGGREGATE (cr=5 pr=0 pw=0 time=1161 us)'
STAT #714586924 id=2 cnt=1209 pid=1 pos=1 obj=88630 op='TABLE ACCESS SAMPLE T1 (cr=5 pr=0 pw=0
time=3609 us cost=3 size=19071 card=1467)'
CLOSE #714586924:c=0,e=16,dep=1,type=0,tim=2736942628915
=====================
PARSING IN CURSOR #276706860 len=47 dep=0 uid=0 oct=3 lid=0 tim=2736942631509 hv=711403563
ad='295440cc' sqlid='87z1sx8p6fa1b'
select count(*) from t1 where a = 50 and b = 50
END OF STMT
PARSE
#276706860:c=380547,e=516311,p=0,cr=1298,cu=0,mis=1,r=0,dep=0,og=1,plh=3724264953,tim=27369426
31504
EXEC #276706860:c=0,e=97,p=0,cr=0,cu=0,mis=0,r=0,dep=0,og=1,plh=3724264953,tim=2736942631884
FETCH
#276706860:c=0,e=1268,p=0,cr=32,cu=0,mis=0,r=1,dep=0,og=1,plh=3724264953,tim=2736942633279
STAT #276706860 id=1 cnt=1 pid=0 pos=1 obj=0 op='SORT AGGREGATE (cr=32 pr=0 pw=0 time=1267
us)'
STAT #276706860 id=2 cnt=1000 pid=1 pos=1 obj=88630 op='TABLE ACCESS FULL T1 (cr=32 pr=0 pw=0
time=3168 us cost=10 size=48 card=6)'
FETCH #276706860:c=0,e=8,p=0,cr=0,cu=0,mis=0,r=0,dep=0,og=0,plh=3724264953,tim=2736942634239
CLOSE #276706860:c=0,e=28,dep=0,type=0,tim=2736942636404
```

Oracle führt zunächst die generierte SQL-Anweisung (mit dem Kommentar OPT_DYN_SAMP) aus und benutzt die ermittelten Statistiken bei Parsing des Cursors für „select count(*) from t1 where a = 50 and b = 50". Dabei entsteht der Ausführungsplan mit dem Hashwert von 3724264953.

Anders sieht es aus, wenn wir die SQL-Anweisung „select count(*) from t1 where a = :b1 and b = :b2" ausführen.

9 Dynamic Sampling

```
PARSING IN CURSOR #701179896 len=49 dep=0 uid=0 oct=3 lid=0 tim=2736943768545 hv=434444397
ad='24b75ef4' sqlid='gmu72bncya63d'
select count(*) from t1 where a = :b1 and b = :b2
END OF STMT
PARSE #701179896:c=0,e=618,p=0,cr=0,cu=0,mis=1,r=0,dep=0,og=1,plh=0,tim=2736943768541
=====================
PARSING IN CURSOR #706153468 len=441 dep=1 uid=0 oct=3 lid=0 tim=2736943771707 hv=3008222560
ad='21ac58e0' sqlid='0df6kdytnvpb0'
SELECT /* OPT_DYN_SAMP */ /*+ ALL_ROWS IGNORE_WHERE_CLAUSE NO_PARALLEL(SAMPLESUB)
opt_param('parallel_execution_enabled', 'false') NO_PARALLEL_INDEX(SAMPLESUB) NO_SQL_TUNE */
NVL(SUM(C1),0), NVL(SUM(C2),0) FROM (SELECT /*+ IGNORE_WHERE_CLAUSE NO_PARALLEL("T1")
FULL("T1") NO_PARALLEL_INDEX("T1") */ 1 AS C1, CASE WHEN "T1"."A"=:B1 AND "T1"."B"=:B2 THEN 1
ELSE 0 END AS C2 FROM "SYS"."T1" SAMPLE BLOCK (13.333333 , 1) SEED (1) "T1") SAMPLESUB
END OF STMT
PARSE #706153468:c=10014,e=1810,p=0,cr=0,cu=0,mis=1,r=0,dep=1,og=1,plh=0,tim=2736943771703
BINDS #706153468:
 Bind#0
  oacdty=02 mxl=22(02) mxlc=00 mal=00 scl=00 pre=00
  oacflg=10 fl2=0001 frm=00 csi=00 siz=48 off=0
  kxsbbbfp=0fa89ebc  bln=22  avl=02  flg=05
  value=50
 Bind#1
  oacdty=02 mxl=22(02) mxlc=00 mal=00 scl=00 pre=00
  oacflg=10 fl2=0001 frm=00 csi=00 siz=0 off=24
  kxsbbbfp=0fa89ed4  bln=22  avl=02  flg=01
  value=50
EXEC #706153468:c=0,e=3339,p=0,cr=0,cu=0,mis=1,r=0,dep=1,og=1,plh=2586623307,tim=2736943775406
FETCH
#706153468:c=0,e=1140,p=0,cr=5,cu=0,mis=0,r=1,dep=1,og=1,plh=2586623307,tim=2736943776609
STAT #706153468 id=1 cnt=1 pid=0 pos=1 obj=0 op='SORT AGGREGATE (cr=5 pr=0 pw=0 time=1142 us)'
STAT #706153468 id=2 cnt=1209 pid=1 pos=1 obj=88630 op='TABLE ACCESS SAMPLE T1 (cr=5 pr=0 pw=0
time=3369 us cost=3 size=19071 card=1467)'
CLOSE #706153468:c=0,e=17,dep=1,type=0,tim=2736943776881
BINDS #701179896:
 Bind#0
  oacdty=02 mxl=22(22) mxlc=00 mal=00 scl=00 pre=00
  oacflg=03 fl2=1000000 frm=00 csi=00 siz=48 off=0
  kxsbbbfp=2a17b5d8  bln=22  avl=02  flg=05
  value=50
 Bind#1
  oacdty=02 mxl=22(22) mxlc=00 mal=00 scl=00 pre=00
  oacflg=03 fl2=1000000 frm=00 csi=00 siz=0 off=24
  kxsbbbfp=2a17b5f0  bln=22  avl=02  flg=01
  value=50
EXEC
#701179896:c=10014,e=9543,p=0,cr=6,cu=0,mis=1,r=0,dep=0,og=1,plh=3724264953,tim=2736943778282
FETCH
#701179896:c=0,e=1271,p=0,cr=32,cu=0,mis=0,r=1,dep=0,og=1,plh=3724264953,tim=2736943779691
STAT #701179896 id=1 cnt=1 pid=0 pos=1 obj=0 op='SORT AGGREGATE (cr=32 pr=0 pw=0 time=1269
us)'
STAT #701179896 id=2 cnt=1000 pid=1 pos=1 obj=88630 op='TABLE ACCESS FULL T1 (cr=32 pr=0 pw=0
time=3301 us cost=10 size=48 card=6)'
FETCH #701179896:c=0,e=8,p=0,c r=0,cu=0,mis=0,r=0,dep=0,og=0,plh=3724264953,tim=2736943780779
CLOSE #701179896:c=0,e=27,dep=0,type=0,tim=2736943783592
```

Die für Dynamic Sampling generierte SQL-Anweisung wird erst nach der Ermittlung der Bind-Werte ausgeführt. Der Ausführungsplan mit dem Hashwert von 3724264953 entsteht dann erst beim Ausführen des Cursors für „select count(*) from t1 where a = :b1 and b = :b".

Wenn wir das Tracing für das Event 10053 bei Ausführung von „select count(*) from t1 where a = :b1 und b = :b" aktivieren, finden wir in der jeweiligen Trace-Datei die folgende Information zu der für Dynamic Sampling generierten SQL-Anweisung.

```
** Generated dynamic sampling query:
    query text :
SELECT /* OPT_DYN_SAMP */ /*+ ALL_ROWS IGNORE_WHERE_CLAUSE NO_PARALLEL(SAMPLESUB)
opt_param('parallel_execution_enabled', 'false') NO_PARALLEL_INDEX(SAMPLESUB) NO_SQL_TUNE */
NVL(SUM(C1),0), NVL(SUM(C2),0) FROM (SELECT /*+ IGNORE_WHERE_CLAUSE NO_PARALLEL("T1")
FULL("T1") NO_PARALLEL_INDEX("T1") */ 1 AS C1, CASE WHEN "T1"."A"=:B1 AND "T1"."B"=:B2 THEN 1
ELSE 0 END AS C2 FROM "SYS"."T1" SAMPLE BLOCK (13.333333 , 1) SEED (1) "T1") SAMPLESUB

*** 2013-04-20 21:01:50.353
** Executed dynamic sampling query:
    level : 4
    sample pct. : 13.333333
    actual sample size : 1209
    filtered sample card. : 0
    orig. card. : 11000
    block cnt. table stat. : 30
    block cnt. for sampling: 30
    max. sample block cnt. : 5
    sample block cnt. : 4
    min. sel. est. : 0.00784302
** Using single table dynamic sel. est. : 0.00057316
```

Der Wert von 3,999999 beträgt 13,333333% (der Prozentsatz aus der Klausel SAMPLE BLOCK) von der Anzahl der Tabellenblöcke (block cnt. table stat. : 30). Dieser abgerundete Wert entspricht der Anzahl der zu prüfenden Blöcke aus dem obigen Ausschnitt (sample block cnt. : 4).

Dynamic Sampling kann auch beim Generieren der Explain-Pläne angewendet werden. Das ist selbstverständlich für SQL-Anweisungen ohne Bind-Variablen, weil Dynamic Sampling in diesem Fall bei Parsing ausgeführt wird. Wenn eine SQL-Anweisung mit Bind Variablen lediglich geparst wird, und die jeweilige Tabelle keine Optimizer Statistiken hat, wird Dynamic Sampling auch angewendet.

```
SQL> exec dbms_stats.delete_table_stats(user,'T1',no_invalidate=>false)
SQL> set autotrace traceonly explain
SQL> select count(*) from t1 where a = :b1 and b = :b2;

Execution Plan
----------------------------------------------------------
Plan hash value: 720960414

--------------------------------------------------------------------------------------
| Id  | Operation                   | Name | Rows | Bytes | Cost (%CPU)| Time     |
--------------------------------------------------------------------------------------
|   0 | SELECT STATEMENT            |      |    1 |   26  |    5   (0)| 00:00:01 |
|   1 |  SORT AGGREGATE             |      |    1 |   26  |           |          |
|*  2 |   TABLE ACCESS BY INDEX ROWID| T1  |    1 |   26  |    5   (0)| 00:00:01 |
|*  3 |    INDEX RANGE SCAN         | I_T1 |   58 |       |    1   (0)| 00:00:01 |
--------------------------------------------------------------------------------------

Predicate Information (identified by operation id):
---------------------------------------------------

   2 - filter("B"=TO_NUMBER(:B2))
   3 - access("A"=TO_NUMBER(:B1))

Note
-----
   - dynamic sampling used for this statement (level=2)
```

Für die Anweisungen mit Bind-Variablen ist aber primär der Ausführungsplan von Interesse, weil er sich vom Explain-Plan oft unterscheidet.

L.: „Peter, weißt Du, wo die Information über die Anwendung von Dynamic Sampling bei Oracle abgespeichert wird?"

P.: „In der Spalte OTHER_XML, wie bei vielen anderen Features auch?"

L.: „Ganz genau. Die Funktionen DISPLAY, DISPLAY_CURSOR und DISPLAY_AWR aus dem Package DBMS_XPLAN ermitteln die Anwendung von Dynamic Sampling aus der Spalte OTHER_XML der jeweiligen View."

User Bind Peeking   10

In diesem kleinen Abschnitt besprechen wir kurz das Feature User Bind Peeking von Oracle 9i und 10g. Ich glaube, es ist sinnvoll aus den folgenden 2 Gründen:

- ein klares Bild über dieses Feature hilft die Vorteile von Adaptive Cursor Sharing besser zu verstehen (s. im Abschn. 15.1), welches eine Weiterentwicklung von User Bind Peeking in 11g darstellt,
- man kann nach wie vor dieses Feature in Oracle 11g benutzen, wenn man Adaptive Cursor Sharing, bzw. Extended Cursor Sharing ausschaltet (was generell nicht zu empfehlen ist).

Leonid: *„Peter, ich glaube, Du kennst Dich gut mit User Bind Peeking aus."*
Peter: *„Das hoffe ich."*
L.: *„Könntest Du bitte sagen, wofür Oracle dieses Feature eingeführt hat?"*
P.: *„Um die Auswertung der Histogramme für SQL-Anweisungen mit Bind-Variablen zu ermöglichen."*
L.: *„Wie ist es bei User Bind Peeking realisiert?"*
P.: *„Oracle nimmt den ersten Satz der Bind-Werte bei der ersten Ausführung der SQL-Anweisung und berücksichtigt die Werteverteilung für diese Bind-Werte beim Erstellen des Ausführungsplans. Dafür werden die jeweiligen Histogramme herangezogen."*
L.: *„Was passiert weiter? Was macht Oracle beispielsweise mit dem zweiten Satz der Bind-Werte?"*
P.: *„Für den zweiten und für die weiteren Sätze der Bind-Werte nimmt Oracle den Ausführungsplan, der für den ersten Satz erstellt wurde, weil das Erstellen des Ausführungsplans für jeden Satz der Bind-Werte zu teuer wäre."*
L.: *„Ja, und das ist genau die Schwachstelle dieses Features. Kannst Du möglicherweise sagen, warum?"*
P.: *„Es ist gut möglich, dass der für den ersten Satz der Bind-Werte errechnete Ausführungsplan nicht optimal für die anderen Sätze ist."*

L.: „Richtig. Das passiert, wenn der erste Satz nicht repräsentativ ist. Was macht man in diesem Fall?"

P.: „Man könnte den jeweiligen Cursor aus dem Shared Pool entfernen und somit Oracle zwingen, einen neuen Ausführungsplan zu erstellen. Möglicherweise wird der erste Satz der Bind-Werte diesmal repräsentativ sein."

L.: „Das kann funktionieren, muss aber nicht. Auch wenn es funktioniert, besteht keine Garantie, dass der Ausführungsplan in einiger Zeit sich nicht wieder verschlechtert. Hast Du weitere Ideen?"

P.: „Kann man User Bind Peeking ausschalten?"

L.: „Wenn User Bind Peeking die Performanz von mehreren SQL-Anweisungen beeinträchtigt, kann man dieses Feature abschalten. Das macht man mit der Parametereinstellung _OPTIM_PEEK_USER_BINDS=FALSE. Man muss aber aufpassen, weil diese Parametereinstellung die Performanz von anderen SQL-Anweisungen verschlechtern kann. Nach der Einführung von Adaptive Cursor Sharing in Oracle 11 (s. in Abschn. 15.1) muss man seltener zu dieser Maßnahme greifen. Ich habe noch eine Frage an Dich, Peter. Wie ermittelt man Bind-Werte, welche bei User Bind Peeking benutzt wurden?"

P.: „Ich habe das leider vergessen."

L.: „Dies kann man mit Funktionen DISPLAY_CURSOR und DISPLAY_AWR aus dem Package DBMS_XPLAN tun, wenn man diese Funktionen mit dem Argument FORMAT=>'ADVANCED' ausführt. Diese Funktionen ermitteln Bind-Werte aus der Spalte OTHER_XML der View V$SQL_PLAN bzw. DBA_HIST_SQL_PLAN. Wenn User Bind Peeking ausgeschaltet ist, enthält diese Spalte keine Bind-Werte. Dementsprechend geben die beiden Funktionen auch keine Bind-Werte aus. Ich habe ein Beispiel vorbereitet, das demonstriert, wie User Bind Peeking funktioniert und welches Risiko man eingeht, wenn man dieses Feature ausschaltet."

```
SQL> create table test1.t1(a number, b number, c number, d number);
Table created.
SQL> insert into test1.t1 select 1, 1, 1, 1 from dual connect by level <= 4000;
4000 rows created.
SQL> insert into test1.t1 values (2,2,2,2);
1 row created.
SQL> insert into test1.t1 select 3, 3, 3, 3 from dual connect by level <= 4000;
4000 rows created.
SQL> insert into test1.t1 select null, null, null, null from dual connect by level <= 2000;
2000 rows created.
SQL> create index test1.i_t1 on test1.t1 (a);
Index created.
SQL> exec dbms_stats.gather_table_stats('TEST1', 'T1', method_opt => 'for all columns size 3')
PL/SQL procedure successfully completed.
```

10 User Bind Peeking

Werte in den Spalten der Tabelle T1 sind ungleichmäßig verteilt. Der Wert von 2 kommt in der Spalte A nur einmal vor, wobei 4000 Tabellensätze die Werte von 1 und 3 haben. Um dieses Beispiel etwas komplizierter zu gestalten, habe ich 2000 Sätze mit den Null-Werten in die Tabelle eingetragen. Schalten wir zunächst User Bind Peeking ab und schauen uns den Ausführungsplan der folgenden SQL-Anweisung an.

```
SQL> alter session set "_optim_peek_user_binds"=false;
Session altered.
SQL> var b1 number
SQL>
SQL> exec :b1:= 2;
PL/SQL procedure successfully completed.
SQL> select count(b) from test1.t1 where a = :b1;
   COUNT(B)
-----------
         1
SQL> select plan_table_output from table (sys.dbms_xplan.display_cursor('','','ADVANCED LAST'));
PLAN_TABLE_OUTPUT
--------------------------------------------------------------------------------
--------------------------------------------------------------------------------
-----------------
SQL_ID  6p2nx394vj4br, child number 0
-------------------------------------
select count(b) from test1.t1 where a = :b1

Plan hash value: 3724264953

-----------------------------------------------------------------------
| Id  | Operation          | Name | Rows  | Bytes | Cost (%CPU)| Time     |
-----------------------------------------------------------------------
|   0 | SELECT STATEMENT   |      |       |       |     9 (100)|          |
|   1 |  SORT AGGREGATE    |      |     1 |     6 |            |          |
|*  2 |   TABLE ACCESS FULL| T1   |  2667 | 16002 |     9   (0)| 00:00:01 |
-----------------------------------------------------------------------
```

Ohne Bind Peeking hat der Optimizer keine Chance festzustellen, dass der Wert 2 lediglich einmal vorhanden ist, um einen Index Range Scan für die obige Abfrage einzusetzen. Wenn wir User Bind Peeking wieder aktivieren, findet der Optimizer den optimalen Ausführungsplan.

```
SQL> alter session set "_optim_peek_user_binds"=true;

Session altered.

SQL> select count(b) from test1.t1 where a = :b1;

  COUNT(B)
----------
         1

SQL> select plan_table_output from table (sys.dbms_xplan.display_cursor('','','ADVANCED
LAST'));

PLAN_TABLE_OUTPUT
--------------------------------------------------------------------------------
--------------------------------------------------------------------------------
--------------------------------------------------------------------------------
SQL_ID  6p2nx394vj4br, child number 1
-------------------------------------
select count(b) from test1.t1 where a = :b1

Plan hash value: 720960414

---------------------------------------------------------------------------------------
| Id  | Operation                     | Name | Rows  | Bytes | Cost (%CPU)| Time     |
---------------------------------------------------------------------------------------
|   0 | SELECT STATEMENT              |      |       |       |     2 (100)|          |
|   1 |  SORT AGGREGATE               |      |     1 |     6 |            |          |
|   2 |   TABLE ACCESS BY INDEX ROWID | T1   |     1 |     6 |     2   (0)| 00:00:01 |
|*  3 |    INDEX RANGE SCAN           | I_T1 |     1 |       |     1   (0)| 00:00:01 |
---------------------------------------------------------------------------------------
```

Wenn wir jetzt die Histogramme für die Spalte „A" löschen, wirkt sich das genauso aus wie im Fall ohne User Bind Peeking.

```
SQL> exec
dbms_stats.delete_column_stats('TEST1','T1','A',col_stat_type=>'HISTOGRAM',no_invalidate=>fals
e)

PL/SQL procedure successfully completed.

SQL> select count(b) from test1.t1 where a = :b1;

  COUNT(B)
----------
         1

SQL>
SQL> select plan_table_output from table (sys.dbms_xplan.display_cursor('','','ADVANCED
LAST'));

PLAN_TABLE_OUTPUT
--------------------------------------------------------------------------------
--------------------------------------------------------------------------------
--------------------------------------------------------------------------------
SQL_ID  6p2nx394vj4br, child number 1
-------------------------------------
select count(b) from test1.t1 where a = :b1

Plan hash value: 3724264953

-------------------------------------------------------------------------
| Id  | Operation          | Name | Rows  | Bytes | Cost (%CPU)| Time     |
-------------------------------------------------------------------------
|   0 | SELECT STATEMENT   |      |       |       |     9 (100)|          |
|   1 |  SORT AGGREGATE    |      |     1 |     6 |            |          |
|*  2 |   TABLE ACCESS FULL| T1   |  2667 | 16002 |     9   (0)| 00:00:01 |
-------------------------------------------------------------------------
```

10 User Bind Peeking

L: „Peter, weißt Du, wie Oracle die Kardinalität von 2667 in diesem Ausführungsplan berechnet?"

P: „Der Optimizer berechnet diese Kardinalität wahrscheinlich pauschal, weil die Histogramme nicht existieren. Wie es aber genau gemacht wird, weiß ich nicht."

L.: „Das macht der Optimizer anhand der Statistiken für die Spalte ‚A'."

```
SQL> select num_distinct, num_nulls from dba_tab_col_statistics where owner='TEST1' and
table_name='T1' and column_name='A';

            NUM_DISTINCT              NUM_NULLS
------------------------- -------------------------
                       3                    2000
```

„Die Tabelle T1 hat 10001 Datensätze. Oracle subtrahiert aus dieser Zahl die Anzahl der Null-Werte, die für unsere Abfrage nicht relevant sind. So kommt man auf die Zahl 8001. Da die Spalte ‚A' 3 verschiedene Werte hat, muss man jetzt 8001 durch 3 teilen. Das Ergebnis ist 2667."

P.: „Der Optimizer geht in diesem Fall also davon aus, dass die Werte in der Spalte ‚A' gleichmäßig verteilt sind?"

L.: „Richtig. Wenn wir jetzt testweise diese Statistiken entfernen, muss der Optimizer eine Annahme bei der Einschätzung der Kardinalität tun."

```
SQL> exec
dbms_stats.delete_column_stats('TEST1','T1','A',col_stat_type=>'ALL',no_invalidate=>false)
PL/SQL procedure successfully completed.

SQL> select * from dba_histograms where owner='TEST1' and table_name='T1' and column_name='A';

no rows selected

SQL> select count(b) from test1.t1 where a = :b1;

                COUNT(B)
------------------------
                       1

SQL> select plan_table_output from table (sys.dbms_xplan.display_cursor('','','ADVANCED
LAST'));

PLAN_TABLE_OUTPUT
--------------------------------------------------------------------------------------------
--------------------------------------------------------------------------------------------
-----------------
SQL_ID  6p2nx394vj4br, child number 1
-------------------------------------
select count(b) from test1.t1 where a = :b1

Plan hash value: 720960414

---------------------------------------------------------------------------------------
| Id  | Operation                    | Name | Rows  | Bytes | Cost (%CPU)| Time     |
---------------------------------------------------------------------------------------
|   0 | SELECT STATEMENT             |      |       |       |     6 (100)|          |
|   1 |  SORT AGGREGATE              |      |     1 |    12 |            |          |
|   2 |   TABLE ACCESS BY INDEX ROWID| T1   |   100 |  1200 |     6   (0)| 00:00:01 |
|*  3 |    INDEX RANGE SCAN          | I_T1 |    40 |       |     5   (0)| 00:00:01 |
---------------------------------------------------------------------------------------
```

P.: „Was ist 100? Ist es ein Prozentsatz oder eine Konstante?"

L.: „Das ist 1 % der Anzahl der Tabellensätze. Könntest Du jetzt bitte eine Zusammenfassung unserer Testergebnisse machen."

P.: „Wenn User Bind Peeking deaktiviert ist, geht der Optimizer von der Gleichverteilung der Daten in den Tabellenspalten aus und benutzt für die Einschätzung der Kardinalität bzw. der Selektivität die jeweiligen Spaltenstatistiken. Dasselbe macht er, wenn die jeweiligen Histogramme fehlen. Wenn auch keine Spaltenstatistiken vorhanden sind, muss der Optimizer raten, wie die Kardinalität ist. Da Oracle dabei ziemlich optimistisch ist, neigt er in diesem Fall zu Index-Zugriffen."

L.: „Gut, Peter."

11 Parameter CURSOR_SHARING

Literale in den SQL-Anweisungen sind die häufigste Ursache des harten Parsings und der damit verbundenen Performanz-Probleme. Aus diesem Grund muss man möglichst die Bind-Variablen statt Literale beim Programmieren der SQL-Anweisungen benutzen. Wenn eine Anwendung bereits mit Literalen programmiert ist und man einige Parsing-Probleme hat, ist es normalerweise nicht mehr möglich, Literale durch jeweilige Bind-Variablen mit einer Programmänderung zu ersetzen, weil das zu teuer wird. In diesem Fall hilft der Parameter CURSOR_SHARING, der in Oracle 8i eingeführt wurde.

11.1 Parameter CURSOR_SHARING vor Oracle 11g

Zunächst möchte ich den Parameter CURSOR_SHARING für die älteren Versionen als Oracle 11g beschreiben. Im Abschn. 11.4 sind die Besonderheiten dieses Parameters bei Oracle 11g präsentiert. Der Parameter CURSOR_SHARING kann die folgenden Werte annehmen:

- EXACT. Das ist der Vorgabewert dieses Parameters. Bei diesem Wert werden Literale in den SQL-Anweisungen nicht ersetzt,
- FORCE. Bei diesem Wert werden Literale durch systemgenerierte Bind-Variablen ersetzt. Dabei entsteht ein einziger Cursor, der für alle SQL-Anweisungen gemeinsam benutzt wird, welche sich lediglich in Literalen unterscheiden. Es ist klar, dass der Ausführungsplan dieses einzigen Cursors nicht unbedingt für alle dieser SQL-Anweisungen optimal ist,
- SIMILAR. Dieser Parameterwert wurde in Oracle 9i eingeführt, um den oben beschriebenen Nachteil des Parameterwertes FORCE zu beseitigen. Bei der Parametereinstel-

lung CURSOR_SHARING=SIMILAR können mehrere Cursor entstehen. Ein neuer Cursor wird angelegt, wenn
- kein Cursor mit systemgenerierten Bind-Variablen für die jeweilige SQL-Anweisung existiert oder
- mindestens ein Cursor mit systemgenerierten Bind-Variablen für die jeweilige SQL-Anweisung angelegt ist, darunter aber kein Cursor mit den Bind-Werten, die mit den Literalen der jeweiligen SQL-Anweisung übereinstimmen (wenn solch ein Cursor bereits existiert, wird dieser Cursor für die jeweilige SQL-Anweisung benutzt). Für das Anlegen eines neuen Cursors muss noch eine Bedingung erfüllt werden: Es müssen Histogramme für die Spalten aus den Prädikaten der jeweiligen SQL-Anweisung existieren, die für diese Prädikate auszuwerten sind.

Peter: „*Verstehe ich richting, dass Oracle dieselbe Anzahl der Cursor mit systemgenerierten Bind-Variablen bei der Parametereinstellung* CURSOR_SHARING=SIMILAR *wie bei der Parametereinstellung* CURSOR_SHARING=EXACT *für eine SQL-Anweisung mit verschiedenen Literalen erzeugen kann?*"

Leonid: „*Du verstehst das richtig. Wenn keine Histogramme für die Spalten aus der Where-Bedingung einer SQL-Anweisung mit Literalen vorhanden sind (welche Oracle für die jeweilige Prädikate anwenden kann), wird ein einziger Cursor bei der Parametereinstellung* CURSOR_SHARING=SIMILAR *angelegt. Ansonsten wird ein Cursor mit systemgenerierten Bind-Variablen pro einen Satz der Literale erzeugt. Das Skript test_case_cursor_sharing0_10.sql demonstriert das.*"

11.1 Parameter CURSOR_SHARING vor Oracle 11g

```
SQL> col sss noprint new_value sss
SQL> col sqlid new_value sqlid
SQL>
SQL> alter session set session_cached_cursors=0;

Session wurde geändert.

SQL> select sid||'_'||serial# sss from v$session where sid in (select distinct sid from
v$mystat);

SQL> create table t1(c1 number, c2 number);

Tabelle wurde erstellt.

SQL> insert into t1 select level, level from dual connect by level <= 10000;

10000 Zeilen erstellt.

SQL> commit;

Transaktion mit COMMIT abgeschlossen.

SQL> exec dbms_stats.gather_table_stats (user, 'T1', method_opt=>'FOR ALL COLUMNS size 254');

PL/SQL-Prozedur erfolgreich abgeschlossen.

SQL> alter session set cursor_sharing=similar;

Session wurde geändert.

SQL> select /* &sss */ count(c1) from t1 where c1 = 1;

 COUNT(C1)
----------
         1

SQL> select /* &sss */ count(c1) from t1 where c1 = 2;

 COUNT(C1)
----------
         1

...

SQL> select /* &sss */ count(c1) from t1 where c1 = 10;

 COUNT(C1)
----------
         1

SQL> select sql_id sqlid, sql_text, plan_hash_value, count(*) from v$sql where sql_text like
'%/* &sss */%' group by sql_id, sql_text, plan_hash_value;

SQLID
-------------
SQL_TEXT
-----------------------------------------------------------------------------
PLAN_HASH_VALUE   COUNT(*)
---------------  ----------
59u95g53aptx4
select /* 140_54 */ count(c1) from t1 where c1 = :"SYS_B_0"
     3724264953         10
```

Wenn wir die letzte Ausführung wiederholen, wird kein neuer Cursor erzeugt, sondern ein bestehender gemeinsam benutzt.

```
SQL> select /* &sss */ count(c1) from t1 where c1   = 10;

  COUNT(C1)
----------
         1
SQL>
SQL> select sql_id sqlid, sql_text, plan_hash_value, count(*) from v$sql where sql_text like
'%/* &sss */%' group by sql_id, sql_text, plan_hash_value;

SQLID
-------------
SQL_TEXT
----------------------------------------------------------------------------
PLAN_HASH_VALUE   COUNT(*)
---------------  ---------
59u95g53aptx4
select /* 140_54 */ count(c1) from t1 where c1   = :"SYS_B_0"
     3724264953         10
```

Ändern wir jetzt das Prädikat so, dass Oracle die vorhandenen Histogramme für die Spalte „C1" nicht mehr benutzen kann. In diesem Fall wird ein einziger Cursor für die SQL-Anweisungen mit verschiedenen Literalen erzeugt.

```
SQL> select /* &sss */ count(c1) from t1 where c1*2   = 2;

  COUNT(C1)
----------
         1

SQL> select /* &sss */ count(c1) from t1 where c1*2   = 4;

  COUNT(C1)
----------
         1

…

SQL> select /* &sss */ count(c1) from t1 where c1*2   = 22;

  COUNT(C1)
----------
         1
SQL>
SQL> select sql_id sqlid, sql_text, plan_hash_value, count(*) from v$sql where sql_text like
'%/* &sss */%' group by sql_id, sql_text, plan_hash_value;

SQLID
-------------
SQL_TEXT
----------------------------------------------------------------------------
PLAN_HASH_VALUE   COUNT(*)
---------------  ---------
3rwpkzc8mqprd
select /* 140_54 */ count(c1) from t1 where c1*:"SYS_B_0"   = :"SYS_B_1"
     3724264953          1
```

Ein einziger Cursor wird auch erzeugt, wenn überhaupt keine Histogramme für die Spalte „C1" existieren. Das können Sie selber mit dem Skript test_case_cursor_sharing0_10.sql prüfen, wenn Sie dieses Skript für einen älteren als 11.2.0.3 Oracle Release ausführen.

P: *„Als ich einen Test mit dem Parameter* CURSOR_SHARING *gemacht habe, habe ich bemerkt, dass Literale in meiner SQL-Anweisung nicht immer durch Bind-Variablen ersetzt wurden, obwohl der Parameterwert von* CURSOR_SHARING *ungleich EXACT war. Was konnte der Grund dafür sein?"*

11.1 Parameter CURSOR_SHARING vor Oracle 11g

L: *„Wenn Oracle einen Cursor mit Literalen in der SQL-Area beim Parsing findet, wird dieser Cursor für die jeweilige SQL-Anweisung benutzt. In diesem Fall findet keine Ersetzung der Literalen statt. Das folgende Beispiel lässt das nachvollziehen."*

```
SQL> select 200 from dual;

       200
----------
       200
SQL> alter session set cursor_sharing=force;
SQL>
SQL> select 200 from dual;

       200
----------
       200
SQL> select plan_table_output from table (sys.dbms_xplan.display_cursor('','','LAST'));

PLAN_TABLE_OUTPUT
--------------------------------------------------------------------------------
--------------------------------------------------------------------------------
--------------------------------------------------------------------------------
-----------------
SQL_ID  d4qtgd7a3fsh6, child number 0
-------------------------------------
select 200 from dual

Plan hash value: 1388734953

-----------------------------------------------------------------
| Id  | Operation         | Name | Rows  | Cost (%CPU)| Time     |
-----------------------------------------------------------------
|   0 | SELECT STATEMENT  |      |       |     2 (100)|          |
|   1 |  FAST DUAL        |      |     1 |     2   (0)| 00:00:01 |
-----------------------------------------------------------------
```

Erst nach der Entfernung des Cursors mit dem Literal 200 aus der SQL-Area zeigt die Parametereinstellung CURSOR_SHARING=FORCE ihre Wirkung.

```
SQL> alter system flush shared_pool;
SQL>
SQL> select 200 from dual;

       200
----------
       200
SQL>
SQL> select plan_table_output from table (sys.dbms_xplan.display_cursor('','','LAST'));

PLAN_TABLE_OUTPUT
--------------------------------------------------------------------------------
--------------------------------------------------------------------------------
--------------------------------------------------------------------------------
-----------------
SQL_ID  g3176qdxahvv9, child number 0
-------------------------------------
select :"SYS_B_0" from dual

Plan hash value: 1388734953

-----------------------------------------------------------------
| Id  | Operation         | Name | Rows  | Cost (%CPU)| Time     |
-----------------------------------------------------------------
|   0 | SELECT STATEMENT  |      |       |     2 (100)|          |
|   1 |  FAST DUAL        |      |     1 |     2   (0)| 00:00:01 |
-----------------------------------------------------------------
```

L.: *„Ich vermute, dass Du genau so einen Fall bei Deinem Test hattest."*

11.2 User Bind Peeking bei der Parametereinstellung CURSOR_SHARING<>EXACT

Leonid: „Peter, ich habe eine Frage an dich. Wird User Bind Peeking für systemgenerierte Bind-Variablen bei der Parametereinstellung CURSOR_SHARING<>EXACT benutzt oder nicht?"

Peter: „Warum sollte es nicht benutzt werden?"

L: „Oracle hat die jeweiligen Literale in der originellen SQL-Anweisung und kann theoretisch diese Literale beim Erstellen des Ausführungsplans ohne User Bind Peeking gebrauchen. Im Internet findet man verschiedene Meinungen dazu."

P.: „Ist es wichtig für die Praxis?"

L.: „Ja, weil es einen direkten Einfluss auf die Performanz hat. Wenn man beispielsweise User Bind Peeking ausschaltet, wirkt es auf SQL-Anweisungen mit systemgenerierten Bind-Variablen? Ich denke schon, dass meine Frage für die Praxis wichtig ist."

P: „Ehrlich gesagt, weiß ich nicht, wie Deine Frage zu beantworten ist. Es gibt Pro und Kontra für jede Variante."

L.: „Dann versuchen wir, die richtige Antwort mit dem Skript test_case_bind_peek_cursor_sharing.sql zu finden."

Legen wir eine Tabelle T1 an.

```
SQL> create table t1(c1 number, c2 number);
Table created.
SQL> insert into t1 select 1, level from dual connect by level <= 10000;
10000 rows created.
SQL> insert into t1 values (2,10001);
1 row created.
SQL> insert into t1 values (3,10002);
1 row created.
SQL> commit;
Commit complete.
SQL> exec dbms_stats.gather_table_stats (user, 'T1', method_opt=>'FOR ALL COLUMNS size 3');
PL/SQL procedure successfully completed.
```

Die Tabelle T1 ist so mit den Daten gefüllt, dass 10.000 Datensätze den Wert 1 für die Spalte „C1" haben. Für die Werte 2 und 3 gibt es jeweils 1 Datensatz. Zunächst schalten wir User Bind Peeking ab und führen 2 SQL-Anweisungen aus: eine mit der Bind-Variablen und mit dem Bind-Wert 2, die andere mit dem Literal 2 und mit der Parametereinstellung CURSOR_SHARING=FORCE.

11.2 User Bind Peeking bei der Parametereinstellung ...

```
SQL> var b1 number
SQL>
SQL> exec :b1:=2;

PL/SQL procedure successfully completed.

SQL>
SQL> alter session set "_optim_peek_user_binds"=false;

Session altered.

SQL>
SQL> alter session set cursor_sharing=force;

Session altered.

SQL>
SQL> select /* &sss 1 */ count(c1) from t1 where c1   >= :b1;

 COUNT(C1)
----------
         2

SQL>
SQL> select plan_table_output from table (sys.dbms_xplan.display_cursor('','','ADVANCED' ));

PLAN_TABLE_OUTPUT
--------------------------------------------------------------------------------
--------------------------------------------------------------------------------
--------------------------------------------------------------------------------
-----------------
SQL_ID  61j5cxh88fxmg, child number 0
-------------------------------------
select /* 20130504175010 1 */ count(c1) from t1 where c1   >= :b1

Plan hash value: 3724264953

---------------------------------------------------------------------------
| Id  | Operation          | Name | Rows  | Bytes | Cost (%CPU)| Time     |
---------------------------------------------------------------------------
|   0 | SELECT STATEMENT   |      |       |       |     7 (100)|          |
|   1 |  SORT AGGREGATE    |      |     1 |     3 |            |          |
|*  2 |   TABLE ACCESS FULL| T1   |  3335 | 10005 |     7   (0)| 00:00:01 |
---------------------------------------------------------------------------
...
SQL> select /* &sss 1 */ count(c1) from t1 where c1   >= 2;

 COUNT(C1)
----------
         2

SQL>
SQL> select plan_table_output from table (sys.dbms_xplan.display_cursor('','','ADVANCED' ));

PLAN_TABLE_OUTPUT
--------------------------------------------------------------------------------
--------------------------------------------------------------------------------
--------------------------------------------------------------------------------
-----------------
SQL_ID  4zmjmhaw9pm5k, child number 0
-------------------------------------
select /* 20130504175010 1 */ count(c1) from t1 where c1   >= :"SYS_B_0"

Plan hash value: 3724264953

---------------------------------------------------------------------------
| Id  | Operation          | Name | Rows  | Bytes | Cost (%CPU)| Time     |
---------------------------------------------------------------------------
|   0 | SELECT STATEMENT   |      |       |       |     7 (100)|          |
|   1 |  SORT AGGREGATE    |      |     1 |     3 |            |          |
|*  2 |   TABLE ACCESS FULL| T1   |  3335 | 10005 |     7   (0)| 00:00:01 |
---------------------------------------------------------------------------
```

In den beiden Fällen schätzt Oracle die Kardinalität des Full Table Scan als 3335 ein (ein Drittel der Tabellensätze), weil der jeweilige Bind-Wert bei dieser Einschätzung nicht benutzt werden kann. Wenn User Bind Peeking eingeschaltet wird, wird diese Kardinalität richtig eingeschätzt.

```
SQL> alter session set "_optim_peek_user_binds"=true;

Session altered.

SQL>
SQL>
SQL> select /* &sss 2 */ count(c1) from t1 where c1  >= :b1;

 COUNT(C1)
----------
         2

SQL>
SQL> select plan_table_output from table (sys.dbms_xplan.display_cursor('','','ADVANCED' ));

PLAN_TABLE_OUTPUT
--------------------------------------------------------------------------------
--------------------------------------------------------------------------------
------------------
SQL_ID  70rvzr3fgt5ms, child number 0
-------------------------------------
select /* 20130504175010 2 */ count(c1) from t1 where c1  >= :b1

Plan hash value: 3724264953

--------------------------------------------------------------------------------
| Id  | Operation          | Name | Rows  | Bytes | Cost (%CPU)| Time     |
--------------------------------------------------------------------------------
|   0 | SELECT STATEMENT   |      |       |       |     7 (100)|          |
|   1 |  SORT AGGREGATE    |      |     1 |     3 |            |          |
|*  2 |   TABLE ACCESS FULL| T1   |     2 |     6 |     7   (0)| 00:00:01 |
--------------------------------------------------------------------------------
...

SQL> select /* &sss 2 */ count(c1) from t1 where c1  >= 2;

 COUNT(C1)
----------
         2

SQL>
SQL> select plan_table_output from table (sys.dbms_xplan.display_cursor('','','ADVANCED' ));

PLAN_TABLE_OUTPUT
--------------------------------------------------------------------------------
--------------------------------------------------------------------------------
------------------
SQL_ID  32qgbqyhrg5qr, child number 0
-------------------------------------
select /* 20130504175010 2 */ count(c1) from t1 where c1  >= :"SYS_B_0"

Plan hash value: 3724264953

--------------------------------------------------------------------------------
| Id  | Operation          | Name | Rows  | Bytes | Cost (%CPU)| Time     |
--------------------------------------------------------------------------------
|   0 | SELECT STATEMENT   |      |       |       |     7 (100)|          |
|   1 |  SORT AGGREGATE    |      |     1 |     3 |            |          |
|*  2 |   TABLE ACCESS FULL| T1   |     2 |     6 |     7   (0)| 00:00:01 |
--------------------------------------------------------------------------------
...

Peeked Binds (identified by position):
--------------------------------------

   1 - :SYS_B_0 (NUMBER): 2
```

Oracle benutzt also User Bind Peeking für SQL-Anweisungen mit systemgenerierten genauso wie mit programmierten Bind-Variablen mindestens seit dem Oracle Release 10.2.0.4 (die älteren Releases habe ich mit diesem Test-Case nicht geprüft).

11.3 Einschränkung

Der Parameter CURSOR_SHARING hat keine Wirkung auf die rekursiven Cursor. Das folgende Beispiel demonstriert das.

```
SQL> col sss noprint new_value sss
SQL>
SQL> select to_char(sysdate,'yyyymmddhh24miss') sss from dual;

SQL> alter session set cursor_sharing=force;
SQL>
SQL> declare
  2    vvv number;
  3  begin
  4        select count(*) into vvv from dual where dummy = '&sss';
  5  end;
  6  /
SQL>

SQL> select sql_text from v$sql where sql_text like '%&sss%' and command_type = 3;
SQL_TEXT
--------------------------------------------------------------------------------
SELECT COUNT(*) FROM DUAL WHERE DUMMY = '20130504165635'
```

Peter: *„Ich kann mir kaum vorstellen, dass jemand massenhaft SQL-Anweisungen mit Literalen in PL/SQL programmiert. Aus diesem Grund scheint mir diese Einschränkung nicht von großer Bedeutung zu sein."*

Leonid: *„Einerseits hast Du Recht. Andereseits gibt es Anwendungen, welche SQL-Anweisungen nicht direkt, sondern immer in einem anonymen PL/SQL-Block ausführen. Zum Beispiel folgendermaßen."*

```
SQL> begin
  2    insert into t1(a,b) values (1,1);
  3  end;
  4  /

PL/SQL procedure successfully completed.
```

L.: *„Wenn Literale in solchen PL/SQL-Blöcken Parsing-Probleme verursachen, bleibt nichts anderes übrig, als diese Literale durch Bind-Variablen im Programmcode zu ersetzen, weil der Parameter* CURSOR_SHARING *in diesem Fall nicht helfen kann."*

11.4 Besonderheiten bei Oracle 11g

In Oracle 11g wurde das Konzept der gemeinsamen Nutzung der Cursor für SQL-Anweisungen mit Bind-Variablen geändert (s. das Feature Adaptive Cursor Sharung im Abschn. 15.1). Laut dieses Konzepts wird ein Cursor für eine SQL-Anweisung mit verschiedenen Sätzen der Bind-Werte gemeinsam benutzt, wenn die Selektivität der jeweiligen Prädikate für diese Sätze etwa gleich ist. Wenn die Selektivität der Prädikate für einen neuen Satz der Bind-Werte sich merkbar von der Selektivität der bestehenden Cursor unterscheidet, wird ein neuer Cursor angelegt. Dies bedeutet, dass mehrere Cursor mit den systemgenerierten Bind-Variablen bei der Parametereinstellung CURSOR_SHARING=FORCE in Oracle 11g entstehen können. Die Ausführungspläne dieser Cursor sind indirekt (durch die Selektivität der Prädikate) an die jeweiligen Bind-Werte (in diesem Fall an die Literale) angepasst. Dies erübrigt die Parametereinstellung CURSOR_SHARING=SIMILAR. Da diese Parametereinstellung das Feature Adaptive Cursor Sharing außer Kraft setzt, empfielt Oracle lediglich die Parametereinstellung CURSOR_SHARING=FORCE in 11g zu benutzen.

In 11.2.0.3 gibt es Änderungen mit der Parametereinstellung CURSOR_SHARING= SIMILAR. Einige Test-Cases (z. B. test_case_cursor_sharing0_10.sql und test_case_adaptive_cursor_sharing_cs.sql) zeigen, dass die Parametereinstellungen CURSOR_SHARING= FORCE und CURSOR_SHARING=SIMILAR dort gleich bedeutend sind (bei den älteren Releases ist es nicht der Fall).

AWR und Statspack

12

Das AWR- und das Statspack-Repository enthalten viele nützliche Performanzstatistiken. Für die Auswertung dieser Daten kann man Standard-Reporte von Oracle benutzen, in denen die jeweiligen Performanzstatistiken textuell dargestellt sind. Mit den grafischen Auswertungen der AWR- oder der Statspack-Daten kann man aber die Performanzanalyse in vielen Fällen wesentlich schneller und effektiver durchführen. Einige wichtige Vorteile der Grafiken für Performance Tuning werden in diesem Kapitel diskutiert. Wir besprechen hier auch die Vorbestimmung eines Statspack- bzw. eines AWR-Reports und seine Grenzen bei der Performanzanalyse.

12.1 Gemeinsamkeit und Unterschiede vom AWR und dem Statspack

Sowie das Statspack als auch das AWR haben denselben Ursprung. Das sind die alten Skripte utlbstat.sql und utlestat.sql, die heutzutage beinahe vergessen wurden (aber immer noch existieren!). Das Skript utlbstat.sql, welches zuerst zu starten ist, legt einige Tabellen an und speichert dort Warte- und Laufzeitstatistiken ab. Das zweite Skript utlestat.sql, das man einige Zeit danach ausführen muss, berechnet die Deltawerte für die gespeicherten Statistiken, erstellt einen Report und löscht zum Schluss alle angelegten Tabellen. Diese Skripte sind für die Analyse der aktuellen Performanz-Probleme vorgesehen.

Wenn wir die mit diesen Skripten angelegten Tabellen nicht löschen und einen Automatismus für die Sammlung der Performanzstatistiken einführen, bekämen wir ein Repository mit den historischen statistischen Daten (also einen Prototyp vom Statspack bzw. vom AWR). Obwohl der Report von utlbstat/utlestat wesentlich kleiner und einfacher als die Statspack- bzw. AWR-Reporte ist, sind seine Züge in diesen beiden Reporten zu erkennen.

Das Statspack existiert seit Oracle 8.1.6. Das Repository vom Statspack wird im Datenbankschema PERFSTAT angelegt. Obwohl das Package STATSPACK in diesem Datenbankschema vorhanden ist, wird das Statspack zum großen Teil per Standard-Skripte verwaltet, die sich in Oracle-Home im Verzeichnis rdbms/admin befinden. Die wichtigsten davon sind die folgenden Skripte:

- spcreate.sql und spdrop.sql, mit denen man das Statspack im Schema PERFSTAT installiert bzw. deinstalliert,
- mit dem Sript spauto.sql konfiguriert man einen Datenbank-Job, der regelmäßig (stillschweigend einmal stündlich) die Daten sammelt. Dieses Skript muss man nach der Installation von Statspack ausführen,
- das Skript spreport.sql generiert die Statspack-Reporte.

Das Package STATSPACK beinhaltet die folgenden nützlichen Prozeduren:

- SNAP – erzeugt einen Snapshot. Bei dem Ausführen dieser Prozedur kann man die jeweiligen Parameter des Statspack eingeben. Das Argument I_MODIFY_PARAMETER => TRUE bewirkt, dass alle bei dem Aufruf von STATSPACK.SNAP eingegebenen Parameterwerte auch für die künftigen Snapshots hinfällig sind,
- PURGE – löscht die veralteten Daten. Das Löschen der Daten erfolgt nicht automatisch, sondern muss extra konfiguriert werden,
- MODIFY_STATSPACK_PARAMETER – ändert die Vorgabewerte der Parameter des Statspack.

Alle Parameter des Statspack lassen sich in 3 Gruppen unterteilen:

- allgemeine Parameter, z. B. der Level der Snapshots (das Argument I_SNAP_LEVEL der Prozedur MODIFY_STATSPACK_PARAMETER),
- sql-bezogene Schwellenwerte als Kriterien für das Speichern im Statspack-Repository, z. B. die Anzahl der Ausführungen der SQL-Anweisung (das Argument I_EXECUTIONS_TH der Prozedur MODIFY_STATSPACK_PARAMETER)
- segmentbezogene Schwellenwerte als Kriterien für das Speichern im Statspack-Repository, z. B. die Anzahl der Buffer Gets eines Segments (das Argument I_SEG_LOG_READS_TH der Prozedur MODIFY_STATSPACK_PARAMETER).

Im Unterschied zu den oben genannten Schwellenwerten, die man normalerweise nicht ändert, wird der Level der Snapshots häufig angepasst. Der Vorgabewert dieses Parameters ist 5. Bei diesem Level werden allgemeine Performanzstatistiken und die Cursor-Statistiken gesammelt. Beim Level 6 werden zusätzlich Informationen zu den Ausführungsplänen der Cursor abgespeichert. Der Level 7 bewirkt das Speichern der Segmentstatistiken im Statspack-Repository. Die Levels 6 und 7 verlangen zusätzlichen Speicherplatz für das Statspack-Repository, sind aber sehr nützlich bei den Performanzanalysen.

Das AWR wurde in Oracle 10 eingeführt. Das AWR ist die Weiterentwicklung vom Statspack. Sein Repository ist ähnlich aufgebaut, beinhaltet aber mehr Informationen als

12.1 Gemeinsamkeit und Unterschiede vom AWR und dem Statspack

das Statspack. Das AWR-Repository ist im Datenbankschema SYS im Tablespace SYSAUX angelegt. Der Hintergrundprozess MMON ist für das Erstellen der AWR-Daten zuständig. Stillschweigend werden AWR-Snapshots einmal stündlich erzeugt. Diese Häufigkeit und die anderen AWR-Einstellungen kann man in der View DBA_HIST_WR_CONTROL ermitteln:

```
SQL> desc dba_hist_wr_control
 Name                                      Null?    Type
 ----------------------------------------- -------- ----------------------------
 DBID                                      NOT NULL NUMBER
 SNAP_INTERVAL                             NOT NULL INTERVAL DAY(5) TO SECOND(1)
 RETENTION                                 NOT NULL INTERVAL DAY(5) TO SECOND(1)
 TOPNSQL                                            VARCHAR2(10)
```

Im Unterschied zum Statspack wird das AWR hauptsächlich mit dem Package DBMS_WORKLOAD_REPOSITORY verwaltet. Unten folgt eine kurze Beschreibung einiger Prozeduren und Funktionen dieses Package:

- CREATE_SNAPSHOT. Diese Prozedur (es gibt auch eine gleichnamige Funktion, die die Nummer des erzeugten Snapshot zurückliefert) generiert einen Snapshot. Sie hat ein einziges Argument FLUSH_LEVEL, das die Menge der Performanzstatistiken festlegt, welche im jeweiligen AWR-Snapshot abzuspeichern ist. Der Vorgabewert dieses Arguments ist TYPICAL. Das Argument FLUSH_LEVEL kann noch den Wert ALL annehmen,
- MODIFY_SNAPSHOT_SETTINGS. Mit dieser Prozedur kann man die AWR-Einstellungen ändern.

Das Argument RETENTION (der Vorgabewert beträgt 8 Tage) definiert die Lebensdauer der Performanzstatistiken im AWR und ist in Minuten einzugeben. Der minimale Wert dieses Arguments beträgt 1 Tag, der maximale 100 Tage. Bei dem Argumentwert 0 werden die Performanzstatistiken nie gelöscht.
Das Argument INTERVAL legt die Häufigkeit fest, in der AWR-Snapshots erstellt werden. Wie oben bereits erwähnt ist, beträgt sein Vorgabewert 1 Stunde. Dieses Argument ist in Minuten einzugeben. Der minimale Argumentwert ist 10 min, der maximale 1 Jahr. Der Wert 0 stopt das Erzeugen von AWR-Snapshots.
Das Argument TOPNSQL kann sowohl nummerische als auch Zeichenwerte annehmen: DEFAULT, MAXIMUM, N, wobei N – die Anzahl der SQL-Anweisungen ist (von 30 bis 50000), die für jedes Auswahlkriterium im AWR abzuspeichern sind. Der Wert DEFAULT bewirkt, dass 30 SQL-Anweisungen für jedes Kriterium bei dem FLUSH_LEVEL TYPICAL und 100 bei dem FLUSH_LEVEL ALL abgespeichert werden. Bei dem Wert MAXIMUM werden Informationen zu allen Cursorn aus der SQL-Area im AWR gesammelt.
Unten wird gezeigt, wie man die AWR-Einstellung RETENTION auf 10 Tage erhöht:

```
SQL> select * from dba_hist_wr_control;

      DBID
----------
SNAP_INTERVAL
---------------------------------------------------------------------------
RETENTION
---------------------------------------------------------------------------
TOPNSQL
----------
1332408942
+00000 01:00:00.0
+00008 00:00:00.0
DEFAULT

SQL> exec dbms_workload_repository.modify_snapshot_settings(retention=>10*24*60)

PL/SQL procedure successfully completed.

SQL> select * from dba_hist_wr_control;

      DBID
----------
SNAP_INTERVAL
---------------------------------------------------------------------------
RETENTION
---------------------------------------------------------------------------
TOPNSQL
----------
1332408942
+00000 01:00:00.0
+00010 00:00:00.0
DEFAULT
```

- AWR_REPORT_TEXT, AWR_REPORT_HTML. Diese Funktionen generieren den AWR-Report im Text- bzw. im HTML-Format. Man kann diese Funktionen entweder direkt oder über das Skript awrrpt.sql ausführen,
- AWR_GLOBAL_REPORT_TEXT, AWR_GLOBAL_REPORT_HTML. Diese Funktionen generieren den globalen AWR-Report im Text- bzw. im HTML-Format für RAC-Systeme. Man kann diese Funktionen entweder direkt oder über das Skript awrgrpt.sql ausführen,

Die Daten im AWR und im Statspack-Repository sind umfangreich und beinhalten die folgenden Performanzstatistiken:

- Wartestatistiken,
- Datenbank- und Betriebssystemstatistiken (darunter auch CPU-Statistiken),
- I/O-Statistiken für Tablespaces und für die einzelnen Dateien,
- Segment-Statistiken,
- Cursor-Statistiken,
- Ausführungspläne,
- PGA- und SGA-Statistiken,
- Parameterwerte,
- etc.

12.1 Gemeinsamkeit und Unterschiede vom AWR und dem Statspack

Diese Daten sind ausreichend, um die meisten typischen Performanz-Probleme zu klären. Manchmal helfen sie, das jeweilige Problem sofort zu beseitigen (beispielsweise durch das Fixieren eines guten Ausführungsplans aus dem AWR). Das AWR enthält etwas mehr Performanzstatistiken als das Statspack. Es geht dabei nicht nur um einen quantitativen sondern mehr um einen qualitativen Unterschied, weil einige im Statspack fehlende Statistiken sehr wichtig für Performance Tuning sind. Die Deltawerte der Performanzstatistiken im AWR beschleunigen die Abfragen der jeweiligen Views.

Peter: „*Gibt es solche Deltawerte für alle Statistiken im AWR?*"

Leonid: „*Das wäre sehr schön, ist leider aber nicht der Fall. Diese Deltawerte existieren für die ganz großen Statistiken: für die Cursor- und für die Segmentstatistiken. Wenn Du nichts dagegen hast, besprechen wir gleich einige wichtige Performanzstatistiken aus dem AWR, die im Statspack fehlen.*"

P.: „*Sehr gern. Ich glaube, dass wir mindestens eine solche Statistik bereits diskutiert haben. Ich meine die Spalte OTHER_XML im Ausführungsplan.*"

L.: „*Ganz genau, Peter. Infolgedessen fehlen viele nützliche Informationen aus dieser Spalte im Statspack. Beipielsweise die Outlines, mit denen man den jeweiligen Ausführungsplan fixieren kann (s. im Abschn. 18.1). Man kann aber leicht das Statspack mit den Daten aus OTHER_XML vervollständigen (s. im Abschn. 18.3). Es ist nicht möglich, ein SQL-Set für die Cursor aus dem Statspack-Repository zu generieren. Konsequenterweise kann man auch keine SQL Plan Baselines für die Cursor aus dem Statspack erstellen. Im Unterschied zu AWR enthält das Statspack keine Informationen zu den aktiven Sessions.*"

P.: „*Ist es so tragisch? Soweit ich mich erinnere, sind diese Informationen für die Ermittlung der Cursor wichtig, die auf ein konkretes Warteereignis warteten. Kann man sich nicht mit den Warteklassen begnügen, die für die Cursor auch im Statspack vorhanden sind?*"

L.: „*Wie würdest Du beispielsweise die blockierenden Wartezustände ohne diese Informationen untersuchen?*"

P.: „*Wenn Du die Enqueues meinst, die solche Zustände verursachen, so ist ihre Analyse überflüssig, weil sie anwendungsbedingt sind.*"

L.: „*Peter, außer Enqueues gib es bei Oracle auch andere Sperren, z. B. Mutexes. Probleme, die durch die Enqueues entstehen, müssen übrigens auch untersucht werden. Sie sind nicht immer anwendungsbedingt.*"

P.: „*Wieso nicht? Könntest Du bitte ein Beispiel nennen?*"

L.: „*Gern. Ich nehme absichtlich ein ganz einfaches. Stelle Dir vor, dass viele Sessions auf eine warten, die ein TX-Enqueue hält und dabei eine SQL-Anweisung ausführt, welche normalerweise sehr schnell läuft, dieses Mal aber nicht. Das ist sehr wahrscheinlich kein Anwendungsproblem. Wenn dieses Problem in der Vergangenheit liegt, gibt es nur eine direkte Methode zur Analyse: Untersuchung der Historie von aktiven Sessions in der View DBA_HIST_ ACTIVE_SESS_HISTORY. Ich vermute auch, Du hast einige andere Enqueues vergessen, wie z. B. ITL oder TM, die nur bedingt mit der Anwendung zu tun haben.*"

P.: „*Du hast mich überredet. Ist es möglich, das Statspack mit den Informationen zu den aktiven Sessions zu vervollständigen?*"

L.: „Das könnte man (zumindest zum Teil) mit dem Monitoring der aktiven Session in der View V$SESSION tun. Gehen wir aber weiter. Das Statspack enthält keine Statistiken für EXADATA (z. B. für die Segmente), was auch verständlich ist, weil lediglich das AWR für EXADATA vorgesehen ist. Dort fehlen aber auch weitere Segmentstatistiken, wie z. B. SPACE_ALLOCATED oder CHAIN_ROW_EXCESS."

P.: „Sind sie so wichtig?"

L.: „Man kann sicherlich ohne diese Statistiken überleben. Sie können aber bei Performance Tuning behilflich sein. Eines Tages musste ich eine Datenbank untersuchen, die sehr viele Redo-Daten produzierte. Ich stellte fest, dass einige sehr große Tabellen dort komprimiert waren. Dafür wurde BASIC COMPRESSION eingesetzt, weil die problematische Datenbank von der Version 10.2 war. Ich vermutete, dass die meisten Redo-Daten bei den Datenänderungen mit UPDATEs auf den komprimierten Tabellen produziert wurden. Bei diesen Datenänderungen muss Oracle die Tabellenblöcke entkomprimieren, dabei entstehen zwangsläufig viele Redo-Daten. Sehr große Werte der Segmentstatistik CHAIN_ROW_EXCESS halfen mir, diese Hypothese zu bekräftigen."

P.: „Das verstehe ich nicht ganz."

L.: „Meine Überlegung war ganz einfach: Bei der Entkomprimierung der Tabellenblöcke müssen viele Chained Rows entstehen"

P.: „Wie ich sehe, ist das Statspack ziemlich mangelhaft. Ist es nicht besser, das AWR statt des Statspack für Performance Tuning zu benutzen?"

L.: „Ja, es ist besser. Einige Firmen haben aber keine Lizenz für AWR und sind aus diesem Grund auf das Statspack angewiesen. Ich kenne einige große und komplexe Datenbanken, die mit dem Statspack getunt werden. So schlecht ist das Statspack also auch nicht."

Die AWR- und die Statspack-Reporte beinhalten selbstverständlich nicht alle Performanzstatistiken aus dem jeweiligen Repository, sondern lediglich einen Teil davon. Diese Reporte reichen für eine grobe Performanzanalyse aus. In einigen Situationen genügt diese Analyse für die Problemlösung. Oft muss man aber zusätzlich eine feinere Analyse mit anderen Mitteln durchführen.

P.: „Was fehlt in diesen Reporten für eine feine Analyse?"

L.: „Einen Fall haben wir bereits oben besprochen: Für die Untersuchung der blockierenden Wartezustände in der Vergangenheit braucht man Informationen über die aktiven Sessions aus der View DBA_HIST_ACTIVE_SESS_HISTORY, welche in diesen Reporten fehlen. Wenn man AWR benutzt, kann man in dieser View zusätzlich nachforschen. Noch ein Beispiel: In den Standard-Reporten ist es problematisch, SQL-Anweisungen für eine Warteklasse zu ermitteln, weil sie (mit der Ausnahme der Warteklasse ‚User I/O') dort nicht vorhanden sind. Dafür kann man beispielsweise die Methoden aus dem Abschn. 17.2 benutzen. In den Standard-Reporten gibt es keine Ausführungspläne für SQL-Anweisungen. Man muss sie extra ermitteln."

P.: „Können wir möglicherweise einen AWR- oder einen Statspack gemeinsam ‚überfliegen'?"

L.: „Ich habe gerade einen AWR-Report. Mit diesem Report wollte ich eine Datenbank überprüfen, die neulich gravierende Wartezustände für ‚library cache lock' hatte. Dieses

12.1 Gemeinsamkeit und Unterschiede vom AWR und dem Statspack

Top 5 Timed Foreground Events

Event	Waits	Time(s)	Avg wait (ms)	% DB time	Wait Class
buffer busy waits	155,543	31,991	206	59.11	Concurrency
log file sync	799,606	5,111	6	9.44	Commit
db file sequential read	627,184	4,624	7	8.54	User I/O
DB CPU		4,350		8.04	
library cache lock	7	1,706	243673	3.15	Concurrency

Abb. 12.1 AWR-Report. CPU-Auslastung und Wartezustände der Fordergrundprozesse

Problem habe ich untersucht und einige Verbesserungsvorschläge gemacht. Nun möchte ich sehen, ob diese Vorschläge die Lage verbessert haben. Peter, womit muss man bei der Performanzanalyse anfangen?"

P.: „Das haben wir bereits gelernt. Wir fangen mit der CPU-Auslastung und mit den Wartezuständen an, also mit dem Abschnitt ‚Top 5 Timed Foreground Events'."

L.: „Richtig. Was fällt Dir dort auf?"

P.: „Diese Datenbank wartet am meisten auf das Warteereignis ‚buffer busy waits'."

L.: „Kannst Du eventuell sagen, wie gravierend dieses Warten ist?"

P.: „Sehr gravierend: Dieses Warteereignis steht mit einem großen Abstand ganz oben."

L.: „Das ist aber nicht ausreichend für so eine Aussage, weil Du noch den Zeitraum in Betracht ziehen musst, für welchen der Report erstellt ist. Angenommen, dieser Report beinhaltet Performanzstatistiken für einen Tag. Dann ist diese Wartezeit gar nicht so groß: 31991/24*60*60 = 0,37 Sekunden pro Sekunde. Unser Report ist für 2 h erstellt. Die Datenbank hat also 31991/7200 = 4,44 Sekunden pro Sekunde gewartet. Diese Wartezeit ist nicht gering. Was sagst Du über das Warteereignis ‚library cache lock'?"

P.: „Seine Wartezeit war ziemlich klein."

L.: „Dafür betrug seine durchschnittliche Dauer aber 243673 ms. Ein Warteereignis war also ca. 4 min lang! In diesem Fall sehen wir das Warteereignis mit der großen Dauer unter den 5 Top-Warteereignissen, und es ist schwer zu übersehen. Ich würde empfehlen, die durchschnittliche Dauer der restlichen Warteereignisse immer zu prüfen. Legen wir zunächst das Warteereignis ‚library cache lock' beiseite und setzen mit ‚buffer busy waits' fort. Wie würdest Du, Peter, weiter vorgehen?"

P.: „Warte mal, das haben wir bereits gelernt. Aha, wir können problematische Block-Klassen und Segmente ermitteln."

L.: „Zunächst ermitteln wir Block-Klassen im Abschnitt ‚Buffer Wait Statistics'."

P.: „Die Wartezustände für ‚buffer busy waits' entstanden bei der Konkurrenz um die Datenblöcke."

L.: „Richtig, Peter. Jetzt ermitteln wir problematische Segmente im Abschnitt ‚Segments by Buffer Busy Waits'."

Abb. 12.2 AWR-Report. Block-Klassen für „buffer busy waits"

Wait Statistics

- Buffer Wait Statistics
- Enqueue Activity

Back to Top

Buffer Wait Statistics

- ordered by wait time desc, waits desc

Class	Waits	Total Wait Time (s)	Avg Time (ms)
data block	157,601	31,850	202
undo header	2,321	1	0
undo block	358	0	1
3rd level bmb	3	0	7
1st level bmb	10	0	0
2nd level bmb	4	0	0
segment header	1	0	0

P.: „Wir haben 2 problematische Segmente: Die Indices IDX_JOUR_ZEIT und SYS_C0021129. Was bringt das für die Analyse?"

L.: „Ich würde vorschlagen, dass wir uns jetzt die SQL-Anweisungen anschauen. Da wir keine SQL-Anweisungen für die Warteklasse ‚Concurrency' im AWR-Report finden können, zu der das Warteereignis ‚buffer busy waits' gehört, werfen wir einen Blick auf die SQL-Anweisungen mit den größten Laufzeiten (elapsed time)."

P.: „Dort gibt es einen INSERT, der für eine Ausführung 0,06 Sekunden gebraucht hat. Dieser INSERT hat aber die Gesamtlaufzeit von 34028 Sekunden. Ich würde sagen, dass gerade dieser INSERT auf ‚buffer busy waits' gewartet hat, weil seine Laufzeit sehr gut zu der Wartezeit auf ‚buffer busy waits' passt."

Segments by Buffer Busy Waits

- % of Capture shows % of Buffer Busy Waits for each top segment compared
- with total Buffer Busy Waits for all segments captured by the Snapshot

Owner	Tablespace Name	Object Name	Subobject Name	Obj. Type	Buffer Busy Waits	% of Capture
XXXXXXXX	XXXXXXXXX	IDX_JOUR_ZEIT		INDEX	78,750	50.28
XXXXXXXX	XXXXXXXXX	SYS_C0021129		INDEX	70,194	44.82
XXXXX	XXXXXX	IDX_IMPORT_OBJEKT		INDEX	1,655	1.06
SYS	SYSTEM	SEQ$		TABLE	1,485	0.95
XXXXX	XXXXXX	IDX_IMPORT_OBJEKT_PK		INDEX	1,292	0.82

Abb. 12.3 AWR-Report. Segmente mit den meisten Buffer Busy Waits

12.1 Gemeinsamkeit und Unterschiede vom AWR und dem Statspack

SQL ordered by Elapsed Time

- Resources reported for PL/SQL code includes the resources used by all SQL statements called by the code.
- % Total DB Time is the Elapsed Time of the SQL statement divided into the Total Database Time multiplied by 100
- %Total - Elapsed Time as a percentage of Total DB time
- %CPU - CPU Time as a percentage of Elapsed Time
- %IO - User I/O Time as a percentage of Elapsed Time
- Captured SQL account for 85.2% of Total DB Time (s): 54,122
- Captured PL/SQL account for 0.0% of Total DB Time (s): 54,122

Elapsed Time (s)	Executions	Elapsed Time per Exec (s)	%Total	%CPU	%IO	SQL Id	SQL Module	SQL Text
34,027.86	583,761	0.06	62.87	1.34	1.18	9pk6t777szkrh	JDBC Thin Client	INSERT INTO bau_journal (line_...
2,904.14	3	968.05	5.37	6.79	13.38	4apzh19nnbadq	JDBC Thin Client	Select * from (SELECT /*+ CURS...
2,172.71	2	1,086.36	4.01	3.56	93.75	3zpzcd2skg52k	SQL Developer	SELECT SUBSTR (io.lastupdate...
1,181.75	40,519	0.03	2.18	44.28	0.00	8f4xb3n5zkvyg	JDBC Thin Client	SELECT t0imprtobjkttpnm.kennun...
766.54	34,761	0.02	1.42	44.80	0.00	fgh6uyvj6h1m8	JDBC Thin Client	SELECT t0imprtobjkttpnm.kennun...
653.33	1	653.33	1.21	4.87	91.70	803f38mcgz4vu	JDBC Thin Client	Select * from (Select /*+ CURS...
537.06	44	12.21	0.99	15.34	74.86	3khx2pjk9xw35	JDBC Thin Client	Select * from (SELECT /*+ LEAD...
473.24	66,719	0.01	0.87	12.69	12.67	1wg3wfixhkhhx	JDBC Thin Client	UPDATE XXXXI.Import_Objekt SET...
412.26	3	137.42	0.76	10.55	80.96	9fdvziy4k6bv5	JDBC Thin Client	Select * from (Select /*+ CURS...
361.55	13,232	0.03	0.67	45.00	0.00	84bqfamnxgywv	JDBC Thin Client	SELECT t0imprtobjkttpnm.kennun...

Abb. 12.4 AWR-Report. SQL-Anweisungen mit den größten Laufzeiten

L.: „Einverstanden. Zu demselben Schluss bin ich auch gekommen, und ich habe den Zuständigen für die jeweilige Datenbank darüber informiert. Da es keine Beschwerden über die Performanz vorlagen, habe ich dieses Problem nicht weiter untersucht."

P.: „Kann man die Wartezeit auf ‚buffer busy waits' reduzieren?"

L.: „Ich vermute, dass diese Wartezeit zu reduzieren wäre."

P.: „Was würdest Du dafür unternehmen?"

L.: „Die beiden problematischen Segmente sind wahrscheinlich die Indices der Tabelle BAU_JOURNAL, in die die Daten eingetragen wurden. Vermutlich entstanden die jeweiligen Wartezustände wegen der Konkurrenz beim Befüllen derselben Blöcke dieser Indices. Indirekt bestätigt diese Vermutung die Tatsache, dass diese beiden Indices mit einem großen Abstand die 2 obersten Positionen im Abschnitt ‚Segments by Row Lock Waits' belegen. Ich würde versuchen, diese Konkurrenz zu minimieren."

P.: „Wie denn?"

L.: „Beispielsweise mit der Hash-Partitionierung der problematischen Indices."

P.: „Mich interessiert auch das Problem mit den Wartezuständen für ‚library cach lock', das Du untersucht hast."

L.: „Das war in der Tat ein interessantes Problem."

P.: „Womit hast Du die Analyse angefangen?"

L.: „Zunächst schaute ich in der View DBA_HIST_ACTIVE_SESS_HISTORY nach, welche SQL-Anweisungen auf ‚library cache lock' warteten. Dort entdeckte ich eine einzige SQL Id. Mich überraschte sehr, dass ich keine SQL-Anweisung mit dieser SQL Id in der SQL-Area oder im AWR fand."

P.: „Wie kann denn so was passieren?"

L.: „Das fragte ich mich selber auch. In der View DBA_HIST_ACTIVE_SESS_HISTORY entdeckte ich ein paar Blocker für ‚library cache lock', die selber auf ‚db file sequential read' beim Ausführen einer SQL-Anweisung mit dem Optimizer Hint CURSOR_SHARING_EXACT warteten. Danach fiel mir auf, dass sehr viele SQL-Anweisungen aus der jeweiligen Anwendung das Hint CURSOR_SHARING_EXACT hatten (der Parameter CURSOR_SHARING ist auf FORCE für diese Datenbank gesetzt). Da es eine absolut untypische Lösung war, überlegte ich, ob die Wartezustände für ‚library cache lock' etwas damit zu tun hatten."

P.: „Wie konntest Du das verifizieren?"

L.: „Wie oft half eine ganz einfache Methode: SQL-Tracing. In der Trace-Datei fand ich Folgendes:"

12.1 Gemeinsamkeit und Unterschiede vom AWR und dem Statspack

```
=====================
PARSE ERROR #4573121928:len=605 dep=0 uid=0 oct=3 lid=0 tim=33415720787972 err=32550
Select * from (Select
/*+ CURSOR_SHARING_EXACT   */
       distinct io.kennung, io.typname from  XXXXX.TEI_TEILELEMENTE
teil30,   XXXXX.TEI element3,    XXXXX.ATI ati4,    XXXXX.IMPORT_OBJEKT io where     io.AKTION in
(:b1 ) and
io.STATUS in (:b2 ) and io.TYP in (:b3 ) and  io.kennung = teil30.tei_kennung and  io.typname
= teil30.tei_typname
and teil30.teilelement_typname = :"SYS_B_0" and teil30.teilelement_kennung = element3.kennung
 and element3.kennung = ati4.kennung   and ati4.typname = :"SYS_B_1"  and ati4.reftypname =
:"SYS_B_2"
 and ati4.daten  in (:b4 ) ) where rownum :b5  and rownum <= :b6
=====================
PARSING IN CURSOR #4573120008 len=40 dep=1 uid=0 oct=3 lid=0 tim=33415720789575 hv=2821867121
ad='700000fa751c2a0' sqlid='47r1y8yn34jmj'
select default$ from col$ where rowid=:1
END OF STMT
PARSE #4573120008:c=617,e=982,p=0,cr=0,cu=0,mis=1,r=0,dep=1,og=4,plh=0,tim=33415720789574
EXEC
#4573120008:c=1926,e=3291,p=0,cr=0,cu=0,mis=1,r=0,dep=1,og=4,plh=3213098354,tim=33415720792980
FETCH
#4573120008:c=38,e=66,p=0,cr=2,cu=0,mis=0,r=1,dep=1,og=4,plh=3213098354,tim=33415720793136
STAT #4573120008 id=1 cnt=1 pid=0 pos=1 obj=21 op='TABLE ACCESS BY USER ROWID COL$ (cr=1 pr=0
pw=0 time=45 us cost=1 size=15 card=1)'
CLOSE #4573120008:c=28,e=46,dep=1,type=0,tim=33415720793239
=====================
PARSING IN CURSOR #4573121928 len=622 dep=0 uid=0 oct=3 lid=0 tim=33415720794300 hv=402781900
ad='700000f77116270' sqlid='gqz6ut8c03xqc'
Select * from (Select
/*+ CURSOR_SHARING_EXACT   */
       distinct io.kennung, io.typname from  XXXXX.TEI_TEILELEMENTE
teil30,   XXXXX.TEI element3,    XXXXX.ATI ati4,    XXXXX.IMPORT_OBJEKT io where     io.AKTION in
(:b1 ) and
io.STATUS in (:b2 ) and io.TYP in (:b3 ) and  io.kennung = teil30.tei_kennung and  io.typname
= teil30.tei_typname
and teil30.teilelement_typname = 'CuEndverschluss' and teil30.teilelement_kennung =
element3.kennung
 and element3.kennung = ati4.kennung   and ati4.typname = 'Bezeichnung'  and ati4.reftypname =
'CuEndverschluss'
 and ati4.daten  in (:b4 ) ) where rownum :b5  and rownum <= :b6
END OF STMT
PARSE #4573121928:c=4162,e=6972,p=0,cr=2,cu=0,mis=1,r=0,dep=0,og=1,plh=0,tim=33415720794299
EXEC
#4573121928:c=4328,e=7087,p=0,cr=0,cu=0,mis=0,r=0,dep=0,og=1,plh=549943940,tim=33415720801497
```

L.: „Die Beschreibung des Fehlers ORA-32550 aus der ersten Zeile der oberen Ausgabe lautet:"

```
ORA-32550: Replacement occured despite hint to the contrary
Cause: This should never be signalled; it's internal.
Action: Report to Oracle support.
```

P.: „Ich muss gestehen, ich verstehe nicht, wie es Dir half."

L.: „Laut der Information aus dieser Trace-Datei bearbeitet Oracle SQL-Anweisungen mit dem Hint CURSOR_SHARING_EXACT folgendermaßen:

- zunächst ersetzt Oracle die Literale durch die systemgenerierten Bind-Variablen in der SQL-Anweisung,
- danach parst Oracle sie und produziert den ORA-32550 wegen des Hint CURSOR_SHARING_EXACT,

- *Oracle fängt diesen Fehler ab und parst dann die originelle SQL-Anweisung mit Literalen.*
- *Ich nahm an, dass ein Library Cache Lock beim ersten ‚fehlerhaften' Parsing benutzt aber nicht freigegeben wurde."*

P.: „Ist es ein normales Verhalten von Oracle?"

L.: „Natürlich nicht. Ich vermutete einen Bug und fand im MOS einen passenden. Danach führte ich noch ein paar Prüfungen durch, um mich zu vergewissern, dass die weiteren Details dieses Bug zutreffend für das Problem mit dem Hint CURSOR_SHARING_EXACT sind."

P.: „Hast Du verstanden, warum Du keine SQL-Anweisung für eine SQL Id gefunden hast?"

L.: „Vermutlich war diese SQL Id von der SQL-Anweisung mit den systemgenerierten Bind-Variablen, die mit ORA-32550 geparst wurde. Das war der Grund, warum sie nirgendwo zu finden war."

P.: „Wie waren Deine Verbesserungsvorschläge?"

L.: „Ich schlug vor, auf die Benutzung vom Hint CURSOR_SHARING_EXACT zu verzichten oder das jeweilige Patch einzuspielen. Da ich im AWR-Report noch einige Wartezustände für ‚library cache lock' beobachtete, erkündigte ich mich, ob meine Vorschläge umgesetzt wurden, und erfuhr, dass die Anzahl der Hints CURSOR_SHARING_EXECT bereits reduziert wurde. Die Wartezustände gingen zurück."

Ein paar Wochen später wurde das Patch eingespielt. Die Wartezeiten auf „library cache lock" sind danach praktisch verschwunden.

12.2 Grafische Auswertungen von AWR- und von Statspack-Daten

Die grafische Darstellung der Daten spielt bei Performance Tuning eine enorm große Rolle. Die Grafiken bieten die einzigartige Möglichkeit an, die Daten kompakt und verständlich zu präsentieren. Die visuelle Wahrnehmung gehört zu den 5 Sinnen, mit welchen ein Mensch die Außenwelt empfindet, und ist dabei die wichtigste davon. Das ist wahrscheinlich der Grund, warum man die grafische Darstellung der digitalen Daten so unmittelbar und so einfach wahrnimmt. Bei den anderen Darstellungsarten (z. B. bei der tabellarischen Darstellung) muss man wesentlich stärker sein Abstraktionsvermögen einsetzen, um die jeweiligen Daten zu interpretieren. In diesem Abschnitt besprechen wir einige Besonderheiten der Anwendung von Grafiken bei Performance Tuning.

12.2.1 Ein guter Überblick der Warte- und Laufzeitstatistiken

Stellen Sie sich vor, dass Sie eine Ihnen unbekannte Datenbank tunen, die ein Performanz-Problem hat. Sie können die Analyse mit einem AWR- oder mit einem Statspack-Report anfangen. So ein Report ist einem Foto ähnlich, weil er einen statischen Zustand

12.2 Grafische Auswertungen von AWR- und von Statspack-Daten

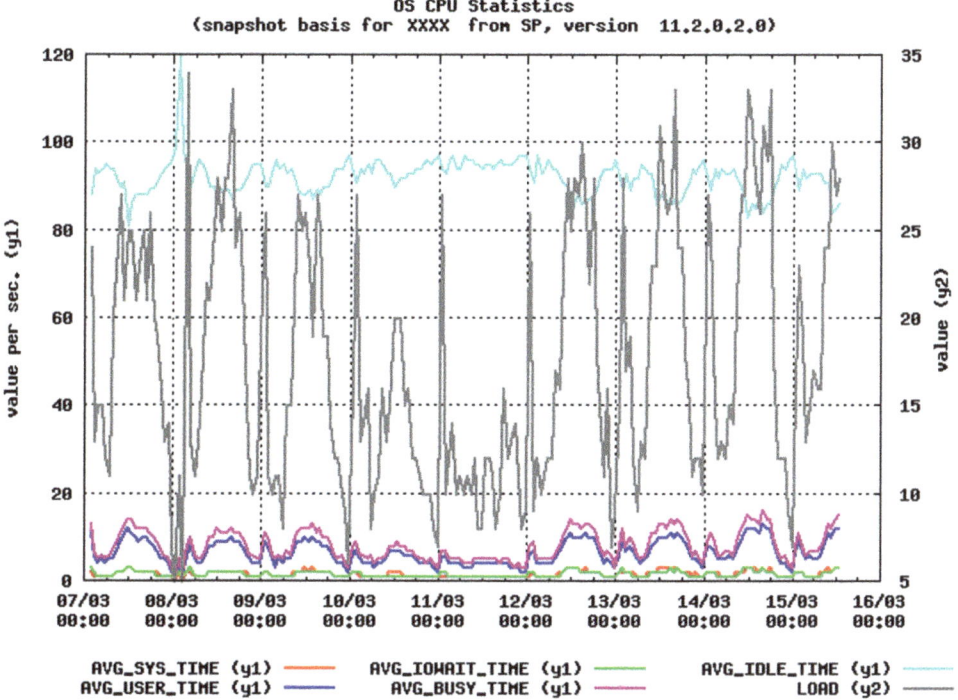

Abb. 12.5 CPU-Auslastung auf der Betriebssystemebene einer Datenbank

der Datenbank widerspiegelt. Bei der Analyse ist es wichtig zu wissen, ob das jeweilige Problem einmalig war oder nicht. Wenn dieses Problem mehrmals (oder sogar regelmäßig) auftrat, wäre interessant zu klären, ob der Grund dafür immer derselbe war. Für die Problemanalyse ist es auch wichtig, das allgemeine Performanzprofil der Datenbank zu ermitteln, um die Besonderheiten dieser Datenbank besser zu verstehen. Ein „Foto" reicht dafür nicht aus. Man könnte versuchen, mehrere Reporte zu generieren. Es ist aber äußerst schwierig, ein klares Bild über die Performanz auf dieser Basis zu bekommen. Hier können die Grafiken helfen.

Die Grafiken aus diesem Kapitel präsentieren die Performanzstatistiken sowohl aus dem AWR als auch aus dem Statspack-Repository. Nehmen wir als Beispiel die folgenden 2 Grafiken für die CPU- und für die Wartestatistiken.

Leonid: „Peter, könntest Du bitte versuchen, diese Grafiken zu interpretieren. Was verraten sie Dir?"

Peter: „Die CPU-Auslastung ist nicht groß. Die I/O-Wartezeiten sind hingegen gravierend. Dieses System ist I/O-lastig."

L.: „Das ist richtig. Kannst Du dort noch etwas erkennen?"

P.: „In den letzten 3 Tagen, also vom 13. bis 15.03., sind die I/O-Wartezeiten angestiegen. Mehr sagen mir diese Grafiken nicht."

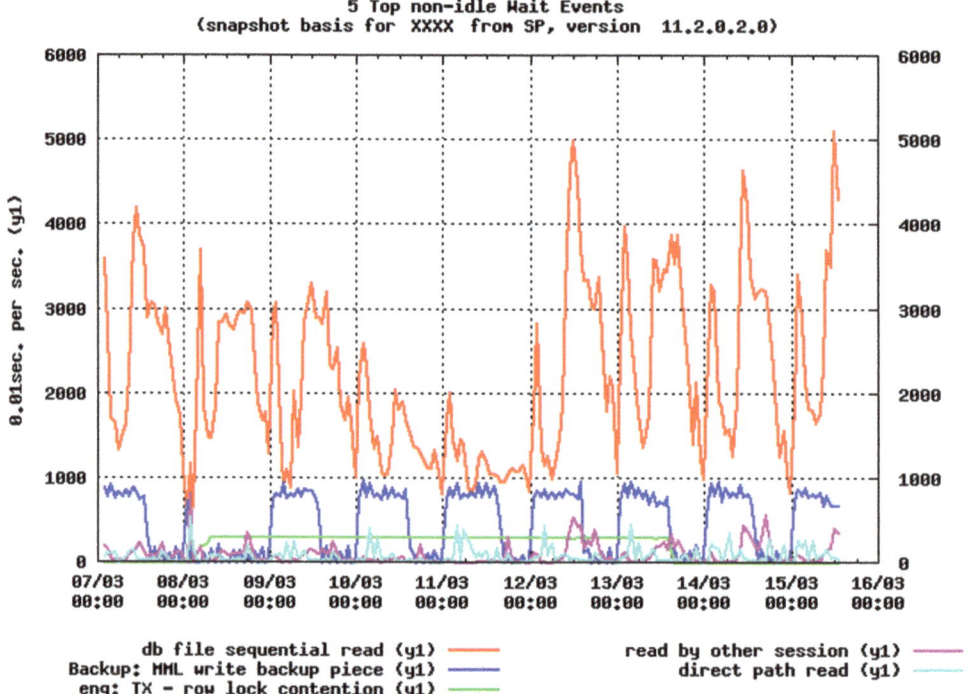

Abb. 12.6 Wartestatistiken einer Datenbank

L.: „OK, versuchen wir gemeinsam, noch ein paar Details zu entdecken. Hast Du bemerkt, dass die CPU-Auslastung am 10. und am 11.03. etwas kleiner war als sonst?"

P.: „Denkst Du, es war ein Wochenende?"

L.: „Ja, ich vermute das. Trotz der niedrigen CPU-Auslastung sind die Load-Werte ziemlich groß. Was sagt es uns?"

P.: „Ich weiß es nicht."

L.: „Das lässt vermuten, dass dieses System viele CPUs hat. Die Anzahl der Prozesse, die zugleich auf ‚db file sequential read' warteten, war sehr groß und betrug 50 zu den Spitzenzeiten. Dieses System hat entweder permanent sehr starke Performanz-Probleme oder hat einfach sehr viele Prozesse, ein Teil davon wartet auf das I/O."

P.: „Wie kommst Du auf die 50 Prozesse?"

L.: „Die Wartezeit für ‚db file sequential read' betrug 50 Sekunden pro 1 Sekunde. Deswegen kann man schätzen, dass ca. 50 Prozesse zugleich warteten. Man sieht auch, dass das Backup sehr lange dauert. Ich vermute, dass diese Datenbank sehr groß ist."

P.: „Oder das Backup sehr langsam."

L.: „Das wäre möglich, aber die anderen Statistiken deuten auch auf eine große Datenbank mit vielen Prozessen hin. Die Wartezeiten am 10. und am 11.03. waren (wie die CPU-Auslastung) kleiner als sonst. Dieses System ist wesentlich weniger an den Wochenenden belastet. Und noch das letzte Detail: 3 Prozesse haben ca. 6 Tage lang permanent auf das Enqueue ‚enq: TX – row lock contention' gewartet."

12.2 Grafische Auswertungen von AWR- und von Statspack-Daten

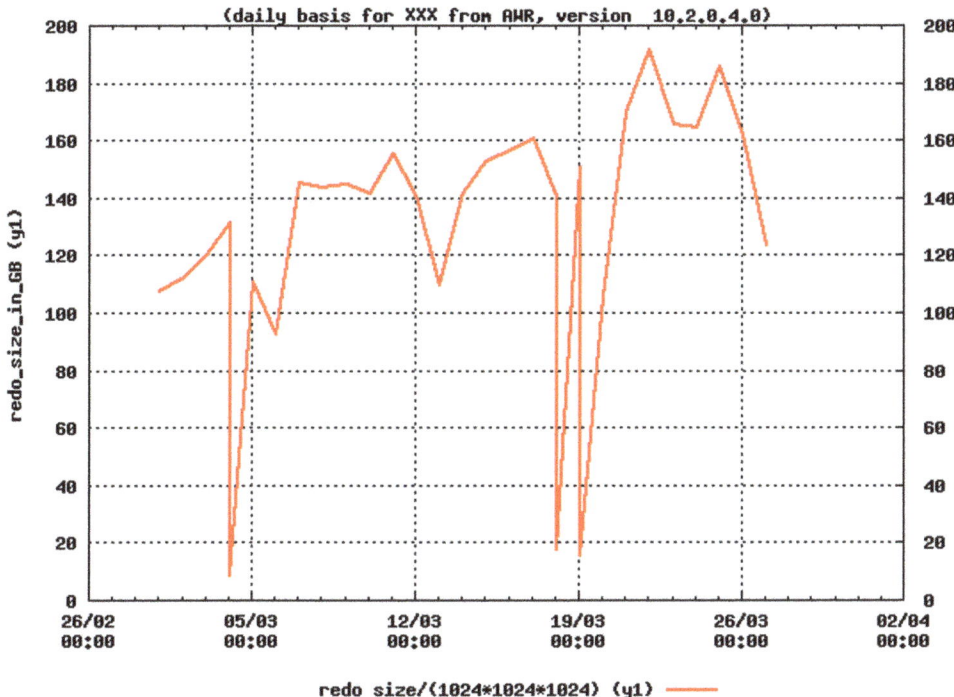

Abb. 12.7 Steigende Tendenz der Statistik „redo size"

P.: *„Ich hätte nie gedacht, dass diese 2 Grafiken so viele nützliche Informationen geben."*

Die Grafiken sind also sehr wichtig für die Beobachtung von verschiedenen Warte- und Laufzeitstatistiken über einen relativ großen Zeitraum. Nicht weniger wichtig sind sie für die Untersuchung der Tendenzen, die man zwecks Klärung der folgenden Fragen durchführt:

- steigt die CPU-Auslastung im Laufe der Zeit?
- welche Tendenzen gibt es bei den Wartezuständen?
- führt die Datenbank immer mehr Datenänderungen durch?
- usw.

Sicherlich ist es möglich, statistische Methoden statt der Grafiken dafür einzusetzen. Die Grafiken, sind aber wesentlich übersichtlicher. Die einzige Voraussetzung für die grafische Darstellung der Tendenzen ist die Speicherung der Daten im AWR bzw. im Statspack-Repository für einen entsprechend großen Zeitraum (mindestens 1 bis 3 Monate).

P.: *„Die Tendenzen sind aber auf einer Grafik auch nicht immer leicht zu erkennen."*

L.: *„Wenn man die Grafik auf der Tages- bzw. Wochenbasis generiert, sieht man die Tendenzen dort ziemlich gut. In Abb. 12.7 ist die Statistik ‚redo size' auf der Tagesbasis dargestellt. Die steigende Tendenz ist ganz leicht zu erkennen."*

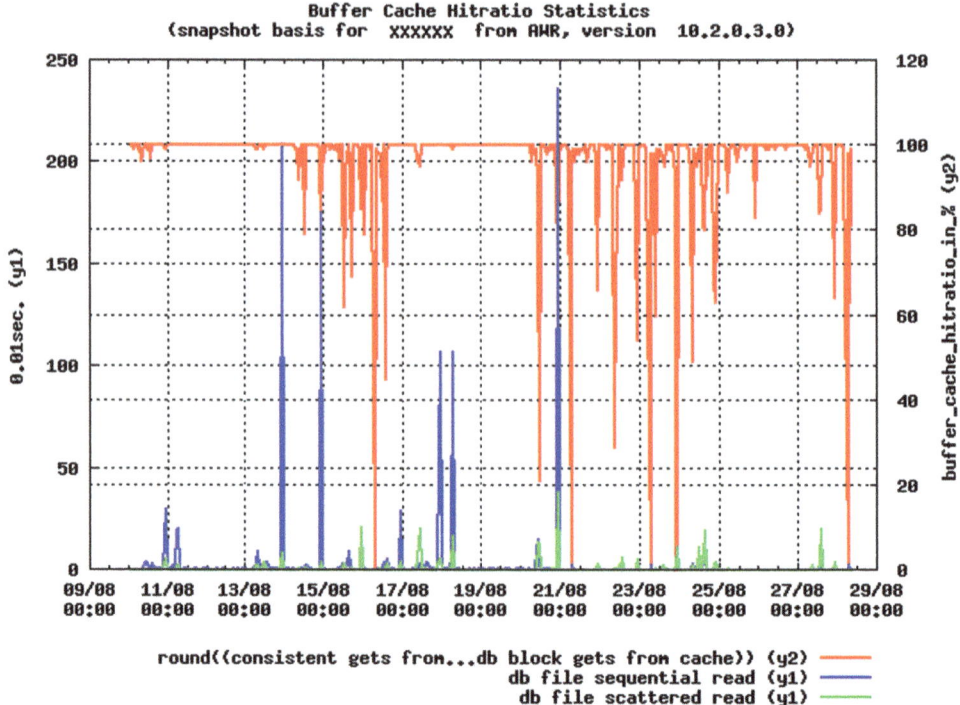

Abb. 12.8 Grafische Darstellung von Buffer Cache Hitratio

P.: „Diese Grafik ist für die Statistik ‚redo size' in GB erstellt. Dort wird also eine Formel benutzt."

L.: „Gut, dass Du das angesprochen hast, Peter. Die grafisch dargestellten Formeln für die Statistiken sind noch eine mächtige Methode für die Performanzanalyse. Mit dem Tool, das ich benutze, kann man die Grafiken für ziemlich komplexe Formeln generieren. Nehmen wir als Beispiel die grafische Darstellung von Buffer Cache Hitratio. Für die Berechnung dieser Statistik kann man die folgende Formel gebrauchen:"

```
100*(1 - "physical reads cache"/("consistent gets from cache" + "db block gets from cache"))
```

L.: „Die jeweilige Grafik kann beispielsweise so aussehen (s. die Abb. 12.8)."

P.: „Ist diese Ratio so wichtig für das Performance Tuning?"

L.: „Es macht normalerweise nicht viel für die Performanz aus, wenn diese Ratio von 95 % auf 85 % sinkt."

P.: „Aus meiner Erfahrung kann ich sagen, dass es häufig beim Ausführen von großen Full Table Scans passiert."

L.: „Möglicherweise ist es sinnvoll, das SQL-Tuning in diesem Fall durchzuführen. Es kann aber sein, dass dieses Verhalten für die jeweilige Datenbank normal ist. Wenn man den Buffer Cache manuell konfiguriert und dabei dem Buffer Cache zu wenig Speicher zur Verfügung stellt, kann das die Performanz gravierend beeinträchtigen. In diesem Fall kann die Buffer

12.2 Grafische Auswertungen von AWR- und von Statspack-Daten

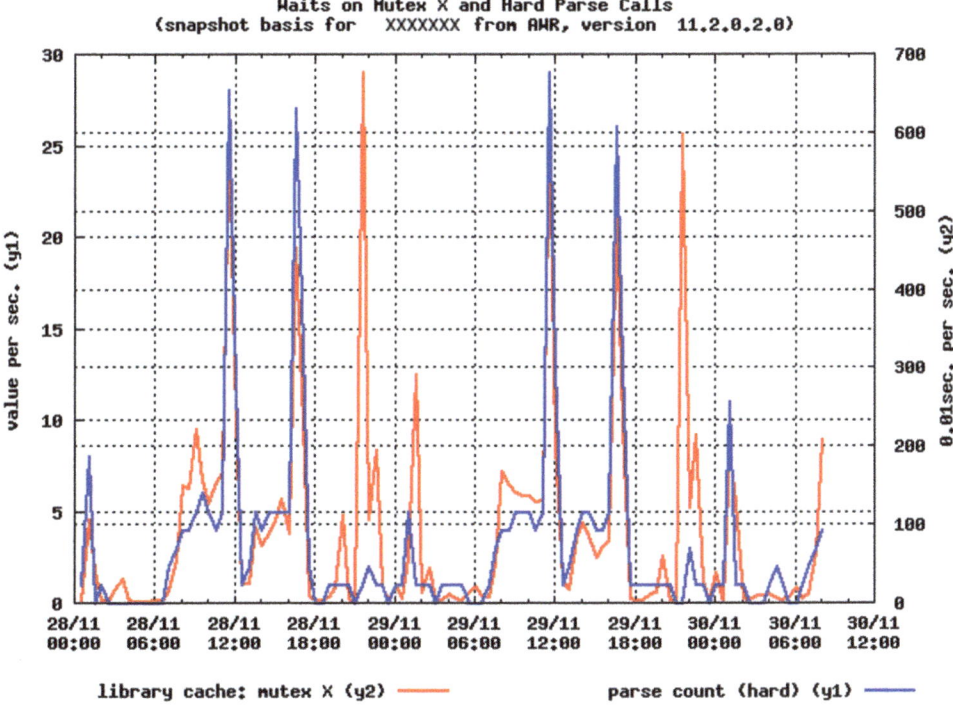

Abb. 12.9 Korrelation zwischen den Wartezuständen für „library cache: mutex X" und den harten Parse Calls

Cache Hitratio dramatisch sinken. In meiner Praxis habe ich nicht häufig, aber immer wieder, mit diesem Problem zu tun. Die Abb. 12.8 zeigt das typische Verhalten der Buffer Cache Hitratio bei einem unterdimensionierten Buffer Cache."

Die Grafiken bieten noch eine interessante Möglichkeit für die Performanzanalyse an: Man kann ziemlich leicht die Korrelationen zwischen den verschiedenen Performanzstatistiken feststellen. Dafür kann man zwei oder mehrere Statistiken auf eine Grafik bringen. Wenn die Spitzen der jeweiligen Statistiken dort übereinstimmen, ist zu vermuten, dass eine Korrelation zwischen diesen Statistiken besteht. Lässt sich diese Vermutung bestätigen, ist das oft ein Hinweis auf die Ursache der schlechten Performanz. Der folgende Fall aus der Praxis illustriert dieses Verfahren.

12.2.2 Ein Fall mit Wartezuständen für „library cache: mutex X"

Bei einer Datenbank gab es gravierende Performanz-Probleme, bei denen die Datenbankprozesse auf das Warteereignis „library cache: mutex X" warteten. Ich musste dieses Problem klären.

Ziemlich schnell stellte ich fest, dass die jeweiligen Wartezustände eine deutliche Regelmäßigkeit hatten. Es gab täglich 4 Spitzen für das Warteereignis „library cache: mutex X": zwischen 1:30 und 2:00, zwischen 11:30 und 12:00, zwischen 16:30 und 17:00, zwischen 21:30 und 23:00. Da diese Wartezustände auf ein mögliches Problem mit Parsing hindeuteten, recherchierte ich in diese Richtung. U. a. suchte ich nach einer Korrelation zwischen den Wartezuständen für „library cache: mutex X" und den harten Parse Calls. Die Abb. 12.9 zeigt eine mögliche Korrelation zwischen diesen Statistiken für 3 von 4 oben genannten Zeiträume an (zwischen 1:30 und 2:00, zwischen 11:30 und 12:00, zwischen 16:30 und 17:00).

Danach ermittelte ich das Datenbankobjekt, das am häufigsten bei den Wartezuständen für „library cache: mutex X" betroffen war. Dafür suchte ich zunächst in der View DBA_HIST_ACTIVE_SESS_HISTORY nach dem Hashwert dieses Objektes. Diesen Hashwert beinhaltet PARAMETER1 des Warteereignisses „library cache: mutex X" (die Spalte P1 der View DBA_HIST_ACTIVE_SESS_HISTORY). Über den ermittelten Hashwert stellte ich das Datenbankobjekt in der View V$DB_OBJECT_CACHE fest (dieses Verfahren ist bereits im Abschn. 3.2.3.9 beschrieben). Es war das Package SYS.STANDARD, das am häufigsten für die 3 Zeiträume in der View DBA_HIST_ACTIVE_SESS_HISTORY bei den Wartezuständen für „library cache: mutex X" vorkam.

Im nächten Schritt klärte ich, was das häufige harte Parsing verursachte. Dafür suchte ich zwischen 11:30 und 12:00 und zwischen 16:30 und 17:00 in der View V$SQL nach den SQL-Anweisungen, die lediglich einmal ausgeführt wurden. Ich fand dort sehr viele anonyme PL/SQL-Blöcke, welche SQL-Anweisungen mit verschiedenen Literalen beinhalteten. Den Zeitraum zwischen 1:30 und 2:00 untersuchte der Kunde selber und kam zu demselben Ergebnis.

Ich interpretierte diese Erkenntnisse folgendermaßen. Das Package SYS.STANDARD wird beim harten Parsing von PL/SQL-Blöcken von Oracle benutzt. Wenn das harte Parsing intensiv und konkurrierend ausgeführt wird, kann es zu den Mutex-Wartezuständen für dieses Package kommen. Um diese Wartezustände zu reduzieren, musste man die Literale durch die jeweiligen Bind-Variablen in den PL/SQL-Blöcken ersetzen. Leider war es nicht möglich, das mit der Parametereinstellung CURSOR_SHARING=FORCE zu erreichen, weil diese Parametereinstellung keine Auswirkung auf die rekursiven Cursor hat.

Fazit
Die Benutzung der Grafiken bei der Suche nach den Korrelationen zwischen den verschiedenen Performanzstatistiken hilft sehr häufig, schnell und sicher die Ursache der Performanz-Probleme festzustellen.

Optimizer Hints 13

Benutzung der Optimizer Hints direkt beim Programmieren ist sicherlich kein guter Programmierstil. Man kann aber die Optimizer Hints sehr erfolgreich bei akuten Performanz-Problemen verwenden, die durch inperformante SQL-Anweisungen verursacht sind. In solchen Fällen werden normalerweise Hidden Hints eingesetzt (s. im Abschn. 18.7), weil man die problematischen SQL-Anweisungen meistens nicht ändern kann.

Die Optimizer Hints sind ausführlich in der Dokumentation von Oracle beschrieben. Beim Tuning muss man versuchen, lediglich die dokumentierten Hints zu verwenden, was in den meisten Fällen unproblematisch ist. Datenbankadministratoren haben normalerweise ein klares Bild über die Bedeutung der einzelnen dokumentierten Hints. Aus diesem Grund macht es keinen Sinn, diese Hints hier nochmals zu beschreiben. Stattdessen besprechen wir einige praktische Aspekte der Anwendung von Hints in diesem Kapitel.

Leonid: „Peter, wie verstehst Du die Optimizer Hints?"

Peter: „Wie deren Name verrät, sind es Hinweise oder Instruktionen für den Optimizer."

L.: „Ja, man setzt die Optimizer Hints ein, wenn man den jeweiligen Ausführungsplan beeinflussen will. Für die Optimizer Hints sind spezielle Kommentare mit dem Zeichen ‚+' vorgesehen. Mehrere Hints kann man mit einem oder mehreren Leerzeichen trennen. Klein- oder Großschreibung spielt bei der Eingabe der Hints keine Rolle. Z. B."

```
/*+ ALL_ROWS full(t1) PARALLEL */
```

P.: „Schade, dass Oracle die Richtigkeit der eingegebenen Hints nicht kontrolliert."

L.: „Doch, Oracle kontrolliert das. Die fehlerhaften Hints werden ignoriert. Dabei werden aber weder Fehlermeldungen noch Warnungen ausgegeben. Dies stellt gewisse Schwierigkeiten für die Anfänger dar."

P.: „Ich zähle schon lange nicht mehr zu den Anfängern, mache aber immer noch Fehler in Hints."

L.: „So kompliziert ist die Eingabe von Hints nicht. Gleich werden wir uns darüber vergewissern. Optimizer Hints unterteilen sich in mehrere Kategorien. Mit den Hints aus der

Kategorie ‚Zugriffspfad' kann man beispielsweise bestimmte Index-Zugriffe oder Full Table Scans festlegen. Die Hints aus der Kategorie ‚Join-Reihenfolge' (das sind lediglich zwei: ORDERED und LEADING) definieren die Reihenfolge der Tabellen in einem Join. Bei einigen Hints muss man die jeweiligen Tabellen spezifizieren (z. B. bei dem Hint LEADING), bei den anderen (z. B. bei dem Hint PARALLEL) kann man die Tabellenspezifikation weglassen. Es gibt auch Hints, welche für Tabellen gar nicht relevant sind (z. B. das Hint OPTIMIZER_FEATURES_ENABLE). Bleiben wir aber bei den Hints, für die man die Tabellen spezifizieren kann. Peter, wie spezifiziert man eine Tabelle?"

P.: „Das macht man mit dem Tabellennamen, falls kein Alias für die jeweilige Tabelle in der SQL-Anweisung benutzt wird. Wenn die Tabelle ein Alias hat, muss man dieses Alias im Hint eingeben."

L.: „Ist es immer möglich, auf diese Art und Weise eine Tabelle im Hint zu spezifizieren?"

P.: „Ich denke, ja."

L.: „Wie würdest Du aber eine Tabelle im Hint spezifizieren, die zu einer View gehört?"

P.: „Ich habe etwas darüber in der Dokumentation gelesen."

L.: „Dafür kann man eine Tabelle global im Hint spezifizieren (global table hints). Wenn eine Tabelle in einer View-Definition benutzt wird, kann man auf sie im Hint folgendermaßen verweisen:"

```
<view>.<table>
```

L.: „Wobei view – ein View-Name oder Alias, table – ein Tabellenname oder das Alias der Tabelle in der View ist. Wenn eine geschachtelte View in der SQL-Anweisung benutzt wird, enthält die globale Spezifikation der Tabelle mehrere Verweise auf Views:"

```
<view1>.<view2>. ... <viewN>.<table>
```

L.: „Das folgende Beispiel demonstriert die globale Spezifikation einer Tabelle in den Views:"

```
SQL> create table t1(a number, b number, c number, d number );
Table created.
SQL> insert into t1 select mod(level, 20), level, level, level from dual connect by level <= 10000;
10000 rows created.
SQL> commit;
Commit complete.
SQL> create index i_t1 on t1(a);
Index created.
SQL> exec dbms_stats.gather_table_stats(user,'T1')
PL/SQL procedure successfully completed.
SQL> create view v1 as select * from t1 where b between 2000 and 4000;
View created.
SQL> create view v2 as select * from v1 where c between 2000 and 4000;
View created.
SQL> create view v3 as select * from v2 where d between 2000 and 4000;
View created.
```

L.: „Die Tabelle T1 hat lediglich 20 verschiedene Werte in der Spalte ‚A'. Aus diesem Grund neigt der Optimizer zum Full Table Scan bei den Abfragen dieser Tabelle über die Spalte ‚A'. Ein Versuch mit dem Hint INDEX ohne globale Spezifikation der Tabelle T1 schlägt fehl."

```
SQL> select /*+ index(t1 i_t1) */ count(*) from v3 where a between 10 and 15;

  COUNT(*)
----------
       600

SQL> select plan_table_output from table (sys.dbms_xplan.display_cursor('','','ADVANCED
LAST'));

PLAN_TABLE_OUTPUT
--------------------------------------------------------------------------------
--------------------------------------------------------------------------------
--------------------
SQL_ID  2xk1rgv76cfn5, child number 0
-------------------------------------
select /*+ index(t1 i_t1) */ count(*) from v3 where a between 10 and 15

Plan hash value: 3724264953

---------------------------------------------------------------------------
| Id  | Operation          | Name | Rows  | Bytes | Cost (%CPU)| Time     |
---------------------------------------------------------------------------
|   0 | SELECT STATEMENT   |      |       |       |     9 (100)|          |
|   1 |  SORT AGGREGATE    |      |     1 |    15 |            |          |
|*  2 |   TABLE ACCESS FULL| T1   |    29 |   435 |     9   (0)| 00:00:01 |
---------------------------------------------------------------------------
```

L.: „Die globale Spezifikation der Tabelle T1 zeigt sofort ihre Wirkung."

```
SQL> select /*+ index(v3.v2.v1.t1 i_t1) */ count(*) from v3 where a between 10 and 15;
  COUNT(*)
----------
       600

SQL> select plan_table_output from table (sys.dbms_xplan.display_cursor('','','ADVANCED LAST'));
PLAN_TABLE_OUTPUT
--------------------------------------------------------------------------------------
--------------------------------------------------------------------------------------
----------------
SQL_ID  2dbk22sbvaf7c, child number 0
----------------------------------
select /*+ index(v3.v2.v1.t1 i_t1) */ count(*) from v3 where a between
10 and 15

Plan hash value: 720960414

---------------------------------------------------------------------------------
| Id  | Operation                    | Name | Rows  | Bytes | Cost (%CPU)| Time     |
---------------------------------------------------------------------------------
|   0 | SELECT STATEMENT             |      |       |       |   213 (100)|          |
|   1 |  SORT AGGREGATE              |      |     1 |    15 |            |          |
|*  2 |   TABLE ACCESS BY INDEX ROWID| T1   |    29 |   435 |   213   (0)| 00:00:03 |
|*  3 |    INDEX RANGE SCAN          | I_T1 |  3632 |       |     9   (0)| 00:00:01 |
---------------------------------------------------------------------------------

Query Block Name / Object Alias (identified by operation id):
-------------------------------------------------------------

   1 - SEL$88122447
   2 - SEL$88122447 / T1@SEL$4
   3 - SEL$88122447 / T1@SEL$4
```

L.: *„Man kann das Hint INDEX wirksam machen, ohne die Tabelle T1 global zu spezifizieren. Peter, hast Du eine Idee, wie man das erreichen kann?"*

P.: *„Nein. Wir haben bereits den Bereich betreten, wo ich mich ziemlich unsicher fühle."*

L.: *„Einige Optimizer Hints haben globale Wirkung (wie z. B. das Hint ALL_ROWS), die anderen Hints können einem Query-Block zugeordnet werden. Solche Zuordnung erfolgt durch die Eingabe des Query-Blocks im Hint, z. B.:"*

```
/*+ index(@<query block> <table> <index>) */
```

L.: *„Man kann einen Namen für den jeweiligen Query-Block manuell mit dem Hint QB_NAME vergeben:"*

```
/*+ qb_name(block1) */
```

L.: *„Wenn die Namen von Query-Blöcken manuell nicht festgelegt sind, generiert Oracle diese Namen automatisch. Die Funktionen DBMS_XPLAN.DISPLAY, DBMS_XPLAN.DISPLAY_CURSOR, DBMS_XPLAN.DISPLAY_AWR geben die Namen der Query-Blöcke bei der Ermittlung der Explain- und Ausführungspläne aus (sie stehen im Abschnitt ‚Query Block Name/Object Alias', s. im obigen Beispiel). Dort werden sie den einzelnen Ausführungsplanschritten zugeordnet.*

Die Namen von Query-Blöcken werden relativ selten in den Hints verwendet, weil man die Optimizer Hints normalerweise direkt im Query-Block definiert, zu dem diese Hints gehören. In diesem Fall werden sie zu dem jeweiligen Query-Block automatisch zugeordnet.

Kehren wir aber zurück zu unserem Beispiel. Wir können auf die globale Spezifikation der Tabelle T1 im Hint INDEX verzichten, wenn wir den Namen des jeweiligen Query-Blocks dort verwenden (somit ordnen wir das Hint dem Query-Block zu und können die Tabelle T1 mit ihrem Namen direkt spezifizieren):"

```
SQL> select /*+ index(@SEL$88122447 t1 i_t1) */ count(*) from v3 where a between 10 and 15;

  COUNT(*)
----------
       600

SQL> select plan_table_output from table (sys.dbms_xplan.display_cursor('','','ADVANCED LAST'));

PLAN_TABLE_OUTPUT
-------------------------------------------------------------------------------------
-------------------------------------------------------------------------------------
-------------------------------------------------------------------------------------
SQL_ID  1bhmsqmzcuw98, child number 0
-------------------------------------
select /*+ index(@SEL$88122447 t1 i_t1) */ count(*) from v3 where a
between 10 and 15

Plan hash value: 720960414

-------------------------------------------------------------------------------------
| Id  | Operation                     | Name | Rows  | Bytes | Cost (%CPU)| Time     |
-------------------------------------------------------------------------------------
|   0 | SELECT STATEMENT              |      |       |       |   213 (100)|          |
|   1 |  SORT AGGREGATE               |      |     1 |    15 |            |          |
|*  2 |   TABLE ACCESS BY INDEX ROWID | T1   |    29 |   435 |   213   (0)| 00:00:03 |
|*  3 |    INDEX RANGE SCAN           | I_T1 |  3632 |       |     9   (0)| 00:00:01 |
-------------------------------------------------------------------------------------
```

Zum Schluss dieses Abschnitts möchte ich noch auf eine wichtige View V$SQL_HINT verweisen, die Oracle in 11g eingeführt hat. Der Aufbau dieser View sieht folgendermaßen aus:

```
SQL> desc v$sql_hint
 Name                                      Null?    Type
 ----------------------------------------- -------- ----------------------------
 NAME                                               VARCHAR2(64)
 SQL_FEATURE                                        VARCHAR2(64)
 CLASS                                              VARCHAR2(64)
 INVERSE                                            VARCHAR2(64)
 TARGET_LEVEL                                       NUMBER
 PROPERTY                                           NUMBER
 VERSION                                            VARCHAR2(25)
 VERSION_OUTLINE                                    VARCHAR2(25)
```

Wenn man nicht sicher ist, wie der Name eines Hint lautet, kann man in dieser View nachschlagen. Sehr nützlich ist dort die Spalte INVERSE, die den Namen des Hint mit der umgekehrten Wirkung enthält (falls vorhanden). Z. B.:

```
SQL> select name, INVERSE from v$sql_hint where name = 'INDEX';

NAME
----------------------------------------------------------------
INVERSE
----------------------------------------------------------------
INDEX
NO_INDEX
```

13.1 Outlines

Outlines beinhalten spezielle Hints, die Oracle für das Fixieren der Ausführungspläne generiert. Die Outlines werden in der Spalte OTHER_XML abgespeichert (s. im Abschn. 6.1.4). Wenn man einen Explain- oder Ausführungsplan mit einer der Funktionen DBMS_XPLAN.DISPLAY, DBMS_XPLAN.DISPLAY_CURSOR, DBMS_XPLAN. DISPLAY_AWR ermittelt und das Argument FORMAT=>'ADVANCED' dabei verwendet, werden Outlines im Abschnitt „Outline Data" des jeweiligen Plans ausgegeben.

```
Outline Data
-------------

  /*+
      BEGIN_OUTLINE_DATA
      IGNORE_OPTIM_EMBEDDED_HINTS
      OPTIMIZER_FEATURES_ENABLE('11.2.0.3')
      DB_VERSION('11.2.0.3')
      ALL_ROWS
      OUTLINE_LEAF(@"SEL$88122447")
      MERGE(@"SEL$641071AC")
      OUTLINE(@"SEL$1")
      OUTLINE(@"SEL$641071AC")
      MERGE(@"SEL$07BDC5B4")
      OUTLINE(@"SEL$2")
      OUTLINE(@"SEL$07BDC5B4")
      MERGE(@"SEL$4")
      OUTLINE(@"SEL$3")
      OUTLINE(@"SEL$4")
      INDEX_RS_ASC(@"SEL$88122447" "T1"@"SEL$4" ("T1"."A"))
      END_OUTLINE_DATA
  */
```

13.1 Outlines

Oracle benutzt die Namen von Query-Blöcken in den Outlines. Das ermöglicht die Anwendung der Hints aus der Outline, unabhängig davon, in welchem Query-Block sie plaziert ist. Man kann also die Hints einer Outline ganz normal in der SQL-Anweisung anwenden. Somit wird der jeweilige Ausführungsplan fixiert. Einige Beispiele dazu findet man im weiteren Text. Das ist sicherlich keine gute Methode für die Praxis, weil man die SQL-Anweisung dafür ändern muss. Da die Anzahl der Hints in den Outlines normalerweise groß ist, sieht die jeweilige SQL-Anweisung mit diesen Hints ziemlich hässlich und unübersichtlich aus.

Oracle bietet eine Möglichkeit an, die Outlines separat abzuspeichern und in den jeweiligen SQL-Anweisungen anzuwenden. So entfällt die Notwendigkeit, die SQL-Anweisungen zu ändern, um die Hints dorthin einzutragen. Dieses Feature heißt Stored Outlines und ist im Abschn. 14.1 beschrieben. Im Abschn. 18.1 wird eine andere Methode präsentiert, die das Speichern der Outline im SQL Profile ermöglicht.

Beispiele der Anwendung von Outlines direkt im SQL-Text erleichtern, meiner Meinung nach, das Verstehen der Outlines und ihrer Besonderheiten. Zugleich machen sie die oben erwähnten Features mit gespeicherten Outlines klarer, weil diese Features dieselbe Basis haben.

Peter: „Welche Besonderheiten von Outlines meinst Du?"

Leonid: „Zum Beispiel die Folgende. Weißt Du, dass Oracle dieselben Namen von Query-Blöcken für einen Select und für den Insert generiert, der diesen Select als Subquery beinhaltet?"

P.: „Wie kann es mir helfen?"

L.: „Angenommen, Du hast es mit einem inperformanten Insert zu tun. Du siehst, dass das jeweilige Subquery die schlechte Performanz vom Insert verursacht. In diesem Fall kannst Du den Select aus Deinem Insert separat tunen. Wenn Du dabei Hints mit den Namen der Query-Blöcke verwendest, kannst Du diese Hints unverändert für den Insert benutzen. Das gilt auch für Outlines: Die Outline aus dem optimierten Ausführungsplan vom Select ist problemlos für den Insert anzuwenden. Um das zu demonstrieren, habe ich die Outline dem Ausführungsplan von einem Select bei der Parametereinstellung OPTIMIZER_INDEX_COST_ADJ=1 entnommen (ohne Hint OPT_PARAM für diese Parametereinstellung) und den Explain-Plan vom jeweiligen Select mit dieser Outline bei der Parametereinstellung OPTIMIZER_INDEX_COST_ADJ=9999 ermittelt: "

```
SQL> explain plan set statement_id='TEST' into sys.plan_table for
  2  select
  3  /*+
  4          BEGIN_OUTLINE_DATA
  5          SWAP_JOIN_INPUTS(@"SEL$7ABE1C4F" "S"@"SEL$2")
  6          SWAP_JOIN_INPUTS(@"SEL$7ABE1C4F" "CU"@"SEL$2")
  7          SWAP_JOIN_INPUTS(@"SEL$7ABE1C4F" "U"@"SEL$2")
  8          USE_HASH(@"SEL$7ABE1C4F" "S"@"SEL$2")
  9          USE_HASH(@"SEL$7ABE1C4F" "CU"@"SEL$2")
 10          USE_HASH(@"SEL$7ABE1C4F" "CX"@"SEL$2")
 11          USE_NL(@"SEL$7ABE1C4F" "CO"@"SEL$2")
 12          USE_HASH(@"SEL$7ABE1C4F" "U"@"SEL$2")
 13          USE_HASH(@"SEL$7ABE1C4F" "O"@"SEL$2")
 14          USE_HASH(@"SEL$7ABE1C4F" "T"@"SEL$2")
 15          USE_MERGE_CARTESIAN(@"SEL$7ABE1C4F" "TS"@"SEL$2")
 16          USE_HASH(@"SEL$7ABE1C4F" "KSPPCV"@"SEL$2")
 17          LEADING(@"SEL$7ABE1C4F" "KSPPI"@"SEL$2" "KSPPCV"@"SEL$2" "TS"@"SEL$2"
 18                  "T"@"SEL$2" "O"@"SEL$2" "U"@"SEL$2" "CO"@"SEL$2" "CX"@"SEL$2" "CU"@"SEL$2"
 19                  "S"@"SEL$2")
 20          FULL(@"SEL$7ABE1C4F" "S"@"SEL$2")
 21          INDEX(@"SEL$7ABE1C4F" "CU"@"SEL$2" ("USER$"."USER#" "USER$"."TYPE#"
 22                  "USER$"."SPARE1" "USER$"."SPARE2"))
 23          INDEX(@"SEL$7ABE1C4F" "CX"@"SEL$2" ("OBJ$"."OBJ#" "OBJ$"."OWNER#"
 24                  "OBJ$"."TYPE#"))
 25          INDEX(@"SEL$7ABE1C4F" "CO"@"SEL$2" ("OBJ$"."OBJ#" "OBJ$"."OWNER#"
 26                  "OBJ$"."TYPE#"))
 27          FULL(@"SEL$7ABE1C4F" "U"@"SEL$2")
 28          FULL(@"SEL$7ABE1C4F" "O"@"SEL$2")
 29          FULL(@"SEL$7ABE1C4F" "T"@"SEL$2")
 30          FULL(@"SEL$7ABE1C4F" "TS"@"SEL$2")
 31          FULL(@"SEL$7ABE1C4F" "KSPPCV"@"SEL$2")
 32          FULL(@"SEL$7ABE1C4F" "KSPPI"@"SEL$2")
 33          OUTLINE(@"SEL$2")
 34          ELIMINATE_JOIN(@"SEL$2" "DS"@"SEL$2")
 35          OUTLINE(@"SEL$75793723")
 36          OUTLINE(@"SEL$1")
 37          MERGE(@"SEL$75793723")
 38          OUTLINE_LEAF(@"SEL$7ABE1C4F")
 39          ALL_ROWS
 40          IGNORE_OPTIM_EMBEDDED_HINTS
 41          END_OUTLINE_DATA
 42  */
 43  owner, table_name from dba_tables;

Explained.

SQL>
SQL> select * from table(sys.dbms_xplan.display('SYS.PLAN_TABLE','TEST'));

PLAN_TABLE_OUTPUT
--------------------------------------------------------------------------------
--------------------------------------------------------------------------------
--------------------------------------------------------------------------------
---------
Plan hash value: 1646436547

--------------------------------------------------------------------------------
| Id  | Operation                    | Name    | Rows  | Bytes | Cost (%CPU)| Time     |
--------------------------------------------------------------------------------
|   0 | SELECT STATEMENT             |         |  3273 |  581K | 36327   (1)| 00:07:16 |
|*  1 |  HASH JOIN RIGHT OUTER       |         |  3273 |  581K | 36327   (1)| 00:07:16 |
|   2 |   TABLE ACCESS FULL          | SEG$    |  7411 | 81521 |    59   (0)| 00:00:01 |
|*  3 |   HASH JOIN RIGHT OUTER      |         |  2993 |  499K | 36267   (1)| 00:07:16 |
|   4 |    INDEX FULL SCAN           | I_USER2 |    95 |   380 |   100   (0)| 00:00:02 |
|*  5 |    HASH JOIN OUTER           |         |  2993 |  488K | 36167   (1)| 00:07:15 |
|   6 |     NESTED LOOPS OUTER       |         |  2993 |  464K | 13964   (1)| 00:02:48 |
|*  7 |      HASH JOIN               |         |  2993 |  450K |   662   (1)| 00:00:08 |
|   8 |       TABLE ACCESS FULL      | USER$   |    95 |  1615 |     3   (0)| 00:00:01 |
|*  9 |       HASH JOIN              |         |  2993 |  400K |   658   (1)| 00:00:08 |
|* 10 |        HASH JOIN             |         |  2993 |  295K |   399   (1)| 00:00:05 |
|  11 |         MERGE JOIN CARTESIAN |         |     7 |   497 |     5  (20)| 00:00:01 |
|* 12 |          HASH JOIN           |         |     1 |    68 |     1 (100)| 00:00:01 |
|* 13 |           FIXED TABLE FULL   | X$KSPPI |     1 |    55 |     0   (0)| 00:00:01 |
|  14 |           FIXED TABLE FULL   | X$KSPPCV|   100 |  1300 |     0   (0)| 00:00:01 |
|  15 |          BUFFER SORT         |         |     7 |    21 |     5  (20)| 00:00:01 |
|  16 |           TABLE ACCESS FULL  | TS$     |     7 |    21 |     4   (0)| 00:00:01 |
|* 17 |         TABLE ACCESS FULL    | TAB$    |  2993 | 89790 |   394   (0)| 00:00:05 |
|* 18 |        TABLE ACCESS FULL     | OBJ$    | 75737 | 2662K |   258   (1)| 00:00:04 |
|* 19 |      INDEX RANGE SCAN        | I_OBJ1  |     1 |     5 |   100   (0)| 00:00:02 |
|  20 |     INDEX FULL SCAN          | I_OBJ1  | 75968 |  593K | 22203   (1)| 00:04:27 |
--------------------------------------------------------------------------------
```

L.: „*Trotz der Parameteränderung blieb der Explain-Plan unverändert. Danach habe ich diese Hints in den Insert eingetragen und wieder den Explain-Plan ermittelt:*"

```
SQL> explain plan set statement_id='TEST' into sys.plan_table for
  2  insert
  3    /*+
  4          BEGIN_OUTLINE_DATA
  5          SWAP_JOIN_INPUTS(@"SEL$7ABE1C4F" "S"@"SEL$2")
  6          SWAP_JOIN_INPUTS(@"SEL$7ABE1C4F" "CU"@"SEL$2")
  7          SWAP_JOIN_INPUTS(@"SEL$7ABE1C4F" "U"@"SEL$2")
  8          USE_HASH(@"SEL$7ABE1C4F" "S"@"SEL$2")
  9          USE_HASH(@"SEL$7ABE1C4F" "CU"@"SEL$2")
 10          USE_HASH(@"SEL$7ABE1C4F" "CX"@"SEL$2")
 11          USE_NL(@"SEL$7ABE1C4F" "CO"@"SEL$2")
 12          USE_HASH(@"SEL$7ABE1C4F" "U"@"SEL$2")
 13          USE_HASH(@"SEL$7ABE1C4F" "O"@"SEL$2")
 14          USE_HASH(@"SEL$7ABE1C4F" "T"@"SEL$2")
 15          USE_MERGE_CARTESIAN(@"SEL$7ABE1C4F" "TS"@"SEL$2")
 16          USE_HASH(@"SEL$7ABE1C4F" "KSPPCV"@"SEL$2")
 17          LEADING(@"SEL$7ABE1C4F" "KSPPI"@"SEL$2" "KSPPCV"@"SEL$2" "TS"@"SEL$2"
 18                  "T"@"SEL$2" "O"@"SEL$2" "U"@"SEL$2" "CO"@"SEL$2" "CX"@"SEL$2" "CU"@"SEL$2"
 19                  "S"@"SEL$2")
 20          FULL(@"SEL$7ABE1C4F" "S"@"SEL$2")
 21          INDEX(@"SEL$7ABE1C4F" "CU"@"SEL$2" ("USER$"."USER#" "USER$"."TYPE#"
 22                  "USER$"."SPARE1" "USER$"."SPARE2"))
 23          INDEX(@"SEL$7ABE1C4F" "CX"@"SEL$2" ("OBJ$"."OBJ#" "OBJ$"."OWNER#"
 24                  "OBJ$"."TYPE#"))
 25          INDEX(@"SEL$7ABE1C4F" "CO"@"SEL$2" ("OBJ$"."OBJ#" "OBJ$"."OWNER#"
 26                  "OBJ$"."TYPE#"))
 27          FULL(@"SEL$7ABE1C4F" "U"@"SEL$2")
 28          FULL(@"SEL$7ABE1C4F" "O"@"SEL$2")
 29          FULL(@"SEL$7ABE1C4F" "T"@"SEL$2")
 30          FULL(@"SEL$7ABE1C4F" "TS"@"SEL$2")
 31          FULL(@"SEL$7ABE1C4F" "KSPPCV"@"SEL$2")
 32          FULL(@"SEL$7ABE1C4F" "KSPPI"@"SEL$2")
 33          OUTLINE(@"SEL$2")
 34          ELIMINATE_JOIN(@"SEL$2" "DS"@"SEL$2")
 35          OUTLINE(@"SEL$75793723")
 36          OUTLINE(@"SEL$1")
 37          MERGE(@"SEL$75793723")
 38          OUTLINE_LEAF(@"SEL$7ABE1C4F")
 39          ALL_ROWS
 40          IGNORE_OPTIM_EMBEDDED_HINTS
 41          END_OUTLINE_DATA
 42    */
 43  into t1 select owner, table_name from dba_tables;

Explained.

SQL>
SQL> select * from table(sys.dbms_xplan.display('SYS.PLAN_TABLE','TEST'));

PLAN_TABLE_OUTPUT
--------------------------------------------------------------------------------
--------------------------------------------------------------------------------
--------------------------------------------------------------------------------
------------------
Plan hash value: 1646436547

--------------------------------------------------------------------------------
| Id  | Operation                   | Name    | Rows  | Bytes | Cost (%CPU)| Time     |
--------------------------------------------------------------------------------
|   0 | INSERT STATEMENT            |         |  3273 |  581K| 36327   (1)| 00:07:16 |
|   1 |  LOAD TABLE CONVENTIONAL    | T1      |       |       |            |          |
|*  2 |   HASH JOIN RIGHT OUTER     |         |  3273 |  581K| 36327   (1)| 00:07:16 |
|   3 |    TABLE ACCESS FULL        | SEG$    |  7411 | 81521 |    59   (0)| 00:00:01 |
|*  4 |    HASH JOIN RIGHT OUTER    |         |  2993 |  499K| 36267   (1)| 00:07:16 |
|   5 |     INDEX FULL SCAN         | I_USER2 |    95 |   380 |   100   (0)| 00:00:02 |
|*  6 |     HASH JOIN OUTER         |         |  2993 |  488K| 36167   (1)| 00:07:15 |
|   7 |      NESTED LOOPS OUTER     |         |  2993 |  464K| 13964   (1)| 00:02:48 |
|*  8 |       HASH JOIN             |         |  2993 |  450K|   662   (1)| 00:00:08 |
|   9 |        TABLE ACCESS FULL    | USER$   |    95 |  1615 |     3   (0)| 00:00:01 |
|* 10 |        HASH JOIN            |         |  2993 |  400K|   658   (1)| 00:00:08 |
|* 11 |         HASH JOIN           |         |  2993 |  295K|   399   (1)| 00:00:05 |
|  12 |          MERGE JOIN CARTESIAN|        |     7 |   497 |     5  (20)| 00:00:01 |
|* 13 |           HASH JOIN         |         |     1 |    68 |     1 (100)| 00:00:01 |
|* 14 |            FIXED TABLE FULL | X$KSPPI |     1 |    55 |     0   (0)| 00:00:01 |
|  15 |            FIXED TABLE FULL | X$KSPPCV|   100 |  1300 |     0   (0)| 00:00:01 |
|  16 |           BUFFER SORT       |         |     7 |    21 |     5  (20)| 00:00:01 |
|  17 |            TABLE ACCESS FULL| TS$     |     7 |    21 |     4   (0)| 00:00:01 |
|* 18 |          TABLE ACCESS FULL  | TAB$    |  2993 | 89790 |   394   (0)| 00:00:05 |
|* 19 |         TABLE ACCESS FULL   | OBJ$    | 75737 | 2662K|   258   (1)| 00:00:04 |
|* 20 |       INDEX RANGE SCAN      | I_OBJ1  |     1 |     5 |   100   (0)| 00:00:02 |
|  21 |      INDEX FULL SCAN        | I_OBJ1  | 75968 |  593K| 22203   (1)| 00:04:27 |
--------------------------------------------------------------------------------
```

L.: „Der Optimizer hat denselben Plan produziert, sogar der Plan-Hashwert ist derselbe."

P.: „Muss man immer auf dieser Art und Weise die Inserts mit Subquery tunen?"

L.: „Nein. Das ist die alternative Methode beim Tuning der Inserts. Wenn Du das Subquery aus einem Insert mit Hints oder mit Parametereinstellungen getunt hast, kannst Du diese Hints oder die jeweiligen Parametereinstellungen normalerweise für den Insert anwenden. Den so optimierten Ausführungsplan des Insert kannst Du danach fixieren. Die Methoden für das Fixieren des Ausführungsplans sind im Abschn. 14 und im Abschn. 18.2 beschrieben. Alternativ kann man die Outline aus dem getunten Ausführungsplan des Select direkt in den Insert als Hidden Hints übernehmen (s. Abschn. 18.7). Ich finde diese Methode bequemer und setze sie häufig ein."

P.: „Ich merke mir dieses Verfahren. Was sollte man noch über die Outlines wissen?"

L.: „Man muss bei den parallelen Operationen aufpassen?"

P.: „Aus welchem Grund?"

L.: „Weil die Outlines normalerweise keine Hints für parallele Operationen beinhalten."

P.: „Heißt es, dass eine SQL-Anweisung, die parallel auszuführen ist, mit der jeweiligen Outline seriell läuft?"

L.: „Ganz genau. Das ist kein Fehler, sondern eine Absicht von Oracle. Parallele Operationen können viele Resourcen in Anspruch nehmen. Das kann in einer Situation akzeptabel sein, in der anderen aber nicht. Aus diesem Grund generiert Oracle keine Hints für parallele Operationen in Outlines."

```
SQL> select /*+ parallel(t1 2) */ count(*) from t1;

  COUNT(*)
----------
     10000

SQL> select plan_table_output from table (sys.dbms_xplan.display_cursor('','','ADVANCED LAST'));

PLAN_TABLE_OUTPUT
--------------------------------------------------------------------------------
--------------------------------------------------------------------------------
--------------------
SQL_ID  csa65yu7437rx, child number 0
-------------------------------------
select /*+ parallel(t1 2) */ count(*) from t1

Plan hash value: 3110199320

--------------------------------------------------------------------------------
| Id  | Operation              | Name     | Rows  | Cost (%CPU)| Time     |    TQ  |IN-OUT| PQ Distrib |
--------------------------------------------------------------------------------
|   0 | SELECT STATEMENT       |          |       |     4 (100)|          |        |      |            |
|   1 |  SORT AGGREGATE        |          |     1 |            |          |        |      |            |
|   2 |   PX COORDINATOR       |          |       |            |          |        |      |            |
|   3 |    PX SEND QC (RANDOM) | :TQ10000 |     1 |            |          |  Q1,00 | P->S | QC (RAND)  |
|   4 |     SORT AGGREGATE     |          |     1 |            |          |  Q1,00 | PCWP |            |
|   5 |      PX BLOCK ITERATOR |          | 10000 |     4   (0)| 00:00:01 |  Q1,00 | PCWC |            |
|*  6 |       TABLE ACCESS FULL| T1       | 10000 |     4   (0)| 00:00:01 |  Q1,00 | PCWP |            |
--------------------------------------------------------------------------------

Query Block Name / Object Alias (identified by operation id):
-------------------------------------------------------------
   1 - SEL$1
   6 - SEL$1 / T1@SEL$1

Outline Data
-------------

  /*+
      BEGIN_OUTLINE_DATA
      IGNORE_OPTIM_EMBEDDED_HINTS
      OPTIMIZER_FEATURES_ENABLE('11.2.0.3')
      DB_VERSION('11.2.0.3')
      ALL_ROWS
      OUTLINE_LEAF(@"SEL$1")
      FULL(@"SEL$1" "T1"@"SEL$1")
      END_OUTLINE_DATA
  */
```

L.: „Es ist kein Hint für parallele Operationen in der Outline aus dem obigen Beispiel zu finden. Wenn wir den Select aus diesem Beispiel mit den Hints aus dieser Outline ausführen, läuft der Select nicht mehr parallel. Dies kann man mit dem Skript test_case_parallel_hint_in_outlines.sql nachvollziehen."

P.: „Was muss man tun, um die Parallelität beizubehalten?"

L.: „Man muss die Hints aus der Outline mit dem Hint PARALLEL vervollständigen (es können auch mehrere sein)."

13.1 Outlines

```
SQL> select
  2    /*+
  3            BEGIN_OUTLINE_DATA
  4            IGNORE_OPTIM_EMBEDDED_HINTS
  5            ALL_ROWS
  6            OUTLINE_LEAF(@"SEL$1")
  7            FULL(@"SEL$1" "T1"@"SEL$1")
  8            PARALLEL(@"SEL$1" "T1"@"SEL$1" 2)
  9            END_OUTLINE_DATA
 10     */
 11   count(*) from t1;

  COUNT(*)
----------
     10000

SQL> select plan_table_output from table (sys.dbms_xplan.display_cursor('','','ADVANCED LAST'));

PLAN_TABLE_OUTPUT
--------------------------------------------------------------------------------
--------------------------------------------------------------------------------
--------------------------------------------------------------------------------
--------------------
SQL_ID  dtkm0upu243a8, child number 0
-------------------------------------
select   /*+       BEGIN_OUTLINE_DATA       IGNORE_OPTIM_EMBEDDED_HINTS
   ALL_ROWS       OUTLINE_LEAF(@"SEL$1")       FULL(@"SEL$1"
"T1"@"SEL$1")       PARALLEL(@"SEL$1" "T1"@"SEL$1" 2)
END_OUTLINE_DATA    */ count(*) from t1

Plan hash value: 3110199320

-----------------------------------------------------------------------------------------------------------
| Id  | Operation            | Name     | Rows  | Cost (%CPU)| Time     |  TQ  |IN-OUT| PQ Distrib |
-----------------------------------------------------------------------------------------------------------
|   0 | SELECT STATEMENT     |          |       |     2 (100)|          |      |      |            |
|   1 |  SORT AGGREGATE      |          |     1 |            |          |      |      |            |
|   2 |   PX COORDINATOR     |          |       |            |          |      |      |            |
|   3 |    PX SEND QC (RANDOM)| :TQ10000|     1 |            |          | Q1,00 | P->S | QC (RAND)  |
|   4 |     SORT AGGREGATE   |          |     1 |            |          | Q1,00 | PCWP |            |
|   5 |      PX BLOCK ITERATOR|         |    82 |     2   (0)| 00:00:01 | Q1,00 | PCWC |            |
|*  6 |       TABLE ACCESS FULL| T1     |    82 |     2   (0)| 00:00:01 | Q1,00 | PCWP |            |
-----------------------------------------------------------------------------------------------------------
```

P.: „Das ist aber aufwendig."

L.: „So ist es. Oracle generiert in einigen Fällen das Hint SHARED in den Outlines bei 11g. Um das zu demonstrieren, habe ich mit dem Hint PARALLEL ohne Tabellenspezifikation experimentiert."

```
SQL> select /*+ parallel(2) */ count(*) from t1;

  COUNT(*)
----------
     10000

SQL> select plan_table_output from table (sys.dbms_xplan.display_cursor('','','ADVANCED LAST'));

PLAN_TABLE_OUTPUT
--------------------------------------------------------------------------------------
--------------------------------------------------------------------------------------
--------------------------------------------------------------------------------------
----------------------
SQL_ID  dg16qmpsbha21, child number 0
-------------------------------------
select /*+ parallel(2) */ count(*) from t1

Plan hash value: 3110199320

---------------------------------------------------------------------------------------------------
| Id  | Operation            | Name     | Rows  | Cost (%CPU)| Time     |    TQ  |IN-OUT| PQ Distrib |
---------------------------------------------------------------------------------------------------
|   0 | SELECT STATEMENT     |          |       |     4 (100)|          |        |      |            |
|   1 |  SORT AGGREGATE      |          |     1 |            |          |        |      |            |
|   2 |   PX COORDINATOR     |          |       |            |          |        |      |            |
|   3 |    PX SEND QC (RANDOM)| :TQ10000|     1 |            |          |  Q1,00 | P->S | QC (RAND)  |
|   4 |     SORT AGGREGATE   |          |     1 |            |          |  Q1,00 | PCWP |            |
|   5 |      PX BLOCK ITERATOR|         | 10000 |     4   (0)| 00:00:01 |  Q1,00 | PCWC |            |
|*  6 |       TABLE ACCESS FULL| T1     | 10000 |     4   (0)| 00:00:01 |  Q1,00 | PCWP |            |
---------------------------------------------------------------------------------------------------

Query Block Name / Object Alias (identified by operation id):
-------------------------------------------------------------

   1 - SEL$1
   6 - SEL$1 / T1@SEL$1

Outline Data
-------------

  /*+
      BEGIN_OUTLINE_DATA
      IGNORE_OPTIM_EMBEDDED_HINTS
      OPTIMIZER_FEATURES_ENABLE('11.2.0.3')
      DB_VERSION('11.2.0.3')
      ALL_ROWS
      SHARED(2)
      OUTLINE_LEAF(@"SEL$1")
      FULL(@"SEL$1" "T1"@"SEL$1")
      END_OUTLINE_DATA
  */
```

L.: „Ein weiteres Beispiel findet man im Skript test_case_parallel_hint_in_outlines.sql. Das Hint SHARED bewirkt die parallele Ausführung der SQL-Anweisung."

```
SQL> select
  2     /*+
  3             BEGIN_OUTLINE_DATA
  4             IGNORE_OPTIM_EMBEDDED_HINTS
  5             ALL_ROWS
  6             SHARED(2)
  7             OUTLINE_LEAF(@"SEL$1")
  8             FULL(@"SEL$1" "T1"@"SEL$1")
  9             END_OUTLINE_DATA
 10     */
 11   count(*) from t1;

  COUNT(*)
----------
     10000

SQL> select plan_table_output from table (sys.dbms_xplan.display_cursor('','','ADVANCED LAST'));

PLAN_TABLE_OUTPUT
--------------------------------------------------------------------------------
--------------------------------------------------------------------------------
--------------------------------------------------------------------------------
--------------------
SQL_ID  dp0f5g4fmgwdy, child number 0
-------------------------------------
select   /*+          BEGIN_OUTLINE_DATA        IGNORE_OPTIM_EMBEDDED_HINTS
      ALL_ROWS        SHARED(2)        OUTLINE_LEAF(@"SEL$1")
FULL(@"SEL$1" "T1"@"SEL$1")        END_OUTLINE_DATA     */ count(*) from t1

Plan hash value: 3110199320

-------------------------------------------------------------------------------------------
| Id  | Operation              | Name    | Rows  | Cost (%CPU)| Time     |    TQ  |IN-OUT| PQ Distrib |
-------------------------------------------------------------------------------------------
|   0 | SELECT STATEMENT       |         |       |     2 (100)|          |        |      |            |
|   1 |  SORT AGGREGATE        |         |     1 |            |          |        |      |            |
|   2 |   PX COORDINATOR       |         |       |            |          |        |      |            |
|   3 |    PX SEND QC (RANDOM) | :TQ10000|     1 |            |          |  Q1,00 | P->S | QC (RAND)  |
|   4 |     SORT AGGREGATE     |         |     1 |            |          |  Q1,00 | PCWP |            |
|   5 |      PX BLOCK ITERATOR |         |    82 |     2   (0)| 00:00:01 |  Q1,00 | PCWC |            |
|*  6 |       TABLE ACCESS FULL| T1      |    82 |     2   (0)| 00:00:01 |  Q1,00 | PCWP |            |
-------------------------------------------------------------------------------------------
```

13.2 Hint OPT_PARAM

Zum Schluss dieses Kapitels möchte ich ein Hint diskutieren, das für Performance Tuning sehr wichtig sein kann, aber nicht ausreichend gut ausgeleuchtet ist. Das ist das Hint OPT_PARAM, mit dem man Parametereinstellungen dediziert für einzelne SQL-Anweisungen machen kann. Dieses Hint ist folgendermaßen einzugeben:

```
/*+ OPT_PARAM('<parameter>' <value>) */
```

Der Parametername ist immer eine Zeichenfolge. Nummerische Parameterwerte kann man als Zahlen eingeben, alle anderen als Zeichenfolge, z. B.:

```
/*+ OPT_PARAM('optimizer_index_cost_adj' 25) OPT_PARAM('star_transformation_enabled' 'false')
*/
```

Laut der Dokumentation von Oracle ist es möglich, die folgenden 5 Parameter im Hint OPT_PARAM zu benutzen:

- OPTIMIZER_DYNAMIC_SAMPLING,
- OPTIMIZER_INDEX_CACHING,
- OPTIMIZER_INDEX_COST_ADJ,
- OPTIMIZER_SECURE_VIEW_MERGING,
- STAR_TRANSFORMATION_ENABLED

Peter: „In welchen Situationen kann dieses Hint wichtig sein?"

Leonid: „Wenn man das SQL-Tuning mit Optimizer Hints macht. Für viele Parameter bzw. Parametereinstellungen gibt es entsprechende Hints. Zum Beispiel für den Parameter OPTIMIZER_MODE gibt es mehrere Hints für die einzelnen Parameterwerte: ALL_ROWS, FIRST_ROWS, FIRST_ROWS (n). Es gibt aber Parameter, für die keine Hints existieren (z. B. für den Parameter OPTIMIZER_INDEX_COST_ADJ). In solchen Fällen kann man das Hint OPT_PARAM benutzen. Manchmal liefert das Hint OPT_PARAM die einzig mögliche Problemlösung (wie im Beispiel aus dem Abschn. 18.7.2.1)."

P.: „Die Anwendungsmöglichkeit dieses Hint scheint mir aber ziemlich begrenzt zu sein, weil man es lediglich für 5 Parameter benutzen kann."

L.: „In der Tat funktioniert es für viele Parameter. Leider gibt es keine zuverlässige Beschreibung dieser Parameter. Beschreibungen, die ich kenne, sind zum Teil fehlerhaft, zum Teil unvollständig, weil Oracle den Kreis solcher Parameter ständig erweitert."

P.: „Kannst Du möglicherweise eine brauchbare Beschreibung erstellen?"

L.: „Man muss dann so eine Beschreibung ständig pflegen, weil sie sonst ziemlich schnell veraltet. Dieser Aufwand wäre mir zu groß. Aus diesem Grund schlage ich vor, hier ganz anders vorzugehen."

P.: „Wie denn?"

L.: „Wenn man nicht sicher ist, ob man das Hint OPT_PARAM für einen Parameter benutzen kann, kann man das direkt prüfen. Prüfen wir zum Beispiel den Parameter CURSOR_SHARING. Dafür setzen wir den Parameter CURSOR_SHARING auf FORCE und ermitteln den Ausführungsplan für eine SQL-Anweisung mit dem Hint OPT_PARAM für die Parametereinstellung CURSOR_SHARING=EXACT."

P.: „Was hat der Ausführungsplan mit dieser Prüfung zu tun?"

L.: „Bei der Ermittlung des Ausführungsplans mit der Funktion DBMS_XPLAN.DISPLAY_CURSOR wird der SQL-Text angezeigt."

13.2 Hint OPT_PARAM

```
SQL> select /*+ opt_param('cursor_sharing' 'exact') */ count(*) from t1 where a between 100 and 200;

  COUNT(*)
----------
       101

SQL> select plan_table_output from table (sys.dbms_xplan.display_cursor('','','ADVANCED LAST'));

PLAN_TABLE_OUTPUT
--------------------------------------------------------------------------------
--------------------------------------------------------------------------------
--------------------------------------------------------------------------------
---------------
SQL_ID  gc5r2pa6hwykc, child number 0
-------------------------------------
select /*+ opt_param('cursor_sharing' 'exact') */ count(*) from t1
where a between :"SYS_B_0" and :"SYS_B_1"

Plan hash value: 4294799605

---------------------------------------------------------------------------
| Id  | Operation          | Name | Rows  | Bytes | Cost (%CPU)| Time     |
---------------------------------------------------------------------------
|   0 | SELECT STATEMENT   |      |       |       |     7 (100)|          |
|   1 |  SORT AGGREGATE    |      |     1 |     4 |            |          |
|*  2 |   FILTER           |      |       |       |            |          |
|*  3 |    TABLE ACCESS FULL| T1  |    98 |   392 |     7   (0)| 00:00:01 |
---------------------------------------------------------------------------
```

P.: „Das Hint OPT_PARAM zeigt keine Wirkung."

L.: „Richtig. In diesem Fall könnte man das Hint CURSOR_SHARING_EXACT statt des Hint OPT_PARAM einsetzen. Man kann das Beispiel mit dem Parameter CURSOR_SHARING mit allen Einzelheiten verfolgen, wenn man das Skript test_case_hint_opt_param.sql ausführt. Dieses Skript beinhaltet noch ein Beispiel mit dem Parameter _OPTIM_PEEK_USER_BINDS. Aus meiner Erfahrung wusste ich, dass dieser Parameter mit dem Hint OPT_PARAM nicht zu setzen ist. Der Test-Case aus dem oben genannten Skript zeigt aber, dass dieses Verhalten sich bei Oracle 11.2.0.3 geändert hat, was mich positiv überrascht hat. Peter, wie würdest Du prüfen, dass der Parameter _OPTIM_PEEK_USER_BINDS im Hint OPT_PARAM zu benutzen ist?"

P.: „Ich würde prüfen, ob die Funktion DBSM_XPLAN.DISPLAY_CURSOR die Information über Bind Peeking ausgibt, wenn das Hint OPT_PARAM User Bind Peeking für eine SQL-Anweisung außer Kraft setzt."

L.: „Sehr gut. Zugleich kann man auch die Optmizer-Einschätzungen mit und ohne User Bind Peeking miteinander vergleichen. Wenn man den Test-Case entsprechend vorbereitet, kann man dort auch Unterschiede feststellen. Machen wir zunächst einen Test mit User Bind Peeking."

```
SQL> alter session set "_optim_peek_user_binds"=true;

Session wurde geändert.

SQL> var b1 number
SQL>
SQL> exec :b1:=9900;

PL/SQL-Prozedur erfolgreich abgeschlossen.

SQL> select count(*) from t1 where a >= :b1;

  COUNT(*)
----------
       101

SQL> select plan_table_output from table (sys.dbms_xplan.display_cursor('','','ADVANCED LAST'));

PLAN_TABLE_OUTPUT
--------------------------------------------------------------------------------------------
--------------------------------------------------------------------------------------------
---------------
SQL_ID  8nb8mztx6yw2b, child number 0
-------------------------------------
select count(*) from t1 where a >= :b1

Plan hash value: 3724264953

---------------------------------------------------------------------------
| Id  | Operation          | Name | Rows  | Bytes | Cost (%CPU)| Time     |
---------------------------------------------------------------------------
|   0 | SELECT STATEMENT   |      |       |       |     7 (100)|          |
|   1 |  SORT AGGREGATE    |      |     1 |     4 |            |          |
|*  2 |   TABLE ACCESS FULL| T1   |   101 |   404 |     7   (0)| 00:00:01 |
---------------------------------------------------------------------------
```

L.: „*Wenn wir jetzt die Parametereinstellung _OPTIM_PEEK_USER_BINDS=FALSE mit dem Hint OPT_PARAM setzen, sehen wir in der unteren Ausgabe keine Spuren von User Bind Peeking. Die Einschätzung der Kardinalität hat sich auch geändert (von 101 auf 500). Weitere Details dieses Tests kann man dem Skript test_case_hint_opt_param.sql entnehmen.*"

13.2 Hint OPT_PARAM

```
SQL> select /*+ opt_param('_optim_peek_user_binds' 'false') */ count(*) from t1 where a >= :b1;

  COUNT(*)
----------
       101

SQL> select plan_table_output from table (sys.dbms_xplan.display_cursor('','','ADVANCED LAST'));

PLAN_TABLE_OUTPUT
--------------------------------------------------------------------------------------------
--------------------------------------------------------------------------------------------
--------------------------------------------------------------------------------------------
---------------
SQL_ID  f06zs1gx4bgqf, child number 0
-------------------------------------
select /*+ opt_param('_optim_peek_user_binds' 'false') */ count(*) from
t1 where a >= :b1

Plan hash value: 3724264953

---------------------------------------------------------------------------
| Id  | Operation          | Name | Rows  | Bytes | Cost (%CPU)| Time     |
---------------------------------------------------------------------------
|   0 | SELECT STATEMENT   |      |       |       |     7 (100)|          |
|   1 |  SORT AGGREGATE    |      |     1 |     4 |            |          |
|*  2 |   TABLE ACCESS FULL| T1   |   500 |  2000 |     7   (0)| 00:00:01 |
---------------------------------------------------------------------------

Query Block Name / Object Alias (identified by operation id):
-------------------------------------------------------------

   1 - SEL$1
   2 - SEL$1 / T1@SEL$1

Outline Data
------------

  /*+
      BEGIN_OUTLINE_DATA
      IGNORE_OPTIM_EMBEDDED_HINTS
      OPTIMIZER_FEATURES_ENABLE('11.2.0.3')
      DB_VERSION('11.2.0.3')
      OPT_PARAM('_optim_peek_user_binds' 'false')
      ALL_ROWS
      OUTLINE_LEAF(@"SEL$1")
      FULL(@"SEL$1" "T1"@"SEL$1")
      END_OUTLINE_DATA
  */

Predicate Information (identified by operation id):
---------------------------------------------------

   2 - filter("A">=:B1)

Column Projection Information (identified by operation id):
-----------------------------------------------------------

   1 - (#keys=0) COUNT(*)[22]


46 Zeilen ausgewählt
```

14 Stored Outlines, SQL Profiles. Bedeutung, SQL Plan Baselines. Unterschiede, Zusammenhänge

Alle 3 Features aus dem obigen Titel gehören zu den mächtigen Methoden des Performance Tuning. 2 davon (Stored Outlines und SQL Plan Baselines) dienen dem Zweck der Plan-Stabilisierung, wobei das Dritte (SQL Profiles) zum automatischen SQL-Tuning gehört.

Leonid: *„Peter, kennst Du diese Features?"*

Peter: *„Nicht alle. Ich weiß, dass die Stored Outlines die gespeicherten Hints beinhalten, was deren Name auch verrät. Ein paar Mal habe ich dieses Feature benutzt, um einen Ausführungsplan zu fixieren. In einem SQL Profile ist der Ausführungsplan abgespeichert, welcher beim automatischen SQL-Tuning errechnet wird. Bei einer meiner problematischen Datenbanken habe ich einige SQL Profiles erzeugt, um die Performanz der jeweiligen SQL-Anweisungen zu erhöhen. Mit den SQL Plan Baselines habe ich ein Problem, ich weiß nicht genau, was diese sind. Habe ich mit meiner Antwort stark daneben getroffen?"*

L.: *„Mit Stored Outlines hast Du vollkommen Recht: das sind in der Tat gespeicherte Outlines, die den jeweiligen Ausführungsplan fixieren sollen. Deine Antwort bezüglich der SQL Profiles ist nur zur Hälfte richtig. Ein SQL Profile wird beim automatischen SQL-Tuning generiert. Das ist die richtige Hälfte. SQL Profiles beinhalten aber keine Ausführungspläne, sondern lediglich spezielle Optimizer-Statistiken. Wenn der Optimizer diese Statistiken anwendet, kommt er auf den beim automatischen SQL-Tuning errechneten Ausführungsplan. Diesen Ausführungsplan muss man aber noch fixieren."*

P.: *„Willst Du damit sagen, dass die Ausführungspläne, die ich mit meinen SQL Profiles fixiert habe, sich eines Tages ändern können?"*

L.: *„Das kann ich nicht ausschließen, weil die speziellen Optimizer-Statistiken in einem SQL Profile den jeweiligen Ausführungsplan nur kurzfristig fixieren können. Ändert sich etwas im System (z. B. eine Parametereinstellung, die für den Optimizer relevant ist), kann das zu einer Ausführungsplanänderung führen. Eine Änderung der konventionellen Optimizer-Statistiken, die mit dem Package DBMS_STATS erstellt werden, kann das übrigens auch verursachen. Das jeweilige SQL Profile wird zwar weiterhin angewendet, der Ausführungsplan ist aber nicht mehr derselbe."*

P.: „Wie kann man solche Ausführungspläne fixieren? Mit den Stored Outlines?"

L.: „Nein, mit den Stored Outlines kann man das nicht machen. Dafür kann man SQL Plan Baselines benutzen, welche im Unterschied zu den Stored Outlines und zu den SQL Profiles die tatsächlichen Ausführungspläne beinhalten."

P.: „SQL Plan Baselines ist ein Feature von Oracle 11. Womit denn fixiert man die automatisch generierten Ausführungspläne in Oracle 10?"

L.: „Peter, dieses Buch basiert auf Oracle 11. Du hast aber ein Problem von Oracle 10 richtig erkannt. Für Oracle 10 gab es lange keine offizielle Methode zum Fixieren der automatisch generierten Ausführungspläne. Man kann dafür die OSP-Methode benutzen, die im Abschn. 18.1 beschrieben ist. Wie sie für das Fixieren der automatisch generierten Ausführungspläne anzuwenden ist, findet man im Abschn. 18.2. Nun benutzt das Tool SQLT von Oracle die OSP-Methode auch (s. die Notiz 1487302.1 aus dem MOS)."

P.: „Meine Vorstellung über diese Welt hat sich wieder etwas verändert. Ich bin jetzt richtig neugierig auf die weiteren Überraschungen, die mir dieses Kapitel bereitet."

14.1 Stored Outlines

Dieses Feature ist das älteste der 3 Features, welche in diesem Kapitel präsentiert sind. Es wurde in Oracle 8i eingeführt. Heutzutage sind die Stored Outlines ein „Auslaufmodell", weil sie immer mehr durch die SQL Plan Baselines ersetzt werden.

Wir haben die Outlines bereits im Abschn. 13.1 besprochen. Stored Outline sind gespeicherte Outlines, die einen Namen haben und einer Kategorie zugeordnet sind. Aus diesem Grund „erben" sie die Vorteile, aber auch die Nachteile der Outlines, die wir bereits diskutiert haben.

Die im Abschn. 5.2 beschriebenen Signaturen spielen eine wichtige Rolle bei Stored Outlines. Mit Hilfe dieser Signaturen kann Oracle schnell nach den passenden Stored Outlines suchen. Wenn die Signatur eines SQL-Textes gleich der Signatur der bei der Stored Outline gespeicherten Signatur ist, prüft Oracle, ob die jeweiligen normalisierten SQL-Texte übereinstimmen. Ist es der Fall, können die Stored Outlines angewendet werden. Dieses Verfahren hat 2 wichtige Konsequenzen:

- die von einem Datenbankbenutzer angelegten Stored Outlines können für SQL-Anweisungen eines anderen Datenbankbenutzers angewendet werden (wenn die obigen Bedingungen erfüllt sind),
- einige Abweichungen im SQL-Text sind erlaubt und hindern die Anwendung der Stored Outlines nicht (diese Abweichungen sind im Abschn. 5.2 beschrieben).

Zu den Stored Outlines gibt es 2 Haupt-Views DBA_OUTLINES und DBA_OUTLINE_HINTS. Die darunter liegenden Tabellen OL$ und OL$HINTS gehören dem Benutzer OUTLN. Zu dem Schema OUTLN gehört noch eine Tabelle OL$NODES.

Die Verwaltung der Stored Outlines erfolgt zum Teil über die jeweiligen SQL-Kommandos. Für diesen Zweck gibt es auch 2 Packages DBMS_OUTLN und DBMS_OUTLN_EDIT (im Grunde genommen sind es 2 Public Synonyme jeweils für die Packages OUTLN_PKG und OUTLN_EDIT_PKG).

14.1.1 Anlegen

Man kann die Stored Outlines für einzelne SQL-Anweisungen anlegen. Das kann man mit dem Kommando „CREATE OUTLINE" tun, z. B. folgendermaßen:

```
create outline test for category test_cat on select * from dual;
```

Lässt man die Klausel für die Kategorie weg, wird die jeweilige Outline der Kategorie DEFAULT zugeordnet (man kann eine Outline der Kategorie „DEFAULT" auch explizit zuordnen). Stillschweigend werden Public Stored Outlines angelegt, welche man in einigen Sessions oder systemweit anwenden kann. Man kann mit diesem Kommando auch sogenannte private Outlines anlegen, die ihre Gültigkeit nur für die jeweilige Session haben. Dafür muss man „private outline" statt „outline" oder „public outline" im Create Kommando eingeben. Die privaten Outlines werden intern in den globalen temporären Tabellen im Schema SYSTEM abgespeichert. Aus diesem Grund verschwinden sie automatisch nach dem Beenden der jeweiligen Session. Da solche Outlines die anderen Sessions nicht beeinflussen, kann man sie für Testzwecke gebrauchen. Für Testzwecke kann man auch Public Outlines benutzen, wenn man eine spezielle Kategorie dafür anlegt. Solange diese Kategorie nicht in den anderen Sessions aktiviert wird, bleiben die Outlines aus dieser Kategorie für diese Sessions unzugänglich. Die privaten Outlines können auch für das Editieren der Stored Outlines benutzt werden. Dieses Verfahren ist beispielsweise ausführlich in [18] beschrieben.

Beim Anlegen der Stored Outlines mit dem Kommando „CREATE OUTLINE" wird die jeweilige SQL-Anweisung nicht ausgeführt, sondern lediglich geparst. Aus diesem Grund fixieren die mit dem Kommando „CREATE OUTLINE" angelegten Stored Outlines den Explain Plan und nicht den Ausführungsplan. Im Package DBMS_OUTLN gibt es eine Prozedur CREATE_OUTLINE, mit welcher man eine Stored Outline für einen Cursor in der SQL-Area anlegen kann. Man könnte denken, dass man damit den jeweiligen Ausführungsplan fixieren kann, in der Tat nimmt diese Prozedur lediglich den jeweiligen SQL-Text aus der SQL-Area. In diesem Fall werden die Outlines den Explain Plan fixieren, welcher von den aktuellen Optimizer-Statistiken und von der Optimizer-Umgebung der Session abhängt, in der diese Prozedur ausgeführt wird. Dieses Verhalten kann man mit dem Skript test_case_stored_outlines.sql nachvollziehen.

Oracle bietet noch eine Möglichkeit für das Anlegen der Stored Outlines an. Wenn man die Einstellung CREATE_STORED_OUTLINES auf TRUE oder auf einen Kategorienamen setzt, werden die Stored Outlines für alle SQL-Anweisungen einer Session oder systemweit angelegt, in Abhängigkeit davon, wie man diese Einstellung macht, für eine Session oder für das gesamte System. So werden die Stored Outlines nicht für alle SQL-Anweisungen angelegt, sondern nur für diejenigen, die hart geparst werden. Im Unterschied zu der Funktion DBMS_OUTLN.CREATE_OUTLINE fixieren solche Stored Outlines die jeweiligen Ausführungspläne. Das Erzeugen der Stored Outlines kann man mit der Einstellung CREATE_STORED_OUTLINES = FALSE beenden.

Peter: *„Wie kann man sich vergewissern, dass die mit der Einstellung CREATE_STORED_ OUTLINES angelegten Outlines in der Tat die jeweiligen Ausführungspläne fixieren?"*

Leonid: *„Hast Du selber irgendwelche Ideen?"*

P.: *„Nun, ich denke, zunächst brauchen wir eine SQL-Anweisung mit den unterschiedlichen Explain- und Ausführungsplänen. Danach können wir das direkt prüfen."*

L.: *„Absolut richtig. Uns bleibt ein kleines Schrittchen: so eine SQL-Anweisung zu finden."*

P.: *„Jetzt bist Du aber dran."*

L.: *„OK, mein Test-Case folgt."*

```
SQL> create table test1.t1(a number, b number, c number, d number);
Table created.
SQL>
SQL> insert into test1.t1 select 1, 1, 1, 1 from dual connect by level <= 10000;
10000 rows created.
SQL>
SQL> insert into test1.t1 values (2,2,2,2);
1 row created.
SQL>
SQL> create index test1.i_t1 on test1.t1 (a);
Index created.
SQL>
SQL> exec dbms_stats.gather_table_stats('TEST1', 'T1', method_opt => 'for all columns size 3')
PL/SQL procedure successfully completed.
```

Beim Erstellen eines Explain Plan für einen Select mit einer Bind-Variablen ist der Wert dieser Variablen dem Optimizer nicht bekannt. Deswegen entscheidet er sich für einen Full Table Scan aufgrund der vorliegenden Statistiken und der Annahme über die Selektivität des jeweiligen Prädikats.

14.1 Stored Outlines

```
SQL> explain plan set statement_id = 'TEST' into sys.plan_table for
  2  select count(b) from test1.t1 where a = :b1;

Explained.

SQL>
SQL> select plan_table_output from table (sys.dbms_xplan.display( 'SYS.PLAN_TABLE','TEST'));

PLAN_TABLE_OUTPUT
--------------------------------------------------------------------------------
--------------------------------------------------------------------------------
--------------------------------------------------------------------------------
-----------------
Plan hash value: 3724264953

---------------------------------------------------------------------------
| Id  | Operation          | Name | Rows  | Bytes | Cost (%CPU)| Time     |
---------------------------------------------------------------------------
|   0 | SELECT STATEMENT   |      |     1 |     6 |     9   (0)| 00:00:01 |
|   1 |  SORT AGGREGATE    |      |     1 |     6 |            |          |
|*  2 |   TABLE ACCESS FULL| T1   |  5001 | 30006 |     9   (0)| 00:00:01 |
---------------------------------------------------------------------------

Predicate Information (identified by operation id):
---------------------------------------------------

   2 - filter("A"=TO_NUMBER(:B1))
```

Beim Ausführen dieser SQL-Anweisung mit dem Variablenwert von 2 kommt Oracle auf diesen Wert beim Bind Peeking und entscheidet für einen Index Range Scan.

```
SQL> var b1 number
SQL>
SQL> exec :b1:= 2;

PL/SQL procedure successfully completed.

SQL>
SQL> select count(b) from test1.t1 where a = :b1;

  COUNT(B)
----------
         1

SQL>
SQL> select plan_table_output from table (sys.dbms_xplan.display_cursor('','','LAST'));

PLAN_TABLE_OUTPUT
--------------------------------------------------------------------------------
--------------------------------------------------------------------------------
--------------------------------------------------------------------------------
-----------------
SQL_ID  6p2nx394vj4br, child number 0
-------------------------------------
select count(b) from test1.t1 where a = :b1

Plan hash value: 720960414

------------------------------------------------------------------------------------
| Id  | Operation                    | Name | Rows  | Bytes | Cost (%CPU)| Time     |
------------------------------------------------------------------------------------
|   0 | SELECT STATEMENT             |      |       |       |     2 (100)|          |
|   1 |  SORT AGGREGATE              |      |     1 |     6 |            |          |
|   2 |   TABLE ACCESS BY INDEX ROWID| T1   |     1 |     6 |     2   (0)| 00:00:01 |
|*  3 |    INDEX RANGE SCAN          | I_T1 |     1 |       |     1   (0)| 00:00:01 |
------------------------------------------------------------------------------------

Predicate Information (identified by operation id):
---------------------------------------------------

   3 - access("A"=:B1)
```

Die von Peter vorgeschlagene direkte Prüfung zeigt das Fixieren des Ausführungsplans.

```
SQL> alter session set create_stored_outlines = TEST_OLN_CATEGORY;

Session altered.

SQL>
SQL> select count(b) from test1.t1 where a = :b1;

              COUNT(B)
------------------------
                     1

SQL>
SQL> alter session set create_stored_outlines = false;

Session altered.

SQL> alter system flush shared_pool;

System altered.

SQL>
SQL> alter session set use_stored_outlines = TEST_OLN_CATEGORY;

Session altered.

SQL>
SQL> explain plan set statement_id = 'TEST' into sys.plan_table for
  2  select count(b) from test1.t1 where a = :b1;

Explained.

SQL>
SQL> select plan_table_output from table (sys.dbms_xplan.display( 'SYS.PLAN_TABLE','TEST'));

PLAN_TABLE_OUTPUT
--------------------------------------------------------------------------------------------
--------------------------------------------------------------------------------------------
--------------------------------------------------------------------------------------------
-----------------
Plan hash value: 720960414

---------------------------------------------------------------------------------------
| Id  | Operation                    | Name | Rows  | Bytes | Cost (%CPU)| Time     |
---------------------------------------------------------------------------------------
|   0 | SELECT STATEMENT             |      |     1 |     6 |    22   (0)| 00:00:01 |
|   1 |  SORT AGGREGATE              |      |     1 |     6 |            |          |
|   2 |   TABLE ACCESS BY INDEX ROWID| T1   |  5001 | 30006 |    22   (0)| 00:00:01 |
|*  3 |    INDEX RANGE SCAN          | I_T1 |  5001 |       |    10   (0)| 00:00:01 |
---------------------------------------------------------------------------------------

Predicate Information (identified by operation id):
---------------------------------------------------

   3 - access("A"=TO_NUMBER(:B1))

Note
-----
   - outline "SYS_OUTLINE_13020115554627201" used for this statement
```

14.1.2 Aktivieren und Deaktivieren

Man kann einzelne Stored Outlines nicht aktivieren, man aktiviert immer die ganze Kategorie. Dafür wird die Session- oder die System-Einstellung USE_STORED_OUTLINES benutzt. Setzt man diese Einstellung auf den Kategorienamen, tritt die jeweilige Kategorie in Kraft. Wichtig dabei ist, dass die Einstellung USE_STORED_OUTLINES kein Parameter ist, so dass man diese Einstellung nach jedem Instanz-Restart machen muss (z. B.

in einem Startup- oder in einem Logon-Trigger, also systemweit oder nur für bestimmte Sessions). Das macht man mit dem folgenden Kommando

```
alter {system | session} set use_stored_outlines = <category_name | true>;
```

Die Kategorie DEFAULT kann man entweder mit dem Kategorienamen DEFAULT oder TRUE mit dem obigen Kommando aktivieren. Es ist möglich, jeweils nur eine Kategorie zu aktivieren. Wenn man eine Kategorie aktiviert, aktiviert man somit automatisch die Kategorie DEFAULT auch. Zunächst sucht Oracle nach den Outlines in der aktivierten Kategorie, wenn dort keine passende gefunden wird, wird in der Kategorie DEFAULT gesucht. Setzt man die Einstellung USE_STORED_OUTLINES auf FALSE, werden die Stored Outlines deaktiviert (stillschweigend sind sie nicht aktiv).

14.1.3 Verfizieren

Man kann unterschiedlich verifizieren, dass die Stored Outlines angewendet wurden. Nach dem Anlegen einer Stored Outline ist es sinnvoll zu prüfen, ob sie überhaupt benutzt wird. Dafür gibt es die Spalte USED in der View DBA_OUTLINES. Der Wert 'USED' in dieser Spalte sagt uns, dass die jeweilige Stored Outline mindestens einmal benutzt wurde. Bei der Auswertung dieser Spalte ist es wichtig zu wissen, dass die Anwendung der Stored Outlines bei einem Explain Plan auch deren Wert auf 'USED' ändert. Es ist möglich, die Spalte USED wieder auf den Wert 'UNUSED' mit der Funktion DBMS_OUTLN.CLEAR_USED zu setzen. Somit kann man prüfen, ob die jeweilige Outline weiterhin gebraucht wird.

Die Spalte OTHER_XML, die wir im Abschn. 6.1.4 besprochen haben, enthält den Namen der Stored Outline, wenn sie angewendet wurde. Man kann diesen Namen mit einer SQL-Anweisung ermitteln. Für einen Explain Plan kann man das beispielsweise folgendermaßen tun:

```
select extractvalue(xmltype(other_xml), '/*/info[@type = "outline"]') outline_name
from plan_table
where
statement_id = '<statement_id>' and
other_xml is not null;
```

Die Funktionen DBMS_XPLAN.DISPLAY, DBMS_XPLAN.DISPLAY_CURSOR, DBMS_XPLAN.DISPLAY_AWR mit dem Vorgabewert des Arguments FORMAT ermitteln auch den Namen der angewendeten Stored Outline für einen Explain Plan oder für einen Ausführungsplan.

Die View V$SQL hat 2 Spalten, die für Stored Outlines relevant sind: OUTLINE_SID und OUTLINE_CATEGORY. Wenn die Spalte OUTLINE_SID einen Wert > 0 enthält, ist es ein Zeichen, dass eine Private Outline angewendet wurde. In diesem Fall ist der Spaltenwert gleich der Session-Id, aus der die jeweilige Private Outline stammt. Über die Spalte OUTLINE_CATEGORY kann man feststellen, dass die Stored Outline aus einer Kategorie in dem Ausführungsplan eines Cursors benutzt wurde. Den konkreten Namen der Public Outline kann man folgendermaßen finden: Zunächst die Signatur von dem jeweiligen SQL-Text mit der Funktion DBMS_OUTL_EDIT.GENERATE_SIGNATURE berechnen. Danach den Namen in der View DBA_OUTLINES über diese Signatur und den Kategorienamen ermitteln.

Dieselben Spalten hat die Tabelle STATS$SQL_SUMMARY aus dem Statspack-Repository. In der View DBA_HIST_SQLSTAT gibt es keine Spalten für Stored Outlines.

Es ist etwas umständlicher festzustellen, ob die Stored Outlines in einer Session oder systemweit aktiviert sind. Die einzige Möglichkeit (mir ist zumindest keine andere bekannt) zu ermitteln, ob eine Outline-Kategorie in einer Session aktiviert ist, ist das Ablesen einer internen Variablen von Oracle. Wie man vorgehen muss, zeigt das folgende Beispiel:

```
SQL> create outline test for category abc on select * from dual;

Outline created.

SQL> oradebug setmypid

Statement processed.

SQL> oradebug dumpvar uga ugauso

qolprm ugauso_p [FB758F0, FB75914) = 00000000 00000000 00000000 00000000 00000000 00000000 00000000 00000000 000000

00

SQL> alter session set use_stored_outlines=abc;

Session altered.

SQL> oradebug dumpvar uga ugauso

qolprm ugauso_p [FB758F0, FB75914) = 00000001 42410003 00000043 00000000 00000000 00000000 00000000 00000000 000000

00

SQL> select t.endian_format from v$transportable_platform t, v$databas e d where t.platform_name = d.platform_name;

ENDIAN_FORMAT
--------------
Little

SQL> select chr(4*16 + 1)||chr(4*16 + 2)||chr(4*16 + 3) from dual;

CHR
---
ABC
```

Wenn man beim Ablesen der Variablen ugauso lediglich die Nullen sieht, ist keine Outline-Kategorie in der jeweiligen Session eingeschaltet. Sieht man dort einen hexadezimalen Wert, werden die Stored Outlines benutzt. Um zu ermitteln, welche Kategorie genau aktiviert ist, muss man die jeweiligen hexadezimalen Daten in Zeichen umwandeln. Bei dieser Umwandlung muss man eventuell noch die Reihenfolge der Bytes umdrehen (in Abhängigkeit vom Endian-Format der jeweiligen Plattform).

Auf ähnliche Weise kann man feststellen, ob eine Outline-Kategorie systemweit in Gebrauch ist. Das Ablesen der jeweiligen Variablen erfolgt mit dem folgenden Befehl:

```
oradebug dumpvar sga sgauso
```

Peter: „*Diese Methode finde ich ziemlich umständlich. Kann man sie nicht automatisieren?*"

Leonid: „*Sicherlich kann man das. Zunächst wollte ich dafür ein Skript schreiben. Später habe ich es mir anders überlegt, weil man diese Methode sehr selten verwendet. In meiner Praxis habe ich das nur zweimal gemacht.*"

14.1.4 Transportieren

Die Übertragung der Stored Outlines aus einem System in das andere erfolgt über die 3 oben beschriebenen Tabellen im Schema OUTLN, welche die Outline-Metadaten beinhalten. Dafür muss man zunächst die folgenden Tabellen exportieren: OUTLN.OL$, OUTLN.OL$HINTS, OUTLN.OL$NODES. Danach sind diese Tabellen in das Ziel-System zu importieren.

14.1.5 Wo muss man aufpassen?

Bei der Arbeit mit den Stored Outlines muss man gewährleisten, dass einige Parametereinstellungen unverändert beim Anlegen der Stored Outlines und bei deren Benutzung bleiben. Solch eine Parametereinstellung ändert entweder den SQL-Text der SQL-Anweisung (wie der Parameter CURSOR_SHARING) oder deren Inhalt (wie der Parameter QUERY_REWRITE_ENABLED), so dass die Stored Outlines keine Auswirkung auf die betroffenen SQL-Anweisungen zeigen.

Wenn man die Parametereinstellung CURSOR_SHARING ändert, wird im Explain Plan fälschlicherweise angezeigt, dass die Stored Outline weiterhin angewendet wird. Bei der Ausführung der jeweiligen SQL-Anweisung wird sie aber nicht benutzt. Dieses Problem demonstriert das Skript test_case_stored_outlines.sql. Ich habe nicht geprüft, ob ein ähnliches Problem mit dem Parameter QUERY_REWRITE_ENABLED auftritt, kann es aber nicht ausschließen.

Wenn der Parameter CURSOR_SHARING ungleich EXACT ist, werden Literale im SQL-Text automatisch durch die systemgenerierten Bind-Variablen ersetzt, wenn man die Stored Outlines mit der Einstellung CREATE_STORED_OUTLINES erzeugt. Wird eine Stored Outline mit dem Kommando „CREATE OUNTLINE" angelegt, muss man in diesem Kommando den SQL-Text mit den systemgenerierten Bind-Variablen eingeben.

Die Stored Outlines, die dem Datenbankbenutzer SYS gehören und für die SQL-Anweisungen mit den Objekten aus dem Schema SYS angelegt sind, werden nie angewendet, wenn der Datenbankbenutzer SYS diese SQL-Anweisungen selbst ausführt. Wenn das ein anderer Datenbankbenutzer macht, werden die jeweiligen Stored Outlines benutzt. Das kann man mit dem Skript test_case_stored_outlines.sql nachvollziehen.

Wenn man die Stored Outlines massenhaft mit der Einstellung CREATE_STORED_OUTLINES als Datenbankbenutzer SYS erzeugt, werden keine Stored Outlines für die SQL-Anweisungen angelegt, die auf die Objekte im Schema SYS zugreifen.

14.2 SQL Profiles

Wir wissen bereits, dass dieses Feature erstmalig in Oracle 10 erschien und zum automatischen SQL-Tuning gehört. Ein SQL Profile enthält spezielle Optimizer-Statistiken, die die konventionellen Optimizer-Statistiken ergänzen bzw. anpassen. Man kann die Ausführungspläne mit den SQL Profiles solange fixieren, solange das System unverändert bleibt. Eine geänderte Parametereinstellung, die für den Optimizer relevant ist, kann beispielsweise den Ausführungsplan trotz der Anwendung eines SQL Profile ändern.

Einem SQL Profile ist entweder Exact Matching Signature oder Force Matching Signature (ab Oracle 10.2) zugeordnet, in Abhängigkeit davon, wie das jeweilige SQL Profile angelegt ist (ohne „force matching", also ohne die erzwungene Mustersuche oder mit).

Zu den SQL Profiles gibt es zwei Views: DBA_SQL_PROFILES und DBA_ADVISOR_TASKS. Die Spalte SIGNATURE der View DBA_SQL_PROFILES enthält entweder Exact Matching Signature oder Force Matching Signature abhängig vom Wert der Spalte FORCE_MATCHING. Die für SQL Profiles relevanten Tasks kann man aus der View DBA_ADVISOR_TASKS für den Advisor „SQL Tuning Advisor" selektieren.

Für die Verwaltung der SQL Profiles benutzt man das Package DBMS_SQLTUNE.

Peter: *„Leonid, könntest Du bitte nochmals erklären, wofür die SQL Profiles gut sind."*

Leonid: *„Angenommen, Du hast eine inperformante SQL-Anweisung. Du kannst diese SQL-Anweisung entweder manuell tunen oder das automatische SQL-Tuning dafür einsetzen. Wie man eine SQL-Anweisung automatisch tunen kann, ist in diesem Kapitel beschrieben. Das automatische SQL-Tuning kann einige Verbesserungsvorschläge erarbeiten. Oracle kann beispielsweise vorschlagen, die Optimizer-Statistiken zu aktualisieren oder einen Index anzulegen. Ab 11.2 kann Oracle auf die guten Ausführungspläne für Deine SQL-Anweisung in der SQL-Area oder im AWR verweisen, die Du fixieren kannst. U.A. berechnet Oracle die* *speziellen Optimizer-Statistiken beim automatischen SQL-Tuning, die den Ausführungsplan verbessern sollen. Diese Optimizer-Statistiken werden in einem SQL Profile abgespeichert, wenn Du diese Statistiken akzeptierst."*

Wie bei den Stored Outlines kann ein SQL Profile für eine SQL-Anweisung aus einem anderen Schema angewendet werden, wenn die jeweilige Signatur der SQL-Anweisung mit der Signatur des SQL-Textes aus dem SQL Profile übereinstimmt und die beiden normalisierten SQL-Texte auch gleich sind (die Normalisierung fasst in diesem Fall auch die Ersetzung der Literale durch die systemgenerierten Bind-Variablen um).

14.2.1 Anlegen

Das Anlegen eines SQL Profile erfolgt in vier Schritten:

- zunächst muss man eine Tuning-Task anlegen. Das macht man mit der Funktion DBMS_SQLTUNE.CREATE_TUNING_TASK. Die jeweilige SQL-Anweisung kann man als SQL-Text eingeben. Es ist auch möglich, eine Tuning-Task für eine SQL-Anweisung entweder aus der SQL-Area oder aus dem AWR anzulegen (für mehrere SQL-Anweisungen kann man eine Tuning-Task über ein SQL-Set anlegen). Wenn die jeweilige SQL-Anweisung Bind-Variablen enthält, ist es sinnvoll, die Werte dieser Variablen beim Anlegen der Tuning-Task einzugeben. Das ist notwendig für eine SQL-Anweisung, die als SQL-Text eingegeben wird. Für die SQL-Anweisungen aus der SQL-Area oder aus dem AWR nimmt Oracle die notwendigen Bind-Werte automatisch aus der jeweiligen Daten-Quelle (also aus der SQL-Area oder aus dem AWR). Ohne Bind-Werte kann Oracle im besten Fall nur teilweise die SQL-Anweisung analysieren,
- im zweiten Schritt muss man die angelegte Tuning-Task ausführen. Dafür muss man die Prozedur DBMS_SQLTUNE.EXECUTE_TUNING_TASK starten. Beim Ausführen der Tuning-Task erarbeitet Oracle die Verbesserungsvorschläge. Dieser Schritt kann viel Zeit in Anspruch nehmen. Es ist möglich, diese Zeit in Sekunden beim Anlegen der Tuning-Task mit dem Argument TIME_LIMIT einzugrenzen (stillschweigend ist dieses Argument auf 30 Minuten gesetzt),
- danach muss man sich die Verbesserungsvorschläge anschauen. Dafür erstellt man einen Report mit der Funktion DBMS_SQLTUNE.REPORT_TUNING_TASK. Ein SQL Profile wird im Abschnitt „Using SQL Profile" vorgeschlagen. Es ist aber möglich, dass Oracle kein SQL Profile anbietet,
- das vorgeschlagene SQL Profile kann man mit der Funktion DBMS_SQLTUNE.ACCEPT_SQL_PROFILE akzeptieren. In diesem Fall wird das jeweilige SQL Profile angelegt. Hier kann man entscheiden, ob man das jeweilige SQL Profile mit der erzwungenen Mustersuche anlegt oder nicht. Setzt man das Argument FORCE_MATCH auf TRUE, wird die erzwungene Mustersuche eingesetzt. Wenn dieses Argument nicht gesetzt oder

auf FALSE gesetzt wird, wird das jeweilige SQL Profile ohne die erzwungene Mustersuche angelegt. Beim Akzeptieren eines SQL Profile kann man dieses SQL Profile einer Kategorie zuordnen. Stillschweigend wird das SQL Profile der Kategorie DEFAULT zugeordnet.

Mit dem Skript test_case_sql_profiles.sql kann man das Anlegen eines SQL Profile verfolgen. Dieses Skript demonstriert auch, dass eine Parameteränderung den Ausführungsplan beeinflusst, obwohl das jeweilige SQL Profile aktiv ist.

Peter: *„Sag mal, wie Oracle auf diese speziellen Optimizer-Statistiken kommt?"*

Leonid: *„Man kann SQL-Tracing für den zweiten Schritt (also für das Ausführen der Tuning-Task) einschalten, um zu sehen, wie Oracle die speziellen Statistiken berechnet. In der jeweiligen Trace-Datei findet man einige interne Abfragen zu der SQL-Anweisung. Die meisten dieser Abfragen ermitteln die für die SQL-Anweisung relevanten Kardinalitäten. Oracle vergleicht die tatsächlichen Kardinalitäten mit den Kardinalitäten, die anhand der herkömmlichen Optimizer-Statistiken berechnet sind. Die speziellen Statistiken können die herkömmlichen dort ‚korrigieren', wo die herkömmlichen Statistiken vorhanden sind, aber die genaue Schätzung der Kardinalität nicht ermöglichen. Dort, wo die herkömmlichen Statistiken fehlen, können die speziellen Statistiken sie ersetzen."*

P.: *„Ich kann nicht sagen, dass ich das verstanden habe. Gibt es viele Arten von den speziellen Statistiken?"*

L.: *„Eine detaillierte Beschreibung der speziellen Statistiken ist in diesem Buch nicht vorgesehen, da es für das ‚praktische' Performance Tuning nicht notwendig ist. Nehmen wir aber als Beispiel die Ausgabe des Skripts test_case_sql_profiles.sql und versuchen, eine spezielle Statistik von dort zu klären. Apropos, weißt Du, wie man die speziellen Statistiken ermitteln kann, welche bei der Ausführung einer Tuning-Task berechnet sind?"*

P.: *„Nein. Möglicherweise in einer Trace-Datei?"*

L.: *„Es gibt eine wesentlich einfachere Methode. Wenn man das Argument* LEVEL *der Funktion DBMS_SQLTUNE.REPORT_TUNING_TASK auf 'ADVANCED' setzt, findet man die speziellen Statistiken unter ‚SQL Profile Attributes' im Abschnitt ‚SQL Profile Finding' des jeweiligen Reports. Unter den Anderen findet man dort die folgende Statistik aus unserem Test-Case. Peter, kannst Du sagen, an was Dich das Format dieser Statistik eventuell erinnert?"*

```
- OPT_ESTIMATE(@"SEL$1", TABLE, "T2"@"SEL$1", SCALE_ROWS=3.495687038)
```

P.: *„Warte mal …. Dort benutzt Oracle die Namen von Query-Blöcken. Damit meine ich ‚SEL$1'. Der Name ‚OPT_ESTIMATE' erinnert mich komischerweise an das Hint OPT_PARAM."*

14.2 SQL Profiles

L.: „*Du hast vollkommen Recht. Oracle benutzt spezielle Hints für die speziellen Statistiken. Diese Tatsache werden wir im Abschn. 18.1 für die OSP-Methode gebrauchen. Fahren wir aber mit unserem Beispiel fort. Im 7. Schritt des originellen Explain Plan aus dem Report für unsere Tuning-Task, schätzt Oracle die Kardinalität für den Full Table Scan aus der Tabelle T2 als 60 ein.*"

```
-------------------------------------------------------------------------------
EXPLAIN PLANS SECTION
-------------------------------------------------------------------------------

1- Original
-----------
Plan hash value: 1588485284

-------------------------------------------------------------------------------------
| Id  | Operation            | Name | Rows  | Bytes |TempSpc| Cost (%CPU)| Time     |
-------------------------------------------------------------------------------------
|   0 | SELECT STATEMENT     |      |     1 |    24 |       |   103  (32)| 00:00:02 |
|   1 |  SORT AGGREGATE      |      |     1 |    24 |       |            |          |
|   2 |   MERGE JOIN         |      |  9066K|  207M |       |   103  (32)| 00:00:02 |
|   3 |    SORT JOIN         |      |  9071 |  177K |  520K |    70   (5)| 00:00:01 |
|   4 |     MERGE JOIN       |      |  9071 |  177K |       |    11  (19)| 00:00:01 |
|   5 |      SORT JOIN       |      |    60 |   960 |       |     6  (17)| 00:00:01 |
|   6 |       NESTED LOOPS   |      |    60 |   960 |       |     5   (0)| 00:00:01 |
|*  7 |        TABLE ACCESS FULL| T2 |    60 |   720 |       |     4   (0)| 00:00:01 |
|*  8 |        INDEX RANGE SCAN | I_T1|    1 |     4 |       |     1   (0)| 00:00:01 |
|*  9 |      SORT JOIN       |      |   300 |  1200 |       |     5  (20)| 00:00:01 |
|* 10 |       TABLE ACCESS FULL | T3 |   300 |  1200 |       |     4   (0)| 00:00:01 |
|* 11 |    SORT JOIN         |      |  2000 |  8000 |       |     5  (20)| 00:00:01 |
|  12 |     TABLE ACCESS FULL| T4   |  2000 |  8000 |       |     4   (0)| 00:00:01 |
-------------------------------------------------------------------------------------

Query Block Name / Object Alias (identified by operation id):
-------------------------------------------------------------

   1 - SEL$1
   7 - SEL$1 / T2@SEL$1
   8 - SEL$1 / T1@SEL$1
  10 - SEL$1 / T3@SEL$1
  12 - SEL$1 / T4@SEL$1
...
Predicate Information (identified by operation id):
---------------------------------------------------

   7 - filter("T2"."C"<=400 AND "T2"."B"<=500 AND "T2"."B">=100)
```

Wenn wir diese Kardinalität mit der speziellen Statistik von oben anpassen (60 x 3.495687038), kommen wir auf den Wert von ca. 209.741. Da der Wert von 60 vom Optimizer berechnet und wahrscheinlich abgerundet ist, kann die angepasste Kardinalität eine ganze Zahl zwischen 207,993 und 211,489 sein: 208, 209, 210, 211. Und in der Tat finden wir den Wert von 211 für die angepasste Kardinalität im nächsten Abschnitt des Reports.

2- Original With Adjusted Cost

Plan hash value: 1588485284

```
-----------------------------------------------------------------------------------
| Id  | Operation             | Name | Rows  | Bytes |TempSpc| Cost (%CPU)| Time     |
-----------------------------------------------------------------------------------
|   0 | SELECT STATEMENT      |      |     1 |    24 |       |   311  (33)| 00:00:04 |
|   1 |  SORT AGGREGATE       |      |     1 |    24 |       |            |          |
|   2 |   MERGE JOIN          |      |   31M |  725M |       |   311  (33)| 00:00:04 |
|   3 |    SORT JOIN          |      | 31709 |  619K | 1752K |   209   (2)| 00:00:03 |
|   4 |     MERGE JOIN        |      | 31709 |  619K |       |    12  (17)| 00:00:01 |
|   5 |      SORT JOIN        |      |   211 |  3376 |       |     7  (15)| 00:00:01 |
|   6 |       NESTED LOOPS    |      |   211 |  3376 |       |     6   (0)| 00:00:01 |
|*  7 |        TABLE ACCESS FULL| T2 |   211 |  2532 |       |     4   (0)| 00:00:01 |
|*  8 |        INDEX RANGE SCAN | I_T1|    1 |     4 |       |     1   (0)| 00:00:01 |
|*  9 |      SORT JOIN        |      |   300 |  1200 |       |     5  (20)| 00:00:01 |
|* 10 |       TABLE ACCESS FULL| T3  |   300 |  1200 |       |     4   (0)| 00:00:01 |
|* 11 |    SORT JOIN          |      |  2000 |  8000 |       |     5  (20)| 00:00:01 |
|  12 |     TABLE ACCESS FULL | T4   |  2000 |  8000 |       |     4   (0)| 00:00:01 |
-----------------------------------------------------------------------------------

Query Block Name / Object Alias (identified by operation id):
-------------------------------------------------------------

   1 - SEL$1
   7 - SEL$1 / T2@SEL$1
   8 - SEL$1 / T1@SEL$1
  10 - SEL$1 / T3@SEL$1
  12 - SEL$1 / T4@SEL$1

Predicate Information (identified by operation id):
---------------------------------------------------

   7 - filter("T2"."C"<=400 AND "T2"."B"<=500 AND "T2"."B">=100)
```

Falls wir das SQL-Tracing für das Ausführen der Tuning-Task aktivieren, finden wir in der jeweiligen Trace-Datei die interne Abfrage, mit der Oracle den Wert von 211 ermittelt (vergleiche die Where-Bedingungen mit den Prädikaten zum Schritt 7 des originellen Plans von oben).

```
SELECT /* DS_SVC */ /*+ cursor_sharing_exact dynamic_sampling(0) no_sql_tune no_monitoring
optimizer_features_enable(default) */ SUM(C1) FROM (SELECT /*+ qb_name("innerQuery")
NO_INDEX_FFS( "T2") */ 1 AS C1 FROM "T2" "T2" WHERE ("T2"."C"<=400) AND ("T2"."B"<=500) AND
("T2"."B">=100)) innerQuery
```

Führen wir diese Abfrage aus.

```
SQL> SELECT /* DS_SVC */ /*+ cursor_sharing_exact dynamic_sampling(0) no_sql_tune
no_monitoring optimizer_features_enable(default) */ SUM(C1) FROM (SELECT /*+
qb_name("innerQuery") NO_INDEX_FFS( "T2") */ 1 AS C1 FROM "T2" "T2" WHERE ("T2"."C"<=400) AND
("T2"."B"<=500) AND ("T2"."B">=100)) innerQuery;

   SUM(C1)
----------
       211
```

L.: „Peter, ist es jetzt etwas klarer geworden?"
P.: „Mit diesem Beispiel sieht es in der Tat etwas verständlicher aus."

14.2.2 Aktivieren und Deaktivieren

Ähnlich wie bei den Stored Outlines aktiviert man die jeweilige Kategorie bei den SQL Profiles. Somit werden alle SQL Profiles aus dieser Kategorie aktiv. Im Unterschied zu den Stored Outlines ist die Kategorie DEFAULT bei den SQL Profiles immer aktiv.

Das Aktivieren einer Kategorie erfolgt durch die Parametereinstellung SQLTUNE_CATEGORY für eine Session oder systemweit.

```
alter {session | system} set sqltune_category = <category_name>;
```

Man deaktiviert SQL Profiles, indem man den Parameter SQLTUNE_CATEGORY auf FALSE setzt. Die Kategorie DEFAULT ist wieder mit der Parametereinstellung SQLTUNE_CATEGORY = { DEFAULT | TRUE } zu aktivieren.

Man kann ein SQL Profile zunächst einer Test-Kategorie zuordnen und erst nach den erfolgreichen Tests dieses SQL Profile entweder der Kategorie DEFAULT oder einer anderen Kategorie zuordnen, die im normalen Betrieb aktiv ist. Dafür muss man die Prozedur DBMS_SQLTUNE.ALTER_SQL_PROFILE ausführen. Mit dieser Prozedur ist es auch möglich, ein einziges SQL Profile zu deaktivieren und wieder zu aktivieren. Dafür muss man den Status des SQL Profile entsprechend ändern (auf 'DISABLED' oder auf 'ENABLED').

14.2.3 Verifizieren

Da die SQL Profiles nur bedingt einen Ausführungsplan fixieren, ist es eigentlich nicht vorgesehen, dass ein Ausführungsplan über eine längere Zeit mit einem SQL Profile fixiert wird. Möglicherweise aus diesem Grund hat die View DBA_SQL_PROFILES keine Spalte für die Nutzungsanzeige.

Wie bei den Stored Outlines kann man die Anwendung eines SQLProfile anhand der Information in der Spalte OTHER_XML feststellen (bez. dieser Spalte s. im Abschn. 6.1.4). Man kann einen Namen des SQL Profile folgendermaßen der Spalte OTHER_XML aus der Tabelle EXPLAIN_TABLE entnehmen:

```
select extractvalue(xmltype(other_xml), '/*/info[@type = "sql_profile"]') sql_profile_name
from plan_table
where
statement_id = '<statement_id>' and
other_xml is not null;
```

Wenn man einen Explain Plan oder einen Ausführungsplan mittels der Funktionen DBMS_XPLAN.DISPLAY, DBMS_XPLAN.DISPLAY_CURSOR, DBMS_XPLAN.DISPLAY_AWR mit dem Vorgabewert des Arguments FORMAT ermittelt, wird der Name eines angewendeten SQL Profile auch ausgegeben. Diese Funktionen extrahieren diesen Namen aus der jeweiligen Spalte OTHER_XML.

Die View V$SQL hat die Spalte SQL_PROFILE für den Namen des angewendeten SQL Profile. Dieselbe Spalte haben auch die View DBA_HIST_SQLSTAT und die Tabelle STATS$SQL_SUMMARY.

14.2.4 Transportieren

Für das Transportieren der SQL Profiles von einem System in ein anderes wird eine Brückentabelle (staging table) benutzt. Diese Tabelle muss man zunächst mit der Prozedur DBMS_SQLTUNE.CREATE_STGTAB_SQLPROF anlegen. Die zu transportierenden SQL Profiles kann man danach mit der Prozedur DBMS_SQLTUNE.PACK_STGTAB_SQLPROF in der Brückentabelle abspeichern und diese Tabelle in das andere System übertragen. Dafür kann man beispielsweise die Brückentabelle exportieren, die jeweilige Dump-Datei auf die Maschine mit dem Zielsystem übertragen und in das Zielsystem importieren. Zum Schluss muss man die in der Brückentabelle enthaltenen SQL Profiles extrahieren und als SQL Profiles abspeichern. Das macht man mit der Prozedur DBMS_SQLTUNE.UNPACK_STGTAB_SQLPROF.

14.2.5 Wo muss man aufpassen?

Im Umgang mit den SQL Profiles muss man an den folgenden 2 Stellen aufpassen, die wir im obigen Text bereits diskutiert haben.

Im Fall der komplexen SQL-Anweisung auf großen Tabellen kann die Ausführung der jeweiligen Tuning-Task sehr lange dauern. Wenn die in der SQL-Anweisung beteiligten Tabellen groß sind, selektiert Oracle stichprobenartig aus diesen Tabellen, also mit der Klausel SAMPLE in den internen Abfragen. Trotzdem kann eine solche Ausführung viel Zeit in Anspruch nehmen.

Man darf nicht vergessen, dass man einen Ausführungsplan solange mit einem SQL Profile fixieren kann, solange keine gravierenden Änderungen im System erfolgen. Wenn man im Begriff ist, einen mit dem SQL Profile errechneten Ausführungsplan zu fixieren, muss man das mit SQL Plan Baselines tun oder die OSP-Methode dafür anwenden.

14.3 SQL Plan Baselines

Im Unterschied zu den Stored Outlines, die die SQL Plan Baselines künftig ersetzen müssen, beinhalten die letzteren die tatsächlichen Ausführungspläne. Außerdem werden dort u.a. sowohl die jeweiligen Bind-Variablen (falls vorhanden) als auch die Laufzeitstatistiken abgespeichert.

Laut der Dokumentation von Oracle zählen zu den SQL Plan Baselines nicht alle gespeicherten Pläne, sondern lediglich diejenigen, die akzeptiert (accepted) sind (nur die akzeptierten SQL Plan Baselines können angewendet werden). Vereinfachungshalber werden wir alle gespeicherten Pläne als SQL Plan Baselines bezeichnen. Ist eine SQL Plan Baseline bereits angelegt, kann Oracle später weitere SQL Plan Baselines für die jeweilige SQL-Anweisung anlegen, wenn der Optimizer einen noch nicht in den SQL Plan Baselines vorhandenen Plan errechnet. Oracle macht das, weil der Optimizer einen besseren Plan als die bestehenden SQL Plan Baselines finden kann. Es gibt aber noch einen zusätzlichen Grund dafür. Dieser Vorrat der gespeicherten Pläne kann behilflich sein im Fall der strukturellen Änderungen (z. B. das Löschen eines Indexes), bei denen die beste SQL Plan Baseline nicht mehr anwendbar ist. In so einer Situation kann die zweitbeste akzeptierte SQL Plan Baseline genommen werden. Die beste der akzeptierten SQL Plan Baselines ist diejenige, die die geringsten Optimizer-Kosten oder den Status FIXED='YES' hat. Wenn mehrere akzeptierte SQL Plan Baselines für eine SQL-Anweisung vorhanden sind, wird immer die beste angewendet. Wenn eine akzeptierte SQL Plan Baseline den Status FIXED='YES' hat, werden keine neuen SQL Plan Baselines als Vorrat abgespeichert.

Keine Kategorien sind für SQL Plan Baselines vorgesehen. Dies macht das Anlegen der SQL Plan Baselines für die Testzwecke unmöglich, so dass sie zunächst für eine Session aber nicht für das Gesamtsystem freigegeben werden.

Peter: „*Ich kann nicht einschätzen, wie wichtig es ist, zunächst eine SQL Plan Baseline zu testen und sie erst dann freizugeben. Solch eine Möglichkeit hätte ich aber für alle Fälle gern.*"

Leonid: „*In den meisten Fällen sind dafür keine Tests notwendig.*"

P.: „*Wenn Oracle nichts dafür anbietet, wäre es möglich, das doch mit einem Trick zu machen?*"

L.: „*Ich kenne keinen Trick, der das ermöglicht. Ein Versuch, die Kategorien über die SQL Profiles künstlich einzuführen (ähnlich dem Verfahren aus dem Abschn. 18.7.2) schlägt fehl, weil Oracle die SQL Plan Baselines vor den SQL Profiles auswertet. Ansonsten hätte dieses Verfahren funktioniert, da man den Parameter* OPTIMIZER_USE_SQL_PLAN_BASELINES *für eine SQL-Anweisung mit dem Hint OPT_PARAM setzen kann.*"

Wie bei den Stored Outlines werden Signaturen auch bei der Suche nach einer passenden SQL Plan Baseline benutzt. Für SQL Plan Baselines benutzt Oracle Exact Matching Signature (die auch bei den SQL Profiles benutzt wird). Wie bei den Stored Outlines kann eine SQL Plan Baseline für eine SQL-Anweisung aus einem anderen Schema angewendet werden, wenn

- Exact Matching Signature des jeweiligen SQL-Textes mit der Exact Matching Signature der SQL Plan Baseline übereinstimmt,

- der normalisierte SQL-Text dieser SQL-Anweisung mit dem normalisierten SQL-Text aus der SQL Plan Baselines übereinstimmt,
- die SQL Plan Baseline anwendbar ist. Das bedeutet, dass die in dieser SQL-Anweisung beteiligten Tabellen dieselbe Struktur wie die jeweiligen Tabellen aus der SQL Plan Baseline haben. Die relevanten Indices müssen auch vorhanden und identisch aufgebaut sein.

Die Verwaltung der SQL Plan Baselines erfolgt über das Package DBMS_SPM. Die bestehenden SQL Plan Baselines kann man in der View DBA_SQL_PLAN_BASELINES ermitteln. Leider beinhaltet diese View keine Spalte für den Hashwert des jeweiligen Ausführungsplans. Man kann aber diesen Hashwert und den Ausführungsplan mit der Funktion DBMS_XPLAN.DISPAY_SQL_PLAN_BASELINE ermitteln. Dafür kann auch das Skript one_xplan_baseline11.sql benutzt werden, das den Aufruf der obigen Funktion beinhaltet.

Alle SQL Plan Baselines werden im Tablespace SYSAUX gespeichert. Stillschweigend kann man dafür bis 10 % des Speichers dieses Tablespace in Anspruch nehmen. Da die SQL Plan Baselines ziemlich viel Speicherplatz benötigen, kann es passieren, dass man mehr als 10 % des Speichers im SYSAUX für sie braucht. Diese Quote kann man dann bis zu 50 % erhöhen.

Wenn SQL Plan Baselines lange nicht angewendet werden, werden sie automatisch entfernt. Stillschweigend passiert es nach 53 Wochen (also nach einem Jahr). Diese zeitliche Grenze (Retention) kann man aber auch anders setzen und im Bereich von 5 bis 523 Wochen variieren.

Die aktuellen Einstellungen für die Speicherquote und für die zeitliche Retention sind in der View DBA_SQL_MANAGEMENT_CONFIG als Parameter SPACE_BUDGET_PERCENT bzw. PLAN_RETENTION_WEEKS zu ermitteln.

14.3.1 Anlegen

Ähnlich der Stored Outlines können die SQL Plan Baselines entweder manuell für einzelne oder automatisch für mehrere Ausführungspläne angelegt werden.

Man aktiviert die automatische Generierung der SQL Plan Baselines mit der Parametereinstellung OPTIMIZER_CAPTURE_SQL_PLAN_BASELINES=TRUE und deaktiviert mit OPTIMIZER_CAPTURE_SQL_PLAN_BASELINES=FALSE (das ist die Vorgabeeinstellung) entweder für eine Session oder systemweit. Damit eine SQL Plan Baseline für eine SQL-Anweisung automatisch angelegt wird, muss diese SQL-Anweisung mindestens zweimal ausgeführt werden. Die erste gespeicherte Plan einer SQL-Anweisung bekommt den Status ACCEPTED='YES', die weiteren werden mit dem Status ACCEPTED='NO' abgespeichert. Man kann eine (oder einige) nicht akzeptierte SQL Plan Baselines mit der Funktion DBMS_SPM.EVOLVE_SQL_PLAN_BASELINE bewerten und ggf. akzeptieren lassen (evolvieren). Wenn man die Funktion DBMS_SPM.EVOLVE_SQL_PLAN_BASELINE für einen nicht akzeptierten Ausführungsplan aufruft, führt Oracle testweise diesen Ausführungsplan aus und ver-

14.3 SQL Plan Baselines

gleicht seine Laufzeitstatistiken mit den Laufzeitstatistiken des besten akzeptierten Ausführungsplans. Sind die Laufzeitstatistiken des nicht akzeptierten Ausführungsplans besser, wird dieser Plan akzeptiert. Es ist möglich, mehrere oder alle nicht akzeptierten SQL Plan Baselines einer SQL-Anweisung mit einem Aufruf dieser Funktion zu evolvieren.

Man kann manuell eine SQL Plan Baseline für eine SQL-Anweisung aus der SQL-Area oder aus einem SQL-Set erzeugen. Dafür muss man die Funktionen DBMS_SPM.LOAD_PLANS_FROM_CURSOR_CACHE bzw. DBMS_SPM.LOAD_PLANS_FROM_SQLSET benutzen. Es gibt also keine Funktion, mit der man eine SQL Plan Baseline für einen Ausführungsplan aus dem AWR unmittelbar erzeugen kann. Zunächst muss man dafür ein SQL-Set anlegen. Alle manuell angelegten SQL Plan Baselines sind stillschweigend akzeptiert, i.e. sie können angewendet werden.

Mit den Funktionen DBMS_SPM. MIGRATE_STORED_OUTLINE ist es möglich, die bestehenden Stored Outlines in die jeweiligen SQL Plan Baselines zu umwandeln. In Abhängigkeit von den Argumenten dieser Funktionen kann man

- alle Stored Outlines,
- alle Stored Outlines einer Kategorie oder
- einzelne Stored Outlines

umwandeln. Die so angelegten SQL Plan Baselines haben den Status ACCEPTED='YES'. Man kann sie zusätzlich mit dem Status FIXED='YES' beim Anlegen versehen.

Peter: *„Ich nehme an, Du hast ein paar Skripte, die das manuelle Anlegen der SQL Plan Baselines erleichtern."*

Leonid: *„Ja, mit dem Skript create_sql_plan_bl_awr11.sql kann man eine SQL Plan Baseline für einen Ausführungsplan aus dem AWR ganz einfach erzeugen. Das Skript create_sql_plan_bl_sga11.sql macht dasselbe für einen Ausführungsplan aus der View V$SQL_PLAN. Diese beiden Skripte generieren einen Kommentar mit dem Hashwert des jeweiligen Ausführungsplans. Das erübrigt in den meisten Fällen die Ermittlung des Ausführungsplans für eine SQL Plan Baselines mittels der Funktion DBMS_XPLAN.DISPAY_SQL_PLAN_BASELINE. Mit dem Skript migrate_stored_outln_to_bl112.sql kann man Stored Outlines nach SQL Plan Baselines migrieren. Die mit diesen 3 Skripten angelegten SQL Plan Baselines bekommen den Status FIXED='YES'."*

Das Skript test_case_sql_plan_baselines.sql zeigt, wie man eine SQL Plan Baseline für eine SQL-Anweisung aus der SQL-Area anlegen und anwenden kann.

Zum Schluss dieses Abschnitts möchte ich darauf verweisen, dass man eine SQL Plan Baseline ohne Ausführung der jeweiligen SQL-Anweisung, also für den jeweiligen Explain Plan anlegen kann. Dieses Verfahren betrifft DML-Anweisungen und Selects. Das folgende Beispiel zeigt, wie es funktioniert.

```
SQL> declare
  2    v_sql_text clob := q'[select count(*) from t1 where a = 1]';
  3    gc_ora_language_flag integer := dbms_sql.native;
  4    cur_dyn integer := dbms_sql.open_cursor;
  5  begin
  6    dbms_sql.parse(cur_dyn,v_sql_text,gc_ora_language_flag);
  7  end;
  8  /
SQL>
SQL> select sql_id sql_id, plan_hash_value plan_hash_value, exact_matching_signature
exact_match_sig from v$sql where exact_matching_signature=18272520237848419192 and
command_type=3;
ftghxj3s5pj2r            3547404373       18272520237848419192
SQL>
SQL> select plan_table_output from table (sys.dbms_xplan.display_cursor('&sql_id','','ADVANCED
LAST'));
SQL_ID  ftghxj3s5pj2r, child number 0
-------------------------------------
select count(*) from t1 where a = 1

Plan hash value: 3547404373

---------------------------------------------------------------------
| Id  | Operation         | Name | Rows | Bytes | Cost (%CPU)| Time     |
---------------------------------------------------------------------
|   0 | SELECT STATEMENT  |      |      |       |     1 (100)|          |
|   1 |  SORT AGGREGATE   |      |    1 |    13 |            |          |
|*  2 |   INDEX RANGE SCAN| I_T1 |    1 |    13 |     1   (0)| 00:00:01 |
---------------------------------------------------------------------
```

Beim harten Parse Call werden zwei Cursor in der SQL-Area angelegt: ein Cursor für das Kommando Explain Plan und ein für die originelle SQL-Anweisung. Der Plan in der View V$SQL_PLAN vom originellen Cursor ist der jeweilige Explain Plan. Diesen Explain Plan kann man mit der Funktion DBMS_SPM.LOAD_PLANS_FROM_CURSOR_CACHE in einer SQL Plan Baseline speichern. Für DDL-Anweisungen hat dieses Verfahren keinen Sinn, weil solche Anweisungen beim Parse Call ausgeführt werden.

P.: „Wo kann man diese Methode einsetzen?"

L.: „Beispielsweise im Verfahren mit Hidden Hints (s. im Abschn. 18.7.3). Außerdem gib es Fälle, bei denen eine Ausführung der jeweiligen SQL-Anweisung kaum möglich ist. Beispielweise, wenn diese Anweisung ein DML-Kommando ist oder wenn sie sehr viele Bind-Variablen enthält, so dass es problematisch ist, diese Variablen mit den jeweiligen Bind-Werten zu befüllen. In diesen beiden Fällen könnte man auch diese Methode anwenden."

Im obigen Beispiel wird ein anonymer PL/SQL-Block für den Parse Call benutzt. Selects kann man alternativ mit der Einstellung „set autotrace traceonly explain" in SQL*Plus ausführen. Dabei wird auch ein Parse Call ohne Ausführung der SQL-Anweisung gemacht.

14.3.2 Aktivieren und Deaktivieren

SQL Plan Baselines sind im Unterschied zu den Stored Outlines stillschweigend aktiviert (mit der Parametereinstellung OPTIMIZER_USE_SQL_PLAN_BASELINES = TRUE). Man kann sie deaktivieren, indem man den Parameter OPTIMIZER_USE_SQL_PLAN_BASELINES für eine Session oder systemweit auf FALSE setzt.

14.3 SQL Plan Baselines

Es ist möglich, eine einzelne SQL Plan Baseline außer Kraft zu setzen. Dafür muss man den Status ENABLED mit der Funktion DBMS_SPM.ALTER_SQL_PLAN_BASELINE auf 'NO' setzen.

14.3.3 Verifizieren

Die View DBA_SQL_PLAN_BASELINES hat die Spalte LAST_EXECUTED, die das Datum der letzten Anwendung beinhaltet. Dies macht die Verifizierung, ob eine SQL Plan Baseline angewendet wird, leichter als die entsprechende Prüfung für die Stored Outlines.
Die Spalte OTHER_XML (s. im Abschn. 6.1.4), beinhaltet einen Plan-Namen der SQL Plan Baseline, wenn sie angewendet wurde. Man kann diesen Namen mit einer SQL-Anweisung ermitteln. Für einen Plan aus der View V$SQL_PLAN kann man das beispielsweise folgendermaßen tun:

```
select extractvalue(xmltype(other_xml), '/*/info[@type = "baseline"]') plan_name
from v$sql_plan
where
sql_id = '<sql_id>' and
child_number = '<child_number>' and
plan_hash_value = '<plan_hash_value>' and
other_xml is not null;
```

Die Funktionen DBMS_XPLAN.DISPLAY, DBMS_XPLAN.DISPLAY_CURSOR, DBMS_XPLAN.DISPLAY_AWR zeigen auch einen Plan-Namen der angewendeten SQL Plan Baseline in einem Explain Plan bzw. in einem Ausführungsplan an. Diese Information ermitteln sie aus der Spalte OTHER_XML der jeweiligen Views.
Man kann einen Plan-Namen der angewendeten SQL Plan Baseline auch direkt in der View V$SQL über die Spalte SQL_PLAN_BASELINE ermitteln.
Weder die View DBA_HIST_SQLSTAT aus dem AWR noch die Tabelle STATS$SQL_SUMMARY aus dem Statspack-Repository haben eine Spalte, die die Informationen über die angewendete SQL Plan Baseline enthält. Das Extrahieren eines Plan-Namens aus der Spalte OTHER_XML der View DBA_HIST_SQL_PLAN ist die einzige Möglichkeit, die angewendete SQL Plan Baseline für eine SQL-Anweisung im AWR zu ermitteln. Da die Tabelle STATS$SQL_PLAN keine Spalte OTHER_XML hat, ist es nicht möglich zu prüfen, ob eine SQL Plan Baseline für eine SQL-Anweisung aus dem Statspack-Repository angewendet wurde.
Peter: „Es ist ziemlich umständlich zu ermitteln, welche Kategorie von Stored Outlines in einer Session oder systemweit benutzt wird. Möglicherweise ist es leichter festzustellen, ob die SQL Plan Baselines angewendet werden?"
Leonid: „Da die SQL Plan Baselines stillschweigend aktiv sind, würde ich Deine Frage umformulieren: Wie kann man feststellen, dass die SQL Plan Baselines deaktiviert sind? Da-

für kann man die Parametereinstellung OPTIMIZER_USE_SQL_PLAN_BASELINES ermitteln."

P.: *„Die Ermittlung einer Parametereinstellung, die für die Datenbankinstanz gilt, stellt kein Problem dar. Wie kann man das aber für eine Session tun? Das würde mich nicht nur in diesem Kontext, sondern auch generell interessieren."*

L.: *„Mit dem Dump modified_parameters. In diesem Dump werden die geänderten Parametereinstellungen angezeigt. Unten findest Du ein Beispiel."*

Diesen Dump kann man mit ORADEBUG z. B. folgendermaßen erzeugen:

```
oradebug setorapid <orapid>
oradebug dump modified_parameters 1
```

Als orapid muss man die PID des jeweiligen Prozesses eingeben. Das Ergebnis findet man in der entsprechenden Trace-Datei (im unteren Beispiel ist der Header entfernt).

```
Received ORADEBUG command (#1) 'dump modified_parameters 1' from process 'Windows thread id:
3700, image: <none>'
DYNAMICALLY MODIFIED PARAMETERS:
  nls_language                = AMERICAN
  nls_territory               = AMERICA
  nls_sort                    = BINARY
  nls_date_language           = AMERICAN
  nls_date_format             = DD-MON-RR
  nls_currency                = $
  nls_numeric_characters      = .,
  nls_iso_currency            = AMERICA
  nls_calendar                = GREGORIAN
  nls_time_format             = HH.MI.SSXFF AM
  nls_timestamp_format        = DD-MON-RR HH.MI.SSXFF AM
  nls_time_tz_format          = HH.MI.SSXFF AM TZR
  nls_timestamp_tz_format     = DD-MON-RR HH.MI.SSXFF AM TZR
  nls_dual_currency           = $
  nls_comp                    = BINARY
  optimizer_use_sql_plan_baselines= FALSE
*** 2012-12-02 16:04:42.861
Finished processing ORADEBUG command (#1) 'dump modified_parameters 1'
```

14.3.4 Transportieren

Das Transportieren der SQL Plan Baselines von einem System in ein anderes erfolgt über die Brückentabelle (staging table). Dafür muss man zunächst diese Tabelle mit der Prozedur DBMS_SPM.CREATE_STGTAB_BASELINE anlegen. Danach die jeweilige SQL Plan Baseline in diese Tabelle mit der Prozedur DBMS_SPM.PACK_STGTAB_BASELINE eintragen. Die gefüllte Tabelle exportieren und die entsprechende Dump-Datei auf die Maschine mit dem Zielsystem übertragen. Danach diese Dump-Datei ins Zielsystem importieren, somit wird die Brückentabelle mit den SQL Plan Baselines im Zielsystem angelegt. Im letzten Schritt muss man die in der Brückentabelle enthaltenen SQL Plan Baselines extrahieren und als SQL Plan Baselines im Zielsystem abspeichern. Das macht die Prozedur DBMS_SPM.UNPACK_STGTAB_BASELINE.

14.3.5 Wo muss man aufpassen?

Genauso wie bei den Stored Outlines ist keine erzwungene Mustersuche (force matching) bei den SQL Plan Baselines vorhanden. Das bedeutet, dass eine SQL Plan Baseline für eine SQL-Anweisung mit Literalen keine Wirkung auf dieselbe SQL-Anweisung mit anderen Literalen zeigt. Aus demselben Grund setzt die Parametereinstellung CURSOR_SHARING <> EXACT so eine SQL Plan Baseline außer Kraft, wenn sie bei der Parametereinstellung CURSOR_SHARING=EXACT angelegt ist. Aber genauso wie bei Stored Outlines wird im Explain Plan fälschlicherweise angezeigt, dass die SQL Plan Baseline weiterhin angewendet wird. Mit dem Skript test_case_sql_plan_baselines.sql kann man das nachvollziehen.

14.3.6 Vergleich der SQL Plan Baselines und Stored Outlines

Es ist sinnvoll, einen kurzen Vergleich zwischen den Stored Outlines und den SQL Plan Baselines zu machen, weil die Stored Outlines durch die SQL Plan Baselines ersetzt werden. In der Tabelle unten werden einige wichtige Features der Stored Outlines and der SQL Plan Baselines und deren Unterschiede aufgelistet.

Feature	Stored Outlines	SQL Plan Baselines
Kategorien	Vorhanden	Nicht vorhanden
Benennung	Man kann einen Namen beim manuellen Anlegen der Stored Outlines vergeben. Beim automatischen Anlegen werden die Namen von Oracle generiert	Die Namen (SQL_HANDLE, PLAN_NAME) werden von Oracle generiert
Limitierungen für den Datenbankbenutzer SYS	Man kann Stored Outlines als Datenbankbenutzer SYS anlegen. Sie werden für SQL-Anweisungen anderer Datenbankbenutzer angewendet. Wenn die jeweilige SQL-Anweisung SYS-Objekte beinhaltet, wird die Stored Outlines nicht angewendet, wenn der Datenbankbenutzer SYS diese SQL-Anweisung selber ausführt	Es gibt keine Limitierungen

Feature	Stored Outlines	SQL Plan Baselines
Anlegen ohne Ausführung der SQL-Anweisung	Da für das Anlegen einer Stored Outline lediglich das Parsing notwendig ist, kann man eine Stored Outline manuell ohne Ausführung der jeweiligen SQL-Anweisung anlegen	Normalerweise muss man die SQL-Anweisung für das Anlegen der SQL Plan Baseline ausführen, weil der jeweilige Ausführungsplan entweder in der SQL-Area oder im AWR vorhanden sein muss. Im Abschn. 14.3.1 ist beschrieben, wie man eine SQL Plan Baseline für den Explain Plan ohne Ausführung der SQL-Anweisung anlegen kann
Wirkung auf rekursive Cursor	In Oracle 10 und 11 ist es möglich, Stored Outlines für rekursive Cursor anzulegen	Es gibt keine Limitierungen
Möglichkeit zu aktivieren in einer separaten Umgebung	Private Outlines wirken innerhalb einer Session	Es ist nicht möglich
Eindeutigkeit des SQL-Textes	Die im Abschn. 5.2 beschriebenen Abweichungen im SQL-Text sind erlaubt. Eines der Kriterien der Anwendung von Stored Outlines sind die identischen Signaturen, welche man mit der Funktion DBMS_OUTLN_EDIT.GENERATE_SIGNATURE berechnen kann	Die im Abschn. 5.2 beschriebenen Abweichungen im SQL-Text sind erlaubt. Eines der Kriterien der Anwendung von SQL Plan Baseline sind die identischen Signaturen (Exact Matching Signature), welche man mit der Funktion DBMS_SQLTUNE.SQLTEXT_TO_SIGNATURE (mit dem Vorgabewert vom Argument FORCE_MATCH) berechnen kann.
Erzwungene Mustersuche (force matching)	Nicht vorhanden	Nicht vorhanden

15
Einige für Performance Tuning wichtige Features in 11g

Wir haben bereits ein paar Features von Oracle 11g besprochen (beispielsweise SQL Monitoring im Abschn. 6.2 oder erweiterte Optimizer Statistics im Abschn. 7.1). In diesem Kapitel besprechen wir weitere Features von Oracle 11g:

- Adaptive Cursor Sharing,
- Cardinality Feedback,
- Serial Direct Path Reads,
- Automatic DOP.

Diese Features habe ich angesichts ihrer Wichtigkeit für Performance Tuning ausgewählt. Ich habe bemerkt, dass einige dieser Features auf gewisse Verständnisschwierigkeiten in DBA-Kreisen gestossen sind.

Leonid: „Peter, kennst Du diese Features?"

Peter: „Einige kenne ich, von den Anderen habe ich etwas gehört."

L.: „Kannst Du beispielsweise sagen, wofür Adaptive Cursor Sharing gut ist? Möglicherweise kannst Du im Großen und Ganzen erläutern, was es ist?"

P.: „Ich bin mir nicht sicher, dass ich das kann."

L.: „Aus welchem Grund?"

P.: „Ich weiß, dass dieses Feature etwas mit Bind Peeking zu tun hat. Mehr aber nicht. Vielleicht war ich nicht aufmerksam genug beim Lesen der Dokumentation. Mag auch sein, dass die Materie zu kompliziert war."

L.: „Du brauchst Dich nicht zu rechtfertigen. Das Beispiel mit Adaptive Cursor Sharing habe ich absichtlich genommen, weil dieses Thema in der Tat nicht einfach ist. Die meisten Datenbankadministratoren können nicht viel mehr als Du über Adaptive Cursor Sharing sagen."

15.1 Adaptive Cursor Sharing

Wir wissen bereits, dass das Konzept von User Bind Peeking in Oracle 9i und 10g den folgenden Nachteil hat: Wenn die ersten Werte der Bind-Variablen, welche Oracle bei User Bind Peeking benutzt, nicht repräsentativ sind, ist der auf deren Basis errechnete Ausführungsplan nicht optimal für die meisten anderen Werte der Bind-Variablen. Dies verursachte oft Performanz-Probleme.

Das Konzept von Adaptive Cursor Sharing (ACS) soll möglichst diesen Nachteil beseitigen.

15.1.1 Grundlegende Idee

Die Grundidee von ACS ist sehr einfach. Nehmen wir das folgende Beispiel.

```
select b from t1 where a = :b1;
```

Angenommen, die Spalte „A" der Tabelle T1 ist nicht eindeutig. Nehmen wir ferner an, der erste Wert von 1 der Bind-Variable B1 ist für diese Spalte selektiv. Wenn die Spalte „A" indiziert ist, benutzt Oracle einen Index Range Scan im Ausführungsplan der oberen SQL-Anweisung. Wenn der nächste Wert von 2 der Bind-Variable B1 etwa so selektiv wie der erste Wert ist, ist es sinnvoll, weiterhin den Index Range Scan einzusetzen. Wenn die Selektivität von 2 aber merkbar schlechter ist (mehr als um 10 %), ist es sinnvoll zu prüfen, ob ein Full Table Scan für diesen Bind-Wert nicht effektiver wäre. Dafür macht Oracle ein hartes Parsing und erzeugt einen neuen Child-Cursor. Bei diesem Parsing werden Histogramme bei der Einschätzung der Selektivität des Prädikates „a = :b1" für den neuen Bind-Wert herangezogen.

Wenn eine SQL-Anweisung mehrere Prädikate mit Bind-Variablen hat, kann man eine ähnliche Prüfung der Selektivität durchführen. In diesem Fall reden wir nicht von einem Bind-Wert, sondern von einem Satz der Bind-Werte. Dementsprechend muss man die Selektivität der einzelnen Prädikate für den neuen Satz der Bind-Werte prüfen. Es ist sinnvoll, die untere und die obere Grenze der Selektivität jedes Prädikats mit Bind-Variablen für diese Prüfung intern abzuspeichern (was Oracle auch macht). Die Ursprungswerte dieser Grenzen unterscheiden sich um ± 10 % von der Selektivität des jeweiligen Prädikats für den ersten Bind-Wert. Wenn alle Selektivitäten der einzelnen Prädikate für den neuen Satz der Bind-Werte in diesen Grenzen liegen, wird der bestehende Cursor auch für diesen Satz der Bind-Werte benutzt. Bei einer Abweichung oder mehreren findet ein hartes Parsing statt.

Das ist die Grundidee vom ACS-Verfahren: Oracle führt User Bind Peeking häufiger durch und benutzt gravierende Unterschiede in der Selektivität der Prädikate als Kriterium dafür. Das ist der Kern vom ACS-Verfahren, der seinen eigenen Namen hat: Extended Cursor Sharing oder ECS.

15.1.2 Überblick über das Verfahren

Da die Berechnung der Selektivität ziemlich aufwendig ist, versucht Oracle diesen Aufwand möglichst im Rahmen zu halten. Dies verkompliziert das Verfahren.

Zunächst werden Cursor ausgefiltert, für die das ECS-Verfahren entweder unmöglich oder zu kostspielig ist. Wenn ein Cursor die jeweiligen Prüfungen übersteht, wird er als „bind sensitive" gekennzeichnet. Die Spalte IS_BIND_SENSITIVE der View V$SQL nimmt in diesem Fall den Wert 'Y' an. Dies bedeutet, dass die jeweilige SQL-Anweisung ein Kandidat für die Anwendung von ECS ist. Der Wert 'N' bedeutet, dass das ECS-Verfahren für den jeweiligen Cursor nicht angewendet wird, alle weiteren Aktivitäten bezüglich ECS werden somit eingestellt.

Kriterien, bei denen das ECS-Verfahren unmöglich ist, sind zum Teil offensichtlich und selbstverständlich:

- keine Bind-Variablen in der jeweiligen SQL-Anweisung vorhanden,
- keine Histogramme für die jeweiligen Tabellenspalten vorhanden,
- das Hint NO_BIND_AWARE in der jeweiligen SQL-Anweisung,
- jeweilige Parametereinstellungen, die das ECS-Verfahren verbieten.

Einige weitere Kriterien dieser Kategorie sind nicht so offensichtlich. Das ECS-Verfahren wird beispielsweise für keine SQL-Anweisungen mit mehr als 8 Bind-Variablen angewendet, weil es zu kostspielig ist. Oracle prüft auch, ob die Prädikate in der SQL-Anweisung für das ECS-Verfahren geeignet sind. Wenn die jeweilige SQL-Anweisung ausschließlich nicht geeignete Prädikate enthält, ist das ECS-Verfahren für sie nicht möglich. Das Prädikat „In-list" gehört zu den Prädikaten dieser Sorte. Das folgende Beispiel illustriert das.

```
SQL> select /* in-list1 &comm */ count(*) from t1 where
  2  a1 in (:b1,:b2);

  COUNT(*)
----------
         2

SQL>
SQL> select is_bind_sensitive, is_bind_aware, sql_text from v$sql where sql_text like 'select
/* in-list1 &comm */%';

IS_BIND_SENSITIVE IS_BIND_AWARE
----------------- -------------
SQL_TEXT
--------------------------------------------------------------------------------
N                 N
select /* in-list1 20130117225844 */ count(*) from t1 where a1 in (:b1,:b2)

SQL>
SQL> select /* in-list2 &comm */ count(*) from t1 where
  2  a1=:b1 or a1=:b2;

  COUNT(*)
----------
         2

SQL>
SQL> select is_bind_sensitive, is_bind_aware, sql_text from v$sql where sql_text like 'select
/* in-list2 &comm */%';

IS_BIND_SENSITIVE IS_BIND_AWARE
----------------- -------------
SQL_TEXT
--------------------------------------------------------------------------------
N                 N
select /* in-list2 20130117225844 */ count(*) from t1 where a1=:b1 or a1=:b2
```

Erst ab 11.2.0.2 ist es möglich, das ECS-Verfahren für Like-Prädikate anzuwenden. Mit dem Skript test_case_adaptive_cursor_sharing_bind_sensitive.sql kann man alle hier angesprochenen Kriterien überprüfen.

Peter: *„Bis jetzt kann ich Dir problemlos folgen. Dieses Thema ist doch nicht so schwierig, wie ich dachte."*

Leonid: *„Das freut mich, Peter. Aber pass auf. Wir nähern uns langsam dem schwierigsten Teil dieses Verfahrens. Bevor es mit ECS richtig zur Sache geht, macht Oracle noch eine Prüfung."*

P.: *„Wofür denn das noch?"*

L.: *„Wie ich bereits erwähnt habe, ist das ECS-Verfahren aufwendig. Diese Prüfung muss feststellen, ob das ECS-Verfahren für den jeweiligen Cursor sinnvoll ist. Wenn ein Cursor etwa gleich performant für unterschiedliche Sätze der Bind-Werte ist, besteht keine Notwendigkeit, dieses kostspielige Verfahren einzusetzen."*

P.: *„Prüft Oracle dafür die Laufzeitstatistiken?"*

L.: *„Nein, wenn Du darunter die Cursor-Statistiken verstehst. Stattdessen werden Kardinalitäten (also die Anzahl der ermittelten Datensätze) aus dem Ausführungsplan miteinander verglichen. Wenn diese Kardinalitäten für die verschiedenen Sätze der Bind-Werte weit* *auseinander liegen, ist es ein Fall für die Anwendung des ECS-Verfahrens. Normalerweise unterscheiden sich auch die jeweiligen Laufzeitstatistiken in diesem Fall gravierend."*

Wenn ein Cursor als „bind sensitive" gekennzeichnet ist, wird das Monitoring der Kardinalitäten für diesen Cursor aktiviert. Die Ergebnisse dieses Monitoring werden in der View V$SQL_CS_HISTOGRAM protokolliert.

```
SQL> desc v$sql_cs_histogram
 Name                                      Null?    Typ
 ----------------------------------------- -------- ----------------------
 ADDRESS                                            RAW(8)
 HASH_VALUE                                         NUMBER
 SQL_ID                                             VARCHAR2(13)
 CHILD_NUMBER                                       NUMBER
 BUCKET_ID                                          NUMBER
 COUNT                                              NUMBER
```

P.: *„Diese View sieht sehr geheimnisvoll aus."*

L.: *„Warum?"*

P.: *„Es ist mir absolut unklar, wie man dort die Information über die Kardinalitäten protokollieren kann."*

L.: *„Keine Geheimnisse, Peter. Es ist sehr einfach. Die Spalte BUCKET_ID kann die Werte von 0, 1, 2 annehmen. Dahinter stecken die folgenden Bereiche der Kardinalitäten:*

0– #rows < 1000,

1–1000 <= #rows < 1000000,

2–#rows >= 1000000, wobei #rows die Anzahl der Datensätze bedeutet. Ich weiß nicht, ob die Spalte BUCKET_ID größere Werte enthalten kann. Zumindest in der Praxis habe ich das nicht beobachtet.

In der Spalte COUNT ist die Anzahl der Ausführungen des Cursors protokolliert."

P.: *„Wie wertet Oracle diese Informationen aus, um die Entscheidung bezüglich ECS zu treffen?"*

L.: *„Wenn die Kardinalitäten bei zwei Ausführungen des jeweiligen Cursors in unterschiedlichen Buckets landen, wendet Oracle das ECS-Verfahren für diesen Cursor an. Solch ein Cursor wird als ‚bind aware' gekennzeichnet. Die Spalte IS_BIND_AWARE der View V$SQL nimmt in diesem Fall den Wert 'Y' an."*

P.: *„Verstehe ich richtig, dass Oracle die Entscheidung bezüglich ECS mindestens nach 2 Ausführungen des jeweiligen Cursors treffen kann?"*

L.: *„Ja, im Prinzip ist das richtig. Die Performanz dieser Ausführungen muss sich dabei gravierend unterscheiden. Man kann aber diese Prüfung mit einem Hint oder mit einer Parametereinstellung überspringen, die weiter in diesem Abschnitt beschrieben sind."*

Die Laufzeitstatistiken sind in der View V$SQL_CS_STATISTICS abgespeichert.

```
SQL> desc v$sql_cs_statistics
Name                                      Null?    Typ
----------------------------------------- -------- ----------------------
ADDRESS                                            RAW(8)
HASH_VALUE                                         NUMBER
SQL_ID                                             VARCHAR2(13)
CHILD_NUMBER                                       NUMBER
BIND_SET_HASH_VALUE                                NUMBER
PEEKED                                             VARCHAR2(1)
EXECUTIONS                                         NUMBER
ROWS_PROCESSED                                     NUMBER
BUFFER_GETS                                        NUMBER
CPU_TIME                                           NUMBER
```

Die Spalte ROWS_PROCESSED enthält den Wert der jeweiligen Kardinalität. Für das ECS-Verfahren wird die View V$SQL_CS_SELECTIVITY benutzt. Dort werden die Selektivitäten der Prädikate protokolliert.

```
SQL> desc v$sql_cs_selectivity
Name                                      Null?    Typ
----------------------------------------- -------- ----------------------
ADDRESS                                            RAW(8)
HASH_VALUE                                         NUMBER
SQL_ID                                             VARCHAR2(13)
CHILD_NUMBER                                       NUMBER
PREDICATE                                          VARCHAR2(40)
RANGE_ID                                           NUMBER
LOW                                                VARCHAR2(10)
HIGH                                               VARCHAR2(10)
```

Diese View ist erst dann mit den Daten gefüllt, wenn der Cursor als „bind aware" anerkannt ist. In den Spalten LOW und HIGH sind die untere und die obere Grenze der Selektivität abgespeichert. Die Bedeutung der Spalte RANGE_ID dieser View ist im nächsten Abschnitt geklärt.

Um den Überblick über das ACS-Verfahren abzuschließen, bleibt uns noch die Beschreibung der zwei Hints und der 3 Parameter.

Mit dem Hint BIND_AWARE kann man das ECS-Verfahren für den jeweiligen Cursor sofort aktivieren. Das Hint NO_BIND_AWARE verbietet die Anwendung des ECS.

Der Parameter _OPTIMIZER_EXTENDED_CURSOR_SHARING_REL steuert die Anwendung von ECS für die Standard-Prädikate (wie z. B. „=", „<", LIKE, etc.). Der Wert „NONE" setzt ECS für solche Prädikate außer Kraft. Mit dem Wert „SIMPLE" wird das ECS-Verfahren erlaubt (was stillschweigend der Fall ist).

Der Parameter _OPTIMIZER_EXTENDED_CURSOR_SHARING steuert die Anwendung von ECS für benutzerdefinierte Operatoren. Der Wert „NONE" verbietet ECS für solche Prädikate, der Wert „UDO" erlaubt es. Stillschweigend ist das ECS-Verfahren für benutzerdefinierte Operatoren erlaubt.

Es gibt noch den Parameter _OPTIMIZER_ADAPTIVE_CURSOR_SHARING, der für ECS relevant ist. Den Namen dieses Parameters finde ich etwas verwirrend. Man kann denken, dass der Wert „FALSE" das ACS-Verfahren verbietet (und der Wert „TRUE" erlaubt). In der Tat bewirkt der Wert „FALSE" aber etwas anderes. Bei diesem Wert werden Cursor, für die das ECS-Verfahren anwendbar ist, sofort als „bind aware" anerkannt (also ohne Monitoring der Kardinalitäten). Dies kann man auch mit dem Skript test_case_adaptive_cursor_sharing_bind_sensitive.sql nachvollziehen.

Die Parametereinstellung CURSOR_SHARING=SIMILAR, welche bei Oracle für ähnliche Zwecke wie ECS eingeführt wurde (s. im Kap. 11), setzt das ECS-Verfahren für SQL-Anweisungen mit Literalen außer Kraft und soll aus diesem Grund nicht gebraucht werden. Es war so mindestens bis einschließlich Oracle Release 11.2.0.1. Bei meiner Testdatenbank von Oracle 11.2.0.3 merke ich, dass die Parametereinstellungen CURSOR_SHARING=SIMILAR und CURSOR_SHARING=FORCE gleich bedeutend sind. Im MOS habe ich keine Informationen darüber gefunden.

15.1.3 Vertiefung in das Thema

In diesem Abschnitt werfen wir einen tieferen Blick auf das ACS-Verfahren. Im vorigen Abschnitt ist das ACS-Verfahren nur im Wesentlichen beschrieben, weil dieses Verfahren sehr umfangreich ist. Mein Ziel dort war, das ACS-Verfahren möglichst verständlich zu vermitteln.

Ich merke, dass Peter einige Fragen zu dem ACS-Verfahren hat. Am Anfang dieses Abschnitts versuche ich seine Fragen zu beantworten. Danach werde ich einige im vorigen Abschnitt angesprochene Details beschreiben. Der Rest dieses Abschnitts ist den Einzelheiten des ECS-Verfahrens gewidmet.

Leonid: „Peter, kommst Du jetzt klar mit Adaptive Cursor Sharing?"

Peter: „Es sieht damit wesentlich besser als früher aus. Ich habe nicht ganz verstanden, welche Kardinalitäten beim Monitoring protokolliert werden. Es ist doch nicht die Anzahl der Datensätze in der Ergebnistreffermenge?"

L.: „Natürlich nicht. Oracle zählt die Kardinalitäten der einzelnen Ausführungsplanschritte zusammen. Am besten zeige ich das an einem Beispiel."

Für dieses Beispiel legen wir 2 Tabellen so an, dass ein Join bei unterschiedlichen Werten einer Bind-Variablen immer 2 Datensätze zurückliefert, die Kardinalitäten der Ausführungsplanschritte unterscheiden sich dabei aber gravierend.

```
SQL> create table t1 (a number, b number, c number);
Table created.
SQL> create table t2 (a number, b number, d number);
Table created.
SQL> insert into t1 select 1, level, level + 1000 from dual connect by level <= 100000;
100000 rows created.
SQL>
SQL> insert into t1 select 2,2,2 from dual;
1 row created.
SQL>
SQL> insert into t2 select 1,2,2 from dual;
1 row created.
SQL>
SQL> insert into t2 select 2,2,2 from dual;
1 row created.
SQL>
SQL> create index i_t1 on t1 (a);
Index created.
SQL> exec dbms_stats.gather_table_stats(user, 'T1', method_opt=>'FOR ALL COLUMNS size 254')
PL/SQL procedure successfully completed.
SQL>
SQL> exec dbms_stats.gather_table_stats(user, 'T2', method_opt=>'FOR ALL COLUMNS size 254')
PL/SQL procedure successfully completed.
```

Jetzt führen wir das Select-Kommando mit dem Wert 1 der Bind-Variablen B1 aus.

15.1 Adaptive Cursor Sharing

```
SQL> select t1.* from t1, t2 where t1.b = t2.b and t1.a = :b1;

         A          B          C
---------- ---------- ----------
         1          2       1002
         1          2       1002

SQL>
SQL> select plan_table_output from table (sys.dbms_xplan.display_cursor('','','ADVANCED
ALLSTATS LAST'));

PLAN_TABLE_OUTPUT
-------------------------------------------------------------------------------------------
-------------------------------------------------------------------------------------------
-----------------
SQL_ID  gsvnmzy2qufa1, child number 0
-------------------------------------
select t1.* from t1, t2 where t1.b = t2.b and t1.a = :b1

Plan hash value: 2959412835

-------------------------------------------------------------------------------------------
-------------------------------
| Id  | Operation          | Name | Starts | E-Rows |E-Bytes| Cost (%CPU)| E-Time     | A-Rows |
A-Time   | Buffers |  OMem |  1Mem | Used-Mem |
-------------------------------------------------------------------------------------------
-------------------------------
|   0 | SELECT STATEMENT   |      |      1 |        |       |    73 (100)|            |      2
|00:00:01.01 |     253 |       |       |          |
|*  1 |  HASH JOIN         |      |      1 |      2 |    32 |    73   (3)| 00:00:01   |      2
|00:00:01.01 |     253 | 1066K| 1066K|  413K (0)|
|   2 |   TABLE ACCESS FULL| T2   |      1 |      2 |     6 |     2   (0)| 00:00:01   |      2
|00:00:00.01 |       2 |       |       |          |
|*  3 |   TABLE ACCESS FULL| T1   |      1 |  99983 |  1269K|    70   (2)| 00:00:01   |
100K|00:00:00.24 |     251 |       |       |          |
-------------------------------------------------------------------------------------------
-------------------------------
```

Die Kardinalität des 3. Schrittes des Ausführungsplans beträgt 100 K. Führen wir dasselbe Select-Kommando mit dem Bind-Wert 2 aus.

```
SQL> select t1.* from t1, t2 where t1.b = t2.b and t1.a = :b1;

         A          B          C
---------- ---------- ----------
         2          2          2
         2          2          2

SQL>
SQL> select plan_table_output from table (sys.dbms_xplan.display_cursor('','','ADVANCED
ALLSTATS LAST'));

PLAN_TABLE_OUTPUT
--------------------------------------------------------------------------------------- ---
---------------------------------------------------------------------------------------
---------------------------------------------------------------------------------------
------------------
SQL_ID  gsvnmzy2qufa1, child number 0
-------------------------------------
select t1.* from t1, t2 where t1.b = t2.b and t1.a = :b1

Plan hash value: 2959412835

---------------------------------------------------------------------------------------
-------------------------------------------------
| Id  | Operation          | Name | Starts | E-Rows |E-Bytes| Cost (%CPU)| E-Time     | A-Rows |
A-Time   | Buffers | OMem |  1Mem | Used-Mem |
---------------------------------------------------------------------------------------
-------------------------------------------------
|   0 | SELECT STATEMENT   |      |      1 |        |       |    73 (100)|            |      2 |
|00:00:00.01 |     252 |      |       |          |
|*  1 |  HASH JOIN         |      |      1 |      2 |    32 |    73   (3)| 00:00:01   |      2 |
|00:00:00.01 |     252 | 1066K| 1066K|  362K (0)|
|   2 |   TABLE ACCESS FULL| T2   |      1 |      2 |     6 |     2   (0)| 00:00:01   |      2 |
|00:00:00.01 |       2 |      |       |          |
|*  3 |   TABLE ACCESS FULL| T1   |      1 |  99983 | 1269K|    70   (2)| 00:00:01   |      1 |
|00:00:00.01 |     250 |      |       |          |
---------------------------------------------------------------------------------------
-------------------------------------------------
```

Wie bei der 1. Ausführung werden wieder 2 Datensätze selektiert. Diesmal liefert aber der 3. Schritt des Ausführungsplans lediglich 1 Datensatz zurück. Oracle merkt das in der View V$SQL_CS_HISTOGRAM.

```
CHILD_NUMBER  BUCKET_ID ROWS_RANGE              COUNT EXECUTIONS
------------ ---------- ----------------------- ---------- ---------------------------------
------------------
           0          0 #rows < 1000                    1 #executions = 1
           0          1 1000 <= #rows < 1000000         1 #executions = 1
           0          2 #rows >= 1000000                0 #executions = 0
```

Wenn wir die letzte Ausführung wiederholen, aktiviert Oracle das ECS-Verfahren (weil die Ergebnisse der ersten 2 Ausführungen in den unterschiedlichen Buckets landen), macht ein hartes Parsing für den Bind-Wert 2 und kommt an den neuen Ausführungsplan mit einem Index Range Scan.

15.1 Adaptive Cursor Sharing

```
Plan hash value: 746658112

---------------------------------------------------------------------------------
| Id  | Operation                    | Name  | Starts | E -Rows |E-Bytes| Cost (%CPU)| E-Time
| A-Rows |    A-Time     | Buffers  | OMem  | 1Mem  | Used -Mem |
---------------------------------------------------------------------------------
|   0 | SELECT STATEMENT             |       |        |    1    |       |     5 (100)|
|     2 |00:00:00.01  |      5  |       |       |           |
|*  1 |  HASH JOIN                   |       |        |    1    |    2  |     5  (20)| 00:00:01
|     2 |00:00:00.01  |      5  |  909K |  909K | 328K  (0) |
|   2 |   TABLE ACCESS FULL          | T2    |        |    1    |    2  |    18  |     2  (0) | 00:00:01
|     2 |00:00:00.01  |      2  |       |       |           |
|   3 |   TABLE ACCESS BY INDEX ROWID| T1    |        |    1    |   18  |   234  |     2  (0) | 00:00:01
|     1 |00:00:00.01  |      3  |       |       |           |
|*  4 |    INDEX RANGE SCAN          | I_T1  |        |    1    |   18  |        |     1  (0) | 00:00:01
|     1 |00:00:00.01  |      2  |       |       |           |
---------------------------------------------------------------------------------
```

Mit dem Skript test_case_adaptive_cursor_sharing_rows_processed.sql kann man dieses Beispiel mit allen Details durchspielen.

P.: „Wird das ACS-Verfahren für die Cursor aus dem Session Cursor Cache angewendet?"

L: „Das ist eine sehr gute Frage, Peter. Man könnte denken, dass Oracle solche Cursor ohne jegliche Prüfung immer wieder verwendet. In der Tat wird das ACS-Verfahren auch bei den Cursorn aus dem Session Cursor Cache angewendet."

P.: „Das ACS-Verfahren führt im Allgemeinen zu einer größeren Anzahl der Child Cursor. Kann das Performanz-Probleme verursachen?"

L.: „Normalerweise nicht. Sollte es doch zu einem Performanz-Problem kommen, kann man das ECS-Verfahren abschalten. Dies kann man für das ganze System, für eine Session oder für eine SQL-Anweisung tun."

P.: „Wird das ACS-Verfahren für eine SQL-Anweisung mit Hints angewendet?"

L.: „Die Optimizer Hints hindern die Anwendung von ACS nicht. Mit dem Skript test_case_adaptive_cursor_sharing_hint.sql kannst Du das überprüfen. Anders sieht es mit den Outlines aus. Outlines in einer SQL-Anweisung schalten das ACS-Verfahren für diese SQL-Anweisung aus. Das Skript test_case_adaptive_cursor_sharing_outline.sql demonstriert das. Hast Du noch Fragen?"

P.: „Im Moment keine."

L.: „Dann fahren wir mit dem ACS- bzw. mit dem ECS-Verfahren fort."

Ein wichtiges Detail dieses Verfahrens wurde noch gar nicht angesprochen. Angenommen, die Selektivitäten der Prädikate für den neuen Satz der Bind-Werte liegen außerhalb der Selektivitätsgrenzen eines bestehenden Cursors. In diesem Fall macht Oracle ein hartes Parsing und benutzt beim Erstellen des Ausführungsplans den neuen Satz der Bind-Werte. Wenn der neue Ausführungsplan sich von dem bestehenden unterscheidet, wird ein neuer Cursor angelegt. Diese beiden Cursor können bei künftigen Parse Calls benutzt werden (die Spalte IS_SHAREABLE der View V$SQL hat für diese beiden Cursor den Wert 'Y').

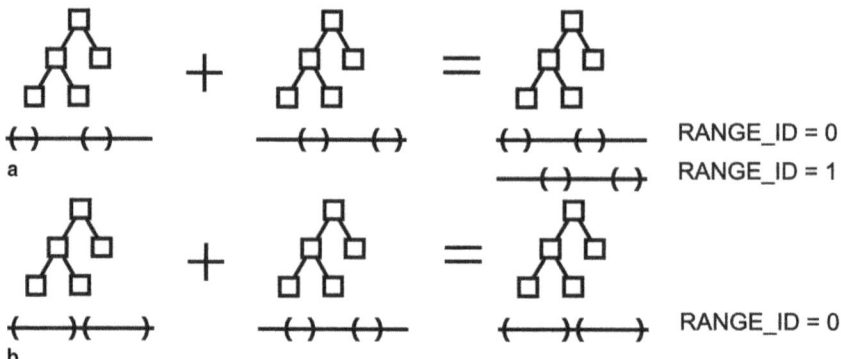

Abb. 15.1 Zusammenführung der Cursor bei ECS

Wenn der neue Ausführungsplan mit dem bestehenden identisch ist, hat Oracle theoretisch die folgenden 2 Möglichkeiten:

- entweder genauso wie im ersten Fall zu handeln oder
- die beiden Cursor zusammenzuführen. In diesem Fall wird ein neuer Cursor angelegt, die Selektivitätsgrenzen des alten und des neuen Cursors werden zusammengeführt (dabei können diese Grenzen geändert werden) und diesem neuen Cursor zugeordnet. Der alte Cursor wird dann nicht mehr für die künftigen Parse Calls benutzt (die Spalte IS_SHAREABLE der View V$SQL nimmt in diesem Fall den Wert 'N' an).

Oracle hat die zweite Möglichkeit realisiert. Wenn die Selektivitätsgrenzen sich nicht zusammenführen lassen, werden sie separat dem neuen Cursor zugeordnet. So entstehen die Range Ids in der View V$SQL_CS_SELECTIVITY. Die Selektivitätsgrenzen werden durchnummeriert, und die jeweiligen Nummern werden in der Spalte RANGE_ID abgespeichert. In unserem Beispiel mit 2 Cursorn entstehen lediglich 2 Range Ids: 0 und 1. Wenn die jeweiligen Cursor weiter zusammengeführt werden, können größere Range Ids entstehen. Die Zusammenführung der Cursor bei ECS ist in Abb. 15.1 dargestellt.

Zu dem ACS-Verfahren habe ich noch 2 Skripte vorbereitet: test_case_adaptive_cursor_sharing.sql und test_case_adaptive_cursor_sharing_cs.sql. Diese Skripte demonstrieren, wie das ACS-Verfahren für eine SQL-Anweisung mit einem Prädikat funktioniert. Mit dem ersten Skript kann man die folgenden Stufen bzw. Einzelheiten dieses Verfahrens nachvollziehen:

- Prüfung, dass der jeweilige Cursor „bind sensitive" ist,
- Monitoring der Kardinalitäten,
- Berechnung der Selektivitätsgrenzen,
- Zusammenführung der Cursor bzw. der Selektivitätsgrenzen.

Die im Skript vorhandenen Parametereinstellungen kann man ändern und die Wirkung dieser Änderungen nachvollziehen.

15.1 Adaptive Cursor Sharing

Das zweite Skript test_case_adaptive_cursor_sharing_cs.sql basiert auf dem ersten. Dort ist dasselbe Ablaufschema realisiert. Der Unterschied zwischen den beiden Skripten besteht darin, dass das zweite Skript ein Literal statt der Bind-Variablen in der SQL-Anweisung hat. Dieses Skript zeigt, wie das ACS-Verfahren bei Parametereinstellungen CURSOR_SHARING<>EXACT funktioniert. Interessanterweise liefert dieses Skript dieselben Ergebnisse bei Oracle 11.2.0.3 für die Parametereinstellungen CURSOR_SHARING=FORCE und CURSOR_SHARING=SIMILAR.

Ein Beispiel mit mehreren Range Ids in der View V$SQL_CS_SELECTIVITY habe ich bei einem produktiven System gefunden. Zunächst habe ich dort nach SQL-Anweisungen gesucht, welche für das ECS-Verfahren geignet sind und mehrere Cursor haben.

```
SQL> select * from (select sql_id, count(*) from v$sql where is_bind_aware = 'Y' and
is_obsolete = 'N' group by sql_id order by 2 desc) where rownum <= 10;

SQL_ID          COUNT(*)
-------------   --------
09kbc9r4bz04g         10
4bff8gay6wuvm          8
42xh3gvxtj2wc          8
44r97a5xzc5rc          7
fryd1k612pk2q          7
d184y4zxuy9zg          6
g6spaj0aufug7          6
481brtry3qdas          6
51hyas7kdg8cm          5
aq7mwr87q8dpu          5

10 rows selected.
```

Aus dieser Liste habe ich einen Cursor ausgewählt, welcher einige Child-Cursor mit demselben Ausführungsplan hat.

```
SQL> select is_bind_sensitive,is_bind_aware,is_shareable, child_number,plan_hash_value from
v$sql where sql_id='d184y4zxuy9zg' order by address, child_number;

I I I CHILD_NUMBER PLAN_HASH_VALUE
- - - ------------ ---------------
Y N N            0      3194900243
Y Y N            1      2598372976
Y Y N            2      2598372976
Y Y N            3      2598372976
Y Y N            4      2598372976
Y Y Y            5      2598372976
Y Y Y            6      3194900243

7 rows selected.
```

Die Child-Cursor mit den Nummern von 1 bis 5 könnten unterschiedliche Range Ids haben, weil sie wahrscheinlich zusammengeführt wurden. Dies habe ich folgendermaßen geprüft.

```
SQL> set linesize 1000
SQL> select * from v$sql_cs_selectivity where sql_id='d184y4zxuy9zg' order by child_number,
range_id, predicate;
...
ADDRESS            HASH_VALUE SQL_ID          CHILD_NUMBER PREDICATE
RANGE_ID LOW        HIGH
---------------- ---------- ------------- ------------ --------------------------------------
---------- ---------- ----------
...
070000092B90D7B0 4222560239 d184y4zxuy9zg            5 <=4
       0 0.894094    1.092782
070000092B90D7B0 4222560239 d184y4zxuy9zg            5 =2
       0 0.066569    0.081362
070000092B90D7B0 4222560239 d184y4zxuy9zg            5 =8
       0 0.899918    1.099900
070000092B90D7B0 4222560239 d184y4zxuy9zg            5 >=1
       0 0.037795    0.046194
070000092B90D7B0 4222560239 d184y4zxuy9zg            5 >=1
       0 0.059138    0.072280
070000092B90D7B0 4222560239 d184y4zxuy9zg            5 >=3
       0 0.900000    1.100000
070000092B90D7B0 4222560239 d184y4zxuy9zg            5 <=4
       1 0.894094    1.092782

ADDRESS            HASH_VALUE SQL_ID          CHILD_NUMBER PREDICATE
RANGE_ID LOW        HIGH
---------------- ---------- ------------- ------------ --------------------------------------
---------- ---------- ----------
070000092B90D7B0 4222560239 d184y4zxuy9zg            5 =2
       1 0.009722    0.011882
070000092B90D7B0 4222560239 d184y4zxuy9zg            5 =8
       1 0.899918    1.099900
070000092B90D7B0 4222560239 d184y4zxuy9zg            5 >=1
       1 0.073584    0.089936
070000092B90D7B0 4222560239 d184y4zxuy9zg            5 >=1
       1 0.115079    0.140652
070000092B90D7B0 4222560239 d184y4zxuy9zg            5 >=3
       1 0.900000    1.100000
070000092B90D7B0 4222560239 d184y4zxuy9zg            5 <=4
       2 0.894094    1.092782
070000092B90D7B0 4222560239 d184y4zxuy9zg            5 =2
       2 0.032296    0.052765
070000092B90D7B0 4222560239 d184y4zxuy9zg            5 =8
       2 0.899918    1.099900
070000092B90D7B0 4222560239 d184y4zxuy9zg            5 >=1
       2 0.059797    0.073310
070000092B90D7B0 4222560239 d184y4zxuy9zg            5 >=1
       2 0.038216    0.046853
070000092B90D7B0 4222560239 d184y4zxuy9zg            5 >=3
       2 0.900000    1.100000

ADDRESS            HASH_VALUE SQL_ID          CHILD_NUMBER PREDICATE
RANGE_ID LOW        HIGH
---------------- ---------- ------------- ------------ --------------------------------------
---------- ---------- ----------
070000092B90D7B0 4222560239 d184y4zxuy9zg            5 <=4
       3 0.894094    1.092782
070000092B90D7B0 4222560239 d184y4zxuy9zg            5 =2
       3 0.018784    0.022959
070000092B90D7B0 4222560239 d184y4zxuy9zg            5 =8
       3 0.899918    1.099900
070000092B90D7B0 4222560239 d184y4zxuy9zg            5 >=1
       3 0.037896    0.046317
070000092B90D7B0 4222560239 d184y4zxuy9zg            5 >=1
       3 0.059296    0.072473
070000092B90D7B0 4222560239 d184y4zxuy9zg            5 >=3
       3 0.900000    1.100000
...
```

Der Child Cursor mit der Nummer 5 hat 4 Range Ids (von 0 bis 3), weil Oracle die jeweiligen Selektivitätsgrenzen nicht zusammenführen konnte. Ich präsentiere absichtlich keine Beispiele, welche zeigen, wie Oracle solche Zusammenführung macht, weil es meiner Meinung nach für die Praxis nicht sehr wichtig ist.

15.2 Cardinality Feedback

Die richtige Einschätzung der Kardinalität beim Erstellen des Ausführungsplans ist sehr wichtig für seine Qualität. In einigen Situationen kann diese Einschätzung aber für Oracle problematisch sein (normalerweise, wenn Oracle die Kardinalität nicht direkt berechnen kann und einige Annahmen dafür braucht). Gerade in solchen Fällen muss Cardinality Feedback (CFB) helfen. Wenn beispielsweise die Where-Klausel einer SQL-Anweisung mehrere Prädikate mit verschiedenen Spalten einer Tabelle enthält, wird das CFB verwendet, falls keine erweiterten Statistiken (extended statistics) für die jeweiligen Spalten vorhanden sind. Eine Tabelle ohne Optimizer-Statistiken wäre auch ein Fall für das CFB.

Peter: „Was hindert uns, die Optimizer-Statistiken für alle Tabellen zu erstellen?"

Leonid: „Normalerweise nichts. Es ist aber problematisch, die erweiterten Statistiken für alle möglichen Where-Klauseln zu berechnen. Außerdem gibt es Tabellen, für die keine Optimizer-Statistiken zu erstellen sind."

P.: „Meinst Du temporäre Tabellen?"

L.: „Eigentlich nicht. Es ist möglich, Optimizer-Statistiken für temporäre Tabellen mit der Klausel ,ON COMMIT PRESERVE ROWS' zu erstellen. Für die Tabellen mit der Klausel ,ON COMMIT DELETE ROWS' kann man Optimizer-Statistiken setzen. Statistiken gibt es dann nur einmal für alle Datenfüllungen der jeweiligen temporären Tabelle. Aus diesem Grund ist es nicht immer sinnvoll, eine temporäre Tabelle mit Optimizer-Statistiken zu besorgen. Aber in jedem Fall ist es möglich. Nein, ich habe die Collections gemeint. Man kann den Optimizer über die Kardinalität einer Collection lediglich informieren (beispielsweise mit dem nicht dokumentierten Hint CARDINALITY)."

Beim CFB verwendet Oracle die bei der ersten Ausführung des jeweiligen Cursors ermittelte Kardinalität zur Optimierung des Ausführungsplans für die nächsten Ausführungen dieses Cursors. CFB ermittelt Kardinalität für einzelne Tabellen (also keine Kardinalität für Joins). Dieses Feature lässt sich mit der Parametereinstellung _OPTIMIZER_USE_FEEDBACK=FALSE ausschalten. Stillschweigend hat dieser Parameter den Wert TRUE, somit ist das CFB aktiviert. Das Hint OPT_PARAM('_OPTIMIZER_USE_FEEDBACK' 'FALSE') schaltet das CFB für eine SQL-Anweisung aus.

Die Information über die Anwendung des CFB ist in der Spalte OTHER_XML abgespeichert, die im Abschn. 6.1.4 beschrieben ist. Die Funktionen DBMS_XPLAN.DISPLAY_CURSOR oder DBMS_XPLAN.DISPLAY_AWR ermitteln die Anwendung des CFB aus der gerade erwähnten Spalte der View V$SQL_PLAN bzw. DBA_HIST_SQL_PLAN.

In ähnlichen Fällen, für welche Oracle das CFB benutzt, können auch Dynamic Sampling oder erweiterte Statistiken eingesetzt werden.

P.: „Wie entscheidet Oracle, was angewendet wird?"
L.: „Dynamic Sampling wird normalerweise bevorzugt, wenn er eingesetzt werden kann."
P.: „Wird das CFB angewendet, wenn die Optimizer-Statistiken für eine Tabelle nicht mehr stimmen?"
L.: „Wenn die bei der Ausführung eines Cursors ermittelte Kardinalität stark von der geschätzten Kardinalität abweicht, wird das CFB angewendet, und diese ermittelte Kardinalität wird bei der Berechnung des neuen Ausführungsplans benutzt. Deine Frage kann ich also mit ‚Ja' beantworten. Laut dem MOS kann Oracle das CFB bei Ausführung einer SQL-Anweisung mehrmals einsetzen. Ich muss aber gestehen, dass ich mit keinem Test-Case das nachvollziehen konnte."

An dem folgenden Beispiel werden einige Besonderheiten des CFB illustriert. Für dieses Beispiel wird eine Tabelle angelegt, mit einem Tabellensatz gefüllt und in diesem Zustand analysiert. Danach werden die restlichen Daten eingetragen, so dass die Optimizer-Statistiken nicht mehr stimmen.

```
SQL> create table t1 (a number, b number, c number);
Table created.
SQL> insert into t1 values (0,0,0);
1 row created.
SQL> create index i_t1 on t1(a);
Index created.
SQL> exec dbms_stats.gather_table_stats(user,'T1',method_opt=>'for all columns size 3')
PL/SQL procedure successfully completed.
SQL> insert into t1 select level, level + 100, mod(level, 30) from dual connect by level <= 10000;
10000 rows created.
SQL> insert into t1 select 150, mod(level, 10), mod(level, 10) from dual connect by level <= 1000;
1000 rows created.
SQL> commit;
Commit complete.
```

Danach wird eine SQL-Anweisung zweimal ausgeführt, um zu prüfen, ob das CFB angewendet wird.

15.2 Cardinality Feedback

```
SQL> select count(*) from t1 where t1.a = 150 and t1.b = 4;

  COUNT(*)
----------
       100

SQL> select plan_table_output from table (sys.dbms_xplan.display_cursor);

PLAN_TABLE_OUTPUT
--------------------------------------------------------------------------------
--------------------------------------------------------------------------------
--------------------------------------------------------------------------------
--------
SQL_ID  bsfua0m0hdtxr, child number 0
-------------------------------------
select count(*) from t1 where t1.a = 150 and t1.b = 4

Plan hash value: 720960414

---------------------------------------------------------------------------------
| Id  | Operation                    | Name | Rows  | Bytes | Cost (%CPU)| Time     |
---------------------------------------------------------------------------------
|   0 | SELECT STATEMENT             |      |       |       |     2 (100)|          |
|   1 |  SORT AGGREGATE              |      |     1 |     4 |            |          |
|*  2 |   TABLE ACCESS BY INDEX ROWID| T1   |     1 |     4 |     2   (0)| 00:00:01 |
|*  3 |    INDEX RANGE SCAN          | I_T1 |     1 |       |     1   (0)| 00:00:01 |
---------------------------------------------------------------------------------

Predicate Information (identified by operation id):
---------------------------------------------------

   2 - filter("T1"."B"=4)
   3 - access("T1"."A"=150)

21 rows selected.

SQL> select count(*) from t1 where t1.a = 150 and t1.b = 4;

  COUNT(*)
----------
       100

SQL> select plan_table_output from table (sys.dbms_xplan.display_cursor);

PLAN_TABLE_OUTPUT
--------------------------------------------------------------------------------
--------------------------------------------------------------------------------
--------------------------------------------------------------------------------
--------
SQL_ID  bsfua0m0hdtxr, child number 1
-------------------------------------
select count(*) from t1 where t1.a = 150 and t1.b = 4

Plan hash value: 720960414

---------------------------------------------------------------------------------
| Id  | Operation                    | Name | Rows  | Bytes | Cost (%CPU)| Time     |
---------------------------------------------------------------------------------
|   0 | SELECT STATEMENT             |      |       |       |     2 (100)|          |
|   1 |  SORT AGGREGATE              |      |     1 |     4 |            |          |
|*  2 |   TABLE ACCESS BY INDEX ROWID| T1   |   100 |   400 |     2   (0)| 00:00:01 |
|*  3 |    INDEX RANGE SCAN          | I_T1 |     1 |       |     1   (0)| 00:00:01 |
---------------------------------------------------------------------------------

Predicate Information (identified by operation id):
---------------------------------------------------

   2 - filter("T1"."B"=4)
   3 - access("T1"."A"=150)

Note
-----
   - cardinality feedback used for this statement

25 rows selected.
```

Bei der ersten Ausführung der SQL-Anweisung merkt Oracle, dass die im Ausführungsplanschritt 2 geschätzte Kardinalität stark von der tatsächlichen abweicht. Aus diesem Grund wird die bei der ersten Ausführung ermittelte Kardinalität für den Ausführungsplan der zweiten Ausführung benutzt.

Wenn wir die Optimizer-Statistiken löschen, wird Dynamic Sampling mit dem Level 2 statt des CFB angewendet.

```
SQL> exec dbms_stats.delete_table_stats(user,'T1', no_invalidate=>false)
PL/SQL procedure successfully completed.
SQL> select count(*) from t1 where t1.a = 150 and t1.b = 4;
  COUNT(*)
----------
       100
SQL> select plan_table_output from table (sys.dbms_xplan.display_cursor);
PLAN_TABLE_OUTPUT
--------------------------------------------------------------------------------
--------------------------------------------------------------------------------
------------------
SQL_ID  bsfua0m0hdtxr, child number 0
-------------------------------------
select count(*) from t1 where t1.a = 150 and t1.b = 4

Plan hash value: 3724264953

---------------------------------------------------------------------------
| Id  | Operation          | Name | Rows  | Bytes | Cost (%CPU)| Time     |
---------------------------------------------------------------------------
|   0 | SELECT STATEMENT   |      |       |       |     9 (100)|          |
|   1 |  SORT AGGREGATE    |      |     1 |    26 |            |          |
|*  2 |   TABLE ACCESS FULL| T1   |   100 |  2600 |     9   (0)| 00:00:01 |
---------------------------------------------------------------------------

Predicate Information (identified by operation id):
---------------------------------------------------

   2 - filter(("T1"."A"=150 AND "T1"."B"=4))

Note
-----
   - dynamic sampling used for this statement (level=2)

23 rows selected.
SQL> select count(*) from t1 where t1.a = 150 and t1.b = 4;
  COUNT(*)
----------
       100
SQL> select plan_table_output from table (sys.dbms_xplan.display_cursor);
PLAN_TABLE_OUTPUT
--------------------------------------------------------------------------------
--------------------------------------------------------------------------------
------------------SQL_ID  bsfua0m0hdtxr, child number 0
-------------------------------------
select count(*) from t1 where t1.a = 150 and t1.b = 4

Plan hash value: 3724264953

---------------------------------------------------------------------------
| Id  | Operation          | Name | Rows  | Bytes | Cost (%CPU)| Time     |
---------------------------------------------------------------------------
|   0 | SELECT STATEMENT   |      |       |       |     9 (100)|          |
|   1 |  SORT AGGREGATE    |      |     1 |    26 |            |          |
|*  2 |   TABLE ACCESS FULL| T1   |   100 |  2600 |     9   (0)| 00:00:01 |
---------------------------------------------------------------------------
Predicate Information (identified by operation id):
---------------------------------------------------

   2 - filter(("T1"."A"=150 AND "T1"."B"=4))

Note
-----
   - dynamic sampling used for this statement (level=2)

23 rows selected.
```

15.2 Cardinality Feedback

Prüfen wir jetzt, wie das CFB für SQL-Anweisungen mit dem Hint CARDINALITY funktioniert.

```
SQL> select /*+ cardinality(t1 10) */ count(*) from t1 where t1.a = 150 and t1.b = 4;

  COUNT(*)
----------
       100

SQL> select plan_table_output from table (sys.dbms_xplan.display_cursor);

PLAN_TABLE_OUTPUT
--------------------------------------------------------------------------------------
--------------------------------------------------------------------------------------
--------------------------------------------------------------------------------------
------------------
SQL_ID  cfunuapqs7g88, child number 0
-------------------------------------
select /*+ cardinality(t1 10) */ count(*) from t1 where t1.a = 150 and
t1.b = 4

Plan hash value: 720960414

-------------------------------------------------------------------------------------
| Id  | Operation                    | Name  | Rows  | Bytes | Cost (%CPU)| Time     |
-------------------------------------------------------------------------------------
|   0 | SELECT STATEMENT             |       |       |       |     5 (100)|          |
|   1 |  SORT AGGREGATE              |       |     1 |    26 |            |          |
|*  2 |   TABLE ACCESS BY INDEX ROWID| T1    |    10 |   260 |     5   (0)| 00:00:01 |
|*  3 |    INDEX RANGE SCAN          | I_T1  |     9 |       |     1   (0)| 00:00:01 |
-------------------------------------------------------------------------------------

Predicate Information (identified by operation id):
---------------------------------------------------

   2 - filter("T1"."B"=4)
   3 - access("T1"."A"=150)

22 rows selected.

SQL> select /*+ cardinality(t1 10) */ count(*) from t1 where t1.a = 150 and t1.b = 4;

  COUNT(*)
----------
       100

SQL> select plan_table_output from table (sys.dbms_xplan.display_cursor);

PLAN_TABLE_OUTPUT
--------------------------------------------------------------------------------------
--------------------------------------------------------------------------------------
--------------------------------------------------------------------------------------
------------------SQL_ID  cfunuapqs7g88, child number 1
-------------------------------------
select /*+ cardinality(t1 10) */ count(*) from t1 where t1.a = 150 and
t1.b = 4

Plan hash value: 3724264953

-----------------------------------------------------------------------------
| Id  | Operation          | Name  | Rows  | Bytes | Cost (%CPU)| Time     |
-----------------------------------------------------------------------------
|   0 | SELECT STATEMENT   |       |       |       |     9 (100)|          |
|   1 |  SORT AGGREGATE    |       |     1 |    26 |            |          |
|*  2 |   TABLE ACCESS FULL| T1    |   100 |  2600 |     9   (0)| 00:00:01 |
-----------------------------------------------------------------------------

Predicate Information (identified by operation id):
---------------------------------------------------

   2 - filter(("T1"."A"=150 AND "T1"."B"=4))

Note
-----
   - cardinality feedback used for this statement

24 rows selected.
```

Dieser Test zeigt, dass das Hint CARDINALITY die Anwendung von CFB nicht hindert, was man möglicherweise von diesem Hint hätte erwarten können.

Wenn die erweiterten Statistiken für die Spalten „A" und „B" vorhanden sind, wird das CFB nicht angewendet.

```
SQL> col ext new_value ext
SQL>
SQL> exec dbms_stats.delete_table_stats(user,'T1', no_invalidate=>false)

PL/SQL procedure successfully completed.

SQL> select dbms_stats.create_extended_stats(user,'T1','(a,b)') ext from dual;

EXT
--------------------------------------------------------------------------------
--------------------------------------------------------------
SYS_STUNA$6DVXJXTP05EH56DTIR0X

SQL> exec dbms_stats.gather_table_stats(user,'T1', method_opt=>'for columns "&ext" size 254',
no_invalidate=>false);

PL/SQL procedure successfully completed.

SQL> select count(*) from t1 where t1.a = 150 and t1.b = 4;

  COUNT(*)
----------
       100

SQL> select plan_table_output from table (sys.dbms_xplan.display_cursor);

PLAN_TABLE_OUTPUT
--------------------------------------------------------------------------------
--------------------------------------------------------------------------------
------------------
SQL_ID  bsfua0m0hdtxr, child number 0
-----------------------------------
select count(*) from t1 where t1.a = 150 and t1.b = 4

Plan hash value: 720960414

---------------------------------------------------------------------------------
| Id  | Operation                    | Name | Rows | Bytes | Cost (%CPU)| Time     |
---------------------------------------------------------------------------------
|   0 | SELECT STATEMENT             |      |      |       |     2 (100)|          |
|   1 |  SORT AGGREGATE              |      |    1 |    23 |            |          |
|*  2 |   TABLE ACCESS BY INDEX ROWID| T1   |  130 |  2990 |     2   (0)| 00:00:01 |
|*  3 |    INDEX RANGE SCAN          | I_T1 |   44 |       |     1   (0)| 00:00:01 |
---------------------------------------------------------------------------------

Predicate Information (identified by operation id):
---------------------------------------------------

   2 - filter("T1"."B"=4)
   3 - access("T1"."A"=150)

21 rows selected.

SQL> select count(*) from t1 where t1.a = 150 and t1.b = 4;

  COUNT(*)
----------
       100

SQL> select plan_table_output from table (sys.dbms_xplan.display_cursor);

PLAN_TABLE_OUTPUT
--------------------------------------------------------------------------------
--------------------------------------------------------------------------------
------------------
SQL_ID  bsfua0m0hdtxr, child number 0
-----------------------------------
select count(*) from t1 where t1.a = 150 and t1.b = 4

Plan hash value: 720960414

---------------------------------------------------------------------------------
| Id  | Operation                    | Name | Rows | Bytes | Cost (%CPU)| Time     |
---------------------------------------------------------------------------------
|   0 | SELECT STATEMENT             |      |      |       |     2 (100)|          |
|   1 |  SORT AGGREGATE              |      |    1 |    23 |            |          |
|*  2 |   TABLE ACCESS BY INDEX ROWID| T1   |  130 |  2990 |     2   (0)| 00:00:01 |
|*  3 |    INDEX RANGE SCAN          | I_T1 |   44 |       |     1   (0)| 00:00:01 |
---------------------------------------------------------------------------------

Predicate Information (identified by operation id):
---------------------------------------------------

   2 - filter("T1"."B"=4)
   3 - access("T1"."A"=150)

21 rows selected.
```

15.2 Cardinality Feedback

Das nächste Beispiel demonstriert das CFB für die Collections. Dort wird die folgende SQL-Anweisung gebraucht (weil Oracle eine Collection in der Funktion DBMS_XPLAN. DISPLAY_CURSOR benutzt).

```
select plan_table_output from table (sys.dbms_xplan.display_cursor);
```

Bei der ersten Ausführung wird 8168 als Vorgabewert für die Kardinalität der Collection genutzt. Nach dem CFB wird diese Kardinalität auf den Wert 16 angepasst.

```
SQL> select plan_table_output from table (sys.dbms_xplan.display_cursor);
PLAN_TABLE_OUTPUT
--------------------------------------------------------------------------------
--------------------------------------------------------------------------------
--------------------------------------------------------------------------------
-----------------
SQL_ID  fs4qyp26jrs86, child number 0
-------------------------------------
select plan_table_output from table (sys.dbms_xplan.display_cursor)

Plan hash value: 3713220770

--------------------------------------------------------------------------------
------
| Id  | Operation                       | Name           | Rows  | Bytes | Cost (%CPU)| Time     |
--------------------------------------------------------------------------------
------
|   0 | SELECT STATEMENT                |                |       |       |    29 (100)|          |
|   1 |  COLLECTION ITERATOR PICKLER FETCH| DISPLAY_CURSOR |  8168 | 16336 |    29   (0)| 00:00:01 |
--------------------------------------------------------------------------------
------

13 rows selected.
SQL> select plan_table_output from table (sys.dbms_xplan.display_cursor);
PLAN_TABLE_OUTPUT
--------------------------------------------------------------------------------
--------------------------------------------------------------------------------
--------------------------------------------------------------------------------
-----------------
SQL_ID  fs4qyp26jrs86, child number 1
-------------------------------------
select plan_table_output from table (sys.dbms_xplan.display_cursor)

Plan hash value: 3713220770

--------------------------------------------------------------------------------
------
| Id  | Operation                       | Name           | Rows  | Bytes | Cost (%CPU)| Time     |
--------------------------------------------------------------------------------
------
|   0 | SELECT STATEMENT                |                |       |       |    29 (100)|          |
|   1 |  COLLECTION ITERATOR PICKLER FETCH| DISPLAY_CURSOR |    16 |    32 |    29   (0)| 00:00:01 |
--------------------------------------------------------------------------------
------

Note
-----
   - cardinality feedback used for this statement

17 rows selected.
```

15.3 Serial Direct Path Reads

In diesem Abschnitt besprechen wir das Feature „serial direct path reads" (SDPR), welches in Oracle 11 eingeführt ist. Dieses Feature ändert das Verhalten bei seriellen Full Table Scans (FTS) auf großen Tabellen. Vor Oracle 11 erfolgten solche FTS immer über den Buffer Cache. Ab Oracle 11 kann Oracle dafür direkte Zugriffe (direct path reads) benutzen. Es klingt sehr einfach, in der Tat ist dieses Feature aber ziemlich kompliziert. Ich versuche hier, nicht zu sehr ins Detail zu gehen und auf der praktischen Schiene zu bleiben. In diesem Abschnitt sind also einige Einzelheiten des SDPR präsentiert, welche für die Praxis von Interesse sind. Das Material dieses Abschnitts basiert auf Oracle 11.2.0.2 und 11.2.0.3.

Peter: „Was genau verstehst Du unter den ‚seriellen' FTS?"

Leonid: „Eine Tabelle kann sowohl seriell als auch parallel bei FTS gelesen werden. Das parallele Lesen der großen Tabellen benutzt direkte Zugriffe und geht an dem Buffer Cache vorbei. Es war so zumindest vor Oracle 11g. Bei Oracle 11g kann das parallele Lesen der großen Tabellen auch über den Buffer Cache erfolgen (s. im Abschn. 15.4). Das Wort ‚seriell' wird hier benutzt, um zu betonen, dass dabei keine parallelen Zugriffe gemeint sind."

P.: „Kann dieses SDPR-Feature keine Performanz-Probleme verursachen? Was ist der Grund für diese Änderung?"

L.: „Das direkte Lesen bei Full Scans ist sehr vorteilhaft für Exadata, weil Oracle dafür Smart Scan einsetzt [9]. Bei konventionellen Systemen kann es u. U. einige Performanz-Probleme verursachen (Oracle benutzt denselben Programmcode für Exadata und für konventionelle Systeme)."

P.: „Wie erkennt man solche Probleme?"

L.: „Wenn ein System bzw. ein Cursor viele Physical Reads bei den seriellen FTSs macht, kann es durch das SDPR verursacht werden. In diesem Fall beobachtet man normalerweise auch Wartezustände für ‚direct path read' und große Werte der jeweiligen Segment-Statistik ‚physical reads direkt'."

P.: „Was kann man in so einem Fall unternehmen? Ist es möglich, SDPR auszuschalten?"

L.: „Ein großer Statistikwert ‚physical reads direct' ohne Beschwerden über die schlechte Performanz ist eigentlich kein Problem. Es ist auch meistens sinnvoller, ein FTS auf einer großen Tabelle mit direkten Zugriffen auszuführen. Wenn dabei ein Performanz-Problem entsteht, würde ich zunächst versuchen, dieses Problem mit konventionellen Methoden zu lösen."

P.: „Meinst Du damit SQL-Tuning?"

L.: „Hauptsächlich ja. Man kann beispielsweise den FTS durch einen Index Range Scan in dem jeweiligen Ausführungsplan ersetzen und somit das Problem lösen. Ich kann aber noch ein weiteres Beispiel nennen. Bei der Analyse eines Systems mit sehr vielen direkten Zugriffen habe ich einige Tabellen mit einer sehr hohen High Water Mark und mit relativ wenigen Datensätzen entdeckt, für welche direkte Zugriffe bei FTS angewendet wurden. Das hat das I/O sehr stark gestresst und ein Performanz-Problem verursacht. In solch einem Fall hilft die jeweilige Tabellenreorganisation, welche die High Water Mark heruntersetzt."

P.: „Kann man das SDPR deaktivieren, wenn diese Maßnahmen nicht helfen?"

15.3 Serial Direct Path Reads

L.: „Das ist möglich. Ich glaube, wir können jetzt mit dem ersten Skript test_case_dir_reads11202.sql anfangen. Dieser Test-Case ist für 2 Ausführungen mit Buffer Cache von 32 MB und von 16 MB bei der Blockgröße von 8192 vorbereitet. In diesem Test-Case wird eine ‚große' Tabelle T1 angelegt und mit Daten gefüllt. Prüfen wir zunächst, ob das Feature SDPR beim FTS auf diese Tabelle angewendet wird."

```
SQL> col stat noprint new_value stat
...
SQL> show parameter db_cache_size

NAME                                 TYPE        VALUE
------------------------------------ ----------- ------------------------------
db_cache_size                        big integer 32M
SQL> select name, buffers, floor(buffers*2/100) "2% OF BUFFERS", buffers*5 "500% OF BUFFERS"
  from v$buffer_pool;

NAME                 BUFFERS 2% OF BUFFERS 500% OF BUFFERS
-------------------- ---------- ------------- ---------------
DEFAULT                    3928            78           19640

...

SQL> select blocks from user_segments where segment_name = 'T1';

    BLOCKS
----------
     11264

...

SQL> select s.value stat from v$mystat s, v$statname n where n.name = 'physical reads direct'
 and n.statistic# = s.statistic#;

SQL> select count(*) from t1;

  COUNT(*)
----------
   2000000

SQL> select n.name, s.value stat, s.value - &stat delta from v$mystat s, v$statname n where
 n.name = 'physical reads direct' and n.statistic# = s.statistic#;

NAME                                                              DELTA
----------------------------------------------------------------- ----------
physical reads direct                                                  10865
```

L.: „Mit dem Event 10949 deaktiviert man SDPR (s. z. B. in [20])."

```
SQL> alter session set events '10949 trace name context forever, level 1';

Session wurde geändert.

SQL> alter system flush buffer_cache;

System wurde geändert.

SQL> select count(*) from t1;

  COUNT(*)
----------
   2000000

SQL> select n.name, s.value stat, s.value - &stat delta from v$mystat s, v$statname n where
n.name = 'physical reads direct' and n.statistic# = s.statistic#;

NAME                                                              DELTA
----------------------------------------------------------------  ----------
physical reads direct                                                  0
```

P.: „Wirkt dieses Event immer?"

L.: „Für sehr große Tabellen zeigt das Event 10949 keine Wirkung. Bei Oracle gibt es den Parameter _VERY_LARGE_OBJECT_THRESHOLD, der die Grenze (in Prozent von der Größe des Buffer Cache) für sehr große Tabellen setzt. Der Vorgabewert dieses Parameters beträgt 500. Wenn eine Tabelle etwas größer als das Fünffache von Buffer Cache bzw. als der Parameterwert von _VERY_LARGE_OBJECT_THRESHOLD ist, wirkt das Event 10949 nicht. Wir können das mit unserem Test-Case nachstellen, wenn wir dieses Skript auf einer Datenbank mit dem Buffer Cache von 16 MB ausführen."

```
SQL> show parameter db_cache_size

NAME                                 TYPE        VALUE
------------------------------------ ----------- ------------------------------
db_cache_size                        big integer 16M
...
SQL> select name, buffers, floor(buffers*2/100) "2% OF BUFFERS", buffers*5 "500% OF BUFFERS"
from v$buffer_pool;

NAME                 BUFFERS 2% OF BUFFERS 500% OF BUFFERS
-------------------- ------- ------------- ---------------
DEFAULT                 1964            39            9820

SQL> alter session set events '10949 trace name context forever, level 1';

Session wurde geändert.

SQL> alter system flush buffer_cache;

System wurde geändert.

SQL> select count(*) from t1;

  COUNT(*)
----------
   2000000

SQL> select n.name, s.value stat, s.value - &stat delta from v$mystat s, v$statname n where
n.name = 'physical reads direct' and n.statistic# = s.statistic#;

NAME                                                              DELTA
----------------------------------------------------------------  ----------
physical reads direct                                              10861
```

15.3 Serial Direct Path Reads

P.: „Sehr große Tabellen können also nicht über den Buffer Cache gelesen werden?"

L.: „Solch eine Möglichkeit gibt es auch. Ich bezweifele aber stark, dass es sinnvoll ist, so große Tabellen bei FTS über den Buffer Cache zu lesen. SDPR kann man unabhängig von der Tabellengröße mit dem alten Parameter _SERIAL_DIRECT_READ ausschalten, welcher in Oracle Release 11.2.0.2 neue Werte AUTO, ALWAYS und NEVER bekommen hat. Mit dem Skript test_case_dir_reads11202.sql kann man die Bedeutung dieser Werte klären. Das Ergebnis ist in der folgenden Tabelle zusammengefasst:"

Neuer Wert	Alter Wert	Bedeutung
AUTO	FALSE	SDPR ist aktiviert für die großen Tabellen
NEVER	–	Keine direkten Zugriffe bei den seriellen FTS
ALWAYS	TRUE	Direkte Zugriffe bei den seriellen FTS unabhängig von den Tabellengrößen

L.: „Die Parametereinstellung _SERIAL_DIRECT_READ=NEVER setzt SDPR außer Kraft."

```
SQL> alter session set "_serial_direct_read"=never;

Session wurde geändert.

SQL>
SQL> alter system flush buffer_cache;

System wurde geändert.

SQL>
SQL> select count(*) from t1;

  COUNT(*)
----------
   2000000

SQL>
SQL> select n.name, s.value stat, s.value - &stat delta from v$mystat s, v$statname n where
n.name = 'physical reads direct' and n.statistic# = s.statistic#;
NAME                                                              DELTA
--------------------------------------------------------------- ----------
physical reads direct                                                 0
```

L.: „Dasselbe kann man auch mit der Erhöhung des Parameters _SMALL_TABLE_THRESHOLD erreichen. Dieser Parameter setzt in Datenbankblöcken die untere Grenze der Tabellengröße für direkte Zugriffe. Der Vorgabewert dieses Parameters beträgt ca. 2 % der Größe des Buffer Cache. Wenn wir diesen Parameter entsprechend erhöhen, wird das Feature SDPR deaktiviert."

P.: „Wie hoch muss man denn diesen Parameter setzen?"

L.: „Meine Tests zeigen leichte Unterschiede bei ASSM (automatic segment space management) und MSSM (manual segment space management). Der minimale Parameterwert muss gleich der Anzahl der Tabelenblöcke sein, die unter der High Water Mark liegen, oder etwas größer sein, damit SDPR deaktiviert ist. In jedem Fall ist es ausreichend, diesen Parameter auf die Anzahl der allozierten Blöcke oder größer zu setzen."

```
SQL> alter session set "_small_table_threshold"=12000;

Session wurde geändert.

SQL>
SQL> alter system flush buffer_cache;

System wurde geändert.

SQL>
SQL> select count(*) from t1;

  COUNT(*)
----------
   2000000

SQL>
SQL> select n.name, s.value stat, s.value - &stat delta from v$mystat s, v$statname n where
n.name = 'physical reads direct' and n.statistic# = s.statistic#;

NAME                                                             DELTA
-------------------------------------------------------------- ----------
physical reads direct                                                0
```

L.: „Beim Parameter _SMALL_TABLE_THRESHOLD muss man aufpassen, weil dieser Parameter auch das Verhalten von parallelen Operationen beeinflusst (s. im Abschn. 15.4)."

P.: „Soweit ich weiß, ist dieser Parameter auch für den LRU-Algorithmus wichtig."

L.: „Nein, Peter, das war der Fall bei den älteren Oracle Versionen."

P.: „Bei den nicht dokumentierten Parametern habe ich immer ein ungutes Gefühl. Kann man nicht, das SDPR mit üblichen Mitteln ausschalten? Beispielsweise mit der Klausel CACHE in der jeweiligen Tabellendefinition. Vielleicht ist es auch möglich, SDPR für einzelne SQL-Anweisungen dediziert außer Kraft zu setzen?"

L.: „Ich muss Dich leider enttäuschen. Die Klausel CACHE hat keinen Einfluss auf SDPR. Es hilft auch nicht, wenn man die Tabelle im Buffer Pool KEEP verwaltet. Ich kenne keine brauchbare Methode für dedizierte Aktivierung und Deaktivierung von SDPR für einzelne SQL-Anweisungen. Bei den nicht dokumentierten Parametern hast Du vollkommen Recht, weil man nicht immer alle Konsequenzen der Verwendung vorhersehen kann."

P.: „Was ist mit Fast Full Scans von Indicies? Werden dort auch direkte Zugriffe benutzt?"

L.: „Mit dem Skript test_case_dir_reads_ffs11202.sql kann man sich vergewissern, dass direkte Zugriffe für sehr große Indices eingesetzt werden, wenn man dieses Skript auf einer Datenbank mit dem Buffer Cache von 16 MB und der Blockgröße von 8192 ausführt. Unter den sehr großen verstehen wir Indicies, die größer als das Fünffache von Buffer Cache bzw. als der Parameterwert von _VERY_LARGE_OBJECT_THRESHOLD sind (mit dem Buffer Cache von 32 MB werden in diesem Test-Case keine direkten Zugriffe gemacht)."

15.3 Serial Direct Path Reads

```
SQL> col stat noprint new_value stat
...
SQL> show parameter db_cache_size

NAME                                 TYPE        VALUE
------------------------------------ ----------- ------------------------------
db_cache_size                        big integer 16M
...
SQL> select name, buffers, floor(buffers*2/100) "2% OF BUFFERS", buffers*5 "500% OF BUFFERS"
from v$buffer_pool;

NAME                 BUFFERS 2% OF BUFFERS 500% OF BUFFERS
-------------------- ---------- ------------- ---------------
DEFAULT                    1964            39            9820
...
SQL> select s.value stat from v$mystat s, v$statname n where n.name = 'physical reads direct'
and n.statistic# = s.statistic#;

SQL> select /*+ index_ffs(t1 i_t1) */ count(a) from t1;

  COUNT(A)
----------
   2500000

SQL> select plan_table_output from table (sys.dbms_xplan.display_cursor('','','LAST' ));

PLAN_TABLE_OUTPUT
--------------------------------------------------------------------------------
--------------------------------------------------------------------------------
--------------------------------------------------------------------------------
------------------
SQL_ID  8j7v71155pc6y, child number 0
-------------------------------------
select /*+ index_ffs(t1 i_t1) */ count(a) from t1

Plan hash value: 920167636

---------------------------------------------------------------------------
| Id  | Operation             | Name | Rows  | Bytes | Cost (%CPU)| Time     |
---------------------------------------------------------------------------
|   0 | SELECT STATEMENT      |      |       |       | 3268 (100)|          |
|   1 |  SORT AGGREGATE       |      |     1 |    13 |           |          |
|   2 |   INDEX FAST FULL SCAN| I_T1 | 2302K|   28M| 3268   (1)| 00:00:01 |
---------------------------------------------------------------------------

Note
-----
   - dynamic sampling used for this statement (level=2)


18 Zeilen ausgewählt.
SQL> select n.name, s.value stat, s.value - &stat delta from v$mystat s, v$statname n where
n.name = 'physical reads direct' and n.statistic# = s.statistic#;

NAME                                                            DELTA
--------------------------------------------------------- ----------
physical reads direct                                          11838
```

L.: „Dem [19] kann man entnehmen, dass ein neuer Parameter _DIRECT_READ_DECISION _STATISTICS_DRIVEN seit Oracle 11.2.0.2 vorhanden ist. Wenn der jeweilige Parameterwert gleich TRUE ist (das ist der Vorgabewert), nimmt Oracle die Anzahl der Tabellenblöcke aus den Optimizer-Statistiken bei der Einschätzung der Tabellengröße für die Anwendung von SDPR (falls die Optimizer-Statistiken für die jeweilige Tabelle vorliegen). Wenn die Optimi-

zer-Statistiken fehlen oder der Parameter `_DIRECT_READ_DECISION_STATISTICS_DRIVEN` auf
FALSE gesetzt ist, wird die Anzahl der Tabellenblöcke aus dem Segment-Header genommen."

15.4 Automatic Degree of Parallelism (ADOP)

ADOP wurde in Oracle 11.2 eingeführt. Hinter diesem Feature verbergen sich eigentlich 3 Features:

- ADOP selber,
- Statement Queuing,
- In-Memory Parallel Execution

Bei ADOP berechnet Oracle den Parallelitätsgrad (DOP) für eine SQL-Anweisung automatisch. Der Parameter `PARALLEL_MIN_TIME_THRESHOLD` legt die untere Laufzeitgrenze (in Sekunden) einer SQL-Anweisung für die Anwendung von ADOP fest. Der Vorgabewert dieses Parameters beträgt 10 Sekunden. Wenn der Optimizer die Laufzeit einer SQL-Anweisung größer als den Parameterwert `PARALLEL_MIN_TIME_THRESHOLD` einschätzt, wird das ADOP-Verfahren für diese SQL-Anweisung angewendet. Der berechnete DOP wird in der Spalte OTHER_XML (s. im Abschn. 6.1.4) abgespeichert. Die Funktionen DBMS_XPLAN. DISPLAY, DBMS_XPLAN.DISPLAY_CURSOR, DBMS_XPLAN.DISPLAY_AWR extrahieren diesen Wert aus der Spalte OTHER_XML und geben ihn aus. Die Anzahl der parallelen Sklaven-Prozesse für eine SQL-Anweisung kann bei ADOP den Parameterwert `PARALLEL_DEGREE_LIMIT` nicht übersteigen.

Stillschweigend ist das ADOP-Verfahren ausgeschaltet (`PARALLEL_DEGREE_POLICY=MANUAL`). Mit der Parametereinstellung `PARALLEL_DEGREE_POLICY=AUTO` aktiviert man dieses Verfahren. Zugleich werden auch die 2 anderen Bestandteile von ADOP aktiviert (Statement Queuing und In-Memory Parallel Execution). Diese beiden Features bleiben aber inaktiv bei der Parametereinstellung `PARALLEL_DEGREE_POLICY=LIMITED` (in diesem Fall wird lediglich die automatische Berechnung des DOP aktiviert). Für eine SQL-Anweisung kann man das ADOP-Verfahren mit dem Hint `PARALLEL(AUTO)` ein- und mit dem Hint `PARALLEL(MANUAL)` ausschalten (es gibt kein Hint `PARALLEL(LIMITED)`). Ab Oracle Release 11.2.0.2 ist es notwendig, die Prozedur `DBMS_RESOURCE_MANAGER.CALIBRATE_IO` auszuführen, um das ADOP-Verfahren zu ermöglichen (die Einzelheiten findet man in der Notiz 1269321.1 aus dem MOS).

Das Feature Statement Queuing ermöglicht parallele Ausführung der SQL-Anweisungen ohne Herunterstufen des Parallelitätsgrades (downgrade). Wenn eine SQL-Anweisung nicht genügend parallele Sklaven-Prozesse für ihre Ausführung bekommen kann, wartet sie in einer Warteschlange, solange sie die notwendige Anzahl der Sklaven-Prozesse nicht bekommt. Oracle schaltet Statement Queuing für eine SQL-Anweisung ein, wenn die Anzahl der zu startenden parallelen Prozesse für diese SQL-Anweisung und die Anzahl der bereits laufenden parallelen Prozesse in der Summe größer als ein Minimum der

15.4 Automatic Degree of Parallelism (ADOP)

Parameterwerte `PARALLEL_SERVERS_TARGET` und `PARALLEL_MAX_SERVERS` sind. Ab Oracle Release 11.2.0.2 wartet eine SQL-Anweisung auf das Warteereignis „resmgr:pq queued", wenn sie in der Warteschlange steht. In 11.2.0.1 gab es dafür 2 andere Warteereignisse: „PX Queuing: statement queue" für die erste SQL-Anweisung in dieser Warteschlange und „enq: JX – SQL statement queue" für die restlichen. SQL-Anweisungen, welche in der Warteschlange stehen, kann man in der View V$SQL_MONITOR ermitteln (sie haben den Status 'QUEUED').

Peter: „*Eine SQL-Anweisung kann sich ziemlich lange in der Warteschlange befinden. Gibt es bei Oracle eine Möglichkeit, diese Wartezeit zu verkürzen?*"

Leonid: „*Mit dem Parameter* `PARALLEL_QUEUE_TIMEOUT` *vom Oracle Resource Manager kann man die maximale Wartezeit festlegen* [9]. *Wenn ein Prozess länger wartet, wird er mit dem Fehler ORA-07454 beendet. Du möchtest aber wissen, ob man einen wartenden Prozess nach dem Ablauf einer bestimmten Zeit mit einem Herunterstufen des Parallelitätsgrades ausführen kann. Solch eine Möglichkeit kenne ich nicht.*"

Das Feature In-Memory Parallel Execution ermöglicht das Lesen der großen Tabellen über den Buffer Cache bei parallelen Ausführungen (die kleinen Tabellen, deren Größe den Parameterwert `_SMALL_TABLE_THRESHOLD` nicht übersteigt, werden ohnehin über den Buffer Cache gelesen). Wenn ein System über einen großen Buffer Cache verfügt, kann dieses Feature die Performanz von parallelen Operationen spürbar verbessern.

Diese beiden Features (Statement Queuing und In-Memory Parallel Execution) kann man unabhängig vom ADOP-Verfahren aktivieren. Im Unterschied zu ADOP ist es dafür nicht notwendig, die Prozedur `DBMS_RESOURCE_MANAGER.CALIBRATE_IO` auszuführen.

Das Aktivieren des Statement-Quieuing erfolgt bei der Parametereinstellung `_PARALLEL_STATEMENT_QUEUING=TRUE`. Für eine SQL-Anweisung kann man das mit dem Hint STATEMENT_QUEUING erreichen. Die Parametereinstellung `_PARALLEL_STATEMENT_QUEUING=FALSE` bzw. das Hint NO_STATEMENT_QUEUING deaktivieren dieses Feature.

P.: „*In welchen Situationen ist es sinnvoll, das Statement Queuing separat von ADOP zu benutzen?*"

L.: „*Ich habe das einmal erfolgreich beim Tuning eines Systems eingesetzt, welches parallele Operationen benutzt hat. Die parallelen Operationen wurden dort mit Hints gesteuert. Außer den parallelen Hints hatten SQL-Anweisungen eine Menge anderer Hints. Bei ziemlich vielen SQL-Anweisungen wurde der Parallelitätsgrad heruntergestuft (dies konnte man anhand der jeweiligen Datenbankstatistiken feststellen, z. B. ‚Parallel operations downgraded to serial'), was die Performanz negativ beeinflusste. Unter diesen Umständen war es sinnvoll, das Statement Queuing separat einzusetzen. Das hat eine deutliche Performanz-Verbesserung gebracht.*"

Man aktiviert In-Memory Parallel Execution mit der Parametereinstellung `_PARALLEL_CLUSTER_CACHE_POLICY=CACHED` und deaktiviert mit `_PARALLEL_CLUSTER_CACHE_POLICY=ADAPTIVE` (s. z. B. in [9]).

Zum Schluss dieses Abschnitts möchte ich demonstrieren, wie die Features Statement Queuing und In-Memory Parallel Execution funktionieren. Die beiden Tests präsentieren die Anwendung dieser Features separat von ADOP. In den beiden Tests ist dieselbe Tabelle benutzt, welche folgendermaßen angelegt und mit Daten gefüllt wird.

```
SQL> create table t1 (a number, b number, c number, d number, e number, f number);

Tabelle wurde erstellt.

SQL>
SQL> insert into t1 select level, level*10, level*100, level*1000, level*10000, level*1000000
from dual connect by level
<= 100000;

100000 Zeilen erstellt.

SQL>
SQL> commit;

Transaktion mit COMMIT abgeschlossen.

SQL>
SQL> exec dbms_stats.gather_table_stats(user,'t1')

PL/SQL-Prozedur erfolgreich abgeschlossen.
```

Fangen wir zunächst mit dem Statement Queuing an.

```
SQL>
SQL> alter session set "parallel_degree_policy"=manual;

Session wurde geSndert.

SQL>
SQL> alter system set "_parallel_statement_queuing"=true;

System wurde geSndert.

SQL>
SQL> alter system set parallel_max_servers=4;

System wurde geSndert.

SQL>
SQL> alter system set parallel_servers_target=4;

System wurde geSndert.
```

Jetzt können wir die folgende SQL-Anweisung ausführen. Diese SQL-Anweisung nimmt ziemlich viel Zeit in Anspruch, so dass man dieselbe SQL-Anweisung ohne Eile noch in 2 anderen Sessions starten kann.

```
SQL> select /*+ parallel(t1 2) parallel(t2 2) */ count(*) from t1 t1, t1 t2;
```

Da die erste SQL-Anweisung alle 4 zur Verfügung stehenden parallelen Sklaven-Prozesse benutzt (was man mit dem pq_sql_addr11.sql feststellen kann), müssen die 2 anderen warten.

15.4 Automatic Degree of Parallelism (ADOP)

```
QCINST_ID      QCSID QCSERIAL#      INST_ID       SID   SERIAL# PID
SQL_EXEC_ID Duration (sec.) COMMAND_TYPE      SQL_ID
---------- ---------- ---------- ---------- ---------- ---------- ------------------------
---------- --------------- --------------- -------------
         1        195         75          1        195         75 6376
16777216 137             select           czu5p4xcbcrbb
                          75          1         12          3 2632
16777216 137             select           czu5p4xcbcrbb
                          75          1         70         19 1288
16777216 137             select           czu5p4xcbcrbb
                          75          1        131         11 1932
16777216 137             select           czu5p4xcbcrbb
                          75          1        197         29 1072
16777216 137             select           czu5p4xcbcrbb
```

Mit dem Skript pq_queued_sql112.sql können wir prüfen, dass die 2 zuletzt gestarteten SQL-Anweisungen tatsächlich in der Warteschlange landen.

```
SID SQL_EXEC_START       SQL_EXEC_ID SQL_ID        SQL_TEXT
---------- ------------------- ----------- ------------- -----------------------------------
-----------------------
       191 05.03.2013 18:58:35    16777217 czu5p4xcbcrbb select /*+ parallel(t1 2) parallel(t2
2) */ count(*) from t1
                                                         t1, t1 t2

        69 05.03.2013 18:58:37    16777218 czu5p4xcbcrbb select /*+ parallel(t1 2) parallel(t2
2) */ count(*) from t1
                                                         t1, t1 t2
```

Die Ausgabe vom Skript all_sess_event.sql zeigt, dass 2 Sessions auf das Warteereignis „resmgr:pq queued" warten.

```
Event                                                      # of Sessions
---------------------------------------------------------- -------------
rdbms ipc message                                                     11
on CPU                                                                 4
resmgr:pq queued                                                       2
Space Manager: slave idle wait                                         2
DIAG idle wait                                                         2
jobq slave wait                                                        2
PX Deq: Execution Msg                                                  2
pmon timer                                                             1
SQL*Net message from client                                            1
PX Deq: Execute Reply                                                  1
Streams AQ: waiting for time management or cleanup tasks               1
smon timer                                                             1
VKTM Logical Idle Wait                                                 1
Streams AQ: qmn slave idle wait                                        1
Streams AQ: qmn coordinator idle wait                                  1
```

Nehmen wir jetzt das andere Feature In-Memory Parallel Execution in Augenschein. Zunächst prüfen wir, wie das System eine parallele Operation ausführt, wenn dieses Feature ausgeschaltet ist. Mit der jeweiligen Parameterentstellung _SMALL_TABLE_THERSHOLD kann man die Anwendung der direkten Zugriffe bei den parallelen Operationen beeinflussen (die Größe des Buffer Cache spielt dabei keine Rolle). Wenn der jeweilige Parameterwert in unserem Beispiel größer/gleich 496 ist (das ist die Anzahl der Blöcke von T1, welche unter der High Water Mark liegen), liest Oracle beim Ausführen der parallelen Operationen in den Buffer Cache.

```
SQL> col nnn noprint new_value nnn
...
SQL>
SQL> alter session set "_parallel_cluster_cache_policy"=adaptive;

Session altered.

SQL>
SQL> select * from v$io_calibration_status;

STATUS          CALIBRATION_TIME
------------- --------------------------------------------------------------
NOT AVAILABLE

SQL>
SQL> alter session set "_small_table_threshold"=496;

Session altered.

SQL>
SQL> select s.value nnn from v$mystat s, v$statname n where n.name = 'physical reads direct'
and n.statistic# = s.statistic#;


SQL>
SQL> select /*+ parallel(t1 2) */ count(*) from t1;

  COUNT(*)
----------
    100000

SQL>
SQL> select plan_table_output from table (sys.dbms_xplan.display_cursor('',''));

PLAN_TABLE_OUTPUT
--------------------------------------------------------------------------------
--------------------------------------------------------------------------------
--------------------------------------------------------------------------------
------------------
SQL_ID  csa65yu7437rx, child number 0
-------------------------------------
select /*+ parallel(t1 2) */ count(*) from t1

Plan hash value: 3110199320

--------------------------------------------------------------------------------
---------
| Id  | Operation              | Name     | Rows  | Cost (%CPU)| Time     |    TQ  |IN-OUT| PQ Distrib |
--------------------------------------------------------------------------------
---------
|   0 | SELECT STATEMENT       |          |       |    76 (100)|          |        |      |            |
|   1 |  SORT AGGREGATE        |          |     1 |            |          |        |      |            |
|   2 |   PX COORDINATOR       |          |       |            |          |        |      |            |
|   3 |    PX SEND QC (RANDOM) | :TQ10000 |     1 |            |          |  Q1,00 | P->S | QC (RAND)  |
|   4 |     SORT AGGREGATE     |          |     1 |            |          |  Q1,00 | PCWP |            |
|   5 |      PX BLOCK ITERATOR |          | 84682 |    76   (0)| 00:00:01 |  Q1,00 | PCWC |            |
|*  6 |       TABLE ACCESS FULL| T1       | 84682 |    76   (0)| 00:00:01 |  Q1,00 | PCWP |            |
--------------------------------------------------------------------------------
---------

Predicate Information (identified by operation id):
---------------------------------------------------

   6 - access(:Z>=:Z AND :Z<=:Z)

Note
-----
   - dynamic sampling used for this statement (level=2)


27 rows selected.

SQL>
SQL> select n.name, value - &nnn delta, value nnn from v$mystat s, v$statname n where n.name =
'physical reads direct' and n.statistic# = s.statistic#;

NAME                                                              DELTA
----------------------------------------------------------- ----------
physical reads direct                                                0
```

15.4 Automatic Degree of Parallelism (ADOP)

Wenn wir den Parameterwert von _SMALL_TABLE_THERSHOLD um 1 reduzieren, werden direkte Zugriffe bei der parallelen Abfrage benutzt.

```
SQL> alter session set "_small_table_threshold"=495;

Session altered.

SQL>
SQL> select /*+ parallel(t1 2) */ count(*) from t1;

  COUNT(*)
----------
    100000

SQL>
SQL> select plan_table_output from table (sys.dbms_xplan.display_cursor('',''));

PLAN_TABLE_OUTPUT
--------------------------------------------------------------------------------
--------------------------------------------------------------------------------
------------------
SQL_ID  csa65yu7437rx, child number 0
-------------------------------------
select /*+ parallel(t1 2) */ count(*) from t1

Plan hash value: 3110199320

--------------------------------------------------------------------------------
----------
| Id  | Operation              | Name     | Rows  | Cost (%CPU)| Time     |    TQ  |IN-OUT| PQ Distrib |
--------------------------------------------------------------------------------
----------
|   0 | SELECT STATEMENT       |          |       |    76 (100)|          |        |      |            |
|   1 |  SORT AGGREGATE        |          |     1 |            |          |        |      |            |
|   2 |   PX COORDINATOR       |          |       |            |          |        |      |            |
|   3 |    PX SEND QC (RANDOM) | :TQ10000 |     1 |            |          |  Q1,00 | P->S | QC (RAND)  |
|   4 |     SORT AGGREGATE     |          |     1 |            |          |  Q1,00 | PCWP |            |
|   5 |      PX BLOCK ITERATOR |          | 84682 |    76   (0)| 00:00:01 |  Q1,00 | PCWC |            |
|*  6 |       TABLE ACCESS FULL| T1       | 84682 |    76   (0)| 00:00:01 |  Q1,00 | PCWP |            |
--------------------------------------------------------------------------------
----------

Predicate Information (identified by operation id):
---------------------------------------------------

   6 - access(:Z>=:Z AND :Z<=:Z)

Note
-----
   - dynamic sampling used for this statement (level=2)


27 rows selected.

SQL>
SQL> select n.name, value - &nnn delta, value nnn from v$mystat s, v$statname n where n.name =
'physical reads direct' and n.statistic# = s.statistic#;
NAME                                                              DELTA
----------------------------------------------------------------- ----------
physical reads direct                                                   496
```

Aktivieren wir jetzt das Feature In-Memory Parallel Execution und vergewissern uns, dass das Lesen in diesem Fall über den Buffer Cache erfolgt.

```
SQL> alter session set "_parallel_cluster_cache_policy"=cached;

Session altered.

SQL>
SQL> select /*+ parallel(t1 2) */ count(*) from t1;

  COUNT(*)
----------
    100000

SQL>
SQL> select plan_table_output from table (sys.dbms_xplan.display_cursor('',''));

PLAN_TABLE_OUTPUT
--------------------------------------------------------------------------------
--------------------------------------------------------------------------------
--------------------------------------------------------------------------------
------------------
SQL_ID  csa65yu7437rx, child number 1
-------------------------------------
select /*+ parallel(t1 2) */ count(*) from t1

Plan hash value: 3110199320

--------------------------------------------------------------------------------
----------
| Id  | Operation              | Name     | Rows  | Cost (%CPU)| Time     |    TQ  |IN-OUT| PQ Distrib |
--------------------------------------------------------------------------------
----------
|   0 | SELECT STATEMENT       |          |       |    76 (100)|          |        |      |            |
|   1 |  SORT AGGREGATE        |          |     1 |            |          |        |      |            |
|   2 |   PX COORDINATOR       |          |       |            |          |        |      |            |
|   3 |    PX SEND QC (RANDOM) | :TQ10000 |     1 |            |          |  Q1,00 | P->S | QC (RAND)  |
|   4 |     SORT AGGREGATE     |          |     1 |            |          |  Q1,00 | PCWP |            |
|   5 |      PX BLOCK ITERATOR |          | 84682 |    76   (0)| 00:00:01 |  Q1,00 | PCWC |            |
|*  6 |       TABLE ACCESS FULL| T1       | 84682 |    76   (0)| 00:00:01 |  Q1,00 | PCWP |            |
--------------------------------------------------------------------------------
----------

Predicate Information (identified by operation id):
---------------------------------------------------

   6 - access(:Z>=:Z AND :Z<=:Z)

Note
-----
   - dynamic sampling used for this statement (level=2)


27 rows selected.

SQL>
SQL> select n.name, value - &nnn delta, value nnn from v$mystat s, v$statname n where n.name =
'physical reads direct' and n.statistic# = s.statistic#;

NAME                                                              DELTA
------------------------------------------------------------ ----------
physical reads direct                                                 0
```

Ein bisschen Philosophie 16

Was ist nach Ihrer Meinung wichtiger bei Performance Tuning, die allgemeinen Ansätze oder die konkreten Methoden? Meine Frage klingt bereits philosophisch. In diesem Kapitel möchte ich ein bisschen um das Performance Tuning herum philosophieren. Nicht alles, was Sie dort finden, ist unumstritten. Wenn Sie meine Überlegungen und meine Prinzipien nicht akzeptieren, können Sie dieses Kapitel als einen Anstoß für die Erarbeitung ihrer eigenen gebrauchen. Ich bin übrigens fest überzeugt, dass die allgemeinen Ansätze viel wichtiger sind. Wenn man die richtige Methodologie einsetzt, kommt man auch an die effektiven konkreten Methoden.

16.1 Oracle Datenbank als Naturphänomen

Die modernen Computersysteme sind sehr komplex geworden. Es ist äußerst schwierig, solche Systeme in der Tiefe zu durchschauen. Wenn man an die Grenze seines Wissens über ein Computersystem kommt, was macht man dann? Man sucht zunächst nach den notwendigen Informationen in der Dokumentation, in den Fachbüchern oder im Internet. Findet man nichts, sind die gefundenen Informationen unzureichend oder widersprüchlich, muss man entweder aufgeben oder versuchen, selber zu recherchieren, um die jeweiligen Informationen zu gewinnen. Wie macht man solche Recherchen? Man erarbeitet eine Hypothese nach der anderen und versucht, sie durch diverse Experimente zu verifizieren. Auf diesem Weg macht man viele kleine Entdeckungen, die oft die ursprüngliche Hypothese zunichte machen. Die gewonnene Kenntnis treibt aber die Forschung weiter. Das ist sehr ähnlich wie in den Naturwissenschaften. Wenn wir die Oracle Datenbank als Beispiel nehmen, können wir leicht die Parallelen mit den Naturwissenschaften ziehen. Was bei einer Naturwissenschaft die Theorie ist, ist die Grundkenntnis, das Konzept bei der Oracle Datenbank. Die naturwissenschaftlichen Experimente entsprechen den Test-Cases bei Oracle. Die wissenschaftlichen Instrumente sind nichts anderes als verschiedene Datenbanktools. Die Nachschlagwerke sind bei Oracle die Dokumentation und die Wissensdatenbank MOS. Das Ziel jeder Naturwissenschaft ist die Aufklärung der Logik des Schöpfers (ungeachtet, ob man darunter Gott oder die Natur versteht). Viele Datenbankspezialisten untersuchen die Oracle Datenbank (bewusst oder unbewusst) wie ein Naturphänomen. Es spielt dabei keine große Rolle, dass der Schöpfer dieses „Naturphänomens" seinen Sitz in den Vereinigten Staaten hat. Die Logik der Jungs aus Redwood City ist auch nicht immer einfach zu verstehen.

Kehren wir aber zurück zu unserem Hauptthema. Was bedeutet dieser Ansatz für Performance Tuning? Das Performance Tuning hat mit vielen Datenbankbereichen zu tun. Aus diesem Grund ist es sehr schwierig einzugrenzen, was ein Spezialist für Performance Tuning wissen muss. Sein Wissen muss sich ziemlich in die Breite erstrecken. Sehr oft muss sein Wissen auch in die Tiefe gehen, um die entstandenen Probleme richtig analysieren und beheben zu können. Ich kann mir schlecht vorstellen, wie man dieses Wissen ganz ohne die oben beschriebenen Experimente aufbauen kann.

Man kann aber diesen Ansatz auch im Falle konkreter Performanz-Probleme gebrauchen. Wenn man mit einem komplexen Problem zu tun hat, muss man sehr, sehr aufmerksam sein. Jede Kleinigkeit kann einen Schlüssel zu der Problemlösung liefern. Hier ist es wichtig, dass Ihr Tool für Performance Tuning gut genug ist, um so wenig wie möglich zu übersehen. Es ist sehr gut, wenn bereits der erste Versuch, das jeweilige Problem zu lösen, den Erfolg bringt. Oft ist das aber nicht der Fall. In solchen Situationen braucht man keine Hemmung vor den Experimenten zu haben. Man kann so mit mehreren kleinen Schritten an das Ziel kommen. Wenn ein Experiment nicht zu der richtigen Lösung führt, kann es oft neue Erkenntnisse liefern, die das Problem zu knacken helfen.

Wenn ich an einem Problem arbeite und plötzlich merke, dass meine Beobachtungen und meine Erkenntnisse, die ich bei dieser Arbeit gewonnen habe, von meinen Vorstellungen über die Oracle Datenbank abweichen, versuche ich die Gründe dafür zu klären. Manchmal komme ich auf diesem Weg einem Bug von Oracle auf die Spur (was für eine Problemlösung auch behilflich sein kann). Manchmal lerne ich dabei etwas Neues. Was kann denn besser als „learning by doing" sein?

16.2 Das Prinzip von „Ockhams Rasiermesser" bei Performance Tuning

Im Abschn. 16.3 beschreibe ich, wo und wie ich beim Performance Tuning anfange. Das mache ich, weil die Anfangsphase angeblich einige Schwierigkeiten darstellt und ich immer wieder danach gefragt werde. Noch wichtiger finde ich die allgemeine Methodologie, wie man rationell und erfolgreich an einer Problemlösung arbeiten kann. Das Prinzip von Ockham ist meiner Meinung nach eine der Richtlinien, die für Performance Tuning sehr effektiv ist.

Dieses Prinzip kommt aus dem 14. Jahrhundert und hat mit „Sparsamkeit" der Theorien zu tun. Die Beschreibung dieses Prinzips basiert auf dem Artikel aus der Wikipedia. In einer vereinfachten Form lautet dieses Prinzip so:

16.2 Das Prinzip von „Ockhams Rasiermesser" bei Performance Tuning

- jede Theorie muss den jeweiligen Sachverhalt logisch erklären,
- die einfachste Theorie ist allen anderen vorzuziehen.

Das Prinzip von Ockham fordert, dass man nicht mehr Hypothesen und in den Hypothesen nicht mehr Annahmen einführt als benötigt werden, um den jeweiligen Sachverhalt logisch zu erklären. Alle anderen Theorien müssen wie mit einem Rasiermesser abgeschnitten werden.

Ich rasiere aus Prinzip

Das Prinzip von Ockham wird auch heutzutage eingesetzt, um die sparsamen und somit die besseren Theorien zu entwickeln. Versuchen wir dieses Prinzip für das Performance Tuning anzuwenden. Wenn wir ein Performanz-Problem klären, erarbeiten wir nichts anderes als eine Art Theorie. Diese Theorie muss eine Basis haben. Diese Basis bilden die Tatsachen und möglicherweise einige Annahmen. Man muss zunächst also die notwendigen Tatsachen ermitteln, was die Untersuchung des jeweiligen Systems unvermeidbar macht. Findet man diese Tatsachen, muss man nach einer logischen Erklärung des Performanz-Problems anhand dieser Tatsachen suchen. Theoretisch ist es möglich, dass wir noch einige Annahmen für die Erklärung des Performanz-Problems benötigen, welche wir nicht verifizieren können. Die einfachste Erklärung, die die minimale Anzahl der Tatsachen und noch wichtiger die minimale Anzahl der Annahmen benutzt, soll die beste sein.

Ich habe für mich 3 einfache Regeln erarbeitet, die das Prinzip von Ockham befolgen:

- versuche nie ein Performanz-Problem allein anhand der Symptome zu lösen (also ohne Basis, bzw. ohne Untersuchung der Datenbank und ohne Ermittlung der Tatsachen),
- versuche möglichst ohne Annahmen (also nur anhand der Tatsachen) ein Problem zu klären,
- versuche das Problem einzugrenzen. Fange mit der Analyse möglichst nahe zu der Stelle an, wo dieses Problem entstand. So kann man sich unnötige Tatsachen ersparen, geschweige denn unnötige Annahmen.

Den letzten Punkt möchte ich etwas ausführlicher angehen. Ich habe bereits erwähnt, dass ich meistens als Feuerwehr an den akuten Performanz-Problemen arbeite. Aus diesem Grund ist es für mich wichtig, dass der Kunde möglichst genau das aufgetretene Problem beschreibt. Die allgemeinen Informationen über das System, die der Kunde mir oft mitzuteilen versucht, lenken mich eher von dem eigentlichen Problem ab. Ähnlich einem Arzt, der mit einem bewusstlosen Patienten zu tun hat. Für diesen Arzt sind die Einzelheiten der Biografie des Patienten zunächst nicht wichtig (beispielsweise die Tatsache, dass er glücklich verheiratet ist). Der Arzt muss diesen Patienten schnell reanimieren, für ihn ist es deshalb wichtiger zu wissen, unter welchen Umständen der Patient zusammenbrach, wie lange er sich bereits in diesem Zustand befindet und so weiter. Ich versuche mich in der Anfangsanalysephase vor den überflüssigen Informationen zu schützen, um mich auf das jeweilige Problem besser konzentrieren zu können.

Das Prinzip von Ockham ist formal und beschäftigt sich nicht mit der Gültigkeit einer Theorie. Für uns ist es aber wichtig, dass unsere Analyse zutreffend ist. Wie kann man sich vergewissern, dass die jeweilige Analyse richtig ist? Ich sehe grundsätzlich die folgenden 2 Möglichkeiten dafür:

- falls man anhand der Analyse eine Problemlösung findet, die zu implementieren ist, kann man diese Lösung umsetzen und prüfen, ob das Problem damit gelöst ist. Das ist sicherlich die beste Methode,
- leider liefert nicht jede richtige Analyse eine Problemlösung (wie z. B. im Fall aus dem Abschn. 6.1.7.2). Es kann auch sein, dass die jeweilige Problemlösung nicht umzusetzen ist (im Fall aus dem Abschn. 8.3.1 war es beispielsweise ein großes Glück, dass die Anwendung zuließ, die Kommentare in die SQL-Anweisungen einzufügen). In so einer Situation kann man entweder auf einen ähnlichen Fall verweisen (z. B. auf eine Notiz aus dem MOS) oder das Performanz-Problem mit einem Test-Case reproduzieren, der auf der Analyse basiert.

16.2 Das Prinzip von „Ockhams Rasiermesser" bei Performance Tuning

Zum Schluss dieses Abschnitts möchte ich ein einfaches Beispiel aus der Praxis für den Einsatz des Ockham's Prinzips bei Performance Tuning präsentieren.

16.2.1 Ein Fall mit einem nicht performanten Datenbankprozess

Ein Kunde ließ sich von einem Spezialisten bezüglich eines nicht performanten Datenbankprozesses beraten. Ich weiß nicht, wie dieser Spezialist das Problem analysiert hat. Seine Verbesserungsvorschläge bezogen sich aber auf den Application Server, der bei dem Kunden im Einsatz war, und brachten angeblich nicht viel für die Problemlösung. Der Kunde rief mich an und bat, den jeweiligen Prozess zu tunen, zumal dieser Prozess gerade lief. Ich stellte fest, dass dieser Prozess die meiste Zeit auf das Enqueue ST beim Ausführen eines Insert wartete. Diese Geschichte kommt aus den alten Zeiten von Oracle 7, als man noch ausschließlich die Dictionary Managed Tablespaces (DMT) benutzte. Es gibt ein einziges Enqueue ST, das Oracle beim Allozieren der Extents in DMT einsetzt (was leicht zu einem Engpass werden kann, wenn man dort sehr oft und zugleich konkurrierend die Extents alloziert). In der View DBA_TABLES ermittelte ich, dass das nächste Extent der jeweiligen Tabelle (in welche man die Daten mit dem Insert eintrug) zu klein war. Dies führte zu einem sehr häufigen Allozieren der Extents und logischerweise zum Warten auf das Enqueue ST. Die Lösung dieses Problems war ganz klar: das nächste Extent für die neuen Datenblöcke mit dem „ALTER TABLE" Kommando für die jeweilige Tabelle zu vergrößern. Der problematische Prozess wurde sofort um Faktor 80 schneller, als ich das gemacht hatte. Diese einfache Analyse kostete mich ca. 10 min Zeit und verlief exakt nach den Regeln, die wir oben besprachen. Ich beschäftigte mich nicht mit bodenlosen Theorien, sondern analysierte sofort den problematischen Prozess. Somit ermittelte ich die Tatsache, dass dieser Prozess auf das Ereignis ST-Enqueue wartete. So entstand die Hypothese, dass das häufige Allozieren der Extents dieses Warten verursachte. Die unzureichende Größe des nächsten Extent bekräftigte diese Hypothese. Meine Vermutung ließ sich durch das Vergrößern des nächsten Extent bestätigen. Ich beschreibe diesen einfachen Fall so detailliert, weil ich oft beobachte, wie die Leute grundlegende methodologische Fehler bei der Problemanalyse machen. Möglicherweise war der Application Server in der Tat nicht optimal konfiguriert, möglicherweise haben die jeweiligen Verbesserungsvorschläge sogar die Performance um Einiges besser gemacht. Es ist aber kein logischer Zusammenhang zwischen dem problematischen Prozess und der Konfiguration des Application Server ersichtlich. Hätte man nach einem gesucht, hätte man sicherlich mehrere gewaltige Annahmen machen müssen. Die jeweilige Analyse wurde vermutlich nach dem Motto gemacht „suche nicht dort, wo Du etwas verloren hast, sondern dort, wo es hell ist".

Fazit
Die richtige Methodologie ist das aller Wichtigste bei jeder Problemanalyse.

16.3 Wo und wie fängt man beim Performance Tuning an?

Das ist die Lieblingsfrage aller Anfänger. Es gibt hier kein allgemeines Rezept, da jeder Spezialist das Performance Tuning nach seiner eigenen Art und Weise macht. In diesem Abschnitt teile ich mit, wo und wie ich bei Performance Tuning anfange.

Der Anfang des Performance Tuning hängt von der Situation ab. Nehmen wir zunächst einen allgemeinen Fall. Eine Datenbank leidet an einem akuten Performanz-Problem, und es ist nicht klar, was dieses Problem verursacht. Wenn diese Datenbank neu für mich ist, würde ich diese Datenbank zunächst schnell kennenlernen (falls die Lage mit der Performanz nicht „lebensbedrohlich" ist). Ich ermittle dabei die folgenden Informationen:

- welcher Oracle Release ist es,
- ist es ein RAC-System oder eine „single" Instanz,
- wie groß ist die Datenbank,
- wie viele Datenbankprozesse laufen auf der jeweiligen Datenbankinstanz,
- ist es eine OLTP-Anwendung oder ein Datawarehouse,
- wie sind die Parametereinstellungen, gibt es dort irgendwelche Auffälligkeiten,
- gibt es Fehlermeldungen im Alertlog,
- sind die Redologs ordnungsgemäß konfiguriert,
- werden irgendwelche besondere Features von Oracle eingesetzt,
- usw.

Die meisten dieser Informationen kann man mit dem Skript dbconfig_html11.sql und mit der Routineprüfung der Datenbankstatistiken ermitteln, die im Abschn. 4.2.1 beschrieben sind. Falls ich ausreichend Zeit habe, untersuche ich die Datenbank etwas länger, um ihre Besonderheiten besser zu verstehen. Wie das beim Performance Tuning helfen kann, habe ich bereits an einigen Beispielen gezeigt. Weiter ermittle ich die CPU-Betriebssystemstatistiken, die CPU-Datenbankstatistiken und die Wartezustände der Datenbank, um zu verstehen, in welchem Bereich das Performanz-Problem liegt. Diesen Ansatz habe ich bereits im Abschn. 3 ausführlich beschrieben. Ich arbeite immer mit einem Tool, das die grafische Auswertung vom AWR- oder vom Statspack-Repository ermöglicht. Die Vorteile der grafischen Auswertungen haben wir bereits im Abschn. 12.2 besprochen. Die weitere Vorgehensweise ist stark davon abhängig, was die Analyse der CPU-Statistiken und der Wartezustände ergibt. Manchmal kann man gar keine Performanz-Engpässe entdecken, da die CPU-Auslastung minimal ist und keine gravierenden Wartezustände vorliegen. In so einem Fall sagen manche Datenbankadministratoren, dass das Performanz-Problem außerhalb der Datenbank liegt. Das ist aber nur eine mögliche Erklärung. Es kann sein, dass das jeweilige System so großzügig konfiguriert ist, dass man die meisten Performanz-Probleme nicht auf der Systemebene sieht. Es ist auch möglich, dass das jeweilige Problem sehr lokal und aus diesem Grund unauffällig ist. Normalerweise sind es reine SQL-Probleme, und es ist sinnvoll, nach den problematischen SQL-Anweisungen zu suchen. Manchmal ist es gar nicht so einfach. Ich habe eines Tages ein System untersucht, das so eigenartig konzipiert war, dass die Anwendungsperformanz von einer einzigen unauffälligen SQL-Anweisung abhing. In solchen Situationen kann man versuchen, zunächst Segmente zu ermitteln, die am häufigsten angefragt werden (also mit den meisten Logical oder Disk Reads), und erst danach die SQL-Anweisungen ermitteln, wo die jeweiligen Segmente beteiligt sind (s. im Abschn. 17.3).

Wenn die Lage sehr ernsthaft ist, muss man möglichst schnell die Ursache des Performanz-Problems klären und, wenn möglich, beseitigen. Aus diesem Grund ermittle ich in solchen Fällen lediglich den Oracle Release, um zu verstehen, mit welchen Oracle Features ich es zu tun habe und welche Tuning-Methoden ich einsetzen kann. Als nächstes überprüfe ich, wie hoch die CPU-Auslastung im Moment ist und worauf die Sessions warten. Sehr oft werden solche Performanz-Probleme durch die nicht performanten SQL-Anweisungen verursacht. In den Abschn. 17 und 18 sind einige Methoden präsentiert, wie man die problematischen SQL-Anweisung möglichst schnell und ohne großen Aufwand ermitteln und tunen kann.

Es kann sein, dass nicht die ganze Datenbankanwendung von einem Performanz-Problem betroffen ist, sondern nur ein bestimmter Prozess. In diesem Fall kann beispielsweise ein SQL-Tracing helfen, das Problem zu klären. Das SQL-Tracing ist im Abschn. 6.1.5 beschrieben. Man kann in diesem Fall auch einige Skripte einsetzen, die für eine Session relevant sind.

In einigen Situationen findet der Kunde selbst die Ursache des Performanz-Problems, kann aber diese Ursache nicht beseitigen. Oft wenden sich die Kunden mit den problematischen SQL-Anweisungen, die sie nicht tunen können, an mich. In so einem Fall fange ich direkt mit SQL-Tuning an. Wenn ich keinen Zugang zu der Datenbank habe, sind meine Möglichkeiten beim Tuning ziemlich begrenzt. Deshalb habe ich ein so großes Interesse an den effektiven Methoden des Remote-SQL-Tuning. Das sind die Methoden, die das SQL-Tuning ohne Datenbankzugang ermöglichen. Einige Ansätze des Remote-Tuning sind im Abschn. 18.5 beschrieben.

16.4 Umgehungslösungen (Workarounds)

Dieser Abschnitt ist eine Hymne auf die Workarounds. Es gibt Leute, die keine Umgehungslösungen ausstehen können. Sie erklären es damit, dass man mit einem Workaround nicht das eigentliche Problem löst, sondern lediglich dessen Symptome bekämpft. Ich möchte hier meine Argumentation für die Workarounds darstellen.

Die Workarounds im Allgemeinen und im IT-Bereich im Einzelnen sind zwangsläufig notwendig und nicht vermeidbar. Da es keine fehlerfreien Software-Systeme gibt, muss man diese Tatsache in Kauf nehmen und lernen, mit den Fehlern zu leben, weil man nicht jeden Fehler beseitigen kann. Ohne die Umgehungslösungen ist solch eine Koexistenz einfach nicht möglich.

Es ist nur eine Frage des Blickwinkels, was man als das eigentliche Problem betrachtet. Wenn ein System akute Performance Probleme hat, weil beispielsweise der Optimizer einen suboptimalen Ausführungsplan für eine SQL-Anweisung generiert, ist das eigentliche Problem für mich das Performanz-Problem und nicht ein Problem des Optimizer. Oft ist ein Workaround die einzige Möglichkeit, ein bestehendes Problem zu umgehen. Wenn der Optimizer einen suboptimalen Ausführungsplan wegen eines Bug erzeugt (den

Oracle noch gar nicht gefixt hat), was bleibt denn anderes übrig, als einen Workaround einzusetzen?

Ich benutze verschiedene Workarounds sehr oft. Wenn Sie meine Beispiele aufmerksam lesen, merken Sie, dass viele Lösungen eigentlich die Workarounds sind. Zum Beispiel der Fall mit dem funktionalen Index aus dem Abschn. 2.3.2. Wäre es besser gewesen, keinen funktionalen Index als Workaround anzulegen und wochenlang mit dem bestehenden Performanz-Problem zu warten, solange die Entwickler eine „richtige" Lösung nicht implementiert haben?

Meine Taktik bezüglich der Workarounds ist ganz einfach. Wenn ein Workaround das eigentliche Problem (sprich ein Performanz-Problem) schnell beseitigen kann, setze ich diesen Workaround ein. Somit ermögliche ich einen störungsfreien Betrieb der Datenbank und gewinne Zeit für eine gründliche Problemanalyse, die möglicherweise später eine bessere Lösung ergibt. Diese Zeit braucht man auch, wenn ein Bug von Oracle das jeweilige Performanz-Problem verursacht. In diesem Fall muss man eine Zeitlang mit einem Workaround überleben, solange das jeweilige Patch von Oracle nicht bereitgestellt wird.

Ich mag die Workarounds. Ein Workaround kann hässlich sein, wenn er aber mein Problem löst, ist er für mich eine völlig legitime Problemlösung. Ich mag aber auch die Kompromisse. Wenn ich die Workarounds als legitime *temporäre* Lösungen bezeichne, kann es ein guter Kompromiss im Streit um die Workarounds sein.

Der Workaround. Hässlich aber wirksam

16.5 Wrong Results. Ein Zusammenhang mit Performance Tuning

Es gibt noch eine Problemklasse, die etwa so wenig wie Performance Tuning bei manchen Datenbankadministratoren beliebt ist. Das sind die Probleme mit den falschen Ergebnissen der SQL-Anweisungen (wrong results). Solche Probleme kann man normalerweise durch eine Umformulierung der betroffenen SQL-Anweisung beseitigen. Wenn die Software-Entwickler in Greifweite sind, können sie das normalerweise tun. Da man dieses Problem in der Regel dabei nicht analysiert, bleibt leider eine unangenehme Frage offen: wo sonst noch kann dieses Problem auftauchen? Wenn die jeweilige SQL-Anweisung nicht zu ändern ist, müssen die Datenbankadministratoren dieses Problem aktiv angehen.

Da ich einige enge Zusammenhänge zwischen diesen beiden Problemklassen sehe, denke ich, dass ein Spezialist für Performance Tuning ziemlich gute Erfolgschancen auch bei der Analyse der „wrong results" hat.

Um eine bessere Performance zu erreichen, versucht der Optimizer von Oracle die ursprüngliche SQL-Anweisung zwecks Optimierung zu ändern. Einige Teile der SQL-Anweisung können bei solchen Optimierungen sogar entfallen, wenn Oracle sie überflüssig findet. Die meisten Probleme mit „wrong results", mit denen ich in der Praxis zu tun gehabt habe, kamen genau aus dieser Ecke.

a   b

Manchmal werden falsche Ergebnisse durch eine Optimierung verursacht

Da man normalerweise die Query-Transformationen und die Query-Optimierungen in dem jeweiligen Ausführungsplan erkennen kann, kann die Analyse des Ausführungsplans mit den Laufzeitstatistiken bei den Problemen mit „wrong results" sehr hilfreich sein. Solch eine Analyse ist sehr ähnlich der Analyse des Ausführungsplans beim SQL-Tuning (s. im Abschn. 18.4.2). Findet man einen Schritt im jeweiligen Ausführungsplan, der die fehlerhaften Ergebnisse liefert (oft eine falsche Kardinalität, i.e. die Anzahl der Sätze in der Treffermenge), bringt es einen oft auf die hilfreiche Idee, welche Query-Optimierung oder Query-Transformation das Problem verursacht hat.

Wenn man die jeweilige Optimierung bzw. Transformation außer Kraft setzt, kommt man auf das richtige Ergebnis. Die meisten Query Optimierungen wie auch die einzelnen Query-Transformationen kann man mit einem versteckten Parameter abstellen. Mit dem Skript db_parameter8i.sql kann man alle Parameter und deren Beschreibungen ermitteln, um auf die jeweiligen Parameter zu kommen (dieses Skript ist eine Modifikation des Skripts parameters.sql von S.Adams [14]). Für das Ausschalten aller Query-Transformationen kann man das Hint NO_QUERY_TRANSFORMATION benutzen. Wenn Sie die Ursache der falschen Ergebnisse entdeckt haben, können Sie nach ihrem Problem unter den bekannten in MOS suchen, da Sie das Problem verstanden haben und die richtigen Suchkriterien anwenden können. Falls Sie dort nichts finden, können Sie einen kleinen Test-Case zusammenbauen und an den Oracle Support senden, um dieses Problem im Rahmen eines Service Request weiter zu klären und möglicherweise einen Bug zu diesem Problem eröffnen zu lassen. Diese Vorgehensweise, wenn sie auch zunächst etwas kompliziert scheint, ist in der Praxis meistens ziemlich einfach. Ein paar praktische Beispiele in diesem Kapitel können Sie hoffentlich davon überzeugen.

Der Verzicht auf eine Optimierung als Workaround für die „wrong results" kann theoretisch die Performanz etwas verschlechtern. Auch hier sind Sie als Spezialist für Performance Tuning imstande zu beurteilen, in wie weit das die Anwendung beeinträchtigen kann. Die Einzelheiten zu einigen Query-Optimierungen und Transformationen können Sie in [15], [16], [17] finden.

Die Methode mit den kleinen Test-Cases, die man oft bei der Analyse der falschen Ergebnisse einsetzt, kann das Performance Tuning auch bereichern. Die Modellierungsmethode aus dem Abschn. 18.5.2 ist nichts anderes als die Anwendung der Test-Cases für das Remote-SQL-Tuning.

16.5.1 Ein Fall mit einer fehlerhaften Query-Transformation

Diesen Fall werde ich anhand meines kleinen Test-Case präsentieren, den ich bei der jeweiligen Problemanalyse erstellt und für diesen Abschnitt noch etwas vereinfacht habe.

Zunächst lege ich 2 kleine Tabellen an:

```
SQL> create table a(a1 number, a2 number);

Table created.

SQL>
SQL> insert into a values (1,1);

1 row created.

SQL>
SQL> create table b(b1 number, b2 number);

Table created.

SQL>
SQL> insert into b(b1,b2) select * from a connect by level <= 5;

5 rows created.

SQL> commit;

Commit complete.
```

Danach starte ich den Test-Case, der sehr einfach aufgebaut ist:

```
SQL> select distinct
  2    rownum,
  3    a1,
  4    a2
  5  from a a
  6  where a1=1 and exists (select /*+ unnest */ 'X' from b b where a.a1 = b.b1);

    ROWNUM         A1         A2
---------- ---------- ----------
         2          1          1
         4          1          1
         1          1          1
         5          1          1
         3          1          1
```

Dieser Test-Case liefert 5 Sätze statt eines einzigen zurück. Das Hint UNNEST habe ich speziell eingebaut, um Oracle zu einer Query-Transformation zu zwingen, die im realen Fall gemacht wurde. Schauen wir jetzt, was für eine Query-Transformation Oracle anwendet:

```
Plan hash value: 263830440

-----------------------------------------------------------------------------------------
| Id  | Operation          | Name | Starts | E-Rows | A-Rows |   A-Time   | Buffers | OMem | 1Mem | Used-Mem |
-----------------------------------------------------------------------------------------
|   0 | SELECT STATEMENT   |      |      1 |        |      5 |00:00:00.01 |       6 |      |      |          |
|   1 |  HASH UNIQUE       |      |      1 |      1 |      5 |00:00:00.01 |       6 | 910K | 910K | 615K (0)|
|   2 |   COUNT            |      |      1 |        |      5 |00:00:00.01 |       6 |      |      |          |
|*  3 |    HASH JOIN       |      |      1 |      5 |      5 |00:00:00.01 |       6 | 968K | 968K | 378K (0)|
|*  4 |     TABLE ACCESS FULL| A  |      1 |      1 |      1 |00:00:00.01 |       3 |      |      |          |
|*  5 |     TABLE ACCESS FULL| B  |      1 |      5 |      5 |00:00:00.01 |       3 |      |      |          |
-----------------------------------------------------------------------------------------

Predicate Information (identified by operation id):
---------------------------------------------------

   3 - access("A1"="B"."B1")
   4 - filter("A1"=1)
   5 - filter("B"."B1"=1)
```

Oracle transformiert die ursprüngliche SQL-Anweisung mit einem Subquery in einen HASH JOIN. Normalerweise benutzt Oracle dafür einen SEMI JOIN. Den normalen Join kann Oracle nicht in allen Fällen einsetzen, da dieser Join mehr Sätze produzieren kann. Ich habe vermutet, dass Oracle diese Transformation anwendet, weil der DISTINCT Operator in der SQL-Anweisung vorhanden ist, da dieser Operator das Ergebnis des HASH JOIN auf die richtige Menge reduziert. Das habe ich sofort geprüft:

16.5 Wrong Results. Ein Zusammenhang mit Performance Tuning

```
SQL> select
  2  rownum,
  3  a1,
  4  a2
  5  from a a
  6  where a1=1 and exists (select /*+ unnest */ 'X' from b b where a.a1 = b.b1);

    ROWNUM         A1         A2
---------- ---------- ----------
         1          1          1

Plan hash value: 1598754632

-------------------------------------------------------------------------------------------------------
| Id  | Operation          | Name   | Starts | E-Rows | A-Rows |   A-Time    | Buffers |
OMem |  1Mem | Used-Mem |
-------------------------------------------------------------------------------------------------------
|   0 | SELECT STATEMENT   |        |      1 |        |      1 |00:00:00.01 |       6 |
|     |       |          |
|   1 |  COUNT             |        |      1 |        |      1 |00:00:00.01 |       6 |
|     |       |          |
|*  2 |   HASH JOIN SEMI   |        |      1 |      1 |      1 |00:00:00.01 |       6 |
 968K|   968K|  350K (0)|
|*  3 |    TABLE ACCESS FULL | A    |      1 |      1 |      1 |00:00:00.01 |       3 |
|     |       |          |
|   4 |    VIEW            | VW_SQ_1 |     1 |      5 |      1 |00:00:00.01 |       3 |
|     |       |          |
|*  5 |     TABLE ACCESS FULL| B    |      1 |      5 |      1 |00:00:00.01 |       3 |
|     |       |          |
-------------------------------------------------------------------------------------------------------

Predicate Information (identified by operation id):
---------------------------------------------------

   2 - access("A"."A1"="ITEM_1")
   3 - filter("A1"=1)
   5 - filter("B"."B1"=1)
```

Das ist in der Tat so. Ohne DISTINCT benutzt Oracle den SEMI JOIN, der das richtige Ergebnis liefert.

Leider hat Oracle bei der Query-Transformation in unserem Test-Case die Pseudo-Spalte ROWNUM nicht berücksichtigt. Diese Spalte wurde im Schritt 2 berechnet, noch vor dem Ausführen von DISTINCT. Aus diesem Grund kann Oracle die 5 Sätze von dem HASH JOIN nicht mehr auf einen Satz reduzieren. Als Workaround habe ich das Hint NO_QUERY_TRANSFORMATION benutzt.

```
SQL> select /*+ no_query_transformation */ distinct
  2  rownum,
  3  a1,
  4  a2
  5  from a a
  6  where a1=1 and exists (select /*+ unnest */ 'X' from b b where a.a1 = b.b1);

    ROWNUM         A1         A2
---------- ---------- ----------
         1          1          1

Plan hash value: 2582792790

---------------------------------------------------------------------------------------------------
| Id  | Operation           | Name | Starts | E-Rows | A-Rows |   A-Time   | Buffers | OMem | 1Mem | Used-Mem |
---------------------------------------------------------------------------------------------------
|   0 | SELECT STATEMENT    |      |      1 |        |      1 |00:00:00.01 |       6 |
|   1 |  HASH UNIQUE        |      |      1 |      1 |      1 |00:00:00.01 |       6 | 910K| 910K| 414K (0)|
|   2 |   COUNT             |      |      1 |        |      1 |00:00:00.01 |       6 |
|*  3 |    FILTER           |      |      1 |        |      1 |00:00:00.01 |       6 |
|*  4 |     TABLE ACCESS FULL| A    |      1 |      1 |      1 |00:00:00.01 |       3 |
|*  5 |     TABLE ACCESS FULL| B    |      1 |      1 |      1 |00:00:00.01 |       3 |
---------------------------------------------------------------------------------------------------

Predicate Information (identified by operation id):
---------------------------------------------------

   3 - filter( IS NOT NULL)
   4 - filter("A1"=1)
   5 - filter("B"."B1"=:B1)
```

Die Suche nach einem bekannten Problem hat nichts ergeben. Aus diesem Grund wurde ein Service Request und später ein Bug bei Oracle eröffnet.

Fazit

- viele Probleme aus der Kategorie „falsche Ergebnisse" sind einfacher als sie zunächst scheinen,
- eine Analyse des jeweiligen Ausführungsplans hilft oft bei ihrer Klärung

16.6 Ein paar Empfehlungen für die Anfänger

Diese einfachen Prinzipien benutze ich selber bei meiner Tätigkeit. Ich hoffe sehr, dass diese Empfehlungen auch Ihnen bei den Problemanalysen helfen können.

16.6.1 Augen offen halten

Mittlerweile denke ich, dass dies überhaupt das Allerwichtigste bei jeder Problemanalyse ist. Es ist erstaunlich, wie oft die bei der Analyse entdeckten Kleinigkeiten zu einer Problemlösung führen. Leider merkt man solche Kleinigkeiten in vielen Fällen nicht.

Augen auf!

Manchmal beinhaltet eine Problemstellung bereits ihre Lösung. Wie im unteren Fall.

16.6.1.1 Ein Fall mit den „wrong results" wegen einer fehlerhaften Optimierung

Bei einer 10.2.0.5 Datenbank ist ein Problem mit fehlerhaften Ergebnissen aufgetreten (eine SQL-Anweisung hat zu viele Datensätze ausgegeben). Man hat bereits ein paar Tage in die Analyse dieses Problems investiert, aber keine Erklärung gefunden. Aus diesem Grund hat man mich gebeten, einen Blick darauf zu werfen. In der jeweiligen E-Mail habe ich die folgende SQL-Anweisung mit dem Ausführungsplan gefunden:

```
SQL> set autotrace on exp stat
SQL>   select jl.ast_id_fk
  2         , jl.anlass_id
  3         , jlaf.Anzahl_tage_vor_ereignis
  4         , jlaf.Anzahl_tage_nach_ereignis
  5         , jl.anlass_id
  6    --   , jla.anlass_id
  7    from MBS_FACHTEST_BLAU.jl_jobliste jl
  8       , MBS_FACHTEST_BLAU.jla_jl_Anlasstypen jla
  9       , MBS_FACHTEST_BLAU.jlaf_jla_fristen jlaf
 10   where jl.anlass_id = jla.anlass_id      -- JL - JLA
 11     and jla.jla_id = jlaf.jla_id_fk       -- JLA - JLAF
 12     and jlaf.AKTIVE_ANSPRACHE = 1         --
 13     and jl.ast_id_fk is not null
 14     and jlaf.KANAL = '1'
 15     and jl.Anlass_id = 'WIRD_16_OHNE_BSPV_ICF_INFO'
 16   order by jl.ast_id_fk, jl.anlass_id
 17  ;
240 Zeilen ausgewählt.
Ausführungsplan
----------------------------------------------------------
Plan hash value: 2613169178

------------------------------------------------------------------------------
| Id  | Operation                     | Name            | Rows | Bytes | Cost
(%CPU)| Time     |
------------------------------------------------------------------------------
|   0 | SELECT STATEMENT              |                 |   76 |  3192 |   17
   (6)| 00:00:01 |
|   1 |  SORT ORDER BY                |                 |   76 |  3192 |   17
   (6)| 00:00:01 |
|   2 |   MERGE JOIN CARTESIAN        |                 |   76 |  3192 |   16
   (0)| 00:00:01 |
|*  3 |    TABLE ACCESS BY INDEX ROWID| JL_JOBLISTE     |   11 |   275 |    2
   (0)| 00:00:01 |
|*  4 |     INDEX RANGE SCAN          | IND_JL_ANLASS   |   11 |       |    1
   (0)| 00:00:01 |
|   5 |    BUFFER SORT                |                 |    7 |   119 |   15
   (7)| 00:00:01 |
|*  6 |     TABLE ACCESS FULL         | JLAF_JLA_FRISTEN|    7 |   119 |    1
   (0)| 00:00:01 |
------------------------------------------------------------------------------
```

Ich habe bemerkt, dass dieser Ausführungsplan einen Join von 2 Tabellen beinhaltet, wobei im jeweiligen Select 3 Tabellen beteiligt sind. Aus diesem Grund habe ich vermutet, dass Oracle eine Tabelle einfach „wegoptimiert" hat.

Diese Optimierung heißt bei Oracle „join elimination" und wird mit dem Parameter _OPTIMIZER_JOIN_ELIMINATION_ENABLED gesteuert. Ich habe den Kunden gebeten, einen Test mit der Parametereinstellung _OPTIMIZER_JOIN_ELIMINATION_ENABLED=FALSE auszuführen. Zugleich habe ich in MOS nach einem bekannten Problem gesucht und sofort einen verdächtigen Bug gefunden. Alle Symptome dieses Bug haben exzellent zu dem obigen Problem gepasst. Der Workaround mit der Parametereinstellung _OPTIMIZER_JOIN_ELIMINATION_ENABLED=FALSE hat auch das richtige Ergebnis gebracht. Die ganze Analyse hat bestimmt nicht länger als 15 min gedauert.

16.6 Ein paar Empfehlungen für die Anfänger

> **Fazit**
> Viele Probleme lassen sich erfolgreich analysieren, wenn man aufmerksam mit den vorliegenden Informationen umgeht.

16.6.2 Vergessen Sie nicht ihre stärkste Waffe einzusetzen

Die meisten Probleme, mit denen ich zu tun hatte, hatten ziemlich einfache Ursachen. Auch diejenigen, die zunächst sehr mysteriös aussahen. Ich will damit nicht sagen, dass diese Ursachen leicht zu finden sind (geschweige zu beseitigen oder zu umgehen). Sie sind aber lösbar. Man braucht dafür gar nicht so viel von Oracle zu verstehen. Viel wichtiger sind der Verstand, die Kreativität und die Verbissenheit. Setzen Sie Ihre „kleinen grauen Zellen" ein, und Sie werden jedes Problem knacken!

Expertenratschlag

16.6.3 Bloß nicht aufgeben!

Wenn Sie bereits viel Zeit erfolglos in eine Problemanalyse investiert haben und alle Ihre Ideen erschöpft sind, kann ich Ihnen nur eines empfehlen: bloß nicht aufgeben! Überprüfen Sie zunächst, was Sie bis jetzt gemacht haben. Möglicherweise haben Sie etwas übersehen. Wenn Sie nichts übersehen haben, brauchen Sie einen neuen Stoff für die neuen Ideen. Es ist dann absolut verkehrt, die Untersuchung zu beenden. Suchen Sie weiter, möglicherweise etwas lockerer, als Sie das bis jetzt gemacht haben. Sie werden bestimmt etwas finden, was Sie nach vorn bringt.

Bis(s) in den Problemkern

Einige Ermittlungstechniken für problematische SQL-Anweisungen

17

Jede Lösung der Performanz-Probleme besteht aus den folgenden 3 Schritten:

- Ermittlung der Ursache,
- Erarbeitung der Methode für die Beseitigung dieser Ursache,
- Umsetzung der gefundenen Methode.

Obwohl jeder dieser Schritte gewisse Schwierigkeiten macht, ist der erste Schritt der wichtigste, weil die nächsten zwei von ihm abhängig sind. Findet man nicht die richtige Ursache, werden die anderen zwei Schritte zu reiner Zeitverschwendung, die zu keiner Problemlösung führt. Aus diesem Grund spielen die Ermittlungstechniken eine sehr wichtige Rolle bei Performance Tuning. In diesem Kapitel werden einige effektive Ermittlungstechniken für problematische SQL-Anweisungen präsentiert. Im Abschn. 18 sind die restlichen zwei Schritte beschrieben.

Peter: „Warum grenzest Du die Ermittlungstechniken auf die SQL-Anweisungen ein? Performanz-Probleme können doch nicht nur durch SQL-Anweisungen verursacht werden."

Leonid: „Du hast Recht, Peter. Die häufigste Ursache der Performanz-Probleme sind aber gerade inperformante SQL-Anweisungen. Das ist der Grund, warum die Ermittlung der problematischen SQL-Anweisungen und das SQL-Tuning im Fokus dieses Buches stehen."

P.: „Irgendwo habe ich gelesen, dass ca. 80 % aller Performanz-Probleme auf inperformante SQL-Anweisungen zurückzuführen sind."

L.: „Wenn ich solche Einschätzungen sehe, ist mir immer interessant, wie man die jeweiligen Messungen gemacht hat. Ob es 80 % oder 90 % sind, spielt eigentlich keine große Rolle. Wichtig ist, dass es die meisten Fälle sind."

17.1 Ermittlung der problematischen SQL-Anweisungen bei akuten gegenwärtigen Performanz-Problemen

Wenn ein System akute Performanz-Probleme wegen inperformanter SQL-Anweisungen hat, kann man die problematischen SQL-Anweisungen in der View V$ACTIVE_SESSION_HISTORY ermitteln. Das ist meiner Meinung nach eine sehr einfache und zuverlässige Methode, weil diese View einmal pro Sekunde aktualisiert wird und somit die aktuellen Daten zu den aktiven Sessions enthält.

Falls man diese Methode nicht anwenden kann (weil die jeweilige Lizenz fehlt), ist es möglich, anders vorzugehen. Um die andere Methode zu demonstrieren, habe ich 4 Sessions auf meiner kleinen Testdatenbank gestartet, die in einer endlosen Schleife einen Full Table Scan ausgeführt haben. Dies hat sofort die CPU-Auslastung in die Höhe getrieben.

```
-- Database Alias : xxxx
-- Oracle Server Version :  11.2.0.3.0
-- Script os_stats_monitor10g.sql (Product TuTool 6.4.6 : www.tutool.de)
-- Start Time : 25.12.12 01:23:36
-- This Time  : 25.12.12 01:24:06
-- Input Parameters :
-- stat_name_like=''
-- sleep_interval_sec='60'
------- xxx, Version 11.2.0.3.0, Test : 25.12.2012 01:24:08 ---------
AVG_BUSY_TIME = 5975, per sec. = 99.58
AVG_USER_TIME = 5199, per sec. = 86.65
AVG_SYS_TIME  = 773, per sec. = 12.88
AVG_IDLE_TIME = 22, per sec. = .37

-- Database Alias : xxxx
-- Oracle Server Version :  11.2.0.3.0
-- Script os_stats_monitor10g.sql (Product TuTool 6.4.6 : www.tutool.de)
-- Start Time : 25.12.12 01:23:36
-- This Time  : 25.12.12 01:25:12
-- Input Parameters :
-- stat_name_like=''
-- sleep_interval_sec='60'
------- xxx, Version 11.2.0.3.0, Test : 25.12.2012 01:25:15 ---------
AVG_BUSY_TIME = 5990, per sec. = 99.83
AVG_USER_TIME = 5109, per sec. = 85.15
AVG_SYS_TIME  = 878, per sec. = 14.63
AVG_IDLE_TIME = 7, per sec. = .12

...
```

17.1 Ermittlung der problematischen SQL-Anweisungen ...

Das Skript all_sess_event.sql ermittelt die Anzahl der Sessions pro Ereignis in der View V$SESSION. Unter Ereignissen sind hier sowohl Warteereignisse als auch CPU-Verbrauch bzw. das Warten auf CPU („on CPU") zu verstehen. In der unteren Ausgabe dieses Skripts sieht man die 4 CPU-Fresser.

```
-- Database Alias : xxxx
-- Oracle Server Version : 11.2.0.3.0
-- Script all_sess_event.sql (Product TuTool 6.4.6 : www.tutool.de)
-- Start Time : 25.12.12 01:24:14

Event                                                       # of Sessions
----------------------------------------------------------- -------------
rdbms ipc message                                                      12
SQL*Net message from client                                            12
on CPU                                                                  4
Space Manager: slave idle wait                                          2
DIAG idle wait                                                          2
jobq slave wait                                                         2
PL/SQL lock timer                                                       2
pmon timer                                                              1
Streams AQ: waiting for time management or cleanup tasks                1
resmgr:cpu quantum                                                      1
Streams AQ: waiting for messages in the queue                           1
Streams AQ: qmn coordinator idle wait                                   1
VKTM Logical Idle Wait                                                  1
smon timer                                                              1
VKRM Idle                                                               1
Streams AQ: qmn slave idle wait                                         1
wait for unread message on broadcast channel                            1

Status    # of Sessions
--------  -------------
INACTIVE             13
ACTIVE               33
```

Jetzt können wir die jeweiligen SQL-Anweisungen für das Ereignis „on CPU" finden. Dabei kann das Skript act_sql_wait_event11.sql behilflich sein.

```
-- Database Alias : xxxx
-- Oracle Server Version :  11.2.0.3.0
-- Script act_sql_wait_event11.sql (Product TuTool 6.4.6 : www.tutool.de)
-- Start Time : 25.12.12 01:25:20
-- Input Parameters :
-- event_name='on CPU'


       sid SQL text                                                      SQL Id and
Duration
---------- ------------------------------------------------------------- ----------------
--------------------------
         7 SELECT COUNT(*) FROM T1                                       sql id=,
duration(sec.)=
        12 SELECT COUNT(*) FROM T1                                       sql
id=6jvbdcampbu17, duration(sec.)=0
        72 SELECT COUNT(*) FROM T1                                       sql
id=6jvbdcampbu17, duration(sec.)=0
        73 select /*+ ordered use_nl(s t) */ s.sid "sid", t.sql_text "SQL t sql
id=2psdv7tn0qmtv, duration(sec.)=0
           ext", 'sql id='||s.sql_id||', duration(sec.)='||ltrim(to_char((s
           ysdate - s.sql_exec_start)*24*60,'9999999990')) "SQL Id and D
           uration" from sys.v_$session s, sys.v_$sqltext t where decode(s.
           state,'WAITING',event,'on CPU')='on CPU' and s.status = 'ACTIVE'
            and s.sql_address = t.address and s.sql_hash_value = t.hash_val
           ue order by s.sid,t.address, t.piece
       139 SELECT COUNT(*) FROM T1                                       sql
id=6jvbdcampbu17, duration(sec.)=0
```

Wir sehen, dass ein Select aus der Tabelle T1 in den 4 Sessions ausgeführt wird, die gerade CPU verbrauchen. Da die Verwendung der Skripte act_sql_wait_event11.sql und act_sql_wait_event11.sql lediglich eine Stichprobe ist, ist es sinnvoll, diese Skripte ein paar Mal auszuführen.

Mit dem Skript active_sess_event10g.sql kann man noch mehr Informationen ermitteln. Dieses Skript findet die aktiven Sessions in der View V$SESSION mit den SQL-Anweisungen, welche gerade ausgeführt werden. Bei den blockierenden Warteereignissen werden auch die jeweiligen Blocker ermittelt. Es ist sinnvoll, das Skript active_sess_event10g.sql mit einem kleinen Zeitintervall auszuführen. Ich habe dafür das Skript active_sess_monitor10g.sql benutzt, welches das Skript active_sess_monitor10g.sql alle 5 s aufgerufen hat. Die Ausgabe imitiert dann den Inhalt der View V$ACTIVE_SESSION_HISTORY. Man muss nach der SQL-Anweisung in dieser Ausgabe suchen, die dort am häufigsten für das jeweilige Ereignis vorkommt. In unserem Fall ist es die SQL-Anweisung mit der SQL Id „6jvbdcampbu17" für das Ereignis „on CPU".

17.1 Ermittlung der problematischen SQL-Anweisungen ...

```
-- Database Alias : xxxx
-- Oracle Server Version :  11.2.0.3.0
-- Script active_sess_monitor10g.sql (Product TuTool 6.4.6 : www.tutool.de)
-- Start Time : 25.12.12 01:26:14
-- This Time  : 25.12.12 01:26:36
-- Input Parameters :
-- event_name_like=''
-- sleep_interval_sec='5'

block instance  block sid      sid event                                       wait time user
name                           os user                    sql id        p1text
p2text                                                    p3text
wait obj#      wait file#    wait block#       wait row#
-------------- ---------- -------- ---------------------------------------- ---------- -------
---------------------- ------------------------------ ------------- ------------------------
------------------------ ---------------------------------------- ----------------
------------------------------ --------------- --------------- --------------- ----------------
                         -1       7 on CPU                                              0 SYS
XXXXXXXXXXXXX                     6jvbdcampbu17 3:0000000000000003:location
12555:000000000000310B:consumer group id         0:00:
-1             0          0                 0
                                 12                                                     0 SYS
XXXXXXXXXXXXX                     6jvbdcampbu17 3:0000000000000003:location
12555:000000000000310B:consumer group id         0:00:
-1             0          0                 0
                                192                                                     0 SYS
XXXXXXXXXXXXX                     gpy6k0wpq97g4 3:0000000000000003:location
12555:000000000000310B:consumer group id         0:00:
-1             0          0                 0
                                139                                                     0 SYS
XXXXXXXXXXXXX                     6jvbdcampbu17 3:0000000000000003:location
12555:000000000000310B:consumer group id         0:00:
-1             0          0                 0
                                 72                                                     0 SYS
XXXXXXXXXXXXX                     6jvbdcampbu17 2:0000000000000002:location
12555:000000000000310B:consumer group id         0:00:
-1             0          0                 0
-- Database Alias : xxxx
-- Oracle Server Version :  11.2.0.3.0
-- Script active_sess_monitor10g.sql (Product TuTool 6.4.6 : www.tutool.de)
-- Start Time : 25.12.12 01:26:14
-- This Time  : 25.12.12 01:26:44
-- Input Parameters :
-- event_name_like=''
-- sleep_interval_sec='5'

block instance  block sid      sid event                                       wait time user
name                           os user                    sql id        p1text
p2text                                                    p3text
wait obj#      wait file#    wait block#       wait row#
-------------- ---------- -------- ---------------------------------------- ---------- -------
---------------------- ------------------------------ ------------- ------------------------
------------------------ ---------------------------------------- ----------------
------------------------------ --------------- --------------- --------------- ----------------
                         -1      72 on CPU                        3:0000000000000003:location
XXXXXXXXXXXXX
12555:000000000000310B:consumer group id         0:00:
-1             0          0                 0
                                 12                                                     0 SYS
XXXXXXXXXXXXX                                   2807425063:00000000A755E827:idn
309237645315:0000004800000003:value               38654705664:0000000900000000:where
-1             0          0                 0
                                192                                                     0 SYS
XXXXXXXXXXXXX                     gpy6k0wpq97g4 3:0000000000000003:location
12555:000000000000310B:consumer group id         0:00:
-1             0          0                 0
                                139                                                     0 SYS
XXXXXXXXXXXXX                     6jvbdcampbu17 2807425063:00000000A755E827:idn
309237645315:0000004800000003:value               38654705664:0000000900000000:where
-1             0          0                 0
                         -1       7 resmgr:cpu quantum                                  0 SYS
XXXXXXXXXXXXX                     6jvbdcampbu17 3:0000000000000003:location
12555:000000000000310B:consumer group id         0:00:
-1             0          0                 0
...
```

17.2 Ermittlung der problematischen SQL-Anweisungen bei den vergangenen Performanz-Problemen

Wenn ein Performanz-Problem in der Vergangenheit liegt, kann man für die Ermittlung der problematischen SQL-Anweisungen die folgenden 3 Datenquellen benutzen, die Oracle dafür zur Verfügung stellt:

- Statspack-Repository,
- Automatic Workflow Repository (AWR),
- die historischen Views für die aktiven Sessions

In diesem Abschnitt präsentiere ich einige effektive Methoden für alle 3 Datenquellen.

17.2.1 Ermittlung der Top-SQL-Anweisungen aus dem Statspack-Repository

Für diesen Abschnitt habe ich den Test aus dem Abschn. 17.1 wieder gebraucht. Ich habe also 4 Sessions gestartet, welche einen Full Table Scan ausgeführt haben. Zugleich habe ich einige Snapshots des Statspack-Repository in kleinen zeitlichen Intervallen generiert. Die jeweilige Auswertung der CPU-Auslastung auf der Betriebssystemebene ist in einer grafischen Form präsentiert (Abb. 17.1).

Die Kurve für die Statistik AVG_BUSY_TIME hat einen absteigenden Verlauf, weil ich nach und nach meine Test-Sessions beendet habe.

Jetzt möchte ich zeigen, wie man SQL-Anweisungen ermitteln kann, welche diese hohe CPU-Auslastung verursacht haben.

Peter: „*Reicht das Statspack-Report dafür nicht aus?*"

Leonid: „*Für diesen einfachen Fall hätte das Statspack-Report ausgereicht. Wenn das Problem komplizierter ist und man eine feine Analyse der SQL-Anweisungen benötigt, würde ich lieber das Skript sp_sqltus102.sql einsetzen.*"

Dieses Skript ermöglicht die Ermittlung der Top-SQL-Anweisungen aus dem Statspack-Repository für einen gewissen Zeitraum und hat die folgenden Besonderheiten:

- es ist möglich, die Top-SQL-Anweisungen nach vielen Kriterien zu ermitteln. Als Kriterien kann man die meisten im Statspack-Repository vorhandenen Laufzeit- oder Wartestatistiken wählen. Möglich ist es auch, die Top-SQL-Anweisungen nach einer Laufzeit- bzw. Wartestatistik pro Ausführung zu ermitteln,
- die jeweiligen Ausführungspläne werden auch ausgegeben,
- in der Ausgabe findet man alle Laufzeit- und Wartestatistiken zu der jeweiligen SQL-Anweisung. Dies ermöglicht einen guten Überblick über die jeweiligen Ausführungen der SQL-Anweisung,

17.2 Ermittlung der problematischen SQL-Anweisungen bei ...

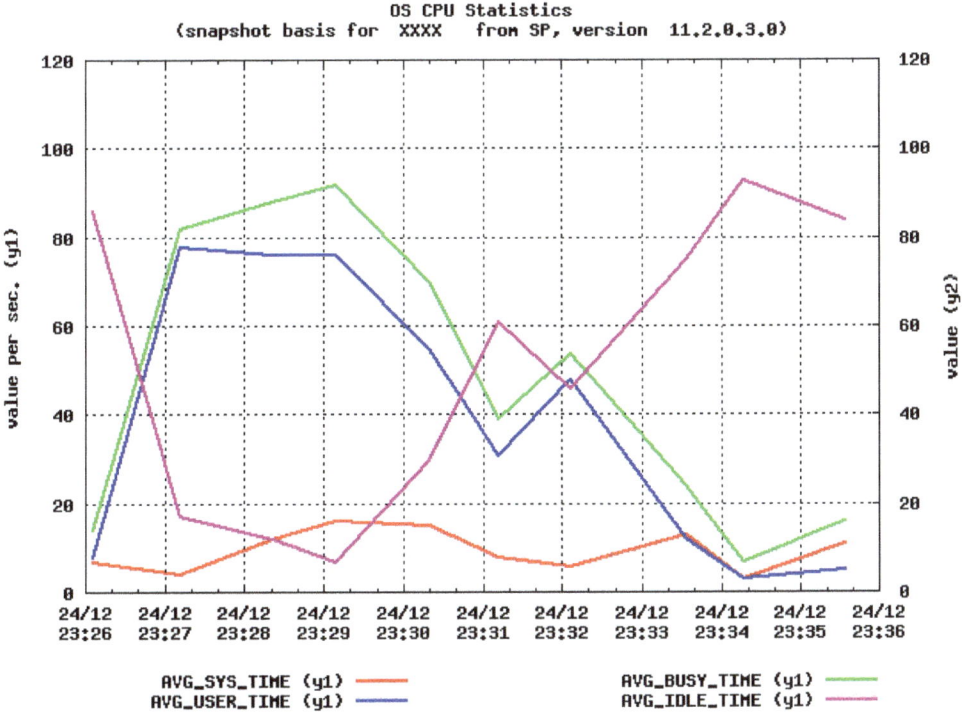

Abb. 17.1 CPU-Auslastung auf der Betriebssystemebene

- man kann entweder die Top-SQL-Anweisungen für den ganzen Zeitraum oder für die einzelnen Snapshots ermitteln, falls der Zeitraum mehrere Snapshots umfasst,
- das Skript akzeptiert einen Instanz-Restart mitten in dem Zeitraum,
- die Eingabe des Zeitraums erfolgt in einem zeitlichen Format und nicht als 2 Snapshot Ids für den Beginn und für das Ende des Zeitraums,
- einige weitere Besonderheiten sind unten bei der Beschreibung der Eingabeparameter näher beleuchtet.

Das Skript sp_sqltus102.sql beinhaltet in seinem Kopf eine kurze Beschreibung der Eingabeparameter. Unten sind diese Parameter etwas detaillierter dargestellt:

begin_time – die Anfangszeit des Zeitraums im Format „dd.mm.yyyy hh24:mi:ss" (das Format „dd.mm.yyyy" ist auch akzeptiert). Falls man keine Eingabe macht, wird der Wert SYSDATE – 1 genommen,

end_time – die Endzeit des Zeitraums im Format „dd.mm.yyyy hh24:mi:ss" (das Format „dd.mm.yyyy" ist auch akzeptiert). Falls man keine Eingabe macht, wird der Wert SYSDATE genommen,

group – das Kriterium für eine Gruppierung. Wenn nichts eingegeben wird, werden die Top-SQL-Anweisungen für den ganzen Zeitraum ermittelt (ähnlich wie im Statspack-Report). Die Eingabe von „s" bewirkt, dass die Top-SQL-Anweisungen für jeden Snapshot ermittelt werden. Der Wert „h" bedeutet die Ermittlung der Top-SQL-Anweisungen für jede Stunde des Zeitraums. Diesen Wert kann man benutzen, wenn die Statspack-Snapshots häufiger als einmal pro Stunde angelegt werden. Wenn man die Top-SQL-Anweisungen pro Tag suchen möchte, muss man für diesen Parameter „d" eingeben,

num_stmt – die Anzahl der Top-SQL-Anweisungen. Stillschweigend werden 5 SQL-Anweisungen ermittelt,

with_sqltext – mit diesem Parameter wird die Ausgabe des SQL-Textes erlaubt (der Wert „y") oder verboten (der Wert „n"). Stillschweigend werden SQL-Texte ausgegeben,

trunc_sql_text_to – mit diesem Parameter ist es möglich, den SQL-Text auf die angegebene Anzahl der Zeichen abzuschneiden. Stillschweigend werden SQL-Texte komplett ausgegeben,

with_sql_plan – der Wert „y" bewirkt die Ausgabe des Ausführungsplans, der Wert „n" verbietet das. Stillschweigend werden Ausführungspläne ausgegeben,

program_id – man kann die Top-SQL-Anweisungen für ein Programm eingrenzen (z. B. für ein PL/SQL Package). Dafür muss man mit diesem Parameter die jeweilige Object Id eingeben,

hash_value, old_hash_value – mit einem dieser Parameter kann man die Ausgabe auf eine bestimmte SQL-Anweisung eingrenzen. Dies ermöglicht die Verfolgung des Ablaufs dieser SQL-Anweisung im eingegebenen Zeitraum. Man kann damit beispielsweise feststellen, ob und mit welchen Auswirkungen der Ausführungsplan der jeweiligen SQL-Anweisung sich geändert hat. Da die jeweiligen Tabellen aus dem Statspack-Repository über die Spalte OLD_HASH_VALUE indexiert sind, läuft das Skript mit dem Eingabeparameter old_hash_value in der Regel performanter ab,

signature – wenn die problematische SQL-Anweisung Literale enthält, ist es sinnlos, diese SQL-Anweisung über den Hashwert zu suchen, wenn diese Literale sich ständig ändern. In diesem Fall kann man aber über die Force Matching Signature suchen (s. im Abschn. 5.2). Mit diesem Parameter kann man eine der Signaturen (Exact Matching Signature oder Force Matching Signature) eingeben,

command_type – mit diesem Parameter kann man die Ermittlung der SQL-Anweisungen eines bestimmten Types durchführen (z. B. nur Selects oder Updates),

criterion – das Suchkriterium. Im Kopf des Skripts sind alle möglichen Kriterien aufgelistet (z. B. DR für Disk Reads oder WT für die Wartezeit). Ergänzt man eines dieser Kriterien mit dem Buchstaben „E" am Ende, werden die Top-SQL-Anweisungen für das jeweilige Kriterium pro Ausführung ermittelt (z. B. DRE für Disk Reads pro Ausführung). Stillschweigend wird das DR-Kriterium benutzt.

17.2 Ermittlung der problematischen SQL-Anweisungen bei ...

Da die Suche im Statspack-Repository nach den Top-SQL-Anweisungen ziemlich kostspielig ist, ist es sinnvoll, relativ kleine Zeiträume (ein paar Tage) dafür zu nehmen. Bei der Suche nach einer bestimmten SQL-Anweisung kann man wesentlich größere Zeiträume wählen.

P.: „Dieses Skript scheint nicht so einfach zu benutzen."

L.: „Ich bin da anderer Meinung. Obwohl die Anzahl der Eingabeparameter nicht gering ist, sind sie ziemlich logisch und aus diesem Grund bei der Eingabe einfach zu benutzen."

P.: „Ich möchte noch fragen, wie uns die Information über eine Ausführungsplanänderung helfen kann. Ist es überhaupt möglich, einen guten Ausführungsplan aus dem Statspack-Repository zu fixieren?"

L.: „Das Fixieren der Ausführungspläne ist das Thema des nächsten Kapitels. Ich kann aber im Vorfeld sagen, dass die Ausführungspläne aus dem Statspack-Repository nicht zu fixieren sind."

P.: „Dann ist diese Information eher nutzlos."

L.: „Nicht ganz. Wenn wir wissen, dass ein Performanz-Problem wegen einer ungünstigen Ausführungsplanänderung auftrat, können wir zumindest versuchen, die Gründe dieser Planänderung zu klären und zu beseitigen. Die Information über einen guten Ausführungsplan kann auch helfen, ungeachtet, dass man diesen Plan nicht fixieren kann. Dazu möchte ich eine kurze Geschichte erzählen. Ein System wurde von Oracle 9.2 auf Oracle 10.2 migriert und ist danach stehengeblieben. Dies wurde durch eine einzige SQL-Anweisung verursacht, welche in der neuen Oracle Version inperformant geworden ist. Da die jeweilige Anwendung sehr wichtig war, musste man möglichst schnell dieses Problem beseitigen. Erschwerend war es, dass ich keinen Zugang zu dieser Datenbank hatte. Aus diesem Grund wollte ich es zunächst mit einer schnellen Lösung versuchen. Ich erkundigte mich, ob der Kunde das Statspack-Repository von Oracle 9.2 beibehalten hat. Das hat er. In wenigen Minuten erhielt ich den guten Ausführungsplan von Oracle 9.2. Die jeweilige SQL-Anweisung stellte einen Join von ca. 10 Tabellen dar. Dem guten Plan habe ich die Reihenfolge der Tabellen in diesem Join entnommen und mit dem Hint LEADING festgelegt. Der allererste Versuch mit diesem Hint war erfolgreich."

Kehren wir aber zurück zu unserem Test. Mit dem folgenden Aufruf des Skripts habe ich nach 20 Top-SQL-Anweisungen gesucht, welche am meisten CPU-Zeit verbraucht haben.

```
-- Database Alias : xxxx
-- Oracle Server Version :   11.2.0.3.0
-- Script sp_sqltus102.sql (Product TuTool 6.4.6 : www.tutool.de)
-- Start Time : 24.12.12 23:38:39
-- Input Parameters :
-- begin_time='24.12.2012 23:20:00'
-- end_time=''
-- num_stmt='20'
-- group=''
-- with_sqltext=''
-- trunc_sqltext_to=''
-- with_exec_plan=''
-- program_id=''
-- hash_value=''
-- old_hash_value=''
-- signature=''
-- command_type=''
-- criterion='ct'

---- GROUP=none, SNAP_ID=79, SNAP_TIME <= 24.12.2012 23:35:33, SQL_ID=g01yq7pbu3zst,
HASH_VALUE=1470234393, OLD_HASH_VALUE=60683829
---- Module : sqlplus.exe
---- EXECUTIONS=4, ROWS_PROCESSED=0, PARSE_CALLS=4
---- DISK_READS=0, BUFFER_GETS=63903198, DIRECT_WRITES=0
---- DISK_READS_PER_EX=0, BUFFER_GETS_PER_EX=15975799.5, DIRECT_WRITES_PER_EX=0,
ROWS_PROCESSED_PER_EX=0, PARSE_CALLS_PER_EX=1
---- DISK_READS_PER_ROW=0.0000, BUFFER_GETS_PER_ROW=63903198.0000
---- CPU_TIME (sec.)=1032.4302, ELAPSED_TIME (sec.)=1069.9130, WAIT_TIME (sec.)=37.4828
---- CPU_TIME_PER_EX (sec.)=258.1076, ELAPSED_TIME_PRO_EX (sec.)=267.4782, WAIT_TIME_PRO_EX
(sec.)=9.3707
---- PLSQL_EXEC_TIME (sec.)=100.4068, JAVA_EXEC_TIME (sec.)=0.0000
---- PLSQL_EXEC_TIME_PER_EX (sec.)=25.1017, JAVA_EXEC_TIME_PRO_EX (sec.)=0.0000
---- APPLICATION_WAIT_TIME (sec.)=0.0000, CONCURRENCY_WAIT_TIME (sec.)=3.5944,
CLUSTER_WAIT_TIME (sec.)=0.0000, USER_IO_WAIT_TIME (sec.)=0.0000
---- APPLICATION_WAIT_TIME_PER_EX (sec.)=0.0000, CONCURRENCY_WAIT_TIME_PER_EX (sec.)=0.8986,
CLUSTER_WAIT_TIME_PER_EX (sec.)=0.0000, USER_IO_WAIT_TIME_PER_EX (sec.)=0.0000
declare v_n number; begin while true loop select count(*) into v_n from t1; end loop; end;
---- Execution plan not found


---- GROUP=none, SNAP_ID=79, SNAP_TIME <= 24.12.2012 23:35:33, SQL_ID=6jvbdcampbu17,
HASH_VALUE=2807425063, OLD_HASH_VALUE=2909019379
---- Module : sqlplus.exe
---- Exact Matching Signature = 16287445536431892996, Force Matching Signature =
16287445536431892996
---- EXECUTIONS=21671799, ROWS_PROCESSED=21580208, PARSE_CALLS=4
---- DISK_READS=0, BUFFER_GETS=63620778, DIRECT_WRITES=0
---- DISK_READS_PER_EX=0, BUFFER_GETS_PER_EX=2.94, DIRECT_WRITES_PER_EX=0,
ROWS_PROCESSED_PER_EX=1, PARSE_CALLS_PER_EX=0
---- DISK_READS_PER_ROW=0.0000, BUFFER_GETS_PER_ROW=2.9481
---- CPU_TIME (sec.)=654.8610, ELAPSED_TIME (sec.)=637.4130, WAIT_TIME (sec.)=-17.4480
---- CPU_TIME_PER_EX (sec.)=0.0000, ELAPSED_TIME_PRO_EX (sec.)=0.0000, WAIT_TIME_PRO_EX
(sec.)=-0.0000
---- PLSQL_EXEC_TIME (sec.)=0.0000, JAVA_EXEC_TIME (sec.)=0.0000
---- PLSQL_EXEC_TIME_PER_EX (sec.)=0.0000, JAVA_EXEC_TIME_PRO_EX (sec.)=0.0000
---- APPLICATION_WAIT_TIME (sec.)=0.0000, CONCURRENCY_WAIT_TIME (sec.)=1.7235,
CLUSTER_WAIT_TIME (sec.)=0.0000, USER_IO_WAIT_TIME (sec.)=0.0000
---- APPLICATION_WAIT_TIME_PER_EX (sec.)=0.0000, CONCURRENCY_WAIT_TIME_PER_EX (sec.)=0.0000,
CLUSTER_WAIT_TIME_PER_EX (sec.)=0.0000, USER_IO_WAIT_TIME_PER_EX (sec.)=0.0000
SELECT COUNT(*) FROM T1
---- Execution Plan (Plan Hash Value : 3724264953) :
SELECT STATEMENT Optimizer=ALL_ROWS (Cost=2)
   SORT (AGGREGATE)
      TABLE ACCESS (FULL) OF T1 (Cost=2 Card=100 CPU_Cost=22121 IO_Cost=2)
...
```

Die ersten 2 SQL-Anweisungen in der obigen Ausgabe sind gerade diejenigen, die ich in den 4 Sessions gestartet habe. Mit dem nächsten Aufruf kann man den Verlauf einer dieser SQL-Anweisungen verfolgen. Dafür habe ich den jeweiligen alten Hashwert und die Gruppierung für die Snapshots (den Wert „s" für den Parameter „group") eingegeben.

17.2 Ermittlung der problematischen SQL-Anweisungen bei ...

```
-- Database Alias : xxxx
-- Oracle Server Version : 11.2.0.3.0
-- Script sp_sqltus102.sql (Product TuTool 6.4.6 : www.tutool.de)
-- Start Time : 24.12.12 23:40:33
-- Input Parameters :
-- begin_time='24.12.2012 23:20:00'
-- end_time=''
-- num_stmt=''
-- group='s'
-- with_sqltext=''
-- trunc_sqltext_to=''
-- with_exec_plan=''
-- program_id=''
-- hash_value=''
-- old_hash_value='2909019379'
-- signature=''
-- command_type=''
-- criterion=''
---- GROUP=70, SNAP_ID=70, SNAP_TIME <= 24.12.2012 23:26:05, SQL_ID=6jvbdcampbu17,
HASH_VALUE=2807425063, OLD_HASH_VALUE=2909019379
---- Module : sqlplus.exe
---- Exact Matching Signature = 16287445536431892996, Force Matching Signature =
16287445536431892996
---- EXECUTIONS=3949071, ROWS_PROCESSED=3927155, PARSE_CALLS=3
---- DISK_READS=0, BUFFER_GETS=11490300, DIRECT_WRITES=0
---- DISK_READS_PER_EX=0, BUFFER_GETS_PER_EX=2.91, DIRECT_WRITES_PER_EX=0,
ROWS_PROCESSED_PER_EX=.99, PARSE_CALLS_PER_EX=0
---- DISK_READS_PER_ROW=0.0000, BUFFER_GETS_PER_ROW=2.9259
---- CPU_TIME (sec.)=121.7900, ELAPSED_TIME (sec.)=118.4586, WAIT_TIME (sec.)= -3.3314
---- CPU_TIME_PER_EX (sec.)=0.0000, ELAPSED_TIME_PRO_EX (sec.)=0.0000, WAIT_TIME_PRO_EX
(sec.)=-0.0000
---- PLSQL_EXEC_TIME (sec.)=0.0000, JAVA_EXEC_TIME (sec.)=0.0000
---- PLSQL_EXEC_TIME_PER_EX (sec.)=0.0000, JAVA_EXEC_TIME_PRO_EX (sec.)=0.0000
---- APPLICATION_WAIT_TIME (sec.)=0.0000, CONCURRENCY_WAIT_TIME (sec.)=0.3507,
CLUSTER_WAIT_TIME (sec.)=0.0000, USER_IO_WAIT_TIME (sec.)=0.0000
---- APPLICATION_WAIT_TIME_PER_EX (sec.)=0.0000, CONCURRENCY_WAIT_TIME_PER_EX (sec.)=0.0000,
CLUSTER_WAIT_TIME_PER_EX (sec.)=0.0000, USER_IO_WAIT_TIME_PER_EX (sec.)=0.0000
SELECT COUNT(*) FROM T1
---- Execution Plan (Plan Hash Value : 3724264953) :
SELECT STATEMENT Optimizer=ALL_ROWS (Cost=2)
  SORT (AGGREGATE)
    TABLE ACCESS (FULL) OF T1 (Cost=2 Card=100 CPU_Cost=22121 IO_Cost=2)

---- GROUP=71, SNAP_ID=71, SNAP_TIME <= 24.12.2012 23:27:11, SQL_ID=6jvbdcampbu17,
HASH_VALUE=2807425063, OLD_HASH_VALUE=2909019379
---- Module : sqlplus.exe
---- Exact Matching Signature = 16287445536431892996, Force Matching Signature =
16287445536431892996
---- EXECUTIONS=3824643, ROWS_PROCESSED=3802491, PARSE_CALLS=0
---- DISK_READS=0, BUFFER_GETS=11107081, DIRECT_WRITES=0
---- DISK_READS_PER_EX=0, BUFFER_GETS_PER_EX=2.9, DIRECT_WRITES_PER_EX=0,
ROWS_PROCESSED_PER_EX=.99, PARSE_CALLS_PER_EX=0
---- DISK_READS_PER_ROW=0.0000, BUFFER_GETS_PER_ROW=2.9210
---- CPU_TIME (sec.)=122.4608, ELAPSED_TIME (sec.)=116.7600, WAIT_TIME (sec.)= -5.7008
---- CPU_TIME_PER_EX (sec.)=0.0000, ELAPSED_TIME_PRO_EX (sec.)=0.0000, WAIT_TIME_PRO_EX
(sec.)=-0.0000
---- PLSQL_EXEC_TIME (sec.)=0.0000, JAVA_EXEC_TIME (sec.)=0.0000
---- PLSQL_EXEC_TIME_PER_EX (sec.)=0.0000, JAVA_EXEC_TIME_PRO_EX (sec.)=0.0000
---- APPLICATION_WAIT_TIME (sec.)=0.0000, CONCURRENCY_WAIT_TIME (sec.)=0.3519,
CLUSTER_WAIT_TIME (sec.)=0.0000, USER_IO_WAIT_TIME (sec.)=0.0000
---- APPLICATION_WAIT_TIME_PER_EX (sec.)=0.0000, CONCURRENCY_WAIT_TIME_PER_EX (sec.)=0.0000,
CLUSTER_WAIT_TIME_PER_EX (sec.)=0.0000, USER_IO_WAIT_TIME_PER_EX (sec.)=0.0000
SELECT COUNT(*) FROM T1
---- Execution Plan (Plan Hash Value : 3724264953) :
SELECT STATEMENT Optimizer=ALL_ROWS (Cost=2)
  SORT (AGGREGATE)
    TABLE ACCESS (FULL) OF T1 (Cost=2 Card=100 CPU_Cost=22121 IO_Cost=2)

---- GROUP=72, SNAP_ID=72, SNAP_TIME <= 24.12.2012 23:28:21, SQL_ID=6jvbdcampbu17,
HASH_VALUE=2807425063, OLD_HASH_VALUE=2909019379
---- Module : sqlplus.exe
---- Exact Matching Signature = 16287445536431892996, Force Matching Signature =
16287445536431892996
---- EXECUTIONS=3882888, ROWS_PROCESSED=3859621, PARSE_CALLS=0
---- DISK_READS=0, BUFFER_GETS=11249043, DIRECT_WRITES=0
---- DISK_READS_PER_EX=0, BUFFER_GETS_PER_EX=2.9, DIRECT_WRITES_PER_EX=0,
ROWS_PROCESSED_PER_EX=.99, PARSE_CALLS_PER_EX=0
---- DISK_READS_PER_ROW=0.0000, BUFFER_GETS_PER_ROW=2.9145
---- CPU_TIME (sec.)=126.8132, ELAPSED_TIME (sec.)=123.8437, WAIT_TIME (sec.)= -2.9695
---- CPU_TIME_PER_EX (sec.)=0.0000, ELAPSED_TIME_PRO_EX (sec.)=0.0000, WAIT_TIME_PRO_EX
(sec.)=-0.0000
---- PLSQL_EXEC_TIME (sec.)=0.0000, JAVA_EXEC_TIME (sec.)=0.0000
---- PLSQL_EXEC_TIME_PER_EX (sec.)=0.0000, JAVA_EXEC_TIME_PRO_EX (sec.)=0.0000
---- APPLICATION_WAIT_TIME (sec.)=0.0000, CONCURRENCY_WAIT_TIME (sec.)=0.4892,
CLUSTER_WAIT_TIME (sec.)=0.0000, USER_IO_WAIT_TIME (sec.)=0.0000
---- APPLICATION_WAIT_TIME_PER_EX (sec.)=0.0000, CONCURRENCY_WAIT_TIME_PER_EX (sec.)=0.0000,
CLUSTER_WAIT_TIME_PER_EX (sec.)=0.0000, USER_IO_WAIT_TIME_PER_EX (sec.)=0.0000
SELECT COUNT(*) FROM T1
---- Execution Plan (Plan Hash Value : 3724264953) :
SELECT STATEMENT Optimizer=ALL_ROWS (Cost=2)
  SORT (AGGREGATE)
    TABLE ACCESS (FULL) OF T1 (Cost=2 Card=100 CPU_Cost=22121 IO_Cost=2)

...
```

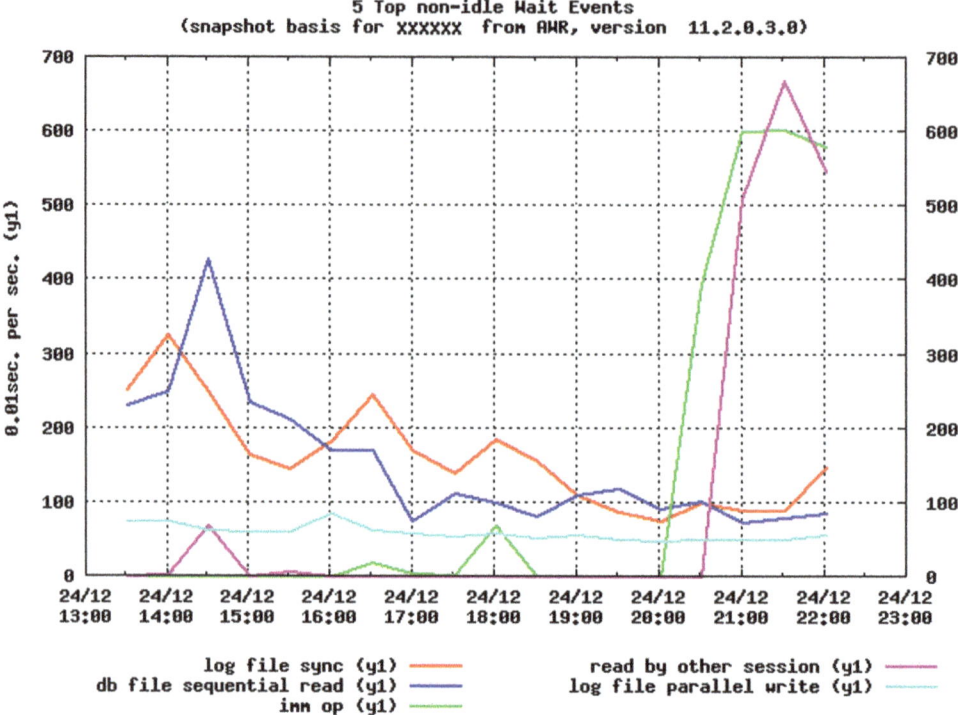

Abb. 17.2 Top-Wartezustände

17.2.2 Ermittlung der Top-SQL-Anweisungen aus dem AWR

Für die Präsentation der Ermittlung der Top-SQL-Anweisungen aus dem AWR habe ich ein produktives System genommen. Ich muss aber vorwarnen: Das war kein Tuningfall. Dieses Beispiel demonstriert einfach die jeweilige Ermittlungstechnik.

In Abb. 17.2 kann man gravierende Wartezeiten auf das Warteereignis „read by other session" ab 20:30 beobachten.

Zur Ermittlung der Top-SQL-Anweisungen, welche von diesem Warteereignis am meisten betroffen wurden, habe ich das Skript awr_sqltus112.sql benutzt. Die Eingabeparameter dieses Skripts sind sehr ähnlich dem Eingabeparameter des Skripts sp_sqltus102.sql aus dem Abschn. 17.2.1. Der Parameter „sql_id" ersetzt die zwei Parameter hash_value und old_hash_value des Skripts sp_sqltus102.sql. Die Parameter program_id and command_type sind nicht vorhanden, weil die jeweilige Daten im AWR fehlen. Die restlichen Parameter und deren Bedeutung sind identisch.

Das Skript awr_sqltus112.sql ist nicht so kostspielig wie das Skript sp_sqltus102.sql, dank der Delta-Spalten in den jeweiligen Tabellen und Views im AWR (bez. Delta-Spalten s. im Abschn. 3.1.2), was die Hauptabfrage im Skript awr_sqltus112.sql vereinfacht und beschleunigt.;

Aus dem Abschn. 3.2.4 wissen wir bereits, dass die View DBA_HIST_SQLSTAT aus dem AWR (wie übrigens die Tabelle STATS$SQL_SUMMARY aus dem Statspack-Repository auch) keine Wartestatistiken für einzelne Warteereignisse beinhaltet. Man kann dort lediglich Wartestatistiken für die folgenden 4 Warteklassen ermitteln:

- Application,
- Concurrency,
- Cluster,
- User I/O

Aus diesem Grund ist es zunächst notwendig, die jeweilige Warteklasse für ein Warteereignis zu finden und erst dann die Top-SQL-Anweisungen für diese Warteklasse zu ermitteln. Die Warteklasse kann man in der View V$EVENT_NAME finden.

```
SQL> select wait_class from v$event_name where name = 'read by other session';
WAIT_CLASS
-----------------------------------------------------------------
User I/O
```

Mit dem folgenden Aufruf habe ich nach 10 SQL-Anweisungen gesucht, die am meisten auf die Warteereignisse aus der IO-Warteklasse gewartet haben (criterion=‚io'). Da das System überwiegend auf „read by other session" wartete, kann man davon ausgehen, dass zumindest die ersten SQL-Anweisungen aus der unteren Ausgabe diejenigen seien, die am meisten auf „read by other session" warteten.

17 Einige Ermittlungstechniken für problematische SQL-Anweisungen

```
-- Database Alias : xxxxxxx
-- Oracle Server Version :  11.2.0.3.0
-- Script awr_sqltus112.sql (Product TuTool 6.4.6 : www.tutool.de)
-- Start Time : 24.12.12   22:54:34
-- Input Parameters :
-- begin_time='24.12.2012 20:30:00'
-- end_time=''
-- num_stmt='10'
-- group=''
-- with_sqltext=''
-- trunc_sqltext_to=''
-- with_exec_plan=''
-- sql_id=''
-- signature=''
-- criterion='io'
---- GROUP=none, SNAP_ID <= 1769, SNAP_TIME <= 24.12.2012 22:00:48, SQL_ID=03snn9vsyd6dh
---- EXECUTIONS=9, ROWS_PROCESSED=18614071, PARSE_CALLS=9
---- DISK_READS=2710636, BUFFER_GETS=93933116, DIRECT_WRITES=0
---- DISK_READS_PER_EX=301181.78, BUFFER_GETS_PER_EX=10437012.89, DIRECT_WRITES_PER_EX=0,
ROWS_PROCESSED_PER_EX=2068230.11, PARSE_CALLS_PER_EX=1
---- DISK_READS_PER_ROW=0.1456, BUFFER_GETS_PER_ROW=5.0463
---- CPU_TIME (sec.)=2101.6500, ELAPSED_TIME (sec.)=10761.6281, WAIT_TIME (sec.)=8659.9781
---- CPU_TIME_PER_EX (sec.)=233.5167, ELAPSED_TIME_PRO_EX (sec.)=1195.7365, WAIT_TIME_PRO_EX
(sec.)=962.2198
---- PLSQL_EXEC_TIME (sec.)=0.0000, JAVA_EXEC_TIME (sec.)=0.0000
---- PLSQL_EXEC_TIME_PER_EX (sec.)=0.0000, JAVA_EXEC_TIME_PRO_EX (sec.)=0.0000
---- APPLICATION_WAIT_TIME (sec.)=0.0000, CONCURRENCY_WAIT_TIME (sec.)=0.0000,
CLUSTER_WAIT_TIME (sec.)=0.0000, USER_IO_WAIT_TIME (sec.)=8653.0734
---- APPLICATION_WAIT_TIME_PER_EX (sec.)=0.0000, CONCURRENCY_WAIT_TIME_PER_EX (sec.)=0.0000,
CLUSTER_WAIT_TIME_PER_EX (sec.)=0.0000, USER_IO_WAIT_TIME_PER_EX (sec.)=961.4526
---- IO_INTERCONNECT_BYTES=44293013504, IO_INTERCONNECT_BYTES_PER_EX=4921445945
---- MODULE : xxxxxxx (TNS V1 -V3)
---- FORCE_MATCHING_SIGNATURE = 15506057696059611194
---- OPTIMIZER_MODE = ALL_ROWS, OPTIMIZER_ENV_HASH_VALUE = 3911622566
SELECT IP_CUST_LINE_PVT_J.OBJECT_ID, IP_CUST_LINE_PVT_J.QUARTER_HOUR_CNT,
IP_CUST_LINE_PVT_J.TOTAL_H_100, IP_CUST_LINE_PVT_J.ES_S_VOL, IP_CUST_LINE_PVT_J.SES_S_VOL,
IP_CUST_LINE_PVT_J.LOS_S_VOL, IP_CUST_LINE_PVT_J.UAS_S_VOL, IP_CUST_LINE_PVT_J.FECS_S_VOL,
 IP_CUST_LINE_PVT_J.FEC_VOL, IP_CUST_LINE_PVT_J.FULL_INITS_AVG,
IP_CUST_LINE_PVT_J.FAILED_FULL_INITS_AVG, IP_CUST_LINE_PVT_J.CV_AVG,
...
IP_CUST_LINE_PVT_J.SO4_L_VOICE_CUST_VOL, IP_CUST_LINE_PVT_J.SO4_K_VOICE_CUST_VOL,
IP_CUST_LINE_PVT_J.SO4_KA_VOICE_CUST_VOL, IP_CUST_LINE_PVT_J.SO2_L_IP_TV_CUST_VOL,
IP_CUST_LINE_PVT_J.SO4_L_IP_TV_CUST_VOL, IP_CUST_LINE_PVT_J.SO4_K_IP_TV_CUST_VOL,
IP_CUST_LINE_PVT_J.SO4_KA_IP_TV_CUST_VOL FROM IP_CUST_LINE_PVT_J IP_CUST_LINE_PVT_J WHERE
IP_CUST_LINE_PVT_J.FIRST_DAY = :ph10   AND IP_CUST_LINE_PVT_J.OBJECT_ID IN (SELECT
IP_CUST_LINE_SUM_CUST_LINE_ZUO.IP_CUST_LINE_ID FROM IP_CUST_LINE_SUM_CUST_LINE_ZUO I
P_CUST_LINE_SUM_CUST_LINE_ZUO WHERE IP_CUST_LINE_SUM_CUST_LINE_ZUO.IP_CUST_LINE_SUM_ID = :ph11
AND IP_CUST_LINE_SUM_CUST_LINE_ZUO.DAY = :ph12)
---- Execution Plan (Plan Hash Value : 2246294073) :
SELECT STATEMENT Optimizer=ALL_ROWS (Cost=131416)
  HASH JOIN (RIGHT SEMI) (Bind Peeking used) (Cost=131416 Card=20146 Bytes=16620450
CPU_Cost=104240299411 IO_Cost=117446 Time=852)
    PARTITION LIST (ALL) Part. Id: 2 Part. Range: 1 - 5 (Cost=8785 Card=20194 Bytes=343298
CPU_Cost=1475872759 IO_Cost=8587 Time=57)
      TABLE ACCESS (BY LOCAL INDEX ROWID) OF IP_CUST_LINE_SUM_CUST_LINE_ZUO Part. Id: 2 Part.
Range: 1 - 5  (Cost=8785 Card=20194  Bytes=343298 CPU_Cost=1475872759 IO_Cost=8587 Time=57)
        INDEX (RANGE SCAN) OF IP_CUSTLINE_SUM_CUSTLINE_ZUO_1 Part. Id: 2 Part. Range: 1 - 5
(Cost=3443 Card=2019400 CPU_Cost=436509306 IO_Cost=3384 Time=23)
    PARTITION RANGE (SINGLE) Part. Id: 5 Part. Range: KEY    - KEY (Cost=122506 Card=9257582
Bytes=7480126256 CPU_Cost=101831908528 IO_Cost=108859 Time=794)
      PARTITION LIST (ALL) Part. Id: 6 Part. Range: 1 - 81 (Cost=122506 Card=9257582
Bytes=7480126256 CPU_Cost=101831908528 IO_Cost=108859 Time=794)
        TABLE ACCESS (FULL) OF IP_CUST_LINE_PVT_J Part. Id: 6 Part. Range: KEY - KEY
(Cost=122506 Card=9257582 Bytes=7480126256 CPU_Cost=101831908528 IO_Cost=108859 Time=794)
---- GROUP=none, SNAP_ID <= 1768, SNAP_TIME <= 24.12.2012 21:30:32, SQL_ID=gc2y7k2pt8xm3
---- EXECUTIONS=9, ROWS_PROCESSED=18599923, PARSE_CALLS=9
---- DISK_READS=575934, BUFFER_GETS=47705659, DIRECT_WRITES=0
---- DISK_READS_PER_EX=63992.67, BUFFER_GETS_PER_EX=5300628.78, DIRECT_WRITES_PER_EX=0,
ROWS_PROCESSED_PER_EX=2066658.11, PARSE_CALLS_PER_EX=1
----DISK_READS_PER_ROW=0.0310, BUFFER_GETS_PER_ROW=2.5648
----CPU_TIME (sec.)=1248.6600, ELAPSED_TIME (sec.)=9233.4098, WAIT_TIME (sec.)=7984.7498
----CPU_TIME_PER_EX (sec.)=138.7400, ELAPSED_TIME_PRO_EX (sec.)=1025.9344, WAIT_TIME_PRO_EX
(sec.)=887.1944
----PLSQL_EXEC_TIME (sec.)=0.0000, JAVA_EXEC_TIME (sec.)=0.0000
----PLSQL_EXEC_TIME_PER_EX (sec.)=0.0000, JAVA_EXEC_TIME_PRO_EX (sec.)=0.0000
----APPLICATION_WAIT_TIME (sec.)=0.0000, CONCURRENCY_WAIT_TIME (sec.)=0.0000,
CLUSTER_WAIT_TIME (sec.)=0.0000, USER_IO_WAIT_TIME (sec.)=7925.0708
----APPLICATION_WAIT_TIME_PER_EX (sec.)=0.0000, CONCURRENCY_WAIT_TIME_PER_EX (sec.)=0.0000,
CLUSTER_WAIT_TIME_PER_EX (sec.)=0.0000, USER_IO_WAIT_TIME_PER_EX (sec.)=880.5634
----IO_INTERCONNECT_BYTES=9586982912, IO_INTERCONNECT_BYTES_PER_EX=1065220324
----MODULE : xxxxxxx (TNS V1-V3)
----FORCE_MATCHING_SIGNATURE = 13276108115907009369
----OPTIMIZER_MODE = ALL_ROWS, OPTIMIZER_ENV_HASH_VALUE = 3911622566
```

17.2 Ermittlung der problematischen SQL-Anweisungen bei ...

```
SELECT IP_CUST_LINE_PVT_M.OBJECT_ID, IP_CUST_LINE_PVT_M.QUARTER_HOUR_CNT,
IP_CUST_LINE_PVT_M.TOTAL_H_100, IP_CUST_LINE_PVT_M.ES_S_VOL, IP_CUST_LINE_PVT_M.SES_S_VOL,
IP_CUST_LINE_PVT_M.LOS_S_VOL, IP_CUST_LINE_PVT_M.UAS_S_VOL, IP_CUST_LINE_PVT_M.FECS_S_VOL,
  IP_CUST_LINE_PVT_M.FEC_VOL, IP_CUST_LINE_PVT_M.FULL_INITS_AVG,
IP_CUST_LINE_PVT_M.FAILED_FULL_INITS_AVG, IP_CUST_LINE_PVT_M.CV_AVG,
IP_CUST_LINE_PVT_M.LNATTENUS_0_DB_AVG, IP_CUST_LINE_PVT_M.LNATTENUS_1_DB_AVG,
IP_CUST_LINE_PVT_M.LNATTENUS_2_DB_AVG,
...
IP_CUST_LINE_PVT_M.SO4_L_IP_TV_CUST_VOL, IP_CUST_LINE_PVT_M.SO4_K_IP_TV_CUST_VOL,
IP_CUST_LINE_PVT_M.SO4_KA_IP_TV_CUST_VOL FROM IP_CUST_LINE_PVT_M IP_CUST_LINE_PVT_M WHERE
IP_CUST_LINE_PVT_M.FIRST_DAY = :ph10 AND IP_CUST_LINE_PVT_M.OBJECT_ID IN (SELECT
IP_CUST_LINE_SUM_CUST_LINE_ZUO.IP_CUST_LINE_ID FROM IP_CUST_LINE_SUM_CUST_LINE_ZUO I
P_CUST_LINE_SUM_CUST_LINE_ZUO WHERE IP_CUST_LINE_SUM_CUST_LINE_ZUO.IP_CUST_LINE_SUM_ID = :ph11
AND IP_CUST_LINE_SUM_CUST_LINE_ZUO.DAY = :ph12)
---- Execution Plan (Plan Hash Value : 2152303116) :
SELECT STATEMENT Optimizer=ALL_ROWS (Cost=70318)
  HASH JOIN (RIGHT SEMI) (Bind Peeking used) (Cost=70318 Card=20154 Bytes=16627050
CPU_Cost=52910080636 IO_Cost=63227 Time=456)
    PARTITION LIST (ALL) Part. Id: 2 Part. Range: 1 - 5 (Cost=8785 Card=20194 Bytes=343298
CPU_Cost=1475872759 IO_Cost=8587 Time=57)
      TABLE ACCESS (BY LOCAL INDEX ROWID) OF IP_CUST_LINE_SUM_CUST_LINE_ZUO Part. Id: 2 Part.
Range: 1 - 5 (Cost=8785 Card=20194 Bytes=343298 CPU_Cost=1475872759 IO_Cost=8587 Time=57)
        INDEX (RANGE SCAN) OF IP_CUSTLINE_SUM_CUSTLINE_ZUO_1 Part. Id: 2 Part. Range: 1 - 5
(Cost=3443 Card=2019400 CPU_Cost=436509306 IO_Cost=3384 Time=23)
    PARTITION RANGE (SINGLE) Part. Id: 5 Part. Range: KEY - KEY (Cost=61470 Card=4631391
Bytes=3742163928 CPU_Cost=50964308852 IO_Cost=54640 Time=399)
      PARTITION LIST (ALL) Part. Id: 6 Part. Range: 1 - 81 (Cost=61470 Card=4631391
Bytes=3742163928 CPU_Cost=50964308852 IO_Cost=54640 Time=399)
        TABLE ACCESS (FULL) OF IP_CUST_LINE_PVT_M Part. Id: 6 Part. Range: KEY - KEY
(Cost=61470 Card=4631391 Bytes=3742163928 CPU_Cost=50964308852 IO_Cost=54640 Time=399)

---- GROUP=none, SNAP_ID <= 1769, SNAP_TIME <= 24.12.2012 22:00:48, SQL_ID=ax9mqt0ygp487
---- EXECUTIONS=9, ROWS_PROCESSED=18580071, PARSE_CALLS=9
---- DISK_READS=570644, BUFFER_GETS=47438519, DIRECT_WRITES=0
---- DISK_READS_PER_EX=63404.89, BUFFER_GETS_PER_EX=5270946.56, DIRECT_WRITES_PER_EX=0,
ROWS_PROCESSED_PER_EX=2064452.33, PARSE_CALLS_PER_EX=1
---- DISK_READS_PER_ROW=0.0307, BUFFER_GETS_PER_ROW=2.5532
---- CPU_TIME (sec.)=1259.9100, ELAPSED_TIME (sec.)=8721.2285, WAIT_TIME (sec.)=7461.3185
---- CPU_TIME_PER_EX (sec.)=139.9900, ELAPSED_TIME_PRO_EX (sec.)=969.0254, WAIT_TIME_PRO_EX
(sec.)=829.0354
---- PLSQL_EXEC_TIME (sec.)=0.0000, JAVA_EXEC_TIME (sec.)=0.0000
---- PLSQL_EXEC_TIME_PER_EX (sec.)=0.0000, JAVA_EXEC_TIME_PRO_EX (sec.)=0.0000
---- APPLICATION_WAIT_TIME (sec.)=0.0000, CONCURRENCY_WAIT_TIME (sec.)=0.0000,
CLUSTER_WAIT_TIME (sec.)=0.0000, USER_IO_WAIT_TIME (sec.)=7390.5028
---- APPLICATION_WAIT_TIME_PER_EX (sec.)=0.0000, CONCURRENCY_WAIT_TIME_PER_EX (sec.)=0.0000,
CLUSTER_WAIT_TIME_PER_EX (sec.)=0.0000, USER_IO_WAIT_TIME_PER_EX (sec.)=821.1670
---- IO_INTERCONNECT_BYTES=9439526912, IO_INTERCONNECT_BYTES_PER_EX=1048836324
---- MODULE : xxxxxxx (TNS V1-V3)
---- FORCE_MATCHING_SIGNATURE = 7528290682017008412
---- OPTIMIZER_MODE = ALL_ROWS, OPTIMIZER_ENV_HASH_VALUE = 3911622566
SELECT IP_CUST_LINE_PVT_Q.OBJECT_ID, IP_CUST_LINE_PVT_Q.QUARTER_HOUR_CNT,
IP_CUST_LINE_PVT_Q.TOTAL_H_100, IP_CUST_LINE_PVT_Q.ES_S_VOL, IP_CUST_LINE_PVT_Q.SES_S_VOL,
IP_CUST_LINE_PVT_Q.LOS_S_VOL, IP_CUST_LINE_PVT_Q.UAS_S_VOL, IP_CUST_LINE_PVT_Q.FECS_S_VOL,
  IP_CUST_LINE_PVT_Q.FEC_VOL, IP_CUST_LINE_PVT_Q.FULL_INITS_AVG,
IP_CUST_LINE_PVT_Q.FAILED_FULL_INITS_AVG, IP_CUST_LINE_PVT_Q.CV_AVG,
IP_CUST_LINE_PVT_Q.LNATTENUS_0_DB_AVG, IP_CUST_LINE_PVT_Q.LNATTENUS_1_DB_AVG,
IP_CUST_LINE_PVT_Q.LNATTENUS_2_DB_AVG,
...
IP_CUST_LINE_PVT_Q.SO4_KA_IP_TV_CUST_VOL FROM IP_CUST_LINE_PVT_Q IP_CUST_LINE_PVT_Q WHERE
IP_CUST_LINE_PVT_Q.FIRST_DAY = :ph10 AND IP_CUST_LINE_PVT_Q.OBJECT_ID IN (SELECT
IP_CUST_LINE_SUM_CUST_LINE_ZUO.IP_CUST_LINE_ID FROM IP_CUST_LINE_SUM_CUST_LINE_ZUO I
P_CUST_LINE_SUM_CUST_LINE_ZUO WHERE IP_CUST_LINE_SUM_CUST_LINE_ZUO.IP_CUST_LINE_SUM_ID = :ph11
AND IP_CUST_LINE_SUM_CUST_LINE_ZUO.DAY = :ph12)
---- Execution Plan (Plan Hash Value : 2078541043) :
SELECT STATEMENT Optimizer=ALL_ROWS (Cost=71144)
  HASH JOIN (RIGHT SEMI) (Bind Peeking used) (Cost=71144 Card=20151 Bytes=16624575
CPU_Cost=53007955446 IO_Cost=64040 Time=461)
    PARTITION LIST (ALL) Part. Id: 2 Part. Range: 1 - 5 (Cost=8785 Card=20194 Bytes=343298
CPU_Cost=1475872759 IO_Cost=8587 Time=57)
      TABLE ACCESS (BY LOCAL INDEX ROWID) OF IP_CUST_LINE_SUM_CUST_LINE_ZUO Part. Id: 2 Part.
Range: 1 - 5 (Cost=8785 Card=20194 Bytes=343298 CPU_Cost=1475872759 IO_Cost=8587 Time=57)
        INDEX (RANGE SCAN) OF IP_CUSTLINE_SUM_CUSTLINE_ZUO_1 Part. Id: 2 Part. Range: 1 - 5
(Cost=3443 Card=2019400 CPU_Cost=436509306 IO_Cost=3384 Time=23)
    PARTITION RANGE (SINGLE) Part. Id: 5 Part. Range: KEY - KEY (Cost=62296 Card=4632206
Bytes=3742822448 CPU_Cost=51062102163 IO_Cost=55453 Time=404)
      PARTITION LIST (ALL) Part. Id: 6 Part. Range: 1 - 81 (Cost=62296 Card=4632206
Bytes=3742822448 CPU_Cost=51062102163 IO_Cost=55453 Time=404)
        TABLE ACCESS (FULL) OF IP_CUST_LINE_PVT_Q Part. Id: 6 Part. Range: KEY - KEY
(Cost=62296 Card=4632206 Bytes=3742822448 CPU_Cost=51062102163 IO_Cost=55453 Time=404)
...
```

17.2.3 Ermittlung der Top-SQL-Anweisungen in den historischen Views der aktiven Sessions

In diesem Abschnitt fahre ich mit dem Beispiel aus dem vorigen Abschnitt fort. Ich habe bereits erwähnt, dass man die View V$ACTIVE_SESSION_HISTORY bei Untersuchung der gegenwärtigen Performanz-Probleme benutzen kann. Die Skripte active_sess_hist_7_top10g.sql und active_sess_hist_top_sql10g.sql erleichtern diese Untersuchung.

Das erste Skript ermittelt 7 Top-Ereignisse, die am meisten in der View V$ACTIVE_SESSION_HISTORY für einen eingegebenen Zeitraum auftreten (insgesamt oder für eine bestimmte SQL-Anweisung). Unter Ereignissen sind hier Warteereignisse und das Ereignis „on CPU" zu verstehen. Mit dem folgenden Aufruf habe ich die 7 Top-Ereignisse für die letzten 4,5 min ermittelt.

```
-- Database Alias : xxxxxxx
-- Oracle Server Version : 11.2.0.3.0
-- Script active_sess_hist_7_top10g.sql (Product TuTool 6.4.6 : www.tutool.de)
-- Start Time : 24.12.12 22:24:26
-- Input Parameters :
-- begin_time='24.12.2012 22:20:00'
-- end_time=''
-- sql_id=''


EVENT                                                               cnt
------------------------------------------------------------------- -------------
on CPU                                                              3113
read by other session                                               1866
enq: TM - contention                                                369
db file sequential read                                             259
db file scattered read                                              102
SQL*Net more data to client                                         55
SQL*Net message from dblink                                         43
```

Dieser Ausgabe kann man entnehmen, dass das System am meisten auf das Warteereignis „read by other session" gewartet hat. Das Skript active_sess_hist_top_sql10g.sql ermittelt die Top-SQL-Anweisungen für ein Ereignis. Mit dem unteren Aufruf habe ich festgestellt, dass eine SQL-Anweisung in den letzten 6–7 min am meisten auf das Warteereignis „read by other session" wartete.

```
-- Database Alias : xxxxxxx
-- Oracle Server Version : 11.2.0.3.0
-- Script active_sess_hist_top_sql10g.sql (Product TuTool 6.4.6 : www.tutool.de)
-- Start Time : 24.12.12 22:26:44
-- Input Parameters :
-- begin_time='24.12.2012 22:20:00'
-- end_time=''
-- event_name='read by other session'
-- top_sqls=''

sql id                  cnt
------------       -------------
03snn9vsyd6dh           2060
fnmc834tayr9p            215
```

17.2 Ermittlung der problematischen SQL-Anweisungen bei ...

Falls notwendig, kann man weitere Einzelheiten zu dem jeweiligen Ereignis bzw. zu der jeweiligen SQL-Anweisung der View V$ACTIVE_SESSION_HISTORY entweder mit einer selbstgeschriebenen SQL-Abfrage ermitteln oder das Skript active_sess_hist112.sql dafür benutzen. Dieses Skript ist auch hilfreich, wenn man mit blockierenden Warteereignissen zu tun hat.

Das Skript awr_active_sess_hist_7_top10g.sql ist das Analog des Skripts active_sess_hist_7_top10g.sql. Dieses Skript basiert auf der View DBA_ACTIVE_SESS_HISTORY und kann für die Untersuchung der Performanz-Probleme benutzt werden, die tiefer in der Vergangenheit liegen. Mit dem folgenden Aufruf habe ich die 7 Top-Ereignisse für den Zeitraum ab 20 Uhr 30 min ermittelt.

```
-- Database Alias : xxxxxxx
-- Oracle Server Version :  11.2.0.3.0
-- Script awr_active_sess_hist_7_top10g.sql (Product TuTool 6.4.6 : www.tutool.de)
-- Start Time : 24.12.12 22:52:51
-- Input Parameters :
-- begin_time='24.12.2012 20:30:00'
-- end_time=''
-- sql_id=''

EVENT                                                              cnt
------------------------------------------------------------------ -------------
on CPU                                                             7060
read by other session                                              3387
db file sequential read                                             681
db file scattered read                                              217
SQL*Net more data to client                                         119
latch: cache buffers chains                                          64
SQL*Net message from dblink                                          41
```

Das Skript awr_active_sess_hist_top_sql10g.sql ist das Analogon des Skripts active_sess_hist_top_sql10g.sql für das AWR. Mit dem nächsten Aufruf habe ich die Top-SQL-Anweisungen ermittelt, welche am meisten ab 20 Uhr 30 min auf das Warteereignis „read by other session" warteten. Das Ergebnis stimmt ziemlich gut mit dem jeweiligen Ergebnis aus dem Abschn. 17.2.2 überein.

```
-- Database Alias : xxxxxxx
-- Oracle Server Version :  11.2.0.3.0
-- Script awr_active_sess_hist_top_sql10g.sql (Product TuTool 6.4.6 : www.tutool.de)
-- Start Time : 24.12.12 22:53:33
-- Input Parameters :
-- begin_time='24.12.2012 20:30:00'
-- end_time=''
-- event_name='read by other session'
-- top_sqls=''

sql id                  cnt
-------------      -------------
03snn9vsyd6dh           754
gc2y7k2pt8xm3           697
ax9mqt0ygp487           678
fnmc834tayr9p           499
```

Mit dem Skript awr_active_sess_hist112.sql kann man die Einzelheiten in der View DBA_ACTIVE_SESS_HISTORY ermitteln. Dieses Skript ist das Analogon des Skripts active_sess_hist112.sql.

17.3 Ermittlung der Top-SQL-Anweisungen für ein Objekt

In diesem Abschnitt beschreibe ich noch eine Methode, die nützlich sein kann, wenn eine problematische SQL-Anweisung im System ziemlich unauffällig ist.

Peter: *„Ist es kein Widerspruch, dass eine problematische SQL-Anweisung unauffällig bleibt?"*

Leonid: *„Wir müssen 2 Arten von Performanz-Problemen voneinander unterscheiden: Performanz-Probleme der Datenbank und der Anwendung. SQL-Anweisungen, die Performanz-Probleme der Datenbank verursachen, sind auffällig, weil sie am meisten die jeweiligen Datenbankressourcen verbrauchen. Mit den SQL-Anweisungen, welche Performanz-Probleme der Anwendung verursachen, kann es anders aussehen. Wenn eine SQL-Anweisung ein Engpass in der Anwendung ist, so dass eine leichte Performanzverschlechterung dieser SQL-Anweisung bereits gravierende Anwendungsprobleme verursacht, kann diese SQL-Anweisung ziemlich unauffällig sein."*

P.: *„Wenn man nicht weiß, wie die jeweiligen Suchkriterien sind, sind solche SQL-Anweisungen nicht zu ermitteln."*

L.: *„Man kann aber versuchen, zunächst diese Suchkriterien zu finden. Obwohl die Anwender normalerweise keine Ahnung von den für diese Anwendung kritischen SQL-Anweisungen haben, können sie oft den entscheidenden Hinweis geben, aus welchem Anwendungsteil das Problem kommt. Sie können beispielsweise einige für das jeweilige Problem relevante Tabellen nennen. Über diese Tabellen oder über deren Indices kann man dann an die problematischen SQL-Anweisungen kommen. Es kann auch sein, dass das Computer-System für die jeweilige Anwendung stark überdimensioniert ist, so dass die meisten SQL-Anweisungen relativ performant und aus diesem Grund unauffällig sind. In diesem Fall kann man versuchen, zunächst die Segmente mit den meisten Logical oder Physical Reads zu ermitteln, um danach die SQL-Anweisungen finden, welche diese Segmente in deren Ausführungsplänen benutzen. Man muss sich ans Beispiel aus dem Abschn. 4.2.2 erinnern, wenn man keine SQL-Anweisungen bei dieser Recherche findet."*

P.: *„Du meinst sicherlich das Beispiel mit dem DML-Kommando, das die Statistiken für Logical oder Physical Reads eines Segments stark beeinflussen kann, obwohl dieses Segment in dem Ausführungsplan des DML-Kommandos nicht vorkommt."*

L.: *„Diese Methode verwende ich auch in den Fällen, wenn ich eine problematische SQL-Anweisung als SQL-Text aus einem Anwendungsprotokoll bekomme. Sehr oft sind solche Texte nicht zeichengenau oder unvollständig. Dann suche ich die jeweilige SQL-Anweisung über die beteiligten Objekte."*

17.3 Ermittlung der Top-SQL-Anweisungen für ein Objekt 331

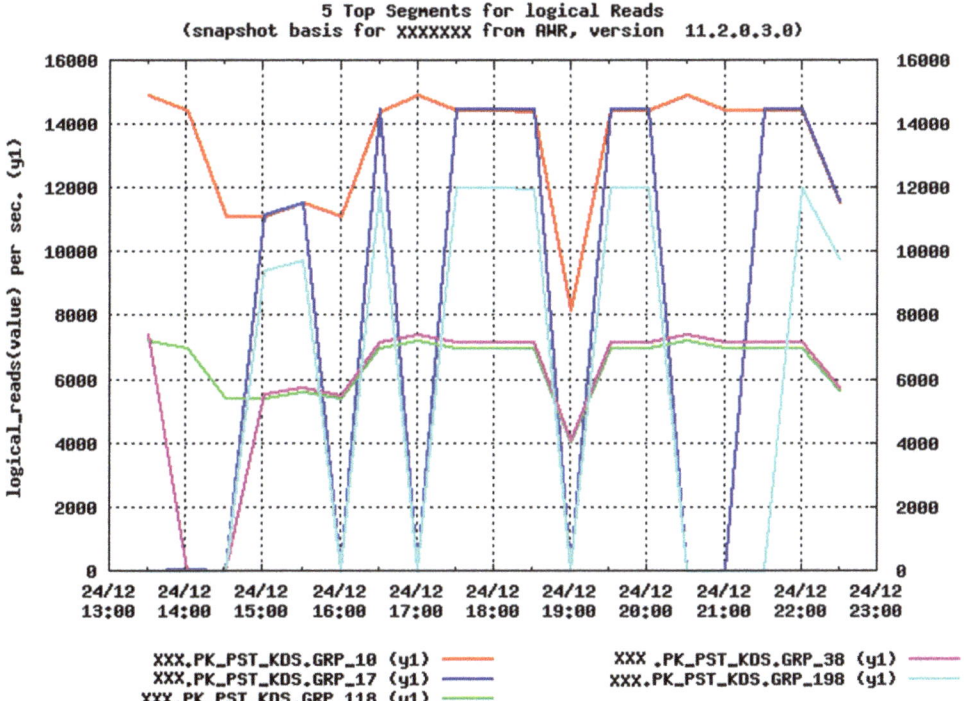

Abb. 17.3 Top-Segmente mit den meisten Logical Reads

Für die Beschreibung der Ermittlung der SQL-Anweisungen über ein Objekt habe ich wieder ein produktives System genommen. Der Abb. 17.3 kann man entnehmen, dass die meisten Logical Reads für die Datenblöcke des Indexes PK_PST_KDS erfolgten.

Mit dem Skript awr_obj_sqltus112.sql kann man die SQL-Anweisungen ermitteln, welche im Ausführungsplan das jeweilige Objekt ansprechen. Dieses Objekt ist mit den folgenden 3 Parametern einzugeben:

object_owner – das Schema, in dem das jeweilige Objekt liegt. Stillschweigend werden Objekte von allen Schemata ermittelt,

object_name – der Name des Objektes. Das ist ein Muss-Parameter,

object_type – der Typ des Objektes (z. B. TABLE oder INDEX). Stillschweigend werden Objekte aller Typen ermittelt.

Normalerweise reicht es aus, das jeweilige Objekt nur mit seinem Namen einzugeben.

Da ich die Top-SQL-Anweisungen für einen Index mit den meisten Logical Reads finden wollte, war es sinnvoll, die Anzahl der Buffer Gets als Suchkriterium zu benutzen (criterion = ‚bg').

```
-- Database Alias : xxxxxxx
-- Oracle Server Version : 11.2.0.3.0
-- Script awr_obj_sqltus112.sql (Product TuTool 6.4.6 : www.tutool.de)
-- Start Time : 24.12.12 23:06:55
-- Input Parameters :
-- begin_time='24.12.2012 20:30:00'
-- end_time=''
-- num_stmt='20'
-- group=''
-- with_sqltext=''
-- trunc_sqltext_to=''
-- with_exec_plan=''
-- object_owner=''
-- object_name='PK_PST_KDS'
-- object_type=''
-- criterion='bg'

---- GROUP=none, SNAP_ID <= 1770, SNAP_TIME <= 24.12.2012 22:30:03, SQL_ID=7k72vdmh6f1ah
---- EXECUTIONS=136, ROWS_PROCESSED=14344188, PARSE_CALLS=136
---- DISK_READS=0, BUFFER_GETS=270469023, DIRECT_WRITES=0
---- DISK_READS_PER_EX=0, BUFFER_GETS_PER_EX=1988742.82, DIRECT_WRITES_PER_EX=0,
ROWS_PROCESSED_PER_EX=105471.97, PARSE_CALLS_PER_EX=1
---- CPU_TIME (sec.)=1969.5100, ELAPSED_TIME (sec.)=1971.0663, WAIT_TIME (sec.)=1.5563
---- CPU_TIME_PER_EX (sec.)=14.4817, ELAPSED_TIME_PRO_EX (sec.)=14.4931, WAIT_TIME_PRO_EX
(sec.)=0.0114
---- PLSQL_EXEC_TIME (sec.)=0.0000, JAVA_EXEC_TIME (sec.)=0.0000
---- PLSQL_EXEC_TIME_PER_EX (sec.)=0.0000, JAVA_EXEC_TIME_PRO_EX (sec.)=0.0000
---- APPLICATION_WAIT_TIME (sec.)=0.0000, CONCURRENCY_WAIT_TIME (sec.)=0.0000,
CLUSTER_WAIT_TIME (sec.)=0.0000, USER_IO_WAIT_TIME (sec.)=0.0000
---- APPLICATION_WAIT_TIME_PER_EX (sec.)=0.0000, CONCURRENCY_WAIT_TIME_PER_EX (sec.)=0.0000,
CLUSTER_WAIT_TIME_PER_EX (sec.)=0.0000, USER_IO_WAIT_TIME_PER_EX (sec.)=0.0000
---- MODULE : xxxxxxx (TNS V1-V3)
---- FORCE_MATCHING_SIGNATURE = 3285754505441561033
---- OPTIMIZER_MODE = ALL_ROWS, OPTIMIZER_ENV_HASH_VALUE = 3911622566
SELECT PST_WL_ER_KDS_LCR.ID, PST_WL_ER_KDS_LCR.D_PST_KDS_ID FROM PST_WL_ER_KDS_LCR
PST_WL_ER_KDS_LCR, PST_KDS PST_KDS WHERE PST_WL_ER_KDS_LCR.D_PST_KDS_ID = PST_KDS.ID AND
PST_KDS.GROUPING_NAME = :"SYS_B_0"
---- Execution Plan (Plan Hash Value : 303666752) :
SELECT STATEMENT Optimizer=ALL_ROWS (Cost=1755)
  NESTED LOOPS (Bind Peeking used) (Cost=1755 Card=253625 Bytes=13695750 CPU_Cost=3943147811
IO_Cost=1227 Time=12)
    TABLE ACCESS (FULL) OF PST_WL_ER_KDS_LCR (Cost=1287 Card=1839465 Bytes=23913045
CPU_Cost=448164311 IO_Cost=1227 Time=9)
    PARTITION LIST (SINGLE) Part. Id: 3 Part. Range: KEY - KEY (Cost=0 Card=1 Bytes=41
CPU_Cost=1900 IO_Cost=0)
      INDEX (UNIQUE SCAN) OF PK_PST_KDS Part. Id: 3 Part. Range: KEY - KEY (Cost=0 Card=1
Bytes=41 CPU_Cost=1900 IO_Cost=0)


---- GROUP=none, SNAP_ID <= 1770, SNAP_TIME <= 24.12.2012 22:30:03, SQL_ID=6n0s5sma4kf0b
---- EXECUTIONS=136, ROWS_PROCESSED=14345188, PARSE_CALLS=136
---- DISK_READS=0, BUFFER_GETS=262855319, DIRECT_WRITES=0
---- DISK_READS_PER_EX=0, BUFFER_GETS_PER_EX=1932759.7, DIRECT_WRITES_PER_EX=0,
ROWS_PROCESSED_PER_EX=105479.32, PARSE_CALLS_PER_EX=1
---- CPU_TIME (sec.)=1946.5300, ELAPSED_TIME (sec.)=1948.4083, WAIT_TIME (sec.)=1.8783
---- CPU_TIME_PER_EX (sec.)=14.3127, ELAPSED_TIME_PRO_EX (sec.)=14.3265, WAIT_TIME_PRO_EX
(sec.)=0.0138
---- PLSQL_EXEC_TIME (sec.)=0.0000, JAVA_EXEC_TIME (sec.)=0.0000
---- PLSQL_EXEC_TIME_PER_EX (sec.)=0.0000, JAVA_EXEC_TIME_PRO_EX (sec.)=0.0000
---- APPLICATION_WAIT_TIME (sec.)=0.0000, CONCURRENCY_WAIT_TIME (sec.)=0.0000,
CLUSTER_WAIT_TIME (sec.)=0.0000, USER_IO_WAIT_TIME (sec.)=0.0000
---- APPLICATION_WAIT_TIME_PER_EX (sec.)=0.0000, CONCURRENCY_WAIT_TIME_PER_EX (sec.)=0.0000,
CLUSTER_WAIT_TIME_PER_EX (sec.)=0.0000, USER_IO_WAIT_TIME_PER_EX (sec.)=0.0000
---- MODULE : xxxxxxx (TNS V1-V3)
---- FORCE_MATCHING_SIGNATURE = 17744411771254857684
```

17.3 Ermittlung der Top-SQL-Anweisungen für ein Objekt

```
---- OPTIMIZER_MODE = ALL_ROWS, OPTIMIZER_ENV_HASH_VALUE = 3911622566
SELECT PST_LAST_ER_KDS_LCR.ID, PST_LAST_ER_KDS_LCR.MESSOBJECT,
PST_LAST_ER_KDS_LCR.SW_PROFIL_BEZ, PST_LAST_ER_KDS_LCR.SW_BEZEICHNUNG,
PST_LAST_ER_KDS_LCR.MESSWERT, PST_LAST_ER_KDS_LCR.SCHWELLWERTKRIT,
PST_LAST_ER_KDS_LCR.EVENT_TIME, PST_LAST_ER_KDS_LCR.EV
ENT_STATUS, PST_LAST_ER_KDS_LCR.D_PST_KDS_ID FROM PST_LAST_ER_KDS_LCR PST_LAST_ER_KDS_LCR,
PST_KDS PST_KDS WHERE PST_LAST_ER_KDS_LCR.D_PST_KDS_ID = PST_KDS.ID AND PST_KDS.GROUPING_NAME
= :"SYS_B_0"
---- Execution Plan (Plan Hash Value : 3465115535) :
SELECT STATEMENT Optimizer=ALL_ROWS (Cost=1757)
  NESTED LOOPS (Bind Peeking used) (Cost=1757 Card=253625 Bytes=52754000 CPU_Cost=4200364462
IO_Cost=1194 Time=12)
    TABLE ACCESS (FULL) OF PST_LAST_ER_KDS_LCR (Cost=1288 Card=1840961 Bytes=307440487
CPU_Cost=702538562 IO_Cost=1194 Time=9)
    PARTITION LIST (SINGLE) Part. Id: 3 Part. Range: KEY - KEY (Cost=0 Card=1 Bytes=41
CPU_Cost=1900 IO_Cost=0)
      INDEX (UNIQUE SCAN) OF PK_PST_KDS Part. Id: 3 Part. Range: KEY - KEY (Cost=0 Card=1
Bytes=41 CPU_Cost=1900 IO_Cost=0)


---- GROUP=none, SNAP_ID <= 1769, SNAP_TIME <= 24.12.2012 22:00:48, SQL_ID=31u5u2ks4zrcp
---- EXECUTIONS=61, ROWS_PROCESSED=11359445, PARSE_CALLS=63
---- DISK_READS=144, BUFFER_GETS=109242060, DIRECT_WRITES=0
---- DISK_READS_PER_EX=2.36, BUFFER_GETS_PER_EX=1790853.44, DIRECT_WRITES_PER_EX=0,
ROWS_PROCESSED_PER_EX=186220.41, PARSE_CALLS_PER_EX=1.03
---- CPU_TIME (sec.)=809.7200, ELAPSED_TIME (sec.)=811.6299, WAIT_TIME (sec.)=1.9099
---- CPU_TIME_PER_EX (sec.)=13.2741, ELAPSED_TIME_PRO_EX (sec.)=13.3054, WAIT_TIME_PRO_EX
(sec.)=0.0313
---- PLSQL_EXEC_TIME (sec.)=0.0000, JAVA_EXEC_TIME (sec.)=0.0000
---- PLSQL_EXEC_TIME_PER_EX (sec.)=0.0000, JAVA_EXEC_TIME_PRO_EX (sec.)=0.0000
---- APPLICATION_WAIT_TIME (sec.)=0.0000, CONCURRENCY_WAIT_TIME (sec.)=0.0000,
CLUSTER_WAIT_TIME (sec.)=0.0000, USER_IO_WAIT_TIME (sec.)=0.7302
---- APPLICATION_WAIT_TIME_PER_EX (sec.)=0.0000, CONCURRENCY_WAIT_TIME_PER_EX (sec.)=0.0000,
CLUSTER_WAIT_TIME_PER_EX (sec.)=0.0000, USER_IO_WAIT_TIME_PER_EX (sec.)=0.0120
---- MODULE : xxxxxxx (TNS V1-V3)
---- FORCE_MATCHING_SIGNATURE = 10380714406545123567
---- OPTIMIZER_MODE = ALL_ROWS, OPTIMIZER_ENV_HASH_VALUE = 1731486871
SELECT PST_LAST_ER_KDS.ID, PST_LAST_ER_KDS.MESSOBJECT, PST_LAST_ER_KDS.SW_PROFIL_BEZ,
PST_LAST_ER_KDS.SW_BEZEICHNUNG, PST_LAST_ER_KDS.MESSWERT, PST_LAST_ER_KDS.SCHWELLWERTKRIT,
PST_LAST_ER_KDS.EVENT_TIME, PST_LAST_ER_KDS.EVENT_STATUS, PST_LAST_ER_KDS.D_PS
T_KDS_ID, PST_LAST_ER_KDS.MEASURED_VALUE_COMP, PST_LAST_ER_KDS.MEASURED_VALUE_DIFF FROM
PST_LAST_ER_KDS PST_LAST_ER_KDS, PST_KDS PST_KDS WHERE PST_LAST_ER_KDS.D_PST_KDS_ID =
PST_KDS.ID AND PST_KDS.GROUPING_NAME = :"SYS_B_0"
---- Execution Plan (Plan Hash Value : 2070169098) :
SELECT STATEMENT Optimizer=ALL_ROWS (Cost=517)
  NESTED LOOPS (Bind Peeking used)
    NESTED LOOPS (Cost=517 Card=248 Bytes=95480 CPU_Cost=5338379 IO_Cost=517 Time=4)
      PARTITION LIST (SINGLE) Part. Id: 3 Part. Range: KEY - KEY (Cost=1 Card=164 Bytes=4920
CPU_Cost=37300 IO_Cost=1 Time=1)
        INDEX (SKIP SCAN) OF PK_PST_KDS Part. Id: 3 Part. Range: KEY - KEY (Cost=1 Card=164
Bytes=4920 CPU_Cost=37300 IO_Cost=1 Time=1)
      INDEX (RANGE SCAN) OF R_PST_LAST_ER_KDS_FK (Cost=2 Card=2 CPU_Cost=20736 IO_Cost=2
Time=1)
    TABLE ACCESS (BY INDEX ROWID) OF PST_LAST_ER_KDS (Cost=4 Card=2 Bytes=710 CPU_Cost=41002
IO_Cost=4 Time=1)
...
```

Für das Statspack-Repository kann man das Skript sp_obj_sqltus102.sql anwenden. Dieses Skript hat einen zusätzlichen Parameter „command_type" im Vergleich zu dem Skript awr_obj_sqltus112.sql. Die restlichen Parameter der beiden Skripte sind identisch.

17.4 Ermittlung der problematischen SQL-Anweisungen bei speziellen Performanz-Problemen (ein Fall aus der Praxis)

Die in diesem Kapitel präsentierten Methoden und Skripte helfen bei den meisten Problemen aus der Praxis. In einigen seltenen Situationen mit sehr spezifischen Performanz-Problemen sind sie aber nicht ausreichend. In solchen Fällen muss man spezielle SQL-Anweisungen entwickeln, um diese Probleme untersuchen zu können.

In diesem Abschnitt möchte ich solch ein Beispiel aus der Praxis beschreiben. Anwender eines Systems beschwerten sich über eine schlechte Performanz beim Ausführen einer Funktion. Die Funktion, die normalerweise 2–3 s lang dauerte, nahm eines Tages ca. 50 s in Anspruch. Nach einiger Zeit lief diese Funktion von allein wieder performant. Angesichts der Wichtigkeit dieser Funktion baten die Anwender, die Ursache der schlechten Performanz zu klären. Leider konnten sie nicht mehr sagen, an welchem Tag dieses Problem auftrat. Sie waren aber ziemlich sicher, dass lediglich eine SQL-Anweisung hinter dieser Funktion steckte. Man adressierte an mich also dieses Problem folgendermaßen: Irgendwo im System gibt es eine SQL-Anweisung, welche normalerweise 2 s lang läuft, die aber an einem Tag plötzlich 50 s lang lief. Ich musste diese SQL-Anweisung finden und möglichst die Ursache der Laufzeitverschlechterung klären.

Peter: *„Ist es überhaupt möglich?"*

Leonid: *„Die Chancen sahen sehr schlecht aus. Ich versuchte trotzdem, dieses Problem anzugehen."*

Da das Problem sehr spezifisch war, konnten keine Standard-Skripte bei der Lösung helfen. Mit dem folgenden Select versuchte ich, SQL-Anweisungen des jeweiligen Datenbankbenutzers im AWR zu ermitteln, deren minimale Laufzeit unter 10 s lag und die Differenz zwischen der maximalen und der minimalen Laufzeit kleiner als 100 s war.

17.4 Ermittlung der problematischen SQL-Anweisungen ...

```
SQL> select sql_id, (ma - mi)/1000000 Sec from (select sql_id,
min(elapsed_time_delta/decode(executions_delta,0,1,executions_delta)) mi,
max(elapsed_time_delta/decode(executions_delta,0,1,executions_delta)) ma from wrh$_sqlstat
where PARSING_SCHEMA_ID = 33 and elapsed_time_delta > 0 group by sql_id order by ma - mi desc)
where rownum <= 20 and mi/1000000  < 10 and (ma - mi)/1000000 < 100;

SQL_ID               SEC
-------------   ----------
1kjbhgdpawbty   93.237214
g714ar3fj3xtx   92.660419
4p68p1b5wuzvt   84.9842058
4f30dgmbcv7zu   77.9297274
9jqb4x88xwun4   77.0682976
3huymtvphgjjp   67.873818
77a1g1czzvbkd   66.22582
cggrudbp1m41k   59.768883
g417gpsny3s1d   58.7225226
9n6c8t9sp8x2d   56.2611604
fdh3yk0tk3x5z   51.8677806

SQL_ID               SEC
-------------   ----------
f4y97jvzk04c5   51.570111
5d7bqq00zruqt   51.0762841
56hzagpj9v2nc   44.9096287
7dnvhf27nn685   41.150209
b0wnysz5xtmjv   38.268843
13kjm2mgs623p   36.7697646
61wrrffmww5jy   35.3011345
3gvztqb02xu85   35.219074
2jybdmwnxf9cg   32.801905

20 rows selected.
```

Zu meinem Erstaunen fand ich gar nicht so viele SQL-Anweisungen. Das Problem war also nicht hoffnungslos. Als ich einige Kandidaten aus der obigen Ausgabe mit den Laufzeitdifferenzen von etwa 50 s genauer untersuchen wollte, meldete sich der Datenbankadministrator. Er hatte bereits versucht, dieses Problem selber zu lösen, und hatte alle Cursor des jeweiligen Prozesses ermittelt. Ich schlug vor, unsere Ergebnisse miteinander zu vergleichen. Unsere Cursor-Listen hatten zum Glück eine einzige Überschneidung, nämlich den Cursor mit der SQL Id 'fdh3yk0tk3×5z'.

Als nächstes ermittelte ich den jeweiligen Cursor mit den Laufzeitstatistiken aus der SQL-Area. Dafür benutzte ich das Skript one_exec_plan_sqlarea102.sql. Die untere Ausgabe zeigt, dass dieser Cursor sehr performant war.

```
-- Database Alias : xxx
-- Oracle Server Version :  10.2.0.3.0
-- Script one_exec_plan_sqlarea102.sql (Product TuTool 6.4.5 : www.tutool.de)
-- Start Time : 29.11.12 13:57:58
-- Input Parameters :
-- hash_value=''
-- sql_id='fdh3yk0tk3x5z'
-- signature=''
-- with_extract_from_other_xml=''
-- child_nr=''
-- without_pred_info=''
-- truncate_other_to=''


---- DISK_READS=55472, DISK_READS_PER_EX=0, BUFFER_GETS=2354397, BUFFER_GETS_PER_EX=37
---- DIRECT_WRITES=0, DIRECT_WRITES_PER_EX=0
---- PARSE_CALLS=63336, EXECUTIONS=63336, ROWS_PROCESSED=63334
---- CPU/Elapsed Time (sec.) total=114.5906/698.6191, per ex.=0.0018/0.0110
---- PL/SQL Exec Time (sec.) total=0.0000, per ex.=0.0000
---- JAVA Exec Time (sec.) total=0.0000, per ex.=0.0000
---- Application Wait Time (sec.) total=0.0000, per ex.=0.0000
---- Concurrency Wait Time (sec.) total=0.1057, per ex.=0.0000
---- Cluster Wait Time (sec.) total=0.0000, per ex.=0.0000
---- User IO Wait Time (sec.) total=602.1652, per ex.=0.0095
---- Exact Signature = 10990955425063450845, Force Signature = 10990955425063450845
---- Service : SYS$USERS
---- Module : JDBC Thin Client
---- SQL Source: obj#=94116, line#=417
---- USER="xxxxxxx", SCHEMA="xxxxxxx", OPTIMIZER_MODE=ALL_ROWS,
OPTIMIZER_ENV_HASH_VALUE=1046692802, USERS_OPEN=17, USERS_EXEC=0
---- SQL_ID=>fdh3yk0tk3x5z<, ADDRESS=>00000004B3CEEC88<, HASH_VALUE=>857863359<,
OLD_HASH_VALUE=>3747683778<, CHILD_NUMBER=>0<
SELECT DISTINCT ARTICLE.ARTICLE_ID, ARTICLE.MATERIAL_NR, ARTICLE_TEXT.ARTICLE_NAME,
UNIT.BASE_NUMERATOR, UNIT.QUANTITY_UNIT , Z_LGR.LGR, Z_MODULE.MODULE_KEY,
Z_PLANT_ARTICLE_MODULE.SHELF, Z_PLANT_ARTICLE_MODULE.SORF, Z_PLANT_ARTICLE.BSTATUS FROM
ARTICLE L
EFT OUTER JOIN ARTICLE_TEXT ON ( ARTICLE_TEXT.ARTICLE_ID = ARTICLE.ARTICLE_ID AND
ARTICLE_TEXT.LANGUAGE_ID = :1 AND ARTICLE_TEXT.ARTICLE_DESC = 'KTXT' ) INNER JOIN
Z_PLANT_ARTICLE ON ( Z_PLANT_ARTICLE.ARTICLE_ID = ARTICLE.ARTICLE_ID AND Z_PLANT_ARTICLE.PL
ANT_ID = :2 ) INNER JOIN PLANT_ARTICLE ON ( PLANT_ARTICLE.PLANT_ID = Z_PLANT_ARTICLE.PLANT_ID
AND PLANT_ARTICLE.ARTICLE_ID = Z_PLANT_ARTICLE.ARTICLE_ID AND PLANT_ARTICLE.DELETED IS NULL )
INNER JOIN PLANT_ARTICLE_UNIT ON ( PLANT_ARTICLE_UNIT.PLANT_ID = Z_
PLANT_ARTICLE.PLANT_ID AND PLANT_ARTICLE_UNIT.ARTICLE_ID = Z_PLANT_ARTICLE.ARTICLE_ID ) INNER
JOIN UNIT ON ( UNIT.UNIT_ID = PLANT_ARTICLE_UNIT.UNIT_ID ) INNER JOIN Z_PLANT_ARTICLE_MODULE
ON ( Z_PLANT_ARTICLE_MODULE.PLANT_ID = Z_PLANT_ARTICLE.PLANT_ID AND
Z_PLANT_ARTICLE_MODULE.ARTICLE_ID = Z_PLANT_ARTICLE.ARTICLE_ID ) INNER JOIN Z_MODULE ON
(Z_MODULE.MODULE_ID = Z_PLANT_ARTICLE_MODULE.MODULE_ID) INNER JOIN Z_LGR ON (Z_LGR.LGR_ID =
Z_PLANT_ARTICLE.LGR_ID) WHERE ARTICLE.MATERIAL_NR = :3 AND UNIT.PURCHASE_UN
IT = 'X' ORDER BY Z_MODULE.MODULE_KEY, Z_PLANT_ARTICLE_MODULE.SHELF,
Z_PLANT_ARTICLE_MODULE.SORF
Execution Plan (Plan Hash Value : 2228281766) :
```

Mit dem Skript awr_sqltus102.sql schaute ich tiefer in die Vergangenheit und fand, dass dieser Cursor am 13.11.12 zwischen 21 und 22 Uhr inperformant lief. Um eine kompakte Ausgabe zu bekommen, parametrisierte ich dieses Skript so, dass lediglich die ersten 100 Zeichen des SQL-Textes und keine Ausführungspläne ausgegeben wurden. Die jeweilige Ausgabe schnitt ich bis auf das Wesentliche unten ab, weil sie trotzdem ziemlich lang war.

17.4 Ermittlung der problematischen SQL-Anweisungen ...

```
-- Database Alias : xxx
-- Oracle Server Version :  10.2.0.3.0
-- Script awr_sqltus102.sql (Product TuTool 6.4.5 : www.tutool.de)
-- Start Time : 29.11.12 13:44:54
-- Input Parameters :
-- begin_time='01.11.2012'
-- end_time=''
-- num_stmt=''
-- group='s'
-- with_sqltext=''
-- trunc_sqltext_to='100'
-- with_exec_plan='n'
-- sql_id='fdh3yk0tk3x5z'
-- signature=''
-- criterion=''

...

---- GROUP=37608, SNAP_ID <= 37608, SNAP_TIME <= 13.11.2012 21:00:58, SQL_ID=fdh3yk0tk3x5z
---- EXECUTIONS=3, ROWS_PROCESSED=3, PARSE_CALLS=3
---- DISK_READS=13406, BUFFER_GETS=3126681, DIRECT_WRITES=0
---- DISK_READS_PER_EX=4468.67, BUFFER_GETS_PER_EX=1042227, DIRECT_WRITES_PER_EX=0,
ROWS_PROCESSED_PER_EX=1, PARSE_CALLS_PER_EX=1
---- DISK_READS_PER_ROW=4468.6667, BUFFER_GETS_PER_ROW=1042227.0000
---- CPU_TIME (sec.)=29.4785, ELAPSED_TIME (sec.)=155.6242, WAIT_TIME (sec.)=126.1457
---- CPU_TIME_PER_EX (sec.)=9.8262, ELAPSED_TIME_PRO_EX (sec.)=51.8747, WAIT_TIME_PRO_EX
(sec.)=42.0486
---- PLSQL_EXEC_TIME (sec.)=0.0000, JAVA_EXEC_TIME (sec.)=0.0000
---- PLSQL_EXEC_TIME_PER_EX (sec.)=0.0000, JAVA_EXEC_TIME_PRO_EX (sec.)=0.0000
---- APPLICATION_WAIT_TIME (sec.)=0.0000, CONCURRENCY_WAIT_TIME (sec.)=0.0255,
CLUSTER_WAIT_TIME (sec.)=0.0000, USER_IO_WAIT_TIME (sec.)=128.2241
---- APPLICATION_WAIT_TIME_PER_EX (sec.)=0.0000, CONCURRENCY_WAIT_TIME_PER_EX (sec.)=0.0085,
CLUSTER_WAIT_TIME_PER_EX (sec.)=0.0000, USER_IO_WAIT_TIME_PER_EX (sec.)=42.7414
---- MODULE : JDBC Thin Client
---- FORCE_MATCHING_SIGNATURE = 10990955425063450845
---- OPTIMIZER_MODE = ALL_ROWS, OPTIMIZER_ENV_HASH_VALUE = 1510195298
SELECT DISTINCT ARTICLE.ARTICLE_ID, ARTICLE.MATERIAL_NR, ARTICLE_TEXT.ARTICLE_NAME,
UNIT.BASE_NUMERA
===> truncated !
---- Execution Plan (Plan Hash Value : 1972614976) :

...
```

Auffällig war, dass die jeweilige SQL-Anweisung bei der schlechten Ausführung einen anderen Ausführungsplan hatte als den Ausführungsplan, den ich zuvor aus der SQL-Area ermittelte. Ich stellte auch fest, dass diese SQL-Anweisung ziemlich oft den Ausführungsplan wechselte. Da diese SQL-Anweisung für den Betrieb so wichtig war, schlug ich vor, den guten Ausführungsplan aus der SQL-Area zu fixieren (wie man das macht, ist im Abschn. 18.2 beschrieben). Leider war es nicht möglich, die Ursache der Instabilität des Ausführungsplans zu klären.

Später habe ich eine ähnliche Untersuchung bei einem anderen System auf Basis der Daten aus dem Statspack-Repository durchgeführt. Der jeweilige Select sah wesentlich komplizierter als der obige Select für AWR aus.

P.: „Möchtest Du nicht ein Standard-Skript für solche Probleme entwickeln?"

L.: „Mit meinem Select kann man lediglich relativ schnelle SQL-Anweisungen ermitteln, deren Laufzeit viel kleiner als das Zeitintervall zwischen den Snapshots im AWR ist. Möglicherweise ist es sinnvoll, die Langläufer (SQL-Anweisungen mit der Laufzeit, die wesentlich *größer als 10 Sekunden ist) in der View DBA_HIST_ACTIVE_SESS_HISTORY zu suchen. Ein Standard-Verfahren wäre also im Prinzip denkbar."*

> **Fazit**
> - bei einigen spezifischen Performanz-Problemen muss man eigene SQL-Anweisungen bzw. Skripte entwickeln, um diese Probleme untersuchen zu können,
> - einige auf den ersten Blick hoffnungslose Probleme lassen sich jedoch lösen.

18 Tuning der problematischen SQL-Anweisungen

Angenommen, man hat die problematischen SQL-Anweisungen ermittelt. Was macht man weiter?

Zunächst muss man klären, ob es ein Fall für SQL-Tuning ist. In einigen Situationen kann kein SQL-Tuning die Performanz der problematischen SQL-Anweisungen verbessern:

- möglicherweise ist es kein Performanz-Problem. Ein Fall dieser Sorte ist im Abschn. 2.1.1 beschrieben,
- die jeweilige SQL-Anweisung ist hängengeblieben. Es kann sein, dass dieser Hänger durch einen Bug von Oracle oder vom Betriebssystem verursacht wird. Es ist möglich, dass das Betriebssystem nicht ordnungsgemäß konfiguriert ist, was solche Effekte auch auslösen kann. So einen Fall hatte ich beispielsweise bei einer Datenbank von Oracle 10.2.0.5 unter LINUX. Dort wartete ein Select ewig lange auf das Warteereignis „read by other session" für denselben Datenblock. Dieses Verhalten ist in der Notiz 1166003.1 aus dem MOS beschrieben. Der Hänger wurde durch einen Kernel-Parameter verursacht, der zu niedrig gesetzt war,
- es gibt Warteereignisse, deren Wartezeit man nicht mit SQL-Tuning reduzieren kann (z. B. „enq: TX – allocate ITL entry" oder „enq: CF – contention"). Wenn die problematische SQL-Anweisung gerade auf so ein Ereignis wartet, muss man andere Tuning-Methoden einsetzen, um die Performanz zu verbessern,
- es ist möglich, dass das Performanz-Problem nicht die ermittelte SQL-Anweisung selbst verursacht, sondern deren rekursive Cursor,
- etc.

Wenn das Performanz-Problem durch einen schlechten Ausführungsplan verursacht ist, schlage ich vor, mit dem SQL-Tuning etwas abzuwarten.

Peter: „*Abzuwarten? Auch wenn das Performanz-Problem akut ist?*"

Leonid: „*Es ist sinnvoll zunächst zu prüfen, ob das Performanz-Problem wegen einer ungünstigen Ausführungsplanänderung entstand. Möglicherweise ist ein guter Ausführungsplan in der SQL-Area oder im AWR noch zu finden. Das kann man z. B. mit den Skripten awr_sqltus112.sql, one_exec_plan_sqlarea11201.sql, one_exec_plan_sqlarea11202.sql prüfen oder das Package DBMS_SQLTUNE dafür benutzen (s. im Abschn. 14.2). Findet man einen guten Plan, kann man die Gründe dieser ungünstigen Planänderung klären, wenn die Zeit das zulässt. Falls das Performanz-Problem akut ist, muss man dieses Problem schnell beseitigen. Die schnellste Lösung in diesem Fall ist sicherlich das Fixieren des guten Ausführungsplans für die jeweilige SQL-Anweisung.*"

P.: „*Mit SQL Plan Baselines?*"

L.: „*Im Abschn. 14.3 ist es beschrieben, wie man das mit SQL Plan Baselines tun kann. Im Abschn. 18.1 präsentiere ich dafür noch eine Methode.*"

In diesem Kapitel sind auch einige praktische Ansätze des SQL-Tunings beschrieben, welche den Tuning-Prozess beschleunigen. Findet man einen akzeptablen Ausführungsplan im Zuge des SQL-Tunings, ist es lediglich die Hälfte der Problemlösung, weil man den verbesserten Ausführungsplan noch umsetzen muss. Das kann auch problematisch sein, wenn keine Programmcodeänderungen möglich sind. In diesem Fall können versteckte (hidden) Hints behilflich sein, wenn die SQL-Anweisung mit Parametereinstellungen oder mit Hints getunt ist. Wenn man die SQL-Anweisung beim SQL-Tuning umschreibt, kann möglicherweise die Methode mit Hidden SQLs bei der Umsetzung dieser Lösung ohne Programmcodeänderung helfen. Diese Methode ist zum Schluss dieses Kapitels beschrieben.

Das SQL-Tuning ohne Zugang zu der Datenbank (Remote-SQL-Tuning) bereitet einige zusätzliche Schwierigkeiten. Da man mit den Experimenten beim Remote-Tuning sehr eingegrenzt ist, muss man die Tuning-Strategie wesentlich besser und ausführlicher überlegen. Hier sind einige Ansätze für diese Tuning-Art ausgeleuchtet.

18.1 Die OSP-Methode (Outlines in SQL Profile)

Aus dem Abschn. 14.2 wissen wir bereits, dass ein SQL Profile die speziellen Optimizer-Statistiken in Form von Hints beinhaltet. Ich weiß nicht, wem es zuerst eingefallen ist, Optimizer-Hints und Outlines statt der Statistiken im SQL Profile abzuspeichern. Dieses Verfahren ist sowohl auf vielen Internet-Seiten als auch in der Fachliteratur erwähnt (z. B. in [16]). Im weiteren Text verweise ich auf dieses Verfahren wie auf die OSP-Methode.

Um die Hints und die Outlines in einem SQL Profile abzuspeichern, kann man eine nicht dokumentierte Prozedur DBMS_SQLTUNE.IMPORT_SQL_PROFILE benutzen. Das Beispiel unten zeigt, wie man das macht.

18.1 Die OSP-Methode (Outlines in SQL Profile)

```
SQL> declare
  2    v_hints sys.sqlprof_attr:=sys.sqlprof_attr(q'[opt_param('optimizer_index_cost_adj' 10)]',
q'[optimizer_features_enable('11.2.0.1')]');
  3    v_sqltext clob := q'[select count(*) from test where col_a = 'Hallo']';
  4  begin
  5         sys.dbms_sqltune.import_sql_profile(sql_text=>v_sqltext, profile=>v_hints,
category=>'DEFAULT', name=>'MY_SQL_PROFILE', description=>'test', force_match=>true);
  6  end;
  7  /

PL/SQL-Prozedur erfolgreich abgeschlossen.
```

Wenn man das SQL Profile MY_SQL_PROFILE aktiviert und die jeweilige SQL-Anweisung ausführt, werden die gespeicherten Hints als Hidden Hints wirken.

Die OSP-Methode kann man auch benutzen, um die Outlines aus einem Explain bzw. aus einem Ausführungsplan im SQL Profile zu speichern. Somit kann man den jeweiligen Plan fixieren. Die Outlines sind aus der Spalte OTHER_XML zu extrahieren, die viele interne Views und Tabellen für den Explain- bzw. für den Ausführungsplan ab Oracle 10.2 beinhalten.

Da die Views V$SQL_PLAN und DBA_HIST_SQL_PLAN auch die Spalte OTHER_XML haben, ist es möglich, den jeweiligen Ausführungsplan aus der SQL-Area bzw. aus dem AWR mit der OSP-Methode zu fixieren. Die OSP-Methode ist im Tool SQLT von Oracle für das Fixieren der Ausführungspläne aus der SQL-Area und aus dem AWR implementiert (s. die Notiz 1487302.1 aus dem MOS).

Leider ist es unmöglich, einen Ausführungsplan aus dem Statspack-Repository zu fixieren, weil diese Spalte in der Tabelle STATS$SQL_PLAN fehlt.

In Oracle 10 können die Attribute eines SQL Profile maximal 500 Zeichen lang sein. Dementsprechend ist der Typ SQLPROF_ATTR, der in der OSP-Methode benutzt wird, folgendermaßen bei Oracle definiert:

```
CREATE OR REPLACE TYPE SYS.SQLPROF_ATTR AS VARRAY(2000) of VARCHAR2(500)
```

Die Länge von 500 kann für ein Hint nicht ausreichend sein. Nehmen wir als Beispiel das Hint LEADING für eine SQL-Anweisung, die einen großen JOIN von vielen Tabellen enthält. So ein Hint kann sehr lang sein. Das grenzt die Anwendung der OSP-Methode in Oracle 10 ein.

In Oracle 11g wird der Typ CLOB für die Attribute eines SQL Profile im Data Dictionary benutzt. Leider ist der Typ SQLPROF_ATTR dabei unverändert geblieben. Man kann aber diesen Typ folgendermaßen erweitern:

```
ALTER TYPE SYS.SQLPROF_ATTR MODIFY ELEMENT TYPE VARCHAR2(4000);
```

Die Länge von 4000 soll für die meisten Fälle aus der Praxis ausreichend groß sein.

Solche mit den Optimizer Hints befüllte SQL Profiles haben folgende Vorteile:

- man kann zunächst ein SQL Profile in einer separaten Kategorie für Testzwecke anlegen (ähnlich den Stored Outlines). Wenn diese Tests erfolgreich sind, kann man das jeweilige SQL Profile in die Kategorie DEFAULT übertragen und somit für das Gesamtsystem aktivieren. Solch eine Möglichkeit fehlt bei den SQL Plan Baselines,
- es ist möglich, sowohl Outlines als auch Optimizer-Hints in einem SQL Profile abzuspeichern. Dies erhöht zum einen die Flexibilität dieses Verfahrens, zum anderen ermöglicht es einige Problemlösungen, die lediglich mit SQL Profiles möglich sind (s. z. B. im Abschn. 18.7.2.1),
- die erzwungene Mustersuche (force matching) ist dort möglich. Man kann also ein SQL Profile mit dem Argument FORCE_MATCH=>TRUE anlegen und somit für alle SQL-Anweisungen anwendbar machen, die sich lediglich in Literalen unterscheiden. Das ist ein großer Vorteil im Vergleich zu den Stored Outlines und zu den SQL Plan Baselines,
- im Unterschied zu den SQL Plan Baselines wird für ein SQL Profile sehr wenig Speicherplatz verbraucht.

Man hätte sehr ähnlich SQL-Patches einsetzen können. Leider gibt es beim Verfahren mit den manuell angelegten SQL-Patches einige gravierende Nachteile im Vergleich zu den SQL Profiles (diese Nachteile sind im Abschn. 18.7.4 beschrieben). Aus diesem Grund wird die OSP-Methode in der Praxis bevorzugt. Man könnte die SQL-Patches eventuell für Hidden Hints einsetzen (s. im Abschn. 18.7.4), aber nicht für das Fixieren der Ausführungspläne.

18.2 Fixieren eines Ausführungsplans mit der OSP-Methode

Wie es im obigen Abschnitt bereits beschrieben ist, besteht das Fixieren eines Ausführungsplans mit der OSP-Methode im Folgenden:

- zunächst findet man einen passenden Ausführungsplan,
- danach extrahiert man die Outline aus der Spalte OTHER_XML der jeweiligen View (z. B. V$SQL_PLAN) und speichert
- diese Outlines mit der Prozedur DBMS_SQLTUNE.IMPORT_SQL_PROFILE in einem neu angelegten SQL Profile ab.

Beim Ausführen der jeweiligen SQL-Anweisung wird die im SQL Profile gespeicherte Outline angewendet, und der Optimizer generiert den gewünschten Ausführungsplan. Mit diesem Verfahren kann man eine Funktionalität für Oracle 10 schaffen, die ähnlich der Funktionalität der SQL Plan Baselines ist. Auch bei Oracle 11 kann dieses Verfahren mit SQL Plan Baselines in einigen Fällen erfolgreich konkurrieren, wegen seiner Vorteile, welche im Abschn. 18.1 beschrieben sind.

18.2 Fixieren eines Ausführungsplans mit der OSP-Methode

Das Fixieren des Ausführungsplans: das Beste wird verewigt

Mit den 2 Skripten sql_prof_with_hints_from_sga102.sql und sql_prof_with_hints_from_awr102.sql kann man einen Ausführungsplan aus der SQL-Area bzw. aus dem AWR fixieren. Mit der OSP-Methode kann man aber Pläne aus jeder beliebigen internen View oder Tabelle mit der Spalte OTHER_XML fixieren (z. B.einen Explain Plan aus der Tabelle PLAN_TABLE). Bei diesem Verfahren muss man mit den parallelen Operationen aufpassen, weil Oracle keine Outlines für diese Operationen generiert. Es ist aber möglich, die Outlines mit den Hints PARALLEL in diesem Fall manuell zu vervollständigen.

Ich benutze dieses Verfahren regelmäßig, und es hat mir in vielen akuten Situationen geholfen. Beispielsweise in dieser hier: Eine wichtige SQL-Anweisung lief bei einer Datenbank von Oracle 10.2.0.4 sehr instabil. Eines Tages blieb die Anwendung stehen, weil der Ausführungsplan sich dramatisch verschlechtert hatte. Obwohl diese Datenbank mir völlig unbekannt war und ich keinen Zugriff darauf hatte, bat man mich zu helfen. Zum Glück war der gute Ausführungsplan aus dem AWR noch nicht entfernt. Mit den zugeschickten Werten der SQL_ID und des jeweiligen PLAN_HASH_VALUE parametrisierte ich das Skript sql_prof_with_hints_from_awr102.sql und sandte an den Kunden. Damit konnte der Kunde das Problem beseitigen. Dieser Workaround war 3–4 Monate lang eingesetzt, solange die Entwickler die jeweilige SQL-Anweisung nicht umprogrammiert hatten.

Mit dem Skript test_case_sql_profiles_fix_exe_plan.sql können Sie das Fixieren eines Ausführungsplans aus der SQL-Area mit der OSP-Methode verfolgen.

Zum Schluss dieses Abschnitts möchte ich beschreiben, wie man einen Ausführungsplan mit dieser Methode fixieren kann, der bei dem automatischen SQL-Tuning errechnet wird. Diese Methode kann man in Oracle 10 gut gebrauchen. Erst in Oracle 11 kann man solche Ausführungspläne mit SQL Plan Baselines fixieren, aber auch in Oracle 11 ist es möglich, die OSP-Methode für diesen Zweck einzusetzen. Wie man das automatische SQL-Tuning benutzt, ist bereits im Abschn. 14.2.1 beschrieben. Wiederholen wir das kurz:

- zunächst legt man eine Tuning-Task mit der Funktion DBMS_SQLTUNE.CREATE_TUNING_TASK an,
- danach führt man die angelegte Tuning-Task mir der Prozedur DBMS_SQLTUNE.EXECUTE_TUNING_TASK aus. Das automatische SQL-Tuning findet nicht immer einen verbesserten Ausführungsplan. Wenn ein Plan aber gefunden wird, erfolgt es genau in diesem Schritt,
- man erstellt weiter einen Report mit der Funktion DBMS_SQLTUNE.REPORT_TUNING_TASK, um sich zu vergewissern, dass das automatische SQL-Tuning einen Plan gefunden hat. Der Plan soll im Abschnitt „Using SQL Profile" dieses Reports zu finden sein,
- in dem konventionellen Verfahren erstellt man ein SQL Profile für den errechneten Ausführungsplan. Bei der OSP-Methode ist es nicht notwendig. Den jeweiligen Ausführungsplan kann man in der View DBA_SQLTUNE_PLANS ermitteln. Diese View hat die Spalte OTHER_XML, aus der man die Outline zum Fixieren dieses Ausführungsplans extrahiert und in einem SQL Profile abspeichert. Damit wird der Ausführungsplan aus dem Report-Abschnitt „Using SQL Profile" fixiert. Dies ist ein wichtiger Unterschied zwischen der OSP- und der konventionellen Methode, bei der das angelegte SQL Profile keine Hints aus der Outline, sondern die speziellen Statistiken beinhaltet. Mit dem Skript test_case_osp_method_for_fixing_exec_plan_from_sql_profile.sql kann man dieses Verfahren testen.

Wenn die jeweilige Tuning-Task nicht vorhanden ist (beispielweise weil sie gelöscht ist), kann man die OSP-Methode gebrauchen, um den Explain- oder Ausführungsplan zu fixieren, welcher mit einem SQL Profile generiert wird. Dabei besteht aber keine Garantie, dass man damit den in der Tuning-Task errechneten Plan fixiert.

18.3 Fixieren eines Ausführungsplans aus dem Statspack-Repository

Leider fehlt die Spalte OTHER_XML in der Tabelle STATS$SQL_PLAN, die zum Statspack gehört. Dies macht das Fixieren eines Ausführungsplans aus dem Statspack-Repository unmöglich.

Dieses Problem lässt sich aber umgehen, indem die Daten aus dem Statspack-Repository mit den Informationen aus der Spalte OTHER_XML vervollständigt werden. Dafür kann man folgendermaßen vorgehen.

18.3 Fixieren eines Ausführungsplans aus dem Statspack-Repository

Legen wir zunächst eine Tabelle OTHER_XMLS im Schema SYSTEM an.

```
create table system.other_xmls(signature number not null, other_xml clob not null,
plan_hash_value number not null);

create unique index system.i_other_xmls on system.other_xmls (signature, plan_hash_value);
```

Diese Tabelle wird regelmäßig mit den Daten aus der View V$SQL mit dem unteren PL/SQL-Block gefüllt.

```
declare

cursor cc is
select s.force_matching_signature, p.other_xml, s.plan_hash_value
from v$sql s, v$sql_plan p
where
s.sql_id=p.sql_id and
s.child_number = p.child_number and
s.plan_hash_value = p.plan_hash_value and
s.force_matching_signature != 0 and
p.other_xml is not null and
s.command_type in (1,2,3,6,7,9,11,189) and
not exists (select * from system.other_xmls where signature = s.force_matching_signature and
plan_hash_value = s.plan_hash_value)
order by 1,3;

v_sig number;
v_plan number;

begin
     for rec_cc in cc loop
          if (v_sig is null and v_plan is null) or (v_sig !=
rec_cc.force_matching_signature or v_plan != rec_cc.plan_hash_value) then
               v_sig := rec_cc.force_matching_signature;
               v_plan := rec_cc.plan_hash_value;
               begin
                    insert into system.other_xmls (signature, other_xml,
plan_hash_value) values (rec_cc.force_matching_signature, rec_cc.other_xml,
rec_cc.plan_hash_value);
                    commit;
               exception
                    when others then
                         rollback;
               end;
          end if;
     end loop;
end;
/
```

Die Häufigkeit, mit der man diesen PL/SQL-Block ausführt, muss ausreichend für das Abspeichern der Spalte OTHER_XML für alle Cursor aus der SQL-Area sein. Normalerweise genügt es, diesen PL/SQL-Block einmal alle 15 min auszuführen.

Eine ungünstige Veränderung eines Ausführungsplans kann man mit dem Skript sp_sqltus102.sql anhand der Daten im Statspack-Respository feststellen. Dieses Skript ist im Abschn. 17.2.1 beschrieben. Außerdem kann man

- die jeweilige Force Matching Signature und
- den Hashwert des guten Ausführungsplans

mit diesem Skript ermitteln.

Das nächste Skript extrahiert die Outline aus der Spalte OTHER_XML der Tabelle OTHER_XMLS, um den guten Ausführungsplan zu fixieren. Die Eingabeparameter dieses Skripts sind die Signatur des SQL-Textes und der Hashwert des guten Plans.

```
define signature='&signature'
define plan_hash_value='&plan_hash_value'

set serveroutput on size 1000000 format wrapped

set feedback off
set verify off
set linesize 1000

declare
v_xml clob;
begin
      begin
            select other_xml into v_xml from system.other_xmls where signature='&signature'
and plan_hash_value='&plan_hash_value' and rownum <= 1;
      exception when no_data_found then
            raise_application_error(-20001,'Outlines for signature=&signature and
plan_hash_value = &plan_hash_value  not found in system.other_xmls');
      end;

      dbms_output.put_line('/*+');
      dbms_output.put_line('BEGIN_OUTLINE_DATA');

      for outl in (select extractValue(value(t), '/hint') as hint from
table(xmlsequence(extract(xmltype(v_xml),'/*/outline_data/hint'))) t) loop
            dbms_output.put_line(outl.hint);
      end loop;

      dbms_output.put_line('END_OUTLINE_DATA');
      dbms_output.put_line('*/');
end;
/

undefine signature
undefine plan_hash_value
```

Die Hints aus dieser Outline kann man als Hidden Hints für die jeweilige SQL-Anweisung in einer Stored Outline abspeichern (s. im Abschn. 18.7.1).

18.4 Wichtige Ansätze des SQL-Tuning

Es ist sehr schön, wenn man einen guten Ausführungsplan für eine problematische SQL-Anweisung entweder in der SQL-Area oder im AWR findet. Wenn man aber keinen findet (und das automatische SQL-Tuning auch nicht hilft), was macht man dann?

Leonid: „Peter, was machst Du in so einem Fall?"

Peter: „Ich versuche, die Anwendungsentwickler heranzuziehen."

L.: „Und wenn es eine Anwendung eines Drittanbieters ist?"

P.: „Manchmal hilft es, den Shared Pool mit dem Kommando ‚alter system flush shared_pool' durchzuspülen oder die Datenbankinstanz zu rebooten."

L.: „Ich merke, Du versuchst, das SQL-Tuning zu meiden."

P.: „Ehrlich gesagt, genau das tue ich auch. Meiner Meinung nach gehört SQL-Tuning nicht zur Datenbankadminstration."

L.: „Ich gebe Dir Recht, dass SQL-Tuning generell zu der Aufgabe der Entwickler gehört. Wenn aber ein Performanz-Problem wegen inperformanter SQL-Anweisungen sehr akut ist und Dir keine Entwickler zur Verfügung stehen, musst Du als Datenbankadministrator eingreifen. Ich hoffe sehr, dass die Ansätze des formalen SQL-Tunings aus diesem Abschnitt Dir helfen können."

P.: „Meinst Du, ich bin imstande, das SQL-Tuning durchzuführen, ohne die jeweilige Anwendung und insbesondere das jeweilige Datenmodell zu kennen?"

L.: „Wenn ich das kann, warum kannst Du das dann nicht?"

P.: „Na ja, Du bist doch etwas erfahrener als ich."

L.: „Peter, so schwierig ist es gar nicht. Ich zeige in diesem Abschnitt, wie ich das mache. Das formale SQL-Tuning basiert auf den Laufzeitstatistiken im Ausführungsplan und verbessert oder beseitigt dort die kritischen Schritte. Ein paar Beispiele werden Dich hoffentlich überzeugen, dass es auch für Dich machbar ist."

18.4.1 Zielsetzung für SQL-Tuning bei akuten Performanz-Problemen

Der zeitliche Faktor ist bei den akuten Performanz-Problemen entscheidend. Ich kann nur wiederholen, dass man aus diesem Grund zunächst versuchen muss, einen guten Ausführungsplan für die problematische SQL-Anweisung zu finden und diesen Plan zu fixieren. Nur wenn es nicht geht, kann man mit dem SQL-Tuning anfangen.

Wenn es eine Anwendung ist, bei der keine Programmcodeänderungen möglich sind, muss man bereits bei dem SQL-Tuning daran denken, wie man den optimierten Ausführungsplan umsetzt. Hält man sich an die folgenden einfachen Regeln, kann man problemlos den getunten Ausführungsplan ohne Programmcodeänderungen umsetzen:

- versuche das SQL-Tuning ohne Umschreiben der jeweiligen SQL-Anweisung (also ohne Strukturänderung) durchzuführen,
- benutze dafür Parametereinstellungen oder
- Optimizer-Hints.

Den so optimierten Ausführungsplan kann man dann mit Hidden Hints ohne Programmcodeänderung fixieren.

Peter: „Man könnte eventuell auch versuchen, die Optimizer-Statistiken für die Tabellen aus der SQL-Anweisung neu zu erstellen, wenn sie veraltet sind."

Leonid: „Gut, dass Du das erwähnt hast. Die jeweilige Problem-Lösung darf keine neuen Probleme verursachen. Deswegen suche ich immer nach einer Lösung, die keine anderen SQL-Anweisungen beeinflusst. Da die neuen Optimizer-Statistiken theoretisch das tun könnten, setze ich diese Methode normalerweise nicht ein. Dasselbe gilt beispielsweise auch für die neuen Indices. Zunächst versuche ich immer, ohne neue Indices auszukommen."

18.4.2 Analyse der Laufzeitstatistiken als Methode des formalen SQL-Tunings

Die wichtigsten Laufzeitstatistiken für SQL-Tuning sind die Ausführungsplanstatistiken. Anhand dieser Statistiken kann man leicht die kritischen Stellen im Ausführungsplan erkennen.

Peter: „Ich bin nicht sicher, dass es so leicht ist."

Leonid: „Es ist ziemlich leicht. In erster Linie muss man die Schritte mit der größten Kardinalität, also mit der größten Treffermenge, ermitteln."

P.: „Warum wählt man nicht die Schritte mit der größten Laufzeit oder mit den meisten Buffer Gets?"

L.: „Weil die Schritte mit der größten Kardinalität die nächsten Ausführungsplanschritte beeinflussen und dort eine große Laufzeit, viele Buffer Gets oder Disk Reads verursachen. Sie selber können dabei bescheidene Werte für diese Statistiken haben. Man muss also zunächst die Ausführungsplanschritte mit der größten Kardinalität untersuchen. Wenn es mehrere sind, muss man mit dem ersten Schritt anfangen, der vor allen anderen ausgeführt wird."

P.: „Angenommen, wir haben eine große Tabelle, wo ein wichtiger Index fehlt. Dann äußert sich das in einem teuren Full Table Scan, der relativ wenige Datensätze zurückliefert. Deine Methode funktioniert in diesem Fall nicht."

L.: „Man muss sicherlich auch die anderen Laufzeitstatistiken bei der Analyse des Ausführungsplans im Auge halten. Die Kardinalität ist aber in vielen Fällen die wichtigste Statistik. Der Fall, den Du eben beschrieben hast, stellt ein lokales Problem im Ausführungsplan dar, weil ein Full Table Scan mit einer kleinen Treffermenge die nächsten Ausführungsplanschritte entsprechend wenig beeinflusst."

P.: „Wie genau erkennt man im Ausführungsplan, dass ein Index fehlt?"

L.: „Was ist Deine Meinung?"

P.: „Das muss ein Full Table Scan sein, der viele Buffer Gets bzw. Disk Reads ausführt und wenige Datensätze selektiert. Wenn die jeweilige Tabelle viele Datensätze hat, was man anhand der Optimizer-Statistiken feststellen kann, ist es ein Indiz für einen fehlenden Index."

L.: „Richtig, Peter. Wenn die Anzahl der Datensätze nicht sehr groß ist, kann es auch ein Indiz für eine hohe High Water Mark unserer Tabelle sein. In diesem Fall wird eine Tabellenreorganisation helfen. Als schnelle Hilfe kann man aber auch in diesem Fall den jeweiligen Index anlegen. Mit dem Anlegen der neuen Indices muss man übrigens etwas aufpassen, weil es die Performanz anderer SQL-Anweisungen verschlechtern kann."

P.: „Was macht man weiter, nachdem man den Ausführungsplanschritt mit der größten Kardinalität gefunden hat?"

L.: „Es hängt davon ab, wie dieser und die nächsten Ausführungsplanschritte sind. Am besten zeige ich das an folgenden zwei Beispielen. In einem Beispiel hilft Änderung der Tabellenreihenfolge im Join, in dem anderen wird die Performanz durch Erweiterung eines Indexes um eine Spalte verbessert. Solche Fälle sind ziemlich einfach zu analysieren und treten häufig in der Praxis auf. Bei komplexeren Fällen kann man denselben Ansatz bei der Analyse benutzen."

Eine SQL-Anweisung hat bei einem System gravierende Performanz-Probleme verursacht. Diese SQL-Anweisung habe ich testweise mit den Ausführungsplanstatistiken ausgeführt. Das Ergebnis ist unten präsentiert.

18.4 Wichtige Ansätze des SQL-Tuning

```
---- DISK_READS=0, DISK_READS_PER_EX=0, BUFFER_GETS=427105, BUFFER_GETS_PER_EX=427105
---- DIRECT_WRITES=0, DIRECT_WRITES_PER_EX=0
---- PARSE_CALLS=1, EXECUTIONS=1, ROWS_PROCESSED=134
---- CPU/Elapsed Time (sec.) total=0.9901/5.9553, per ex.=0.9901/5.9553
---- PL/SQL Exec Time (sec.) total=0.0000, per ex.=0.0000
---- JAVA Exec Time (sec.) total=0.0000, per ex.=0.0000
---- Application Wait Time (sec.) total=0.0000, per ex.=0.0000
---- Concurrency Wait Time (sec.) total=0.5948, per ex.=0.5948
---- Cluster Wait Time (sec.) total=0.0000, per ex.=0.0000
---- User IO Wait Time (sec.) total=0.0000, per ex.=0.0000
---- Exact Signature = 10547725753229350768, Force Signature = 10547725753229350768
---- Service : SYS$USERS
---- Module : sqlplus.exe
---- USER="SYS", SCHEMA="XXX", OPTIMIZER_MODE=ALL_ROWS, OPTIMIZER_ENV_HASH_VALUE=4121557276,
USERS_OPEN=0, USERS_EXEC=0
---- SQL_ID=>39r2vtm81tq4p<, ADDRESS=>070000046E97E0F8<, HASH_VALUE=>3491551381<,
OLD_HASH_VALUE=>1950628175<, CHILD_NUMBER=>0<
    SELECT a.abstract_actor_id, a.signature, a.last_log_in, a.last_logout, a.last_state_change,
a.notification_event_id, a.login_name, a.max_assigned_documents_count, a.roles_id, a.status,
a.preferences_id,a.identity_id, a.login_status, a.login_status_reason, b.jdo_version FROM
user_ a JOIN abstract_ACTb ON (a.abstract_actor_id = b.abstract_actor_id) WHERE EXISTS (SELECT 1
FROM queue c JOIN abstract_ACTd ON (c.abstract_actor_id = d.abstract_actor_id) WHERE
d.jdo_class = 'queue' AND c.abstract_actor_id = :b1          AND (c.private_recipient_id
= a.abstract_actor_id OR EXISTS (SELECT 1 FROM queue_recipients e WHERE c.abstract_actor_id
= e.abstract_actor_id AND e.recipient_id = a.abstract_actor_id) OR EXISTS (SELECT
1 FROM queue_recipients_external f WHERE c.abstract_actor_id = f.abstract_actor_id AND f.recipient_id
= a.abstract_actor_id) OR EXISTS (SELECT 1 FROM queue_groups g JOIN group_ h ON (g.group_id =
h.group_id) WHERE c.abstract_actor_id = g.abstract_actor_id AND EXISTS (SELECT 1 FROM
group_all_users i WHERE h.group_id = i.group_id AND i.abstract_actor_id =
a.abstract_actor_id)))) AND b.jdo_class = 'user'
    ---- Execution Plan (Plan Hash Value : 3407976082) :
      0         SELECT STATEMENT Optimizer=ALL_ROWS (Cost=2202)
      1    0    FILTER (Bind Peeking used) (Runtime Stats - starts:1, ela:5.94, dr:0, dwr:0,
bg:427105, rows:134)
      2    1        HASH JOIN (Cost=19 Card=1455 Bytes=210975 CPU_Cost=12322426 IO_Cost=18
Time=1) (Runtime Stats - starts:1, ela:0.08, dr:0, dwr:0, bg:71, rows:2128) (WA Stats -
Policy:AUTO, Last Mem(K):1298, Opt Mem(K):1236, 1 Pass Mem(K):1236, Opt/1/Mult:1
/0/0)
      3    2          TABLE ACCESS (FULL) OF ABSTRACT_ACT(Cost=5 Card=1455 Bytes=17460
CPU_Cost=1081979 IO_Cost=5 Time=1) (Runtime Stats - starts:1, ela:0.00, dr:0, dwr:0, bg:16,
rows:2128)
      4    2          TABLE ACCESS (FULL) OF USER_ (Cost=13 Card=2116 Bytes=281428
CPU_Cost=1216102 IO_Cost=13 Time=1) (Runtime Stats - starts:1, ela:0.07, dr:0, dwr:0, bg:55,
rows:2128)
      5    1        FILTER (Runtime Stats - starts:2128, ela:5.73, dr:0, dwr:0, bg:427034,
rows:134)
      6    2          NESTED LOOPS (Cost=3 Card=1 Bytes=16 CPU_Cost=25111 IO_Cost=3 Time=1)
(Runtime Stats - starts:2128, ela:0.20, dr:0, dwr:0, bg:12768, rows:2128)
      7    3            TABLE ACCESS (BY INDEX ROWID) OF ABSTRACT_ACT(Cost=2 Card=1 Bytes=9
CPU_Cost=15513 IO_Cost=2 Time=1) (Runtime Stats - starts:2128, ela:0.10, dr:0, dwr:0, bg:6384,
rows:2128)
      8    4              INDEX (UNIQUE SCAN) OF PK_ABSTRACT_ACT(Cost=1 Card=1 CPU_Cost=8171
IO_Cost=1 Time=1) (Runtime Stats - starts:2128, ela:0.01, dr:0, dwr:0, bg:4256,
rows:2128)
      9    3            TABLE ACCESS (BY INDEX ROWID) OF QUEUE (Cost=1 Card=1 Bytes=7
CPU_Cost=9598 IO_Cost=1 Time=1) (Runtime Stats - starts:2128, ela:0.09, dr:0, dwr:0, bg:6384,
rows:2128)
     10    4              INDEX (UNIQUE SCAN) OF PK_QUEUE (Cost=0 Card=1 CPU_Cost=1900
IO_Cost=0) (Runtime Stats - starts:2128, ela:0.06, dr:0, dwr:0, bg:4256,rows:2128)
     11    2          INDEX (UNIQUE SCAN) OF PK_QUEUE_RECIPIENTS (Cost=0 Card=1 Bytes=7
CPU_Cost=1050 IO_Cost=0) (Runtime Stats - starts:2128, ela:0.10, dr:0, dwr:0, bg:2128,rows:0)
     12    2          INDEX (UNIQUE SCAN) OF PK_QUEUE_RECIPIENTS_EXTERNAL (Cost=0 Card=1
Bytes=26 CPU_Cost=1050 IO_Cost=0) (Runtime Stats - starts:2128, ela:0.03, dr:0, dwr:0, bg:2128,
rows:0)
     13    2          NESTED LOOPS (Cost=1 Card=1 Bytes=17 CPU_Cost=424421 IO_Cost=1 Time=1)
(Runtime Stats - starts:2128, ela:5.09, dr:0, dwr:0, bg:410010, rows:134)
     14    3            NESTED LOOPS (Cost=1 Card=3 Bytes=30 CPU_Cost=418721 IO_Cost=1 Time=1)
(Runtime Stats - starts:2128, ela:5.06, dr:0, dwr:0, bg:403338,
rows:4974)
     15    4              INDEX (FULL SCAN) OF PK_GROUP_ (Cost=1 Card=196 Bytes=588
CPU_Cost=46321 IO_Cost=1 Time=1) (Runtime Stats - starts:2128, ela:0.47, dr:0, dwr:0, bg:2128,
rows:399081)
     16    4              INDEX (UNIQUE SCAN) OF PK_GROUP_ALL_USERS (Cost=0 Card=1 Bytes=7
CPU_Cost=1900 IO_Cost=0) (Runtime Stats - starts:399081, ela:3.93, dr:0, dwr:0, bg:401210,
rows:4974)
     17    3            INDEX (UNIQUE SCAN) OF PK_QUEUE_GROUPS (Cost=0 Card=1 Bytes=7
CPU_Cost=1900 IO_Cost=0) (Runtime Stats - starts:4974, ela:0.03, dr:0, dwr:0, bg:6672,
rows:134)
```

Der kritische Ausführungsplanschritt ist der Schritt 15. In diesem Schritt wurde ein Index Full Scan mit dem Index PK_GROUP_ 2128 Mal durchgeführt. Für jeden in diesem Schritt gelesenen Datensatz (und das sind insgesamt 399081) wurde ein Unique Index Scan mit dem Index PK_GROUP_ALL_USERS im Schritt 16 gemacht. Dies verursachte die meisten Buffer Gets (403338) und die meiste Laufzeit (5,06 Sekunden) im Schritt 13. Da die Treffermenge dieses Join im Schritt 14 lediglich 4974 betrug, dachte ich, dass man mit der Tabelle QUEUE_GROUPS in diesem Join lieber anfangen sollte.

Als ich mit dem Hint LEADING die Reihenfolge der Tabellen (GROUP_ und QUEUE_GROUP) im Join aus dem jeweiligen Subquery änderte, stellte ich eine ca. zehnfache Verbesserung beim Ausführen der problematischen SQL-Anweisung fest.

18.4 Wichtige Ansätze des SQL-Tuning

```
---- DISK_READS=0, DISK_READS_PER_EX=0, BUFFER_GETS=44131, BUFFER_GETS_PER_EX=44131
---- DIRECT_WRITES=0, DIRECT_WRITES_PER_EX=0
---- PARSE_CALLS=1, EXECUTIONS=1, ROWS_PROCESSED=134
---- CPU/Elapsed Time (sec.) total=0.1764/0.3360, per ex.=0.1764/0.3360
---- PL/SQL Exec Time (sec.) total=0.0000, per ex.=0.0000
---- JAVA Exec Time (sec.) total=0.0000, per ex.=0.0000
---- Application Wait Time (sec.) total=0.0000, per ex.=0.0000
---- Concurrency Wait Time (sec.) total=0.0289, per ex.=0.0289
---- Cluster Wait Time (sec.) total=0.0000, per ex.=0.0000
---- User IO Wait Time (sec.) total=0.0000, per ex.=0.0000
---- Exact Signature = 7041476746449042864, Force Signature = 7041476746449042864
---- Service : SYS$USERS
---- Module : sqlplus.exe
---- USER="SYS", SCHEMA="XXX", OPTIMIZER_MODE=ALL_ROWS, OPTIMIZER_ENV_HASH_VALUE=1727059818,
USERS_OPEN=0, USERS_EXEC=0
---- SQL_ID=>bdma5g24dtahq<, ADDRESS=>07000004750F3ED8<, HASH_VALUE=>2296162838<,
OLD_HASH_VALUE=>71452371<, CHILD_NUMBER=>0<
 SELECT a.abstract_actor_id, a.signature, a.last_log_in, a.last_logout, a.last_state_change,
a.notification_event_id, a.login_name, a.max_assigned_documents_count, a.roles_id, a.status,
a.preferences_id, a.identity_id, a.login_status, a.login_status_reason, b.jdo_version FROM
user_ a JOIN abstract_ACTb ON (a.abstract_actor_id = b.abstract_actor_id) WHERE EXISTS (SELECT
1 FROM queue c JOIN abstract_ACTd ON (c.abstract_actor_id = d.abstract_actor_id) WHERE
d.jdo_class = 'queue' AND c.abstract_actor_id = :b1         AND (c.private_recipient_id
= a.abstract_actor_id OR EXISTS (SELECT 1 FROM queue_recipients e WHERE e.abstract_actor_id
= e.abstract_actor_id AND e.recipient_id = a.abstract_actor_id) OR EXISTS (SELECT 1 FROM
queue_recipients_external f WHERE c.abstract_actor_id = f.abstract_actor_id AND f.recipient_id
= a.abstract_actor_id) OR EXISTS (SELECT /*+ leading(g h) */
 1 FROM queue_groups g JOIN group_ h ON (g.group_id = h.group_id) WHERE c.abstract_actor_id =
g.abstract_actor_id AND EXISTS (SELECT 1 FROM group_all_users i WHERE h.group_id = i.group_id
AND i.abstract_actor_id = a.abstract_actor_id)))) AND b.jdo_class = 'user'
 ---- Execution Plan (Plan Hash Value : 2241239304) :
   0        SELECT STATEMENT Optimizer=ALL_ROWS (Cost=3216)
   1    0      FILTER (Bind Peeking used) (Runtime Stats - starts:1, ela:0.32, dr:0, dwr:0,
bg:44131, rows:134)
   2    1        HASH JOIN (Cost=19 Card=2131 Bytes=317519 CPU_Cost=12451896 IO_Cost=18
Time=1) (Runtime Stats - starts:1, ela:0.01, dr:0, dwr:0, bg:71, rows:2131) (WA Stats -
Policy:AUTO, Last Mem(K):1302, Opt Mem(K):1236, 1 Pass Mem(K):1236, Opt/1/Mult:1
/0/0)
   3    2          TABLE ACCESS (FULL) OF ABSTRACT_ACT (Cost=5 Card=2131 Bytes=25572
CPU_Cost=1102099 IO_Cost=5 Time=1) (Runtime Stats - starts:1, ela:0.00, dr:0, dwr:0, bg:16,
rows:2131)
   4    2          TABLE ACCESS (FULL) OF USER_ (Cost=13 Card=2131 Bytes=291947
CPU_Cost=1222552 IO_Cost=13 Time=1) (Runtime Stats - starts:1, ela:0.00, dr:0, dwr:0, bg:55,
rows:2131)
   5    1        FILTER (Runtime Stats - starts:2131, ela:0.30, dr:0, dwr:0, bg:44060,
rows:134)
   6    2          NESTED LOOPS (Cost=3 Card=1 Bytes=18 CPU_Cost=25111 IO_Cost=3 Time=1)
(Runtime Stats - starts:2131, ela:0.05, dr:0, dwr:0, bg:12786, rows:2131)
   7    2            TABLE ACCESS (BY INDEX ROWID) OF ABSTRACT_ACT (Cost=2 Card=1 Bytes=11
CPU_Cost=15513 IO_Cost=2 Time=1) (Runtime Stats - starts:2131, ela:0.02, dr:0, dwr:0, bg:6393, rows:2131)
   8    4              INDEX (UNIQUE SCAN) OF PK_ABSTRACT_ACT (Cost=1 Card=1 CPU_Cost=8171
IO_Cost=1 Time=1) (Runtime Stats - starts:2131, ela:0.01, dr:0, dwr:0, bg:4262, rows:2131)
   9    3            TABLE ACCESS (BY INDEX ROWID) OF QUEUE (Cost=1 Card=1 Bytes=7
CPU_Cost=9598 IO_Cost=1 Time=1) (Runtime Stats - starts:2131, ela:0.02, dr:0, dwr:0, bg:6393,
rows:2131)
  10    4              INDEX (UNIQUE SCAN) OF PK_QUEUE (Cost=0 Card=1 CPU_Cost=1900
IO_Cost=0) (Runtime Stats - starts:2131, ela:0.01, dr:0, dwr:0, bg:4262, rows:2131)
  11    2          INDEX (UNIQUE SCAN) OF PK_QUEUE_RECIPIENTS (Cost=0 Card=1 Bytes=7
CPU_Cost=1050 IO_Cost=0) (Runtime Stats - starts:2131, ela:0.01, dr:0, dwr:0, bg:2131, rows:0)
  12    2          INDEX (UNIQUE SCAN) OF PK_QUEUE_RECIPIENTS_EXTERNAL (Cost=0 Card=1
Bytes=26 CPU_Cost=1050 IO_Cost=0) (Runtime Stats - starts:2131, ela:0.01, dr:0, dwr:0, bg:2131, rows:0)
  13    2          NESTED LOOPS (Cost=2 Card=1 Bytes=18 CPU_Cost=64843 IO_Cost=2 Time=1)
(Runtime Stats - starts:2131, ela:0.22, dr:0, dwr:0, bg:27012, rows:134)
  14    3            NESTED LOOPS (Cost=2 Card=16 Bytes=176 CPU_Cost=34443 IO_Cost=2 Time=1)
(Runtime Stats - starts:2131, ela:0.12, dr:0, dwr:0, bg:6394, rows:18486)
  15    4              INDEX (RANGE SCAN) OF PK_QUEUE_GROUPS (Cost=2 Card=16 Bytes=112
CPU_Cost=17643 IO_Cost=2 Time=1) (Runtime Stats - starts:2131, ela:0.05, dr:0, dwr:0, bg:4262,
rows:18486)
  16    4              INDEX (UNIQUE SCAN) OF PK_GROUP_ (Cost=0 Card=1 Bytes=4 CPU_Cost=1050
IO_Cost=0) (Runtime Stats - starts:18486, ela:0.05, dr:0, dwr:0, bg:2132, rows:18486)
  17    3            INDEX (UNIQUE SCAN) OF PK_GROUP_ALL_USERS (Cost=0 Card=1 Bytes=7
CPU_Cost=1900 IO_Cost=0) (Runtime Stats - starts:18486, ela:0.08, dr:0, dwr:0, bg:20618,
rows:134)
```

Dieses Beispiel war lediglich ein Zwischenergebnis bei dem jeweiligen SQL-Tuning; das zeigt aber, dass man ziemlich leicht einen Erfolg beim formalen SQL-Tuning erzielen kann.

Beim formalen SQL-Tuning ist es auch leicht festzustellen, dass die Erweiterung eines bestehenden Indexes um eine oder mehrere Spalten die Performanz verbessern kann. Ich zeige das an dem nächsten Beispiel aus der Praxis.

```
---- DISK_READS=250, DISK_READS_PER_EX=250, BUFFER_GETS=12732, BUFFER_GETS_PER_EX=12732
---- DIRECT_WRITES=0, DIRECT_WRITES_PER_EX=0
---- PARSE_CALLS=1, EXECUTIONS=1, ROWS_PROCESSED=1
---- IS_SHAREABLE=Y, IS_BIND_SENSITIVE=N, IS_BIND_AWARE=N
---- CPU/Elapsed Time (sec.) total=0.1400/8.4972, per ex.=0.1400/8.4972
---- PL/SQL Exec Time (sec.) total=0.0000, per ex.=0.0000
---- JAVA Exec Time (sec.) total=0.0000, per ex.=0.0000
---- Application Wait Time (sec.) total=0.0000, per ex.=0.0000
---- Concurrency Wait Time (sec.) total=0.0012, per ex.=0.0012
---- Cluster Wait Time (sec.) total=0.0000, per ex.=0.0000
---- User IO Wait Time (sec.) total=8.2994, per ex.=8.2994
---- IO_INTERCONNECT_BYTES=2048000, IO_INTERCONNECT_BYTES_PER_EX=2048000
---- Exact Signature = 8507142491856874300, Force Signature = 3862862046255661004
---- Service : XXX
---- Module : sqlplus.exe
---- USER="SYS", SCHEMA="XXX", OPTIMIZER_MODE=ALL_ROWS, OPTIMIZER_ENV_HASH_VALUE=3138035083,
USERS_OPEN=0, USERS_EXEC=0, LAST_ACTIVE_TIME=29.11.2012 10:40:30
      ---- SQL_ID=>cymktphx7dp88<, ADDRESS=>070000014496A4A8<, HASH_VALUE=>980866312<,
OLD_HASH_VALUE=>3773987158<, CHILD_NUMBER=>0<
     SELECT /*+ index (p document2_pk) */ COUNT(DISTINCT(CONCAT(d.workflowid,
d.workflowcounter))) ORDERS_TOTAL
     FROM
     EDIMT.DOCUMENT D
     LEFT JOIN EDIMT.WORKFLOW W ON W.ID=D.WORKFLOWID
     LEFT JOIN EDIMT.POSITION P ON D.WORKFLOWID=P.WORKFLOWID AND
D.WORKFLOWCOUNTER=P.WORKFLOWCOUNTER
     WHERE
     /* Nur Orders ber³cksichtigen */
     W.MESSAGETYPEID=2
     /* Filter des Datumsrange */
     /*AND D.DELIVERYDATETIME >= to_date('04.09.2012 00:00','DD.MM.YYYY HH24:MI')
     AND D.DELIVERYDATETIME <= to_date('04.09.2012 23:59','DD.MM.YYYY HH24:MI') */
      AND D.DELIVERYDATETIME >= to_date('19.11.2012 00:00','DD.MM.YYYY HH24:MI') AND
D.DELIVERYDATETIME <= to_date('23.11.2012 23:59','DD.MM.YYYY HH24:MI') AND D.SUPPLIERGLN IN
('7609999044502','7609999022616','7609999024115','7609999025211','7609999028212','7
610174000015','7609999023217') AND D.VARIANTEID IN ('X','D')
     AND D.DELIVERYDATETIME >= to_date('19.11.12 00:00','DD.MM.YY HH24:MI') AND
D.DELIVERYDATETIME <= to_date('19.11.12 23:59','DD.MM.YY HH24:MI')
     AND D.SUPPLIERGLN = '7609999028212'
     AND D.VARIANTEID = 'X'
     /* Nur Bestellungen welche ³bermittelt resp. geliefert wurden ber³cksichtigen (sistierte
Bestellungen etc. werden so ausgeklammert) */
     AND (P.POSITIONRECEIPTFLAGID = 1 OR P.POSITIONRECEIPTFLAGID = 2)
     ---- Execution Plan (Plan Hash Value : 1636347932) :
         0         SELECT STATEMENT Optimizer=ALL_ROWS (Cost=389)
         1      0    SORT (AGGREGATE) (Runtime Stats - starts:1, ela:8.49, dr:250, dwr:0, bg:12732,
rows:1)
         2      1      VIEW OF VW_DAG_0 (Cost=389 Card=283 Bytes=11320 CPU_Cost=18156256
IO_Cost=387 Time=3) (Runtime Stats - starts:1, ela:8.49, dr:250, dwr:0, bg:12732, rows:73)
         3      2        HASH (GROUP BY) (Cost=389 Card=283 Bytes=42167 CPU_Cost=18156256
IO_Cost=387 Time=3) (Runtime Stats - starts:1, ela:8.49, dr:250, dwr:0, bg:12732, rows:73) (WA
Stats - Policy:AUTO, Last Mem(K):1329, Opt Mem(K):885, 1 Pass Mem(K):885, Opt
/1/Mult:1/0/0)
         4      3          FILTER (Runtime Stats - starts:1, ela:8.49, dr:250, dwr:0, bg:12732,
rows:83)
         5      4            NESTED LOOPS (Runtime Stats - starts:1, ela:8.49, dr:250, dwr:0,
bg:12732, rows:83)
         6      5              NESTED LOOPS (Cost=387 Card=433 Bytes=64517 CPU_Cost=5965351
IO_Cost=387 Time=3) (Runtime Stats - starts:1, ela:8.43, dr:247, dwr:0, bg:12726, rows:83)
         7      6                NESTED LOOPS (Cost=326 Card=20 Bytes=2100 CPU_Cost=5505343
IO_Cost=326 Time=3) (Runtime Stats - starts:1, ela:8.39, dr:243, dwr:0, bg:12657, rows:73)
         8      7                  TABLE ACCESS (BY INDEX ROWID) OF DOCUMENT (Cost=286 Card=20
Bytes=1300 CPU_Cost=5174885 IO_Cost=286 Time=3) (Runtime Stats - starts:1, ela:8.28, dr:239,
dwr:0, bg:12384, rows:146)
         9      8                    INDEX (RANGE SCAN) OF DOCUMENT_SUPPLIERGLN (Cost=13 Card=2536
CPU_Cost=599979 IO_Cost=13 Time=1) (Runtime Stats - starts:1, ela:0.16, dr:12, dwr:0, bg:229,
rows:61715)
        10      7                  TABLE ACCESS (BY INDEX ROWID) OF WORKFLOW (Cost=2 Card=1
Bytes=40 CPU_Cost=16523 IO_Cost=2 Time=1) (Runtime Stats - starts:146, ela:0.11, dr:4, dwr:0,
bg:273, rows:73)
        11      8                    INDEX (UNIQUE SCAN) OF WORKFLOW_PK (Cost=1 Card=1
CPU_Cost=9021 IO_Cost=1 Time=1) (Runtime Stats - starts:146, ela:0.06, dr:2, dwr:0, bg:127,
rows:146)
        12      6                INDEX (RANGE SCAN) OF DOCUMENT2_PK (Cost=3 Card=1 CPU_Cost=22614
IO_Cost=3 Time=1) (Runtime Stats - starts:73, ela:0.04, dr:4, dwr:0, bg:69, rows:83)
```

18.4 Wichtige Ansätze des SQL-Tuning

Der Schritt 9 ist der kritische Schritt im obigen Ausführungsplan. In diesem Schritt wurden 61715 Datensätze bei dem Index Range Scan gelesen. Für jeden gelesenen Datensatz wurde auf die Tabelle DOCUMENT über die ROWID im Schritt 8 zugegriffen. Dabei entstanden die meisten Disk Reads (239) und die meisten Buffer Gets (12384), was logischerweise die größte Laufzeit verursachte (8,28 Sekunden). Auffällig war, dass die Kardinalität dieses Schrittes lediglich 146 betrug. Schauen wir jetzt, welche Daten in diesem Schritt ausgefiltert wurden.

```
Predicate Information (identified by operation id):
...
8 - filter ("D"."VARIANTEID"='X' AND "D"."DELIVERYDATETIME">=GREATEST(TO_DATE(' 2012-11-19
00:00:00', 'syyyy-mm-dd hh24:mi:ss'),TO_DATE('19.11.12 00:00','DD.MM.YY HH24:MI')) AND
"D"."DELIVERYDATETIME"<=LEAST(TO_DATE(' 2012-11-23 23:59:00', 'syyyy-mm-dd
hh24:mi:ss'),TO_DATE('19.11.12 23:59','DD.MM.YY HH24:MI')))
```

Wenn wir den Index DOCUMENT_SUPPLIERGLN um die Spalten DELIVERYDATETIME und VARIANTEID erweitern würden, würden wir bereits im Schritt 9 lediglich 146 statt 61715 Datensätze selektieren. Der Schritt 8 mit dem Tabellenzugriff über die ROWID würde bestehen bleiben, weil man dort die Spalten WORKFLOWID, WORKFLOWCOUNTER für die Joins mit der Tabelle WORKFLOW bzw. mit der Tabelle POSITION und für das Endergebnis ermitteln muss. Da die weitere Analyse ergab, dass die Spalte VARIANTEID nicht selektiv ist, erweiterte man den Index DOCUMENT_SUPPLIERGLN lediglich um die Spalte DELIVERYDATETIME.

Die Methode mit der Indexerweiterung finde ich weniger gefährlich als das Anlegen eines neuen Indexes, weil die Wahrscheinlichkeit, dass der um eine oder um einige Spalten erweiterte Index die Performanz anderer SQL-Anweisungen verschlechtert, geringer ist.

SQL-Tuning ist ein iterativer Prozess. Aus diesem Grund ist es vorteilhaft, wenn man die jeweilige SQL-Anweisung beim SQL-Tuning mehrmals ausführen kann.

P: „Das ist doch nicht immer möglich."

L: „Ja, das ist nicht immer möglich. Ein DML-Kommando darf man beispielsweise nicht auf einem produktiven System ausführen, weil es die produktiven Daten ändern und den zusätzlichen Speicher für die jeweiligen Segmente allozieren kann. Die Änderungen an den Daten kann man mit einem ROLLBACK zurückspielen, den allozierten Speicher kann man aber nicht mehr freigeben. Statt des DML-Kommandos kann man den darunterliegenden Select ausführen."

P.: „Was ist mit den Bind-Variablen, falls die SQL-Anweisung welche beinhaltet?"

L.: „Für wichtige Standard-Datentypen (wie z. B. VARCHAR2 oder NUMBER) kann man die jeweiligen Variablen in SQL*Plus definieren. Für einige Datentypen, die man nicht in SQL*Plus definieren kann (z. B. DATE), kann man eine Variable vom Typ VARCHAR2 für den jeweiligen Bind-Wert benutzen und diesen Wert explizit (mit der Funktion TO_DATE) oder implizit (mit „ALTER SESSION SET NLS_DATE_FORMAT") in den Typ DATE konvertieren.

Die Werte der Bind-Variablen kann man in der View V$SQL_BIND_CAPTURE ermitteln. Die Werte von User Bind Peeking kann man dafür eventuell auch gebrauchen.

Es ist möglich, dass die ermittelten Werte der Bind-Variablen nicht mehr zu gebrauchen sind, weil die jeweiligen Daten bereits gelöscht oder geändert sind. In diesem Fall kann man versuchen, solche Bind-Werte entsprechend zu ändern.

Die in SQL*Plus definierten Variablen sind beispielsweise folgendermaßen zu setzen:"

```
SQL> var a varchar2(30)
SQL> var b number
SQL> exec :a:='Test'; :b:=100;

PL/SQL procedure successfully completed.
```

L.: „Wenn es nicht möglich ist, eine Variable in SQL*Plus zu definieren (z. B. eine Variable von einem benutzerdefinierten Typ), muss man einen PL/SQL-Block schreiben, wo man diese Variable mit den Daten füllt."

P.: „Was machst Du, wenn die problematische SQL-Anweisung ein Langläufer ist?"

L.: „Wenn die Ausführung der SQL-Anweisung zu lange dauert, kann man sie abbrechen und danach den jeweiligen Cursor mit Laufzeitstatistiken in der SQL-Area ermitteln, um die kritischen Schritte des jeweiligen Ausführungsplans zu finden. Dieser Abbruch ist notwendig, um die Ausführungsplanstatistiken ermitteln zu können, weil sie erst nach dem Beenden der SQL-Anweisung in der View V$SQL_PLAN_STATISTICS erscheinen. Alternativ kann man das SQL-Monitoring (s. im Abschn. 6.2) für die Langläufer benutzen. In diesem Fall ist kein Abbruch notwendig, weil die Laufzeitstatistiken beim SQL-Monitoring ständig aktualisiert werden."

P.: „Wie machst Du SQL-Tuning für SQL-Anweisungen mit parallelen Operationen?"

L.: „Falls alle parallelen Sklavenprozesse auf einer Datenbankinstanz laufen, kann man die jeweiligen Cursor mit Laufzeitstatistiken in der SQL-Area wie bei einer sequenziellen Ausführung ermitteln. Wenn das jeweilige System aber ein RAC ist und so parametrisiert ist, dass die Sklavenprozesse über mehrere RAC-Knoten verteilt werden können, ist es am besten, das SQL-Monitoring einzusetzen."

Beim formalen SQL-Tuning ist es äußerst wichtig, alle Ausführungen der problematischen SQL-Anweisung zu protokollieren, um diese Abläufe jeder Zeit miteinander vergleichen zu können. Die Ausführung einer SQL-Anweisung beinhaltet normalerweise einige Ausführungen der rekursiven Cursor. Es kann sein, dass gerade diese rekursiven Cursor das jeweilige Performanz-Problem verursachen. Da die Ausführungsplanstatistiken keine Statistiken der rekursiven Cursor beinhalten, ist es sinnvoll, die jeweiligen Cursor-Statistiken zusätzlich zu den Ausführungsplanstatistiken zu ermitteln. Einige dieser Cursor-Statistiken (z. B. DISK_READS, BUFFER_GETS, CPU_TIME, ELAPSED_TIME, etc.) schließen die Statistiken der rekursiven Cursor ein. Wenn man sieht, dass diese Statistiken nicht zu der jeweiligen SQL-Anweisung passen, kann man Probleme mit den rekursiven Cursorn mutmaßen. Die problematischen rekursiven Cursor kann man dann mit einem SQL-Tracing ermitteln. Die Cursor-Statistiken erlauben auch wahrzunehmen, wo das Hauptproblem der jeweiligen SQL-Anweisung liegt: im CPU- oder im Wartebereich (sogar in welcher Warteklasse), was beim SQL-Tuning helfen kann. Mit den Ausführungsplanstatistiken ist das nicht möglich, weil sie keine Informationen über die CPU-Zeit und über die jeweiligen Wartezustände umfassen.

Es ist auch hilfreich, die jeweiligen Session-Statistiken und die Session-Wartezustände zu ermitteln. Anhand der Session-Statistiken kann man beispielsweise feststellen, dass das

18.4 Wichtige Ansätze des SQL-Tuning

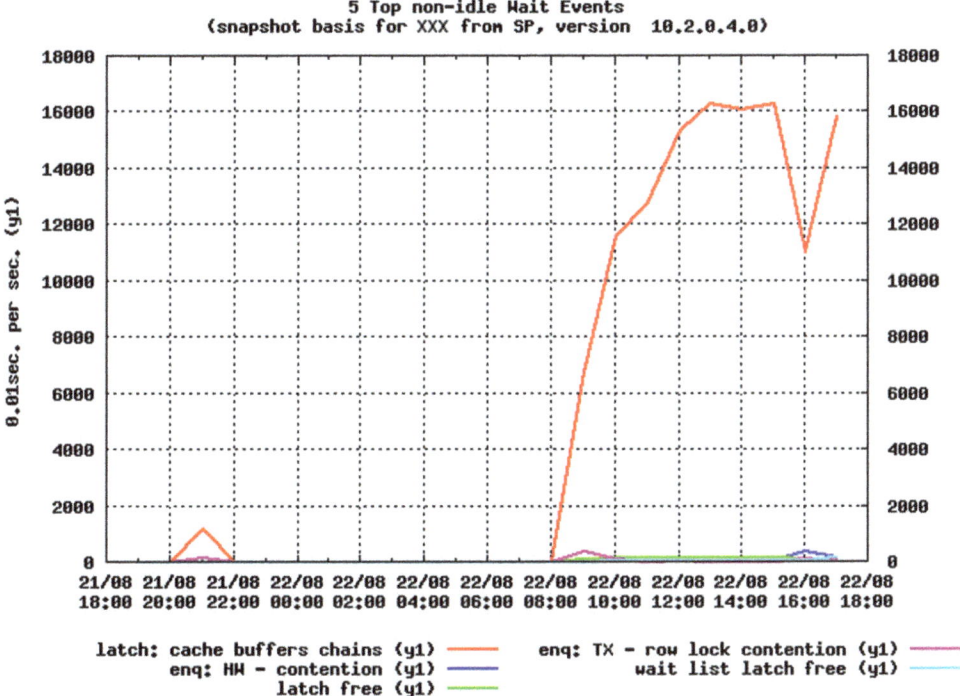

Abb. 18.1 Wartezeiten auf „latch: cache buffers chains"

jeweilige Problem wegen vieler Direct Physical Reads entstand (anhand der Ausführungsplanstatistiken ist es nicht möglich). Die Session-Wartezustände können die Warteklassen aus den Cursor-Statistiken konkretisieren.

Die Ermittlung dieser zusätzlichen Statistiken und Wartezustände ist ziemlich aufwendig, wenn man das per Hand macht. Im Tool, das ich immer benutze, werden diese Ermittlungen und auch das Protokollieren automatisch durchgeführt, was viel Zeit beim SQL-Tuning erspart. Außerdem ist es dort möglich, das Tracing für die Events 10046 und 10053 zu aktivieren. Leider sind diese Features im Tool integriert und können separat nicht angewendet werden. Aus diesem Grund kann man sie nicht zur Verfügung stellen.

Das Einzige, was ich angekündigt, aber noch nicht beschrieben habe, ist das SQL-Tuning mit den Parametereinstellungen. Diese Parametereinstellungen werden für die Session gemacht, in welcher die zu tunende SQL-Anweisung ausgeführt wird. Welche Parametereinstellungen man dabei einsetzt, hängt von der Situation und von der Erfahrung des Tuners ab. Diese Parametereinstellungen können sowohl allbekannte, wie im unteren Beispiel, als auch exotische, nicht dokumentierte sein.

18.4.2.1 Ein Fall mit großen Wartezeiten auf das Latch „cache buffers chains"

Bei einem System unter Oracle 10.2.0.4 wurden massive Wartezustände für das Warteereignis „latch: cache buffers chains" gemeldet. Das Problem war so akut, dass man dringend eine Lösung benötigte (Abb. 18.1).

Im Abschn. 3.2.3.8.3 habe ich bereits beschrieben, dass die häufigste Ursache der Performanz-Probleme mit „latch: cache buffers chains" die gleichzeitige Ausführung einer nicht performanten SQL-Anweisung ist. Mit dem Skript act_sql_wait_event.sql ermittelte ich die problematische SQL-Anweisung:

```
-- Database Alias : XXX
-- Oracle Server Version : 10.2.0.4.0
-- Script act_sql_wait_event.sql (Product TuTool 6.2.8 : www.tutool.de)
-- Start Time : 22.08.11 17:03:13
-- Input Parameters :
-- event_name='latch: cache buffers chains'

       sid SQL text                                                          address in SQLAREA
---------- ----------------------------------------------------------------- ------------------

        88 SELECT   /*+ INDEX (ds1 ds_conversation, DS_FK)   */ ds1.conv_id,
address=C000000F71D47110, hash value=2121754476
           ds1.conv_type, ds1.cikey, ds1.domain_ref, ds1.process_id, ds1.re
           vision_tag, ds1.process_guid, ds1.operation_name, ds1.subscriber
           _id, ds1.service_name, ds1.subscription_date, ds1.state, ds1.pro
           perties FROM dlv_subscription ds1, ( SELECT DISTINCT  /*+ INDEX
            (ds2 ds_conversation, DS_FK) */ ds2.cikey FROM dlv_subscription
            ds2 WHERE ds2.conv_id = :1 AND ds2.state = :"SYS_B_0" AND ds2.
           domain_ref= :2 ) unresolved_subscriptions WHERE ds1.cikey = unre
           solved_subscriptions.cikey AND ds1.state = :"SYS_B_1" AND NOT EX
           ISTS ( SELECT  /*+ INDEX (ds3 ds_conversation, DS_FK) INDEX (
           ds1 ds_conversation, DS_FK) */  :"SYS_B_2" FROM dlv_subscription
            ds3 WHERE ds3.state = :"SYS_B_3" AND ds3.cikey = ds1.cikey AND
           ds3.domain_ref = ds1.domain_ref ) AND ds1.domain_ref = :3  FOR
           UPDATE  OF ds1.subscriber_id NOWAIT

        96 SELECT   /*+ INDEX (ds1 ds_conversation, DS_FK)   */ ds1.conv_id,
address=C000000F71D47110, hash value=2121754476
           ds1.conv_type, ds1.cikey, ds1.domain_ref, ds1.process_id, ds1.re
           vision_tag, ds1.process_guid, ds1.operation_name, ds1.subscriber
           _id, ds1.service_name, ds1.subscription_date, ds1.state, ds1.pro
           perties FROM dlv_subscription ds1, ( SELECT DISTINCT  /*+ INDEX
            (ds2 ds_conversation, DS_FK) */ ds2.cikey FROM dlv_subscription
            ds2 WHERE ds2.conv_id = :1 AND ds2.state = :"SYS_B_0" AND ds2.
           domain_ref= :2 ) unresolved_subscriptions WHERE ds1.cikey = unre
           solved_subscriptions.cikey AND ds1.state = :"SYS_B_1" AND NOT EX
           ISTS ( SELECT  /*+ INDEX (ds3 ds_conversation, DS_FK) INDEX (
           ds1 ds_conversation, DS_FK) */  :"SYS_B_2" FROM dlv_subscription
            ds3 WHERE ds3.state = :"SYS_B_3" AND ds3.cikey = ds1.cikey AND
           ds3.domain_ref = ds1.domain_ref ) AND ds1.domain_ref = :3  FOR
           UPDATE  OF ds1.subscriber_id NOWAIT
...
```

Da der Kunde kein AWR- sondern ein Statspack-Repository benutzt hat, war es zwecklos, dort nach einem guten Ausführungsplan zu suchen, um diesen Plan zu fixieren.

Leonid: „Peter, kannst Du sagen, warum?"

Peter: „Um einen Ausführungsplan in Oracle 10.2 zu fixieren, braucht man die jeweiligen Outlines, die im Statspack-Repository fehlen."

L.: „Absolut richtig. Die Tabelle STATS$SQL_PLAN_USAGE aus dem Statspack-Repository hat keine Spalte OTHER_XML, wo die Outlines gespeichert werden."

18.4 Wichtige Ansätze des SQL-Tuning

Aus diesem Grund habe ich sofort mit dem SQL-Tuning angefangen. Dafür habe ich den jeweiligen Cursor mit den Cursor-Statistiken ermittelt. Das habe ich mit dem Skript one_exec_plan_sqlarea102.sql gemacht.

```
---- DISK_READS=51174, DISK_READS_PER_EX=0, BUFFER_GETS=668207407, BUFFER_GETS_PER_EX=3252
---- DIRECT_WRITES=0, DIRECT_WRITES_PER_EX=0
---- PARSE_CALLS=93656, EXECUTIONS=205467, ROWS_PROCESSED=253533
---- CPU/Elapsed Time (sec.) total=506395.7225/7421504.0573, per ex.=2.4646/36.1202
---- PL/SQL Exec Time (sec.) total=0.0000, per ex.=0.0000
---- JAVA Exec Time (sec.) total=0.0000, per ex.=0.0000
---- Application Wait Time (sec.) total=0.0000, per ex.=0.0000
---- Concurrency Wait Time (sec.) total=4438925.0492, per ex.=21.6041
---- Cluster Wait Time (sec.) total=0.0000, per ex.=0.0000
---- User IO Wait Time (sec.) total=13261.7148, per ex.=0.0645
---- Exact Signature = 10070212078800128851, Force Signature = 10070212078800128851
---- Service : XXX
---- Module : JDBC Thin Client
---- USER="XXXXXX", SCHEMA="XXXXXX", OPTIMIZER_MODE=ALL_ROWS,
OPTIMIZER_ENV_HASH_VALUE=35735282, USERS_OPEN=399, USERS_EXEC=224
---- SQL_ID=>8762usjz7ftvc<, ADDRESS=>C000000F71D47110<, HASH_VALUE=>2121754476<,
OLD_HASH_VALUE=>3210996037<, CHILD_NUMBER=>1<
SELECT   /*+ INDEX (ds1 ds_conversation, DS_FK)   */ ds1.conv_id, ds1.conv_type, ds1.cikey,
ds1.domain_ref, ds1.process_id, ds1.revision_tag, ds1.process_guid, ds1.operation_name,
ds1.subscriber_id, ds1.service_name, ds1.subscription_date, ds1.state, ds1.pr
operties FROM dlv_subscription ds1, ( SELECT DISTINCT   /*+ INDEX (ds2 ds_conversation, DS_FK)
*/ ds2.cikey FROM dlv_subscription ds2 WHERE ds2.conv_id = :1  AND ds2.state = :"SYS_B_0" AND
ds2.domain_ref= :2 ) unresolved_subscriptions WHERE ds1.cikey = unresolved_subscriptions.cikey
AND ds1.state = :"SYS_B_1" AND NOT EXISTS  ( SELECT   /*+ INDEX (ds3 ds_conversation, DS_FK)
INDEX (ds1 ds_conversation, DS_FK) */   :"SYS_B_2" FROM dlv_subscription ds3 WHERE ds3.state =
:"SYS_B_3" AND ds3.cikey = ds1.cikey A
ND ds3.domain_ref = ds1.domain_ref )  AND ds1.domain_ref = :3  FOR UPDATE  OF
ds1.subscriber_id NOWAIT
```

Die wichtigste Statistik bei den Problemen mit „latch: cache buffers chains" ist die Anzahl der Buffer Gets pro Execution. In unserem Fall war diese Anzahl gleich 3252. Das ist kein großer Wert, und die SQL-Anweisung wäre ziemlich performant gewesen, wenn sie nicht zugleich von mehreren Sessions aus ausgeführt worden wäre. Um diese SQL-Anweisung noch performanter zu machen, muss man möglichst Index-Zugriffe und Nested Loops für die Joins einsetzen. Das ist der Grund, warum ich es zunächst mit der Parametereinstellung OPTIMIZER_INDEX_COST_ADJ=10 probierte. Dieser Versuch war sofort erfolgreich, und ich fixierte den guten Ausführungsplan mit den Stored Outlines.

```
---- DISK_READS=1, DISK_READS_PER_EX=0, BUFFER_GETS=3104, BUFFER_GETS_PER_EX=26
---- DIRECT_WRITES=0, DIRECT_WRITES_PER_EX=0
---- PARSE_CALLS=69, EXECUTIONS=119, ROWS_PROCESSED=227
---- CPU/Elapsed Time (sec.) total=0.1887/0.3428, per ex.=0.0016/0.0029
---- PL/SQL Exec Time (sec.) total=0.0000, per ex.=0.0000
---- JAVA Exec Time (sec.) total=0.0000, per ex.=0.0000
---- Application Wait Time (sec.) total=0.0000, per ex.=0.0000
---- Concurrency Wait Time (sec.) total=0.0002, per ex.=0.0000
---- Cluster Wait Time (sec.) total=0.0000, per ex.=0.0000
---- User IO Wait Time (sec.) total=0.0053, per ex.=0.0000
---- Exact Signature = 10070212078800128851, Force Signature = 10070212078800128851
----   Outline Category = DEFAULT
---- Service : XXX
---- Module : JDBC Thin Client
---- USER="XXXXXX", SCHEMA="XXXXXX", OPTIMIZER_MODE=ALL_ROWS,
OPTIMIZER_ENV_HASH_VALUE=3073136370, USERS_OPEN=49, USERS_EXEC=0
---- SQL_ID=>8762usjz7ftvc<, ADDRESS=>C000000F71D47110<, HASH_VALUE=>2121754476<,
OLD_HASH_VALUE=>3210996037<, CHILD_NUMBER=>0<
SELECT   /*+ INDEX (ds1 ds_conversation, DS_FK)  */ ds1.conv_id, ds1.conv_type, ds1.cikey,
ds1.domain_ref, ds1.process_id, ds1.revision_tag, ds1.process_guid, ds1.operation_name,
ds1.subscriber_id, ds1.service_name, ds1.subscription_date, ds1.state, ds1.pr
operties FROM dlv_subscription ds1, ( SELECT DISTINCT   /*+ INDEX (ds2 ds_conversation, DS_FK)
*/ ds2.cikey FROM dlv_subscription ds2 WHERE ds2.conv_id = :1  AND ds2.state = :"SYS_B_0" AND
ds2.domain_ref= :2 ) unresolved_subscriptions WHERE ds1.cikey = unresolved_subscriptions.cikey
AND ds1.state = :"SYS_B_1" AND NOT EXISTS  ( SELECT  /*+ INDEX (ds3 ds_conversation, DS_FK)
INDEX (ds1 ds_conversation, DS_FK) */ :"SYS_B_2" FROM dlv_subscription ds3 WHERE ds3.state =
:"SYS_B_3" AND ds3.cikey = ds1.cikey A
ND ds3.domain_ref = ds1.domain_ref ) AND ds1.domain_ref = :3  FOR UPDATE  OF
ds1.subscriber_id NOWAIT
---- Execution Plan (Plan Hash Value : 2122154472) :
    0         SELECT STATEMENT Optimizer=HINT: ALL_ROWS (Cost=2483)
    1     0     FOR UPDATE (Bind Peeking used)
    2     1       NESTED LOOPS (ANTI) (Cost=2483 Card=2754 Bytes=1294380 CPU_Cost=50004419
IO_Cost=2479 Time=30)
    3     2         NESTED LOOPS (Cost=479 Card=5007 Bytes=2298213 CPU_Cost=34695598 IO_Cost=476
Time=6)
    4     3           VIEW (Cost=413 Card=4986 Bytes=64818 CPU_Cost=19430798 IO_Cost=411 Time=5)
    5     4             SORT (UNIQUE) (Cost=413 Card=4986 Bytes=423810 CPU_Cost=19430798
IO_Cost=411 Time=5) (WA Stats - Policy:AUTO, Last Mem(K):2, Opt Mem(K):2, 1 Pass Mem(K):2,
Opt/1/Mult:119/0/0)
    6     5               TABLE ACCESS (BY INDEX ROWID) OF DLV_SUBSCRIPTION (Cost=411 Card=5001
Bytes=425085 CPU_Cost=3213450 IO_Cost=411 Time=5)
    7     6                 INDEX (RANGE SCAN) OF DS_CONVERSATION (Cost=12 Card=5001
CPU_Cost=182649 IO_Cost=12 Time=1)
    8     3         TABLE ACCESS (BY INDEX ROWID) OF DLV_SUBSCRIPTION (Cost=1 Card=1 Bytes=446
CPU_Cost=3062 IO_Cost=1 Time=1)
    9     4           INDEX (RANGE SCAN) OF DS_FK (Cost=1 Card=2 CPU_Cost=1549 IO_Cost=1
Time=1)
```

In diesem Fall war das Performanz-Problem so gravierend, dass ich mit dieser empirischen Lösung versuchte, die Zeit für die Analyse zu ersparen.

Fazit

- SQL-Tuning mit den Parametereinstellungen auf der Session-Ebene ist eine sehr effektive Tuning-Methode,
- in einer Not-Situation können die empirischen Lösungen viel Zeit ersparen. Für solche Lösungen braucht man aber eine gewisse Erfahrung.

18.5 Remote-SQL-Tuning

Dieses Thema ist sicherlich nicht das wichtigste für die Datenbankadministratoren, die auf die problematischen Datenbanken normalerweise zugreifen können. Viel interessanter ist es für die Spezialisten des Performance Tuning, die manchmal SQL-Tuning ohne Datenbankverbindung durchführen.

Für Remote-Tuning braucht man vor Ort einen Ansprechpartner, der für Sie die notwendigen Daten ermittelt und die Testläufe durchführt. Das Hauptproblem bei Remote-Tuning ist gerade die Kommunikation mit dem Ansprechpartner, die viel Zeit kostet. Man muss also versuchen, diese Kommunikation auf ein Minimum zu reduzieren. Bei Remote-Tuning muss man also sehr überlegen und möglichst fehlerfrei vorgehen. Die 2 Ansätze, die in diesem Abschnitt beschrieben sind, können hilfreich dabei sein.

18.5.1 Test-Cases

Mit dem Package DBMS_SQLDIAG ist es möglich, einen Test-Case für eine SQL-Anweisung zu erzeugen. Ein Test-Case, der so erstellt wird, enthält Metadaten der für die jeweilige SQL-Anweisung relevanten Objekte und die Optimizer-Statistiken für diese Objekte. Theoretisch wäre es möglich, einen Test-Case auch mit den jeweiligen Anwendungsdaten zu erstellen. In der Praxis ist es normalerweise nicht möglich (in erster Linie wegen der Größe dieser Daten). So einen Test-Case kann man in eine lokale Datenbank einspielen und beim Remote-Tuning benutzen. Mit einem Test-Case (auch ohne Anwendungsdaten) kann man die Remote-Testläufe vorbereiten. Dafür kann man die Parametereinstellungen ändern oder die Optimizer-Hints einsetzen und mit dem Kommando „EXPLAIN PLAN" prüfen, ob man damit die erwünschte Ausführungsplanänderung erreicht. Falls man mit den Parametereinstellungen und mit den Optimizer-Hints keine Performanz-Verbesserung erzielt, hilft der jeweilige Test-Case auch beim Umschreiben der SQL-Anweisung.

Das folgende Beispiel zeigt, wie man einen Test-Case erstellen und einspielen kann. Nehmen wir diese einfache SQL-Anweisung für unseren Test-Case:

```
SQL> select count(*) from t1, t2 where t1.c1 = 3 and t1.c1 = t2.c1;

  COUNT(*)
----------
         3

SQL>
SQL> select plan_table_output from table (sys.dbms_xplan.display_cursor('','','LAST'));

PLAN_TABLE_OUTPUT
--------------------------------------------------------------------------------
--------------------------------------------------------------------------------
--------------------------------------------------------------------------------
------------------
SQL_ID  1m0bh03zrxjhk, child number 0
-------------------------------------
select count(*) from t1, t2 where t1.c1 = 3 and t1.c1 = t2.c1

Plan hash value: 688644767

--------------------------------------------------------------------------------
| Id  | Operation            | Name | Rows | Bytes | Cost (%CPU)| Time     |
--------------------------------------------------------------------------------
|   0 | SELECT STATEMENT     |      |      |       |    4 (100)|          |
|   1 |  SORT AGGREGATE      |      |    1 |     8 |           |          |
|   2 |   MERGE JOIN CARTESIAN|     |    3 |    24 |    4   (0)| 00:00:01 |
|*  3 |    TABLE ACCESS FULL | T1   |    1 |     4 |    3   (0)| 00:00:01 |
|   4 |    BUFFER SORT       |      |    3 |    12 |    1   (0)| 00:00:01 |
|*  5 |     INDEX RANGE SCAN | I_T2 |    3 |    12 |    1   (0)| 00:00:01 |
--------------------------------------------------------------------------------

Predicate Information (identified by operation id):
---------------------------------------------------

   3 - filter("T1"."C1"=3)
   5 - access("T2"."C1"=3
```

Für das Erstellen eines Test-Case ist ein Datenbankverzeichnis (directory) notwendig. Wir können aber ein Standard-Directory dafür benutzen (z. B. DATA_PUMP_DIR). Es ist sinnvoll, den Test-Case zu benennen. Somit bekommen alle Dateien aus dem Test-Case dasselbe Präfix und sind leicht zu erkennen. Die jeweilige SQL-Anweisung kann man entweder als SQL-Text oder als SQL Id des jeweiligen Cursors aus der SQL-Area eingeben. Wir benutzen dafür den SQL-Text.

```
SQL> declare
  2    v_test clob;
  3  begin
  4    dbms_sqldiag.export_sql_testcase(directory=>'DATA_PUMP_DIR', sql_text=>'select count(*)
from t1, t2 where t1.c1 = 3 and t1.c1 = t2.c1', testcase_name=>'MY_TESTCASE_', testcase=>
v_test);
  5    end;
  6  /

PL/SQL-Prozedur erfolgreich abgeschlossen.
```

18.5 Remote-SQL-Tuning

Nach dem Erstellen des Test-Case werden die jeweiligen Dateien im Verzeichnis für Data Pump angelegt.

```
Verzeichnis von D:\Oracle\admin\db11\dpdump

12/19/2012  01:55 PM           108,776 MY_TESTCASE_.trc
12/19/2012  01:54 PM           192,512 MY_TESTCASE_DPEXP.DMP
12/19/2012  01:54 PM               886 MY_TESTCASE_dpexp.log
12/19/2012  01:53 PM             4,843 MY_TESTCASE_dpexp.sql
12/19/2012  01:55 PM             4,199 MY_TESTCASE_dpimp.sql
12/19/2012  01:55 PM             1,804 MY_TESTCASE_main.xml
12/19/2012  01:53 PM               608 MY_TESTCASE_ol.xml
12/19/2012  01:53 PM             2,768 MY_TESTCASE_README.txt
12/19/2012  01:53 PM               215 MY_TESTCASE_sql.xml
12/19/2012  01:55 PM               847 MY_TESTCASE_ssimp.sql
12/19/2012  01:53 PM                45 MY_TESTCASE_ts.xml
12/19/2012  01:55 PM             3,030 MY_TESTCASE_xpl.txt
12/19/2012  01:55 PM               468 MY_TESTCASE_xplf.sql
12/19/2012  01:55 PM               874 MY_TESTCASE_xplo.sql
12/19/2012  01:55 PM               442 MY_TESTCASE_xpls.sql
              15 Datei(en)      322,317 Bytes
```

Da wir den Test-Case in dieselbe Datenbank einspielen, löschen wir zunächst die jeweiligen Tabellen. Nach dem Einspielen sind diese Tabellen mit den Optimizer-Statistiken (aber ohne Daten) wieder da.

```
SQL> drop table t1;

Tabelle wurde gelöscht.

SQL> drop table t2;

Tabelle wurde gelöscht.

SQL>
SQL>
SQL> begin
  2    dbms_sqldiag.import_sql_testcase(directory=>'DATA_PUMP_DIR',
filename=>'MY_TESTCASE_main.xml');
  3  end;
  4  /

PL/SQL-Prozedur erfolgreich abgeschlossen.

SQL>
SQL> explain plan set statement_id='TTT' into sys.plan_table for
  2  select count(*) from t1, t2 where t1.c1 = 3 and t1.c1 = t2.c1;

EXPLAIN PLAN ausgeführt.

SQL>
SQL> select * from table(sys.dbms_xplan.display('SYS.PLAN_TABLE','TTT'));

PLAN_TABLE_OUTPUT
--------------------------------------------------------------------------------
--------------------------------------------------------------------------------
--------------------------------------------------------------------------------
------------------
Plan hash value: 688644767

--------------------------------------------------------------------------------
| Id  | Operation            | Name | Rows  | Bytes | Cost (%CPU)| Time     |
--------------------------------------------------------------------------------
|   0 | SELECT STATEMENT     |      |     1 |     8 |     4   (0)| 00:00:01 |
|   1 |  SORT AGGREGATE      |      |     1 |     8 |            |          |
|   2 |   MERGE JOIN CARTESIAN|     |     3 |    24 |     4   (0)| 00:00:01 |
|*  3 |    TABLE ACCESS FULL | T1   |     1 |     4 |     3   (0)| 00:00:01 |
|   4 |    BUFFER SORT       |      |     3 |    12 |     1   (0)| 00:00:01 |
|*  5 |     INDEX RANGE SCAN | I_T2 |     3 |    12 |     1   (0)| 00:00:01 |
--------------------------------------------------------------------------------

Predicate Information (identified by operation id):
---------------------------------------------------

   3 - filter("T1"."C1"=3)
   5 - access("T2"."C1"=3)
```

18.5.2 Modellierung

In einigen Fällen gelingt es, eine SQL-Anweisung mit einem kleinen selbstgebastelten Test-Case zu tunen. Diese Methode wird normalerweise bei Problemen mit den falschen Ergebnissen verwendet (s. z. B. im Abschn. 16.5.1). Ich benutze sie manchmal, wenn ich SQL-Tuning ohne Zugang zu der problematischen Datenbank durchführe. Das kann man tun, wenn man das Hauptproblem eines nicht performanten Ausführungsplans erkannt hat. Mit einem kleinen Test-Case kann man dieses Problem nachstellen und versuchen, eine Lösung zu finden.

Peter: „Ich glaube nicht, dass man diese Methode immer anwenden kann."

18.5 Remote-SQL-Tuning

Leonid: „*Diese Methode ist sicherlich nicht universell. Wenn man sie aber anwenden kann, kommt man sehr schnell zu einem Ergebnis. Einige Male habe ich diese Methode sehr erfolgreich eingesetzt.*"

Da man mit dem jeweiligen kleinen Test-Case das Problem modelliert, habe ich dieses Verfahren „Modellierung" genannt.

Klein aber fein

An einem Beispiel aus der Praxis möchte ich zeigen, wie es funktioniert. In einer vereinfachten Form sieht dieses Beispiel folgendermaßen aus.

```
SQL> select count(*) from t1, t3 where test_func(t1.a) = 0 and t1.a = t3.a and t3.b between
200 and 1000;

  COUNT(*)
----------
       801

SQL>
SQL> select plan_table_output from table (sys.dbms_xplan.display_cursor('','','ALLSTATS
ADVANCED LAST'));

PLAN_TABLE_OUTPUT
--------------------------------------------------------------------------------
--------------------------------------------------------------------------------
--------------------------------------------------------------------------------
-----------------
SQL_ID  12435478n4gjr, child number 0
-------------------------------------
select count(*) from t1, t3 where test_func(t1.a) = 0 and t1.a = t3.a
and t3.b between 200 and 1000

Plan hash value: 3763765109

--------------------------------------------------------------------------------
--------------------------------------------------
| Id  | Operation          | Name | Starts | E-Rows |E-Bytes| Cost (%CPU)| E-Time     | A-Rows
|   A-Time   | Buffers | OMem |  1Mem | Used-Mem |
--------------------------------------------------------------------------------
--------------------------------------------------
|   0 | SELECT STATEMENT   |      |      1 |        |       |    16 (100)|            |      1
|00:00:00.63 |   20080 |      |       |          |
|   1 |  SORT AGGREGATE    |      |      1 |      1 |    12 |            |            |      1
|00:00:00.63 |   20080 |      |       |          |
|*  2 |   HASH JOIN        |      |      1 |    100 |  1200 |    16  (13)| 00:00:01   |    801
|00:00:00.63 |   20080 | 1517K| 1517K| 1922K (0)|
|*  3 |    TABLE ACCESS FULL| T1  |      1 |    100 |   400 |     9  (23)| 00:00:01   |   9900
|00:00:00.62 |   20058 |      |       |          |
|*  4 |    TABLE ACCESS FULL| T3  |      1 |    802 |  6416 |     7   (0)| 00:00:01   |    801
|00:00:00.01 |      22 |      |       |          |
...
Predicate Information (identified by operation id):
---------------------------------------------------

   2 - access("T1"."A"="T3"."A")
   3 - filter("TEST_FUNC"("T1"."A")=0)
   4 - filter(("T3"."B"<=1000 AND "T3"."B">=200))
```

Sehr auffällig ist der Schritt 3 im obigen Ausführungsplan. Erstens, weil er die größte Kardinalität, die meisten Buffer Gets und die längste Laufzeit hat. Zweitens, weil die Einschätzung der Kardinalität (E-Rows) sich sehr stark von der tatsächlichen (A-Rows) unterscheidet. In diesem Schritt wird ein FTS für die Tabelle T1 ausgeführt und die Daten werden mit dem Prädikat TEST_FUNC(T1.a)=0 ausgefiltert. Wenn die Optimizer-Statistiken für die Tabelle T1 stimmen, muss die Selektivität der Funktion TEST_FUNC sehr niedrig sein (zumindest wesentlich kleiner als der Vorgabewert der Selektivität, den Oracle im Ausführungsplan benutzt). In diesem Fall ist es sinnvoll, diese Funktion auf das Ergebnis des jeweiligen Join anzuwenden. Wie kann man das aber erreichen?

Ich habe die Frage etwas verallgemeinert. Was kann man tun, damit die Prädikate „a = 1" und „b = 2" in den separaten Schritten des Ausführungsplans ausgewertet werden (s. das Beispiel unten)?

18.5 Remote-SQL-Tuning

```
SQL> select * from t1 where a = 1 and b = 2;

no rows selected

Execution Plan
----------------------------------------------------------
Plan hash value: 3617692013

--------------------------------------------------------------------------
| Id  | Operation          | Name | Rows  | Bytes | Cost (%CPU)| Time     |
--------------------------------------------------------------------------
|   0 | SELECT STATEMENT   |      |     1 |    26 |     2   (0)| 00:00:01 |
|*  1 |  TABLE ACCESS FULL | T1   |     1 |    26 |     2   (0)| 00:00:01 |
--------------------------------------------------------------------------

Predicate Information (identified by operation id):
---------------------------------------------------

   1 - filter("A"=1 AND "B"=2)
```

Ich habe mit dieser leeren Tabelle T1 ein bisschen gespielt und 2 Lösungen gefunden. Das hier ist die erste Lösung.

```
SQL> select /*+ no_merge(v) no_merge(d) */ *
  2  from (select 2 cc from dual) d, (select * from t1 where a = 1) v
  3  where d.cc = v.b;

no rows selected

Execution Plan
----------------------------------------------------------
Plan hash value: 1447700379

--------------------------------------------------------------------------
| Id  | Operation           | Name | Rows  | Bytes | Cost (%CPU)| Time     |
--------------------------------------------------------------------------
|   0 | SELECT STATEMENT    |      |     1 |    29 |     5  (20)| 00:00:01 |
|*  1 |  HASH JOIN          |      |     1 |    29 |     5  (20)| 00:00:01 |
|   2 |   VIEW              |      |     1 |     3 |     2   (0)| 00:00:01 |
|   3 |    FAST DUAL        |      |     1 |       |     2   (0)| 00:00:01 |
|   4 |   VIEW              |      |     1 |    26 |     2   (0)| 00:00:01 |
|*  5 |    TABLE ACCESS FULL| T1   |     1 |    26 |     2   (0)| 00:00:01 |
--------------------------------------------------------------------------

Predicate Information (identified by operation id):
---------------------------------------------------

   1 - access("D"."CC"="V"."B")
   5 - filter("A"=1)
```

Die Hints NO_MERGE hindern Oracle an der Zusammenführung der beiden Inline-Views. Die 2. Lösung benutzt ein Subquery. Das Hint NO_PUSH_SUBQ bewirkt, dass Oracle zunächst das Prädikat „a = 1" und erst danach das Prädikat mit dem Subquery auswertet.

```
SQL> select * from t1 where a = 1 and
  2  b = (select /*+ no_push_subq */ 2 from dual);

no rows selected


Execution Plan
----------------------------------------------------------
Plan hash value: 317588836

--------------------------------------------------------------------------
| Id  | Operation          | Name | Rows  | Bytes | Cost (%CPU)| Time     |
--------------------------------------------------------------------------
|   0 | SELECT STATEMENT   |      |     1 |    26 |     4   (0)| 00:00:01 |
|*  1 |  FILTER            |      |       |       |            |          |
|*  2 |   TABLE ACCESS FULL| T1   |     1 |    26 |     2   (0)| 00:00:01 |
|   3 |   FAST DUAL        |      |     1 |       |     2   (0)| 00:00:01 |
--------------------------------------------------------------------------

Predicate Information (identified by operation id):
---------------------------------------------------

   1 - filter("B"= (SELECT /*+ NO_PUSH_SUBQ */ 2 FROM "DUAL" "DUAL"))
   2 - filter("A"=1)
```

Bauen wir die erste gefundene Lösung in unseren Test-Case ein und vergewissern uns, dass die Anzahl der Buffer Gets von 20080 auf 1646 zurückgegangen ist.

18.5 Remote-SQL-Tuning

```
SQL> select /*+ no_merge(v) no_merge(d) */ count(*) from (select 0 cc from dual) d, (select
t1.a from t1, t3 where t1.a = t3.a and t3.b between 200 and 1000) v where test_func(v.a) =
d.cc;

  COUNT(*)
----------
       801

SQL>
SQL> select plan_table_output from table (sys.dbms_xplan.display_cursor('','','ALLSTATS
ADVANCED LAST'));

PLAN_TABLE_OUTPUT
-------------------------------------------------------------------------------------------
-------------------------------------------------------------------------------------------
-------------------------------------------------------------------------------------------
-----------------
SQL_ID  dq0svcubq2csk, child number 0
-------------------------------------
select /*+ no_merge(v) no_merge(d) */ count(*) from
(select 0 cc from dual) d, (select t1.a from t1, t3 where t1.a = t3.a
and t3.b between 200 and 1000) v where test_func(v.a) = d.cc

Plan hash value: 480831449

-------------------------------------------------------------------------------------------
-------------------------------------------------------
| Id  | Operation           | Name | Starts | E-Rows |E-Bytes| Cost (%CPU)| E-Time    | A-
Rows |   A-Time   | Buffers | OMem | 1Mem | Used-Mem |
-------------------------------------------------------------------------------------------
-------------------------------------------------------
|   0 | SELECT STATEMENT    |      |      1 |        |       |    17 (100)|           |
1 |00:00:00.06 |   1646 |      |      |          |
|   1 |  SORT AGGREGATE     |      |      1 |      1 |    15 |            |           |
1 |00:00:00.06 |   1646 |      |      |          |
|*  2 |   HASH JOIN         |      |      1 |      8 |   120 |    17   (6)| 00:00:01  |
801 |00:00:00.06 |   1646 | 1594K| 1594K|  689K (0)|
|   3 |    VIEW             |      |      1 |      1 |     2 |     2   (0)| 00:00:01  |
1 |00:00:00.01 |      0 |      |      |          |
|   4 |     FAST DUAL       |      |      1 |      1 |       |     2   (0)| 00:00:01  |
1 |00:00:00.01 |      0 |      |      |          |
|   5 |    VIEW             |      |      1 |    802 | 10426 |    15   (7)| 00:00:01  |
801 |00:00:00.01 |     44 |      |      |          |
|*  6 |     HASH JOIN       |      |      1 |    802 |  9624 |    15   (7)| 00:00:01  |
801 |00:00:00.01 |     44 | 1517K| 1517K| 1257K (0)|
|*  7 |      TABLE ACCESS FULL| T3 |      1 |    802 |  6416 |     7   (0)| 00:00:01  |
801 |00:00:00.01 |     22 |      |      |          |
|   8 |      TABLE ACCESS FULL| T1 |      1 |  10000 | 40000 |     7   (0)| 00:00:01  |
10000 |00:00:00.01 |     22 |      |      |          |
-------------------------------------------------------------------------------------------
-------------------------------------------------------
...
Predicate Information (identified by operation id):
---------------------------------------------------

   2 - access("D"."CC"="TEST_FUNC"("V"."A"))
   6 - access("T1"."A"="T3"."A")
   7 - filter(("T3"."B"<=1000 AND "T3"."B">=200))
```

Die zweite Lösung ist performanzmäßig praktisch identisch mit der ersten.

```
SQL> select count(*) from t1, t3 where test_func(t1.a) = (select /*+ no_push_subq */ 0 from
dual) and t1.a = t3.a and t3.b between 200 and 1000;

  COUNT(*)
----------
       801

SQL>
SQL> select plan_table_output from table (sys.dbms_xplan.display_cursor('','','ALLSTATS
ADVANCED LAST'));

PLAN_TABLE_OUTPUT
--------------------------------------------------------------------------------------
--------------------------------------------------------------------------------------
--------------------------------------------------------------------------------------
------------------
SQL_ID  09q7yhxx8w5fa, child number 0
-------------------------------------
select count(*) from t1, t3 where test_func(t1.a) = (select /*+
no_push_subq */ 0 from dual) and t1.a = t3.a and t3.b between 200 and
1000

Plan hash value: 2132870292

--------------------------------------------------------------------------------------
--------------------------------------------------
| Id  | Operation          | Name | Starts | E-Rows |E-Bytes| Cost (%CPU)| E-Time    | A-Rows
|   A-Time   | Buffers | OMem |  1Mem | Used-Mem |
--------------------------------------------------------------------------------------
--------------------------------------------------
|   0 | SELECT STATEMENT   |      |      1 |        |       |    18 (100)|           |      1
|00:00:00.06 |    1646 |      |       |          |
|   1 |  SORT AGGREGATE    |      |      1 |      1 |    12 |            |           |      1
|00:00:00.06 |    1646 |      |       |          |
|*  2 |   FILTER           |      |      1 |        |       |            |           |    801
|00:00:00.06 |    1646 |      |       |          |
|*  3 |    HASH JOIN       |      |      1 |    802 |  9624 |    16  (13)| 00:00:01  |    801
|00:00:00.01 |      44 | 1517K| 1517K| 1259K (0)|
|*  4 |     TABLE ACCESS FULL| T3 |      1 |    802 |  6416 |     7   (0)| 00:00:01  |    801
|00:00:00.01 |      22 |      |       |          |
|   5 |     TABLE ACCESS FULL| T1 |      1 |  10000 | 40000 |     9  (23)| 00:00:01  |  10000
|00:00:00.01 |      22 |      |       |          |
|   6 |    FAST DUAL       |      |      1 |      1 |       |     2   (0)| 00:00:01  |      1
|00:00:00.01 |       0 |      |       |          |
--------------------------------------------------------------------------------------
--------------------------------------------------
...
Predicate Information (identified by operation id):
-----------------------------------------------

   2 - filter("TEST_FUNC"("T1"."A")=)
   3 - access("T1"."A"="T3"."A")
   4 - filter(("T3"."B"<=1000 AND "T3"."B">=200))
```

Mit dem Skript test_case_non_selective_function.sql kann man dieses Beispiel im Detail verfolgen.

18.6 Hidden SQLs (das Ersetzen der SQL-Anweisungen ohne Programmcodeänderung)

In einigen Situationen ist die Performanz einer SQL-Anweisung nur durch eine Änderung dieser SQL-Anweisung zu verbessern. Die Umsetzung dieser Lösung stellt kein Problem dar, wenn die Programmentwickler in Greifweite sind. Wenn es nicht der Fall ist oder wenn die Problemlösung sehr schnell umgesetzt werden muss, kann eventuell die in diesem Abschnitt beschriebene Methode helfen.

Bei Oracle gibt es ein dokumentiertes Package DBMS_ADVANCED_REWRITE, das eine Ersetzung der SQL-Anweisungen ohne Programmänderung ermöglicht. Mit der Prozedur DBMS_ADVANCED_REWRITE.DECLARE_REWRITE_EQUIVALENCE setzt man die Äquivalenz (rewrite equivalences) von 2 SQL-Anweisungen als die Grundlage für eine solche Ersetzung fest. Dafür braucht man das Privileg EXECUTE für dieses Package und das Privileg „CREATE MATERIALIZED VIEW". Damit die jeweilige Ersetzung stattfindet, sind auch die folgenden 2 Parametereinstellungen notwendig: QUERY_REWRITE_ENABLED = TRUE und QUERY_REWRITE_INTEGRITY <> ENFORCED. Die Parametereinstellung QUERY_REWRITE_INTEGRITY <> ENFORCED kann unerwünschte Effekte verursachen, wenn einige MViews (materialized views) im System vorhanden sind. Um solche Effekte auszuschließen, ist es sinnvoll, dieses Verfahren etwas nachzubessern.

Das im Abschn. 13.2 beschriebene Hint OPT_PARAM ermöglicht dedizierte Anwendung dieser beiden Parametereinstellungen für eine einzige SQL-Anweisung (für die anderen SQL-Anweisungen gelten diese Parametereinstellungen nicht). Wenn man dafür ein SQL Profile anlegt (s. im Abschn. 18.7.2), kann man das ohne Änderung der SQL-Anweisung erreichen. Diese Ergänzung der Standardmethode hat noch einen Vorteil. Die Anwendung der SQL Profiles hinterlässt im System ihre Spuren (s. im Abschn. 14.2.3), die Anwendung der Äquivalenzen kann hingegen absolut unbemerkbar erfolgen. Verwendet man sprechende Namen für die jeweiligen SQL Profiles (z. B. Namen mit AQR für „advanced query rewrite" am Anfang), erkennt man leicht, dass die jeweilige Ersetzung der SQL-Anweisungen stattfand.

Wenden wir diese Methode auf die folgende SQL-Anweisung mit dem Skript test_case_adv_query_rewrite.sql an:

```
SQL> select count(*) from t1 where a = 1;

  COUNT(*)
----------
         1

SQL>
SQL> select plan_table_output from table (sys.dbms_xplan.display_cursor('','','ADVANCED
ALLSTATS LAST'));

PLAN_TABLE_OUTPUT
--------------------------------------------------------------------------------
--------------------------------------------------------------------------------
--------------------------------------------------------------------------------
------------------
SQL_ID  ftghxj3s5pj2r, child number 0
-----------------------------------
select count(*) from t1 where a = 1

Plan hash value: 3547404373

--------------------------------------------------------------------------------
----------------------
| Id  | Operation         | Name | Starts | E-Rows |E-Bytes| Cost (%CPU)| E-Time     | A-Rows |
A-Time    | Buffers |
--------------------------------------------------------------------------------
----------------------
|   0 | SELECT STATEMENT  |      |      1 |        |       |     1 (100)|            |      1 |
|00:00:00.01 |       2 |
|   1 |  SORT AGGREGATE   |      |      1 |      1 |    13 |            |            |      1 |
|00:00:00.01 |       2 |
|*  2 |   INDEX RANGE SCAN| I_T1 |      1 |      1 |    13 |     1   (0)| 00:00:01   |      1 |
|00:00:00.01 |       2 |
--------------------------------------------------------------------------------
----------------------
```

Die SQL-Anweisung wird durch die gleiche SQL-Anweisung mit dem Hint FULL ersetzt. Man hätte dafür auch eine SQL-Anweisung wählen können, die absolut nichts mit unserer SQL-Anweisung zu tun hätte (sie hätte lediglich dieselbe Anzahl und dasselbe Format der Ausgabefelder haben müssen). Legen wir die jeweilige Äquivalenz für 2 SQL-Anweisungen fest.

```
SQL> declare
  2    v_sqltext_source clob:=q'[select count(*) from t1 where a = 1]';
  3    v_sqltext_dest clob:=q'[select /*+ full(t1) */ count(*) from t1 where a = 1 and 1 = 1]';
  4  begin
  5      sys.dbms_advanced_rewrite.declare_rewrite_equivalence(name =>'TEST1.TEST',
source => v_sqltext_source, destination_stmt => v_sqltext_dest, validate =>false,
rewrite_mode =>'text_match');
  6  end;
  7  /

PL/SQL-Prozedur erfolgreich abgeschlossen.

SQL>
SQL> select * from dba_rewrite_equivalences;
OWNER                          NAME                           SOURCE_STMT
DESTINATION_STMT                                                          REWRITE_MO
------------------------------ ------------------------------ ------------------------------
---------------------------------------------- ----------
TEST1                          TEST                           select count(*) from t1 where a
= 1
a = 1 and 1 = 1                TEXT_MATCH                                 select /*+ full(t1) */ count(*) from t1 where
```

Der SQL-Text mit dem Hint FULL ist um das Prädikat „1 = 1" ergänzt, sonst wäre dieser SQL-Text nicht akzeptiert worden, weil die beiden SQL-Anweisungen identisch gewesen wären. Erlauben wir jetzt die Ersetzung mit einem SQL Profile und vergewissern uns, dass diese Ersetzung stattfindet.

18.6 Hidden SQLs …

```
SQL> declare
  2   v_hints sys.sqlprof_attr:=sys.sqlprof_attr(
  3   q'[opt_param('query_rewrite_enabled' 'true')]',
  4   q'[opt_param('query_rewrite_integrity' 'trusted')]'
  5   );
  6   v_sqltext clob := q'[select count(*) from t1 where a = 1]';
  7   begin
  8       sys.dbms_sqltune.import_sql_profile(sql_text=>v_sqltext, profile=>v_hints,
category=>'DEFAULT', name=>'TEST', description=>'manual hints', force_match=>TRUE);
  9   end;
 10   /

PL/SQL-Prozedur erfolgreich abgeschlossen.

SQL> select count(*) from t1 where a = 1;

  COUNT(*)
----------
         1

SQL>
SQL> select plan_table_output from table (sys.dbms_xplan.display_cursor('','','ADVANCED
ALLSTATS LAST'));

PLAN_TABLE_OUTPUT
--------------------------------------------------------------------------------------
--------------------------------------------------------------------------------------
--------------------------------------------------------------------------------------
------------------
SQL_ID  ftghxj3s5pj2r, child number 0
-------------------------------------
select count(*) from t1 where a = 1

Plan hash value: 238181912

--------------------------------------------------------------------------------------
----------------------
| Id  | Operation           | Name | Starts | E-Rows |E-Bytes| Cost (%CPU)| E-Time   | A-Rows
|   A-Time   | Buffers  |
--------------------------------------------------------------------------------------
----------------------
|   0 | SELECT STATEMENT    |      |      1 |        |       |     3 (100)|          |      1
|00:00:00.01 |       7 |
|   1 |  VIEW               |      |      1 |      1 |    13 |     3   (0)| 00:00:01 |      1
|00:00:00.01 |       7 |
|   2 |   SORT AGGREGATE    |      |      1 |      1 |    13 |            |          |      1
|00:00:00.01 |       7 |
|*  3 |    TABLE ACCESS FULL| T1   |      1 |      1 |    13 |     3   (0)| 00:00:01 |      1
|00:00:00.01 |       7 |
--------------------------------------------------------------------------------------
----------------------

Query Block Name / Object Alias (identified by operation id):
-------------------------------------------------------------

   1 - SEL$C272D04E / from$_subquery$_002@SEL$C272D04D
   2 - SEL$C272D04E
   3 - SEL$C272D04E / T1@SEL$C272D04E

Outline Data
-------------

  /*+
      BEGIN_OUTLINE_DATA
      IGNORE_OPTIM_EMBEDDED_HINTS
      OPTIMIZER_FEATURES_ENABLE('11.2.0.3')
      DB_VERSION('11.2.0.3')
      ALL_ROWS
      OUTLINE_LEAF(@"SEL$C272D04E")
      OUTLINE_LEAF(@"SEL$1")
      NO_ACCESS(@"SEL$1" "from$_subquery$_002"@"SEL$C272D04D")
      FULL(@"SEL$C272D04E" "T1"@"SEL$C272D04E")
      END_OUTLINE_DATA
  */

Predicate Information (identified by operation id):
---------------------------------------------------

   3 - filter("A"=1)

Column Projection Information (identified by operation id):
-----------------------------------------------------------

   1 - "from$_subquery$_002"."COUNT(*)"[NUMBER,22]
   2 - (#keys=0) COUNT(*)[22]

Note
-----
   - dynamic sampling used for this statement (level=2)
   - SQL profile TEST used for this statement
```

Die Standardmethode ist begrenzt im Hinblick auf die Bind-Variablen in den SQL-Anweisungen. Man kann lediglich den Anfang ohne Bind-Variablen einer SQL-Anweisung durch einen anderen ersetzen. Dafür kann man eine Äquivalenz für 2 SQL-Anweisungen ohne Where-Klauseln mit dem Argument REWRITE_MODE =>'GENERAL' anlegen. Wenn weitere SQL-Anweisungen mit demselben Anfang des SQL-Textes im System vorhanden sind, werden sie auch ersetzt, obwohl es möglicherweise nicht erwünscht ist. Mit dem nächsten Test-Case test_case_adv_query_rewrite_bind_var.sql kann man das nachstellen.

18.6 Hidden SQLs...

```
SQL> declare
  2    v_sqltext_source clob:=q'[select * from t1]';
  3    v_sqltext_dest clob:=q'[select * from t2]';
  4  begin
  5       sys.dbms_advanced_rewrite.declare_rewrite_equivalence(name =>'TEST1.TEST',
source_stmt => v_sqltext_source, destination_stmt => v_sqltext_dest, validate =>false,
rewrite_mode =>'general');
  6  end;
  7  /

PL/SQL-Prozedur erfolgreich abgeschlossen.

SQL> select * from t1 where a = :b1;

         A          B
---------- ----------
         1          2

SQL>
SQL> select plan_table_output from table (sys.dbms_xplan.display_cursor('','','ADVANCED
LAST'));

PLAN_TABLE_OUTPUT
--------------------------------------------------------------------------------
--------------------------------------------------------------------------------
--------------------
SQL_ID  31uwkby0vz81g, child number 0
-----------------------------------
select * from t1 where a = :b1

Plan hash value: 1513984157

--------------------------------------------------------------------------
| Id  | Operation         | Name | Rows  | Bytes | Cost (%CPU)| Time     |
--------------------------------------------------------------------------
|   0 | SELECT STATEMENT  |      |       |       |     3 (100)|          |
|*  1 |  TABLE ACCESS FULL| T2   |     1 |    26 |     3   (0)| 00:00:01 |
--------------------------------------------------------------------------
...
SQL> select * from t1 where a = 1;

         A          B
---------- ----------
         1          2

SQL>
SQL> select plan_table_output from table (sys.dbms_xplan.display_cursor('','','ADVANCED
LAST'));

PLAN_TABLE_OUTPUT
--------------------------------------------------------------------------------
--------------------------------------------------------------------------------
--------------------
SQL_ID  3mfpm921rad02, child number 0
-----------------------------------
select * from t1 where a = 1

Plan hash value: 1513984157

--------------------------------------------------------------------------
| Id  | Operation         | Name | Rows  | Bytes | Cost (%CPU)| Time     |
--------------------------------------------------------------------------
|   0 | SELECT STATEMENT  |      |       |       |     3 (100)|          |
|*  1 |  TABLE ACCESS FULL| T2   |     1 |    26 |     3   (0)| 00:00:01 |
--------------------------------------------------------------------------
```

Die oben beschriebene Ergänzung der Standardmethode ermöglicht die jeweilige Ersetzung lediglich für eine einzige SQL-Anweisung bei der Parametereinstellung QUERY_REWRITE_INTEGRITY=ENFORCED.

```
SQL> declare
  2  v_hints sys.sqlprof_attr:=sys.sqlprof_attr(
  3  q'[opt_param('query_rewrite_enabled' 'true')]',
  4  q'[opt_param('query_rewrite_integrity' 'trusted')]'
  5  );
  6  v_sqltext clob := q'[select * from t1 where a = :b1]';
  7  begin
  8       sys.dbms_sqltune.import_sql_profile(sql_text=>v_sqltext, profile=>v_hints,
category=>'DEFAULT', name=>'TEST', description=>'manual hints', force_match=>TRUE);
  9  end;
 10  /

PL/SQL-Prozedur erfolgreich abgeschlossen.
SQL> alter session set query_rewrite_integrity = enforced;

Session wurde geändert.

SQL>
SQL> select * from t1 where a = :b1;

         A          B
---------- ----------
         1          2

SQL>
SQL> select plan_table_output from table (sys.dbms_xplan.display_cursor('','','ADVANCED
LAST'));

PLAN_TABLE_OUTPUT
-------------------------------------------------------------------------------------------------
-------------------------------------------------------------------------------------------------
-------------------------------------------------------------------------------------------------
------------------
SQL_ID  31uwkby0vz81g, child number 0
-----------------------------------
select * from t1 where a = :b1

Plan hash value: 1513984157

---------------------------------------------------------------------------
| Id  | Operation         | Name | Rows  | Bytes | Cost (%CPU)| Time     |
---------------------------------------------------------------------------
|   0 | SELECT STATEMENT  |      |       |       |     3 (100)|          |
|*  1 |  TABLE ACCESS FULL| T2   |     1 |    26 |     3   (0)| 00:00:01 |
---------------------------------------------------------------------------
...
SQL> select * from t1 where a = 1;

         A          B
---------- ----------
         1          1

SQL>
SQL> select plan_table_output from table (sys.dbms_xplan.display_cursor('','','ADVANCED
LAST'));

PLAN_TABLE_OUTPUT
-------------------------------------------------------------------------------------------------
-------------------------------------------------------------------------------------------------
-------------------------------------------------------------------------------------------------
------------------
SQL_ID  3mfpm921rad02, child number 1
-----------------------------------
select * from t1 where a = 1

Plan hash value: 3617692013

---------------------------------------------------------------------------
| Id  | Operation         | Name | Rows  | Bytes | Cost (%CPU)| Time     |
---------------------------------------------------------------------------
|   0 | SELECT STATEMENT  |      |       |       |     3 (100)|          |
|*  1 |  TABLE ACCESS FULL| T1   |     1 |    26 |     3   (0)| 00:00:01 |
---------------------------------------------------------------------------
```

Die beschriebene Standardmethode der Hidden SQLs hat viele Einschränkungen. Sie unterstützt beispielsweise lediglich Selects. Aber auch nicht alle: z. B. sind keine Selects mit einer With-Klausel (subquery factoring) dort erlaubt.

Ich habe lange überlegt, ob eine Beschreibung dieser Methode in diesem Buch sinnvoll ist. Einerseits sind die Chancen der praktischen Anwendung dieses Verfahrens ziemlich gering, die Gefahr, dass man diese Methode missbraucht, ist im Gegenteil hoch. Andererseits ist diese Methode von Oracle offiziell unterstützt, und wenn man sie beim Tuning ein paar Mal erfolgreich anwendet, hat diese Beschreibung ihren Dienst getan.

18.7 Hidden Hints in den SQL-Anweisungen

Beim SQL-Tuning einer Anwendung eines Drittanbieters sind normalerweise keine Änderungen der problematischen SQL-Anweisungen möglich. Das ist eine schwierige aber nicht hoffnungslose Situation.

Leonid: *„Peter, was machst Du in so einer Situation?"*

Peter: *„Ich setze das automatische SQL-Tuning ein."*

L.: *„Im Prinzip ist es nicht verkehrt. Es wäre ganz richtig gewesen, wenn Du die mit dem automatischen SQL-Tuning gefundenen Ausführungspläne mit SQL Plan Baselines nachträglich fixiert hättest. Wie würdest Du aber vorgehen, wenn das automatische SQL-Tuning keine Lösung findet?"*

P.: *„Dann muss ich wahrscheinlich versuchen, die problematische SQL-Anweisung manuell zu tunen."*

L.: *„Angenommen, Du hast das geschafft. Wenn Du die jeweilige SQL-Anweisung umgeschrieben hast, hast Du schlechte Karten, weil die Methode mit Hidden SQLs (s. im Abschn. 18.6) wegen zahlreicher Einschränkungen sehr selten hilft. Angenommen, Du hast das SQL-Tuning mit Hints gemacht, ohne das Grundgerüst der SQL-Anweisung zu ändern. Wie kannst Du erreichen, dass die Anwendung Deinen optimierten Ausführungsplan benutzt?"*

P.: *„Dafür kann ich die bereits beschriebene OSP-Methode gebrauchen."*

L.: *„In diesem Abschnitt beschreibe ich einige Beispiele der Anwendung des OSP-Verfahrens und einige weitere Methoden, die genau in so einer Situation helfen können. Diese Methoden bewirken, dass die Optimizer Hints für eine SQL-Anweisung ausgeführt werden, ohne in diese SQL-Anweisung eingetragen zu sein. Aus diesem Grund heißen diese Methoden „versteckte Hints" (hidden hints)."*

18.7.1 Hidden Hints mit Stored Outlines

Diese Methode erschien zunächst in der alten Notiz 92202.1 vom MOS. Dieses Verfahren wurde spater verbessert (s. die Notiz 730062.1 vom MOS).

Die beiden Methoden erzeugen eine Stored Outline für die originelle SQL-Anweisung, welche mit Outlines der SQL-Anweisung mit Hints gefüllt ist. Somit wird die SQL-Anweisung ohne Hints mit dem Ausführungsplan dieser Anweisung mit Hints ausgeführt.

18.7.2 Hidden Hints mit SQL Profiles

Die jeweilige Methode ist bereits im Abschn. 18.1 beschrieben. Im Unterschied zu der Methode mit den Stored Outlines, die eigentlich „Hidden Outlines" heißen sollte, kann man dediziert einzelne versteckte Hints in einem SQL Profile abspeichern. In einigen Situationen kann es enorm wichtig sein, was die folgenden 2 Fälle aus der Praxis bestätigen.

18.7.2.1 Ein Fall mit einem Hint als einzig möglicher Workaround

Dieses Problem trat bei einer Datenbank von Oracle Release 10.2.0.4 auf. Eine wichtige SQL-Anweisung bereitete dort Probleme, weil sie sehr inperformant war. Man fand ziemlich schnell einen Workaround mit der Parametereinstellung OPTIMIZER_INDEX_COST_ADJ = 1. Verständlicherweise wollte man diese Parametereinstellung systemweit nicht benutzen. Aus diesem Grund versuchte man, den guten Ausführungsplan mit Stored Outlines zu fixieren, weil es nicht möglich war, die jeweilige SQL-Anweisung zu ändern (also mit dem entsprechenden Hint zu versehen). Dieser Versuch schlug fehl, weil Oracle beim Parsen mit den Stored Outlines mehrere GB Speicher allozierte. Wie es zustande kam, klärte man leider trotz vieler Bemühungen nicht. Es hatte aber etwas mit dem Hint USE_CONCAT zu tun. Als man dieses Hint entfernt hatte, gab es kein Problem mehr mit dem Allozieren des Speichers, die SQL-Anweisung lief aber wieder unakzeptabel langsam. Vermutlich wäre dieses Problem in Oracle 11.2 mit der neuen verbesserten Syntax des Hint USE_CONCAT nicht entstanden. Man brauchte aber eine Lösung für den Release 10.2.0.4.

Ein Hidden Hint im SQL Profile hat diese Situation gerettet.

```
declare
v_hints sys.sqlprof_attr:=sys.sqlprof_attr(
q'[opt_param('optimizer_index_cost_adj' 1)]'
);
v_sqltext clob :=
'
(
SELECT
  EMPLOYEE_INSTRUMENT.ISIN,
  EMPLOYEE_TRADES.NOSTRO_FLAG,
  EMPLOYEE_TRADES.TRADE_NO,
  DATES.DATE_NO,

  OR   C_UNITS.UNIT_NAME   LIKE   :"SYS_B_50")
  AND  C_TRADES.FRONTOFFICE_SYSTEM   LIKE   :"SYS_B_51"
  AND  (C_EMPLOYEESTATES.EMPLOYEESTATES_NO  LIKE   :"SYS_B_52"
  OR   C_EMPLOYEESTATES.EMPLOYEESTATES_NO   IS NULL   )
  )
)
';
begin
    sys.dbms_sqltune.import_sql_profile(sql_text=>v_sqltext, profile=>v_hints,
category=>'DEFAULT', name=>'SPWA', description=>'workaround for USE_CONCAT');
  end;
```

> **Fazit**
> Die Methode mit Hidden Hints kann nicht nur bei Performance Tuning behilflich sein. Man kann sie auch bei anderen Problemen (z. B. bei Parsing-Problemen, wie in unserem Fall, oder bei Wrong Results) als Workaround einsetzen.

18.7.2.2 Ein Fall mit Hidden Hints für parallele Operationen

Bei einer Firma konnte eine wichtige Anwendung wegen der schlechten Performanz nicht in Betrieb genommen werden. Einige Anwendungsprozesse liefen tagelang statt ein paar Stunden, wie es geplant war.

Ich fragte, ob man so einen Prozess für eine kleinere Datenmenge starten könne, so dass dieser Prozess lediglich einige Stunden lang liefe. Es war möglich und der Kunde startete einen der kritischen Prozesse. Für diesen Prozess aktivierte ich SQL-Tracing. In der Trace-Datei fand ich ca. 10 SQL-Anweisungen, welche am längsten liefen. Ein typischer Langläufer sah folgendermaßen aus.

```
SELECT distinct 000,a.JAHR,a.QUARTAL,a.KASSENNR,a.PSEUDO_NR,'ABGERECH',
  ABGERECH,10,'XXXX','00000000',2,2,a.FALLNR,a.LEISTUNGSERBRINGER,
  a.LEISTUNG_VON,a.LEISTUNG_BIS,a.BEHANDLUNGSART,a.DIAGNOSESICHERHEIT,
  a.GENERIKUM,a.DDD,a.MARKTZUGANGSDATUM,a.VERORDDAT,a.ALT,a.GEBDAT,
  a.VERSTORBEN,a.GESCHLECHT,to_date(a.VERSICHERT_BIS,'DD.MM.RRRR')
  VERSICHERT_BIS,a.VART,a.PLZ,a.MA_KZ,a.KV_ID,a.ARZT_KV_ID,a.BSNR_UEBW,
  a.BEHANDLUNGSDATUM,a.DAT_ABGABE_APOTH,a.BEZEICHNUNG_PZN,a.XX_APOTHEKEN,
  a.XX_KASSE,a.HERST_NAME,a.KHXX,a.ICD_KH,a.DRG_KH,a.OPS_KH,a.BSNR,a.FAGR,
a.LEANR
FROM
 V_ER_FVA_ICD a WHERE ABGERECH LIKE 'Y65%' AND DIAGNOSESICHERHEIT = 'G'
  and jq between 20084 and 20093

call     count       cpu    elapsed       disk      query    current       rows
------- ------  -------- ---------- ---------- ---------- ----------  ----------
Parse        1      0.29       4.88          0          0          0           0
Execute      1      0.00       0.00          0          0          0           0
Fetch        9    100.36    3059.97    1222080    1804138        102      206114
------- ------  -------- ---------- ---------- ---------- ----------  ----------
total       11    100.65    3064.85    1222080    1804138        102      206114

Misses in library cache during parse: 1
Optimizer mode: ALL_ROWS
Parsing user id: 100     (recursive depth: 1)

Rows     Row Source Operation
-------  ---------------------------------------------------
 206114  HASH UNIQUE (cr=1804138 pr=1222080 pw=5580 time=1164869819 us)
 215397   NESTED LOOPS OUTER (cr=1804138 pr=1216837 pw=345 time=2648655842 us)
 175351    PARTITION RANGE ITERATOR PARTITION: 8 11 (cr=1061603 pr=1054401 pw=345 time=436463042 us)
 175351     HASH JOIN  (cr=1061603 pr=1054401 pw=345 time=000724350 us)
 178026      TABLE ACCESS BY LOCAL INDEX ROWID DAT_FVA103 PARTITION: 8 11 (cr=128654 pr=121295 pw=0 time=616994932 us)
 178026       INDEX SKIP SCAN DAT_FVA103_ICD_DS PARTITION: 8 11 (cr=938 pr=938 pw=0 time=22890913 us)(object id 97480)
29760823      TABLE ACCESS FULL DAT_FVA101 PARTITION: 8 11 (cr=932947 pr=932761 pw=0 time=148880228 us)
 215397    PARTITION RANGE ITERATOR PARTITION: KEY KEY (cr=742535 pr=162436 pw=0 time=2256847311 us)
 215397     TABLE ACCESS BY LOCAL INDEX ROWID DAT_FVA_EFN_LANR PARTITION: KEY KEY (cr=742535 pr=162436 pw=0 time=2255483789 us)
 215397      INDEX RANGE SCAN DAT_FVA_EFN_LANR_I PARTITION: KEY KEY (cr=527164 pr=44134 pw=0 time=612367909 us)(object id 102692)
```

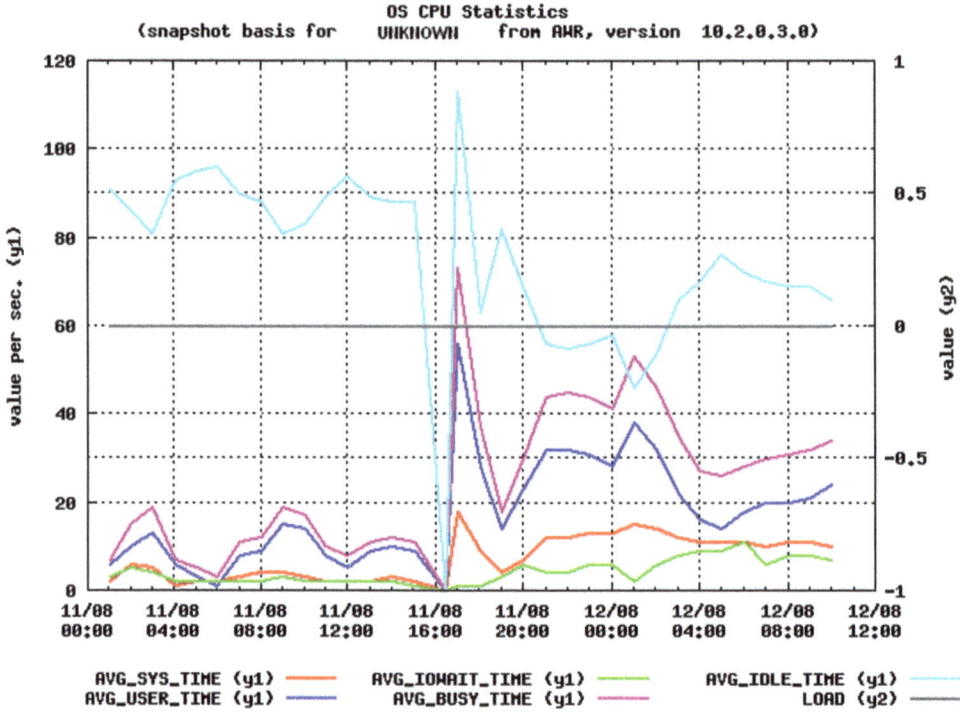

Abb. 18.2 CPU-Auslastung ohne und mit Parallelisierung

Da dieses System ausreichend viele CPUs hatte und CPU-mäßig nur sehr wenig belastet war (s. die linke Hälfte der Grafik in Abb. 18.2), entschied ich, die problematischen SQL-Anweisungen zu parallelisieren.

Aus dem Abschn. 13.1 wissen wir bereits, dass Oracle normalerweise keine Outlines für parallele Operationen generiert. Deshalb war es nicht möglich, die Hidden Hints für die parallele Ausführung mit den Stored Outlines einzuführen. Mit den SQL Profiles war es aber gut möglich. Noch während des Prozessverlaufs bereitete ich einige SQL Profiles dafür vor. Das SQL Profile für die obige SQL-Anweisung legte ich beispielsweise mit dem folgenden PL/SQL-Code an.

18.7 Hidden Hints in den SQL-Anweisungen

```
declare
v_hints sys.sqlprof_attr:= sys.sqlprof_attr('full(a.a)','full(a.b)','full(a.s)','parallel(a.a
8)','parallel(a.b 8)','parallel(a.s 8)');
v_xml clob;
v_sqltext clob:=q'[
SELECT distinct 000,a.JAHR,a.QUARTAL,a.KASSENNR,a.PSEUDO_NR,'ABGERECH',
ABGERECH,10,'XXXX','00000000',2,2,a.FALLNR,a.LEISTUNGSERBRINGER,
    a.LEISTUNG_VON,a.LEISTUNG_BIS,a.BEHANDLUNGSART,a.DIAGNOSESICHERHEIT,
    a.GENERIKUM,a.DDD,a.MARKTZUGANGSDATUM,a.VERORDDAT,a.ALT,a.GEBDAT,
    a.VERSTORBEN,a.GESCHLECHT,to_date(a.VERSICHERT_BIS,'DD.MM.RRRR')
    VERSICHERT_BIS,a.VART,a.PLZ,a.MA_KZ,a.KV_ID,a.ARZT_KV_ID,a.BSNR_UEBW,
    a.BEHANDLUNGSDATUM,a.DAT_ABGABE_APOTH,a.BEZEICHNUNG_PZN,a.XX_APOTHEKEN,
    a.XX_KASSE,a.HERST_NAME,a.KHXX,a.ICD_KH,a.DRG_KH,a.OPS_KH,a.BSNR,a.FAGR,
a.LEANR
FROM
V_ER_FVA_ICD a WHERE ABGERECH LIKE 'Y65%' AND DIAGNOSESICHERHEIT = 'G'
and jq between 20084 and 20093
]'
;
begin
        sys.dbms_sqltune.import_sql_profile(sql_text=>v_sqltext, profile=>v_hints,
category=>'TEST', name=>'TOP6', description=>'TEST', force_match=>true);
end;
```

Leonid: „*Peter, kommst Du mit den Hints in diesem Beispiel klar?*"

Peter: „*Nicht ganz. Ich sehe den Aliasnamen „a" in dieser SQL-Anweisung. Was aber „a.a" oder „a.b" bedeuten, habe ich vergessen.*"

L.: „*Dieser Aliasname wird dort für die View V_ER_FVA_ICD benutzt. In dieser View sind auch einige Tabellen mit den Aliasnamen „a", „b" und „s" beteiligt. Mit den zusammengesetzten Aliasnamen „a.a", „a.b" und „a.s" verweise ich in den Hints auf diese Tabellen.*"

Der nächste Testlauf mit den SQL Profiles war für den Kunden unerklärlich schnell, weil ich den Kunden über die Hidden Hints nicht informierte. Der Effekt war so groß, dass es gar nicht notwendig war, den Kunden zu überzeugen, die Parallelität einzusetzen.

Unsere SQL-Anweisung war beispielsweise ca. 40 Mal schneller geworden (s. den Abschnitte aus der jeweiliger Trace-Datei unten).

```
SELECT distinct 000,a.JAHR,a.QUARTAL,a.KASSENNR,a.PSEUDO_NR,'ABGERECH',
ABGERECH,10,'XXXX','00000000',2,2,a.FALLNR,a.LEISTUNGSERBRINGER,
    a.LEISTUNG_VON,a.LEISTUNG_BIS,a.BEHANDLUNGSART,a.DIAGNOSESICHERHEIT,
    a.GENERIKUM,a.DDD,a.MARKTZUGANGSDATUM,a.VERORDDAT,a.ALT,a.GEBDAT,
    a.VERSTORBEN,a.GESCHLECHT,to_date(a.VERSICHERT_BIS,'DD.MM.RRRR')
    VERSICHERT_BIS,a.VART,a.PLZ,a.MA_KZ,a.KV_ID,a.ARZT_KV_ID,a.BSNR_UEBW,
    a.BEHANDLUNGSDATUM,a.DAT_ABGABE_APOTH,a.BEZEICHNUNG_PZN,a.XX_APOTHEKEN,
    a.XX_KASSE,a.HERST_NAME,a.KHXX,a.ICD_KH,a.DRG_KH,a.OPS_KH,a.BSNR,a.FAGR,
    a.LEANR
FROM
    V_ER_FVA_ICD a WHERE ABGERECH LIKE 'Y65%' AND DIAGNOSESICHERHEIT = 'G'
    and jq between 20084 and 20093

call     count       cpu    elapsed       disk      query    current       rows
-------  ------  --------  ---------  ---------  ---------  ---------  ---------
Parse         1      0.17       5.53          0          0          0          0
Execute       1      0.02       0.11          4        129          0          0
Fetch         9      2.50      72.16          0          0          0     206114
-------  ------  --------  ---------  ---------  ---------  ---------  ---------
total        11      2.69      77.81          4        129          0     206114

Misses in library cache during parse: 1
Optimizer mode: ALL_ROWS
Parsing user id: 100     (recursive depth: 1)

Rows     Row Source Operation
-------  ---------------------------------------------------
 206114  PX COORDINATOR  (cr=129 pr=4 pw=0 time=67724718 us)
      0   PX SEND QC (RANDOM) :TQ10004 (cr=0 pr=0 pw=0 time=0 us)
      0    HASH UNIQUE (cr=0 pr=0 pw=0 time=0 us)
      0     PX RECEIVE  (cr=0 pr=0 pw=0 time=0 us)
      0      PX SEND HASH :TQ10003 (cr=0 pr=0 pw=0 time=0 us)
      0       HASH JOIN OUTER BUFFERED (cr=0 pr=0 pw=0 time=0 us)
      0        PX RECEIVE  (cr=0 pr=0 pw=0 time=0 us)
      0         PX SEND HASH :TQ10001 (cr=0 pr=0 pw=0 time=0 us)
      0          HASH JOIN (cr=0 pr=0 pw=0 time=0 us)
      0           PX RECEIVE  (cr=0 pr=0 pw=0 time=0 us)
      0            PX SEND BROADCAST LOCAL :TQ10000 (cr=0 pr=0 pw=0 time=0 us)
      0             PX BLOCK ITERATOR PARTITION: 8 11 (cr=0 pr=0 pw=0 time=0 us)
      0              TABLE ACCESS FULL DAT_FVA103 PARTITION: 8 11 (cr=0 pr=0 pw=0 time=0 us)
      0           PX BLOCK ITERATOR PARTITION: 8 11 (cr=0 pr=0 pw=0 time=0 us)
      0            TABLE ACCESS FULL DAT_FVA101 PARTITION: 8 11 (cr=0 pr=0 pw=0 time=0 us)
      0        PX RECEIVE  (cr=0 pr=0 pw=0 time=0 us)
      0         PX SEND HASH :TQ10002 (cr=0 pr=0 pw=0 time=0 us)
      0          PX BLOCK ITERATOR PARTITION: 8 11 (cr=0 pr=0 pw=0 time=0 us)
      0           TABLE ACCESS FULL DAT_FVA_EFN_LANR PARTITION: 8 11 (cr=0 pr=0 pw=0 time=0 us)
```

Der Kunde machte mehrere Testläufe für verschiedene Datenmengen, und das Ergebnis war immer sehr gut. Der Rechner langweilte sich nicht mehr und war CPU-mäßig ordentlich ausgelastet (s. die rechte Hälfte der Grafik in Abb. 18.2).

P.: „Hat der Kunde die Lösung mit Hidden Hints in die Produktion übernommen?"

L.: „Nein, das war lediglich ein Test. Da man die SQL-Anweisungen in diesem System dynamisch generiert hat, war es sehr leicht, die jeweiligen Hints in den Programmcode einzutragen."

Fazit

- die Methode mit Hidden Hints kann man erfolgreich für Testzwecke einsetzen. So kann man einige Tuning-Ideen ohne jegliche Anwendungsänderung ausprobieren,
- man kann eine SQL-Anweisung mit einem Hidden Hint parallelisieren, wenn man das jeweilige Hint für die parallele Ausführung in einem SQL Profile abspeichert.

18.7.3 Hidden Hints mit SQL Plan Baselines

Bei Oracle gibt es eine Funktion DBMS_SPM.LOAD_PLANS_FROM_CURSOR_CACHE, welche das Verfahren mit den Hidden Hints ermöglicht.

```
FUNCTION LOAD_PLANS_FROM_CURSOR_CACHE RETURNS BINARY_INTEGER
 Argument Name                  Type                    In/Out Default?
 ------------------------------ ----------------------- ------ --------
 SQL_ID                         VARCHAR2                IN
 PLAN_HASH_VALUE                NUMBER                  IN     DEFAULT
 SQL_HANDLE                     VARCHAR2                IN
 FIXED                          VARCHAR2                IN     DEFAULT
 ENABLED                        VARCHAR2                IN     DEFAULT
```

Der Dokumentation von Oracle kann man folgendes entnehmen: das Setzen des Arguments SQL_HANDLE beim Aufruf dieser Funktion ist wichtig, wenn eine SQL-Anweisung mit Optimizer Hints getunt wurde und der jeweilige Ausführungsplan in die SQL Plan Baseline der originellen SQL-Anweisung eingefügt werden muss. Damit dieses Verfahren funktioniert, muss eine SQL Plan Baseline für die originelle SQL-Anweisung angelegt werden, und ein Cursor für die SQL-Anweisung mit Hints muss sich in der SQL-Area befinden. Das Argument SQL_HANDLE muss dann auf die SQL Plan Baseline verweisen und die Argumente SQL_ID und PLAN_HASH_VALUE auf den Ausführungsplan des Cursors aus der SQL-Area. Der Aufruf von DBMS_SPM.LOAD_PLANS_FROM_CURSOR_CACHE mit diesen Argumenten speichert den getunten Ausführungsplan als eine zusätzliche SQL Plan Baseline der SQL-Anweisung ohne Hints. Damit diese neue SQL Plan Baseline vom Optimizer gewählt wird, kann man sie mit dem Status FIXED ='YES' versehen (s. oben das jeweilige Argument). Alternativ kann man die erste (nicht getunte) SQL Plan Baseline löschen.

Die Methode mit den Hidden Hints besteht somit aus den folgenden Schritten:

- zunächst eine SQL Plan Baseline für die originelle SQL-Anweisung (also ohne Hints) anlegen. Wie es zu machen ist, ist im Abschn. 14.3.1 beschrieben,
- danach einen Cursor für die SQL-Anweisung mit Hints in der SQL-Area finden und die SQL_ID und PLAN_HASH_VALUE seines Ausführungsplans in der View V$SQL ermitteln. Wenn kein Cursor in der SQL-Area vorhanden ist, muss man die SQL-Anweisung mit Hints ausführen (oder mit einem harten Call parsen) und danach diese zwei Werte ermitteln. Die Vorgehensweise bei Ausführung ist klar. Wie man beim harten Parse Call vorgeht, ist bereits im Abschn. 14.3.1 beschrieben worden,
- im abschließenden Schritt speichert man den Ausführungsplan oder den Explain-Plan der SQL-Anweisung mit Hints in einer SQL Plan Baseline für die originelle SQL-Anweisung. Das macht man mit dem Aufruf der Funktion DBMS_SPM.LOAD_PLANS_FROM_CURSOR_CACHE.

Ein harter Parse Call kann helfen, wenn die jeweilige SQL-Anweisung nicht auszuführen ist. Die Voraussetzung dafür ist, dass diese SQL-Anweisung keine DDL-Anweisung ist. Mit dem Skript test_case_hidden_hints_sql_plan_baselines.sql kann man diese Methode verfolgen. Dieses Skript enthält zwei Tests: einen mit Ausführung der SQL-Anweisung und den anderen mit dem harten Parse Call.

18.7.4 Hidden Hints mit SQL-Patches

Die SQL-Patches sind bis jetzt nicht beschrieben, weil sie nicht sehr wichtig für Performance Tuning sind. Man kann aber die SQL-Patches für Hidden Hints gebrauchen. Mit dem Skript test_case_hidden_hints_sql_patch.sql kann man nachvollziehen, wie das funktioniert. In diesem Test-Case wird eine nicht dokumentierte Prozedur DBMS_SQLDIAG_INTERNAL.I_CREATE_PATCH zum Anlegen eines SQL-Patch benutzt. Leider hat diese Prozedur kein Argument für die erzwungene Mustersuche (force matching) im Gegensatz zu der dokumentierten Prozedur DBMS_SQLDIAG. ACCEPT_SQL_PATCH, die so ein Argument hat, aber für das Verfahren mit Hidden Hints nicht verwendet werden kann. Dies bewirkt, dass ein mit der Prozedur DBMS_SQLDIAG_INTERNAL.I_CREATE_PATCH angelegtes SQL-Patch für dieselbe SQL-Anweisung, aber mit anderen Literalen, nicht angewendet wird. Das ist ein gravierender Nachteil im Vergleich zu dem Verfahren mit den SQL Profiles aus dem Abschn. 18.1.

Das Anlegen einer Test-Tabelle und eines Indexes in dem besagten Test-Case überspringen wir. Die folgende SQL-Anweisung mit einer Where-Klausel über die jeweilige indizierte Spalte benutzt erwartungsgemäß einen Index Range Scan.

```
SQL> select count(*) from t1 where a = 1;

  COUNT(*)
----------
         1

SQL>
SQL> select plan_table_output from table (sys.dbms_xplan.display_cursor('','','ADVANCED
LAST'));

PLAN_TABLE_OUTPUT
--------------------------------------------------------------------------------
--------------------------------------------------------------------------------

-----------------
SQL_ID  ftghxj3s5pj2r, child number 0
-------------------------------------
select count(*) from t1 where a = 1

Plan hash value: 3547404373

---------------------------------------------------------------------------
| Id  | Operation         | Name | Rows  | Bytes | Cost (%CPU)| Time     |
---------------------------------------------------------------------------
|   0 | SELECT STATEMENT  |      |       |       |     1 (100)|          |
|   1 |  SORT AGGREGATE   |      |     1 |    13 |            |          |
|*  2 |   INDEX RANGE SCAN| I_T1 |     1 |    13 |     1   (0)| 00:00:01 |
---------------------------------------------------------------------------

Query Block Name / Object Alias (identified by operation id):
-------------------------------------------------------------

   1 - SEL$1
   2 - SEL$1 / T1@SEL$1
...
```

18.7 Hidden Hints in den SQL-Anweisungen

Legen wir jetzt ein SQL-Patch mit 2 Hints an.

```
SQL> exec sys.dbms_sqldiag_internal.i_create_patch(sql_text => 'select count(*) from t1 where
a = 1', hint_text => q'[OPTIMIZER_FEATURES_ENABLE('11.2.0.1') FULL(T1)]', name →    =>
'MY_SQL_PATCH')

PL/SQL-Prozedur erfolgreich abgeschlossen.
```

Die Ausführung der SQL-Anweisung zeigt, dass lediglich das Hint OPTIMIZER_FEATURES_ENABLE angewendet wird.

```
SQL> select count(*) from t1 where a = 1;

          COUNT(*)
--------------------
                 1
SQL>
SQL> select plan_table_output from table (sys.dbms_xplan.display_cursor('','','ADVANCED
LAST'));

PLAN_TABLE_OUTPUT
-------------------------------------------------------------------------------------------
-------------------------------------------------------------------------------------------
-------------------------------------------------------------------------------------------
---------------
SQL_ID  ftghxj3s5pj2r, child number 0
-------------------------------------
select count(*) from t1 where a = 1

Plan hash value: 3547404373

-------------------------------------------------------------------------------
| Id  | Operation         | Name  | Rows  | Bytes | Cost (%CPU)| Time     |
-------------------------------------------------------------------------------
|   0 | SELECT STATEMENT  |       |       |       |     1 (100)|          |
|   1 |  SORT AGGREGATE   |       |     1 |    13 |            |          |
|*  2 |   INDEX RANGE SCAN| I_T1  |     1 |    13 |     1   (0)| 00:00:01 |
-------------------------------------------------------------------------------

Query Block Name / Object Alias (identified by operation id):
-------------------------------------------------------------

   1 - SEL$1
   2 - SEL$1 / T1@SEL$1

Outline Data
-------------

  /*+
      BEGIN_OUTLINE_DATA
      IGNORE_OPTIM_EMBEDDED_HINTS
      OPTIMIZER_FEATURES_ENABLE('11.2.0.1')
      DB_VERSION('11.2.0.3')
      ALL_ROWS
OUTLINE_LEAF(@"SEL$1")
      INDEX(@"SEL$1" "T1"@"SEL$1" ("T1"."A"))
END_OUTLINE_DATA
*/

Predicate Information (identified by operation id):
---------------------------------------------------

   2 - access("A"=1)

Column Projection Information (identified by operation id):
-----------------------------------------------------------

   1 - (#keys=0) COUNT(*)[22]

Note
-----
   - dynamic sampling used for this statement (level=2)
   - SQL patch "MY_SQL_PATCH" used for this statement
```

Das passiert, weil Oracle nur die Syntax mit den Namen von Query-Blöcken (wie bei den Outlines) für die SQL-Patches akzeptiert. Schreiben wir dementsprechend das Hint FULL um.

```
SQL> exec sys.dbms_sqldiag.drop_sql_patch(name=>'MY_SQL_PATCH')

PL/SQL-Prozedur erfolgreich abgeschlossen.

SQL>
SQL> exec sys.dbms_sqldiag_internal.i_create_patch(sql_text => 'select count(*) from t1 where
a = 1', hint_text => q'[OPTIMIZER_FEATURES_ENABLE('11.2.0.1') FULL(@"SEL$1" "T1"@"SEL$1")]',
name     => 'MY_SQL_PATCH')

PL/SQL-Prozedur erfolgreich abgeschlossen.
```

Jetzt werden die beiden Hints angewendet.

18.7 Hidden Hints in den SQL-Anweisungen

```
SQL> select count(*) from t1 where a = 1;

  COUNT(*)
----------
         1

SQL>
SQL> select plan_table_output from table (sys.dbms_xplan.display_cursor('','','ADVANCED
LAST'));

PLAN_TABLE_OUTPUT
--------------------------------------------------------------------------------
--------------------------------------------------------------------------------
--------------------------------------------------------------------------------
------------------
SQL_ID  ftghxj3s5pj2r, child number 0
-------------------------------------
select count(*) from t1 where a = 1

Plan hash value: 3724264953

---------------------------------------------------------------------------
| Id  | Operation          | Name | Rows  | Bytes | Cost (%CPU)| Time     |
---------------------------------------------------------------------------
|   0 | SELECT STATEMENT   |      |       |       |     3 (100)|          |
|   1 |  SORT AGGREGATE    |      |     1 |    13 |            |          |
|*  2 |   TABLE ACCESS FULL| T1   |     1 |    13 |     3   (0)| 00:00:01 |
---------------------------------------------------------------------------

Query Block Name / Object Alias (identified by operation id):
-------------------------------------------------------------

   1 - SEL$1
   2 - SEL$1 / T1@SEL$1

Outline Data
-------------

  /*+
      BEGIN_OUTLINE_DATA
      IGNORE_OPTIM_EMBEDDED_HINTS
      OPTIMIZER_FEATURES_ENABLE('11.2.0.1')
      DB_VERSION('11.2.0.3')
      ALL_ROWS
      OUTLINE_LEAF(@"SEL$1")
      FULL(@"SEL$1" "T1"@"SEL$1")
      END_OUTLINE_DATA
  */

Predicate Information (identified by operation id):
---------------------------------------------------

   2 - filter("A"=1)

Column Projection Information (identified by operation id):
-----------------------------------------------------------

   1 - (#keys=0) COUNT(*)[22]

Note
-----
   - dynamic sampling used for this statement (level=2)
   - SQL patch "MY_SQL_PATCH" used for this statement
```

Das Verfahren mit Hidden Hints im SQL-Patch hat also 2 ziemlich große Nachteile:

- es besteht keine Möglichkeit für die erzwungene Mustersuche (force matching),
- es wird nur die Syntax von Outlines für Hints akzeptiert.

Die SQL-Patches haben noch einen Nachteil, den ich für die Hidden Hints aber nicht so gravierend finde. Das Argument HINT_TEXT der Prozedur DBMS_DIAG_INTERNAL.I_CREATE_PATCH ist vom Typ VARCHAR2. Dies grenzt die Gesamtlänge der Hints ein und hindert die Anwendung der SQL-Patches für das Fixieren der Ausführungspläne, weil diese Länge dafür nicht ausreichend ist.

Im Unterschied zu den Stored Outlines (s. im Abschn. 14.1.5) werden SQL-Patches problemlos für den Datenbankbenutzer SYS und seine SQL-Anweisungen angewendet.

Aufgrund der Nachteile von SQL-Patches benutze ich für Hidden Hints die anderen in diesem Abschnitt beschriebenen Methoden. Trotzdem würde ich die SQL-Patches nicht ganz aus dem Auge verlieren, weil lediglich die Enterprise Edition für die Anwendung von SQL-Patches notwendig ist (man braucht dafür also keine zusätzlichen Lizenzen).

Neue Features von Oracle 12c im Überblick

19

Oracle 12c erschien, nachdem ich das Buch beendet habe. Diese neue Version von Oracle bietet mehrere interessante Features für Performance Tuning an. Aus diesem Grund entschied ich mich, einige dieser Features im Nachgang kurz zu resümieren. Fangen wir mit der Dokumentation an.

Peter: „Mit der Dokumentation? Das ist doch kein Feature."

Leonid: „Ich gebe Dir Recht, Peter: Das ist kein Feature. Das neue Dokument „SQL Tuning Guide" finde ich für Performance Tuning aber sehr wichtig. Dieses Dokument enthält sowohl die Beschreibungen der neuen Features als auch viele allgemeine Informationen zum SQL-Tuning, die man früher im MOS suchen musste."

P.: „Welche zum Beispiel?"

L.: „Dort sind beispielsweise einige Query-Transformationen beschrieben. Ich nehme an, dass Oracle dieses Dokument weiter verbessern und vervollständigen wird.

Es gibt viele Neuigkeiten bei den Optimizer-Statistiken in 12c. Oracle hat dort 2 neue Arten von Histogrammen eingeführt: Top Frequency und Hybrid Histograms."

P.: „Inwieweit unterscheiden sie sich von den alten Frequency- und Height-Balanced-Histogrammen?"

L.: „Diese Histogramme sind vorteilhafter als die alten Histogramme für die Spaltenwerte, die häufig vorkommen. Ein Spaltenwert ist „popular", wenn er als Endpunkt bei mehreren Buckets vorkommt. Angenommen, die Anzahl der verschiedenen Spaltenwerte ist größer als die Anzahl der Buckets. In diesem Fall erstellt Oracle die Height-Balanced-Histogramme bei den älteren als 12c Versionen. In 12c prüft Oracle zunächst, ob die N-Top „popular" Spaltenwerte die meisten Tabellensätze belegen (N ist die Anzahl der Buckets). Wenn das der Fall ist, werden die Frequency-Histogramme für diese N-Top-Spaltenwerte angelegt. Die restlichen Spaltenwerte werden ignoriert, weil sie unbedeutend sind. Diese Art der Histogramme heißt Top Frequency. Oracle kann diese Histogramme produzieren, wenn das Argument ESTIMATE_PERCENT einer der Prozeduren für das Erstellen der Optimizer-Statistiken seinen Vorgabewert AUTO_SAMPLE_SIZE annimmt. Die Hybrid-Histogramme sind (wie ihr Name auch verrät) eine Mischung von Frequency- und Height-Balanced-Histogrammen."

P.: „Was war so schlecht an den Height-Balanced-Histogrammen, dass Oracle diese Hybrid-Histogramme eingeführt hat?"

L.: „Wie Du Dich sicherlich erinnerst, enthält jeder Bucket bei den Height-Balanced-Histogrammen ungefähr dieselbe Anzahl der Einträge. Es kann passieren, dass ein Spaltenwert fast 2 Buckets belegt, aber wegen der ungünstigen Datenverteilung in den Buckets nur einmal als Endpunkt eines Bucket sichtbar ist. Dies führt zu einer Ungenauigkeit bei der Kardinalitätsschätzung. Um solche Situationen zu vermeiden, wurden die Hybrid-Histogramme eingeführt, bei denen Oracle die Daten günstiger für die Kardinalitätsschätzung zwischen den Buckets verteilt (selbstverständlich findet dabei keine physikalische Datenverteilung statt, sondern die Buckets werden anders ausgelegt). Für die Endpunkte der Buckets wird die Anzahl der Datensätze im jeweiligen Bucket gespeichert. Auch diese Art der Histogramme können berechnet werden, wenn das Argument ESTIMATE_PERCENT den Wert AUTO_SAMPLE_SIZE annimmt."

P.: „Heißt das, dass die Height-Balanced-Histogramme nur erzeugt werden können, wenn der Wert von ESTIMATE_PERCENT ungleich AUTO_SAMPLE_SIZE ist?"

L.: „Ja, das ist so. Bei dem Wert AUTO_SAMPLE_SIZE des Arguments ESTIMATE_PERCENT können die folgenden 3 Arten der Histogramme erzeugt werden:

- Frequency,
- Top-Frequency,
- Hybrid.

Anderenfalls lediglich die folgenden 2:

- Frequency,
- Height Balanced."

P.: „Ich habe noch eine Frage. Bei den Height-Balanced-Histogrammen können die Endpunkte der Buckets nicht repräsentativ sein. Ein Bucket kann beispielsweise 999 gleiche Spaltenwerte enthalten, sein Endpunkt kann aber ein anderer Spaltenwert sein, der lediglich einmal in der Tabelle vorkommt. Werden die Daten bei den Hybrid-Histogrammen auch in diesem Fall umverteilt?"

L.: „Nein, Peter, so ein Bucket bleibt unverändert. Bei Oracle 12c ist es möglich, die session-spezifischen Optimizer-Statistiken für die globalen temporären Tabellen zu erzeugen. Optimizer-Statistiken für temporäre Tabellen haben wir kurz im Abschn. 15.2 angesprochen. Vor Oracle 12c war es nicht möglich, die Optimizer-Statistiken für die globalen temporären Tabellen mit der Klausel „ON COMMIT DELETE ROWS" zu erstellen, weil die Prozedur DBMS_STATS.GATHER_TABLE_STATS das Kommando COMMIT ausfuhr. In 12c ist das möglich."

P.: „Das ist interessant. Wie macht man das?"

L.: „Dafür gibt es die Präferenz GLOBAL_TEMP_TABLE_STATS, die 2 Werte annehmen kann: SHARED und SESSION. Bei dem Wert SESSION gelten die Optimizer-Statistiken nur *für die Session, in der sie erstellt wurden. Der Umgang mit den Präferenzen ist im Abschn. 7.1 beschrieben."*

P.: „Leonid, sind die Stored Outlines immer noch bei 12c vorhanden?"

L.: *„Ja, sie sind noch vorhanden, Oracle hat sie aber bereits für veraltet (depricated) erklärt. Dementsprechend werden sie bei einem der nächsten Releases verschwinden."*

P.: „Man muss also die vorhandenen Stored Outlines in die SQL Plan Baselines umwandeln."

L.: *„Ganz genau. Wie ich merke, hat Oracle die SQL Plan Baselines bei 12c etwas geändert. Bei Oracle 11g können SQL Plan Baselines für SQL-Anweisungen mit den SYS-Objekten angewendet werden, wenn der Datenbankbenutzer SYS diese SQL-Anweisungen ausführt. Bei 12c ist es nicht mehr möglich. In diesem Sinn sind die SQL Plan Baselines funktionell ähnlicher den Stored Outlines geworden (s. den Vergleich zwischen diesen beiden Features im Abschn. 14.3.6)."*

P.: „Was ist mit dem Statspack in 12c?"

L.: *„Das Statspack ist bei 12c weiterhin vorhanden."*

P.: „Wie sieht es mit der Parametereinstellung CURSOR_SHARING=SIMILAR bei 12c aus?"

L.: *„Die gibt es nicht mehr in der Dokumentation. Oracle akzeptiert diese Parametereinstellung, sie wirkt aber wie die Parametereinstellung CURSOR_SHARING=FORCE. Dieses Verhalten habe ich bereits bei 11.2.0.3 festgestellt (s. im Abschn. 11.4)."*

P.: „Im Abschn. 6 schreibst Du, dass der Plan-Hashwert die Namen der systemgenerierten temporären Tabellen bei 11.2.0.3 berücksichtigt. Wie sieht es damit bei der neuen Version aus?"

L.: *„Bei 12c ist das auch der Fall. Im Abschn. 5 wird erklärt, wie Oracle die SQL Id berechnet. Dort kann man auch den entsprechenden Programmcode finden. Bei 12c gibt es nun die Standard-Funktion DBMS_SQL_TRANSLATOR.SQL_ID für die Berechnung der SQL Id."*

P.: „Ich habe gehört, dass Oracle die Ausführungspläne während der Ausführung ändern kann. Wie funktioniert das?"

L.: *„Das ist das neue Feature Adaptive Plans. Beim Parsing berechnet Oracle Sub-Pläne für die Joins, auf die man während der Ausführung wechseln kann. In Abhängigkeit von den Laufzeitstatistiken entscheidet Oracle, welcher der alternativen Sub-Pläne zu benutzen ist. Die Treffermenge eines Join wird zunächst in einem internen Puffer gespeichert. Wenn die Anzahl der Datensätze in diesem Puffer einen Schwellenwert übersteigt, wird der Hash-Join benutzt. Wenn die Treffermenge klein ist, kann der Nested Loop eingesetzt werden. Adaptive Plans werden auch bei den parallelen Operationen angewendet. Dort entscheidet Oracle aufgrund von Laufzeitstatistiken, welche Verteilungsmethode (distribution method) zu benutzen ist (BROADCAST oder HASH). Adaptive Plans sind ausführlich im „SQL Tuning Guide" beschrieben. Die Anwendung der Adaptive Plans wird in der Spalte OTHER_XML vermerkt (bez. dieser Spalte s. im Abschn. 6.1.4), s. auch die Spalte IS_RESOLVED_ADAPTIVE_PLAN der View V$SQL."*

P.: „Die Adaptive Plans decken nicht alle Optimierungsfälle ab."

L.: „Die Adaptive Plans sind lediglich ein Teil von Adaptive Query Optimization in 12c. Den 2. Teil bilden die Adaptive Statistics. Zu den Letzteren gehören Dynamic Statistics, SQL Plan Directives und Automatic Reoptimization."

P.: „Was sind Dynamic Statistics?"

L.: „Das sind Statistiken vom weiterentwickelten Dynamic Sampling, das zusätzlich die Kardinalität von Joins und Group-By-Operationen in 12c ermitteln kann. Wenn die bei Dynamic Sampling ermittelten Kardinalitäten sich stark von den Optimizer-Schätzungen unterscheiden, können diese Dynamic Statistiken für SQL-Optimierung nützlich sein. In diesem Fall werden sie als SQL Plan Directives gespeichert, damit sie auch für die anderen SQL-Anweisungen benutzt werden können. Die Anwendung sowohl der Dynamic Statistics als auch der SQL Plan Directives wird in der Spalte OTHER_XML notiert."

P.: „Ich vermisse das Cardinality Feedback bei 12c. Gibt es das nicht mehr?"

L.: „Doch, das Cardinality Feedback, das übrigens in 12c Statistics Feedback heißt, verbirgt sich hinter Automatic Reoptimization."

P.: „Reoptimization?"

L.: „Ja. Das sind Optimierungen, die nicht sofort bei der ersten Ausführung einer SQL-Anweisung angewendet werden, sondern erst bei den nächsten Ausführungen dieser SQL-Anweisung. Diese Optimierungen benutzen die bei der ersten Ausführung ermittelten Statistiken für die weiteren Ausführungen. In diesem Fall enthält die Spalte IS_REOPTIMIZABLE der View V$SQL den Wert 'Y' für den jeweiligen Cursor, der zunächst ausgeführt wurde. Außer Statistics Feedback gehört auch das Performance Feedback zu dieser Optimierungsart. Beim Performance Feedback berechnet Oracle das DOP (degree of parallelism) anhand der Laufzeitstatistiken, die bei der ersten Ausführung einer SQL-Anweisung im parallelen Modus ermittelt werden. Wenn dieses DOP sich stark vom DOP unterscheidet, das beim Parsing berechnet wurde, werden die jeweiligen Laufzeitstatistiken bei den nächsten Ausführungen für die Berechnung des DOP benutzt. Die Anwendung vom Statistics Feedback und vom Performance Feedback werden in der Spalte OTHER_XML vermerkt."

P.: „Werden diese Feedback-Statistiken auch als SQL Plan Directives gespeichert?"

L.: „Das glaube ich eher nicht, weil die Spalte TYPE der View DBA_SQL_PLAN_DIRECTIVES lediglich 2 Werte in 12.1.0.1 annehmen kann: 'DYNAMIC_SAMPLING' und 'UNKNOWN'. Ich habe aber keine ausführlichen Tests durchgeführt."

Hiermit endet der Überblick über die neuen Features von Oracle 12c. Jetzt ist es an der Zeit, diese neue Version näher kennenzulernen und praktische Erfahrungen zu sammeln.

Nachwort

20

Nie im Leben bin ich Marathon gelaufen, habe aber ein Gefühl, eben einen Marathonlauf zu beenden. Das war ein langer Weg, den wir gemeinsam gemeistert haben. Ich hoffe sehr, dass Sie dabei einige neue Ansätze und Methoden kennengelernt haben, welche Ihnen bei Performance Tuning helfen werden. Dieses Buch möchte ich mit der folgenden Abbildung beenden.

The End

Peter: „Eine nicht besonders umweltfreundliche Abbildung. Was meinst Du überhaupt damit?"
   Leonid: „Man darf nicht alles so buchstäblich verstehen. Setze doch Dein Abstraktionsvermögen ein! Die Abbildung mit dem Tunnel bis zum Erdkern war übrigens auch nicht ohne, wenn man sie zu direkt versteht. Du hattest aber keine Einwände."

P.: „Dort war es jedem klar, dass es ein Scherz ist, weil es unmöglich ist."

L.: „Hältst Du es für möglich, dass ein Mensch mit einer kleinen Säge alle Bäume bis zum Horizont absägen kann?"

P.: „Hmm … Du hast Recht."

L.: *„Wenn wir eine Säge als Symbol eines Tool für Performance Tuning gewählt haben, müssen wir konsequent bleiben: eine Säge sägt doch! Mit diesem Bild möchte ich dem Leser wünschen, möglichst oft ein Befriedigungsgefühl nach der schwierigen, aber gut getanen Arbeit zu haben. Dieses Gefühl ist sehr angenehm."*

Viel Erfolg!

21 SQL-Skripte

Die Skripte aus diesem Kapitel kann man von der Internet-Seite http://www.tutool.de/book herunterladen.

21.1 Skripte für Tuning

Die untere Tabelle stellt einen Überblick der Skripte für Performance Tuning dar. In der Tabellenspalte „Oracle Version" sind die relevanten Versionen aufgelistet. Jedes Skript aus dieser Tabelle enthält einen Kommentar mit der Beschreibung seiner Funktion und seiner Parameter.

Nr.	Name	Oracle Version	Funktion
1.	act_sql_wait_event11.sql	ab 11.1	Ermittelt Sessions mit den SQL-Anweisungen, die aktuell auf ein Warteereignis warten
2.	active_sess_event10g.sql	Ab 10.1	Ermittelt die aktiven Sessions aus der View V$SESSION
3.	active_sess_hist112.sql	11.2	Zeigt Einträge aus der View V$ACTIVE_SESSION_HISTORY für einen Zeitraum an
4.	active_sess_hist_7_top10g.sql	ab 10.1	Gibt die 7 Top-Warteereignisse aus der View V$ACTIVE_SESSION_HISTORY für einen Zeitraum aus

Nr.	Name	Oracle Version	Funktion
5.	active_sess_hist_top_sql10g.sql	ab 10.1	Ermittelt SQL-Anweisungen in der View V$ACTIVE_SESSION_HISTORY für einen Zeitraum, die am häufigsten auf ein Warteereignis gewartet haben
6.	active_sess_monitor10g.sql	ab 10.1	Monitoring der aktiven Sessions in der View V$SESSION
7.	all_sess_event.sql	ab 7.3	Ermittelt die Anzahl der aktuell wartenden Sessions pro Warteereignis
8.	awr_active_sess_hist112.sql	11.2	Zeigt Einträge aus der View DBA_HIST_ACTIVE_SESS_HISTORY für einen Zeitraum an
9.	awr_active_sess_hist_7_top10g.sql	ab 10.1	Gibt die 7 Top-Warteereignisse aus der View DBA_HIST_ACTIVE_SESS_HISTORY für einen Zeitraum aus
10.	awr_active_sess_hist_top_sql10g.sql	ab 10.1	Ermittelt SQL-Anweisungen in der View DBA_HIST_ACTIVE_SESS_HISTORY für einen Zeitraum, die am häufigsten auf ein Warteereignis gewartet haben
11.	awr_obj_sqltus112.sql	11.2	Findet die Top-SQL-Anweisungen im AWR nach den verschiedenen Kriterien, die ein Objekt im Ausführungsplan haben
12.	awr_sqltus102.sql	10.2	Findet die Top-SQL-Anweisungen im AWR nach den verschiedenen Kriterien

21.1 Skripte für Tuning

Nr.	Name	Oracle Version	Funktion
13.	awr_sqltus112.sql	11.2	Findet die Top-SQL-Anweisungen im AWR nach den verschiedenen Kriterien
14.	cache_buff_chain_latch_objs8.sql	ab 8.1	Ermitteln Objekte im Buffer Cache, die mit einem Latch „cache buffers chains" verwaltet werden
15.	cache_buff_chain_latch_segs8.sql	ab 8.1	Ermitteln Segmente im Buffer Cache, die mit einem Latch „cache buffers chains" verwaltet werden
16.	cbc_latch_monitor9i.sql	ab 9.1	Monitoring der Top-Latches „cache buffers chains" nach der Wartezeit
17.	create_sql_plan_bl_awr11.sql	ab 11.1	Legt eine SQL Plan Baseline für einen Cursor aus dem AWR an
18.	create_sql_plan_bl_sga11.sql	ab 11.1	Legt eine SQL Plan Baseline für einen Cursor aus der SQL-Area an
19.	db_parameter8i.sql	ab 8.1	Ermittelt die Parametereinstellungen einer Datenbankinstanz
20.	dbconfig_html11.sql	ab 11.1	Überblick über die Konfiguration einer Datenbankinstanz im HTML-Format
21.	estimate_sparse_norm_idx10g.sql	ab 10.1	Schätzt die Qualität der B-Tree Indices
22.	latch_rowcache_obj_where_waits9.sql	ab 9.1	Findet die Top-Bereiche im Rowcache nach der Wartezeit auf „latch: row cache objects"
23.	migrate_stored_outln_to_bl112.sql	ab 11.2	Wandelt Stored Outlines in die SQL Plan Baselens um

Nr.	Name	Oracle Version	Funktion
24.	missing_fk_idx.sql	ab 7.3	Ermittelt alle fehlenden Indices für Foreign Keys
25.	missing_fk_idx_for_table.sql	ab 7.3	Ermittelt alle fehlenden Indices für Foreign Keys für eine Tabelle
26.	one_exec_plan_sqlarea102.sql	10.2	Ermittelt alle Cursor mit Ausführungsplänen in der SQL-Area für eine SQL Id
27.	one_exec_plan_sqlarea111g.sql	11.1	Ermittelt alle Cursor mit Ausführungsplänen in der SQL-Area für eine SQL Id
28.	one_exec_plan_sqlarea11201.sql	11.2.0.1	Ermittelt alle Cursor mit Ausführungsplänen in der SQL-Area für eine SQL Id
29.	one_exec_plan_sqlarea11202.sql	11.2.0.2	Ermittelt alle Cursor mit Ausführungsplänen in der SQL-Area für eine SQL Id
30.	one_xplan_baseline11.sql	ab 11.1	Zeigt den Ausführungsplan einer SQL Baseline an.
31.	os_stats10g.sql	ab 10.1	Gibt alle Betriebssystemstatistiken aus
32.	os_stats_monitor10g.sql	ab 10.1	Monitoring der Betriebssystemstatistiken
33.	pq_queued_sql112.sql	11.2	Zeigt die parallelen SQL-Anweisungen in der Warteschlange an
34.	redolog_switch_history_html8i.sql	ab 8.1	Historie der Log-Switches für die letzten 30 Tage im HTML-Format
35.	restore_opt_tab_stats10g.sql	ab 10.1	Wiederherstellung der gespeicherten Optimizer-Statistiken
36.	sess_all_stats.sql	ab 7.3	Zeigt die Datenbankstatistiken einer Session an

Nr.	Name	Oracle Version	Funktion
37.	sp_obj_sqltus102.sql	ab 10.2	Findet die Top-SQL-Anweisungen im Statspack-Repository nach den verschiedenen Kriterien, die ein Objekt im Ausführungsplan haben
38.	sp_sqltus102.sql	ab 10.2	Findet die Top-SQL-Anweisungen im Statspack-Repository nach den verschiedenen Kriterien
39.	sparse_norm_idx9i.sql	ab 9.1	Ermittelt B-Tree Indices mit schlecht befüllten Leaf-Blöcken auf der Basis von Optimizer-Statistiken
40.	sql_prof_with_hints_from_awr102.sql	ab 10.2	Erzeugt ein SQL Profile mit den Outlines für einen Cursor aus dem AWR
41.	sql_prof_with_hints_from_sga102.sql	ab 10.2	Erzeugt ein SQL Profile mit den Outlines für einen Cursor aus der SQL-Area
42.	top_sql_with_literals102.sql	ab 10.2	Gibt die Cursor aus der SQL-Area aus, die dort am häufigsten mit den verschiedenen Literalen vorkommen

21.2 Test-Cases

Unten sind die Test-Cases aufgelistet mit den Verweisen auf die jeweiligen Buchabschnitte und mit den kurzen Beschreibungen ihrer Funktion.

Nr.	Name	Abschnitt	Funktion
1.	test_case_adaptive_cursor_sharing.sql	Abschn. 15.1.3	Demonstriert, wie Adaptive Cursor Sharing funktioniert

Nr.	Name	Abschnitt	Funktion
2.	test_case_adaptive_cursor_sharing_bind_sensitive.sql	Abschn. 15.1.2	Prüft einige Kriterien für „bind sensitive" Cursor
3.	test_case_adaptive_cursor_sharing_cs.sql	Abschn. 15.1.3	Demonstriert, wie Adaptive Cursor Sharing bei CURSOR_SHARING!=EXACT funktioniert
4.	test_case_adaptive_cursor_sharing_hint.sql	Abschn. 15.1.3	Zeigt, dass die Optimizer Hints die Anwendung von Adaptive Cursor Sharing nicht hindern
5.	test_case_adaptive_cursor_sharing_outline.sql	Abschn. 15.1.3	Zeigt, dass Outlines das Adaptive Cursor Sharing ausschalten
6.	test_case_adaptive_cursor_sharing_rows_processed.sql	Abschn. 15.1.3	Illustriert das Monitoring der Kardinalität bei Adaptive Cursor Sharing
7.	test_case_adv_query_rewrite.sql	Abschn. 18.6	Demonstriert, wie Advanced Query Rewrite funktioniert
8.	test_case_adv_query_rewrite_bind_var.sql	Abschn. 18.6	Demonstriert, wie Advanced Query Rewrite für SQL-Anweisungen mit den Bind-Variablen funktioniert
9.	test_case_autojoin.sql	Abschn. 1.4	Ein Beispiel mit einem Plan-Hashwert für 2 verschiedene Ausführungspläne
10.	test_case_bind_peek_cursor_sharing.sql	Abschn. 11.2	Zeigt, dass User Bind Peeking für SQL-Anweisungen mit den systemgenerierten Bind-Variablen bei CURSOR_SHARING<>EXACT angewendet wird
11.	test_case_char_histograms.sql	Abschn. 7.1.1.1	Ein Test-Case mit Histogrammen für lange Zeichenketten

Nr.	Name	Abschnitt	Funktion
12.	test_case_clustering_factor.sql	Abschn. 7.1.1.3	Illustriert die Optimizer-Statsitik Clustering Factor
13.	test_case_cursor_obsolete10.sql	Abschn. 8.2	Zeigt die Längen von Cursor-Listen in verschiedenen Versionen von Oracle
14.	test_case_cursor_sharing0_10.sql	Abschn. 11.1	Das ist der Test-Case für CURSOR_SHARING=SIMILAR
15.	test_case_delayed_invalidation_of_cursors.sql	Abschn. 7.1.2	Verzögerte Invalidierung der Cursor bei dbms_stats.auto_invalidate.
16.	test_case_dir_reads11202.sql	Abschn. 15.3	Demonstriert serial direct path reads
17.	test_case_dir_reads_ffs11202.sql	Abschn. 15.3	Demonstriert serial direct path reads bei Fast Full Index Scans
18.	test_case_hidden_hints_sql_patch.sql	Abschn. 18.7.4	Zeigt, wie man Hidden Hints mit SQL Patches benutzen kann
19.	test_case_hidden_hints_sql_plan_baselines.sql	Abschn. 18.7.3	Zeigt, wie man Hidden Hints mit SQL Plan Baselines benutzen kann
20.	test_case_hint_opt_param.sql	Abschn. 13.2	Einige Tests mit dem Hint OPT_PARAM
21.	test_case_non_selective_function.sql	Abschn. 18.5.2	Tuning einer SQL-Anweisung mit einer nicht selektiven Funktion.
22.	test_case_on_delete_cascade.sql	Abschn. 3.2.3.7.4	Ermittlung der fehlenden Indices für Foreign Keys
23.	test_case_osp_method_for_fixing_exec_plan_from_sql_profile.sql	Abschn. 18.2	Fixieren des Ausführungsplans eines SQL Profile mit der OSP-Methode
24.	test_case_parallel_hint_in_outlines.sql	Abschn. 13.1	Einige Tests mit dem Hint PARALLEL und den Outlines

Nr.	Name	Abschnitt	Funktion
25.	test_case_restore_tab_stats.sql	Abschn. 7.1.3	Bereitet die gespeicherten Optimizer-Statsitiken zum Wiederherstellen mit dem Skript restore_opt_tab_stats10g.sql vor
26.	test_case_sql_plan_baselines.sql	Abschn. 14.3.1, Abschn. 14.3.5	Fixieren des Ausführungsplans eines Cursors aus der SQL-Area mit der SQL Plan Baseline
27.	test_case_sql_profiles.sql	Abschn. 14.2.1	Demonstriert das automatische SQL-Tuning
28.	test_case_sql_profiles_fix_exe_plan.sql	Abschn. 18.2	Fixieren des Ausführungsplans eines Cursors aus der SQL-Area mit der OSP-Methode
29.	test_case_sql_shared_cursor.sql	Abschn. 8.1	Demonstriert an einigen Beispielen, wie die View V$SQL_SHARED_CURSOR gefüllt wird
30.	test_case_stored_outlines.sql	Abschn. 14.1.1, Abschn. 14.1.5	Fixieren des Explain-Plans einer SQL-Anweisung mit der Stored Outline

Literatur

1. Adams S (1999) Oracle 8i internal services for waits, latches, locks and memory. O'Reilly
2. Shee R, Deshpande K, Gopalakrishnan K (2004) Oracle wait interface: a practical guide to performance diagnostics & tuning. Oracle Press
3. Nikolaev A. Latch, mutex and beyond. Hidden latch wait revolution that we missed. http://andreynikolaev.wordpress.com. Zugegriffen: 21. Aug. 2012
4. Poder T. Reliable latch waits and a new blog. http://blog.tanelpoder.com/2009/01/20/reliable-latch-waits-and-a-new-blog. Zugeriffen: 20. Aug. 2012
5. Poder T. Latch, lock and mutex contention troubleshooting in oracle. http://blog.tanelpoder.com/files/Oracle_Latch_And_Mutex_Contention_Troubleshooting.pdf. Zugegriffen: 20. August 2012
6. Nikolaev A. Latch, mutex and beyond. Part I. „Cursor: Pin S" in Oracle 10.2-11.1. Invisible and aggressive. http://andreynikolaev.wordpress.com. Zugegriffen: 15. Aug. 2012
7. Nikolaev A. Latch, mutex and beyond. Part II. „Cursor: Pin S" in Oracle 11.2 _mutex_wait_scheme=0. Steps out of shadow. http://andreynikolaev.wordpress.com. Zugegriffen: 15. Aug. 2012
8. Nikolaev A. Latch, mutex and beyond. Part III. Contemporary oracle wait schemes diversity. http://andreynikolaev.wordpress.com. Zugegriffen: 21.Aug.2012
9. Osborn K, Jonson R, Poder T (2011) Expert Oracle Exadata. Apress
10. Canali L. Hash collisions in oracle: SQL signature and SQL_ID. http://externaltable.blogspot.co.uk/2012/06/hash-collisions-sql-signatures-and.html. Zugegriffen: 27. Juni 2012
11. Markowich S. Oracle SQL_ID & Hash Value. http://www.slaviks-blog.com/2010/03/30/oracle-sql_id-and-hash-value. Zugegriffen: 27. Juni 2012
12. Przepiorowski M. How to find SQL_ID and PLAN_HASH_VALUE in Oracle SQL Plan Management Baselines. http://oracleprof.blogspot.co.uk/2011/07/how-to-find-sqlid-and-planhash-value-in.html. Zugegriffen: 27 Juni 2012
13. Hall T. Real-time SQL monitoring using DBMS_SQLTUNE (REPORT_SQL_MONITOR, REPORT_SQL_MONITOR_LIST and REPORT_SQL_DETAIL). http://www.oracle-base.com/articles/11g/real-time-sql-monitoring-11gr1.php. Zugegriffen: 15. März 2013
14. Oracle advanced performance tuning scripts. http://www.ixora.com.au/scripts. Zugegriffen: 15. Juni 2012
15. Lewis J (2006) Cost-based Oracle fundamentals. Apress
16. Antognini C (2008) Troubleshooting oracle performance. Apress
17. Akhmadeev T. Enhanced subquery optimizations in oracle. http://timurakhmadeev.worldpress.com/2010/03/25/enhanced-subquery-optimizations. Zugegriffen: 20. Apr. 2013
18. Haas F (2009) Oracle Tuning in der Praxis. Hanser

19. Poder T. Optimizer statistics-driven direct path read decision for full table scans (_direct_read_decision_statistics_driven). http://blog.tanelpoder.com/2012/09/03/optimizer-statistics-driven-direct-path-read-decision-for-full-table-scans-_direct_read_decision_statistics_driven. Zugegriffen: 1. Apr. 2013
20. Cho D. Disabling direct path read for the serial full table scan – 11g. http://dioncho.wordpress.com/2009/07/21/disabling-direct-path-read-for-the-serial-full-table-scan-11g. Zugegriffen: 31. März 2012
21. Foot R. Oracle B-tree index internals: rebuilding the truth. http://richardfoote.wordpress.com/2007/12/11/index-internals-rebuilding-the-truth. Zugegriffen: 27. Juni 2012

Lizenz zum Wissen.

Sichern Sie sich umfassendes Technikwissen mit Sofortzugriff auf tausende Fachbücher und Fachzeitschriften aus den Bereichen: Automobiltechnik, Maschinenbau, Energie + Umwelt, E-Technik, Informatik + IT und Bauwesen.

Exklusiv für Leser von Springer-Fachbüchern: Testen Sie Springer für Professionals 30 Tage unverbindlich. Nutzen Sie dazu im Bestellverlauf Ihren persönlichen Aktionscode **C0005406** auf *www.springerprofessional.de/buchaktion/*

Springer für Professionals.
Digitale Fachbibliothek. Themen-Scout. Knowledge-Manager.

- Zugriff auf tausende von Fachbüchern und Fachzeitschriften
- Selektion, Komprimierung und Verknüpfung relevanter Themen durch Fachredaktionen
- Tools zur persönlichen Wissensorganisation und Vernetzung

www.entschieden-intelligenter.de

Springer für Professionals

GPSR Compliance

The European Union's (EU) General Product Safety Regulation (GPSR) is a set of rules that requires consumer products to be safe and our obligations to ensure this.

If you have any concerns about our products, you can contact us on

ProductSafety@springernature.com

In case Publisher is established outside the EU, the EU authorized representative is:

Springer Nature Customer Service Center GmbH
Europaplatz 3
69115 Heidelberg, Germany